Dirk Möhlenbruch/Michaela Hartmann (Hrsg.)

Der Handel im Informationszeitalter

Der Handel im Informationszeitalter

Konzepte - Instrumente - Umsetzung

Herausgegeben von
Dirk Möhlenbruch/Michaela Hartmann

Mit Beiträgen von

Dieter Ahlert · Christian Blümelhuber · Stefan Borchert · Peter Chamoni · Roland Düsing · Gordon H. Eckardt · Franz-Rudolf Esch · Friedrich-W. Fasse · Dirk Funck · Claas Christian Germelmann · Andrea Gröppel-Klein · Ursula Hansen · Marco Hardiman · Michaela Hartmann · Ralph Hartmann · Antje Helpup · Arnold Hermanns · Dirk Hohm · Ralf Immel · Greg Kiss · Alexander Lauer · Michael Lingenfelder · Roland Mattmüller · Sven Mekwinski · Anton Meyer · Dirk Möhlenbruch · Heinz Müller · Nicole Müller · Lothar Müller-Hagedorn · Wolfgang Prümper · Florian Riedmüller · Andreas Rühl · Michael M. Sauter · Helmut Schmalen · Hendrik Schröder · Andrea Skimutis · Mark Specht · Hartwig Steffenhagen · Michael Stiller · Bernhard Swoboda · Hans-Joachim Theis · Bartho Treis · Margret Wehling · Ralf Wierich · Torsten Wurm · Joachim Zentes

Klaus Barth zum 65. Geburtstag

Die Deutsche Bibliothek – CIP-Einheitsaufnahme
Ein Titeldatensatz für diese Publikation ist bei
Der Deutschen Bibliothek erhältlich.

Prof. Dr. Dirk Möhlenbruch ist Professor für Betriebswirtschaftslehre, Marketing und Handel an der Martin-Luther-Universität Halle-Wittenberg.
Dr. Michaela Hartmann ist wissenschaftliche Assistentin von Prof. Dr. Klaus Barth am Lehrstuhl für Betriebswirtschaftslehre, insbesondere Absatz und Handel, und Mitglied des Instituts für strategische Unternehmensführung in der Gerhard-Mercator-Universität Duisburg.

1. Auflage Januar 2002

Alle Rechte vorbehalten
© Betriebswirtschaftlicher Verlag Dr. Th. Gabler GmbH, Wiesbaden 2002

Lektorat: Barbara Roscher / Jutta Hinrichsen

Der Gabler Verlag ist ein Unternehmen der Fachverlagsgruppe BertelsmannSpringer.
www.gabler.de

Das Werk einschließlich aller seiner Teile ist urheberrechtlich geschützt. Jede Verwertung außerhalb der engen Grenzen des Urheberrechtsgesetzes ist ohne Zustimmung des Verlages unzulässig und strafbar. Das gilt insbesondere für Vervielfältigungen, Übersetzungen, Mikroverfilmungen und die Einspeicherung und Verarbeitung in elektronischen Systemen.

Die Wiedergabe von Gebrauchsnamen, Handelsnamen, Warenbezeichnungen usw. in diesem Werk berechtigt auch ohne besondere Kennzeichnung nicht zu der Annahme, dass solche Namen im Sinne der Warenzeichen- und Markenschutz-Gesetzgebung als frei zu betrachten wären und daher von jedermann benutzt werden dürften.

Umschlaggestaltung: Ulrike Weigel, www.CorporateDesignGroup.de
Druck und buchbinderische Verarbeitung: Lengericher Handelsdruckerei, Lengerich/Westf.
Gedruckt auf säurefreiem und chlorfrei gebleichtem Papier.
Printed in Germany

ISBN 3-409-11853-5

Prof. Dr. Klaus Barth

Vorwort

Am 16. Januar 2002 vollendet Herr *Universitätsprofessor Dr. rer. pol. Klaus Barth* sein 65. Lebensjahr. Seit über drei Jahrzehnten widmet sich der Jubilar mit großem Engagement und Erfolg der Weiterentwicklung der Handelswissenschaft und des Marketing. Dabei ist ihm der Transfer wissenschaftlicher Erkenntnisse in die Praxis bzw. die Anwendungsorientierung seiner Forschung seit jeher ein besonderes Anliegen, dem er durch zahlreiche Kontakte zu Unternehmungen des Handels sowie der Konsum- und Investitionsgüterindustrie Rechnung trägt. Seine außerordentliche Schaffenskraft wird nicht zuletzt an seinem beeindruckenden wissenschaftlichen Werk mit über 120 Veröffentlichungen aus einem breiten Spektrum an Forschungsbereichen deutlich.

Als Schüler des Kölner Handelsforschers Edmund Sundhoff liegt dem Jubilar bereits seit den sechziger Jahren die wissenschaftliche Fundierung von Handelswissenschaft und Handelsbetriebslehre besonders am Herzen. Wie seinem mittlerweile in der vierten Auflage erschienenen Lehrbuch „Betriebswirtschaftslehre des Handels" zu entnehmen ist, versteht er die Handelsbetriebslehre als wirtschaftszweigspezifische Konkretisierung der Allgemeinen Betriebswirtschaftslehre. Diese Sichtweise verhindert eine enge, lediglich auf die Absatzfunktion des Handelsbetriebes gerichtete Betrachtung und liefert einen geeigneten Strukturierungsansatz für die Unternehmungsführung im Handel, wie sie von Klaus Barth 1975 in seiner Habilitationsschrift erstmalig dokumentiert wurde.

Im handelswissenschaftlichen Werk von Klaus Barth lassen sich neben der Behandlung einer Vielzahl von Einzelproblemen drei Schwerpunktbereiche erkennen.
Der erste Forschungsbereich bezieht sich auf Fragen der Unternehmungsführung im Handel und die damit verbundenen Führungsfunktionen Planung, Organisation und Kontrolle. Bereits in den sechziger und siebziger Jahren beschäftigte sich der Jubilar mit wesentlichen Teilbereichen einer Controllingkonzeption, indem er eine detaillierte Analyse des führungstechnischen Instrumentariums von Handelsbetrieben vornahm und sich hierbei insbesondere mit der Planung und Kontrolle sowie der Bedeutung von Informationssystemen zur Optimierung betriebswirtschaftlicher Entscheidungsprozesse auseinander setzte. Im Jahre 1973 widmete er sich u.a. den neuerlich unter dem Aspekt des Category Management wieder aktuell diskutierten Problemen handelsbetrieblicher Aufbauorganisationen.
Einen zweiten Schwerpunkt seiner Forschungsaktivitäten bilden seit den achtziger Jahren ordnungspolitische Aspekte des Handelsmarketing und der Vertikalbeziehung zwischen Industrie und Handel. Hierbei stehen u.a. nach wie vor aktuelle betriebswirtschaftliche Fragen der Abgrenzung relevanter Handelsmärkte, der Durchführbarkeit von Verwendungskontrollen in Cash & Carry-Märkten sowie Probleme der Nachfragemachtkontrolle und der Konzentration im Handel im Vordergrund der Überlegungen.

Im dritten Schwerpunktbereich wendet sich Klaus Barth Gestaltungsfragen der Handelsbetriebsführung unter entscheidungsorientierten Aspekten zu. Eine besondere Gewichtung haben hierbei die Sortiments- und Kommunikationspolitik. Die bereits im Jahre 1980 erfolgte Buchveröffentlichung „Rentable Sortimente im Handel" konnte zu dieser Zeit als richtungsweisend für eine moderne kennzahlengestützte Sortimentssteuerung angesehen werden und liefert bis heute eine Vielzahl innovativer Ansatzpunkte zur Förderung der Artikelrentabilität in Handelsbetrieben. Im Jahre 1986 erfolgte die Präsentation eines wissenschaftlich fundierten Entscheidungsmodells für die Aufnahme von Artikeln in das Handelssortiment, welches den Anstoß für weitere Forschungsaktivitäten auf diesem Gebiet der Sortimentspolitik gab. In jüngerer Zeit setzt er sich u.a. mit der Frage einer zielgruppenspezifischen bzw. bedarfsverbundorientierten Sortimentssteuerung im Rahmen des Mikromarketing auseinander. Studiert man das umfangreiche Schriftenverzeichnis, so zeigt sich, dass sich der Jubilar insbesondere auch den Problemen der Werbung intensiv zugewandt hat. So wurden bis heute teilweise kontrovers diskutierte Werbestrategien im Rahmen des Internationalen Marketing von ihm mit der Entwicklung eines Modells zur internationalen Werbestrategiewahl bereits 1987 sehr früh thematisiert. Nicht zuletzt werden auch die im Zuge des Informationszeitalters möglichen Informations- und Kommunikationstechnologien in seinen Arbeiten diskutiert.

Die Breite seiner Forschungsinteressen kommt aber auch in Büchern und Fachaufsätzen zu speziellen Fragen der Betriebswirtschaftslehre und des Marketing zum Ausdruck, deren umfassende Würdigung den Rahmen an dieser Stelle sprengen würde. So sei nur beispielsweise auf die Diskussion von Efficient Consumer Response-Konzepten hingewiesen, im Rahmen derer sich Klaus Barth mit den konfliktären Verhältnissen zwischen Industrie- und Handelsunternehmungen bzw. möglichen Wertschöpfungspotenzialen innerhalb der Wertschöpfungskette beschäftigt. Offenheit für neue Problemstellungen und uneingeschränktes Interesse an vielfältigen Forschungsthemen bestätigen zudem u.a. seine neueren Veröffentlichungen zum Hotel-Marketing, zur Logistik, zum Global-Account-Marketing, zum Personal Development oder zum internationalen Beschaffungsmarketing.

Die Beiträge in der vorliegenden Festschrift sind Klaus Barth zum 65. Geburtstag von langjährigen Freunden, Weggefährten, Kollegen und Schülern als Ausdruck ihrer Wertschätzung und Verbundenheit gewidmet. Ähnlich dem Arbeitsgebiet des zu Ehrenden sind auch die Themen der Festschrift unter dem aktuellen Leitgedanken „Der Handel im Informationszeitalter" breit angelegt. Sie reichen von Informationssystemen im Handel über die Bedeutung des Electronic Commerce für den funktionalen und institutionalen Handel bis hin zu Entwicklungsperspektiven im Handelsmarketing.

Allen Autoren aus Wissenschaft und Praxis sei an dieser Stelle für ihr Engagement und ihre hohe Fachkompetenz, die sie in ihren jeweiligen Beiträgen unter Beweis gestellt haben, von den Herausgebern herzlichst gedankt. Ihrem Mitwirken, zu dem sie sich ohne Zögern bereit erklärt haben, ist es zu verdanken, dass letztlich ein umfangreiches und eindrucksvolles Werk zum Ehrentag von Klaus Barth entstanden ist.

Die Realisierung dieser Festschrift war aber nicht nur durch die Beiträge der Autoren möglich. Unser besonderer Dank gilt darüber hinaus vor allem den Sponsoren. Die Droege & Comp. AG Internationale Unternehmer-Beratung, die Gummiwerke Fulda GmbH, die Aus- und Fortbildung der Henkel KGaA sowie das Ressort Bildung der Bayer AG haben jeweils durch eine großzügige Spende das Entstehen dieser Schrift ermöglicht.

Unser spezieller Dank gilt zudem Frau Ingeborg Kaliski, der langjährigen Sekretärin von Professor Dr. Klaus Barth, die durch eine professionelle Unterstützung bei der Erstellung der Druckvorlage neben ihrem Tagesgeschäft an dieser Festschrift mitgewirkt hat. Für die Begleitung und Veröffentlichung dieses Werkes danken wir nicht zuletzt Frau Barbara Roscher sowie Frau Jutta Hinrichsen vom Gabler Verlag.

Möge die vorliegende Festschrift Professor Dr. Klaus Barth viel Freude bei der Lektüre bereiten und als Dokument höchster Wertschätzung seiner Person dienen. Alle Autoren hoffen auf viele weitere Jahre ungebrochener Schaffenskraft und Kreativität des Jubilars.

MICHAELA HARTMANN
DIRK MÖHLENBRUCH

Geleitwort

Prof. Dr. Klaus Barth vollendet am 16. Januar 2002 sein 65. Lebensjahr. Zu diesem Anlass widmen Freunde, Kollegen und Schüler ihm die vorliegende Festschrift.

Klaus Barth begann seine wissenschaftliche Laufbahn mit dem Studium der Betriebswirtschaftslehre an der Technischen Hochschule Aachen und der Universität zu Köln, welches er 1962 mit dem akademischen Grad eines Diplom-Kaufmanns abschloss. Anschließend war er als Assistent des Dekans der Wirtschafts- und Sozialwissenschaftlichen Fakultät der Universität zu Köln beschäftigt und promovierte bereits im Jahre 1965 mit 28 Jahren zum Dr. rer. pol. Es folgte eine dreijährige Tätigkeit als wissenschaftlicher Assistent am Lehrstuhl für Allgemeine Betriebswirtschaftslehre und Besondere des Handels. Von 1972 bis 1974 war Klaus Barth Referent am Institut für Distributionsforschung der Universität zu Köln. Im Jahre 1975 habilitierte er sich dann mit einer Arbeit zur Systematischen Unternehmungsführung in Klein- und Mittelbetrieben im Einzelhandel. Nach seiner Habilitation blieb er als Diätendozent und Professor für Betriebswirtschaftslehre an der Universität zu Köln, bis er im Jahre 1982 die Professur für Betriebswirtschaftslehre, insbesondere Handelsbetriebslehre, an der Philipps-Universität Marburg übernahm. Von dort wurde er im Jahre 1989 an die Universität Innsbruck gerufen. Er lehnte den Ruf ab und wurde im gleichen Jahr Inhaber des Lehrstuhls für Betriebswirtschaftslehre, insbesondere Absatz und Handel, an der Gerhard-Mercator-Universität in Duisburg, welchen er trotz eines Rufes zurück an die Philipps-Universität Marburg im Jahre 1992 bis heute innehat. Hier ist neben seinem hohen wissenschaftlichen auch sein hochschulpolitisches Engagement zu würdigen. So war er u.a. Vorsitzender des Prüfungsausschusses und des Promotionsausschusses, Mitglied des Konvents und vielfach an Berufungs- und Habilitationskommissionen beteiligt.

Klaus Barth hat die Ergebnisse seiner jahrzehntelangen Forschungsarbeit in zahlreichen Veröffentlichungen niedergelegt. Mit weit über 100 wissenschaftlichen Aufsätzen und zahlreichen Buchveröffentlichungen, wovon das Standardwerk „Betriebswirtschaftslehre des Handels" bereits in der 4. Auflage erscheint, hat er stets den Erkenntnisstand der Betriebswirtschaftslehre vorangetrieben. Darüber hinaus ist er Mitherausgeber der Schriften für Handelsforschung sowie der Duisburger Betriebswirtschaftlichen Schriften und Mitglied in mehreren wissenschaftlichen Gesellschaften.

Seine intensiven Kontakte zu internationalen Handelsbetrieben und Konzernen der Konsum- und Investitionsgüterindustrie unterschiedlichster Branchen, die häufig seinen Rat suchen, tragen dazu bei, dass er sein Fach nicht nur wissenschaftlich aufs Eingehendste ergründet, sondern dabei die Probleme der Praxis in den Fokus seiner Analysen stellt und durch seine wissenschaftlichen Forschungsarbeiten stets auch Antworten auf die aktuellen Fragen des Handels findet.

Bei einem solchen Umfang wissenschaftlicher Arbeit ist es verständlich, dass Kollegen, Freunde und Schüler dem Jubilar zu seinem 65. Geburtstag nicht nur die besten Wünsche zukommen lassen, sondern seine wissenschaftlichen Leistungen mit Beiträgen aus eigenen Arbeitsergebnissen würdigen möchten. Es ist mir eine besondere Freude, ihm als Kollegen und in freundschaftlicher Verbundenheit auf diesem Wege meine Hochachtung auszusprechen und für die stets so konstruktive Zusammenarbeit an der Gerhard-Mercator-Universität zu danken.

PROF. DR. BERND ROLFES
Dekan der Fakultät für Wirtschaftswissenschaft
Gerhard-Mercator-Universität Duisburg

Vita
Prof. Dr. Klaus Barth

16. Januar 1937	geboren in Solingen
1957 – 1962	Studium der Betriebswirtschaftslehre an der TH Aachen und der Universität zu Köln
1965	Promotion zum Dr. rer. pol. an der Universität zu Köln
1963 – 1966	Assistent des Dekans der Wirtschafts- und Sozialwissenschaftlichen Fakultät der Universität zu Köln
1967 – 1971	Wissenschaftlicher Assistent am Seminar für Allgemeine Betriebswirtschaftslehre und Besondere des Handels
1972 – 1974	Referent am Institut für Distributionsforschung der Universität zu Köln
1975	Habilitation
1975 – 1981	Diätendozent und Professor für Betriebswirtschaftslehre an der Universität zu Köln
1982 – 1989	Professor für Betriebswirtschaftslehre, insbesondere Handelsbetriebslehre, an der Philipps-Universität Marburg
1989	Ablehnung eines Rufes an die Universität Innsbruck auf die Lehrkanzel für Betriebswirtschaftslehre, insbesondere Absatz und Handel
seit 1989	Inhaber des Lehrstuhls für Betriebswirtschaftslehre, insbesondere Absatz und Handel, sowie Vorstandsmitglied des Instituts für strategische Unternehmensführung in der Gerhard-Mercator-Universität Duisburg
1992	Ablehnung eines Rufes an die Philipps-Universität Marburg auf den Lehrstuhl für Betriebswirtschaftslehre, insbesondere Marketing und Handel

Lehr- und Forschungsschwerpunkte
Unternehmungsführung im Handel sowie Marketing

Veröffentlichungen
Mehr als 120 Veröffentlichungen zu Problemen der handelsbetrieblichen Unternehmungsführung sowie des Marketing in Büchern, Sammelwerken und Fachzeitschriften; Mitherausgeber der Schriften für Handelsforschung sowie der Duisburger Betriebswirtschaftlichen Schriften

Mitgliedschaften
Mitglied in zahlreichen wissenschaftlichen Gesellschaften; Gutachter- und Beratungstätigkeiten sowie Personal Development in zahlreichen Handelskonzernen und internationalen Konzernen der Konsum- und Investitionsgüterindustrie

Inhaltsverzeichnis

Vorwort VII

Geleitwort XI

Vita Prof. Dr. Klaus Barth XIII

Autorenverzeichnis XIX

Teil I: Informationssysteme im Handel

Michaela Hartmann
Informatorisches Trading up der Marketingpolitik im Handel 3

Dirk Möhlenbruch und Torsten Wurm
Die Leistungsfähigkeit der Balanced Scorecard im Einzelhandel 29

Dieter Ahlert
Handelsinformationssysteme als Basis des operativen und strategischen
Handelsmanagement 53

Ralph Hartmann
Customer Relationship Management – Stand und Entwicklungsperspektiven 79

Peter Chamoni und Roland Düsing
Customer Relationship Management auf der Basis von Analytischen
Informationssystemen 99

Wolfgang Prümper
Beschaffungslogistik für den METRO AG-Konzern: Vom Paradigmenwechsel
zur Systemnormalität 117

Joachim Zentes und Bernhard Swoboda
Virtuelle Netzwerke – Entwicklungsrichtung für Verbundgruppen des Handels? 129

Margret Wehling und Stefan Borchert
Anreizkompatible Reorganisationen von Unternehmen in ECR-
Wertschöpfungspartnerschaften 151

Andreas Rühl und Andrea Skimutis
Vertikales Micromarketing in der Konsumgüterwirtschaft........................ 173

Roland Mattmüller
Zur Vorteilhaftigkeit von Franchisesystemen – Ursachen und Lösungsansätze der
Informationsasymmetrie 187

Teil II: Die Bedeutung des Electronic Commerce für den Handel

Hartwig Steffenhagen und Michael Stiller
Erfolgsfaktoren im dynamischen Markt der Online-Shops........................ 207

Franz-Rudolf Esch, Marco Hardiman und Greg Kiss
Gestaltung von Handelsauftritten im Internet 227

Ursula Hansen, Dirk Hohm und Sven Mekwinski
„Mass Customized Retailing": Eine strategische Option für das
Informationszeitalter 253

Hendrik Schröder
Informationsbarrieren und Kaufrisiken – Womit Electronic Shops ihre Kunden
belasten 273

Anton Meyer, Christian Blümelhuber und Mark Specht
Informationen: Zentrale Güterkategorie des Electronic Commerce 297

Arnold Hermanns und Florian Riedmüller
Markenstrategien im Electronic Commerce – Implikationen für den Lebensmit-
teleinzelhandel 313

Hans-Joachim Theis
Kommunikationsstrategien im handelsbetrieblichen Online-Marketing.... 333

Ralf Immel
Ganzheitliche Marktkommunikation am Beispiel einer integrierten Launch-
kampagne aus dem Automobilbereich 353

Heinz Müller
E-Commerce als Chance zur Optimierung der Prozesse zwischen Industrie und
Handel 369

Helmut Schmalen und Michael M. Sauter
Musikkompression - Revolution im Musikvertrieb? 387

Teil III: Entwicklungsperspektiven im Handelsmarketing

Bartho Treis, Gordon H. Eckardt und Dirk Funck
Konzeption der Aus- und Weiterbildung von Category Managern im Handel 415

Lothar Müller-Hagedorn und Ralf Wierich
Die Wahl des Bezugsweges durch den Einzelhandel und Konsequenzen für die
Gestaltung des Konditionensystems des Herstellers – untersucht am Beispiel des
Buchmarktes 439

Antje Helpup und Nicole Müller
Kundenbindung im Spannungsfeld von Kunden- und Kostenorientierung 457

Friedrich-W. Fasse
Kundenbindung als strategische Herausforderung für Energieversorger 473

Alexander Lauer und Michael Lingenfelder
Der Wert von Handelsmarken 487

Andrea Gröppel-Klein und Claas Christian Germelmann
Die Bedeutung von Wahrnehmungs- und Gedächtnisbildern von Einkaufszentren .. 511

Anhang 535

Autorenverzeichnis

Ahlert, Dieter, *Univ.-Prof. Dr.,*	*Lehrstuhl für Betriebswirtschaftslehre, insbesondere Distribution und Handel, Institut für Handelsmanagement und Netzwerkmarketing, Westfälische-Wilhelms-Universität Münster*
Blümelhuber, Christian, Dr.,	*Wissenschaftlicher Assistent, Institut für Marketing, Ludwig-Maximilians-Universität München*
Borchert, Stefan, Dr.,	*Category Manager bei einem führenden europäischen Lebensmittelproduzenten und Academic-Award-Preisträger 2001 des ECR Board Europe*
Chamoni, Peter, *Univ.-Prof. Dr.,*	*Lehrstuhl für Wirtschaftsinformatik und Operations Research, Vorstandsmitglied des Instituts für Logistik und Informationsmanagement in der Gerhard-Mercator-Universität Duisburg*
Düsing, Roland, Dr.,	*Wissenschaftlicher Assistent, Lehrstuhl für Wirtschaftsinformatik und Operations Research, Mitglied des Instituts für Logistik und Informationsmanagement in der Gerhard-Mercator-Universität Duisburg*
Eckardt, Gordon H., Dr.,	*Wissenschaftlicher Mitarbeiter, Institut für Marketing und Handel, Georg-August-Universität Göttingen*
Esch, Franz-Rudolf, *Univ.-Prof. Dr.,*	*Lehrstuhl für Marketing, Justus-Liebig-Universität Gießen*
Fasse, Friedrich-W., Dr.,	*Managing Consultant, RWE Systems Consulting*
Funck, Dirk, Dr.,	*Wissenschaftlicher Assistent, Institut für Marketing und Handel, Georg-August-Universität Göttingen*
Germelmann, Claas Christian, *Dipl.-Kfm.,*	*Wissenschaftlicher Mitarbeiter, Lehrstuhl für Allgemeine Betriebswirtschaftslehre, insbesondere Internationales Marketing, Europa-Universität Viadrina Frankfurt/Oder*
Gröppel-Klein, Andrea, *Univ.-Prof. Dr.,*	*Lehrstuhl für Allgemeine Betriebswirtschaftslehre, insbesondere Internationales Marketing, Europa-Universität Viadrina Frankfurt/Oder*
Hansen, Ursula, *Univ.-Prof. Dr. Dr. h.c.,*	*Lehrstuhl Marketing I: Markt und Konsum, Universität Hannover*

Hardiman, Marco, Dipl.-Kfm.,	Wissenschaftlicher Mitarbeiter, Lehrstuhl für Marketing, Justus-Liebig-Universität Gießen
Hartmann, Michaela, Dr.,	Wissenschaftliche Assistentin, Lehrstuhl für Betriebswirtschaftslehre, insbesondere Absatz und Handel, Mitglied des Instituts für strategische Unternehmensführung in der Gerhard-Mercator-Universität Duisburg
Hartmann, Ralph, Dr.,	Partner und Leitung Büro Hamburg der Droege & Comp. AG Internationale Unternehmer-Beratung, Düsseldorf
Helpup, Antje, Dr.,	Geschäftsführerin Conmotion GmbH, Gehrden
Hermanns, Arnold, Univ.-Prof. Dr.,	Institut für Marketing, Universität der Bundeswehr München
Hohm, Dirk, Dipl.-Ök.,	Wissenschaftlicher Mitarbeiter, Lehrstuhl Marketing I: Markt und Konsum, Universität Hannover
Immel, Ralf, Dipl.-Kfm.,	Director Finance & Administration, McCann-Erickson Brand Communications Agency
Kiss, Greg, Dipl.-Kfm.,	Projektmitarbeiter, Institut für Marken- und Kommunikationsforschung, Justus-Liebig-Universität Gießen
Lauer, Alexander, Dr.,	Consultant, Bain & Company
Lingenfelder, Michael, Univ.-Prof. Dr.,	Lehrstuhl für Marketing und Handelsbetriebslehre, Philipps-Universität Marburg
Mattmüller, Roland, Univ.-Prof. Dr.,	Lehrstuhl für Betriebswirtschaftslehre, Marketing und Handel, EUROPEAN BUSINESS SCHOOL
Mekwinski, Sven, Dipl.-Ök.,	Projektmitarbeiter, Lehrstuhl Marketing I: Markt und Konsum, Universität Hannover
Meyer, Anton, Univ.-Prof. Dr.,	Ordinarius für BWL und Marketing, Institut für Marketing, Ludwig-Maximilians-Universität München
Möhlenbruch, Dirk, Univ.-Prof. Dr.,	Lehrstuhl für Betriebswirtschaftslehre, Marketing und Handel, Martin-Luther-Universität Halle-Wittenberg
Müller, Heinz, Dr.,	Geschäftsführer Vertrieb, Henkel Wasch- und Reinigungsmittel GmbH
Müller, Nicole, Dipl.-Kff.,	Wissenschaftliche Mitarbeiterin, Lehrstuhl für Betriebswirtschaftslehre, insbesondere Absatz und Handel, Mitglied des Instituts für strategische Unternehmensführung in der Gerhard-Mercator-Universität Duisburg

Müller-Hagedorn, Lothar, Univ.-Prof. Dr.,	Seminar für Allgemeine Betriebswirtschaftslehre, Handel und Distribution, Universität zu Köln
Prümper, Wolfgang, Dr.,	Sprecher der Geschäftsführung Metro MGL Logistik GmbH
Riedmüller, Florian, Dipl.-Kfm.,	Wissenschaftlicher Mitarbeiter, Institut für Marketing, Universität der Bundeswehr München
Rühl, Andreas, Dipl.-Kfm.,	Wissenschaftlicher Mitarbeiter, Lehrstuhl für Betriebswirtschaftslehre, insbesondere Absatz und Handel, Mitglied des Instituts für strategische Unternehmensführung in der Gerhard-Mercator-Universität Duisburg
Sauter, Michael M., Dipl.-Kfm.,	Wissenschaftlicher Mitarbeiter, Lehrstuhl für Betriebswirtschaftslehre mit Schwerpunkt Absatzwirtschaft und Handel, Universität Passau
Schmalen, Helmut, Univ.-Prof. Dr. Dr. h.c.,	Lehrstuhl für Betriebswirtschaftslehre mit Schwerpunkt Absatzwirtschaft und Handel, Universität Passau
Schröder, Hendrik, Univ.-Prof. Dr.,	Lehrstuhl für Marketing und Handel, Fachbereich 5, Wirtschaftswissenschaften, Universität Essen
Skimutis, Andrea, Dipl.-Kff.,	Wissenschaftliche Mitarbeiterin, Lehrstuhl für Betriebswirtschaftslehre, insbesondere Absatz und Handel, Mitglied des Instituts für strategische Unternehmensführung in der Gerhard-Mercator-Universität Duisburg
Specht, Mark, Dr.,	Assistent des Bereichsvorstandes Bertelsmann – der Club (DACH-OE)
Steffenhagen, Hartwig, Univ.-Prof. Dr.,	Lehrstuhl für Unternehmenspolitik und Marketing der Rheinisch-Westfälischen Technischen Hochschule Aachen
Stiller, Michael, Dipl.-Kfm.,	Wissenschaftlicher Mitarbeiter, Lehrstuhl für Unternehmenspolitik und Marketing der Rheinisch-Westfälischen Technischen Hochschule Aachen
Swoboda, Bernhard, PD Dr.,	Institut für Handel und Internationales Marketing an der Universität des Saarlandes
Theis, Hans-Joachim, Prof. Dr.,	Fachbereich Handelsmanagement/European Business Management, Fachhochschule Worms
Treis, Bartho, Univ.-Prof. Dr.,	Institut für Marketing und Handel, Georg-August-Universität Göttingen

Wehling, Margret,
Univ.-Prof. Dr.,

Lehrstuhl für Personal und Unternehmensführung, Vorstandsmitglied des Instituts für strategische Unternehmensführung in der Gerhard-Mercator-Universität Duisburg

Wierich, Ralf,
Dipl.-Kfm.,

Wissenschaftlicher Mitarbeiter, Seminar für Allgemeine Betriebswirtschaftslehre, Handel und Distribution, Universität zu Köln

Wurm, Torsten,
Dipl.-Kfm.,

Wissenschaftlicher Mitarbeiter, Lehrstuhl für Betriebswirtschaftslehre, Marketing und Handel, Martin-Luther-Universität Halle-Wittenberg

Zentes, Joachim,
Univ.-Prof. Dr.,

Institut für Handel und Internationales Marketing an der Universität des Saarlandes

Teil I

Informationssysteme im Handel

Michaela Hartmann

Informatorisches Trading up der Marketingpolitik im Handel

1. Adäquate Informationstechnologien als Muss
    1.1 Anforderungen an die Informationstechnologien
    1.2 Analyseorientierte Informationssysteme zur Steuerung der Marketingpolitik

2. Optimierungspotenziale am Beispiel des Preismanagement
    2.1 Entwicklung eines preispolitischen Regelkreises
    2.2 Informationsarbeit als Querschnittsfunktion
        2.2.1 Identifikation und Generierung preispolitisch relevanter Daten
        2.2.2 Data Warehousing
        2.2.3 Datenanalyse und -interpretation
    2.3 Preispolitische Nutzenfelder
    2.4 Grenzen bzw. Anregungen für weitere Entwicklungen

3. Schlussbetrachtung

Literatur

1. Adäquate Informationstechnologien als Muss

Wissen über Kunden, Märkte, Technologien, Produkte, Prozesse etc. ist für eine der Internetzeit entsprechende Innovationsgeschwindigkeit ein kritischer Erfolgsfaktor. Barth hat schon im Jahr 1976 darauf hingewiesen, dass „durch eine Verbesserung des Informationsstandes der Grad der Unsicherheit infolge einer Erweiterung des ökonomischen Horizontes herabgesetzt werden kann ..."[1]. Der Trend zur Professionalisierung des Wissensmanagement in Unternehmungen wird gleichzeitig durch technologische Entwicklungen gefördert. Seit Beginn der digitalen Ökonomie ist es im Grunde zwingend, sich mit neuen Informationstechnologien auseinander zu setzen und immer wieder die Möglichkeiten einer intellektuellen Wertschöpfungssteigerung zu prüfen bzw. zu nutzen. In diesem Sinne sind standardisiertes Handeln aufgrund von Vergangenheitswerten oder auch bisher erfolgversprechende Konzepte wie Reengineering, Diversifikation etc. zur Sicherung der langfristigen Überlebensfähigkeit nicht mehr ausreichend. Wichtig wird es, unkonventionelle Wege zu beschreiten und Ideen zur kontinuierlichen Verbesserung zu generieren. Dynamik, Schnelligkeit, intelligente Informationsverarbeitung sowie die unentwegte Entwicklung des intellektuellen Kapitals sind Grundvoraussetzungen dafür, rechtzeitig und kohärent agieren bzw. reagieren zu können und immer wieder Problemlösungen im Sinne der Devise 'business is detail' zu entwickeln.

Eine Handelsunternehmung muss folglich daran arbeiten, ihre Position als Informationsspezialist zu verbessern, wettbewerbsentscheidendes Wissen aufzubauen sowie vorhandene Ansätze der Handelsbetriebsführung weiterzuentwickeln. Zur Ausschöpfung vorhandener und zukünftiger Potenziale ist es erforderlich, (1) die eigene Position richtig einzuschätzen, (2) Zielgruppenkompetenz aufzubauen bzw. Kundenbeziehungen effizient zu bewerten und zu verbessern, (3) Markttrends und damit potenzielle Veränderungserfordernisse frühzeitig aufzuspüren sowie (4) Geschäftsprozesse im Hinblick auf Kosten und Kundenausrichtung effizient zu gestalten.

Inwiefern es gelingt, die Möglichkeiten des Marktes zu nutzen, hängt u. a. davon ab, ob ein Informationsnetzwerk geschaffen wird, in dem relevante Daten genutzt, neue Informationen generiert und die verschiedenen Funktionen reibungslos im Sinne einer optimalen Entscheidungsfindung zusammenwirken können. Zur Strukturierung der anfallenden Informationsaufgaben empfiehlt es sich, einen Informationsmanagementprozess zu entwickeln (vgl. Abbildung 1), wobei auf sämtlichen Prozessstufen zu überlegen ist, wo und wie Informationstechnologien die Abläufe unterstützen können.

Lange Zeit spielten neuere Technologien vor allem auf der Seite der Warenwirtschaft eine wichtige Rolle. Die Entwicklungen im Bereich der Hardware (Kiosksysteme, Selfscanning, Infrarot-Tracking etc.) und Software (so bspw. Datamining-Verfahren), die Ausweitung des handelsseitigen Leistungsangebotes (Multichannel-Retailing, Kunden-

---

1 Barth 1976, S. 110

karten, Finanzdienstleistungen etc.) sowie nicht zuletzt neuere Steuerungskonzepte (z.B. Balanced Scorecard) haben jedoch dazu beigetragen, dass Informationssysteme und damit auch der marketingpolitische Nutzen ausgeweitet werden konnten. In diesem Zusammenhang hat sich auch der Begriff Handelsinformationssystem als Verknüpfung von Warenwirtschaftssystem, betriebswirtschaftlich-administrativen und entscheidungsunterstützenden Systemen etabliert[2]. Im Sinne der Idee des Customer Relationship Management wird dabei vor allem auch der Kunde verstärkt in das Informationssystem integriert. Es geht also nicht mehr nur um die Steuerung des Warenflusses, sondern insbesondere um die Steuerung der marketingpolitischen Instrumente.

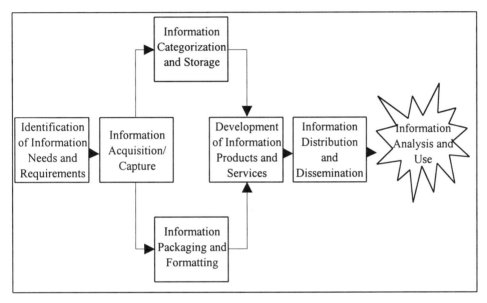

Abbildung 1: Informationsmanagementprozess
Quelle: Ernst & Young 1993, S. 106

Fazit: Die Ausschöpfung der Potenziale von Technologien bzw. deren Nutzung zur Entwicklung neuer Geschäftsmodelle ist zweifelsohne bedeutender geworden. Eine große Herausforderung ist vor diesem Hintergrund die Integration der Technologien in das unternehmerische Geschehen, was letztlich zu einer Reorganisation der Informations- und Entscheidungsprozesse - quasi als Spiegelbild der Fragmentierung der Nachfrageseite – führen wird.

---

2 Vgl. Becker/Schütte 1997, S. 350 f.

1.1 Anforderungen an die Informationstechnologien

Aufgrund stets kürzer werdender Informationsintervalle, unberechenbarer Modetrends und nicht zuletzt auch ständigem Kostendruck sollte bei der Auswahl geeigneter Informationstechnologien vor allem zwei Anforderungsbereichen Rechnung getragen werden:

Betriebswirtschaftlich muss eine effiziente und effektive Lösung handelsbetrieblicher Problemstellungen möglich werden. Im Einzelnen sind beispielhaft folgende Anforderungen zu nennen:

- Eignung für die hohen Transaktionsvolumina des Einzelhandels,
- Bereitstellung von Real Time PoS-Daten (tages-, artikelgenaue, just-in-time-Daten),
- Gewährleistung einer zentralen Informationsbasis für Stammdaten (Unternehmungsstruktur, Artikel, Artikelgruppen, Vertriebsschienen, Sortimente, Einkaufspreise/Konditionen, Verkaufspreise, Preisaktionen etc.) und Bewegungsdaten (Bestandsbewegungen, Wettbewerber, Abverkäufe, Flächenzuweisung etc.) bei gleichzeitiger Integration verteilter Datenbanken,
- Möglichkeit flexibler Simulationen,
- Bereitstellung von Daten auf beliebigen Verdichtungsstufen (z.B. Warenkorblevel, Haushaltslevel, Betriebsstättenlevel),
- Möglichkeit der Differenzierung nach dem jeweiligen Marktumfeld (insbesondere lokale Wettbewerber, Nachfragebesonderheiten),
- Offenheit und Flexibilität für schnelle Anpassungen an veränderte Anforderungen oder Erweiterungen,
- hinreichende Zugriffsmöglichkeit für Entscheidungsträger auf allen Ebenen des jeweils relevanten Entscheidungsprozesses.

Informationstechnisch muss ein Modell entwickelt werden, dass die betriebswirtschaftlichen Strukturen abbildet und die Entscheidungsprozesse zuverlässig unterstützt. Eine Kernaufgabe im Handelsmanagement der Zukunft wird darin bestehen, jede Filiale, jeden Artikel und ggf. jeden Kunden einzeln und gezielt analysieren und adressieren zu können - mit Blick auf die Multioptionalität der Kunden oder auch die regelmäßig vorliegende Artikelvielfalt kein einfaches Unterfangen. Zu diesem Zweck bedarf es auch Verfahren und Technologien, die die entsprechende Informationsgenerierung, -bereithaltung und -analyse unterstützen bzw. unternehmungsspezifische und vor allem bedarfsgerechte Datenauswertungen erlauben.

Fazit: Ein integriertes Handelsinformationssystem wird „zum entscheidenden Ökonomisierungsinstrument des Handelsbetriebes, mit dem er dem wachsenden Rationalisierungsdruck infolge verhaltener Konsumneigung bei gleichzeitig starkem Kostendruck in geeigneter Weise begegnen kann."[3]

---

3 Barth 1999, S. 438

1.2 Analyseorientierte Informationssysteme zur Steuerung der Marketingpolitik

Obwohl in den meisten Handelsunternehmungen zahlreiche Daten aus operativen Systemen zur Verfügung stehen, haben diese nur selten eine wirkliche Relevanz für marketingpolitische Entscheidungen. Aufgabe des Informationsmanagement ist es folglich, dieses zu ändern, indem die vorhandenen (und ggf. weitere) Daten zur Entscheidungsunterstützung gezielt zusammengestellt und aufbereitet werden. Integrierte Handelsinformationssysteme als analyseorientierte Informationssysteme (AIS) versprechen hier Abhilfe, denn sie ermöglichen den zielgerichteten Zugriff auf eine unternehmungsweite Datenbasis und personen-, problem- oder situationsgerechte Zusammenstellung der Informationsangebote[4]. Ein AIS umfasst folgende Strukturbausteine:

(1) Data Warehouse als zentraler Datenpool

Das *Data Warehouse* ist ein virtuelles (Zentral-)Lager oder ein Umschlagplatz, in dem Daten gesammelt, selektiert, verdichtet und strukturiert und von wo aus die Daten distribuiert werden[5]. Es handelt sich um ein unternehmungsindividuelles Konzept, das für eine einheitliche und konsistente Datenbasis für die vielfältigen Anwendungen zur Entscheidungsunterstützung dient. Grundlegende Zielsetzung ist die effiziente Bereitstellung und Verarbeitung großer Datenmengen zwecks Durchführung von Analysen und Auswertungen in entscheidungsunterstützenden Prozessen[6] - sprich die Informationslieferung. Kern des Data Warehouse ist die Datenbasis, bestehend aus aktuellen und historischen Daten in unterschiedlichen Verdichtungsstufen. Die Datengewinnung erfolgt sowohl über unternehmungsinterne (z.B. aus den Bereichen Marketing oder Finanzen) als auch -externe Datenquellen (wie z.B. online-Datenbanken, Marktforschungsinstitute etc.). Ein wesentliches Gestaltungsmerkmal ist zweifelsohne der Detaillierungsgrad (Granularität) der Daten[7]. Aus Sicht der Entscheidungsträger ist eine niedrige Granularität (sehr detaillierte Daten), aus DV-technischer Sicht aus Speicherplatz-, Verarbeitungsgeschwindigkeits- oder Flexibilitätsgründen eine hohe Granularität (höhere Datenverdichtung) wünschenswert. Aktuelle Situation und zukünftige Entwicklung der Unternehmung sollten die Granularitätsfrage beantworten. Relevante Eigenschaften eines Data Warehouse sind[8]:

- Themenorientierung (Konzentration auf Themenbereiche der Organisation wie z.B. Produkte oder Kunden),
- Multidimensionalität (Möglichkeit zur Analyse des Datenbestandes aus unterschiedlichen Sichten, so z.B. Perioden-, Artikel-, Kundenbezug etc.),

---
4 Chamoni/Gluchowski 1999, S. 4
5 Zum Aufbau eines Data Warehouse vgl.: Gabriel/Chamoni/Gluchowski 2000, S. 83; Muksch/Behme 2000, S. 14; o. V. 1998, S. 40
6 Muksch/Behme 2000, S. 8
7 Muksch/Behme 2000, S. 39
8 Siehe beispielhaft: Gabriel/Chamoni/Gluchowski 2000, S. 77 f.

- Datenvereinheitlichung (einheitliche Namensgebung, Maßeinheiten, Codierung, keine abweichenden Zahlen etc.),
- Zeitorientierung (jeder Dateninput ist zeitpunktbezogen, Datenwerte ändern sich im Zeitablauf etc.),
- Beständigkeit (lange Verweildauer der Daten).

Zur Sicherstellung einer hohen Flexibilität und Schnelligkeit werden häufig funktionsbereichs- oder personengruppenspezifische Extrakte aus dem zentralen Data Warehouse entnommen und als sog. *Data Marts* separat zur Verfügung gestellt. Data Marts sind also ein Teilausschnitt der gesamten Datenbasis – quasi ein Data Warehouse-Extrakt –, die an den speziellen, aktuellen Informationsbedürfnissen der Anwender oder einer Anwendergruppe ausgerichtet sind.

(2) Analysetools

Das Data Warehouse alleine bietet noch keinen Nutzen, solange keine geeigneten datenverarbeitungsgestützten Verfahren zur Analyse und damit Nutzung der umfangreichen Datenbestände bzw. zum Aufbau von Wissen zum Einsatz kommen. Analyseorientierte Anwendungen haben in diesem Zusammenhang den größten Nutzen von einem Data Warehouse. In diesem Zusammenhang ist einerseits auf das *On-Line Analytical Processing* (OLAP) hinzuweisen: eine Softwaretechnologie, mit deren Hilfe dynamische multidimensionale Analysen der Datenbestände zur Erkennung neuer oder unerwarteter Beziehungen durchgeführt werden können. Typisch ist, dass dem Anwender eine multidimensionale Sicht auf die Daten ermöglicht werden soll, indem beliebige Dimensionen bei der Abfrage kombiniert werden können[9]. Grundlage der mehrdimensionalen Analyse ist der multidimensionale Datenwürfel. Analysetechniken wie Rotation/Pivotierung, Drill down, Roll up, Slicing oder Data Dicing ermöglichen es dem Anwender, die Daten aus verschiedenen Perspektiven, durch Kombination verschiedener Dimensionen und auf unterschiedlichen Verdichtungsstufen zu analysieren.

Ein weiterer Ansatz der Datenanalyse ist das *Knowledge Discovery in Databases* (KDD), mit dessen Hilfe Beziehungsmuster, so z.B. Regelmäßigkeiten oder Auffälligkeiten, in der Datenbasis aufgedeckt werden können[10]. KDD ist nicht primär darauf ausgerichtet, zuvor formulierte Hypothesen über einen Datenzusammenhang zu verifizieren. Vielmehr ist vor allem die Hypothesenfindung ein wichtiges Anliegen. Das KDD ist ein iterativer und interaktiver Prozess zur Wissensgewinnung aus einer Rohdatenmenge, der in die Phasen Auswahl (Festlegung der Aufgabenstellung und Auswahl der relevanten Datenbasis), Aufbereitung der Daten (durch Integration, Bereinigung, Bereicherung und Transformation), Festlegung von Zielsetzung und Analyseverfahren des KDD sowie Umfang und Darstellung der zu analysierenden Daten, Analyse und Interpretation (Aufdeckung von Wissen bzw. intellektuelle Wertschöpfung) untergliedert werden kann[11].

---

9 Bauer/Günzel 2001, S. 100
10 Düsing 2000, S. 2 ff. und S. 8 ff.
11 In der Literatur werden verschiedene Prozessmodelle vorgeschlagen. Vgl. z.B. Säuberlich 2000, S. 22 ff.

Besondere Bedeutung kommt der Zielsetzung des KDD zu, denn sie bestimmt das Analyseverfahren. Mögliche Zielsetzungen sind: Clusterbildung, Klassifikation, Regression, Abhängigkeitsentdeckung sowie Abweichungsentdeckung[12]. Ein wichtiger Ansatz zur Analyse ist das so genannte *Data Mining*. Es ist quasi ein Teilschritt im Gesamtablauf des KDD-Prozesses[13] und verfolgt zwei Ziele: (1) die Aufdeckung nützlicher bzw. interessanter Muster bzw. Zusammenhänge zwischen Merkmalen/Merkmalsausprägungen der Datenbasis in Form eines Modells sowie (2) die Aufstellung zuverlässiger Prognosen über Werte und Entwicklungen[14]. Im Gegensatz zu anderen Anwendungssystemen wie OLAP müssen dem Anwender beim Data Mining die Zusammenhänge der Daten und die Art der gewünschten Ergebnisse nicht im Vorfeld bekannt sein bzw. vorgegeben werden. Es können folglich hypothesenfrei verborgene Muster erkannt werden[15].

Je nach Anwendungsgebiet sind unterschiedliche Data Mining-Verfahren heranzuziehen, mit denen sich Interaktionen zwischen verschiedenen Inputvariablen wie Preislage oder Besuchsfrequenzen und ihre Auswirkungen auf einen Kaufvorgang untersuchen lassen (Beispiel: Welche Käufergruppen kaufen häufig aktionierte Ware? oder Welche Käufergruppen kaufen hauptsächlich hochpreisige Artikel?)[16]. Neben *Clusterverfahren*, bei denen Daten anhand der Merkmalsausprägungen und auf Basis von Ähnlichkeits- bzw. Verschiedenheitsmaßen zu Gruppen (Cluster, Segmenten) zusammengefasst oder Abweichungen aufgedeckt werden, ist bspw. auf das *Entscheidungsbaumverfahren* hinzuweisen. Der Entscheidungsbaum ist im Grunde die Darstellung der Segmentierung eines Datenbestandes durch Knoten (Merkmale) und Kanten (Merkmalsausprägungen). Das Entscheidungsbaumverfahren kann insbesondere zur Analyse des Beziehungszusammenhangs zwischen Merkmalen und dem Responseverhalten von Kunden und daran anknüpfend zur Segmentierung, aber auch zur Regression eingesetzt werden[17]. So visualisieren Entscheidungsbäume bspw. die Eigenschaften profitabler Shopbesucher und ermöglichen eine klare Unterscheidung von profitablen und nicht-profitablen Kunden. Eine weitere Methode ist die *Regressionsanalyse*. Mit ihr kann möglichst genau die Wahrscheinlichkeit eines Kaufs in Abhängigkeit von Variablen bestimmt werden: Was sind die Haupteinflussfaktoren auf einen Kauf im Warenbereich X? Denkbar sind auch aktive Informationssysteme oder autonome Softwareagenten, die den Nutzer selbständig auf interessante Datenkonstellationen aufmerksam machen.

Im Sinne eines Continuous Improvement sollten die Analysewerkzeuge ständig optimiert werden bzw. mit einem Lernmechanismus ausgestattet sein, damit die Unternehmung aus Kundenreaktionen lernen bzw. immer besser auf die spezifischen Kundenwünsche eingehen kann.

---

12 Düsing 2000, S. 19
13 Vgl. zu dieser Sichtweise auch Alpar 2000, S. 4; Düsing 2000, S. 16; Muksch/Behme 2000, S. 32
14 Muksch/Behme 2000, S. 31
15 Alpar 2000, S. 19
16 Zu den Data Mining-Verfahren vgl. Alpar 2000, S. 13; Bauer/Günzel 2001, S. 107 ff.; Bissantz/Hagedorn/Mertens 2000, S. 393 ff.
17 Düsing 2000, S. 30 sowie S. 43

2. Optimierungspotenziale am Beispiel des Preismanagement

Ein weites Anwendungsfeld für analyseorientierte Datenbanken ist zweifelsohne das Marketing. In diesem Zusammenhang besteht ein grundsätzliches Ziel darin, eine Informationsplattform zu schaffen, die die Fülle der anfallenden Daten je nach Managementebene aufbereitet, verdichtet, miteinander verknüpft und für marketingpolitische Fragestellungen nutzbar macht. Handelsinformationssysteme liefern in vielfacher Hinsicht wichtige Beiträge für Marketingentscheidungen, so bspw. für...

- ... die ergebnis- und nachfrageorientierte Sortimentssteuerung,
- ... die ergebnis- und nachfrageorientierte Preissteuerung,
- ... die Optimierung des Flächenmanagement oder
- ... die ergebnis- und nachfragegesteuerte Personaleinsatzplanung.

Im Folgenden soll am Beispiel des handelsbetrieblichen Preismanagement untersucht werden, ob und inwiefern AIS dazu beitragen, abgestimmte Entscheidungen auf allen Konzeptionsebenen des Preismanagement zu treffen, eine vorausschauende Preis-Leistungspolitik zu betreiben, das Preis-Leistungsangebot im Sinne einer gezielten Kundenansprache zu bereinigen und nicht zuletzt auch verbesserte Handelsmargen zu erreichen. Gerade die Preispolitik wurde im Zusammenhang mit neueren Informationstechnologien bislang eher vernachlässigt[18], obwohl es sich dabei – mit Blick auf die vielzähligen komplexen, interdependenten und dynamischen Wirkungszusammenhänge - um einen ausgesprochen wissensintensiven und wichtigen Geschäftsprozess in einer Handelsunternehmung handelt und gerade der Preispolitik im Rahmen des handelsbetrieblichen Marketing zweifelsohne eine Schüsselstellung zukommt, was folgendermaßen begründet werden kann:

- Stagnierende oder sinkende Realeinkommen schärfen das Preisbewusstsein in vielen Warenbereichen.
- Der Preis ist die einzige Variable im Marketingmix, die direkt Einnahmen herbeiführt. Erst durch eine geeignete Preispolitik fließen die durch die Leistungspolitik geschaffenen Werte in Form von Umsatz oder Cashflow zurück[19].
- Der Preis ist ein effektives Instrument zur Steuerung von Umsatz, Gewinn und Marktanteil. Dem Preis wird im Vergleich zum Absatz eine enorme Hebelwirkung auf den Gewinn zuerkannt, denn Preiserhöhungen haben in der Regel eine drei- bis viermal so große Wirkung auf die Rentabilität wie eine Absatzsteigerung[20].
- Der Preis hebt sich mit Blick auf die Geschwindigkeit der Absatzwirkung von den anderen Absatzinstrumenten ab. Effekte von Preisänderungen werden - vor allem in

---

18 Vgl. die Untersuchungsergebnisse bei Hartmann 2002, in Vorbereitung
19 Rao 1984, S. 39
20 Marn/Rosiello 1993, S. 46

- preissensiblen Warengruppen - sehr rasch wirksam[21]. Für Märkte mit hohem Preiswettbewerb wird vermutet, „dass die Sensibilität in bezug auf den Preis die Sensitivitäten in bezug auf die anderen Marketinginstrumente dominant schlägt"[22]. Eine Untersuchung hat bspw. gezeigt, dass die Preiselastizität 8 mal größer ist als die Werbeelastizität[23].
- Aus Kundensicht kommt dem Preis im Vergleich zu anderen Produkteigenschaften (wie z.B. Qualität) bei den Phasen der Kaufentscheidung aus folgenden Gründen eine besondere Bedeutung zu: (1) der Preis hat Kostencharakter, (2) der Preis ist unmittelbar erkennbar und (3) daher auch vergleichbar, (4) der Preis kann problemlos geändert werden.
- Das Preismanagement hat nicht nur operative, sondern auch strategische Bedeutung, denn Preise haben Auswirkungen auf die Einkaufsstättenpositionierung bzw. das Nachfragemanagement.
- Die wettbewerbsstrategische Bedeutung des Preises wird immer wieder bestätigt: Neue Wettbewerber setzen häufig den Preis ein, um sich Marktanteile zu erkämpfen (z.B. Wal-Mart). Innovative Betriebstypen nutzen die Bedeutung der Preise zur Etablierung im Markt (z.B. über Preisauktionen im e-Commerce). Nicht zuletzt auch etablierte Wettbewerber versuchen über den Preis (z.B. über Dauerniedrigpreisprogramme), die Marktposition zu stärken oder auszubauen.
- Es gibt eine hohe Elastizität von Konkurrenzreaktionen.
- Für den digitalen Markt wird prognostiziert, dass der Preis, die Verfügbarkeit sowie das Vertrauen die wichtigsten Verkaufsfaktoren werden[24].
- In der Praxis hat nicht zuletzt der Wegfall von Rabattgesetz und Zugabeverordnung seit dem 25. Juli 2001 sowie die Einführung des Euro im Januar 2002 dem Preismanagement einen besonderen Stellenwert verliehen.

2.1 Entwicklung eines preispolitischen Regelkreises

Erfolgreiches Preismanagement erfordert eine klare Prozessorientierung auf Basis eines umfassenden Informationsnetzwerkes und unter Berücksichtigung adäquater Informationstechnologien. Der in Abbildung 2 dargestellte preispolitische Regelkreis systematisiert die verschiedenen Funktionen im Preismanagement, die letztlich dazu beitragen sollen,

- die Diskontinuität und Dynamik des Marktes besser zu handhaben,
- die Komplexität preispolitischer Entscheidungen in Folge vielfältiger Einflussbereiche und deren Wechselwirkungen besser zu bewältigen,

---

21 „Price effects on sales in our experimental situation are always immediate." England/Ehrenberg 1987, S. 209
22 Sabel/Weiser 1988, S. 198
23 Siehe den Hinweis bei: Tellis 1988, S. 340
24 Tapscott berücksichtigt allein den Preis und die Verfügbarkeit: Tapscott 1988, S. 268. Mit der ökonomischen Bedeutung von Vertrauen setzt sich insbesondere Sydow auseinander: Sydow 1998, S. 260 ff.

- die Subjektivität von Preisentscheidungen durch fundiertes Wissen zu reduzieren und damit
- effiziente und effektive Preisentscheidungen zu treffen.

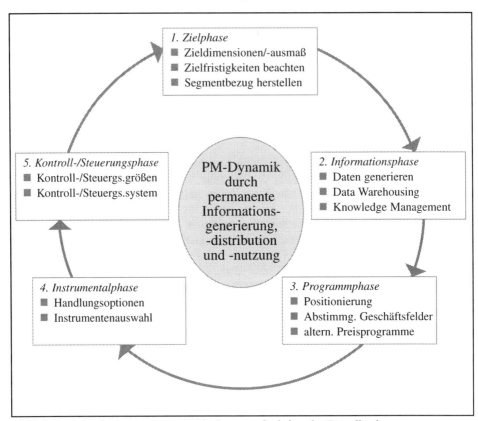

Abbildung 2: Preismanagement (PM) als cross-funktionaler Regelkreis

Wichtig in diesem Regelkreis ist, dass die Informationsarbeit eine Querschnittsfunktion ist, denn Informationen sind auf allen Stufen des Preismanagementprozesses erforderlich und sie sind sämtlichen Entscheidungsstellen zugängig zu machen. Außerdem ist die so gewonnene Informationsbasis im Sinne eines kontinuierlichen und dynamischen Lernprozesses durch Rückkopplung mit den anderen Preismanagementphasen permanent weiterzuentwickeln, damit eine kontinuierliche Verbesserung der Wissensbasis und damit der Qualität von Preisentscheidungen herbeigeführt werden kann.

2.2 Informationsarbeit als Querschnittsfunktion

Damit eine adäquate Informationsversorgung auf allen Entscheidungsebenen und Prozessstufen sichergestellt ist, sind im Rahmen der hier bezeichneten „Informationsphase" quasi informatorische Vorarbeiten zu leisten. Dabei können drei Aufgaben unterschieden werden:

- die Identifikation und Generierung preispolitisch relevanter Daten,
- die Lagerung und Strukturierung der Daten in einem Data Warehouse sowie
- die Entwicklung der Daten zu Informationsangeboten für die Entscheidungsträger im Rahmen eines Knowledge Management.

2.2.1 Identifikation und Generierung preispolitisch relevanter Daten

Eine wesentliche Aufgabe besteht zunächst darin, sämtliche preisrelevanten Faktoren transparent zu machen. Generatoren für Erfolg und Wachstum sind einerseits die eigenen Kernkompetenzen sowie andererseits der Kundenbedarf. Im Grunde geht es folglich um das Wissen über die eigenen Fähigkeiten (bewertet in Relation zu den Fähigkeiten der Mitbewerber) sowie das Wissen über Bedarfsfelder. Relevante Informationsfelder liegen folglich sowohl im unternehmungsexternen wie auch –internen Bereich. Abbildung 3 fasst wesentliche Kernfragen zusammen, die im Rahmen der Informationsarbeit zu beantworten sind.

Zur Informationsgewinnung stehen sämtliche Verfahren der Primär- und Sekundärmarktforschung (aus Kostengründen ist mit der Sekundärforschung zu beginnen) sowie der Erfolgsanalyse zur Verfügung. Beispielhaft seien genannt: Trendanalysen, Analogien zu anderen Märkten, Segmentanalysen, Kundenwertanalysen, Kundenzufriedenheitsanalysen, Kundenbefragungen (insbesondere Conjointanalysen), Lead User-Konzepte, Benchmarks/Best Practices, Konkurrenzanalyse, Kosten-/Ertragsanalysen etc. Bei jedem Verfahren ist zu beachten, dass der Wettbewerb zwischen Handelsunternehmungen in hohem Maße standortbezogen ist, d.h. grundsätzlich konkurrieren die Preis-Leistungsangebote sämtlicher lokal anbietender Handelsbetriebe einschließlich der überregional agierenden Versandhandelsunternehmungen sowie Electronic Retailer miteinander. Der Standort eines Handelsbetriebes zählt folglich zu den konstitutiven Einflussgrößen der Preispolitik. Die Informationsarbeit hat folglich standortspezifisch zu erfolgen.

Grundsätzlich können kontinuierliche und ad-hoc-Researchaktivitäten unterschieden werden[25]. Eine zentrales Instrument für die Gewinnung *kontinuierlicher Datensets* ist zweifelsohne die Scannertechnologie, bei der reale Marktdaten erhoben werden. So signalisieren Daten über artikelbezogene Entwicklungen von Absatzzahlen, Preisen,

---

25 Vgl. auch Passingham/Passingham-Hughes 1997, S. 274 ff.

Einkaufszeitpunkten etc., wo Handlungsbedarf (z.B. Altwarenkontrolle) besteht, ob kosten- und gewinndeckend kalkuliert worden ist etc.

Marktentwicklungen:
- Welche Marktstrukturen sind relevant (zwischen Premium- und Massenmarkt)?
- Gibt es neue Geschäftssysteme (z.B. Preisbündel)?
- Wo liegen rechtliche Grenzen?

Kunden:
- Wie sieht das Supply Management der Kunden aus bzw. welche Kunden kaufen wo welche Artikel, welche Artikel werden im Verbund gekauft? etc.
- Welche Preiszahlungsbereitschaft hat der Kunde?
- Wie preiselastisch ist der Kunde?
- Wer sind die profitablen Kunden?
- Wo ist Kundenbedarf?

Konkurrenten:
- Wer sind die Mitbewerber (am Standort, ggf. auch standortunabhängig, Beachtung des Interbranchenwettbewerbs)?
- Welche Preis-Leistungsprogramme bieten Mitbewerber an?
- In welchen Preislagen weisen Mitbewerber Stärken bzw. Schwächen auf? Wo liegen Branchenbenchmarks?
- Welche Kundennutzenpositionierung streben die Wettbewerber an?
- Welche Preissysteme wenden Mitbewerber an (Preisdifferenzierung durch Rabattsysteme, Preisbündel etc.)?

Unternehmung:
- Wo liegen Preisuntergrenzen (Ergebnisorientierung)?
- Wie sieht die Preisarchitektur aus?
- Wo liegen Kernfähigkeiten und welche Bedürfnisse/Zielsegmente können damit befriedigt werden?
- In welchen Geschäftsfeldern liegen Chancen für Ausbau/Abbau (Marktorientierung)?

Abbildung 3: Schlüsselfragen im Rahmen der preispolitischen Informationsarbeit

Neben allgemeinen Umsatz-, Absatz- oder Marktanteilsanalysen können insbesondere preislagenbezogene Beobachtungen durchgeführt werden. So ist bspw. an eine Preisklassenanalyse zu denken, bei der die Absatzmenge/der Umsatz eines Produktes in den unterschiedlichen Preisklassen ermittelt wird. Daneben kann die Datenbasis insbesondere durch Handelskontrolldaten oder Haushaltspaneldaten erweitert werden. Letztere liefern vor allem Daten über Kaufhistorien innerhalb *und* außerhalb der eigenen Unternehmung, so dass Möglichkeiten zu einer besseren Kundenansprache identifiziert werden können.

In Ergänzung zu diesen kontinuierlichen, hauptsächlich kaufbezogenen Daten sollten zudem einstellungs- bzw. verhaltensbezogene Daten im Rahmen von *ad-hoc-Researchaktivitäten* (z.B. durch Conjoint Measurement) gewonnen werden. Darüber hinaus bietet auch das Internet eine Vielzahl möglicher Verfahren zur Datengenerierung. Neben so genannten Page Impressions, bei der die Anzahl der Sichtkontakte mit einer einzelnen Seite und folglich die Resonanz auf ein bestimmtes Preis-Leistungsangebot und damit Hinweise auf den Marktanteil oder das Marktvolumen gemessen werden kann[26], können qualitative Online-Befragungen oder Online-Diskussionen durchgeführt werden. Im Modebereich gibt es bspw. die Internet-newsgroup alt.fashion[27], deren Abonnenten hauptsächlich im amerikanischen-kanadischen Raum angesiedelt sind. Hier laufen viele Informationen zum Bereich Mode zusammen. Diskutiert werden umweltbezogene, kulturelle, marktbezogene (z.B. was ist in/out?), bezugsquellenbezogene, leistungsbezogene Fragestellungen (z.B. Erfahrungen, Beurteilungen von Leistungen) oder auch ganz individuelle Probleme. Für einen Anbieter besteht zudem die Möglichkeit, eine eigene Diskussionsgruppe auf seiner Internetseite zu etablieren, um mit den Kunden in Kontakt zu treten bzw. Informationen über Kundenerfahrungen, Preiszufriedenheit etc. zu gewinnen.

Bislang werden vor allem die Ergebnisse von ad-hoc-Analysen zur Kundensegmentierung herangezogen. Der Informationsnutzen der kontinuierlichen Forschung wird hingegen noch unzureichend beansprucht. Aber: Erst die Verknüpfung beider Vorgehensweisen ermöglicht die Quantifizierung jeder späteren Marketingtätigkeit als Spiegel der Segmentierung und trägt dazu bei, das Verständnis um das Einkaufsverhalten weiterzuentwickeln.

2.2.2 Data Warehousing

Das im Zusammenhang mit dem Preismanagement zu entwickelnde Datenbank-Extrakt kann in Anlehnung an obige Abgrenzung auch als Data Mart bezeichnet werden. Es geht darum, die generierten Daten zu speichern, ggf. zu säubern und verfügbar zu machen. Im Data Mart können die Daten auf disaggregiertem Niveau gelagert und für verschie-

---

26 Heuer/Wilken 2000, S. 316
27 Hermanns 1997, S. 129 f.

denste Analysen zugängig gemacht werden. So sollten bspw. die warenbezogenen Daten (wie z.B. Gewinn-/Kostengrößen wie Marge, variable Kosten, Umsatz-/Absatzzahlen etc.) outlet-, kategorie-, subkategorie-, preislagen- oder artikelbezogen, aber auch zeitlich und absatzregionenbezogen spezifiziert verfügbar sein. Kundendaten sollten in der Form gelagert sein, dass eine Bewertung von Geschäftsbeziehungen möglich wird.

Da die Preiskalkulation idealerweise sowohl kunden-, wettbewerbs- als auch ergebnisorientiert zu erfolgen hat, sollte das Data Mart Preismanagement aus einer Kunden-Database (z.B. relevante Zielgruppen), einer Wettbewerber-Database (Daten über relevante Wettbewerber, Wettbewerberpreise etc.) sowie einer Waren-Database (Daten zu Artikelanzahl, Preisen, Warenbereichen, Preislagenstruktur, preislagen- oder artikelspezifischen Umsatz-/Margenzielen etc.) bestehen. In einer Pricing-Database sollten zudem Daten über Preisstrategien und -programme der Handelsunternehmung verfügbar sein. So ist bspw. an Daten zur Positionierung oder zur Dynamik der Preispolitik zu denken.

Darüber hinaus sollten klare, ggf. warenbereichs- oder artikelspezifische Preisregeln definiert bzw. abrufbar sein, die für die spätere Preiskalkulation wichtig sind. Denkbar sind z.B. Regeln für Preisendungen, für Preisänderungen (z.B. Rhythmen, maximale Spannbreite für Erhöhung/Senkung), für die Orientierung an Wettbewerbern (billiger/teurer als Wettbewerber X bei Artikel Y), Regeln für Mindest-/Maximum-Absatzmengen, für die Preiskalkulation bei Verbundbeziehungen oder auch für minimale/maximale Margen.

Die Daten stammen aus operativen Systemen sowie externen Datenbanken wie z.B. Maßnahmendatenbanken (Marketingmaßnahmen), Demographie-/Kundenprofildatenbanken (z.B. Informationen über Altersstruktur, Geschlecht etc.), Geo-Marketing-Datenbanken (Wo sind die meisten und lukrativsten Kunden angesiedelt?). Weitere Datenquellen sind Befragungen, Call Center, Beschwerdemanagement etc. Intranet und Internet machen mittlerweile eine direkte Einbindung interner und externer Online-Datenquellen möglich. Hilfreich ist zudem die heute verfügbare CRM-Software, die eine Integration von Kundendaten, operativen Geschäftsdaten und Enterprise Resource Planning (ERP)-Systemen möglich macht[28].

---

28   Palass/Servatius 2001, S. 163

Abbildung 4 zeigt die grundlegende Architektur eines Data Mart für das Preismanagement, dessen „Feinschliff" unternehmungsspezifisch zu erfolgen hat.

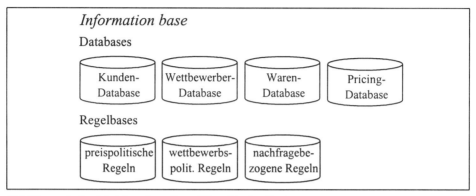

Abbildung 4: Architektur eines Data Mart für das Preismanagement

2.2.3 Datenanalyse und -interpretation

Das Entscheidende ist im Rahmen des nun folgenden Knowledge Management, durch eine professionelle Auswertung der rohen Daten brauchbares Wissen zu produzieren. Im Grunde geht es also um zwei Schritte: (1) die Datenanalyse zur Gewinnung aussagekräftiger Informationen für die Preisplanung, Koordination sowie Preiskontrolle, kurz: für sämtliche Stufen des Preismanagement und (2) die Dateninterpretation. Die Frage, welche Informationsleistungen im Rahmen von KDD letztlich offeriert werden sollten, darf nun nicht im Sinne der Bauchladenmentalität beantwortet werden. Vielmehr ist einerseits eine *Information-Pull-Strategie* erforderlich, bei der die Informationsleistungen an den Bedarfen der Entscheidungsträger auszurichten sind. Mit anderen Worten: Der Informationsdeckungsgrad als Relation von erhältlichen Informationen und Informationsbedarf muss optimiert werden. Andererseits ist jedoch auch eine *Information-Push-Strategie* angeraten, indem neue Impulse von bisher unbekannten Datenmustern angeregt und für eine kreative Neugestaltung von preispolitischen Konzepten genutzt werden.

Nachfolgend werden einige im Rahmen preispolitischer Entscheidungen wesentliche Analysen erörtert, wobei zur Systematisierung die jeweilige Zielsetzung der Datenanalyse herangezogen wird.

(1) Klassifikation

Zielsetzung der Anwendungen zur Klassifikation ist die Zuordnung von Daten zu vorgegebenen Klassen. Denkbar ist bspw. die Klassifikation von Artikeln im Sinne eines

Warenidentifikationssystems, um letztlich Rückschlüsse auf die warenspezifische Preisbedeutung im Kaufentscheidungsprozess der Kunden ziehen zu können.

Kriterien zur Bestimmung des artikelspezifischen *Preissensibilitätsniveaus:*	Kriterien zur Bestimmung des artikelspezifischen *Wettbewerbslevels:*
■ Kaufhäufigkeit ■ Käuferreichweite ■ Preiskenntnis ■ Aktionshäufigkeit ■ Substitutionswahrscheinlichkeit	■ Homogenitätsgrad im Vergleich zu Wettbewerberangeboten ■ Preiskenntnis ■ Suchbereitschaft der Kunden

Abbildung 5: Mögliche Kriterien zur Klassifikation von Artikeln

So empfiehlt sich eine Klassifikation der Artikel im Hinblick auf den Grad der Preissensibilität sowie den Wettbewerbslevel, denn gerade diese beiden Kriterien sind wesentlich für preispolitische Entscheidungen. So könnten die Klassen A-Artikel (hohe Preissensibilität), B-Artikel (mittlere Preissensibilität) und C-Artikel (niedrige Preissensibilität) sowie X-Artikel (hoher Wettbewerbslevel), Y-Artikel (mittlerer Wettbewerbslevel) oder Z-Artikel (niedriger Wettbewerbslevel) unterschieden werden. Unternehmungsspezifisch ist festzulegen, ab wann die jeweilige Einstufung erfolgt. Denkbar ist bspw., dass für die Einstufung eines Artikels in die Gruppen A, B, C sowie X, Y sowie Z die Kriterien gemäß Abbildung 5 verwendet und jeweils bestimmte Merkmalsausprägungen für die Einstufung vorgegeben werden.

(2) Clusterbildung

Anwendungen der Clusterbildung zielen darauf ab, Daten unter Berücksichtigung ihrer Merkmalsausprägungen zu gruppieren, wobei auf vielzählige Verfahren der Clusteranalyse bzw. zur Festlegung der Clusteranzahl zurückgegriffen werden kann[29]. In preispolitischer Hinsicht ist neben der Segmentation nach warengruppenspezifischen Merkmalen insbesondere auf die Segmentierung von Kunden auf Basis des beobachtbaren Kaufverhaltens hinzuweisen[30]. So können Kaufhistorien von Kundentypologien u.a. durch Informationen über bevorzugte Warenbereiche, Preislagen, Artikel, Marken oder Trends abgebildet und auf dieser Basis bspw. Kundenrankings erstellt werden. Denkbar ist aber auch die Aufbereitung von Wissen über Gemeinschaften (Communities) zur Erstellung von Gemeinschaftsprofilen bzw. Verhaltensschablonen, die u. a. auch der Ableitung von

---

29 Vgl. beispielhaft Bacher 1994; Backhaus et al. 1996; Gossens 2000, S. 150 ff.
30 Saathoff erörtert bspw. die Kundensegmentierung aufgrund von Kassenbons. Saathoff 2000, S. 129 ff.

Profilen für jene Kunden dienlich sind, für die keine umfassende Transaktionshistorie zur Verfügung steht.

Will man Informationen über einen Einkaufsvorgang bzw. über typische Einkäufer erfassen, genügen die Scannerinformationen bzw. Bondaten beim Checkout. Sollen hingegen mehrere Einkaufsvorgänge erfasst bzw. Längsschnittanalysen über das Konsumentenverhalten durchgeführt, individuelle, personenbezogene Profile (z.B. im Hinblick auf die Kundenprofitabilität, loyale Käufer oder Schnäppchenjäger/Aktionskäufer) aufbereitet oder Merkmale des Kaufverhaltens mit demographischen oder psychographischen Merkmalen verknüpft werden, ist zusätzlich ein Kundenidentifikationssystem erforderlich. Sollen darüber hinaus mehrere Einkaufsstätten oder das Einkaufsverhalten in mehreren Einkaufsstätten analysiert werden, sind Daten aus Konsumentenpanels in Verbindung mit unternehmungsübergreifenden Kundenkartensystemen erforderlich.

(3) Regression

Die Anwendungen der Regression sind darauf ausgerichtet, Beziehungszusammenhänge zwischen einzelnen Merkmalen der zugrunde liegenden Datenbasis zu analysieren. So wird im Rahmen preispolitischer Wirkungsanalysen versucht, einen kausalen Zusammenhang zwischen dem Einsatz des Marketinginstrumentes Preis und einer bestimmten Outputgröße festzustellen und daraus Hinweise für preispolitische Regeln zu gewinnen.

Die *Preisabsatzfunktion* zeigt bspw. den Zusammenhang von Preis und Abverkaufsmenge bestimmter Artikel, Artikelgruppen oder Warenbereiche auf und informiert den Preisentscheider folglich darüber, welche Mengen sich bei unterschiedlichen Preisen absetzen lassen.

Auf Basis einer *Preispromotionanalyse* kann festgestellt werden, welche Auswirkungen eine Preispromotion hat, wenn Preisnachlässe von X Prozent gewährt werden, wenn zusätzlich eine Zweitplatzierung oder kommunikative Unterstützung erfolgt etc.

Zielsetzung einer *Preisabstandsanalyse* ist es, die Veränderung des Marktanteils eines Artikels in Abhängigkeit zum Preisabstand zu einem anderen Artikel zu ermitteln. Zudem kann bspw. überprüft werden, wie groß der Preisabstand zwischen zwei Substitutionsartikeln mindestens sein muss, damit es letztlich auch zu Substitutionseffekten kommt. So könnte bspw. festgestellt werden, dass Preisdifferenzen ab einer bestimmten Höhe Kundenabwanderungen auf die preisgünstigere Marke fördern. Denkbar ist auch die Verknüpfung mit einer *Wettbewerbspreisanalyse*, die die Konkurrenzpreise in der zeitlichen Entwicklung darstellt. Damit kann analysiert werden, ab welchem Preisabstand Kunden zu einem Betriebsstättenwechsel bereit sind bzw. Kannibalisierungseffekte durch konkurrierende Angebote ausgelöst werden.

Im Rahmen der nachfrageorientierten Preissetzung spielt vor allem die *Preiselastizitätsanalyse* eine große Rolle. Die Preiselastizität als Quotient von relativer Absatzänderung und relativer Preisänderung informiert den Preisentscheider darüber, welche Auswirkungen (simulierte oder reale) Preisänderungen auf die Absatzmenge haben. So kann bei einer durchgeführten Preiserhöhung (Preisreduktion) der Nachweis einer unelastischen

(elastischen) Nachfrage zu einer weiteren Preiserhöhung (Preissenkung) führen. Allerdings ist immer zu bedenken, dass sich die Preiselastizität verändern kann, z.B. in Abhängigkeit der Einsatzintensität des Retailingmix oder der Konkurrenzaktivitäten, und dass der unelastische Preisspielraum nicht unbegrenzt ist.

(4) Abhängigkeitsentdeckung

Bei den Anwendungen zur Abhängigkeitsentdeckung geht es um Beziehungszusammenhänge zwischen unterschiedlichen Ausprägungen von Merkmalen der zugrunde liegenden Datenbasis. In diesem Zusammenhang ist insbesondere auf die *Warenkorbanalyse* hinzuweisen[31], die im Übrigen auch mit Blick auf die Auswahl warenbezogener Preissegmente eine besondere Rolle spielt. Die Warenkorbanalyse dient insbesondere der Aufdeckung komplementärer Artikelverbundbeziehungen. In diesem Zusammenhang ist auf den so genannten Conjoint Profit hinzuweisen[32] – eine Kennzahl, die den Verbundertrag eines Artikels quantifiziert. Basis ist vor allem der Warenkorbdeckungsbeitrag als Summe aller Einzeldeckungsbeiträge in einem Warenkorb. Der Verbundertrag eines Artikels A in einem Warenkorb Y ergibt sich dann folgendermaßen[33]:

$$\text{Verbundertrag Artikel A} = \text{Summe aller Einzeldeckungsbeiträge im Warenkorb Y} \times \frac{\text{Umsatz Artikel A}}{\text{Gesamtumsatz Warenkorb Y}}$$

Über den Conjoint Profit kann einerseits identifiziert werden, ob sich ein Artikel häufig in Gewinn bringenden Warenkörben befindet und demzufolge – ggf. trotz kleiner Ertragsspanne und geringem Umschlag – zum Erfolg des Gesamtsortiments beiträgt. Auf diese Weise werden andererseits verbundzentrale bzw. nicht-verbundzentrale Artikel identifiziert und damit Hinweise für die Kompensationskalkulation gewonnen. Die Warenkorbanalyse kann für anonyme Käufer oder auch für identifizierte Käufer durchgeführt werden. Letzteres gibt Aufschluss über folgende Fragen: Wer bzw. welche Kundengruppen kaufen welchen Warenkorb mit welchen Preislagen, zu welchem Zeitpunkt? Wechseln die Käufer zwischen verschiedenen Preislagen? Welche Auswirkungen haben Preisaktionen auf das Einkaufsverhalten von bestimmten Käufern (z.B. Mehrverbrauch, Vorratskäufe)? etc.

(5) Abweichungsentdeckung

Im Rahmen von Anwendungen zur Abweichungsentdeckung wird untersucht, ob die Ausprägungen bestimmter Merkmale besonders stark von den übrigen Merkmalsausprägungen abweichen. Derartige Anwendungen können bspw. für Preiskontrollzwecke

---

31 Zur methodischen Vorgehensweise der Warenkorbanalyse vgl. bspw. Schwarz 2000, S. 102
32 Zeisel 1999, S. 87
33 Zeisel schlägt vor, den Verkaufspreis als Schlüssel zur Verteilung des Warenkorbdeckungsbeitrages auf die Einzelartikel zugrunde zu legen. Deshalb wird der Warenkorbdeckungsbeitrag mit dem Verhältnis Artikelumsatz zu Warenkorbumsatz multipliziert.

eingesetzt werden. Mit Blick auf mögliche Plan-/Beurteilungskennzahlen ist die Ausrichtung auf typische Kontrollgrößen wie Umsatz/Absatz, Marktanteil, Deckungsbeitrag oder Lagerumschlag und damit die Erstellung von bspw. Renner-/Pennerlisten zweifelsohne zu eng. Das Augenmerk ist darüber hinaus darauf zu richten, diese mit marketingrelevanten Größen wie Käuferfrequenz, Kaufhäufigkeit, Käuferreichweite, Wiederkaufrate, Bekanntheitsgrad oder auch Konkurrenzpreise zu verknüpfen, um Hinweise auf die Preisakzeptanz, Preisreaktionen oder die Einstellung zum Handelsprodukt zu bekommen. Als Bezugsobjekte kommen einzelne Artikel oder bestimmte Artikelgesamtheiten (wie z.B. Gesamtsortiment, Warengruppen, Preislagen, Ausgleichsträger, Ausgleichsnehmer oder auch Preisarten wie durchschnittlicher Endverbraucherpreis, Aktionspreis, Insertionspreis) oder einzelne Kunden, Kundensegmente oder Warenkörbe in Frage. Wichtig ist die Abstimmung der Messgrößen und Bezugsobjekte mit jenen aus der Zielplanung, um einen Trade-off von Soll- und Ist-Größen durchführen zu können.

Abschließend sei angemerkt, dass unter Effizienzgesichtspunkten bzw. mit Blick auf die Artikel- und ggf. auch Kundenvielzahl nicht jeder einzelne Artikel bzw. Kunde im Brennpunkt der möglichen Analysen stehen kann und sollte. Hier sind die Entscheider gefordert, jene Aufgaben bzw. Informationsbedürfnisse zu priorisieren, die im Hinblick auf die verfügbaren Ressourcen zu bewältigen und unter Nutzenaspekten den höchstmöglichen Beitrag liefern.

2.3 Preispolitische Nutzenfelder

Bei der Diskussion um den Einsatz neuer Informationstechnologien ist eine Frage ganz zentral: Wie kann mehr und besseres Wissen die Realisierung der unternehmerischen Ziele bzw. der preispolitischen Ziele beeinflussen oder gar verändern? Nachfolgend seien wesentliche Nutzenfelder zusammenfassend erörtert:

- *Realtime Pricing*: Der Aufbau eines Preisinformationssystems trägt dazu bei, den Preisentscheidungsprozess besser und schneller zu gestalten. Es wird eine höhere Reaktionsbereitschaft in Bezug auf die Marktnachfrage bzw. ein sofortiges Reagieren auf sich laufend verändernde Bedürfnisse bzw. Marktverhältnisse im Sinne eines dynamischen Pricing erreicht. Vor allem werden die Entscheidungen zur Modifikation von Preisen erleichtert. Die Konsequenz daraus ist, dass es ggf. häufiger zu Preisänderungen kommen kann. Im Sinne des Preisvertrauenszieles ist unternehmungsspezifisch allerdings zu prüfen, wo die Grenzen eines Realtime Pricing bzw. der Preisänderungshäufigkeit und -rate liegen.

- *Optimierung der Preisarchitektur:* Eine bedarfsgerechte Preislagensteuerung und damit auch verbesserte Kundenansprache kann dann erreicht werden, wenn die Distributionsentscheidungen anhand der echten Verkaufszahlen von Preislagen vorgenommen werden. Abverkaufs-, Marktanteils- oder Out-of-stock-Analysen bestimmter Preislagen bzw. Preisklassenanalysen informieren bspw. über preislagenspezifische Absatzschwankungen, Renner-/Pennerpreislagen etc.. So kann eine Analyse über Bonreichweiten auf Warengruppenebene Hinweise für eine verbesserte Preislagenstrukturierung geben. Zudem kann in Verbindung mit einem Kundenidentifikationssystem festgestellt werden, welche Kunden welche Preislagen bevorzugen oder welche Kunden man verliert, wenn bestimmte Preislagen ausgelistet werden.

- *Optimierung der Kompensationskalkulation:* Im Rahmen von Warenkorbanalysen können Verbundintensitäten und -zentralitäten identifiziert werden. Vor allem der Verbundertrag dürfte für Preisoptimierungen eine wichtige Zielgröße sein: verbundzentrale Artikel bieten sich als Ausgleichsnehmer, solche mit geringer Verbundzentralität als Ausgleichsgeber an. Beispiel: Bei Artikeln mit negativem oder minimalem Deckungsbeitrag und hohem Verbundertrag ist eine Preiserhöhung kaum empfehlenswert. Ein Artikel mit niedrigem Deckungsbeitrag und niedrigem Verbundertrag dagegen wäre wenig profitabel und trägt lediglich zur Anlockung der „Cherry Pickers" bei. Sofern keine Auslistung erfolgen soll, ist zumindest die Möglichkeit der Preiserhöhung in Erwägung zu ziehen. Auf keinen Fall sollte pauschal mit Quersubventionen gearbeitet werden, d.h. die guten Renditen der Artikel 1, 2, 3 in der Filiale I kompensieren die schlechten Renditen der Artikel 4, 5, 6 in der Filiale II. Preiselastizitätsanalysen liefern zudem Hinweise für unausgeschöpfte Deckungsbeitragspotenziale bzw. Preisspielräume nach oben sowie für erforderliche Preissenkungen.

- *Optimierung des Zeitpunktes für Preisabschriften:* Der Zeitpunkt für Preisreduzierungen sollte nicht nach der Formel Einführungszeitpunkt + X Wochen ermittelt werden. Der Zeitpunkt sollte vielmehr nachfragegesteuert festgelegt werden, d.h. es ist so lange zu warten, bis die Umschlaggeschwindigkeit eines Artikels eine bestimmte Grenze unterschreitet. Entscheidungen über Preissenkungen sind dann also nicht Folge einer Zeitplanung, sondern basieren auf dem Warenfluss.

- *Nachfragegesteuerte Preisaktionen:* Nur wenn die Auswirkungen der Preisaktionen auf den Artikel-, Kategorie- oder Saisonerfolg frühzeitig transparent werden, können schnelle Anpassungsmaßnahmen einzelner Aktionen oder auch der Aktionsintensität erfolgen und damit Margenverluste durch Preisaktionen minimiert werden. Wichtige Kenntnisse liefert eine Analyse der Kundenwirkung (gemessen an Größen wie Käuferreichweite, Umsatz, Rohgewinn ohne Verbundwirkung, Absatz je Aktion oder Aktionsartikel) insgesamt oder bezogen auf Aktionstage[34]. Auf Basis von Warenkorbanalysen können zudem wichtige Kenntnisse über die Aktionseignung von Artikeln gewonnen werden, indem bspw. deren Auswirkung auf den Warengruppenumsatz bzw. deren Kannibalisierungseffekte ermittelt werden. Zudem können auf Basis der Aktionsergebnisse verschieden zusammengestellte Aktionen bzw. verschiedene Aktionsbündel verglichen und daraus Hinweise für den optimalen Rahmen von Preisabschriften gewonnen werden.

- *Hinweise für Preisbündelung:* Auf Basis von Warenkorbanalysen kann der Verwendungszusammenhang von Angeboten und damit deren Eignung zur Aufnahme in ein

---

[34] Vgl. auch Städler/Fischer 2001, S. 218

Preisbündel geprüft werden. So ist bspw. die Aufdeckung von Bedarfs-, Auswahl- und Nachfrageverbunden[35] ganz entscheidend für die Zusammenstellung eines Multi-Product Bundling[36].

- *Price Customizing:* Durch die Streichung von Rabattgesetz und Zugabeverordnung sind die preispolitischen Möglichkeiten im Einzelhandel ungleich größer als vorher. Neben der Umsetzung von unternehmungsspezifischen Rabattsystemen oder Bonusprogrammen ist eine kundenspezifische Verhandlungsbereitschaft im Hinblick auf den Rabattierungsspielraum – unter Berücksichtigung der nach wie vor bestehenden Kontrollen der „guten Sitten" durch das UWG – realisierbar. Dabei dürfen die betriebswirtschaftlichen Risiken allerdings nicht in Vergessenheit geraten, denn ungezügelte Preisnachlässe bzw. eine Rabattgewährung nach dem Gießkannenprinzip lockt die Kunden u.U. zwar an, mindert allerdings gleichermaßen den Rohertrag. Ein dem Kundenwert entsprechender Zuschnitt preispolitischer Differenzierungskonzepte ist folglich angeraten. Aufgabe des Preisinformationssystems ist es in diesem Zusammenhang insbesondere, die erforderlichen Kundendaten bereitzustellen sowie das Differenzierungskonzept bzw. Rabattsystem zu verwalten.

2.4 Grenzen bzw. Anregungen für weitere Entwicklungen

Dem hohen Nutzenpotenzial stehen Grenzen gegenüber, die seitens der Preisverantwortlichen im Rahmen preispolitischer Entscheidungen zu berücksichtigen sind.

- In einer Data Warehouse-Lösung dienen AIS zur Strukturierung preispolitischer Aufgabenstellungen. Aber: Die im Data Mart vorhandenen Daten können anwendungsspezifisch zwar analysiert bzw. gelesen werden, es findet jedoch kein automatischer Lernprozess durch Veränderung des Datenkranzes statt[37].

- AIS tragen über die Informationsversorgung zu einer Verbesserung von Urteilsvermögen und Entscheidungsqualität bei. Die Unterstützung im Preisentscheidungsprozess ist jedoch insofern begrenzt, als bspw. keine Hilfestellung bei der Alternativengenerierung oder –bewertung geleistet wird.

- AIS basieren ausschließlich auf Datenbanken (vgl. Abbildung 4). Insbesondere Modellbanken sind nicht Bestandteil eines Data Warehouse. Um Preisentscheidungen treffen zu können, müssen die Entscheidungsträger jedoch auch einen Überblick über die möglichen Preiskalkulationsmodelle sowie Regeln dafür haben, wann welchem Verfahren bei der Preiskalkulation eine stärkere Gewichtung zukommen sollte. Beispiel: Im Falle eines Artikels mit hohem Wettbewerbslevel (X-Artikel) sollte der wettbewerbsorientierten Preiskalkulation eine höhere Gewichtung zukommen als der

---

35 Barth 1999, S. 176 f.
36 Zu den möglichen Formen des Bundling vgl. beispielhaft Priemer 2000, S. 53 ff.
37 Bauer/Günzel 2001, S. 17

kostenorientierten Preiskalkulation. Abbildung 6 zeigt einen möglichen Grundaufbau einer Modellbank für das Preismanagement, die – in Kombination mit dem Data Mart für das Preismanagement - den Preisentscheidungsprozess im Handel weiter objektivieren und ggf. auch standardisieren könnte.

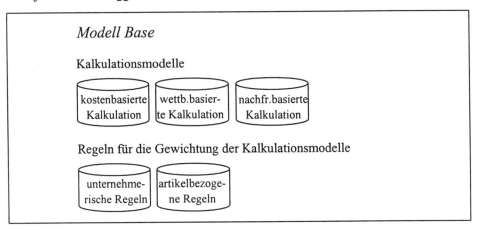

Abbildung 6: Modelldatenbank für das Preismanagement

Fazit: Zusätzliche Anforderungen an AIS bestehen in Zukunft insbesondere darin, dass während der Analysephase zusätzlich Hintergrundwissen einbezogen und damit der Preisentscheidungssupport erweitert wird. Dies wäre ein wichtiger Schritt auf dem Weg zur Entwicklung eines Price Decision Support Systems. Denkbar wäre bspw., dass auf Basis von Preiselastizitätsanalysen bzw. im Zuge der Robinson-Amoroso-Relation eine computergestützte Errechnung der gewinnoptimalen Handelsspanne – ggf. durch Bereinigung des Ergebnisses je nach unternehmerischer und warenspezifischer Bedeutung einer kosten- ober wettbewerbsorientierten Preiskalkulation - vorgenommen wird. Man gelangt dann also zu einem *elastizitätsabhängigen Pricing*, bei dem die Preiskalkulation nicht mehr vertriebsschienenbezogen, preiszonenabhängig (z.B. Hoch-, Mittel-, Niedrigpreiszonen) oder auf Basis fixierter Regeln erfolgt, sondern automatisch von Geschäftsvorfällen ausgelöst wird.

3. Schlussbetrachtung

Technologische Entwicklungen verändern die Informationsqualität sowie den Komfort bei der Informationsaufnahme und –verarbeitung. Die Chancen einer Informationsverbesserung und damit einer Optimierung der Entscheidungsqualität liegen auf der Hand: die hohe Informationsaktualität, die Interaktion mit dem Kunden, die Disaggregation von Informationen bis auf Einzelartikel- und Einzelkundenebene, die mögliche Erfassung von Standortspezifika oder eine Integration verschiedener Datenpools ermöglichen ein interaktives Vorgehen im Sinne einer schnellen und flexiblen Reaktion auf Marktveränderungen.

Die Gefahr neuer Informationstechnologien besteht allerdings darin, dass bei der Informationsflut der Blick für das Wesentliche versperrt wird. Bei der Einführung neuer Technologien sollte daher unbedingt die Auflage beachtet werden, jene Aufgaben zu priorisieren, die im Sinne der Devise *Think big and start small* schnell zu brauchbaren Ergebnissen führen. Ein wichtiges Kriterium ist also der Return on Investment. Gerade hierin liegen auch die Gründe für die noch bestehende Zurückhaltung in deutschen Handelsunternehmungen: hohe bzw. quantifizierbare Kosten für die Soft- bzw. Hardware sowie die Implementierung, denen eine nahezu unmögliche Nutzenevaluierung und eine unzureichende Kenntnis über die Leistungsfähigkeit der neuen Technologien gegenübersteht. Hinzu kommen Ursachen wie fehlende Kapital- oder Personalressourcen.

Letztlich darf bei aller Informationseuphorie auch nicht in Vergessenheit geraten, dass die New Economy im Sinne einer Informations- oder Wissensökonomie keine gänzlich neuen ökonomischen Gesetze herbeiführt. Auch weiterhin gilt: Quartals- und Jahresabschlüsse bleiben wichtig für die Beurteilung der finanziellen Entwicklung, Überleben und Markterfolg werden von der Fähigkeit zur Schaffung eines langfristig wirtschaftlichen Wertes bestimmt. Folglich ist auch ein intensiver Einsatz von Informationstechnologien bzw. eine Optimierung der Mensch-Maschine-Kommunikation kein Erfolgsgarant. Entscheidend ist vielmehr, dass aus der entstehenden Datenflut die relevanten Informationen herausgefiltert, die richtigen Schlüsse gezogen und eine Entscheidungsoptimierung initiiert wird.

Literatur

ALPAR, P. (2000): Einführung zu Data Mining, in: Alpar, P.; Niedereichholz, J. (Hrsg.): Data Mining im praktischen Einsatz, Braunschweig-Wiesbaden 2000, S. 1-27.

BACHER, J. (1994): Clusteranalyse – Anwendungsorientierte Einführung, München et al. 1994.

BACKHAUS, K. et al. (1996): Multivariate Analysemethoden – Eine anwendungsorientierte Einführung, 8. Aufl., Berlin-Heidelberg 1996.

BARTH, K. (1976): Systematische Unternehmungsführung in den Groß- und Mittelbetrieben des Einzelhandels, Kölner Habilitationsschrift, Edmund Sundhoff (Hrsg.), Nr. 52 der Schriften zur Handelsforschung, Göttingen 1976.

BARTH, K. (1999): Betriebswirtschaftslehre des Handels, 4. Aufl., Wiesbaden 1999.

BAUER, A.; GÜNZEL, H. (Hrsg.) (2001): Data Warehouse Systeme: Architektur, Entwicklung, Anwendung, Heidelberg 2001.

BECKER, J.; SCHÜTTE, R. (1997): Handelsinformationssysteme – intra- und interorganisationale Aspekte, in: Trommsdorff, V. (Hrsg.): Handelsforschung 1997/98, Jahrbuch der Forschungsstelle für den Handel Berlin e. V., Wiesbaden 1997, S. 343-370.

BISSANTZ, N.; HAGEDORN, J.; MERTENS, P. (2000): Data Mining, in: Muksch, H.; Behme, W. (Hrsg.): Das Data Warehouse-Konzept: Architektur - Datenmodelle – Anwendungen, 4. Aufl., Wiesbaden 2000, S. 377-407.

CHAMONI, P.; GLUCHOWSKI, P. (1999): Analytische Informationssysteme – Einordnung und Überblick, in: Chamoni, P.; Gluchowski, P. (Hrsg.): Analytische Informationssysteme: Data Warehouse, On-Line Analytical Processing, Data Mining, 2. Aufl., Berlin 1999.

DÜSING, R. (2000): Knowledge Discovery in Databases. Diskussionsbeiträge des Fachbereichs Wirtschaftswissenschaft der Gerhard-Mercator-Universität Duisburg, Nr. 272, Duisburg 2000.

DÜSING, R.; HEIDSIECK, C. (2001): Phasen des Data Warehousing: Analysephase, in: Bauer, A.; Günzel, H. (Hrsg.): Data Warehouse Systeme: Architektur, Entwicklung, Anwendung. Heidelberg 2001, S. 95–115.

ENGLAND, L. R.; EHRENBERG, A. S. C. (1987): Pricing research at the LBS: A progress note, in: Journal of the market research society, Vol. 29, No. 2, 1987, pp. 209-210.

ERNST & YOUNG (1993): Managing information strategically, Chicago 1993.

GABRIEL, R.; CHAMONI, P.; GLUCHOWSKI, P. (2000): Data Warehouse und OLAP – Analyseorientierte Informationssysteme für das Management, in: ZfbF, 52. Jg., Heft 2 2000, S. 74-93.

GOSSENS, T. (2000): Nutzungsbasierte Kundensegmentierung, in: Alpar, P.; Niedereichholz, J. (Hrsg.): Data Mining im praktischen Einsatz, Braunschweig-Wiesbaden 2000, S. 143-180.

HARTMANN, M. (2002): Preismanagement im Einzelhandel, Habilitationsschrift, Wiesbaden 2002, in Vorbereitung.

HERMANNS, A. (1997): Internet und Mode-Marketing, Frankfurt am Main 1997.

HEUER, K. R.; WILKEN, M. (2000): Ansätze zur Datengewinnung für das Controlling im Online-Marketing, in: Zerres, M. P. (Hrsg.): Handbuch Marketing-Controlling, 2. Aufl., Berlin et al. 2000, S. 309-319.

MARN, M. V.; ROSIELLO, R. L. (1993): Balanceakt auf der Preistreppe, in: Harvard Business Manager, 15. Jg., Heft 2 1993, S. 46-56.

MUKSCH, H.; BEHME, W. (2000): Das Data Warehouse-Konzept als Basis einer unternehmensweiten Informationslogistik, in: Muksch, H.; Behme, W. (Hrsg.): Das Data

Warehouse-Konzept: Architektur - Datenmodelle – Anwendungen, 4. Aufl., Wiesbaden 2000, S. 3-80.

O. V. (1998): Erfolgreicher Einstieg ins Data Warehousing, in: LZ Nr. 25 vom 19. Juni 1998, 50. Jg., S. 38-40.

PALASS, B.; SERVATIUS, H.-G. (2001): WissensWert: mit Knowledge-Management erfolgreich im E-Business, Stuttgart 2001.

PASSINGHAM, J.; PASSINGHAM-HUGHES, H. (1997): A method for market segmentation using continuous datasets, in: Marketing and research today, Nov. 1997, S. 274-284.

PRIEMER, V. (2000): Bundling im Marketing, Frankfurt et al. 2000.

RAO, V. R. (1984): Pricing research in marketing: The state of the art, in: Journal of Business, Vol. 57, 01/1984, S. 39-60.

SAATHOFF, I. (2000): Kundensegmentierung aufgrund von Kassenbons – eine kombinierte Analyse mit Neuronalen Netzen und Clustering, in: Alpar, P.; Niedereichholz, J. (Hrsg.): Data Mining im praktischen Einsatz, Braunschweig-Wiesbaden 2000, S. 119-141.

SABEL, H.; WEISER, C. (1998): Dynamik im Marketing, 2. Aufl., Wiesbaden 1998.

SÄUBERLICH, F. (2000): KDD und Data Mining als Hilfsmittel zur Entscheidungsunterstützung, Frankfurt am Main et al. 2000.

SCHWARZ, P. (2000): Verbundkäufe in Warenkorbdaten, in: Alpar, P.; Niedereichholz, J. (Hrsg.): Data Mining im praktischen Einsatz, Braunschweig-Wiesbaden 2000, S. 99-117.

STÄDLER, M.; FISCHER, J. (2001): Auswertungspotentiale einer Data Warehouse-gestützten Warenkorb- und Bondatenanalyse im Handel, in: Behme, W.; Muksch, H. (Hrsg.): Data Warehouse-gestützte Anwendungen: Theorie und Praxiserfahrungen in verschiedenen Branchen, Wiesbaden 2001, S. 203-231.

SYDOW, J. (1998): Vertrauen und Electronic Commerce – Vertrauen nicht nur in elektronische Netzwerke, in: Wamser, C. (Hrsg.): Electronic Commerce, München 2000, S. 259-269.

TAPSCOTT, D. (1988): Net Kids, Wiesbaden 1998.

TELLIS, G. J. (1988): The price elasticity of selective demand, in: Journal of Marketing Research, November 1988, S. 331-341.

ZEISEL, S. (1999): Efficient Pricing und Efficient Assortment Planning für große Handels- und Dienstleistungssortimente, Münster 1999.

Dirk Möhlenbruch und Torsten Wurm

Die Leistungsfähigkeit der Balanced Scorecard im Einzelhandel

1. Problemstellung

2. Der Einsatz der Balanced Scorecard in Einzelhandelsunternehmungen
    2.1 Die Balanced Scorecard als Managementkonzept
    2.2 Aufbau und Perspektiven der Balanced Scorecard
        2.2.1 Finanzwirtschaftliche Perspektive
        2.2.2 Kundenperspektive
        2.2.3 Perspektive interner Geschäftsprozesse
        2.2.4 Lern- und Entwicklungsperspektive
    2.3. Anwendungsmöglichkeiten der Balanced Scorecard im filialisierenden Einzelhandel

3. Die Leistungsfähigkeit der Balanced Scorecard in Einzelhandelsunternehmungen
    3.1 Stärken der Balanced Scorecard
    3.2 Schwächen der Balanced Scorecard
        3.2.1 Marketingbezogene Kritikpunkte
        3.2.2 Handelsbezogene Kritikpunkte
        3.2.3 Managementbezogene Kritikpunkte
        3.2.4 Ergänzende Kritikpunkte

4. Fazit und Entwicklungsperspektiven

Literatur

1. Problemstellung

Seit Beginn des Einsatzes wissenschaftlicher Methoden in der betrieblichen Praxis sind Kennzahlen wichtige Grundlagen einer rationalen Entscheidungsfindung.[1] Insbesondere der Einzelhandel nutzt seit jeher Größen wie bspw. Umsatz, Handelsspanne, Lagerumschlag oder Rentabilitätskennziffern, um zielorientiert planen, steuern und kontrollieren zu können. Aufgrund unabhängig voneinander erhobener Daten, mangelnder Berücksichtigung von Ursache-Wirkungsbeziehungen sowie einer fehlenden Systemintegration finden Handelsmanager jedoch häufig ein „Informationschaos"[2] vor.

Auch im Schrifttum zum Handelsmarketing und insbesondere zum Handelscontrolling wird nur vereinzelt die Bedeutung von Kennzahlen und deren Verdichtung zu einem Kennzahlensystem herausgestellt.[3] Darüber hinaus informieren die bisher vorliegenden traditionellen Controllingansätze nur unzureichend über Wirkungsbeziehungen zwischen einzelnen Kennzahlen bzw. Leistungsindikatoren. Im Wesentlichen lassen sich unabhängig von den Branchenbesonderheiten des Einzelhandels für den Controllingbereich folgende Defizite feststellen:[4]

- Vergangenheitsorientierung der Informationen;
- einseitige Berücksichtigung von Daten aus dem Rechnungswesen;
- Überbetonung finanzwirtschaftlich orientierter Kennzahlen;
- Ausrichtung auf kurzfristige finanzielle Erfolge statt auf langfristige Zielsetzungen;
- Defizit an strategierelevanten Maßgrößen und mangelnder Bezug zur operativen Umsetzung der Unternehmungsstrategie;
- fehlende Analyse von Geschäftsprozessen;
- unzureichende Berücksichtigung einer konsequenten Kundenorientierung.

Insbesondere ist eine Dominanz finanzwirtschaftlicher Größen zu bemängeln, obwohl diese im Gegensatz zu zukunftsgerichteten strategischen Erfolgspotenzialen die Gefahr einer lediglich kurzfristigen Ausrichtung von Unternehmungsaktivitäten implizieren.[5] Zudem stehen Handelsunternehmungen aufgrund einer Erweiterung ihrer Aufgaben um z.B. die Bereiche Category Management, Kundenbindungsprogramme, Supply Chain Management und Efficient Consumer Response vor neuen Herausforderungen.[6] Daher ist es nicht verwunderlich, wenn gerade in der handelsbetrieblichen Praxis innovative Führungsinstrumente, wie bspw. die Balanced Scorecard, intensiv diskutiert werden. In diesem Zusammenhang kommt insbesondere Barth das Verdienst zu, als einer der ersten

---

[1] Vgl. Merkle 1982, S. 325
[2] Müller-Hagedorn/Büchel 1999, S. 157
[3] Vgl. z.B. Günther 1989; Witt 1992; Ahlert/Olbrich 1997 und van Kerkom 1998. Eine Ausnahme bildet insbesondere die Veröffentlichung von Barth 1980, der bereits frühzeitig eine ausführliche Analyse von Kennzahlen zur Sortimentsplanung und -steuerung im Einzelhandel vornahm.
[4] Vgl. Horváth 1998, S. 113; Weber 1998, S. 184; Barth 1999, S. 451 und Horstmann 1999, S. 153
[5] Vgl. Weber 1998, S. 184
[6] Vgl. Wintermantel 2000, S. 63

Autoren die Bedeutung der Balanced Scorecard für die Unternehmungsführung im Einzelhandel herausgestellt zu haben.[7]

Aufgrund der skizzierten Problembereiche und der bislang fehlenden kritischen Analyse der Leistungsfähigkeit ist von grundlegendem Interesse, ob dieses in der letzten Zeit intensiv diskutierte und teilweise als Patentrezept angesehene Management- bzw. Kennzahlensystem auch in Einzelhandelsunternehmungen ein effektives und effizientes Controllinginstrument darstellt sowie welche Vor- und Nachteile mit seinem Einsatz in dieser Branche verbunden sind.

2. Der Einsatz der Balanced Scorecard in Einzelhandelsunternehmungen

In Theorie und Praxis des Handels findet die Balanced Scorecard in den letzten Jahren zunehmende Beachtung. Dies zeigt sich sowohl an der Diskussion dieses Konzeptes im handelswissenschaftlichen Schrifttum[8] als auch an seiner verstärkten Implementierung bspw. in den Einzelhandelsunternehmungen E. Breuninger GmbH & Co., Obi GmbH & Co. KG und dem Unternehmensbereich Lebensmittel-Discount der Schweizer „Migros"-Gruppe.[9] Ein wesentliches Ziel der Einführung wird darin gesehen, die Vielzahl an relevanten internen und externen Informationen zu verdichten, um dem Handelsmanagement einen besseren Überblick über Geschäftsabläufe zu ermöglichen sowie eine konsequente Umsetzung von Unternehmungsstrategien auf allen organisatorischen Ebenen zu erreichen.[10]

2.1 Die Balanced Scorecard als Managementkonzept

Die Balanced Scorecard wurde Ende der 80er Jahre von Kaplan und Norton in Kooperation mit Unternehmungsberatungsgesellschaften entwickelt. Inzwischen gilt sie als Schlüsselinstrument für eine zukunftsorientierte Unternehmungsentwicklung, das wesentlich über rechnungsweseorientierte Steuerungsfunktionen hinausgeht. Durch die Zugrundelegung einer mehrdimensionalen Führungsperspektive soll dieses Konzept gleichzeitig ein strategisches und operatives Controlling ermöglichen und sowohl die

---

7 Vgl. Barth 1999, S. 451 ff.
8 Vgl. Barth 1999, S. 451 ff.; Müller-Hagedorn/Büchel 1999, S. 157 ff.; Töpfer 2000, S. 13 ff. und Fischer 2001, S. 5 ff.
9 Vgl. Guldin 1997, S. 289 ff.; Guldin 2000, S. 97 ff.; Sauer 2000, S. 81 ff. und Wintermantel 2000, S. 63
10 Vgl. Müller-Hagedorn/Büchel 1999, S. 158

Orientierung am Kundennutzen als auch ein wertorientiertes Wachstum der Handelsunternehmung sicherstellen.[11]

Da nach empirischen Befunden insbesondere in Einzelhandelsbetrieben die strategische Führung erhebliche Defizite aufweist, bietet die Balanced Scorecard aufgrund des Zwangs zu einer intensiven Auseinandersetzung mit der jeweiligen Unternehmungsstrategie die Chance einer konsequenteren Strategieorientierung in dieser Branche. Sie kann nicht nur als taktisches bzw. operatives Mess- und Kontrollsystem genutzt werden, sondern dient aufgrund ihres Einsatzes als Kommunikations-, Informations- und Lerninstrument auch einer langfristigen Verfolgung unternehmerischer Ziele.[12]

Die Transformation von Strategien in verschiedene Kennzahlen versetzt die Unternehmungsführung zudem in die Lage, die entscheidenden Faktoren für den zukünftigen Erfolg klarer zu erkennen und gleichzeitig den Mitarbeitern die Konsequenzen ihrer Handlungen und Entscheidungen aufzuzeigen.[13] Hierdurch lassen sich kurzfristige Aktivitäten mit dem strategischen Konzept der Unternehmung besser abstimmen, so dass die Verbindungsfunktion der Balanced Scorecard zwischen strategischer und operativer Ebene sowie ihre Koordinationsleistung deutlich werden. Die mangelnde Umsetzung von Strategien stellt daher auch den Ausgangspunkt der Entwicklung der Balanced Scorecard dar.

Darüber hinaus kann sie einen Handlungsrahmen für den gesamten Managementprozess bilden, indem mit Hilfe von Kennzahlen eine systematische Verknüpfung folgender erfolgskritischer Teilprozesse der Unternehmungsführung nach dem Regelkreisprinzip erfolgt:[14]

- Übertragung von Visionen und Strategien in konkrete Aktionen;
- Kommunikation strategischer Ziele und Verknüpfung dieser mit operativen Maßnahmen;
- Planung, Zielformulierung und Abstimmung der strategischen Initiativen;
- Verbesserung des strategischen Feedbacks und des Lernens.

2.2 Aufbau und Perspektiven der Balanced Scorecard

Die Balanced Scorecard dient dazu, Visionen und Strategien einer Unternehmung in klar definierten und abgegrenzten Zielen und Maßgrößen zu konkretisieren.[15] Die Formulierung einer unternehmungsspezifischen Strategie sollte grundsätzlich auf einer Marktanalyse und einer Stärken-Schwächen-Analyse aufbauen, um Chancen und Risiken der

---

11 Vgl. Barth 1999, S. 451
12 Vgl. Kaplan/Norton 1997, S. 10
13 Vgl. Kaplan/Norton 1997, S. 10
14 Vgl. Kaplan/Norton 1997, S. 10 f.; Horváth 1998, S. 113 und Horváth/Kaufmann 1998, S. 41
15 Vgl. Eschenbach/Haddad 1999, S. 63

betrieblichen Tätigkeit besser zu erkennen.[16] Anschließend ist die Unternehmungsstrategie top-down zu kommunizieren. Dabei werden strategische Kennziffern und Leistungsindikatoren als Zielgrößen identifiziert und den jeweiligen Zielen geeignete Aktionen und Maßnahmen zugeordnet, die sich über Ursache-Wirkungsketten in die Gesamtstrategie integrieren lassen.[17] Die ermittelten Kennzahlen werden hierbei folgenden vier Kategorien relevanter Sichtweisen zugeordnet:[18]

- die finanzwirtschaftliche Perspektive,
- die Kundenperspektive,
- die Perspektive interner Geschäftsprozesse sowie
- die Lern- und Entwicklungsperspektive.

Auf dieser Grundlage besteht die Möglichkeit einer ganzheitlichen Abbildung der Unternehmung, wobei sowohl kurz- und langfristige Ziele als auch finanzielle und nichtfinanzielle Kennzahlen in einem ausgewogenen Verhältnis berücksichtigt werden können.[19] Insbesondere in Einzelhandelsunternehmen mit einer Vielzahl von Betriebsstätten ist von besonderer Bedeutung, dass die einzelnen Perspektiven einer Balanced Scorecard einschließlich der zugrunde gelegten Kennzahlen nicht unabhängig voneinander sind, sondern logische und organisatorische Verknüpfungen aufweisen.[20]

Die Balanced Scorecard kann somit als ein integriertes System von in der Regel vier Kennzahlenkategorien verstanden werden, bei dem monetäre Größen aus den für die Unternehmungsstrategie wesentlichen Sichtweisen hinsichtlich Kunden, Geschäftsprozessen sowie Mitarbeitern resultieren und die nicht-finanzwirtschaftlichen Perspektiven durch Ursache-Wirkungsbeziehungen mit mindestens einem finanziellen Ziel verknüpft sind.[21] Gerade bei Einzelhandelsbetrieben ist aufgrund des Absatzes an Endverbraucher von einer besonderen Relevanz qualitativer Steuerungsgrößen, wie z.B. Kundenorientierung, Kundenzufriedenheit oder Kundenbindung, für eine Verbesserung der finanziellen Performance auszugehen. Darüber hinaus soll mit Hilfe der Balanced Scorecard eine Konzentration auf wenige aussagefähige Kennzahlen erfolgen, um die auch im deutschen Einzelhandel existierende „Kennzahlenflut zu kanalisieren"[22].

Da in dieser Branche dem Beschaffungsbereich eine herausragende Bedeutung für den Unternehmungserfolg zukommt, ist zudem eine Ergänzung der von Kaplan und Norton entwickelten Balanced Scorecard um eine Lieferantenperspektive sinnvoll.[23] Zudem bietet sich wegen der gestiegenen Umweltsensibilität der Konsumenten die zusätzliche Berücksichtigung einer ökologischen Perspektive an.[24]

---

16 Vgl. Barth 1999, S. 452
17 Vgl. Maschmeyer 1998, S. 79
18 Vgl. ausführlich Kaplan/Norton 1997, S. 23 ff.
19 Vgl. Horstmann 1999, S. 194 und Georg 1999, S. 130
20 Vgl. Müller-Hagedorn/Büchel 1999, S. 161
21 Vgl. Wall 2000, S. 2
22 Weber/Schäffer 2000, S. 6
23 Vgl. Horváth/Kaufmann 1998, S. 46
24 Vgl. Müller-Hagedorn/Büchel 1999, S. 161

2.2.1 Finanzwirtschaftliche Perspektive

Die finanzwirtschaftliche Komponente ist allen anderen Perspektiven übergeordnet und dokumentiert, inwieweit die Strategieimplementierung zur Ergebnisverbesserung bzw. zur Steigerung des Unternehmungswertes beiträgt.[25] Als Kennzahlen dieses Bereiches können etwa der Periodengewinn, das Umsatzwachstum, die Kapital- und Umsatzrendite, der Cash Flow oder unterschiedliche Unternehmenswerte dienen.[26]

Vor dem Hintergrund der intensiven Diskussion des Shareholder Value und der damit verbundenen Ausrichtung der Unternehmungsaktivitäten auf ein verbindliches Oberziel erlangen wertorientierte Größen auch im Handel eine zunehmende Bedeutung. Bspw. kann in diesem Zusammenhang die auf Stern und Stewart zurückgehende Kennzahl des Economic Value Added (EVA), die einen sinnvollen Kompromiss hinsichtlich Aussagefähigkeit und Komplexität zwischen Shareholder Value-orientierten und klassischen Kennzahlenkonzepten darstellt, Grundlage der finanzwirtschaftlichen Perspektive sein.[27] Durch die Verbindung des EVA-Konzeptes mit der Balanced Scorecard wird sowohl die Orientierung an den obersten Unternehmungszielen als auch die Fokussierung auf die dem finanziellen Erfolg zeitlich vorgelagerten Einflussfaktoren systematisch unterstützt.[28] Als weitere wertorientierte Zielgrößen bieten sich der Return on Capital Employed oder der Free Cash-Flow an.[29]

2.2.2 Kundenperspektive

Dieser Teil der Balanced Scorecard enthält sowohl allgemeine und übergreifende kundenbezogene Kennzahlen (z.B. Kundenzufriedenheit, Kundenbindung, Kundenakquisition, Kundenrentabilität, Gewinn oder Marktanteil) als auch marktsegmentspezifische Erfolgsgrößen.[30] Diese Perspektive soll in Einzelhandelsunternehmungen insbesondere dokumentieren, inwieweit ein Mehrwert für die Kunden über unverwechselbare Leistungsangebote generiert und so Kundenzufriedenheit geschaffen werden kann.[31] Die Konstrukte Kundenzufriedenheit und Kundenbindung werden in der Handelspraxis häufig als wesentliche Leistungstreiber identifiziert. Derartige Indikatoren sind aber nur dann für eine erfolgreiche Strategieimplementierung als relevant anzusehen, wenn Ursache-Wirkungsbeziehungen mit finanzwirtschaftlichen Kennzahlen bestehen.[32] Der ein-

---

25 Vgl. Weber/Schäffer 1998, S. 343 und Barth 1999, S. 453
26 Vgl. Kaplan/Norton 1997, S. 24 sowie S. 46 ff.
27 Vgl. Möhlenbruch/Wurm 1999, S. 522
28 Vgl. Matheis/Schalch 1999, S. 38
29 Vgl. Horváth/Kaufmann 1998, S. 42
30 Vgl. Kaplan/Norton 1997, S. 24 f.
31 Vgl. Barth 1999, S. 453
32 Vgl. Weber 1998, S. 187

deutige empirische Nachweis eines Kausalzusammenhangs wird jedoch in der Regel nur sehr schwer zu erbringen sein.

Notwendige Voraussetzung für einen kundenorientierten Einsatz absatz- und beschaffungspolitischer Instrumente im Einzelhandel sind insbesondere Kenntnisse über Präferenzen und Verhaltensweisen von Konsumenten und Lieferanten.[33] Bspw. ist zu klären, ob innovative Produkte, neue Sortimentsbereiche und Dienstleistungen, zusätzliche Serviceangebote oder weitere Leistungselemente der Präferenzbildung dienen und ob eine Befriedigung zusätzlicher Kundenwünsche über eine Verbesserung des perzipierten Preis-Leistungsverhältnisses finanzwirtschaftliche Kennzahlen positiv beeinflusst. Hierbei besteht immer die Gefahr, dass eine aus akquisitorischen Gründen gebotene Ausdehnung der Handelsleistung die Rentabilität einzelner Sortimentsbereiche oder Filialen reduziert und somit übergeordnete Ziele nicht erreicht werden.

2.2.3 Perspektive interner Geschäftsprozesse

Die Prozessperspektive dient der Beurteilung von Prozessen, die zur Realisierung der Markt- bzw. Kundenleistungen und somit zur Erreichung der finanzwirtschaftlichen Ziele erforderlich sind.[34] In diesem Bereich ist insbesondere zu analysieren, ob die Kernkompetenzen einer Einzelhandelsunternehmung auf kundenrelevante Leistungen ausgerichtet sind und somit zusätzlicher Kundennutzen generiert werden kann.[35] Darüber hinaus sollen Prozesse identifiziert werden, die eine höhere Kundentreue bewirken und gleichzeitig der Wertsteigerung der Unternehmung dienen.[36]

Im Gegensatz zu herkömmlichen Performance-Measurement-Ansätzen geht es dabei in erster Linie nicht um die Optimierung und Überwachung bereits durchgeführter Prozesse, sondern um die Identifikation innovativer Geschäftsabläufe zur besseren Zielerreichung und Effizienzsteigerung.[37] So wurden bspw. bei der Implementierung von Scorecards in Handelsunternehmungen bislang in diesen Organisationen unbekannte Prozesse entdeckt, wie der Aufbau leistungsfähiger Wertschöpfungspartnerschaften mit Lieferanten oder das Auffinden geeigneter Kooperationspartner.[38] Durch Wertschöpfungspartnerschaften mit großen und bedeutenden Herstellern kann der Einzelhandel bspw. eine hohe Warenpräsenz bei minimalen Kapitalbindungskosten oder eine schnelle und ausreichende Verfügbarkeit innovativer Produkte aus verschiedenen Warenbereichen gewährleisten.[39]

---

33 Vgl. Barth 1999, S. 453
34 Vgl. Weber/Schäffer 1998, S. 343 und Wall 2000, S. 2
35 Vgl. Barth 1999; S. 455 und Müller-Hagedorn 1999, S. 733
36 Vgl. Kaplan/Norton 1997, S. 25
37 Vgl. Kaplan/Norton 1997, S. 25
38 Vgl. Horváth/Kaufmann 1998, S. 44
39 Vgl. Barth 1999, S. 454

2.2.4 Lern- und Entwicklungsperspektive

Gegenstand dieser Perspektive ist die Frage, ob Unternehmungen eine leistungsfähige Infrastruktur besitzen, um die Ziele der anderen Perspektiven unterstützen zu können. Es soll also dargestellt werden, inwieweit Einzelhandelsunternehmungen die Fähigkeit besitzen, unter Berücksichtigung sich ändernder Rahmenbedingungen bspw. neue Betriebstypen zu entwickeln oder durchgeführte Prozesse hinsichtlich ihrer Effizienz und des tatsächlichen Kundennutzens zu überprüfen.[40] Eine Dokumentation kann durch verschiedene Kennzahlen mit folgender Kategorisierung erfolgen:[41]

- Mitarbeiterkennzahlen unter Einschluss von Qualifikationsmerkmalen,
- Kennzahlen zur Leistungsfähigkeit des Informationssystems,
- Kennzahlen zur Kompatibilität individueller Ziele der Mitarbeiter mit den Maßgrößen anderer Perspektiven (Kennzahlen zur Motivation der Mitarbeiter).

Die Etablierung einer Lern- und Entwicklungsperspektive dient dem Aufbau einer leistungsfähigen Organisation mit den Basiselementen Menschen, Systeme und Prozesse, durch die langfristig Wachstums- und Verbesserungspotenziale ausgeschöpft werden sollen.[42] Dazu bedarf es zielgerichteter Zukunftsinvestitionen in die Unternehmungsinfrastruktur sowie ggf. betriebsindividueller Umstrukturierungen. Vor allem aber sind häufig Sozialinnovationen erforderlich, so dass erhebliche organisatorische Veränderungen in der gesamten Handelsunternehmung notwendig werden können.

2.3 Anwendungsmöglichkeiten der Balanced Scorecard im filialisierenden Einzelhandel

Aufgrund des Aufbaus der Balanced Scorecard und der Struktur des filialisierenden Einzelhandels mit einer Vielzahl an dezentralisierten Organisationseinheiten bietet sich der Einsatz dieses Konzeptes insbesondere im Rahmen der Filialsteuerung an. Hierbei können auf einer überschaubaren Scorecard die spezifische Strategie der gesamten Einzelhandelsunternehmung abgebildet sowie strategische Messgrößen und Erfolgsfaktoren für die einzelnen Filialen identifiziert werden. Darüber hinaus lassen sich vorgegebenen Zielen geeignete Aktionen und Maßnahmen auf Filialebene zuordnen, um über Ursache-Wirkungsketten die Gesamtstrategie der Einzelhandelsunternehmung wirkungsvoller unterstützen zu können.[43] Auf dieser Grundlage wird die Möglichkeit geschaffen, den Beitrag der einzelnen Verkaufsstätten zur Erreichung übergeordneter Unternehmungsziele genauer zu ermitteln. Wegen der gleichartigen Ausgestaltung der Balanced Score-

---

40 Vgl. Müller-Hagedorn 1999, S. 734
41 Vgl. Kaplan/Norton 1997, S. 121 und Weber/Schäffer 1998, S. 343 f.
42 Vgl. Kaplan/Norton 1997, S. 27
43 Vgl. Maschmeyer 1998, S. 79

card auf Filialebene ist zudem eine gute Vergleichbarkeit der Verkaufsstätten gegeben und eine wertorientierte Ausrichtung der Filialisierung besser möglich. Damit sind in der Regel sowohl Verbesserungspotenziale für strategische Aktivitäten, wie bspw. Standortentscheidungen (Filialeröffnungen oder Filialschließungen), als auch für operative Maßnahmen, wie etwa veränderte Warenpräsentationen am Point of Sale, verbunden.

Eine filialbezogene Ausgestaltung der Balanced Scorecard würde somit im Idealfall die Erfolgsursachen von Verkaufseinheiten veranschaulichen und vielfältige Steuerungsmöglichkeiten aufzeigen. Dies erscheint allerdings aufgrund der Kritikpunkte, die im Folgenden aufgezeigt werden, nur mit Einschränkungen realisierbar. Insbesondere sind bei einer Implementierung die relevanten Umfeldbedingungen (Lage, Kaufkraft, Wettbewerbssituation der Filialen usw.) adäquat zu berücksichtigen.

3. Die Leistungsfähigkeit der Balanced Scorecard in Einzelhandelsunternehmungen

Nachdem im vorangehenden Kapitel 2 wesentliche inhaltliche Aspekte der Balanced Scorecard in der gebotenen Kürze dargestellt wurden, geht es im Rahmen der folgenden Überlegungen um eine kritische Analyse der Leistungsfähigkeit der Balanced Scorecard in Einzelhandelsunternehmungen, um die branchenspezifischen Einsatzmöglichkeiten dieses neuen Controlling- und Managementkonzeptes besser beurteilen zu können.

Eine schlüssige Argumentation und überzeugende Präsentation sowie ein intuitives Verständnis für die Strukturierung in vier Perspektiven werden als wesentliche Gründe für das große Interesse an der Balanced Scorecard angeführt. Zudem soll dieses Konzept einer Verbesserung der Unternehmungsführung im Handel dienen, wobei jedoch einige Modifikationen bzw. Erweiterungen empfohlen werden.[44] Aufgrund der steigenden Zahl von Handelsunternehmungen, die diesen Ansatz implementieren, sowie bisher fehlender hinreichend kritischer Analysen erscheint eine ausführliche Beurteilung der Leistungsfähigkeit geboten.

3.1 Stärken der Balanced Scorecard

Durch die Ableitung von Kennzahlen unmittelbar aus der Unternehmungsstrategie sowie die praxisbezogene Umsetzung von strategischen Leitlinien in operationalisierbare Leistungsgrößen, auf deren Grundlage eindeutige Standards, Ziele und Maßnahmen festgelegt werden können, ist die Balanced Scorecard leicht verständlich und gut zu kommu-

---

44 Vgl. Guldin 1997, S. 289 ff.; Barth 1999, S. 452 und Müller-Hagedorn/Büchel 1999, S. 157 ff.

nizieren.⁴⁵ In der Reduktion von Komplexität, der problemlosen Nachvollziehbarkeit auf verschiedenen Führungsebenen sowie der hohen Transparenz liegen somit wesentliche Vorteile dieses Konzeptes.⁴⁶

Darüber hinaus ist die Fokussierung auf wenige und wichtige strategische Größen positiv zu werten, so dass sich eventuell eine Vielzahl der bisher in der Handelspraxis genutzten Kennzahlen als überflüssig erweisen könnte.⁴⁷ Außerdem wird der insbesondere in Einzelhandelsbetrieben wachsenden Bedeutung von nicht-monetären bzw. vorökonomischen Steuerungsgrößen für die Existenzsicherung und den langfristigen Unternehmungserfolg Rechnung getragen. Ein weiterer Vorteil der Balanced Scorecard liegt in der Ausgewogenheit des Konzeptes hinsichtlich monetärer und nicht-monetärer Kennzahlen Kennzahlen, externer und interner Perspektive, strategischer und operativer Kennziffern sowie bezüglich nach- und vorlaufender Größen.⁴⁸ Durch die systematische Verknüpfung verschiedener Kennziffern zu einem Kennzahlensystem lassen sich ggf. die Ursachen des finanziellen Erfolgs leichter identifizieren und somit gezielte Maßnahmen besser ableiten. Zudem können mit Hilfe der Balanced Scorecard wichtige unternehmensweite Koordinationswirkungen im Hinblick auf die oberen Unternehmungsziele erreicht werden.⁴⁹ Weiterhin treffen folgende im Schrifttum herausgestellten Vorteile auch für Einzelhandelsunternehmungen uneingeschränkt zu:⁵⁰

- Klärung sowie Konsens im Hinblick auf die strategischen Ziele;
- Verknüpfung strategischer Ziele mit operativem Handeln;
- Zwang zur Definition und Messung von wert- und erfolgskritischen Faktoren;
- Verpflichtung des Managements zur wertorientierten Unternehmungsführung;
- Schaffung einer Grundlage für das betriebliche Anreizsystem und die Zielvereinbarung für die einzelnen Teams, Filialen und Mitarbeiter;
- Konzentration aller personellen, finanziellen und materiellen Ressourcen auf die Unternehmungsstrategie;
- Verbesserung des Feedback-Prozesses bei der Strategieformulierung und -implementierung.

---

45 Vgl. Eschenbach 1999, S. 38 und Weber/Schäffer 2000, S. 7
46 Vgl. Maschmeyer 1998, S. 78
47 Vgl. Weber 1998, S. 187 und Horstmann 1999, S. 195 ff.
48 Vgl. Horváth/Kaufmann 1998, S. 41 f. und Horváth 1999, S. 307
49 Vgl. Wall 2000, S. 5 f.
50 Vgl. Bruhn 1998, S. 163 und Weber/Schäffer 1998, S. 344

Insgesamt dokumentieren die dargelegten Vorteile die Chance, die Effektivität und Effizienz der Strategieumsetzung in Einzelhandelsunternehmungen zu verbessern und damit einem im empirischen Befund immer wieder festzustellenden Defizit der Praxis wirkungsvoll zu begegnen.

3.2 Schwächen der Balanced Scorecard

Neben den aufgezeigten Stärken der Balanced Scorecard zeigen sich bei einer genaueren Analyse gerade für die einem permanenten Wandel unterworfenen Handelsunternehmungen nicht unerhebliche Schwächen dieses Konzeptes, auf die im Folgenden näher einzugehen ist.

3.2.1 Marketingbezogene Kritikpunkte

Im Schrifttum wird die mangelnde Konkurrenzorientierung im Rahmen der einzelnen Perspektiven der Balanced Scorecard zu Recht als ein entscheidender Mangel herausgestellt.[51] Gerade im konzentrierten Einzelhandel mit seiner in vielen relevanten Märkten oligopolähnlichen Marktsituation verschiedener Filialen sind aufgrund der hohen wettbewerblichen Reaktionsverbundenheit eine antizipative Berücksichtigung von Konkurrenzaktivitäten sowie u.U. kurzfristige Abwehrmaßnahmen erforderlich, die ggf. zu permanenten Änderungen filialbezogener Scorecards führen. Besonderes Gewicht erhält dieser Kritikpunkt vor dem Hintergrund der empirischen Erkenntnis, dass in dieser Branche aus Gründen der Marktsicherung und Konkurrenzabwehr einzelne Verkaufsstellen bewusst nicht kostendeckend geführt werden. Von einer konsistenten Umsetzung einer Unternehmungsstrategie über alle Filialen hinweg in Sinne der Balanced Scorecard kann somit häufig nicht die Rede sein. Auch in Zukunft wird daher die Wettbewerbsstrategie im Einzelhandel sehr stark von kurzfristigen Standortdeterminanten beeinflusst werden.

Auch wichtige Interessen- bzw. Anspruchsgruppen, wie bspw. der Staat oder gesellschaftliche Gruppierungen, werden bei der Entwicklung von Balanced Scorecards nicht ausreichend berücksichtigt. Der auf Freeman zurückgehende und im Management stark beachtete Stakeholder-Ansatz geht von einer notwendigen Ansprache aller Gruppen aus, die von Entscheidungen der Unternehmung betroffen sind.[52] Daher ist zunächst im Rahmen der strategischen Planung eine sorgfältige unternehmungs- und problemspezifische Analyse der Anforderungen aller Anspruchsträger erforderlich und anschließend

---

51 Vgl. Weber/Schäffer 1998, S. 360; Müller-Hagedorn 1999, S. 737 und Müller-Hagedorn/Büchel 1999, S. 162
52 Vgl. Bea/Haas 2001, S. 101 ff.

ein Ausgleich zwischen den unterschiedlichen Interessen zu schaffen, um mögliche Konflikte zu vermeiden und letztendlich den wirtschaftlichen Erfolg von Handelsunternehmungen sicherzustellen.[53] Die bei der Umsetzung von Strategien zugrunde gelegten Inhalte der Balanced Scorecard können somit ggf. in einem krassen Widerspruch zu den sich u.U. kurzfristig ändernden Ansprüchen einzelner Stakeholder stehen. Die Marketingwissenschaft trägt diesen situativen Bedingungen durch die Forderung nach Konzepten des integrierten Marketing zunehmend Rechnung,[54] denen auch in der Einzelhandelspraxis eine steigende Bedeutung zukommt.

Um individuellen strategischen Prioritäten gerecht werden zu können, wird des Weiteren eine unternehmungsspezifische Ausgestaltung der Balanced Scorecard gefordert.[55] Sind hiermit Abweichungen von der bewährten Theoriegrundlage der Balanced Scorecard verbunden und werden diese Änderungen durch das Top-Management unzureichend begründet bzw. kommuniziert, sind Akzeptanz- und Motivationsprobleme bei den Mitarbeitern zu erwarten.[56] Von diesen Problemen sind Einzelhandelsunternehmungen in besonderer Weise betroffen, da sich aufgrund der branchenspezifischen Anpassungs- und Dispositionselastizität[57] strategische Prioritäten regelmäßig schneller ändern als in anderen Wirtschaftszweigen.

Durch die Verwendung einer Balanced Scorecard sollen zudem Wettbewerbsvorteile in Handelsunternehmungen generiert werden. Es finden sich bisher im Schrifttum jedoch keine Hinweise darauf, wie derartige Vorteile konkret erreicht werden können. Lediglich durch die Einführung des Konzeptes kann dies kaum gelingen. Ausschlaggebend für die Erringung von Wettbewerbsvorteilen und damit für einen nachhaltigen Unternehmungserfolg sind letztlich immer leistungsfähige Marktkonzepte sowie geeignete Führungskräfte und Mitarbeiter, die diese Programme zielführend umsetzen.[58]

Darüber hinaus werden wirtschaftsstufenübergreifende Erfolgspotenziale weitgehend vernachlässigt. Die Nutzung der Wertschöpfungskette mit den primären Funktionen Einkauf, Logistik und Verkauf lediglich zur Systematisierung der Perspektive interner Geschäftsprozesse[59] erscheint unzureichend, denn im Rahmen der intensiven Diskussion von Efficient Consumer Response und Category Management als Kooperationsmodelle zwischen Industrie und Handel wurde die Bedeutung des Wettbewerbs von Wertketten bereits systematisch herausgestellt und konsequenterweise eine Gesamtsystemoptimierung (Total System Efficiency) gefordert.[60] Auch unter Berücksichtigung einer zunehmenden Prozessorientierung des Marketing erscheint es daher sinnvoll, sämtliche Akti-

---

53 Vgl. Ulrich/Fluri 1995, S. 77 und Fischer 2001, S. 5
54 Vgl. Meffert 2000, S. 27 ff.
55 Vgl. Horváth/Kaufmann 1998, S. 46; Horstmann 1999, S. 196 und Weber/Schäffer 1999a, S. 153
56 Vgl. Weber/Schäffer 1998, S. 355
57 Vgl. Möhlenbruch 1985, S. 131
58 Vgl. Weber/Schäffer 1999b, S. 287
59 Vgl. Fischer 2001, S. 8
60 Vgl. Möhlenbruch 1997, S. 117 und von der Heydt 1998, S. 55 sowie S. 71 ff.

vitäten entlang der Wertkette auf den Markterfolg auszurichten und zu optimieren.[61] Da die neuen Informations- und Kommunikationstechnologien die Chancen einer stufenübergreifenden Wertkettenoptimierung wesentlich verbessern, kann die im Rahmen der Balanced Scorecard zugrunde gelegte Suboptimierung einer einzelnen Wirtschaftsstufe wenig überzeugen.

In diesem Zusammenhang ist darüber hinaus festzustellen, dass die Stellung einer Einzelhandelsunternehmung im Absatzgefüge und die damit verbundene Macht gegenüber Herstellern bei Listungs- oder Einkaufsentscheidungen sowie die Freiheitsgrade bei der Gestaltung des eigenen absatzpolitischen Instrumentariums nicht in ausreichender Weise im Rahmen der Balanced Scorecard Berücksichtigung finden. Diese Aspekte haben aber u.U. erhebliche Auswirkungen auf den finanziellen Erfolg der Geschäftstätigkeit.

3.2.2 Handelsbezogene Kritikpunkte

Aus Handelssicht ist in erster Linie die bereits erwähnte unzureichende Berücksichtigung der Beschaffung in den bisher vorgestellten Ansätzen zu bemängeln. Der engen Verflechtung von Beschaffungs- und Absatzprozessen („Bipolarität des Handels"[62]) wird somit nicht angemessen Rechnung getragen. Die vorgeschlagene Strukturierung in lediglich vier Perspektiven kann deshalb als konzeptionelle Schwäche der Balanced Scorecard angesehen werden, wobei es in Wissenschaft und Praxis jedoch unstrittig ist, dass eine Ergänzung oder Reduzierung der Perspektiven unternehmungsindividuell erforderlich sein kann. So resultieren bspw. innovative und kreative Sortimentsleistungen des Handels, die ggf. erhebliche Wertsteigerungspotenziale enthalten, häufig erst aus der intensiven Analyse und Beeinflussung von Beschaffungsmärkten.[63] Weiterhin ist in bisherigen Darstellungen der Balanced Scorecard zu bemängeln, dass keine Hierarchisierung der einzelnen Perspektiven zu finden ist, was sich in unternehmungskritischen Situationen jedoch als dringend notwendig erweisen kann.[64] Gerade im Einzelhandel ist darüber hinaus die Überbetonung quantitativer Kennzahlen bei Vernachlässigung qualitativer Zielgrößen mit Vorbehalten zu betrachten. So werden bspw. weder die Existenzsicherung noch der Aufbau von Flexibilitätspotenzialen, wie etwa Möglichkeiten des Lieferantenwechsels oder Dispositionselastizitäten in der Beschaffung, in bisherigen Darstellungen berücksichtigt.

Zudem fällt auf, dass in der gesamten Kennzahlendiskussion zur Balanced Scorecard die gerade im Handel wichtigen Verbundeffekte[65] keine Beachtung finden. So werden weder einzelne Verbundarten mit Hilfe von Kennzahlen erfasst, noch Interdependenzen zwischen Sortimentstiefe und -breite im Hinblick auf das von den Nachfragern subjektiv

---

61 Vgl. Meffert 2000, S. 26
62 Schenk 1991, S. 89
63 Vgl. Möhlenbruch 1995a, Sp. 2318
64 Vgl. Bruhn 1998, S. 163
65 Vgl. Möhlenbruch 1994, S. 335 ff.

empfundene Preis-Leistungsverhältnis bei alternativen Sortimentsdimensionen analysiert. Verbundwirkungen sowohl auf Warengruppenebene als auch im Gesamtsortiment erschweren jedoch nicht unerheblich das geforderte Entschlüsseln von Ursache-Wirkungsbeziehungen zwischen den Kennzahlen der einzelnen Perspektiven. Allenfalls durch eine stärkere Berücksichtigung verhaltenswissenschaftlicher Erkenntnisse, die zu einem besseren Verständnis der komplexen verbundbezogenen Kaufentscheidungsprozesse von Konsumenten beitragen,[66] wird es ansatzweise möglich sein, derartige Kausalbeziehungen mit Hilfe der Balanced Scorecard adäquat zu erfassen.

Auch können sich in der Einzelhandelsorganisation im Rahmen des häufig verfolgten Prinzips dualer Führung Zielkonflikte zwischen den Führungsbereichen Operating und Merchandising mit der Gefahr gravierender Fehlentscheidungen ergeben, wenn die primär auf Effektivität ausgerichtete Funktion des Merchandising keine „rivalisierende Gleichberechtigung"[67] erfährt, da im Rahmen der Balanced Scorecard die Prozessperspektive vorrangig Effizienzkriterien unterliegt.

3.2.3 Managementbezogene Kritikpunkte

Das Konzept der Balanced Scorecard impliziert, dass die Handelsunternehmung bereits ein strategisches Konzept entwickelt hat.[68] Eine internationale Studie von Arthur Anderson Consulting weist jedoch nach, dass weniger als die Hälfte der analysierten Unternehmungen über eine klar formulierte Strategie verfügt.[69] Ohne diese Voraussetzung ist eine Balanced Scorecard aber weitgehend entbehrlich.[70] Sie stellt keinen Ersatz für die Formulierung von Strategien dar, sondern soll lediglich als Hilfsinstrument der Strategieumsetzung dienen.[71]

Zudem finden sich bisher keine Hinweise, wie die Balanced Scorecard bereits in der Führungsfunktion der Willensbildung[72] sinnvoll eingesetzt werden kann, obwohl bereits in dieser Phase eine Prüfung der Umsetzungschancen von Strategien durch das Management sinnvoll erscheint. So ist bspw. eine frühzeitige Analyse der Chancen und Risiken von Betriebstypenvariationen einer Einzelhandelsunternehmung mit Hilfe der Balanced Scorecard in diesem Stadium nicht möglich.

Da keine grundsätzlich neuen Ansatzpunkte für die Bewertung und Auswahl von Strategien geboten werden, ist die Unternehmungsführung weiterhin auf Verfahren der Investitionsrechnung, Strategieprofile, Nutzwertanalysen und Simulationsmodelle angewie-

---

66 Vgl. Möhlenbruch 1995b, Sp. 2553
67 Barth 1999, S. 157
68 Vgl. Müller-Hagedorn/Büchel 1999, S. 159
69 Vgl. Brunner/Roth 1999, S. 50
70 Vgl. Müller-Hagedorn 1999, S. 736
71 Vgl. Horváth 1999, S. 311
72 Vgl. Staehle 1994, S. 80

sen.⁷³ Aufgrund diskontinuierlicher Veränderungsprozesse, instabiler Umwelten sowie intensiver Wettbewerbsbeziehungen sind diese Instrumente jedoch gerade im Einzelhandel mit erheblichen Unsicherheiten verbunden.

Auch im Rahmen einer Strategieumsetzung können sich Entscheidungsprobleme ergeben, wenn bspw. Gestaltungsmöglichkeiten des Outsourcing keine ausreichende Berücksichtigung finden. Optimale Zielerreichungen im Rahmen der internen Prozessperspektive sind insbesondere in Einzelhandelsunternehmungen, die eine Multichannelstrategie verfolgen, durch eine kurzfristige und flexible Einschaltung von leistungsfähigen Logistikdienstleistern möglich. In diesem Fall lässt sich die Prozessperspektive aber nicht mehr durch die vorher definierten Kennzahlen abbilden und die Ursache-Wirkungsbeziehungen mit finanzwirtschaftlichen Größen sind erneut zu prüfen. Generell sind allerdings Ökonomisierungsmöglichkeiten durch einen veränderten Intensitätsgrad und verschiedene Integrationsformen des Einsatzes externer Faktoren (z.B. Dienstleister oder Kunden) in den handelsbetrieblichen Prozess der Leistungserstellung bisher wenig erforscht.⁷⁴

Wird eine Balanced Scorecard erstellt, ist darüber hinaus nicht geklärt, in welcher Form diese durch eine strategische Kontrolle beeinflusst wird. In Führungsphasen, in denen lediglich hoch aggregierte Informationen zur Verfügung stehen und somit unsichere und komplexe Entscheidungssituationen vorliegen, bedarf es einer fortwährenden Kontrolle und strategischen Überwachung, um frühzeitig Bedrohungen oder Veränderungstendenzen zu erkennen.⁷⁵ Die bereits erwähnte Arthur Andersen-Studie dokumentiert, dass das Strategiecontrolling in der Praxis eine sehr geringe Bedeutung besitzt und lediglich ein Drittel der Unternehmungen ihre Strategieumsetzung jährlich überprüft.⁷⁶ Jahreskontrollen reichen aber nicht aus, um im Sinne einer kontinuierlichen strategischen Überwachung unverzüglich die Auswirkungen veränderter Rahmenbedingungen auf Ziele und Strategien abschätzen zu können. Sollte sich sogar die Notwendigkeit einer Strategieanpassung bzw. -veränderung ergeben, hat dies weitreichende Konsequenzen und führt ggf. zu einer vollständigen Überarbeitung oder Neuerstellung der Balanced Scorecard. Aufgrund der sehr instabilen Umfeldbedingungen im Handel kann die Fähigkeit zu einer kurzfristigen Strategierevision nämlich u.U. erheblich zur Generierung von Wettbewerbsvorteilen beitragen.

Insgesamt werden Früherkennungsindikatoren einer strategischen Überwachung im Rahmen der Balanced Scorecard weitgehend vernachlässigt, so dass Informationen über relevante Umfeldveränderungen, die ggf. eine Strategierevision erfordern, eventuell nicht rechtzeitig vor den Wettbewerbern zur Verfügung stehen.⁷⁷ Konjunkturelle Entwicklungen oder das Verhalten von Konsumenten, Wettbewerbern und sonstigen Marktpartnern sind aufgrund des permanenten Wandels in der Makro- und Mikroumwelt

---

73 Vgl. Welge/Al-Laham 1999, S. 488 ff.
74 Vgl. Möhlenbruch 1998, S. 475
75 Vgl. Steinmann/Schreyögg 1997, S. 157
76 Vgl. Brunner/Roth 1999, S. 51
77 Vgl. Drexel 1984, S. 89 ff.

von Einzelhandelsunternehmungen allerdings nur außerordentlich schwer zu prognostizieren und somit kaum in Form revidierter Kennzahlen in die Balanced Scorecard zu integrieren.

Ein weiterer Schwachpunkt dieses Ansatzes ist der konsequente „Top-Down-Approach" und eine daraus resultierende mangelnde Integration unterer Hierarchieebenen.[78] Insbesondere bei einer Abweichung von der Grundstruktur der Balanced Scorecard aufgrund der gegebenen Flexibilität dieses Konzeptes kann es sehr leicht zu erheblichen Widerständen und Implementierungsbarrieren kommen.

Darüber hinaus wird nur unzureichend berücksichtigt, dass bei der Strategieumsetzung lediglich begrenzte Ressourcen zur Verfügung stehen und strategische Konzepte ebenfalls regelmäßig einer Vielzahl an Restriktionen materieller und immaterieller Art unterliegen. Die Kernkompetenz- und Langfrist-Orientierung des auch in der Handelspraxis an Bedeutung gewinnenden ressourcenorientierten Ansatzes[79] lässt sich somit u.U. nur sehr schwer mit der eher kurzfristigen Ausrichtung von Kennzahlen der verschiedenen Perspektiven der Balanced Scorecard koordinieren.

3.2.4 Ergänzende Kritikpunkte

Als schwierig erweist sich bei der Implementierung der Balanced Scorecard die Bestimmung der entsprechenden Kennzahlen der einzelnen Komponenten. So kann nach der Formulierung von strategischen Zielen regelmäßig rund ein Drittel davon nicht über traditionelle Kennzahlen gemessen werden.[80] Bspw. lassen sich Veränderungen der Kundenorientierung (z.B. durch Value-Added-Services) oder mehrdimensionale Einstellungskonstrukte wie das Image einer Unternehmung[81] nicht problemlos in die Balanced Scorecard integrieren. Eine Vernachlässigung „weicher" Erfolgsfaktoren würde allerdings dem Konzept einer Ausgewogenheit (Balance) von qualitativen und quantitativen Größen widersprechen und gerade im Einzelhandel zu einer Vernachlässigung entscheidender Einflussfaktoren des Unternehmungserfolges führen. Zudem bedeutet eine Konzentration auf wenige rechenbare Kennzahlen eine erhebliche Einengung der Steuerungsfunktion des Handelscontrolling.[82] Auch stellt sich die Frage, ob im Handel bewährte Kennzahlensysteme, wie etwa das DuPont-Schema,[83] weiterhin parallel genutzt werden sollten.

Ungeklärt bleibt zudem, wie möglichst optimale Aktionen und Maßnahmen zur Zielerreichung ermittelt sowie Ursache-Wirkungsbeziehungen identifiziert werden können.

---

78 Vgl. Mountfield/Schalch 1998, S. 318
79 Vgl. Welge/Al-Laham 1999, S. 253 ff.
80 Vgl. Maschmeyer 1998, S. 78
81 Vgl. Trommsdorff 1998, S. 142 ff.
82 Vgl. Bruhn 1998, S. 163
83 Vgl. Barth 1999, S. 385 ff.

Kenntnisse über Wirkungszusammenhänge sind aber Voraussetzung für eine zielgerichtete Unternehmungssteuerung und sollten bereits bei der Strategieentwicklung vorhanden sein. Dies erweist sich in der Praxis aufgrund der hohen Unsicherheit sowie der großen Komplexität allerdings als sehr problematisch.[84] So sind bspw. die Beziehungen in der Wirkungskette Produkt- bzw. Sortimentsqualität, Kundenzufriedenheit und Kundenbindung keineswegs linear und symmetrisch, wie dies überwiegend erwartet wird.[85] Auch ist es bislang nicht gelungen, einen direkten Zusammenhang zwischen Kundenzufriedenheit und Unternehmungserfolg eindeutig nachzuweisen.[86] Ähnlich wie bei anderen Managementkonzepten, z.B. dem Business Process Reengineering oder dem Total Quality Management, wird der positive Beitrag von prozessorientierten Größen auf die übergeordneten finanzwirtschaftlichen Unternehmungsziele nur unzureichend thematisiert oder als selbstverständlich unterstellt.[87]

Gerade in Einzelhandelsbetrieben mit heterogenen sowie kurzfristig veränderbaren Preis-Leistungskombinationen unterliegen Ursache-Wirkungsbeziehungen aufgrund permanenter Leistungsvariationen einem ständigen Veränderungsprozess. Obwohl die Notwendigkeit einer kausalen Verknüpfung der verschiedenen Kennzahlen immer wieder betont wird, finden sich im Schrifttum keine konkreten Hinweise, wie sich derartige Zusammenhänge ermitteln lassen.[88] Darüber hinaus reicht es nicht aus, die grundsätzliche Richtung der Wirkungsbeziehungen zu kennen, vielmehr ist eine genaue Quantifizierung erforderlich, was aber aufgrund zusätzlicher Rückwirkungen der finanzwirtschaftlichen auf nicht-monetäre Perspektiven praktisch kaum möglich erscheint.[89]

Bei Zugrundelegung einer kausalen Wirkungskette zwischen kundenorientierten Kennzahlen und einer eher kurzfristigen Wertorientierung der finanziellen Perspektive können sich daher nicht unerhebliche Zielkonflikte und Fehlentscheidungen des Handelsmanagement ergeben. Ganz allgemein wird häufig in Modellkonstruktionen mit eindeutigen Ursache-Wirkungszusammenhängen nicht vorhandenes Wissen unterstellt, welches neue Einsichten und Orientierungen blockiert und das Problem des unternehmerischen Entscheidungsautismus entstehen lässt.[90] Vernetztes Denken unter Berücksichtigung von Beziehungsgeflechten wird dann systematisch behindert.[91]

Außerdem ergeben sich beträchtliche Schwierigkeiten bei der Allokation von übergeordneten Kennzahlen auf die verschiedenen Perspektiven der Balanced Scorecard, da z.B. die Zuordnung des erwirtschafteten Ergebnisses auf Kunden-, Lieferanten- und Mitarbeiterbeziehungen ungeklärt bleibt.[92]

---

84 Vgl. Wall 2000, S. 8
85 Vgl. Herrmann/Huber/Braunstein 2000, S. 47
86 Vgl. Krafft 1999, S. 526 und Herrmann/Huber/Braunstein 2000, S. 45 ff.
87 Vgl. Wall 2000, S. 9
88 Vgl. Wall 2000, S. 10
89 Vgl. Wall 2000, S. 14
90 Vgl. Weber/Schäffer 1998, S. 360
91 Vgl. Bruhn 1998, S. 164
92 Vgl. Fischer 2001, S. 12

4. Fazit und Entwicklungsperspektiven

Insgesamt ist festzustellen, dass die von Kaplan und Norton entwickelte Balanced Scorecard keine wirklich neuen Ideen enthält, sondern lediglich bereits implementierte Managementansätze zusammenfasst.[93] Selbst wenn das Grundkonzept als logisch stringent anzusehen ist, bleibt die konkrete Ausgestaltung in Einzelhandelsunternehmungen weitgehend offen. Es ist daher nicht möglich, eine grundsätzliche Vorgehensweise zu empfehlen. Vielmehr sollte jede Unternehmung prüfen, ob eine Einführung sinnvoll erscheint, und darauf aufbauend ggf. ein eigenes Kennzahlensystem entwickeln, welches aus dem individuellen strategischen Konzept abzuleiten ist und bei dem ein konsequenter Bezug zur Strategieebene hergestellt wird.

Durch die explizite Betonung einer für Wettbewerbszwecke bedeutsamen Komplexitätsreduktion, die Übertragung von Strategien in operationale Messgrößen und das eventuell leichtere Aufdecken von in der Praxis höchst unsicheren Ursache-Wirkungszusammenhängen kann die Balanced Scorecard jedoch neben dem operativen Informationssystem als ein weiteres sinnvolles Steuerungsinstrument angesehen werden.[94] Insbesondere im Rahmen der Filialsteuerung von Einzelhandelsunternehmungen erscheint die Anwendung unter Berücksichtigung der dargelegten Kritikpunkte sinnvoll. Für einen effektiven Einsatz sind allerdings insbesondere die Fokussierung auf wenige, wirklich wichtige Kennzahlen und deren Operationalisierung von zentraler Bedeutung,[95] wobei in der Handelspraxis aufgrund einer Vielzahl von sortimentsübergreifenden Verbundbeziehungen und Kennzahlenverknüpfungen immer die Gefahr einer zu hohen Komplexität entsteht.[96] Bei Zugrundelegung von als problematisch anzusehenden Ursachen-Wirkungsketten kann dies sehr schnell zur Scheinrationalität der strategischen Planung führen.

Aufgrund bislang fehlender informationstechnischer Voraussetzungen für eine leistungsfähige gesamtunternehmungsbezogene Kennzahlensteuerung ist sinnvollerweise zunächst die Entwicklung integrierter Handelsinformationssysteme zur Verbesserung der Entscheidungsqualität voranzutreiben.[97] Aufgrund des bisherigen Entwicklungsstandes dieser Systeme ist zur Zeit aber davon auszugehen, dass die Balanced Scorecard nur sehr begrenzt Defizite traditioneller Verfahren des Handelscontrolling beseitigen kann. Vor dem Hintergrund der Notwendigkeit einer flexiblen Software für die technische Umsetzung aufgrund der unternehmungsindividuellen Ausgestaltung der Balanced Scorecard erscheint daher noch erheblicher Forschungsaufwand notwendig.[98]

---

93 Vgl. Eschenbach 1999, S. 38
94 Vgl. Horváth/Kaufmann 1998, S. 48
95 Vgl. Guldin 1997, S. 297
96 Vgl. Mountfield/Schalch 1998, S. 318 und Matheis/Schalch 1999, S. 39
97 Vgl. Kloth 1999, S. 155 ff.
98 Inzwischen existieren bereits erste grundlegende Softwarelösungen, bspw. von SAP. Allerdings ist der Einsatz mit zum Teil erheblichen Problemen verbunden. Diese betreffen z.B. die Änderung der Organi-

Zudem sollten die Entscheidungsträger bedenken, dass die Implementierung einen hohen zeitlichen und finanziellen Aufwand erfordert. Die von Kaplan und Norton angeführten drei Monate erscheinen völlig unzureichend.[99] So dauerte bspw. die praktische Umsetzung bei dem Textilfilialisten E. Breuninger GmbH & Co. annähernd 24 Monte.[100] Des Weiteren ist ggf. während der Einführung eine Modifikation aufgrund veränderter Umfeldbedingungen erforderlich, so dass die notwendige Anpassungsflexibilität im Widerspruch zur langen Implementierungszeit stehen kann.

Da neben Visionen und Strategien insbesondere ein interdisziplinäres Team erforderlich ist, welches strategische Zielvorstellungen auf niedrigere Führungsebenen herunterzubrechen hat,[101] wird in Handelsunternehmungen der Erfolg dieses neuen Konzeptes nicht zuletzt von der Lösung diffiziler Organisationsprobleme abhängen. Darüber hinaus sind eventuell kognitive Grenzen der Anwender als weitere Restriktion zu beachten.[102]

Als Ergebnis der vorangehenden Überlegungen bleibt anzumerken, dass die Balanced Scorecard aufgrund einer Vielzahl an konzeptionellen und methodischen Problemen offensichtlich noch keine zufrieden stellenden Möglichkeiten zur Verbesserung der Unternehmungssteuerung im Einzelhandel liefert und erst zukünftig auf der Grundlage weiterer Anwendungserfahrungen der Praxis mit individualisierten Konzepten die Leistungsfähigkeit genauer dokumentiert werden kann.

Literatur

AHLERT, D.; OLBRICH, R. (Hrsg.) (1997): Integrierte Warenwirtschaftssysteme und Handelscontrolling: Konzeptionelle Grundlagen und Umsetzung in der Handelspraxis, 3. Aufl., Stuttgart 1997.

BARTH, K. (1980): Rentable Sortimente im Handel: Zufall oder Ergebnis operabler Entscheidungstechniken?, Göttingen 1980.

BARTH, K. (1999): Betriebswirtschaftslehre des Handels, 4. Aufl., Wiesbaden 1999.

BEA, F. X.; HAAS, J. (2001): Strategisches Management, 3. Aufl., Stuttgart 2001.

BRUHN, M. (1998): Balanced Scorecard: ein ganzheitliches Konzept der wertorientierten Unternehmensführung, in: Bruhn, M. et al. (Hrsg.): Wertorientierte Unternehmens-

---

sationsstruktur oder den nicht zu unterschätzenden Aufwand bei der Pflege und Aktualisierung des Systems. Vgl. Weber/Schäffer 2000, S. 154

99   Vgl. Weber 1998, S. 187 und Fischer 1999, S. 265
100 Vgl. Guldin 1997, S. 296
101 Vgl. Friedag 1998, S. 294
102 Vgl. Fischer 2001, S. 12

führung: Perspektiven und Handlungsfelder für die Wertsteigerung von Unternehmen, Wiesbaden 1998, S. 145-167.

BRUNNER, J.; ROTH, P. (1999): Performance-Management und Balanced Scorecard in der Praxis, in: io management, 68. Jg. 1999, Heft 7/8, S. 50-55.

DREXEL, G. (1984): Ein Frühwarnsystem für die Praxis: dargestellt am Beispiel eines Einzelhandelsunternehmens, in: Zeitschrift für Betriebswirtschaft, 54. Jg. 1984, Heft 1, S. 89-105.

ESCHENBACH, R.; HADDAD, T. (Hrsg.) (1999): Die Balanced Scorecard: Führungsinstrument im Handel, Wien 1999.

ESCHENBACH, S. (1999): Systematischer führen: Balanced Scorecard in der Materialwirtschaft, in: Beschaffung aktuell, 27. Jg. 1999, Heft 10, S. 38-41.

FISCHER, O. (1999): Balanced Scorecard: Strategic Management System, in: manager magazin, 29. Jg. 1999, Heft 10, S. 256-265.

FISCHER, T. M. (2001): Implementierung von Balanced Scorecards in Handelsunternehmungen, in: Controlling, 13. Jg. 2001, Heft 1, S. 5-13.

FRIEDAG, H. R. (1998): Die Balanced Scorecard: Alter Wein in neuen Schläuchen?, in: controller magazin, 23. Jg. 1998, Heft 4, S. 291-294.

GEORG, S. (1999): Die Balanced Scorecard als Controlling- bzw. Managementinstrument, Aachen 1999.

GULDIN, A. (1997): Kundenorientierte Unternehmenssteuerung durch die Balanced Scorecard, in: Horváth, P. (Hrsg.): Das neue Steuerungssystem des Controllers: von Balanced Scorecard bis US-GAAP, Stuttgart 1997, S. 289-302.

GULDIN, A. (2000): Balanced Scorecard: Erfahrungen mit einem Instrument zur ganzheitlichen Unternehmenssteuerung, in: Töpfer, A. (Hrsg.): „Balanced Scorecard" als Managementinstrument zur Unternehmensführung im Handel, Ergebnisse 8. Bestfoods TrendForum, Heilbronn 2000, S. 97-111.

GÜNTHER, J. (1989): Handelscontrolling: allgemeine Grundlagen des Controllingbegriffs und die Funktionen des Controlling im Steuerungssystem des stationären Einzelhandels, Frankfurt am Main u.a. 1989.

HERRMANN, A.; HUBER, F.; BRAUNSTEIN, C. (2000): Kundenzufriedenheit garantiert nicht immer mehr Gewinn, in: Harvard Business Manager, 22. Jg. 2000, Heft 1, S. 45-55.

HORSTMANN, W. (1999): Der Balanced Scorecard-Ansatz als Instrument der Umsetzung von Unternehmensstrategien, in: Controlling, 11. Jg. 1999, Heft 4/5, S. 193-199.

HORVÁTH, P. (1998): Balanced Scorecard – Wie man Strategie in konkrete Aktionen umsetzt, in: Marktforschung & Management, 42. Jg. 1998, Heft 3, S. 113 – 114.

HORVÁTH, P. (1999): Das Balanced-Scorecard-Managementsystem – das Ausgangsproblem, der Lösungsansatz und die Umsetzungserfahrungen, in: Die Unternehmung, 53. Jg. 1999, Heft 5, S. 303-319.

HORVÁTH, P.; KAUFMANN, L. (1998): Balanced Scorecard – ein Werkzeug zur Umsetzung von Strategien, in: Harvard Business Manager, 20. Jg. 1998, Heft 5, S. 39-48.

KAPLAN, R. S.; NORTON, D. P. (Hrsg.) (1997): Balanced Scorecard: Strategien erfolgreich umsetzen, Stuttgart 1997.

KLOTH, R. (1999): Waren- und Informationslogistik im Handel, Wiesbaden 1999.

KRAFFT, M. (1999): Der Kunde im Fokus: Kundennähe, Kundenzufriedenheit, Kundenbindung – und Kundenwert?, in: Die Betriebswirtschaft, 59. Jg. 1999, Heft 4, S. 511-530.

MASCHMEYER, V. (1998): Management by Balanced Scorecard – alter Wein in neuen Schläuchen?, in: Personalführung, 31. Jg. 1998, Heft 5, S. 74-80.

MATHEIS, M.; SCHALCH, O. (1999): Balanced Scorecard und Economic Value Added, in: io management, 68. Jg. 1999, Heft 4, S. 37-43.

MEFFERT, H. (2000): Marketing: Grundlagen marktorientierter Unternehmensführung: Konzepte – Instrumente – Praxisbeispiele, 9. Aufl., Wiesbaden 2000.

MERKLE, E. (1982): Betriebswirtschaftliche Formeln und Kennzahlen und deren betriebswirtschaftliche Relevanz, in: Wirtschaftswissenschaftliches Studium, 11. Jg. 1982, Heft 7, S. 325-330.

MÖHLENBRUCH, D. (1985): Betriebswirtschaftliche Probleme einer Kontrolle der Nachfragemacht des Handels unter besonderer Berücksichtigung der Marktabgrenzung und des Diskriminierungsverbotes, Göttingen 1985.

MÖHLENBRUCH, D. (1994): Sortimentspolitik im Einzelhandel: Planung und Steuerung, Wiesbaden 1994.

MÖHLENBRUCH, D. (1995a): Sortimentspolitik, in: Tietz, B.; Köhler, R.; Zentes, J. (Hrsg.): Handwörterbuch des Marketing, 2. Aufl., Stuttgart 1995, Sp. 2316-2329.

MÖHLENBRUCH, D. (1995b): Verbundeffekte, in: Tietz, B.; Köhler, R.; Zentes, J. (Hrsg.): Handwörterbuch des Marketing, 2. Aufl., Stuttgart 1995, Sp. 2545-2554.

MÖHLENBRUCH, D. (1997): Kundenorientierung durch Category-Management – Kritische Analyse eines Kooperationsmodells zwischen Industrie und Handel, in: Trommsdorff, V. (Hrsg.): Handelsforschung 1997/1998, Kundenorientierung im Handel, Jahrbuch der Forschungsstelle für den Handel Berlin (FfH) e. V., Wiesbaden 1997, S. 113-133.

MÖHLENBRUCH, D. (1998): Controlling in internationalen Handelsunternehmen, in: Zentes, J.; Swoboda, B. (Hrsg.): Globales Handelsmanagement, Frankfurt am Main 1998, S. 451-486.

MÖHLENBRUCH, D.; WURM, T. (1999): Sortimentscontrolling im Versandhandel, in: Mattmüller, R. (Hrsg.): Versandhandels-Marketing: Vom Katalog zum Internet, Frankfurt am Main 1999, S. 507-533.

MOUNTFIELD, A.; SCHALCH, O. (1998): Konzeption von Balanced Scorecards und Umsetzung in ein Management-Informationssystem mit dem SAP Business Information Warehouse, in: Controlling, 10. Jg. 1998, Heft 10, S. 316-322.

MÜLLER-HAGEDORN, L. (1999): Bausteine eines Management-Informationssystems: Balanced Scorecard – Benchmarking – Betriebsvergleich, in: Beisheim, O. (Hrsg.): Distribution im Aufbruch: Bestandsaufnahme und Perspektiven, München 1999, S. 729-753.

MÜLLER-HAGEDORN, L.; BÜCHEL, D. (1999): Zur Steuerung einer Handelsunternehmung mit der Balanced Scorecard, in: Mitteilungen des Instituts für Handelsforschung an der Universität zu Köln, 51. Jg. 1999, Heft 8, S. 157-168.

SAUER, D. B. (2000): Konkrete Umsetzungserfahrungen mit der Balanced Scorecard im Lebensmitteleinzelhandel, in: Töpfer, A. (Hrsg.): „Balanced Scorecard" als Managementinstrument zur Unternehmensführung im Handel, Ergebnisse 8. Bestfoods TrendForum, Heilbronn 2000, S. 81-96.

SCHENK, H.-O. (1991): Marktwirtschaftslehre des Handels, Wiesbaden 1991.

STAEHLE, W. H. (1994): Management: eine verhaltenswissenschaftliche Perspektive, 7. Aufl., München 1994.

STEINMANN, H.; SCHREYÖGG, G. (1997): Management: Grundlagen der Unternehmensführung: Konzepte – Funktionen – Fallstudien, 4. Aufl., Wiesbaden 1997.

TÖPFER, A. (2000): Der Einsatz der Balanced Score Card im Handel, in: Trommsdorff, V. (Hrsg.): Handelsforschung 1999/2000, Verhalten im Handel und gegenüber dem Handel, Jahrbuch der Forschungsstelle für den Handel Berlin (FfH) – Institut für Markt- und Wirtschaftsforschung GmbH, Wiesbaden 2000, S. 13-33.

TROMMSDORFF, V. (1998): Konsumentenverhalten, 3. Aufl., Stuttgart u.a. 1998.

ULRICH, P.; FLURI, E. (1995): Management: eine konzentrierte Einführung, 7. Aufl., Bern u.a. 1995.

VAN KERKOM, K. (1998): Logistisches Handelscontrolling: Unternehmensspezifische Controllingsysteme im Einzelhandel, Wiesbaden 1998.

VON DER HEYDT, A. (1998): Efficient Consumer Response (ECR): Basisstrategien und Grundtechniken, zentrale Erfolgsfaktoren sowie globaler Implementierungsplan, 3. Aufl., Frankfurt am Main u.a. 1998.

WALL, F. (2000): Das Kennzahlensystem im Rahmen der Balanced Scorecard: Möglichkeiten und Problemfelder, Wittener Diskussionspapiere, Heft Nr. 58, Fakultät für Wirtschaftswissenschaften, Universität Witten/Herdecke 2000.

WEBER, J. (1998): Macht der Zahlen: Die Balanced Scorecard erleichtert Managern den strategischen Durchblick – sofern sie hohe Kosten und Zeitaufwand nicht scheuen, in: manager magazin, 28. Jg. 1998, Heft 12, S. 184-187.

WEBER, J.; SCHÄFFER, U. (1998): Balanced Scorecard – Gedanken zur Einordnung des Konzepts in das bisherige Controlling-Instrumentarium, in: Zeitschrift für Planung, 9. Jg. 1998, Heft 4, S. 341-366.

WEBER, J.; SCHÄFFER, U. (1999a): Führung im Konzern mit der Balanced Scorecard, in: Kostenrechnungspraxis, 43. Jg. 1999, Heft 3, S. 153-157.

WEBER, J.; SCHÄFFER, U. (1999b): Operative Werttreiberhierarchien als Alternative zur Balanced Scorecard, in: Kostenrechnungspraxis, 43. Jg. 1999, Heft 5, S. 284-287.

WEBER, J.; SCHÄFFER, U. (2000): Balanced Scorecard & Controlling: Implementierung – Nutzen für Manager und Controller – Erfahrungen in deutschen Unternehmen, 3. Aufl., Wiesbaden 2000.

WELGE, M. K.; AL-LAHAM, A. (1999): Strategisches Management: Grundlagen – Prozess – Implementierung, 2. Aufl., Wiesbaden 1999.

WINTERMANTEL, F. (2000): Die strategischen Ziele fest im Griff, in: Lebensmittelzeitung, Nr. 10 vom 10. März 2000, S. 63.

WITT, F.-J. (1992): Handelscontrolling, München 1992.

Dieter Ahlert

Handelsinformationssysteme als Basis des operativen und strategischen Handelsmanagement

1. Die Grundprobleme bei der Nutzung von Informationssystemen für den Managementprozess
   1.1 Die Information als Basis und Medium des Managementprozesses
   1.2 Das Informationssystem als Dreh- und Angelpunkt des Controlling

2. Die Besonderheiten des Handelsmanagement - Konsequenzen für das Handelsinformationssystem und das Handelscontrolling
   2.1 Der spezifische Informations- und Koordinationsbedarf in verzweigten Handelsunternehmungen
   2.2 Die differenzierten Informationsansprüche des operativen und strategischen Handelsmanagement

3. Ein Stufenmodell des nutzerorientierten Aufbaus von Handelsinformationssystemen
   3.1 Das computergestützte Warenwirtschaftssystem als Fundament des Handelsinformationssystems
   3.2 Der erweiterte Informationsbedarf der Handelsmanager
   3.3 Die Informationsbasis des operativen Handelscontrolling
   3.4 Vom operativen zum strategischen Handelscontrolling

4. „Pflicht und Kür" bei der Konzeption von Handelsinformationssystemen
   4.1 Zur Frage der Abhängigkeit der HIS-Architektur vom individuellen Informationsbedarf der Nutzer
   4.2 Die Differenzierung in standardisierte Basismodule und unternehmungsspezifische Auswertungsmodule

Literatur

1. Die Grundprobleme bei der Nutzung von Informationssystemen für den Managementprozess

1.1 Die Information als Basis und Medium des Managementprozesses

„Information ist zweckorientiertes Wissen"[1]. Diese in der Betriebswirtschaftslehre seit mehreren Jahrzehnten einhellig vertretene Begriffsdefinition besagt, dass aus *Daten* und *Nachrichten* erst dann *Informationen* werden, wenn diese einem bestimmten Zweck dienen: Aus den *Verwendungszwecken der Nutzer* leiten sich die Ansprüche an Informationssysteme ab.

Hat bspw. der Entscheidungsträger in einem Handelsbetrieb die optimale Sortimentsstruktur zu disponieren, so bildet die Warenkorbanalyse eine wichtige Entscheidungsgrundlage. Das Beispiel macht deutlich, dass Informationen eine syntaktische Ebene (artikelgenaue Warenkorbdaten), eine semantische Ebene (Ordnung und Aufbereitung der Scanningdaten, z.B. in Diagrammen) und eine pragmatische Ebene (dispositionsorientierte Interpretation der „Nachrichten aus der Datenkasse") aufweisen.

Informationen als Basis für die *Willensbildung* in der Unternehmung (Planung/Entscheidungen) zu liefern, ist eine erste Aufgabe des Informationssystems. Ein zweiter Zweckbereich erstreckt sich auf die *Willensdurchsetzung*. Hier bilden Informationen das Medium für die Steuerung dezentraler Organisationseinheiten (z.B. der Filialen einer Handelsunternehmung) und die Führung der Mitarbeiter, etwa des Verkaufspersonals. Steuerungs- bzw. Führungsgrößen können z.B. Zielvorgaben, Handlungsanweisungen, aber auch Berichte über Abweichungen zwischen Soll und Ist sein. Die Erfassung und Analyse von Abweichungen obliegt der Managementfunktion *Kontrolle*. Kontrollinformationen dienen nicht nur der Steuerung bzw. Führung, indem bspw. bei unplanmäßigem Verhalten oder Ergebnisverlauf in den laufenden Leistungsprozess eingegriffen wird. Sie dienen auch der Verbesserung der Planungs- und Entscheidungsbasis; in diesem Zusammenhang kann von lernorientierter Kontrolle gesprochen werden.

Informationen sind somit die Grundlage des gesamten Managementprozesses und zugleich das Medium, mit dem der Ausführungsprozess gelenkt und kontrolliert wird.

Eine weitere wichtige Aufgabe der Informationsverarbeitung besteht darin, *mit der Unternehmungsumwelt zu kommunizieren*. So sind z.B. Marktforschungsdaten über Kunden, Lieferanten, Konkurrenten etc. in Managementinformationen zu transformieren. Weiterhin sind Informationen an externe Empfänger abzugeben (Marktkommunikation, Dokumentationen etwa in Form von Jahresabschlüssen).

---

1 Wittmann, 1959

1.2 Das Informationssystem als Dreh- und Angelpunkt des Controlling

Die *Sicherstellung einer zweckgerechten, effizienten Informationsversorgung* des Management wird heute als eine *erste Kernfunktion des Controlling* angesehen. Sie besteht darin, Defizite in der Informationswirtschaft zu beseitigen, welche in den Bereichen der Informationsverarbeitung, der Informationsübermittlung und der Informationsnutzung angesiedelt sein können. Im Hinblick auf die Schnittstellen zwischen Informationssystem und Informationsnutzern (Management) obliegt dem Controlling eine besondere Koordinationsaufgabe.

Diese Brücken- oder Bindegliedfunktion besteht einerseits darin, den (laufenden und fallweise auftretenden) *Informationsbedarf des Management* unternehmungsindividuell zu erforschen, daraus die *Ansprüche an das Informationsprogramm* abzuleiten und diesen bei der *Gestaltung des Informationssystems* Geltung zu verschaffen. Die Bemühungen um eine benutzerorientierte Gestaltung und laufende Perfektionierung der Informationswirtschaft wird auch als *systembildende Funktion des Controlling* bezeichnet.[2]

Andererseits ist sicherzustellen, dass die Nutzer die Potenziale eines modernen Informationssystems auszuschöpfen bereit und befähigt sind. Dies schließt die Teilnahme des Controlling an der Informationsverarbeitung insofern ein, als eine situationsabhängige, nutzerspezifische Interpretation und Aufbereitung, also eine „Veredlung" der bereit gestellten Informationen erfolgt. In diesem Sinne wird auch von der *systemkoppelnden Funktion des Controlling* gesprochen.[3]

Eine *zweite Kernfunktion des Controlling* besteht in der (Unterstützung bei der) Koordination von Managementaufgaben. Sofern in einer Unternehmung der Managementprozess auf mehrere Organisationseinheiten (z.B. Filialen, Zentrale, Funktionsabteilungen) verteilt ist, sind unterschiedliche Managementteilprozesse aufeinander abzustimmen. Dadurch soll sichergestellt werden, dass alle Managementinstanzen „an einem Strang ziehen" und die übergeordneten Unternehmungsziele nicht aus den Augen verlieren. Im Unterschied zur (Primär-)Koordination der Ausführungsaufgaben - diese obliegt den Managementinstanzen selbst - handelt es sich hier um die *Sekundärkoordination verteilter Managementaufgaben*. Ein Beispiel bildet die Abstimmung zwischen den Planungsaufgaben der Einkaufs-, Verkaufs- und Werbeabteilungen etc. in den Geschäftsstätten und der Zentrale eines filialisierten Handelssystems.

Eng mit diesen beiden Kernfunktionen hängen die *weiteren Funktionen des Controlling* zusammen, die z.B. in der *methodischen Beratung und konzeptionellen Unterstützung des Management* oder auch in der Unterstützung des *systematischen Lernens* aus eigenen Erfahrungen oder von externen Vorbildern (Benchmarking) gesehen werden.

---

2 Vgl. Horváth 1991, S. 123 ff.
3 Vgl. Horváth 1991, S. 123 ff.

Die *nutzerorientierte Konzeption von (Handels-)Informationssystemen*, die Gegenstand dieses Beitrages ist, kann somit als *Dreh- und Angelpunkt des funktionalen (Handels-) Controlling* aufgefasst werden. Diese Aussage gilt auch für jene Unternehmungen, die (noch) über keinen eigenen Controllingapparat verfügen: Die aufgeführten Koordinationsaufgaben sind in einer jeden Unternehmung zu erfüllen, gleichgültig, ob man dafür den Begriff Controlling verwendet oder sie anders bezeichnet, und gleichgültig, ob diese Aufgaben vom Linienmanagement selbst wahrgenommen werden (in diesem Fall wird auch von „Selbstcontrolling" gesprochen) oder ob sie an separate Institutionen (die dann häufig „Controller" genannt werden) ausgelagert werden.

2. Die Besonderheiten des Handelsmanagement - Konsequenzen für das Handelsinformationssystem und das Handelscontrolling

2.1 Der spezifische Informations- und Koordinationsbedarf in verzweigten Handelsunternehmungen

Planung und Entscheidung, sachbezogene Steuerung und personenbezogene Führung, eingriffs- und lernorientierte Kontrolle sowie die Erstellung von Berichten und Dokumentationen für externe Informationsempfänger sind ganz allgemein die Zweckbereiche, für die Informationssysteme aus Daten bzw. Nachrichten zweckorientiertes Wissen abzuleiten und bereitzustellen haben.

Gerade bei Handelsunternehmungen werden die Ansprüche an derartige Systeme steigen, da es für deren wirtschaftlichen Erfolg künftig von entscheidender Bedeutung sein wird, besser, schneller und kundengerechter als der Wettbewerber zu sein. Bei der Bewältigung dieser diffizilen Zukunftsaufgaben kommt dem Informations- und Kommunikationsmanagement respektive den Informations- und Kommunikationssystemen eine große Bedeutung zu.[4]

Zur Bewältigung der angesprochenen Aufgaben kommt es darauf an, aus spezifischen Datenquellen, wie etwa der Marktforschung, den computergestützten Warenwirtschaftssystemen (CWWS), dem internen Rechnungswesen usw. die *Module eines Handelsinformationssystems* zu speisen (vgl. Abb. 1).

Worin bestehen nun konkret und detailliert die *Herausforderungen an das Informationsmanagement* im Handel?

---

4 Vgl. Barth/Helpup 1994, S. 235

Zur Klärung der Frage nach den Herausforderungen an das Informationsmanagement im Handel ist noch einmal auf Abb. 1 zu verweisen, in der das Handelsinformationssystem in diverse Subsysteme aufgegliedert wird. Dabei handelt es sich einerseits um die *Informations-Teilsysteme*, die, auf bestimmte interne und externe Bereiche des Entscheidungsfeldes (Standortsituation, Konkurrenz, Lieferanten, Kunden, Personal usw.) spezialisiert, unmittelbar relevante Informationen für das Handelsmanagement bereitstellen. Andererseits ist auf eine Reihe von *Datenquellen bzw. Datentöpfen* zu verweisen (in Abb. 1 sind exemplarisch die Marktforschung, das Warenwirtschaftssystem und das interne Rechnungswesen aufgeführt), aus denen die Informationssysteme gespeist werden.

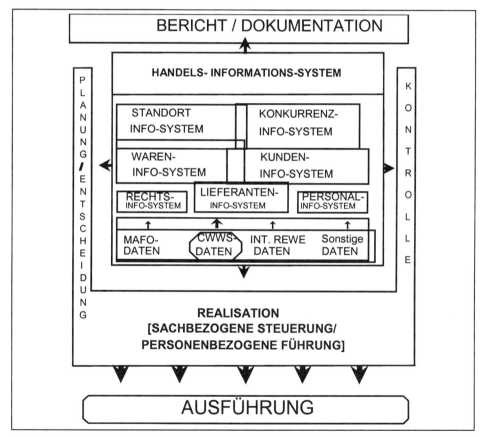

Abbildung 1: Das Handelsinformationssystem als Keimzelle des Handelsmanagement

Abstimmungsaufgaben im Beziehungsfeld zwischen Handelsmanagement und Informationssystem sind nun in mehrfacher Hinsicht zu erfüllen:

1. *Vernetzung der Datentöpfe untereinander*
   In einem komplexen System, wie es die Handelsunternehmung darstellt, benötigt jeder Teilprozess Daten von anderen Prozessen und erzeugt wiederum für andere Prozesse relevante Daten. In einem ganzheitlichen Informationssystem ist daher schon auf der Ebene der Daten eine Integration, zweckmäßigerweise auf der Basis eines einheitlichen Datenmodells, sicherzustellen.
2. *Umwandlung von Daten in Informationen*
   Informationen sind zweckorientierte, d.h. letztlich auf die externe Berichterstattung sowie die Gestaltung der Planungs-, Realisations- und Kontrollprozesse gerichtete Nachrichten und setzen sich i.d.R. aus mehreren Daten der unterschiedlichen Datenquellen zusammen. Dieser Vorgang, aus den großen Datenmassen, die z.B. in der Warenwirtschaft, im Rechnungswesen, aber auch in den Kontaktstellen zu den Beschaffungs- und Absatzmärkten mehr oder weniger zwangsläufig anfallen, managementrelevante Informationen zu generieren, kann heute als eine der klassischen Funktionen des Handelscontrolling bezeichnet werden.
3. *Vernetzung der Subsysteme des Handelsinformationssystems untereinander*
   Die in Abb. 1 gezeigte Aufspaltung in bereichsbezogene Informations-Teilsysteme mutet willkürlich an; die Überschneidungen sind realiter sehr viel umfangreicher, als es darstellungstechnisch zum Ausdruck gebracht werden kann. Gleichwohl dürfte es in den meisten Handelsunternehmungen zweckmäßig sein, eine derartige oder eine ähnliche Subsystembildung einschließlich einer organisatorischen Trennung der Zuständigkeiten für die Systempflege vorzunehmen, vorausgesetzt, es gelingt eine interne Verknüpfung; denn für die Erfüllung der Managementaufgaben werden i.d.R. zusammengesetzte Informationen benötigt, die aus mehreren der aufgeführten Teilsysteme stammen.
4. *Integration unterschiedlicher Managementinformationssysteme*
   Am Beispiel des stufenübergreifenden Warenwirtschaftsmanagement (vgl. 3.1) wird deutlich, dass eine gravierende Effizienzsteigerung die Vernetzung und Integration der Warenwirtschaftssysteme sowohl innerhalb der Handelssysteme als auch in mehrstufigen Distributionssystemen (Wertschöpfungsketten) voraussetzt. Die Realisierbarkeit einer derartigen Integration wird dadurch begünstigt, dass der über die Unternehmungsgrenzen hinweg laufende Waren-/Geldstrom einen „natürlichen" Ansatzpunkt für kooperatives Schnittstellenmanagement liefert. Eine Steigerung der Integrationsidee könnte darin gesehen werden, dass die Vernetzung von den Warenwirtschaftssystemen auf die kompletten Managementinformationssysteme ausgedehnt würde.
5. *Koordination zwischen dem Handelsinformationssystem und dem Handelsmanagement*
   Aus „Datenfriedhöfen" werden Handelsinformationssysteme dadurch, dass die Manager zur regelmäßigen Nutzung der verfügbaren Informationen veranlasst und befähigt werden, vorausgesetzt, die Informationen genügen den Relevanzkriterien, die aus den spezifischen Managementaufgaben abzuleiten sind.

2.2 Die differenzierten Informationsansprüche des operativen und strategischen Handelsmanagement

Um nunmehr die spezifischen Ansprüche des Handelsmanagement an Informationssystem und Controllingkonzeption zu präzisieren, ist darzustellen, *welche Aufgaben das Handelsmanagement im Einzelnen umfasst*.

Ganz allgemein betrachtet kann Handelsmanagement gleichgesetzt werden mit dem *Management von Erfolgspotenzialen*. Dabei handelt es sich um die spezifischen Voraussetzungen, die es einer Handelsunternehmung erlauben, langfristig überdurchschnittliche Ergebnisse zu erzielen. Häufig wird auch von spezifischer Kompetenz, unverwechselbarem Unternehmungsprofil, Unique Selling Proposition (USP) oder komparativem Konkurrenzvorteil (KKV) gesprochen. Stark vereinfacht besteht das strategische Management in der Schaffung *neuer* Erfolgspotenziale, während operatives Management die Ausschöpfung *vorhandener* Erfolgspotenziale bedeutet.[5]

Zentrale Zielsetzung des strategischen Management ist es, die langfristige Entwicklung einer Unternehmung zu steuern und zu koordinieren, wobei neben der unternehmungsinternen Bedingungslage vor allem die externen Gegebenheiten zu berücksichtigen sind.[6]

Demgegenüber obliegt es dem operativen Handelsmanagement, die vorhandenen Geschäftsfelder optimal auszuschöpfen, d.h. festzulegen, mit welchem operativen Mitteleinsatz die definierte strategische Grundorientierung zu konkretisieren ist.[7] Es umfasst die folgenden Aufgabenkomplexe:

- *Die Sicherstellung einer rationellen Abwicklung des „täglichen Geschäftes"*
  Rationell bedeutet vor allem, das Umsatzpotenzial möglichst reibungslos auszuschöpfen (z.B. Fehlmengen vermeiden), die Warenlogistik, den Personaleinsatz etc. kostengünstig zu bewerkstelligen, die Kapitalbindung (insbes. in der Warenwirtschaft) auf das notwendige Maß zu reduzieren usw.
- *Die Perfektionierung der Arbeitsabläufe im Rahmen eines im Wesentlichen unveränderten Betreibungskonzeptes*
  Beispiele für die hier zu treffenden Entscheidungen sind die Festlegung von Höchst- und Mindestbestandsmengen je Artikel, die Festlegung von Kalkulationsaufschlägen und Preisabschriften im Saisonverlauf, Entscheidungen über den zeitweisen Einsatz von Teilzeitkräften und Distributionshelfern u.v.a.m.
- Die laufende Anpassung des Betreibungskonzeptes vor allem durch den Einsatz der marktpolitischen Instrumente, jedoch innerhalb einer vorgegebenen strategischen Leitlinie.

---

5 Vgl. Näheres bei Ahlert/Kollenbach /Korte 1996, S. 185 ff.
6 Vgl. Barth 1999, S. 115
7 Vgl. Barth 1999, S. 163

Hier geht es z.B. um konkrete Listungsentscheidungen im Rahmen einer vorgegebenen Sortimentsstruktur, um die Feinsteuerung der Preishöhe und Konditionen im Rahmen eines festgelegten Preisniveaus, die Entscheidungen über die konkrete Warenplatzierung, Regaloptimierung und „instore-promotions" im Rahmen eines feststehenden atmosphärischen Konzeptes oder über den konkreten Werbemitteleinsatz innerhalb der Grenzen eines festliegenden Werbestils.

Es stellt sich nunmehr die Frage, ob sich der *Informationsbedarf des strategischen und des operativen Handelsmanagement* grundlegend voneinander unterscheidet.

Zunächst ist darauf hinzuweisen, dass eine bestimmte *Information nicht per se strategischen oder operativen Charakter* hat. Vielmehr kann ein und dieselbe Information aus der laufenden Geschäftstätigkeit für operative wie strategische Entscheidungen gleichermaßen relevant sein, und auch das operative Management benötigt außer vergangenheitsbezogenen Ergebnisgrößen entscheidungsrelevante, und das sind stets zukunftsbezogene Informationen.

Gleichwohl erscheint die Tendenzaussage plausibel, dass die *quantitativen, statischen Ergebnisgrößen* aus dem Warenprozess und dem internen Rechnungswesen (z.B. Kosten, Erlöse, Deckungsbeiträge) für das *operative Management* die größere Bedeutung haben, während das *strategische Management zusätzlich* auf *qualitative Indikatoren* angewiesen ist, die auf weit in die Zukunft reichende Entwicklungen schließen lassen. In diesem Sinne ist auf die so genannten Frühwarnindikatoren, schwachen Signale und vorökonomische Größen wie z.B. Marktpotenziale, Einkaufsstättenimages, Kundenzufriedenheit u. dgl. zu verweisen.

Dementsprechend hat das Handelscontrolling im Rahmen seiner Informationsversorgungsfunktion tendenziell unterschiedliche Maßgrößen zu erheben, je nachdem, ob es dem operativen oder dem strategischen Handelsmanagement zuarbeitet.

Das Fazit dieses Abschnittes lautet: Die *Verwendungszwecke von Informationen aus dem Handelsinformationssystem* sind sehr unterschiedlich, je nachdem, ob es um den Vorstoß in neue Betätigungsfelder *(strategisches Management)*, die Ausschöpfung vorhandener Erfolgspotenziale *(operatives Management)* oder um die Kombination beider Aufgabenkomplexe im Rahmen des *evolutionären Management* geht.

Das Handelsinformationssystem in eine strategische und operative Variante einzuteilen, erscheint indessen nicht sinnvoll; vielmehr bildet *ein und dasselbe Informationssystem die Basis für sämtliche Managementaufgaben*.

Das Handelscontrolling weist dagegen sehr unterschiedliche Ausprägungen auf, je nachdem, ob es der Unterstützung des strategischen oder des operativen Management dient. *Die Trennung zwischen einer operativen und einer strategieorientierten Controllingkonzeption* kann daher in der Regel als zweckmäßig angesehen werden.

3. Ein Stufenmodell des nutzerorientierten Aufbaus von Handelsinformationssystemen

Bei der unternehmungsindividuellen Konzeption eines Handelsinformationssystems ist den Besonderheiten der vorstehend aufgeführten Handelsmanagementaufgaben Rechnung zu tragen. Aus dem *spezifischen Informationsbedarf der Nutzer* sind die *Auswertungsmodule* und daraus wiederum die Ansprüche an die *Basismodule des Informationssystems* abzuleiten. Aus informationsökonomischen Gründen ist es zweckmäßig, so weitgehend wie möglich auf die bereits existierende Informationsbasis zurückzugreifen.

In den meisten Handelsunternehmungen sind bereits diverse Komponenten eines Informationssystems vorhanden, häufig als Insellösungen, seltener zu einem integrierten Führungsinformationssystem miteinander verbunden. Zunehmend verfügen Handelsunternehmungen über moderne Warenwirtschaftssysteme, und in Ansätzen findet schon eine Vernetzung mit den wichtigsten Transaktionspartnern (Lieferanten, Banken, Logistikdienstleistern etc.) statt. Auch die Systeme des Internen Rechnungswesens und der Marktforschung liefern routinemäßig eine Fülle von Daten, die für die Gewinnung managementrelevanter Informationen herangezogen werden können. Weniger ausgereift sind in der Regel die Auswertungsmodule, die unmittelbar an den Verwendungszwecken der Nutzer orientiert sind.

Für bereits existierende Handelsunternehmungen wird ein stufenweiser Aufbau des Informationssystems vorgeschlagen. Zunächst ist zu klären, ob das *Warenwirtschaftssystem* schon den Stand der Kunst erreicht hat. Es kann als obligatorisches Fundament eines jeden nutzerorientierten Handelsinformationssystems angesehen werden. Ein erheblicher Teil der nutzerrelevanten Informationen, insbesondere für das *Warenwirtschaftsmanagement*, kann unmittelbar und ohne Weiteres aus dem Warenwirtschaftssystem gewonnen werden. Darauf wird in Abschn. 3.1 nur kurz eingegangen.

Den Schwerpunkt der weiteren Ausführungen bildet die Frage, welche zusätzlichen Vorkehrungen zu treffen sind, um relevante Informationen über das Warenwirtschaftsmanagement hinaus bereitzustellen (Abschn. 3.2). In Abschn. 3.3 wird die Nutzung der Basismodule im Rahmen des *operativen Handelscontrolling* behandelt. Abschn. 3.4 befasst sich mit dem erweiterten Informationsbedarf im Rahmen des *strategieorientierten Handelscontrolling*.

3.1 Das computergestützte Warenwirtschaftssystem als Fundament des Handelsinformationssystems

Die *Warenwirtschaft* bildet das „Herzstück" des Handelsmanagement und des stufenübergreifenden Wertschöpfungsprozessmanagement. Sie umfasst einerseits die ausführenden Tätigkeiten im Zusammenhang mit der Ware (*Warenprozesssystem*) und andererseits die auf den Warenprozess gerichteten Managementtätigkeiten (*Warenprozessgestaltung*). Basis und Medium des Warenwirtschaftsmanagement ist die Information (vgl. die Keilriemendarstellung in Abb. 2).

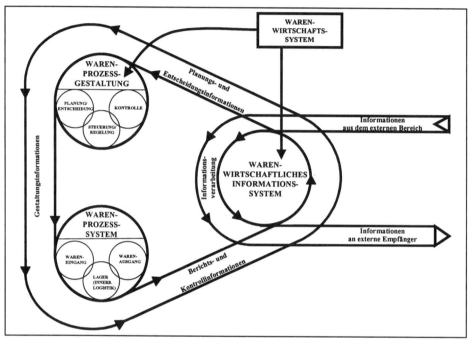

Abbildung 2: Die Information als Basis und Medium des Warenwirtschaftsmanagement

Als *Warenwirtschaftssystem* werden in Literatur und Praxis *sowohl die Gestaltungs- als auch die Informationsaktivitäten mit Bezug auf die Ware* bezeichnet. Mitunter wird der Begriff Warenwirtschaftssystem mit Scanningsystemen oder warenwirtschaftlichen Softwarepaketen gleichgesetzt, was zu einer erheblichen Begriffsverwirrung beigetragen hat. Tatsächlich verfügt jeder Handelsbetrieb seit eh und je über ein Warenwirtschaftssystem. Dieses kann, muss aber nicht zwingend ein geschlossenes oder ein computergestütztes oder gar ein auf Scanning beruhendes System sein.

Gleichwohl kann heute im Regelfall davon ausgegangen werden, dass Handelsunternehmungen über *computergestützte Warenwirtschaftssysteme* verfügen, die als Fundament des Handelsinformationssystems gelten können.[8] Wenn über Nutzungspotenziale von Handelsinformationssystemen nachgedacht wird, so ist ein erheblicher Teil unmittelbar bereits in den *Auswertungsmodulen moderner Warenwirtschaftssysteme* angelegt.

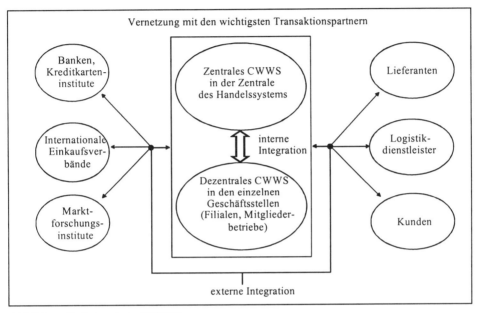

Abbildung 3: Integrierte CWWS

Der Trend zur internen und externen Vernetzung der (computergestützten) Warenwirtschaftssysteme in Handels- und Distributionssystemen kann seit Anfang der 80er Jahre beobachtet werden. *Integrierte computergestützte Warenwirtschaftssysteme* bilden zweifellos eine der größten Herausforderungen in der Konsumgüterwirtschaft (vgl. Abb. 3). Dabei kann sich die Integration im weitesten Sinne auf sämtliche Informations- und Koordinationsaktivitäten erstrecken, die mit den Waren-, Dienstleistungs-, Geld-, Kredit- und Informationsströmen im Spannungsfeld zwischen Lieferanten und Verbrauchern zusammenhängen.

Die *Kernaufgabe des warenwirtschaftlichen Informationssystems* besteht darin, das Management des Warenprozesses, sei es im einzelnen Handelsbetrieb, auf der Ebene des verzweigten Handelssystems (Filialsystem oder kooperative Handelsgruppe) oder auf der Ebene des stufenübergreifenden Distributionssystems mit den notwendigen Planungs-, Steuerungs- und Kontrollinformationen zu versorgen.

---

8 Vgl. dazu ausführlicher Ahlert 1997, S. 17 ff.

Im Folgenden ist zu untersuchen, welche Bedeutung Warenwirtschaftsdaten *über den engeren Bereich des Warenwirtschaftsmanagement hinaus*, z.B. für das Beschaffungs- und Absatzmarketing der Handelsunternehmung, erlangen können.

3.2 Der erweiterte Informationsbedarf der Handelsmanager

Jeder Handelsmanager verfügt über ein spezifisches Bild von den Parametern und Strukturen des sog. *handelsbetrieblichen Entscheidungsfeldes*. Dieses Bild kann als internes Modell „in den Köpfen" der Entscheidungsträger verborgen sein oder in extern dokumentierter Form, d.h. intersubjektiv überprüfbar und nutzbar vorliegen. Eine der wesentlichen Funktionen des Handelscontrolling besteht darin, die zahlreichen, z.T. einander widersprechenden internen Modelle der verschiedenen Handelsmanager zu externalisieren und im Dialog zu verbessern.

Dabei gilt es, die folgenden Informationsdefizite des Handelsmanagement zu beseitigen:

1. *Substanzielle* Ungewissheit über die konkreten gegenwärtigen und für die Zukunft zu prognostizierenden Merkmale des sog. Zustandsraums im Entscheidungsfeld (*Mangel an faktischem Wissen*).
2. *Strukturelle* Ungewissheit über die gegenwärtigen und zukünftig zu erwartenden Kausalbeziehungen bzw. Gesetzmäßigkeiten im Entscheidungsfeld (*Mangel an theoretischem Wissen*). „Strukturelle Ungewissheit liegt dann vor, wenn in einer Situation nicht nur die konkreten Werte der Variablen unbekannt sind, sondern wenn man zu einem beträchtlichen Teil überhaupt nicht weiß, welche Variablen relevant sind und wie sie untereinander verknüpft sind.[9]"
3. *Konzeptionelle* Ungewissheit über relevante Vorgänge außerhalb des eigenen Entscheidungsfeldes, insbesondere über exzellente Handelskonzepte, die nachahmenswert und/oder bedrohlich sein mögen (*Mangel an Ideen und Anregungen*).

Die Beseitigung der *strukturellen Ungewissheit* („Arbeiten am Entscheidungsfeldmodell") obliegt schwerpunktmäßig dem strategischen Handelscontrolling, während das operative Controlling vorwiegend der Effizienzsteigerung des laufenden Geschäftes durch Beseitigung der *substanziellen Ungewissheit* im Rahmen eines gegebenen Entscheidungsfeldmodells dient.

Die Informationsversorgungsfunktion des Handelscontrolling würde allerdings unzulänglich erfüllt, wenn es sich auf die Erfassung und Auswertung *eigener Erfahrungen* innerhalb der Handelsunternehmung beschränkte. Vielmehr ist es von mindestens ebenso großer Bedeutung, auch aus den *Erfahrungen mit exzellenten Konzepten anderer Unternehmungen* zu lernen (vgl. zum Überblick Abb. 4).

---

9   Malik 1984, S. 292

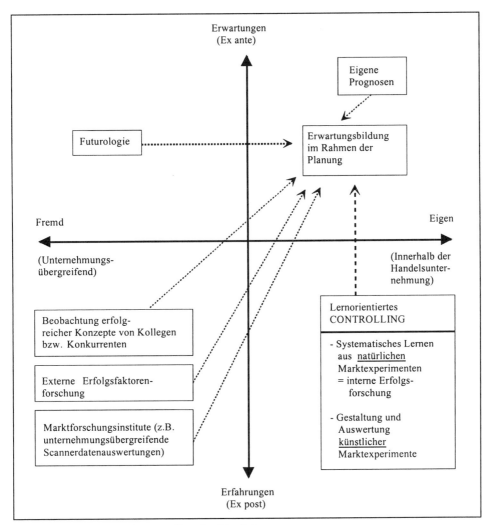

Abbildung 4: Informationsquellen des Handelsmanagement

Festzuhalten bleibt, dass der Informationsbedarf der Handelsmanager weit über die quantitativen Daten aus dem Warenwirtschaftssystem hinaus reicht und sich auch auf qualitative Informationen interner und externer Art sowie zukunftsgerichtete Informationen erstreckt.

3.3 Die Informationsbasis des operativen Handelscontrolling

Die Betrachtung in diesem Abschnitt konzentriert sich auf die Frage, welchen Beitrag die Gewinnung und Auswertung von *Daten aus dem eigenen Erfahrungsbereich* der Handelsunternehmung im Rahmen der Informationsversorgungsfunktion des operativen Handelscontrolling zu leisten vermag und welche *Bedeutung der Warenwirtschaftsdaten* dabei konstatiert werden kann.

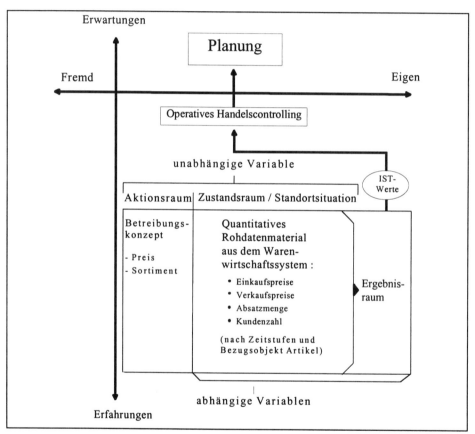

Abbildung 5: Informationsversorgung auf der Basis des quantitativen Rohmaterials aus dem Warenwirtschaftssystem

Betrachten wir exemplarisch den Ausschnitt der *absatzseitigen Marktbearbeitung eines Einzelhandelsbetriebes*, so umfasst das Entscheidungsfeld (in Abb. 5 vereinfacht dargestellt)

- als *Aktionsraum* das Maßnahmenbündel, das im Betreibungskonzept seinen Niederschlag findet,
- als *Zustandsraum* die konkrete Standortsituation (Konkurrenz, Bevölkerung, Geschäftslage, Parkplätze etc.) und
- als *Ergebnisraum* die Auswirkungen des Betreibungskonzeptes in der konkreten Standortsituation auf die relevanten Zielgrößen.

Den Ausgangspunkt der Informationsversorgung bilden *die routinemäßig anfallenden Warenwirtschaftsdaten*. Sofern der Handelsbetrieb über ein geschlossenes Warenwirtschaftssystem (artikelgenaue Warenausgangsdatenerfassung z.B. über Scannerkassensysteme) verfügt, liegt ein *Rohdatenmaterial* vor, das nach *Absatzmengen, Einkaufs- und Verkaufspreisen artikel- und zeitgenau differenziert* ist.

Der in der Handelspraxis übliche weiterführende Auswertungsschritt besteht in dem *Einsatz von Kennzahlensystemen*, wobei die Warenwirtschaftsdaten auf die unterschiedlichsten quantitativen Größen bezogen werden können.

Kennzahlen dienen der Bewältigung der Datenflut aus Warenwirtschaftssystemen und erleichtern zwischenzeitliche und insbes. zwischenbetriebliche Vergleiche. Vor allem erlauben sie die Erarbeitung aussagekräftiger Sollwerte für die Steuerung des Handelsbetriebes. Die Aufgaben des operativen Handelscontrolling erweitern sich dabei auf

- die Transformation der Pläne in Sollkennzahlen,
- die Transformation des erhobenen Rohdatenmaterials in die entsprechenden Istkennzahlen und
- die Abweichungsanalyse (vgl. Abb. 6).

Wenn heute das Controlling in Handelsunternehmungen einen als fortschrittlich geltenden Stand erreicht hat, dann kennzeichnet es sich dadurch, dass es auf der Basis quantitativer Größen aus dem Warenwirtschaftssystem, ergänzt um Kosteninformationen aus dem internen Rechnungswesen, Soll- und Istkennzahlen ermittelt, zwischenzeitliche (z.T. auch zwischenbetriebliche) Vergleiche ermöglicht und damit die Entscheidungs-, Steuerungs- und Kontrollfunktionen des operativen Handelsmanagement unterstützt.

Bei der *Begründung positiver oder negativer Abweichungen* zwischen geplanten und eingetroffenen Umsatz- bzw. Deckungsbeitragswerten oder darauf aufbauender Kennzahlen, die notwendig ist, um *Korrekturempfehlungen für die handelsbetrieblichen Aktivitäten* abzuleiten, können sich allerdings erhebliche Schwierigkeiten ergeben, wenn die Informationsgewinnung auf derartige quantitative Größen beschränkt ist. Ohne *ergänzende Informationen qualitativer Art* (z.B. über konkrete, von den Konsumenten subjektiv wahrgenommene Eignungsdefizite) bleibt nur Raum für Unzufriedenheit und Spekulation.

Welche Ergänzungen des operativen Handelscontrolling zweckmäßig sind, soll nachfolgend skizziert werden.[10]

---

10 Vgl. dazu ausführlicher Ahlert 1990, S. 21 ff. sowie Ahlert/Günther 1986, S. 67 ff.

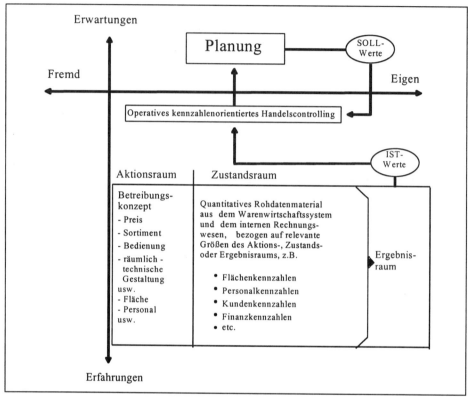

Abbildung 6: Einordnung des Kennzahlensystems als Instrument des Handelscontrolling

3.4 Vom operativen zum strategischen Handelscontrolling

Der Übergang von den Aufgaben des operativen zu jenen des strategischen Handelscontrolling ist fließend. Keineswegs wäre die Aussage sinnvoll, im strategischen Handelscontrolling hätten quantitative Daten aus den computergestützten Warenwirtschaftssystemen nun keine Bedeutung mehr (ebensowenig kommt das operative Handelscontrolling allein mit Warenwirtschaftsdaten aus). Vielmehr wurde schon mehrfach darauf hingewiesen, dass im Rahmen des strategieorientierten Controlling zusätzliche, zu den quantitativen Daten hinzutretende Größen qualitativer Art zu berücksichtigen sind, um den Prozess des systematischen Lernens aus eigenen Erfahrungen sicherzustellen. Dies wurde in Abschn. 3.2 in der Weise zum Ausdruck gebracht, dass das *Arbeiten am Entscheidungsfeldmodell* in den Vordergrund rückt, d.h. die Klärung der Fragen, warum bestimmte Kombinationen der absatzpolitischen Variablen des Aktionsraumes in bestimmten Konstellationen des Zustandsraumes die gemessenen quantitativen Ergebnisse erbracht haben.

Um die im Rahmen des operativen (kennzahlenorientierten) Handelscontrolling ermittelten (positiven oder negativen) Abweichungen erklären zu können, sind die *Beobachtungsfälle zusätzlich qualitativ zu beschreiben*. Als Beobachtungsfall kann *jedes Zusammentreffen einer bestimmten Konstellation des Aktionsraums mit einer bestimmten Konstellation des Zustandsraums* bezeichnet werden. Ein solcher Beobachtungsfall kann das Ergebnis einer *gesteuerten (strategiegeleiteten) Änderung* des Betreibungskonzeptes sein. Er kann sich *aber auch zufällig* ergeben. So sind etliche Innovationen im Handel das Resultat „glücklicher" Umstände. Ein Beispiel wäre das Zusammenbrechen eines Warenträgers kurz vor Öffnung des Geschäftslokals zur Zeit des Saisonschlussverkaufs; dem gestressten Personal fällt nichts anderes ein, als die Ware schnell noch auf einen freien Tisch zu häufen, und die Geburtsstunde des „Wühltisches" hat geschlagen. Möglicherweise ist es sogar der „Faktor Glück", der die Überlegenheit des evolutionären Managementansatzes im Handel wesentlich mitbestimmt. Allerdings setzt die Ausschöpfung von Glücksfällen eine adäquate Führungskonzeption (Freiräume für eigenverantwortliches Handeln) voraus, die es in dem (fiktiven) Beispiel erst ermöglicht hat, dass das Personal den Wühltisch kreierte. Eine weitere Voraussetzung für die Ausschöpfung des Faktors Glück ist, dass diese Diskontinuitäten (überraschende Abweichungen) überhaupt bemerkt und auf ihre Ursachen hin analysiert werden.

Dies setzt die *ganzheitliche Erfassung der Beobachtungsfälle im Rahmen des lernorientierten Controlling* voraus. Dazu ist es notwendig, ein Protokoll über relevante Veränderungen des Betreibungskonzeptes und der Standortsituation anzufertigen, von Zeit zu Zeit auch qualitative Ergebnisgrößen (z.B. Kundenzufriedenheit, Einkaufsstättenimages) zu erheben und diese Informationen über den Faktor Zeit an die routinemäßig anfallenden quantitativen Ergebnisinformationen aus dem Warenwirtschaftssystem und dem internen Rechnungswesen zu koppeln (vgl. Abb. 7).

Sofern nun überraschende Abweichungen zwischen den quantitativen Soll- und Istwerten festgestellt werden, lassen sich anhand dieser Aufzeichnungen die qualitativen Konstellationen rekonstruieren, um so den Abweichungsursachen auf den Grund zu gehen.

Nach einigen Perioden verfügt das Handelscontrolling über eine *größere Anzahl von periodenbezogenen Beobachtungsfällen*, ggfs. auch aus unterschiedlichen Betriebsstätten des Handelssystems, mit denen die Erfolge geplanter oder auch durchsetzungszufälliger Änderungen der Betreibungskonzepte in jeweils bestimmten Standortsituationen abgebildet werden. Diese Fälle können nun *mit Hilfe statistischer Methoden ausgewertet* werden, um das theoretische Wissen über die Wirkungsbeziehungen im Entscheidungsfeld zu verbessern. In diesem Sinne wurde in Abb. 4 vom „*systematischen Lernen aus natürlichen Marktexperimenten*" gesprochen. Denn in Anbetracht der hohen Dynamik des handelsbetrieblichen Geschehens laufen in der Praxis (gewollt oder ungewollt) permanent natürliche Experimente ab; sie laden den Betrachter geradezu ein, aus ihren Ergebnissen zu lernen.

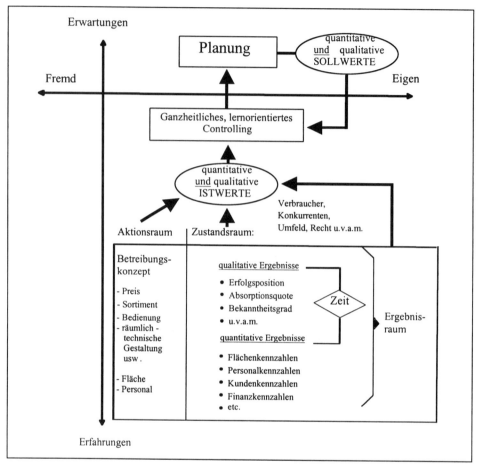

Abbildung 7: Warenwirtschaftsdaten als Basis des strategischen Handelscontrolling

Die statistisch ermittelten Zusammenhänge zwischen den einzelnen Aktionsvariablen, Zustandsvariablen und Handlungsergebnissen können in einem zweiten Schritt in Hypothesen überführt und in einem dritten Schritt hinsichtlich der vermuteten Kausalitäten überprüft werden. Dieser Überprüfung dienen *gezielte (künstliche) Experimente*, bei denen der Änderungsprozess in gesteuerter Form abläuft.

Dem strategischen Controlling kommt hier die wichtige Funktion zu, entsprechende experimentelle Tests (Feldexperimente) zu gestalten und auszuwerten. Da allzu häufige Experimente in derselben Einkaufsstätte negative akquisitorische Wirkungen auf die Konsumenten entfalten können, haben Massenfilialsysteme den Vorteil, die Experimente auf mehrere Betriebe verteilen zu können und zugleich über weitere Betriebsstätten als Kontrollgruppen zu verfügen. Es ist zu erwarten, dass sich die *Qualität des Entscheidungsfeldmodells im Zeitablauf sukzessive verbessern* lässt.

Aber auch ohne solche Experimente kann das strategische Controlling (in engen Grenzen) durch Auswertung der natürlichen Experimente zur *verbesserten Gestaltung der Betreibungskonzepte* beitragen. Indem den jeweiligen Zustandsräumen diejenigen Aktionsparameterkonstellationen zugeordnet werden, die ausweislich der erhobenen Beobachtungsfälle (in unterschiedlichen Betriebsstätten des Handelssystems oder zu unterschiedlichen Zeiten) die vergleichsweise besten Handlungsergebnisse erbracht haben, kann die Handlungssicherheit in Zukunft erhöht werden. Diese „Optimierung im Rahmen gemessener Muster" entspricht der *Erfolgsfaktorenforschung*, die in diesem Falle nicht unternehmungsübergreifend, sondern innerhalb des Handelssystems durchgeführt wird.

Zusammenfassend ist festzustellen, dass das Lernen aus natürlichen und künstlichen Marktexperimenten die zeitgleiche Erfassung quantitativer und qualitativer Daten erfordert.

Sofern die quantitativen Daten, in geeigneter Form aufbereitet, schon quasi automatisch aus den computergestützten Warenwirtschaftssystemen auflaufen, also nicht eigens erhoben werden müssen, sind die vorstehend beschriebenen Auswertungen mit vergleichsweise geringem Zusatzaufwand möglich. Die mit den neueren Warenwirtschaftstechnologien ausgestatteten Handelsunternehmungen können somit erhebliche Informationsvorsprünge gegenüber den Handelsunternehmungen erlangen, die noch nicht über Datenkassensysteme verfügen. Informationsvorsprünge bestehen dann auch gegenüber der Industrie, die darauf angewiesen ist, für analoge Auswertungen Warenwirtschaftsdaten erst eigens (z.B. von Marktforschungsinstituten) erheben zu lassen.

4. „Pflicht und Kür" bei der Konzeption von Handelsinformationssystemen

4.1 Zur Frage der Abhängigkeit der HIS-Architektur vom individuellen Informationsbedarf der Nutzer

Bei der Neugestaltung oder Restrukturierung von Handelsinformationssystemen ergibt sich ein klassisches *Reihenfolgeproblem der konzeptionellen Überlegungen bezüglich Architektur und Nutzung* (vgl. Abb. 8).

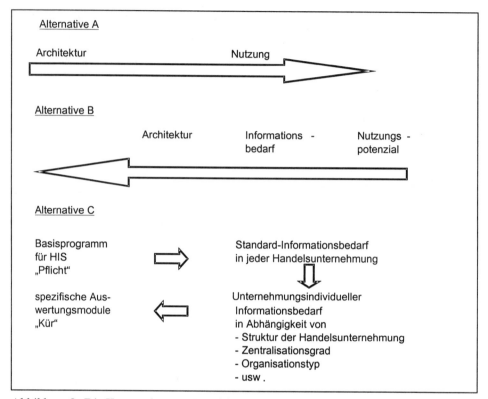

Abbildung 8: Die Konzeption von Handelsinformationssystemen

Alternative A bedeutet, zunächst das Handelsinformationssystem „nach den allgemeinen Regeln der Kunst" zu entwerfen und danach die Nutzungspotenziale unternehmungsindividuell auszuloten.

Bei der Alternative B bildet der Informationsbedarf der (potenziellen) Nutzer den Ausgangspunkt für die Ableitung spezifischer Anforderungen, nach deren Maßgabe das Handelsinformationssystem unternehmungsindividuell zu konstruieren ist.

In Bezug auf die Architektur des Informationssystems drängt sich die Analogie zum Entscheidungsproblem Standardsoftware versus Individualsoftware auf. Es erscheint typisch für die *akademische Sichtweise*, die Alternative B zu präferieren. Dies entspricht auch der finalen Interpretation des Informationsbegriffes: *Die Nutzungszwecke determinieren die Architektur der Datenmodelle.* Bei dieser Vorgehensweise treten allerdings in der *Handelspraxis* gravierende Probleme auf. Sie kommt dem Unterfangen gleich, einem Fahrschüler, der noch keine Fahrpraxis hat, seine Wünsche und spezifischen Anforderungen an ein Automobil zu entlocken oder ihn einen Führerschein machen zu lassen, ohne ein Automobil bereitzustellen. Der Vergleich mag überzogen sein; jedoch ist aus zahlreichen Praxisprojekten des Münsteraner Instituts für Handelsmanagement zu berichten, dass alle Versuche gescheitert sind, aus einer *abstrakten Erhebung des Informationsbedarfs* von Handelsmanagern konkret umsetzbare *Ansprüche an Warenwirtschaftssysteme oder Handelsinformationssysteme* abzuleiten. Soweit sie noch keine einschlägigen Erfahrungen im Umgang mit Informationssystemen sammeln konnten, fällt es den Führungskräften in Handelsunternehmungen in der Regel schwer, ihren Informationsbedarf zu artikulieren. Bei der am Nutzer orientierten Restrukturierung vorhandener Informationssysteme ist es allerdings eher möglich, auf die spezifischen Wünsche und Ansprüche der Informationsverwender zu rekurrieren.

Erschwerend kommt bei dieser Vorgehensweise B hinzu, dass *der Nutzerkreis nicht a priori feststeht*. Inwieweit außer den Entscheidungsträgern in den Geschäftsstätten auch die Manager der Handelszentrale oder gar Prozessteams in stufenübergreifenden Wertketten bis hin zu den weiteren Transaktionspartnern (etwa Marktforschungsinstitute, Logistikdienstleister, aber auch die Kunden) Zugriff auf die Informationen haben sollen, hängt wesentlich von der Konfiguration der „integrierten Informationssysteme" ab (vgl. nochmals Abb. 3).

Angesichts dieser praktischen Schwierigkeiten ist zu fragen, ob der weniger nahe liegenden Alternative A der Vorzug gebührt: Das in einer Handelsunternehmung implementierte *Handelsinformationssystem determiniert die Nutzungspotenziale*.

Aber auch diese Vorgehensweise hat ihre Tücken. Zwar ist die Informations- und Kommunikationstechnologie zweifellos inzwischen soweit ausgereift, dass es unschwer gelingen mag, jedem Händler einen „Rolls Royce auf den Hof zu stellen", d.h. ein Handelsinformationssystem, welches *den höchsten Ansprüchen der Nutzung* gerecht wird. Wenn aber die Handelsmanager als Nutzer nicht bereit oder befähigt sind, die *Nutzungspotenziale voll auszuschöpfen*, oder - um im Bild zu bleiben - wenn ihnen „nur Feldwege zur Verfügung stehen", dann ist der Rolls Royce ineffizient, dann hätte es besser ein „Land Rover" sein sollen.

Mit diesem Bild soll zum Ausdruck gebracht werden, dass die *Nutzungsanforderungen an Informationssysteme im Handel nicht homogen* sind. Tatsächlich sind sie unternehmungsindividuell sehr unterschiedlich; sie sind insbesondere abhängig

- von der Struktur der Handelsunternehmung und dem Typ des Handelssystems bzw. des Distributionssystems, in das die Handelsunternehmung eingebettet ist, und
- von dem in der Handels- bzw. Distributionsorganisation praktizierten Managementsystem.

Mit Bezug auf das Managementsystem ist vor allem auf drei wesentliche *Einflussfaktoren einer adäquaten Architektur von Handelsinformationssystemen* hinzuweisen:

1. *Der Zentralisationsgrad der Entscheidungen im Handelssystem*
   Wird der einzelne Handelsbetrieb „*zentralistisch geführt*", liegen also die wichtigsten Entscheidungs- und Weisungsbefugnisse bei der Managementzentrale, so sind die Auswertungsmodule auf völlig andere Nutzeransprüche auszurichten als bei *dezentraler Führungsorganisation*. Hier werden wesentliche Entscheidungen in den

zentraler Führungsorganisation. Hier werden wesentliche Entscheidungen in den Profitcentern (z.B. in den Filialen) getroffen, und die Geschäftsleitung des Handelssystems ist bemüht, möglichst weitgehend marktwirtschaftliche Koordinationsmechanismen bei der Steuerung wirken zu lassen und damit „Unternehmertum an die Basis zu tragen". Nicht nur der Nutzerkreis ist hier ein anderer, sondern auch die Verwendungszwecke der bereitgestellten Informationen.

2. *Das Koordinationsprinzip im Distributionssystem*
Jede Handelsunternehmung ist i.d.R. eingebettet in eine Mehrzahl von Distributionssystemen. Ein Distributionssystem umfasst außer den an der Vermarktung eines bestimmten Absatzgutes (bzw. Produktprogramms) teilnehmenden Einkaufsstätten (und spezialisierten Hilfsbetrieben) auch den Hersteller.[11]

3. *Die organisatorische Konfiguration der Geschäftsabläufe*
Herrscht eine *funktionale Fragmentierung* der Aufgaben in der Handelsunternehmung vor. Sind also z.B. Einkauf, Verkauf, Logistik, Marktkommunikation etc. organisatorisch separiert, so sind die Nutzeransprüche weitgehend anders geartet als in einer *prozessorientierten Organisation*. Hier werden komplette Wertschöpfungsprozesse in die Verantwortlichkeit einzelner Prozessteams (innerhalb der Handelsunternehmung oder auch stufenübergreifend) gegeben. Diese Prozessteams sind nicht nur für die Ausführung der kompletten Leistungsprozessaktivitäten zuständig, sondern übernehmen i.d.R. auch wesentliche Aufgaben des Prozessmanagement (Planung, Entscheidung, Steuerung und Kontrolle).
Der Übergang von einer Funktions- zu einer Prozessorganisation erfordert auch eine Restrukturierung der Managementbasis in der Handelsunternehmung. Hat sich das Top Management im Rahmen einer politischen Grundsatzentscheidung für die kundenorientierte Prozessorganisation entschieden, muss es sich mit gravierenden Änderungen der eigenen Aufgaben und Zuständigkeiten abfinden. Nicht mehr die Anweisung, sondern die *Strategiemoderation und ein Coaching der selbständig agierenden Prozessteams* bilden den Aufgabenschwerpunkt.[12] Die *Konsequenzen für die Gestaltung der Controllingkonzeption und der betriebswirtschaftlichen Informationssysteme* sind bislang nicht einmal ansatzweise erforscht.

Zusammenfassend kann festgestellt werden, dass weder der Alternative A (erst das Handelsinformationssystem konzipieren, dann über Nutzungspotenziale nachdenken) noch der Alternative B (erst den Informationsbedarf der Nutzer ermitteln, dann das Handelsinformationssystem gestalten) eindeutig der Vorzug gebührt. Stattdessen ist ein *geeigneter Kompromiss* zwischen diesen beiden Vorgehensweisen zu suchen, und der kann darin gesehen werden, zwischen einem *nutzerunabhängigen Pflichtprogramm* und einem *nutzerspezifischen Kürprogramm* bei der Konzeption des Handelsinformationssystems zu unterscheiden (vgl. Alternative C in Abb. 8).

---

11 Vgl. Näheres dazu bei Ahlert 1996a, S. 8 ff.
12 Vgl. dazu im Einzelnen Ahlert 1996b, S. 22 ff.

4.2 Die Differenzierung in standardisierte Basismodule und unternehmungsspezifische Auswertungsmodule

Mit der „Pflicht" ist ein *Basisprogramm für Handelsinformationssysteme* gemeint, über das alle Handelsunternehmungen verfügen sollten. Es ergibt sich aus den allgemeinen, immer wiederkehrenden Informationsbedarfen im Handel. Diese muss man nicht erst unternehmungsindividuell erheben, um sie zu kennen.

Jede Unternehmung benötigt ein *Berichts- und Dokumentationssystem* in Form einer Bilanz-, GuV- und Liquiditätsrechnung sowie eine Kosten- und Leistungsrechnung als Grundrechnung.

Jede Unternehmung, deren Aufgabenschwerpunkt im Warenhandel bzw. der Konsumgüterdistribution liegt, benötigt überdies ein modernes *Warenwirtschaftssystem*. Ob es sich dabei um ein Standardsystem (z.B. auf der Basis SAP R 3) oder ein den Besonderheiten der Branche, des Betriebstyps bzw. des Organisationstyps des Handelssystems entsprechendes Individualsystem handeln sollte, kann nicht allgemeingültig gesagt werden.

Festzuhalten bleibt: Wenn eine Handelsunternehmung bzgl. der Berichts- und Dokumentations- sowie der Warenwirtschaftssysteme den „Stand der Kunst" noch nicht erreicht hat und noch über keine adäquate Controllingkonzeption verfügt, braucht über Kürprogramme erst gar nicht nachgedacht zu werden.

Mit der „Kür" sind *spezifische Auswertungsmodule* gemeint, die nur im Hinblick auf den unternehmungsindividuellen Informationsbedarf der Nutzer maßgeschneidert konzipiert werden können. Während die Basismodule der Handelsinformationssysteme heute schon als recht ausgereift charakterisiert werden können, befinden wir uns im Bereich der spezifischen Auswertungsmodule vielfach noch „im Mittelalter". So bilden Handelsbetriebe und verzweigte Handelssysteme, die bereits über ein den Mindestansprüchen genügendes *integriertes Führungsinformationssystem* verfügen, eine seltene Ausnahme. Wenn man einmal von Renner- und Pennerlisten, die in Warenwirtschaftssystemen mehr schlecht als recht bereitgestellt werden, absieht, so ist festzustellen, *dass die für die Informationsversorgungsfunktion des operativen und strategischen Handelscontrolling erforderliche Informationsbasis in der Handelspraxis i.d.R. (noch) nicht verfügbar ist.* Erst recht steckt die handelswissenschaftliche Forschung in Bezug auf *Informationssysteme, die für die Implementierung einer kundenorientierten Prozessorganisation* im Handel und in der Wertschöpfungskette unverzichtbar sind, gegenwärtig noch „in den Kinderschuhen".

Literatur

AHLERT, D. (1990): Strategisches Controlling als Kernfunktion des evolutionären Managements - Dargestellt am Beispiel der Betriebstypenevolution im stationären Einzelhandel - , in: Ahlert, D.; Franz, K.-P.; Göppl, H., (Hrsg.): Finanz- und Rechnungswesen als Führungsinstrument, Wiesbaden 1990.

AHLERT, D. (1996a): Distributionspolitik, Das Management des Absatzkanals, 3. Aufl., Stuttgart, Jena 1996.

AHLERT, D. (1996b): Auf der Suche nach den Spitzenleistungen in Handel und Distribution - Evolution mit Benchmarking oder Revolution durch Business Process Reengineering als 'Königsweg zum Erfolg'?, in: Ahlert, D.; Dieckheuer, G. (Hrsg.): Größenmanagement und kundenorientierte Restrukturierung, Wege in neue Strukturen aus der Perspektive von Industrie und Handel, Schriften zur Textilwirtschaft, Bd. 49, Münster 1996.

AHLERT, D. (1997): Warenwirtschaftsmanagement und Controlling in der Konsumgüterdistribution - Betriebswirtschaftliche Grundlegung und praktische Herausforderungen aus der Perspektive von Handel und Industrie, in: Ahlert, D.; Olbrich, R. (Hrsg.): Integrierte Warenwirtschaftssysteme und Handelscontrolling: Konzeptionelle Grundlagen und Umsetzung in der Handelspraxis, 3. Aufl., Stuttgart 1997, S. 3-112.

AHLERT, D.; GÜNTHER, J. (1986): Die Controllingfunktion im Steuerungssystem des stationären Einzelhandels, in: Trommsdorff, V. (Hrsg.): Handelsforschung 1986, Jahrbuch der Forschungsstelle für den Handel Berlin e.V.,. Heidelberg 1986, S. 67-87.

AHLERT, D.; KOLLENBACH, S.; KORTE, C. (1996): Strategisches Handelsmanagement - Erfolgskonzepte und Profilierungsstrategien am Beispiel des Automobilhandels, Wiesbaden 1996.

AHLERT, D.; OLBRICH, R. (1997): Integrierte Warenwirtschaftssysteme und Handelscontrolling: Konzeptionelle Grundlagen und Umsetzung in der Handelspraxis, 3. Aufl., Stuttgart 1997.

AHLERT, D.; BECKER, J. ; OLBRICH, R. ; SCHÜTTE, R. (1998): Informationssysteme für das Handelsmanagement, Konzepte und Nutzung in der Unternehmenspraxis, Berlin-Heidelberg 1998.

BARTH, K.; HELPUP, A. (1994): Die Relevanz des Lean-Management-Ansatzes für Handelsunternehmungen, in: Trommsdorff, V. (Hrsg.): Handelsforschung 1994/95, Jahrbuch der Forschungsstelle für den Handel Berlin e.V., Wiesbaden 1994, S. 223-240.

BARTH, K. (1999): Betriebswirtschaftslehre des Handels , 4. Aufl., Wiesbaden 1999.

HORVÁTH, P. (1991): Controlling, 4. Aufl., München 1991.

MALIK, F. (1984): Strategie des Managements komplexer Systeme. Ein Beitrag zur Management-Kybernetik evolutionärer Systeme, Bern-Stuttgart 1984.

OLBRICH, R. (1992): Informationsmanagement in mehrstufigen Handelssystemen. Grundzüge organisatorischer Gestaltungsmaßnahmen unter Berücksichtigung einer repräsentativen Umfrage zur Einführung dezentraler computergestützter Warenwirtschaftssysteme im Lebensmittelhandel, in: (Hrsg.) Ahlert, D.: Schriften zu Distribution und Handel, Bd. 8, Frankfurt a. M.-Bern-New York 1992.

WITTMANN, W. (1959): Unternehmung und unvollkommene Information: Unternehmerische Voraussicht, Ungewißheit und Planung, Köln-Opladen 1959.

Ralph Hartmann

Customer Relationship Management – Stand und Entwicklungsperspektiven

1. Wachstumsmotor „Kunde"

2. Customer Relationship Management - Ein neues Marketingparadigma?
    2.1 Customer Relationship Management vs. Transactional Marketing
    2.2 Neuigkeitsgrad des Customer Relationship Management
    2.3 Zur Erfolgswirksamkeit des Customer Relationship Management

3. „Management" des Customer Relationship Management
    3.1 Bausteine des Customer Relationship Management
    3.2 Instrumente des Customer Relationship Management
    3.3 Steuerung der Geschäftsbeziehungen

4. Customer Relationship Management - Implikationen für die Organisation

5. Umsetzung des Customer Relationship Management-Konzeptes
    5.1 Voraussetzung für die Implementierung
    5.2 Erfolgsfaktoren der Customer Relationship Management-Umsetzung

6. Fazit und Ausblick

Literatur

1. Wachstumsmotor „Kunde"

Aktueller Fokus aller Strategieüberlegungen und Geschäftssystemoptimierungen von Unternehmen ist der Kunde. Erfolgsfaktor ist „to meet the needs": d. h. in letzter Konsequenz der Umsetzungsgrad von Kundenorientierung. Das Thema Kundenorientierung hat sich als selbstverständliche „Marschroute" etabliert; die meisten Unternehmen geben an, kundenorientiert zu sein.

Gerade weil es so scheint, als ob sich in Deutschland bezüglich der „Servicewüste" alles zum Besten wendet, gilt es, einen tieferen Blick in die modernen Facetten des Kundenmanagement zu werfen. Im Blickpunkt steht dabei die gesamte Interaktion des Unternehmens mit faktischen und potenziellen Kunden während des gesamten Kaufentscheidungsprozesses und Besitzzyklus.

Fassbares Ergebnis von Kundenorientierung ist nicht mehr nur die Vertriebsorganisation, sie muss sich vielmehr in der Unternehmenskultur manifestieren. Kundenorientierung zeigt das Ausmaß der Anstrengungen, den Kunden zufrieden zu stellen.

Die Anstrengungen nehmen zu, das Instrumentarium wird ausdifferenziert und neue Facetten des Kundenkontaktes sind virulent. Inzwischen sind nicht nur Marketing und Vertrieb, sondern immer mehr auch die Serviceabteilungen, das Debitorenmanagement und die Geschäftsführung verantwortlich für die Kundenzufriedenheit. Die Welle an Ausgründungen von Servicetöchtern für den After-Sales-Bereich oder Call Centern zeigt, wie stark das Thema die Unternehmensentscheider aktuell beschäftigt.

Eine neue Dimension in der Diskussion um Kundenorientierung bereitet die Kapitalisierung von Kundenzugang. Aufgezeigt durch die „Neuen Medien" birgt die Kenntnis des Konsum- und Einkaufsverhaltens Beeinflussungspotenzial bisher ungeahnten Ausmaßes. Sowohl im B2B- als auch im B2C-Geschäft lassen sich Kundendaten für eine individuelle Ansprache und individuelle Angebote nutzen. Hierdurch erhält das Management von Geschäftsbeziehungen sein Entrée.

Sehr gut greifbar wird Kundenorientierung immer dann, wenn über harte Kennzahlen und Leistungsziffern das „Wollen" in „Können" überführt und das tatsächliche „Tun" festgehalten wird. Dies ist die Plattform für professionelles Beziehungsmanagement. Die Praxis zeigt: Kundenorientierung benötigt einen institutionellen Rahmen. Erst durch die Implementierung wird aus einem Schlagwort Programm und lassen sich strategische Ziele erreichen.

Customer Relationship Management (CRM) als Gesamtkonzept „auf die Straße zu bringen" bedeutet, von der unternehmerischen Maxime „Kundenorientierung" auf die Instrumentenebene zu wechseln. CRM ist Mittel zum Zweck, die Kundenorientierung sichtbar zu machen. Es ist die operative, verbindende Klammer um Marketing und Vertrieb und gesamtverantwortlich für das Lebenselexier jeder Firma: das Wohlbefinden des Kunden.

2. Customer Relationship Management - Ein neues Marketingparadigma?

CRM oder die aktive und systematische Gestaltung der Beziehungen zu Kunden ist seit jeher die zentrale Aufgabe einer marktorientierten Unternehmensführung. Dabei geht der CRM-Ansatz über das übliche Verständnis des persönlichen Verkaufs, der Public Relations und des herkömmlichen Marketing hinaus. CRM definiert sich vielmehr als der Versuch, durch die sorgfältige Analyse der Beziehungsstrukturen, -profile und -perspektiven eine strategisch orientierte Zusammenarbeit zu „entwerfen", die Wettbewerbsvorteile durch größere Nähe zwischen den beteiligten Partnern realisiert.

CRM ist als vergleichsweise neuartige Facette des Marketing erst Ausgang des 20. Jahrhundert in den Fokus der Marketingpraxis gerückt. Dennoch hat dieses Konstrukt vergleichsweise schnell seinen Weg von der theoretischen Abhandlung in Hochschulen und Akademien in die unternehmerische Praxis gefunden. Die erste systematische Erörterung des „Relationship Marketing" in der Literatur wird Berry zugeschrieben und datiert aus dem Jahre 1983[1].

Wesentlicher Aspekt des CRM im Gegensatz zum konventionellen Transaktionsmarketing ist die Betrachtung der Langfristigkeit einer Kundenbeziehung. Von daher ist die schnelle Adaption des Konzeptes durch die Praxis wenig überraschend. Schließlich sind aufgrund der vorherrschenden Markt- und Wettbewerbskonstellationen zumindest Ansätze einer Langfristorientierung in der Gestaltung von Kundenbeziehungen ein unabdingbarer Erfolgsfaktor.

Und „irgendwie" haben auch alle Unternehmen, zumindest bei genauerer Betrachtung, einige Elemente des CRM implementiert. Während die Langfristigkeit der Betrachtungsweise im Industriegütermarketing schon seit geraumer Zeit dominiert, wird die lange vorherrschende Fokussierung auf den „Brand Equity" im Konsumgütersektor zunehmend durch einen Beziehungsfokus ergänzt - in Zeiten zunehmender Markenerosion, abnehmender Markenloyalität und nicht zuletzt zunehmender Dominanz von Handelsmarken eine unabdingbare Notwendigkeit.

2.1 Customer Relationship Management vs. Transactional Marketing

CRM basiert im Wesentlichen auf Erkenntnissen der behavioristischen Theorie. Im Vordergrund stehen dabei Aspekte wie Kundenvertrauen, Kundenloyalität, Kundenzufriedenheit und das daraus resultierende Kundenverhalten, Möglichkeiten der Kunden-

---

1   Berry 1983

bindung und deren ökonomische Bewertung. Daneben existieren noch sog. Netzwerkansätze sowie die „new institutional economics".

Die zentralen Unterschiede zwischen Relational und Transactional Marketing können anhand der auf dem Deutschen Marketingtag 1996 herausgearbeiteten „7 I´s" des CRM erklärt werden:

1. *Individualisierung* durch Ausrichtung der Beziehungen auf den Endkunden,
2. *Information* durch Offenheit und Klarheit in der Kommunikation,
3. *Investition* durch Verpflichtung zu gemeinsamen Projekten,
4. *Interaktion* durch aktive Nutzung der neuen Medien und deren Vernetzung,
5. *Integration* durch Einbeziehung des Partners in die eigene Leistungserstellung,
6. *Institutionalisierung* durch Bildung gemischter Teams und schließlich
7. *Instrumentalisierung* durch Nutzung gemeinsamer Standards und Instrumente.

Individualisierung
Marketing ist mit einer Fragmentierung und Individualisierung der Nachfrage konfrontiert. Die „Zielgruppen" im Relationship-Ansatz sind infolgedessen mikrosegmentiert bis hin zum „segment of one". Hierin liegt ein zumindest in der Differenzierung des Marketingobjektes gradueller Unterschied zum traditionellen „segmenting-targeting-positionning"-Ansatz des Transaktionsmarketing.

Information
Anforderungskonforme und zielgruppenspezifische Leistungen erfordern im Vorfeld der Marketingkonzeption eine Vielzahl relevanter Kundeninformationen. Die benötigten Daten können in der Regel nur über Bestandskunden generiert werden, deren Kaufverhalten aufgrund einer ersten Transaktion transparent ist. CRM basiert im Gegensatz zum traditionellen Marketing insofern auf sehr differenzierten und individuellen Kundeninformationen, die wiederum an faktischem Konsumverhalten anknüpfen.

Investment
CRM sieht den Kunden als ein „asset", mit dem ein maximaler pay-off realisiert werden kann. Das erfolgreiche Management dieser Assets erfordert eine sorgfältige Ressourcenallokation und Priorisierung. Die notwendige Priorisierung beinhaltet bspw. auch ein Customer-Out-Placement, eine konsequente Trennung von Kunden, deren pay-off nicht gesichert oder unter wirtschaftlichen Gesichtspunkten vernachlässigbar ist. Das Pendant zum Customer-Out-Placement im Transaktionsansatz wird oft als De-Marketing bezeichnet.

Interaktivität
CRM versteht sich nicht als eindimensionale Sender-Empfänger-Beziehung, sondern definiert sich über die Interaktion mit dem Kunden. Hierin ist der zentrale Unterschied zum Transaktionsmarketing zu sehen.

Die Zielsetzung der Interaktion besteht zum einen darin, möglichst vielschichtige Informationen über den einzelnen Kunden erheben zu können. Dieses im Zeitverlauf immer detaillierter und spezifischer werdende Wissen um die Anforderungen des Kunden kann z.B. als Grundlage für die Optimierung des Leistungsspektrums dienen. Zum anderen entsteht über die reine Interaktion eine zunächst emotional geprägte Bindung zwischen dem Unternehmen und dem Kunden.

Integration
Integration ist die nächste Stufe der Interaktivität mit dem Kunden und beinhaltet einerseits die einfache Intensivierung der Kundenbindung bzw. die Vertiefung persönlicher und sozialer Beziehungen zwischen Unternehmen und Kunden. Denkbar ist andererseits jedoch auch die Integration des Kunden in die Wertschöpfung des Unternehmens bspw. in Form von Kundenforen oder Kundenparlamenten. Der Kunde gibt so ein direktes Feedback zu Produkten und Leistungsfähigkeit des Unternehmens. Solche Informationen sind z.B. im Rahmen der Neuproduktentwicklung von zentraler Bedeutung.

Ein in diesem Zusammenhang oft zitiertes Beispiel ist die Entwicklung einer neuen Modellvariante des Ford Mustang Anfang der 90er Jahre. Der Club der Mustang-Besitzer in den USA war von Beginn an intensiv in die Entwicklung dieses Wagens eingebunden.

Institutionalisierung
CRM bedarf einer organisatorischen Plattform, um die Beziehung zu institutionalisieren. Die Kernüberlegung besteht darin, CRM nicht auf eine einmalige oder aktionistische Maßnahme zu reduzieren, sondern in einen geplanten, replizierbaren und strategisch durchdachten Rahmen einzubetten. In der Konsumgüterindustrie sind bspw. die Kundenclubs eine weit verbreitete Plattform. Im Zeitalter des Internet und E-Business gewinnen zunehmend „moderne" Plattformen wie z.B. internetbasierte, virtuelle Treffen oder Chat-Rooms an Relevanz.

Instrumentalisierung
Letztlich bedarf das CRM auch einer Umsetzung durch die Nutzung gemeinsamer Standards und Instrumente. Dabei verfolgt die Instrumentalisierung zwei Zielsetzungen: Einerseits benötigt CRM ein gewisses Standardinstrumentarium, um strukturell als in sich geschlossenes und vor allem umsetzungsfähiges Gesamtkonzept akzeptiert zu werden.

Daneben erfordert das CRM ein Set an Standards und Instrumenten, um eine „Systemharmonisierung und Kompatibilität" zu erreichen. Dies wird insbesondere dann relevant, wenn übergreifend auf unterschiedlichen Wertschöpfungsebenen agiert wird.

2.2 Neuigkeitsgrad des Customer Relationship Management

Traditionell unterscheidet das Marketing nicht zwischen „Neu- und Bestandskunden bzw. Stammkunden". Insofern sind die klassischen Marketinginstrumente mehr oder weniger undifferenziert auf beide Zielgruppen ausgerichtet. CRM berücksichtigt im Vermarktungs- und Verkaufsprozess genau diesen Tatbestand. Die in nicht wenigen Fällen auf reine „Administration" der Bestandskunden ausgerichteten Aktivitäten des

Unternehmens erhalten ein systematisches und strukturiertes Instrumentarium, wodurch das Management von Bestandskunden von Intuition und Kreativität befreit und auf ein breites Fundament systematischer Maßnahmen gestellt wird.

Wenngleich wesentliche Elemente des CRM schon immer Thema des Marketing waren (so z.B. Kundenzufriedenheit, Beschwerdemanagement, After Sales Marketing etc.), darf man CRM keinesfalls als „alter Wein in neuen Schläuchen" begreifen. Dafür sind die Unterschiede zum Transaktions-Marketing zu deutlich. Dennoch darf dabei nicht übersehen werden, dass aus wissenschaftlicher Perspektive keine „general theory" des CRM existiert[2].

Folgt man den Überlegungen von Backhaus, dann markiert CRM keinesfalls einen Paradigmenwechsel im Marketing[3]. Dies wird damit begründet, dass CRM nicht für alle strategischen Konstellationen relevant ist. Es handelt sich vielmehr um eine Partialstrategie im Rahmen der Marketingstrategie. CRM greift darüber hinaus vornehmlich auf bereits existierende Konstrukte und Methoden (Zufriedenheitsmessung, Kundenbindung) zurück. Schließlich steht auch im Rahmen der wissenschaftlichen Auseinandersetzung mit diesem Phänomen nicht die Entwicklung neuer Konstrukte und Theoreme im Vordergrund.

2.3 Zur Erfolgswirksamkeit des Customer Relationship Management

Einen entscheidenden „Schub" erfuhr CRM durch die inzwischen zum Allgemeingut avancierte Feststellung, dass es bis zu fünfmal teurer ist, einen Neukunden zu akquirieren, als einen bestehenden Kunden zu binden. Da die Ertragspotenziale der Bestandskunden oft nicht ausgeschöpft sind, erscheint es zweckmäßig, sich auf die Erhaltung und Intensivierung von existierenden Geschäftsbeziehungen zu konzentrieren oder sich von unrentablen Marktpartnern konsequent zu trennen. Insbesondere in den sog. neuen Märkten, speziell auch in Dienstleistungsbranchen und in der Telekommunikation, wächst der Bestandskundenanteil im Vergleich zur Neukundenquote rapide an. CRM trägt dieser Entwicklung Rechnung.

Ein operationaler Gradmesser der Frage nach der Wertsteigerung im Unternehmen aufgrund seines CRM ist die Korrelation zwischen Umsetzung solcher Maßnahmen und dem Umsatzwachstum bzw. der Umsatzrentabilität.

---

2 Vgl. Hansen/Henning-Thurau 2000
3 Backhaus 1997

Diesbezüglich zeigt die Studie „Triebfeder Kunde IV"[4], dass:

- sich Unternehmen mit einem umfassenden und differenzierten Instrumentarium des CRM durch ein im Vergleich zum Wettbewerb stärkeres Umsatz- und Rentabilitätswachstum auszeichnen. Kundenorientierte Unternehmen („Wachstumschampions") realisieren im Branchenvergleich einen deutlichen Wachstumsvorsprung gegenüber nicht kundenorientierten Unternehmen (vgl. Abbildung 1).
- sich das Thema „Customer Relationship Management" als Selbstverständlichkeit etabliert hat und sogar zum „Hygienefaktor" geworden ist. CRM als solches ist kein Wettbewerbsvorteil mehr. Es geht um den kreativen Einsatz dieses Relationship-Instrumentariums. Hier trennt sich die „Spreu vom Weizen".

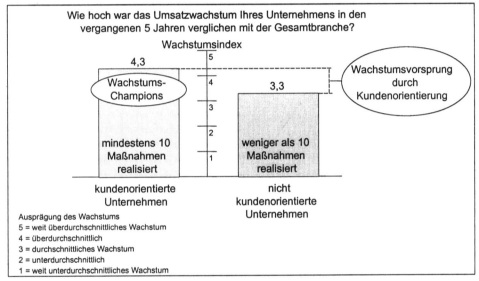

Abbildung 1: Customer Relationship Management eröffnet Wachstumschancen
Quelle: Droege & Comp. 2000b

Die Detailanalyse des Zusammenhangs zwischen CRM und dem Unternehmenserfolg zeigt, dass kundenorientierte Unternehmen mit mehr als 10 umgesetzten Maßnahmen zu über 75% ein weit überdurchschnittliches Umsatzwachstum in den letzten fünf Jahren aufweisen. Sie haben durchschnittlich 4,3 Wachstumspunkte erzielt gegenüber den anderen Unternehmen, die lediglich den Wert 3,3 erreicht haben. Die Mehrzahl der Unternehmen haben zwischen vier und zehn Maßnahmen umgesetzt. Diese weisen nur zu 18% ein überdurchschnittliches Wachstum auf. Unternehmen mit einer sehr geringen Kundenorientierung, d. h. mit maximal drei umgesetzten Maßnahmen – dies sind etwa

---

[4] Droege & Comp. 2000a

5% aller Unternehmen – weisen nur zu 3% ein solch überdurchschnittliches Wachstum auf.

Quantifizierbare Ergebnisverbesserungen durch CRM müssen zusätzlich über qualitative Subziele operationalisiert werden:

- Ein positives Unternehmensimage lässt sich erheben, dokumentieren und zur Vermarktung nutzen.
- Kundenloyalität wird erhöht und dadurch werden Kunden langfristig an das Unternehmen gebunden.
- Über Kundenzufriedenheit lässt sich Cross-Selling-Potenzial erschließen.

3. „Management" des Customer Relationship Management

Die kreative Ausgestaltung des CRM hängt im Wesentlichen von der Branche, den strategischen Zielen des Unternehmens, Kundenaffinität im Einzelmarkt und nicht zuletzt von der Kreativität der Handelnden ab. Die im Folgenden beschriebenen Elemente und Instrumente können insofern nur als Rahmen gesehen werden, innerhalb dessen CRM ausgestaltet wird.

3.1 Bausteine des Customer Relationship Management

CRM lässt sich prozessbezogen im Sinne des „customer life cycle" in fünf Bausteine untergliedern, die zusammen die Bandbreite des Bestandskundenmanagement abbilden:

1. Kundenservice,
2. Beschwerdemanagement,
3. Kundenbindung und Kundenentwicklung,
4. Recovery-Management,
5. Kundenselektion.

Jedes Handlungsprinzip für sich charakterisiert eine in sich abgeschlossene Managementaufgabe. Leitfaden im Rahmen des CRM ist die intakt zu haltende Geschäftsbeziehung.

Das gesamte Leistungsspektrum zielt darauf ab, eine Kundenbeziehung zu kreieren, die flexibler als der Wettbewerb auf die individuellen Bedürfnisse der Kunden eingeht.

Unternehmen beherzigen inzwischen die Erkenntnisse der Marketingwissenschaft: aktive Reduktion von Nachkaufdissonanzen, individuelle Betreuung zur Identifikation mit

Produkt und Unternehmen, persönliche Ansprache zum 360°-Feedback. Das Ganze findet seinen Niederschlag im Kundenservice. Zu den originären Aufgaben des Kundenservice zählen insbesondere die Benennung eines permanent erreichbaren Ansprechpartners sowie die individuelle Betreuung der Kunden nach dem Kaufakt. In der frühen Nachkaufphase ist es entscheidend, möglichst viele Kundeninformationen zu erhalten, um den Service „customizen" zu können.

Integrativer Bestandteil des Kundenservice ist ein professionelles Beschwerdemanagement mit dem Ziel, Geschäftsbeziehungen, die aufgrund von Kundenunzufriedenheit brüchig geworden sind, wieder zu stabilisieren. Dazu sind leicht zugängliche Beschwerdekanäle zu schaffen. Dahinter liegt zwingend einerseits eine professionell organisierte Beschwerdestimulierung, andererseits die systematische Auswertung der Beschwerden und die problemadäquate Beschwerdeabwicklung. Der professionelle Umgang mit Beschwerden ist fester Bestandteil von CRM. Beschwerden sind als Chance zum Aufbau von Kundenzufriedenheit und darüber hinaus als relativ preisgünstiges Marktforschungsinstrument zur Ableitung detaillierter Kundenanforderungen an Produkt und/oder Service zu verstehen.

Neben der Servicefunktion übernimmt CRM innerhalb der *Kundenbindung und –entwicklung* explizit Marketing- und Vertriebsfunktionen. Es gilt, gezielte Maßnahmen zu initiieren, um Kundenloyalität zu belohnen. Zielsetzung der Kundenbindung ist neben der Erhöhung der Wiederkaufrate die gezielte Weiterentwicklung des Kunden im Sinne der Ausschöpfung seines vorhandenen Cross- und Up-Selling-Potenzials.

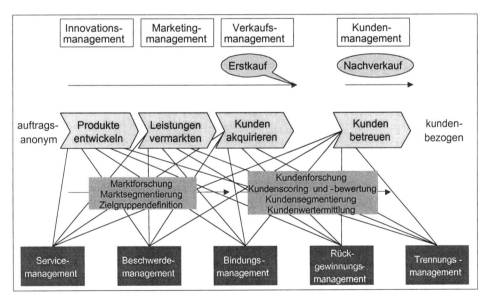

Abbildung 2: Leistungsangebot des CRM
Quelle: Droege & Comp. 2000b

CRM beinhaltet auch *Recovery-Management*, das auf die Rückgewinnung ehemaliger Kunden zielt. Diese ist aber mehr als nur die Reaktion auf eine Abkehr. Es geht vor allem um die proaktive Identifizierung „kündigungsbereiter" Kunden mit Hilfe eines systematischen Monitoring des Kundenverhaltens. Zielsetzung ist die „Weiter- bzw. Wiederbelebung" potenziell aufgelöster Kundenbeziehungen durch ein attraktives Leistungsangebot.

CRM beinhaltet schließlich auch, sich im Sinne der Profitabilität und Ressourcenallokation von unprofitablen Kundenbeziehungen zu trennen *("Kundenselektion")*. Nur so kann eine dauerhaft hohe (profitable) Qualität der Kundenbasis sichergestellt werden. Voraussetzung hierfür ist eine kontinuierliche Bewertung der Attraktivität des Einzelkunden bspw. durch Kundendeckungsbeitragsrechnungen oder Customer Lifetime-Konzepte. Hierzu existieren Systeme, die auf Basis mehrdimensionaler Scorecards die sozioökonomischen und individuellen Verhaltensdaten auswerten.

3.2 Instrumente des Customer Relationship Management

Die Implementierung des CRM erfordert den sinnvollen Einsatz effektiver Instrumente. In der oben vorgestellten Struktur kommen in der Praxis vornehmlich die folgenden Instrumente zum Einsatz[5]:

- Im Rahmen eines professionellen *Kundenservice* gilt es, dem Kunden möglichst viele Interaktionsalternativen zu bieten. Dazu sind alle denkbaren Möglichkeiten der modernen Informations- und Kommunikationstechnologie zur Verfügung zu stellen. Neben einer kunden- und serviceorientiert gestalteten interaktiven Internet-Homepage ist dazu eine spezielle Kunden-Hotline oder bei größerer Kundenanzahl ein Call Center unerlässlich. Bei der telefonischen An- oder Nachfrage trifft der Kunde bspw. bei 47% der befragten Unternehmen auf ein Call Center.
- *Kundenbeschwerden* erfahren gerade eine Renaissance als relativ preisgünstiges Marktforschungsinstrument zur Ableitung detaillierter Kundenforderungen an ein Produkt und/oder eine Serviceleistung. Dabei ist die Beschwerdedokumentation und das Beschwerdecontrolling das mit ca. 69% am weitesten verbreitete Instrument. Erstaunlicherweise nutzen über 10% der befragten Unternehmen nach wie vor kein Instrument zum Beschwerdemanagement.
- Zur aktiven *Kundenbindung* setzen zahlreiche Unternehmen seit einigen Jahren sehr erfolgreich Bonusprogramme ein. Die Erfahrung zeigt, dass Bonusprogramme ganz erheblich zum Aufbau einer längerfristigen Kundenbindung beitragen. Darüber hinaus werden im Einzelhandel Kundenkarten und Kundenzeitschriften als probates Kundenbindungsinstrument eingesetzt. Am beliebtesten sind Service Center bzw.

---

5 Droege & Comp. 2001

Customer Relationship Management – Stand und Entwicklungsperspektiven

Kunden- und Bereitschaftsdienste (77%). Auch Beratungsleistungen und Anwenderseminare (72%) sowie Events und Incentives (67%) sind überproportional vertreten.

- *Kunden zurückgewinnen* beinhaltet Rückholmaßnahmen wie persönlicher Kundenbesuch, ein besonderer Preisnachlass oder ein besonderer Service, mit denen der Kunde aktiv angesprochen wird. Bei besonders attraktiven Kunden lohnt es sich, umfassende Ressourcen in die Rückgewinnung zu investieren. Am weitesten verbreitet sind die telefonische Kontaktaufnahme (96%) und Kundenbesuche (74%). Kulanzregelungen und Upgrades/individuelle Angebotspakete werden ebenfalls häufig eingesetzt (54%). Neben der Reaktivierung bereits verlorener Kunden zählt insbesondere auch die Erkennung potenziell „kündigungswilliger" Kunden zu einem professionellen Recovery-Management. Basis ist eine detaillierte Analyse des Kundenverhaltens. Mit Hilfe von Massendatenanalysen lassen sich typische Verhaltensprofile „kündigungsbereiter" Kunden ableiten. Ein IT-unterstütztes Frühwarnsystem erstellt in regelmäßigen Abständen eine Liste potenziell „gefährdeter Kundenbeziehungen" gewichtet mit dem jeweiligen Kundenwert. Profitable Kunden sind proaktiv anzusprechen, um sie schon im Vorfeld mit entsprechenden Präventionsprogrammen von einer Kündigung abzuhalten.

- Im Hinblick auf die unter Profitabilitätsgesichtspunkten notwendige *aktive Trennung* vom Kunden ist die kontinuierliche Bewertung jeder einzelnen Kundenbeziehung unabdingbar. Der Kundenwert setzt sich im einfachsten Fall aus dem aktuellen Umsatz- und Deckungsbeitragspotenzial, dem eingeschätzten Cross- und Up-Selling-Potenzial sowie dem Referenzpotenzial zusammen. Die Zusammensetzung des Kundenwertes bzw. die Gewichtung der einzelnen Elemente muss unternehmensindividuellen Ansprüchen genügen, da hierbei zusätzlich qualitative und langfristige Aspekte berücksichtigt werden müssen. Der Kundenwert ist nicht statisch, sondern wird im Verlauf des Kundenlebenszyklus abhängig vom individuellen Kundenverhalten und von den strategischen Rahmendaten regelmäßig aktualisiert.

Zur Bestandskundensegmentierung werden vor allem die Kundenumsätze und deren Entwicklung herangezogen (72%). Zunehmend kommen auch neue Instrumente wie Kundenrisikobewertung (57%) oder Kundenwertanalysen (52%) immer häufiger zum Einsatz.

3.3 Steuerung der Geschäftsbeziehungen

Neben der inhaltlichen Ausgestaltung erfordert der langfristige Erfolg von CRM die Etablierung spezifischer Querschnittsprozesse zur Unterstützung der genannten Elemente bzw. Instrumente. Dazu zählt vor allem das kontinuierliche Monitoring des Kundenverhaltens und die quantitative Bewertung jeder einzelnen Geschäftsbeziehung. Professionelles CRM erfordert deshalb:

- Die Betrachtung der Kunden als Kosten- und Erlösträger sowie

- eine erfolgsorientierte Steuerung der Erfolgsfaktoren auf Basis eines aussagekräftigen Kennzahlensystems wie z.B. des „Value Based Performance Indicators".

CRM wird nicht als Selbstzweck betrieben. Vielmehr besteht die Zielsetzung, ein hoch effizientes Bestandskundenmarketing zu etablieren, in dem Ressourcen zielgerichtet zur Weiterentwicklung profitabler Kundenbeziehungen eingesetzt werden.

Der Beitrag des CRM zur Steigerung des Unternehmenswertes kann über Indikatoren quantitativ nachgewiesen werden. Durch eine „harte" Steuerung der Maßnahmen wird verhindert, dass der Aufbau und die Steigerung von Kundenzufriedenheit zum Lippenbekenntnis degradiert werden. Auf Basis eindeutiger Service- und Prozessstandards werden die Module ausgesteuert. Je nach Branche ist das über eine Vielzahl von Kriterien möglich. Die am häufigsten anzutreffenden Indikatoren sind beispielsweise Kennzahlen zur Dauer von Beschwerderegulierung, Umsatzzahlen pro Kunde, Kündigungsquoten oder Forderungsausfallquoten.

Dabei gewinnt neben der Operationalisierung der Kundenzufriedenheit als externe Kontrollgröße die Messung der Kundenorientierung im Unternehmen mehr und mehr an Relevanz. Hierdurch erhält man zum einen operationale Daten zur Steuerung der Kundenorientierung, und zum anderen werden Defizite frühzeitig erkannt, bevor der Kunde davon überhaupt betroffen ist. Eine solche frühe Messung der Kundenorientierung anhand interner Kriterien ist ein wirksamer Frühindikator für die subjektive Wahrnehmung der Kunden und hilft, rechtzeitig gegenzusteuern.

Im Zeitablauf haben „Vorreiter-Unternehmen" entsprechende Messgrößen entwickelt und eingesetzt. Dabei wird das komplexe Metakriterium „Zufriedenheit der Bestandskunden" ebenso erhoben wie eindeutige Items zur Bewertung der Effizienz von Telefonaktivitäten. Die Leistungsparameter von CRM-Aktivitäten sind quantitativ überprüfbar. Sie werden zum entscheidenden Wettbewerbsvorteil.

Diese erfolgsorientierten Kennzahlen werden an den durch CRM induzierten Kosten „gespiegelt" und in ein Profitabilitätsverhältnis gesetzt. Somit kann der konkrete Ergebnisbeitrag des CRM-Programmes quantifiziert werden. Die konsequente und dauerhafte Umsetzung von CRM führt über die unmittelbare GuV-Wirksamkeit mittelbar zu einer Steigerung des Unternehmenswertes.

CRM lebt vom unternehmensseitigen Interesse und Engagement, von der Identifikation und dem Involvement der Mitarbeiter sowie der organisatorischen und prozessualen Integration. Die Herausforderung besteht darin, Mitarbeiter mit den notwendigen Kompetenzen (fachlich wie weisungsbezogen) und Handlungsspielräumen auszustatten.

4. Customer Relationship Management - Implikationen für die Organisation

Unter aufbauorganisatorischen Gesichtspunkten ist zu klären, welche strukturellen Implikationen mit der Einführung des Customer Relationship-Ansatzes im Unternehmen einhergehen. Grundsätzlich ist CRM als „Denkhaltung" anzusehen, welche als Marketing- und Vertriebskernprozess in der Organisation verankert werden muss. Die einfache Erweiterung der bestehenden Marketingorganisation um den Aufgabenbereich „Customer Relationship Management" wird insofern dessen Relevanz nicht annähernd gerecht.

Die konsequente Umsetzung des CRM-Konzeptes und der entsprechenden Verantwortlichkeiten erfordert eine sichtbare, feste Verankerung in der Struktur eines Unternehmens. Ausschlaggebend dabei ist die Bewertung einiger richtungsweisender Rahmenbedingungen:

- kundenorientierte „Denkhaltung", manifestiert nicht nur in Marketing und Vertrieb,
- ausgeprägtes Marketingwissen,
- Vertriebsprofessionalität als „Umsetzungstreiber",
- der markt- oder wettbewerbsinduzierte Druck, sich ändern zu müssen,
- der Anspruch, sich weiterzuentwickeln.

Versteht man CRM als aktives Marketing für die Zielgruppe „Bestandskunden", dann gilt es, die vielfach fragmentierte Arbeitsteilung in den Kernprozessen „Leistungen entwickeln, vermarkten und verkaufen" wieder zurückzuführen. In letzter Konsequenz charakterisiert CRM die prozessorientierte *Reintegration von Marketing und Vertrieb* für die Zielgruppe der Bestandskunden. Unternehmen, die eine hohe Kundenorientierung realisieren wollen, müssen sich einer permanenten Optimierung der Kunden-Nutzen-Kette unterziehen (vgl. Abbildung 3). Dies erfordert eine ganzheitliche Sicht des Wertschöpfungsprozesses.

Die Zielsetzung besteht letztendlich darin, sämtliche Aktivitäten konsequent auf die Zielgruppe „Bestandskunden" auszurichten. Der Kundenmanager ist dabei „Process Owner" für alle kundengerichteten Aktivitäten und damit für die gesamte Kundenbetreuung im Sinne der Marketing-, Service- und Vertriebsaufgaben verantwortlich. Während klassische Marketing- und Vertriebsorganisationen in der Regel auf Kundensegmente bzw. Zielgruppen oder Produkt-Know how ausgerichtet sind, steht innerhalb des CRM die prozessorientierte, individuelle Betreuung des Einzelkunden über den gesamten Kundenlebenszyklus im Mittelpunkt. Gliederungskriterien sind hier die Phasen der Geschäftsbeziehung (Pre-Sales, Sales, After-Sales).

Kundenmanagement wird in einem konzeptionellen und einen operativen Teil getrennt. Im konzeptionell ausgerichteten Bestandskundenmarketing wird der Einsatz der CRM-Instrumente geplant und übergreifend gesteuert. In der Abteilung Bestandskundenmarketing sind je nach Segmentierung der Gesamtkunden unterschiedliche Kundenmanager z.B. für Privat- und Geschäftskunden oder für Projekt- und Standardproduktkunden angesiedelt.

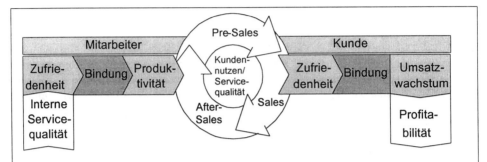

Abbildung 3: Optimierung der Kunden-Nutzen-Kette
Quelle: Droege & Comp. 2000a

Der operative Teil des Kundenmanagement ist zweckmäßig in die Bereiche aufgegliedert, die für die operative Umsetzung von CRM verantwortlich sind. Es besteht die Möglichkeit der modularen Aufbauweise in fünf klassische Bereiche des strategischen CRM, wobei die organisatorische Breite und Tiefe jeweils abhängig vom möglichen Umsetzungsgrad von CRM ist:

- Call Center/Hotline,
- Kundendienst,
- Beschwerdemanagement,
- Kundenbindung/-entwicklung,
- Kundenrückgewinnung.

Auch die operativen Aktivitäten sind organisatorisch entsprechend der definierten Kundensegmente zu unterteilen. So ist die Organisation eines Call Center in z.B. eine Privat- und eine Geschäftskundeneinheit häufig anzutreffen. Dem Call Center angegliedert ist ein Back office, in dem z.B. Beschwerden weiterverarbeitet werden, die nicht im ersten Gespräch durch den Call-Agent gelöst werden konnten.

Der Großteil des CRM-Instrumentariums ist das Ergebnis moderner Informationstechnologie und -systeme, die relevante Kundendaten strukturiert verwalten und verfügbar machen. Zentrales System im CRM ist ein Kundeninformationssystem, das neben Vertrags- und Stammdaten die gesamte Kundenhistorie beinhaltet. Mit dieser zentralen Plattform sind weitere Systembausteine wie z.B. ein Scoring-/Monitoring-, ein Billing-, ein Order-Management-System und ein Beschwerdemanagement-Tool über Online-Schnittstellen vernetzt. Der Gesamterfolg von CRM ist in hohem Maße abhängig von der „Intelligenz" zugrunde liegender Systeme.

Neben der aufbauorganisatorischen Verankerung bedarf die Implementierung von CRM einer internen Kundenkultur. Sämtliche unternehmerische Kernprozesse sind wie externe Kunden-Lieferanten-Beziehungen zu steuern. Alle Bereiche sind über interne und - wenn möglich - externe Servicelevel und klare Prozessstandards zu führen.

5. Umsetzung des Customer Relationship Management-Konzeptes

Bei all den Überlegungen zu Chancen und Notwendigkeiten des CRM ist die nachhaltige Umsetzung letztlich ein Kraftakt. Der Implementierungsprozess ist systematisch zu planen und zu gestalten. Implementierung spielt in der gesamten Marketingliteratur aber nur eine eher untergeordnete Rolle. Diese Nachrangigkeit widerspricht klar dem Anspruch des Marketing, ein gesamthaftes Konzept der marktorientierten Unternehmensführung zu sein. Im Folgenden werden die grundlegenden Aspekte skizziert, die bei der Konzeption und beim Transfer eines CRM-Konzeptes von der Theorie in die Praxis zu bedenken sind.

5.1 Voraussetzung für die Implementierung

Wie bei allen grundlegenden Veränderungsprozessen verlangt auch die CRM-Einführung vorab eine präzise Zieldefinition, die der ganzheitlichen Perspektive folgend aus der Strategie des Unternehmens abgeleitet sein muss (vgl. Abbildung 4).

Die Erstellung eines „business case" ist ein unabdingbares Muss. Es geht hierbei im Wesentlichen um eine Gegenüberstellung der mit der Einführung des CRM verbundenen Kosten und des erwarteten Nutzens.

In der Strategie eines Unternehmens muss CRM „sui generis" ein zentrales Thema werden. Die Unternehmensführung muss davon überzeugt sein, dass CRM nicht nur ein „Modethema" ist, sondern dass dadurch signifikante Verbesserungen der Leistungsfähigkeit im Wettbewerbsumfeld und in der Potenzialausschöpfung der Bestandskunden realisiert werden können.

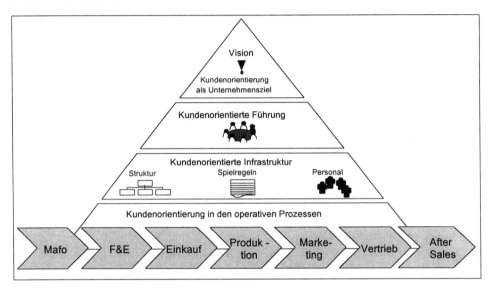

Abbildung 4: Kundenorientierung im gesamten Unternehmen
Quelle: Droege & Comp. 2000b

Die „Reife" eines Unternehmens für ein CRM kann man unmittelbar an der operativen Unterstützung eines solchen Projektes durch das Top-Management ablesen. Wichtig ist nicht nur die Initiierung des CRM-Prozesses, sondern die intensive Begleitung durch das Top-Management in jeder Phase. Derartige Veränderungen müssen im Sinne des Changemanagement „von oben" vorgelebt werden. Die Einbindung des Top-Management bspw. durch die Übernahme von Teilprojektpatenschaften und damit die direkte Übernahme von Verantwortung für die Umsetzung hat sich dabei als probates Mittel erwiesen. Hierdurch wird die Wichtigkeit des Projektes im Unternehmen nicht nur klar kommuniziert, sondern vielmehr auch operativ nachvollziehbar. Darüber hinaus hat dieser Ansatz auch den Vorteil, dass die notwendige Kompetenz und Autorität verfügbar ist, um vorhandene Umsetzungsbarrieren gezielt auszuräumen.

5.2 Erfolgsfaktoren der Customer Relationship Management-Umsetzung

Neben der grundsätzlich erforderlichen „Denkhaltung" und deren „Übersetzung" in die strategischen Überlegungen ist im Hinblick auf eine erfolgreiche Implementierung eines CRM die optimale Abstimmung der Prozesse bzw. Strukturen, der vorhandenen Systemtechnik sowie der Fähigkeiten der Mitarbeiter als Erfolgsfaktor anzusehen.

Die Einführung eines ganzheitlichen CRM-Programmes bedingt in den meisten Fällen die partielle Neugestaltung der Ablauf- und Aufbauorganisation. Dabei gilt es zunächst, die entsprechenden Aufgabeninhalte, die Abläufe, Verantwortlichkeiten und Schnittstellen im Unternehmen im Sinne einer Bestandsaufnahme detailliert zu erheben. Auf Basis der Anforderungen, die sich aus dem CRM ergeben, resultieren daraus häufig Konsequenzen und Anpassungsnotwendigkeiten für die Organisationsstruktur bzw. die zugrunde liegenden Prozessabläufe.

Eine effiziente Aufgabenwahrnehmung im Rahmen des CRM wird durch ein leistungsfähiges DV-System bzw. eine entsprechende Plattform unterstützt. „Treiber" des Erfolgs ist jedoch der Faktor „Mensch" und CRM ist kein IT-Thema. Folgt man dieser Überlegung, lassen sich überhöhte Investments aufgrund nicht-anforderungsgerechter Systemkonfigurationen vermeiden.

Zentraler Erfolgsfaktor ist neben der umfassenden Information der Mitarbeiter hinsichtlich der grundlegenden Zielsetzungen des CRM-Programmes die operative Einbindung der „kundennahen" Mitarbeiter in den kompletten Implementierungsprozess. Dadurch wird sichergestellt, dass ein umsetzungsfähiges Konzept erarbeitet wird. Die prozessinvolvierten Mitarbeiter tragen das Konzept von Anfang an mit, sind in die Entwicklung eingebunden und definieren die relevanten Instrumente und Tool-Anforderungen. Durch eine derartige intensive Einbindung der Mitarbeiter wird ein entsprechendes Bewusstsein geschaffen und die notwendige Motivation zu Kundenorientierung realisiert. Die Prozessorientierung erfordert eine Abkehr von der klassischen „Schreibtisch- und Abteilungsdenke", die eine übergeordnete Verantwortung für den Kunden verhindert.

Des Weiteren ist eine enge Verzahnung zum Personalmanagement unbedingt notwendig. Hierbei steht der Abgleich des vorhandenen Fähigkeitsprofils der Mitarbeiter mit den aus dem CRM-Ansatz resultierenden Anforderungen im Vordergrund. Insbesondere in fachlicher und sozialer Hinsicht sind vielfach „Feinjustierungen" vorzunehmen, die mittels gezielter Fortbildungsmaßnahmen realisiert werden können.

Aktuelle Studienergebnisse verdeutlichen, dass CRM in Deutschland mit einer ausgeprägten „Umsetzungslücke" behaftet ist[6]. Gerade im internationalen Vergleich wird die Lücke zwischen Anspruch und Wirklichkeit der deutschen Unternehmen deutlich. Amerikanische Unternehmen werden zu Recht als Vorreiter in Sachen Kundenorientierung

---

6 Droege & Comp. 2001

gesehen. Über 60% der US-Unternehmen haben die Basisinstrumente umgesetzt. Betrachtet man den europäischen Korridor, so nimmt überraschend England die Spitzenposition mit 32% ein. Deutschland rangiert mit knapp 18% hinter Italien, Frankreich und Schweden.

Vor dem Hintergrund der Globalisierung der Märkte und einer zunehmenden Austauschbarkeit der Produkte müssen sich deutsche Unternehmen dem internationalen Standard angleichen. Gefragt sind maßgeschneiderte Problemlösungen. Solche Problemlösungen kann nur anbieten, wer über eine hohe Kundenorientierung verfügt und sehr genau weiß, was der Kunde verlangt. CRM wird somit zur Basis für die internationale Wettbewerbsfähigkeit.

6. Fazit und Ausblick

Das Thema CRM ist dabei, von einem Stadium der relativen Neuheit in ein Stadium der vor allem praktischen Reife einzutreten. Dies zeigt nicht zuletzt die Existenz einer breiten Literatur, die Ausbildung spezialisierter Beratungsgesellschaften und die Verfügbarkeit diverser Studien zur Erfolgswirksamkeit.

Bei aller Euphorie über das CRM und die ihm zugeschriebenen Wirkungen muss jedoch vor einer Überschätzung gewarnt werden. Die Limitationen des CRM sollten dem Marketingmanager stets bewusst bleiben. Grenzen des Relationship-Ansatzes zeigen sich insbesondere in den Fällen, in denen Kunden aufgrund der Low-Involvement Gegebenheiten nicht bereit und willig sind, langfristige Beziehungen einzugehen oder aber, wenn Kundenerwartungen gezielt aufgebaut und die Erwartungen nicht erfüllt werden können. Letztlich führt die zunehmende Konkurrenz um Kundenbeziehungen zu einer Nivellierung des Neuigkeitsaspektes und damit des Wettbewerbsvorteils. Relationship-Marketing wird zunehmend zu einem „Hygienefaktor". Hierdurch wird der Druck auf jedes Unternehmen, auch dieses Instrument in sein Leistungsprogramm aufzunehmen, noch ansteigen. Mit zunehmender Reife des Konzeptes wird der Wettbewerbsvorteil des CRM immer stärker durch Kreativität determiniert. Es wird wichtiger, neue Instrumente der Kundenbindung zu entwickeln, statt die Instrumente der Wettbewerber zu imitieren.

CRM bedeutet für viele Unternehmen einen radikalen Wandel in Denkweise und Handeln, der ein Höchstmaß an Disziplin und Verantwortungsbewusstsein auf allen Ebenen erfordert. Nur wer bereit ist, diesen Wandel als wirkliche Chance im Wettbewerb zu sehen, wird langfristig erfolgreich kundenorientiert sein und dies vom Kunden auch honoriert bekommen.

Literatur

BACKHAUS K. (1997): Relationship Marketing - Ein neues Paradigma im Marketing?, in: M. Bruhn; H. Steffenhagen (Hrsg.), Marktorientierte Unternehmensführung: Reflexionen - Denkanstösse - Perspektiven, Wiesbaden 1997, S. 19-35.

BERRY, L. L. (1991): „Relationship Marketing", in: Emerging Perspectives on Services Marketing, Chicago 1991.

DROEGE & COMP. (2000a) (Hrsg.): Studie „Triebfeder Kunde IV", Düsseldorf 2000.

DROEGE & COMP. (2000b) (Hrsg.): Einblicke „Customer Relationship Management", Düsseldorf 2000.

DROEGE & COMP. (2001) (Hrsg.): Studie zur Praxisrelevanz von CRM-Instrumenten, Düsseldorf 2001.

HANSEN, U./HENNING-THURAU, TH. (2000): „Relationship Marketing - Some Reflections on the State of the Art of the Relational Concept", in: Hennig-Thurau, T.; Hansen, U. (Ed.): Relationship Marketing - Gaining Competitive Advantage Through Customer Satisfaction and Customer Retention, Berlin u. a. 2000, S. 3-27.

Peter Chamoni und Roland Düsing

Customer Relationship Management auf der Basis von Analytischen Informationssystemen

1. Betriebswirtschaftliche und informationstechnische Herausforderungen des Customer Relationship Management
   1.1 Betriebswirtschaftliche Rahmenvoraussetzungen für ein Customer Relationship Management
   1.2 Informationstheoretische Aspekte zur Systemintegration

2. Grundlegende Konzepte Analytischer Informationssysteme
   2.1 Data Warehouse Referenzmodell
       2.1.1 Relationale und multidimensionale Datenmodelle
       2.1.2 Prozess der Datenbereitstellung für analytische Anwendungen
       2.1.3 Data Warehouse Architektur
   2.2 Analyseansätze
       2.2.1 Data Access
       2.2.2 On-line Analytical Processing
       2.2.3 Data Mining

3. Integration von Operativen und Analytischen Informationssystemen für den Aufbau eines durchgängigen Customer Relationship Management
   3.1 Metadatengetriebene Datenbewirtschaftung
   3.2 Unternehmensübergreifende Data Warehouse Ansätze im Handel
   3.3 Prozessintegration von Analyse und Kampagnen

4. Zusammenfassung und Ausblick

Literatur

1. Betriebswirtschaftliche und informationstechnische Herausforderungen des Customer Relationship Management

Die betriebswirtschaftliche Forschung, die Beratungsunternehmen und die Unternehmenspraxis haben sich in den letzten Jahren in verstärktem Maße den Kundenprozessen zugewandt. Diese Entwicklung ist weder erstaunlich noch unerwartet, denn der stetige Wechsel zwischen Besinnung auf die innere Stärke einer Unternehmung und der Konzentration auf seine Marktposition und Marktanteile hat das Strategische Management seit jeher geprägt. Dennoch hat die Vehemenz dieser Fokussierung auf den Kundenprozess erstaunliche Ausmaße erreicht. Nicht nur die durch die Märkte induzierte Geschwindigkeit der Änderungsprozesse und das grundlegend veränderte Anspruchsverhalten der Kunden begründen diese Entwicklung, sondern auch die Innovationsrate der Kommunikations- und Informationssysteme. Einerseits bedingt der Zeitdruck auf die Markttransaktionen den flächendeckenden Einsatz von Informations- und Kommunikationssystemen, andererseits wirkt die Technologie als *Enabler*, der Struktur- und Prozesswandel in den Unternehmen forciert. Der Aufschwung und der sich nunmehr einpendelnde Normalzustand der e-Commerce Aktivitäten ist symptomatisch für die Adaption von Innovationsprozessen. Die frühe Euphorie und Hoffnung auf eine schnelle Migration von traditionellen Handelsabwicklungen zu voll integrierten elektronischen Transaktionsverfahren, die Kunden- und Lieferantenprozesse gleichermaßen über *Supply Chain Management* und *Customer Relationship Management* verbinden, sind nun einer realistischen Einschätzung der Erfolgspotenziale, Risiken und Hemmnisse gewichen.

Betriebswirtschaftslehre und Informatik haben wesentliche Anteile an diesen Entwicklungstendenzen. Die Bereitstellung von orts- und zeitunabhängigen Informationen über das Konsumentenverhalten stellt eine Herausforderung an die Informatik dar, welche vernetzte Kommunikationssysteme mit hohen Bandbreiten, anspruchsvolle Datenbankanwendungen und hoch performante Analysealgorithmen implementieren muss. Betriebswirtschaftliche Herausforderungen entstehen durch die Notwendigkeit, neue Koordinationsmechanismen und Organisationsformen zu finden, welche die vernetzten Leistungsprozesse nach ökonomischen Prinzipien bewerten und steuern.

Das sich aus diesen vielfältigen Herausforderungen ergebende Aufgabenspektrum ist erkannt, aber bei weitem noch nicht wissenschaftlich und praktisch hinreichend aufgearbeitet. Die nachfolgenden Ausführungen greifen einen Teilaspekt hieraus auf und beleuchten den Prozess und die Grundstruktur von Informationssystemen, die der Analyse der Kundenprozesse und des Kundenverhaltens dienen.

1.1 Betriebswirtschaftliche Rahmenvoraussetzungen für ein Customer Relationship Management

Zu den wesentlichen Aufgaben der Unternehmensführung in Handelsunternehmen gehört das Strategische Management, welches eindeutig durch die Planung und Umsetzung der Marketingpolitik dominiert wird.[1] Die operativen Abwicklungen von Beschaffung, Lagerbewirtschaftung und Logistik können modellmäßig erfasst und in Handelsinformationssystemen hinterlegt werden. Hierbei hat der Handel einen hohen Reifegrad in seinen Warenwirtschaftssystemen erlangt, so dass eine absatzsynchrone, optimierte Koordination der Warenströme in vielen Unternehmen sichergestellt ist. Zur Sicherstellung der Disposition von logistischen Abläufen ist dieses essenziell. Weniger offensichtlich schien bisher im Handel die Sichtweise vertreten zu sein, dass auch eine ausgereifte *Informationslogistik* für den Aufbau eines an der (Einzel-)Kundenprofitabilität orientierten Planungssystems notwendig ist.

Der Konzentrationsprozess im Handel zeichnet sich deutlich ab und führt zu immer größeren Organisationseinheiten und Konzernstrukturen.[2] Viele Unternehmen sind dadurch gekennzeichnet, dass sie der Multichannelstrategie folgen und traditionellen stationären Handel mit Distanzhandel und Systemen des e-Commerce in Verbundwirkung bringen. Die hierdurch induzierte Komplexität der Informationserfassung, Informationsspeicherung und Informationsauswertung spiegelt sich in den heterogenen IT-Systemen wider, die dem Konzentrationsprozess folgend in Einklang gebracht und abgeglichen werden müssen. Aber nicht nur die Problematik der fusionsbegleitenden IT-Migration stellt eine große Aufgabe für die Optimierung der Geschäftsprozesse dar, sondern auch die Ausbildung von interorganisationalen Prozessabläufen bei dem Aufbau von Netzwerken zur Erreichung eines *Efficient Consumer Response*.[3] Nur durch eine Vernetzung und Integration der IT-Systeme lassen sich vom PoS bis zur Herstellung der Produkte die Wertschöpfungskette verkürzen und die Abläufe beschleunigen. Auf die Struktur von *integrierten Handelsinformationssystemen*[4] wird im Kapitel 2 näher eingegangen.

Von besonderer Bedeutung für die Steigerung der Kundenbindung ist die Erfassung der Kundeninformationen im (analytischen) *Customer Relationship Management*. Hierunter wird ein Konzept verstanden, in dem ganzheitlich alle Kundenbeziehungen, die im Marketing, Vertrieb und Service entstehen, systematisch erfasst und ausgewertet werden. Die Transparenz über Kundenwünsche, Kundenverhalten und Kundenwert bietet die Möglichkeit der Erhöhung zukünftiger Erträge durch eine kundenindividuelle Anpassung von Produkten und Leistungsprozessen. Die Ausschöpfung dauerhafter Margen

---

1 Siehe dazu Barth 1999, S. 115 f.
2 Vgl. Barth 1999, S. 6
3 Vgl. Barth 1999, S. 159
4 Vgl. Kloth 1999, S. 75 ff.

gelingt naturgemäß nur dann, wenn eine umfassende und aktuelle Datengrundlage zur Beurteilung profitabler Kundenbeziehungen vorliegt. Im Vorteil sind hierbei die Handelsunternehmen, die über einen identifizierbaren Kundenstamm und eine lückenlose Erfassung des Kaufverhaltens bzw. der Kaufpräferenzen verfügen. Ein Kunde im stationären Handel (S) muss über Kundenkarten gebunden werden, um elektronisch identifiziert und in seinem Kaufverhalten erfasst zu werden. Hingegen ist bspw. im Versandhandel (V) oder im e-Commerce (E) der Kunde wegen der automatisierten Transaktionen notwendigerweise identifiziert und damit in seinen Interaktionen transparent. Zur Gewinnung von Kundeninformationen, die für das Marketing relevant sind, haben sich in den Handelsunternehmen unterschiedliche Organisationstypen herausgebildet.

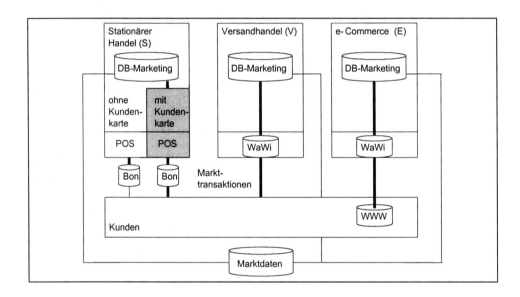

Abbildung 1: Organisationstypen zur Gewinnung und Auswertung von Kundeninformationen

Während im stationären Handel (S) in der Regel nur indirekt über Bonanalysen und externe Marktdaten auf das Kaufverhalten der Kunden geschlossen werden kann (siehe Abb. 1), erlaubt es die Speicherung der Kundendaten und Auftragsdaten im Versandhandel (V) und bei der elektronischen Abwicklung von Handelstransaktionen (E), explizit auf den Einzelkunden Rückschlüsse zu ziehen.

1.2 Informationstheoretische Aspekte zur Systemintegration

Eines der wichtigsten Aufgabenfelder der Wirtschaftsinformatik ist die zielgerichtete und am Empfänger orientierte Unterstützung des Management durch Informationssysteme. Im Gegensatz zu den Operativen Informationssystemen, die als Transaktionssysteme zur Steuerung und zur automatisierten Durchführung der Wertschöpfungsprozesse dienen, sollen die Analytischen Informationssysteme die Planungs-, Entscheidungs- und Kontrollprozesse unterstützen. Konsens im Schrifttum besteht darin, dass neben dem Aufbau bzw. der Aufrechterhaltung der Informationsfunktion und dem Bestreben nach Automatisierung die Integration der Informations- und Kommunikationssysteme den Kern der Wirtschaftsinformatik ausmacht.

Für die im Abschnitt 1.1 genannten Einsatzfelder stellt die Sicherstellung der vertikalen Integration ein besonderes Problem dar. Die bei allen Kundeninteraktionen entstehenden Daten müssen, soweit sie als potenziell entscheidungsrelevant anzusehen sind, gespeichert und in meist verdichteter Form dem Management zur Verfügung gestellt werden. Die Integration bedeutet dabei, dass semantisch einheitliche und aktuelle Informationen aus allen Datenquellen zur Verfügung gestellt werden. Wie bei der horizontalen Integration der Operativen Informationssysteme kommt auch bei der Informationsversorgung des Management den Datenbanken eine zentrale Bedeutung zu. Entgegen der horizontalen Integration der Informationssysteme zur Absicherung von Koordination und Steuerung der Supply Chain liegt die Bedeutung der vertikalen Integration in der konsistenten Hierarchisierung von verteilten Informationen aus heterogenen Quellen. Die Bildung von logischen Datenmodellen und abgestimmten Datenflüssen über vereinbarte Schnittstellen stellt diesbezügliche Anforderungen an die Informatik dar.

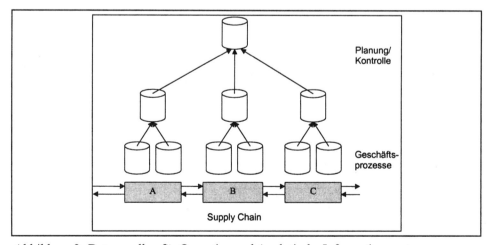

Abbildung 2: Datenquellen für Operative und Analytische Informationssysteme

2. Grundlegende Konzepte Analytischer Informationssysteme

Die Entwicklung der betrieblichen Informationsverarbeitung hat deutlich gezeigt, dass die Ausrichtung von Warenwirtschaftssystemen, die zur Abwicklung und Abrechnung von Warenströmen dienen, nicht geeignet ist, um Aufgaben der Planung und Kontrolle zufrieden stellend zu lösen. Unter dem Begriff *Analytische Informationssysteme* haben sich solche Systeme herausgebildet, die auf der Basis von internen Leistungs- und Abrechnungsdaten sowie externen Marktdaten in der Lage sind, das Management in seiner planenden, steuernden und kontrollierenden Tätigkeit zu unterstützen. In den folgenden Ausführungen werden die wesentlichen Aspekte der Datenbereitstellung und Auswertung in Analytischen Informationssystemen skizziert.

2.1 Data Warehouse Referenzmodell

Ein *Data Warehouse* wird als ein unternehmensweites Konzept verstanden, dessen Ziel es ist, eine logisch einheitliche und konsistente zentrale Datenbasis zur Unterstützung der analytischen Aufgaben von Fach- und Führungskräften aufzubauen. Es ist in der Regel physisch von den operativen Datenbanken getrennt.

Die Hauptaufgabe ist es, atomare Daten aus unterschiedlichen Vorsystemen systematisch zusammenzuführen und zu speichern. Aus diesem Grund werden regelmäßige oder sporadische Verbindungen aufgebaut, um relevante Daten zu extrahieren und in das Data Warehouse zu übertragen. Hierbei werden die Daten gesäubert und strukturiert abgelegt. Die Integration der Daten in einem System führt dazu, dass ein gleichartiger Zugriff auf ein sehr breites inhaltliches Spektrum ermöglicht wird, was eine intuitive Nutzung ermöglicht. Um im Berichtswesen und bei Analysen für alle Einheiten eines Unternehmens korrekte und aktuelle Informationen vorzuhalten, sollten alle analyseorientierten Anwendungen mit Daten aus dem Data Warehouse arbeiten.

Die mit dem Data Warehousing verbundenen möglichen Zielsetzungen sind die:

- Datenkonsistenz bei Auswertung und Analysen,
- Flexibilität beim Datenzugriff,
- Schnelligkeit bei Anfragen,
- Fokussierung auf Themengebiete,
- Sicherung von zeitbezogenen und beständigen Unternehmensdaten.

Üblicherweise stellt ein Data Warehouse eine unternehmensweite Informationsplattform dar, aus der bei Bedarf kleinere Datenbestände, *Data Mart* genannt, für spezielle Analyseaufgaben erzeugt werden.

2.1.1 Relationale und multidimensionale Datenmodelle

Die im Abschnitt 1.2 abgeleiteten Forderungen nach einer vertikal integrierten Informationsverarbeitung lassen sich nur erfüllen, wenn die Datenbestände auf den unterschiedlichen Ebenen durch ein abgestimmtes Datenmodell miteinander in Bezug gesetzt werden. Es haben sich in diesem Anwendungsfeld zwei Datenmodelle etabliert.

Das relationale Datenmodell besteht aus einer Menge von logisch verbundenen Tabellen, in denen spaltenweise die Attribute von Datenobjekten vermerkt werden. Jeder Zeileneintrag (Tupel) einer solchen Tabelle repräsentiert ein Datenobjekt, das eingefügt, geändert und gelöscht werden kann. Diese Form der Datenablage ist für einen hohen Anfall von Transaktionsdaten geeignet, weniger für die Nutzung zur Analyse.

Für Analysezwecke hat sich die modellhafte Vorstellung von Datenwürfeln durchgesetzt, wobei die mehrdimensionale Betrachtung von durch Dimensionen beschriebenen Fakten der Betrachtung von betriebswirtschaftlichen Zusammenhängen sehr nahe kommt.

2.1.2 Prozess der Datenbereitstellung für analytische Anwendungen

Die betriebswirtschaftliche Interpretation operativer Daten ist nur möglich, wenn Transformationsprozesse diese Daten filtern, harmonisieren, verdichten und anreichern. Dies bedeutet, dass ein Ladeprozess (ETL-Prozess) die Daten aus internen und externen Quellen hinsichtlich ihrer Korrektheit überprüft und regelmäßig korrekte und wohldefinierte Datenfelder in das Data Warehouse überträgt. Im Pull oder Push Prinzip werden (siehe Abb. 3) die Daten in das Data Warehouse gepumpt und dort wie im Abschnitt 2.1.1 beschrieben abgelegt. Von dieser Ebene können die Daten nach Themengebieten fachspezifisch aufbereitet werden und als Data Marts in Form von multidimensionalen Datenwürfeln zu Analysezwecken verteilt werden.

Der Datenstrom ist prinzipiell von den Basissystemen zu den analytischen Anwendungen gerichtet. Entlang der Schrittfolge der Datenextraktion, der Datenkonvertierung in multidimensionale Strukturen und der Aufbereitung von Data Marts werden die Granularität und die Periodizität der benötigten Information festgelegt.

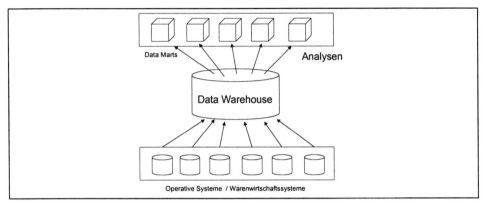

Abbildung 3: Datenfluss in Analytischen Informationssystemen

2.1.3 Data Warehouse Architektur

Eine mögliche Referenzarchitektur für ein Data Warehouse wird in Abb. 4 skizziert. Aus externen Quellen und internen operativen Datenbeständen wird das zentrale Data Warehouse befüllt. Das Data Warehouse oder zusätzlich abgeleitete Data Marts werden zu Analysezwecken über die Front-End-Werkzeuge dem Anwender zur Verfügung gestellt. Hier kommen Data Access, On-Line Analytical Processing und Data Mining zum Einsatz.

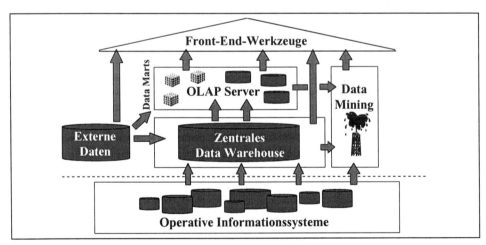

Abbildung 4: Referenzarchitektur Analytischer Informationssysteme
Quelle: Chamoni/Gluchowski 1999, S. 12

Naturgemäß werden sehr große Datenbestände in den Warenwirtschaftssystemen des Handels gehalten. Dementsprechend werden auch hohe Anforderungen an das dort eingesetzte Data Warehouse hinsichtlich der effizienten Speicherung von Massendaten (Terabytes) gestellt. Die kleineren Data Marts können als multidimensionale Datenbanken auftreten, wohingegen ein Data Warehouse der genannten Größe nur als relationales Datenbanksystem zu implementieren ist.

Nachfolgend werden unterschiedliche Ansätze skizziert, die dazu dienen sollen, große Datenmengen zu analysieren und Steuerungsinformationen für z.B. das Marketing oder das Controlling abzuleiten.

2.2 Analyseansätze

Durch das Konzept eines Data Warehouse wird ein logisch zentraler, einheitlicher und konsistenter Datenbestand bereitgestellt. Dieser ist Grundlage für effiziente und zielorientierte Analysen, die zur Entscheidungsunterstützung des Anwenders durchgeführt werden. Die für diesen Zweck verfügbaren Konzepte lassen sich in Analyseansätze zur Hypothesenverifizierung und zur Hypothesengenerierung unterteilen.

Die Ansätze zur *Hypothesenverifizierung* zielen darauf ab, die Gültigkeit einer von einem Anwender zuvor formulierten Hypothese über Beziehungen in dem durch die zugrunde liegende Datenbasis abgebildeten Gegenstandsbereich durch eine Analyse des Datenbestandes zu beweisen. Diese Zielsetzung liegt vor, wenn bspw. die Hypothese „Der Absatz der Produktgruppe C in der Filiale West ist rückläufig." eines Anwenders durch eine Abfrage der Verkaufsdaten geprüft wird, und wird durch die Analyseansätze des *Data Access* (Abschnitt 2.2.1) und *On-Line Analytical Processing* (Abschnitt 2.2.2) gestützt.

Die Ansätze zur *Hypothesengenerierung* sind darauf ausgerichtet, aus einer Analyse des zugrunde liegenden Datenbestandes eine Hypothese über Beziehungen in dem durch die zugrunde liegende Datenbasis abgebildeten Gegenstandsbereich abzuleiten. Dieses Ziel weist z.B. die Analyse des Bestandes an Bondaten auf, aus welcher die Hypothese „Wenn ein Kunde Produkt A kauft, dann hat er in 35% der Fälle auch Produkt B gekauft." resultiert, und wird durch den Analyseansatz des *Data Mining* (Abschnitt 2.2.3) verfolgt.

2.2.1 Data Access

Data Access ist ein Ansatz zur Analyse von Datenbeständen, die bspw. durch ein relationales Datenmodell, hierarchisches Datenmodell oder Netzwerkdatenmodell beschrieben sind.

Zur Ermittlung von Analyseergebnissen im Rahmen des Data Access werden insbesondere Datenbankabfragesprachen, wie z.b. SQL, eingesetzt. Diese Abfragesprachen sind dem der Datenbasis zugrunde liegenden Datenmodell angepasst und gewährleisten, unterstützt durch die Verwendung von Datenschlüsseln, den Zugriff auf alle Werte des Datenbestandes.

Die Analyse im Data Access ist bestimmt durch Fragestellungen wie bspw. „Wie viele Einheiten des Produktes A wurden in der Filiale Nord im Zeitraum Halbjahr 1 verkauft?". Das Ergebnis der Analyse sind einzelne Werte der Datenbasis wie z.B. die Anzahl der in einem Zeitraum in einer Filiale verkauften Einheiten eines Produktes.

2.2.2 On-Line Analytical Processing

On-Line Analytical Processing bezeichnet einen Ansatz zur Analyse von Daten, denen ein multidimensionales Datenmodell zugrunde liegt. Ein multidimensionales Datenmodell ermöglicht die Beschreibung von Datenbeständen, in denen Grundmessgrößen, wie bspw. Kosten oder Umsatz, in Bezug zu anderen Messgrößen, wie z.B. Produkte, Kunden oder Regionen, gesetzt sind.[5] Dabei werden die Bezugsmessgrößen als Dimensionen, die Grundmessgrößen als Elemente eines multidimensionalen Datenraums abgebildet. Über die Dimensionen werden Perspektiven für die Betrachtung von Elementen des multidimensionalen Datenraums festgelegt. Eine Dimension, wie bspw. Produkte, besteht aus beliebig vielen Elementen, wie z.B. Produkt A, Produkt B und Produkt C, nach denen die Elemente des multidimensionalen Datenraums eingeordnet sind und bezüglich dessen sie untersucht werden können. Die Elemente einer Dimension können zudem in verschiedenen Hierarchiestufen dargestellt werden. Dadurch ist eine Betrachtung der Elemente des multidimensionalen Datenraums auf verschiedenen Aggregationsebenen, wie bspw. Umsatz von Regionen, Umsatz von Bezirken oder Umsatz von Filialen, möglich.

Die Analyse von Daten erfolgt im On-Line Analytical Processing auf der Grundlage der Operationen Rotation, Drill-down, Roll-up, Slice und Dice. Im Rahmen der Operation *Rotation* wird durch eine Veränderung der Anordnung der Dimensionen eine neue Perspektive für die Betrachtung von Elementen des multidimensionalen Datenraums festgelegt. Durch die Operation *Drill-down* wird ein Wechsel in der Betrachtung von Elementen des multidimensionalen Datenraums von einer Aggregationsebene auf eine niedrigere Aggregationsebene ausgeführt. Die Operation *Roll-up* ist eine zum Drill-down komplementäre Operation und hat einen Wechsel von einer Aggregationsebene auf eine höhere Aggregationsebene zur Folge. Die Operationen Slice und Dice schränken die Betrachtung von Elementen des multidimensionalen Datenraums auf Teilsichten ein. Durch die Operation *Slice* wird mindestens eine Dimension des multidimensionalen Datenraums auf ein Element reduziert. Die Operation *Dice* grenzt den multidimensiona-

---

5 Vgl. Chamoni 2001, S. 545

len Datenraum durch eine Auswahl von Dimensionselementen auf einen Teildatenraum gleicher Dimensionalität ein.

On-Line Analytical Processing unterstützt Analysen, die durch Fragestellungen wie z.B. „Wie viele Einheiten der Produkte wurden in den einzelnen Filialen innerhalb der einzelnen Zeiträume verkauft?" charakterisiert sind. Aus diesen Analysen resultieren einzelne Werte der Datenbasis.

2.2.3 Data Mining

Data Mining ist ein weiterer Ansatz zur Analyse von Datenbeständen. Es zielt darauf ab, Muster, wie z.B. Regelmäßigkeiten und Abhängigkeiten, in den zugrunde liegenden Daten zu ermitteln und durch logische oder funktionale Beschreibungen abzubilden.[6]
In Abgrenzung dazu ist das *Knowledge Discovery in Databases* zu sehen. Knowledge Discovery in Databases ist darauf ausgerichtet, in umfangreichen Datenbeständen implizit vorhandenes Wissen zu entdecken und explizit zu machen. Dabei werden, dem von Fayyad et al. (1996a, S. 6) geprägten Verständnis folgend, auf der Grundlage eines nichttrivialen Prozesses zunächst Muster in den Daten ermittelt. Diese Muster müssen für einen möglichst großen Anteil des Datenbestandes Geltung haben und bislang unbekannte, potenziell nützliche und leicht verständliche Zusammenhänge in den Daten zum Ausdruck bringen. Aus den ermittelten Mustern wird schließlich durch Interpretation explizites Wissen abgeleitet.[7] Knowledge Discovery in Databases umfasst den gesamten Prozess der Wissensentdeckung. Es hat im Gegensatz zum Data Mining nicht nur die Ermittlung und Abbildung von Mustern in den zugrunde liegenden Daten zum Gegenstand, sondern schließt auch die Auswahl und Aufbereitung der zu analysierenden Datenbasis sowie die Ableitung expliziten Wissens ein. Vor diesem Hintergrund ist es möglich, Data Mining als einen Teilprozess des Knowledge Discovery in Databases aufzufassen.[8]

Die mit dem Data Mining verbundenen möglichen Zielsetzungen sind die:

- Clusterbildung,
- Klassifikation,
- Regression,
- Abhängigkeitsentdeckung,
- Abweichungsentdeckung.

Im Rahmen der *Clusterbildung* werden Daten anhand ihrer Werte in Gruppen, die auch als Cluster bezeichnet werden, zusammengefasst. Dabei sollen Daten, die demselben

---

6 Vgl. Decker/Focardi 1995, S. 3
7 Vgl. Fayyad et al. 1996b, S. 31
8 Vgl. auch Adriaans/Zantinge 1996, S. 37

Cluster zugeordnet werden, möglichst ähnlich sein.[9] Daten, die unterschiedlichen Clustern zugeordnet werden, sollen möglichst verschieden sein. Die Ähnlichkeit bzw. Verschiedenheit wird durch Ähnlichkeits- bzw. Verschiedenheitsmaße ausgedrückt. Diese Maße werden aus Abständen zwischen den Daten und zwischen den Gruppen von Daten ermittelt. Eine Anwendung der Clusterbildung ist bspw. die Kundensegmentierung. Ein effizientes Beziehungsmarketing zwischen Hersteller und Kunden im Sinne eines Customer Relationship Management setzt eine kundengruppenorientierte Marktbearbeitung voraus. Zu diesem Zweck ist eine Aufspaltung des Marktes in einzelne Segmente vorzunehmen. Diese Segmentierung soll zwar von den Bedürfnissen und Wünschen der Kunden ausgehen. Die gebildeten Kundensegmente müssen sich jedoch nicht nur hinsichtlich der Wünsche und Bedürfnisse, sondern auch in Bezug auf die Anwendung von Marketinginstrumenten voneinander unterscheiden.[10]

Die *Klassifikation* ist dadurch gekennzeichnet, dass ein Datenbestand vorgegebenen Gruppen zugeordnet wird.[11] Dabei werden im Gegensatz zur Clusterbildung keine Gruppen gebildet, sondern vorgegebene Gruppen untersucht. Die vorgegebenen Gruppen werden empirisch darauf überprüft, durch welche Eigenschaften sie sich voneinander unterscheiden. Außerdem wird die Trennungsqualität dieser Eigenschaften analysiert, um eine möglichst überschneidungsfreie Zuordnung der Daten zu den Gruppen vornehmen zu können. Die Zielgruppenbestimmung im Marketing ist eine mögliche Anwendung der Klassifikation. Für die Durchführung von Marketingmaßnahmen ist es entscheidend, dass nur die Kunden angesprochen werden, für die das betreffende Produkt von Relevanz ist. Je spezifischer die Kunden ausgewählt werden, desto geringer sind die Streuverluste und damit umso höher der Erfolg der Marketingmaßnahme. Die Auswahl einer geeigneten Zielgruppe kann erfolgen, wenn die charakteristischen Eigenschaften typischer Käufer des beworbenen Produktes bekannt sind.

Die Zielsetzung der *Regression* besteht darin, Ursache-Wirkungszusammenhänge in einer Datenbasis zu ermitteln. Die Ursache-Wirkungszusammenhänge beschreiben die Form von Beziehungen in einem Datenbestand im Sinne eines Erklärungsmodells. Sie können darüber hinaus auch zur Prognose von Werten der Datenbasis verwendet werden. Eine Anwendungsmöglichkeit der Regression ist z.B. die Wirkungsmessung von Marketingmaßnahmen. Durch die Wirkungsmessung von Marketingmaßnahmen werden die durch Marketinginstrumente erzielbaren Einflüsse auf Ergebnisgrößen wie bspw. Absatz, Marktanteil oder Anzahl abgeschlossener Kaufverträge quantitativ erfasst. Diese Berechnung ermöglicht eine Bewertung der einzelnen Marketingmaßnahmen und ist somit eine Grundlage für die Bestimmung geeigneter Maßnahmen und Maßnahmenkombinationen.

Gegenstand der *Abhängigkeitsentdeckung* ist die Ermittlung von Korrelationszusammenhängen in einem Datenbestand.[12] Korrelationszusammenhänge drücken die Stärke

---

9 Vgl. Kaufman/Rousseeuw 1989, S. 1
10 Vgl. Meffert 2000, S. 185
11 Vgl. Backhaus et al. 2000, S. 147 f.
12 Vgl. Bollinger 1996, S. 257

von Beziehungen in einer Datenbasis im Sinne eines Beschreibungsmodells aus. Anwendung findet die Abhängigkeitsentdeckung z.B. in der Warenkorbanalyse. Im Rahmen einer Warenkorbanalyse werden Verbundbeziehungen zwischen verkauften Artikeln eines Sortiments identifiziert. Die ermittelten Verbundbeziehungen sind Ausdruck des Kaufverhaltens von Kunden und können demzufolge zur Festlegung von Maßnahmen, die bspw. eine Erhöhung der Kundenbindung zum Ziel haben, herangezogen werden.

Im Verlauf der *Abweichungsentdeckung* wird untersucht, ob in der Datenbasis Werte, die sich besonders stark von den übrigen Werten des Datenbestandes unterscheiden, vorhanden sind. Eine Anwendung der Abweichungsentdeckung ist die Ermittlung von systematischen und unsystematischen Abweichungen von Plan- oder Referenzwerten im Rahmen z.B. der Absatzanalyse.

Zur Ermittlung und Abbildung von Mustern in den zugrunde liegenden Daten kann auf verschiedene Verfahren wie bspw. Visualisierungstechniken, Fallbasierte Systeme, Clusterverfahren, Entscheidungsbaumverfahren und Konnektionistische Systeme zurückgegriffen werden.[13] Bei der Auswahl eines geeigneten Verfahrens sind insbesondere die Zielsetzung des Data Mining, wie z.B. Klassifikation oder Clusterbildung, die Eigenschaften der zu analysierenden Daten, wie bspw. die Datenstruktur oder Datenqualität, und die Darstellungsform der zu ermittelnden Muster, wie z.B. Entscheidungsregeln oder Funktionen, zu berücksichtigen.

Die Analyse im Data Mining ist durch Fragestellungen wie bspw. „Wie ist die Entwicklung des Absatzes der Produkte in den Filialen?" gekennzeichnet. Sie führt zu der Ermittlung und Abbildung von Mustern in Form eines Modells wie z.B. der Beschreibung „Produkt A wird hauptsächlich in der Filiale Nord mit zunehmender Tendenz verkauft."

3. Integration von Operativen und Analytischen Informationssystemen für den Aufbau eines durchgängigen Customer Relationship Management

In diesem Kapitel wird am Beispiel des Customer Relationship Management gezeigt, wie eine Informationslogistik aufgebaut sein muss, die den Anforderungen einer integrierten Informationsverarbeitung genügt. Sinnvollerweise wird ein unternehmensweites Datenmodell aufgebaut, das durch Metadaten die Semantik der Anwendungsbereiche beschreibt.

---

13 Vgl. Düsing 2000, S. 18 ff.

3.1 Metadatengetriebene Datenbewirtschaftung

Der im Abschnitt 2.1.2 beschriebene Prozess der Datenbereitstellung wird in der Regel durch einen Abgleich von Semantik und Syntax zwischen dem sendenden und dem empfangenden Informationssystem vorbereitet. Für ein analytisches Customer Relationship Management kann beispielhaft unterstellt werden, dass für die im Abschnitt 1.1 erwähnten Fragestellungen ein Datenmodell aufgebaut wird, welches das Kaufverhalten der Kunden abbildet. In Abb. 5 werden als zentrale Fakten die Bondaten gespeichert und mit den Dimensionen Kunden, Artikel und Organisation verbunden. Jede dieser Dimensionen hat eine eigene Struktur (Hierarchie) wie bspw. die Artikel mit Artikelgruppen oder Sortiment bzw. Aktionen. Externe Daten können zusätzlich zur Anreicherung der Kundeninformationen genutzt werden. In der Dimension Kunden besteht z.B. die Verbindung zu Bonitätsdaten und soziodemographischen Daten.

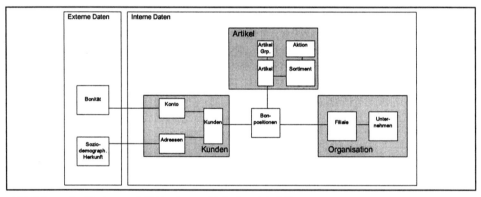

Abbildung 5: Datenmodell Customer Relationship Management

Die Anordnung von Fakten (Bondaten) und Dimensionen (Artikel, Organisation und Kunden) in Form eines Sterns (Star Schema) ist hilfreich, da bei der Implementierung in eine relationale Datenbank eine sichere und schnelle Navigation ermöglicht wird.

Im Abschnitt 3.3 erfolgt eine Diskussion möglicher Analyseschritte zur Untersuchung von Datenbeständen, die eine zum gegebenen Beispiel ähnliche Struktur aufweisen.

3.2 Unternehmensübergreifende Data Warehouse Ansätze im Handel

Die im Abschnitt 1.1 beschriebene Ausgangssituation sich ändernder Unternehmensstrukturen führt zu einer Zentralisierung der Analyseaufgaben und damit zu der Not-

Customer Relationship Management auf der Basis von AIS   113

wendigkeit, alle Kundeninformationen in einem globalen Data Warehouse zusammenzufassen. Auf der Basis der aus sämtlichen Kundenkontakten gesammelten Informationen ist es möglich, umfangreiche und genaue Erkenntnisse mittels der im Abschnitt 2.2 geschilderten Verfahren zu gewinnen. Der aus einer Konzentration intendierte Synergieeffekt stellt sich durch den Abgleich und die gemeinschaftliche Nutzung der Analyseergebnisse ein. Selektierte und klassifizierte Kundendaten, die aus dem globalen Data Warehouse in ein CRM Data Mart geschrieben werden, können auf spezielle Aktionen und Kampagnen ausgerichtet sein und wesentlich trennschärfer das gewünschte Kundencluster spezifizieren als ein Einzelunternehmen mit beschränkter Datenbasis.

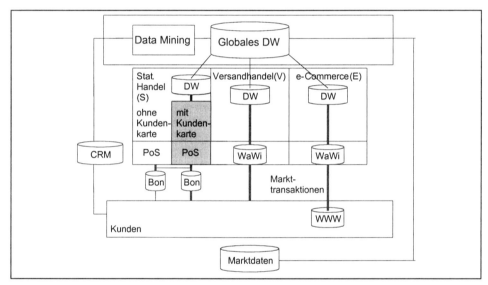

Abbildung 6: Unternehmensübergreifendes Data Warehouse

Wie in Abb. 6 angedeutet wird die Aufgabe der Kundenanalyse eine stärker werdende Rolle in Unternehmensorganisationen einnehmen. Die damit beauftragten Abteilungen werden in vielen Fällen als eigenständiges Unternehmen die Dienstleistung für ein Customer Relationship Management aufnehmen. Im Sinne eines *Application Service Providing* kann die Dienstleistung der Kundensegmentierung und Kampagnendurchführung auch externen Auftraggebern angeboten werden. Neben der Abwicklung des Kerngeschäfts werden Handelsunternehmen vermehrt dazu übergehen, das aus dem Customer Relationship Management erwachsende Wissen über ihre Kunden als marktfähiges Gut zu erkennen und zu vertreiben.

3.3 Prozessintegration von Analyse und Kampagnen

Analytische Informationssysteme sind aufgrund der Bereitstellung und Analysemöglichkeit von umfangreichen, logisch einheitlichen und konsistenten zentralen Datenbeständen eine Grundlage für ein erfolgreiches Customer Relationship Management. So unterstützt ein Analytisches Informationssystem, dem z.B. das in der Abb. 5 dargestellte Datenmodell zugrunde liegt, die laufende Analyse von Kundendaten mit dem Ziel einer kontinuierlichen Kontaktplanung und Kontaktsteuerung im Sinne eines Kundenmanagement auf der Grundlage des aktuellen Kundenverhaltens.

Zur Analyse der Kundendaten können dabei die im Abschnitt 2.2 beschriebenen Ansätze herangezogen werden. Data Access ermöglicht bspw. die Kundenselektion durch die Ermittlung des Kundenwertes. Der Kundenwert ist ein Maß für die Profitabilität und damit Bedeutung eines Kunden für ein Unternehmen und wird z.B. als Gesamtdeckungsbeitrag aus den Kundenkäufen bestimmt. Im Rahmen des On-Line Analytical Processing kann eine Analyse des Kaufverhaltens von Kunden auf unterschiedlichen Aggregationsebenen durchgeführt werden. Dadurch ist es bspw. möglich, Kundenverhalten im Hinblick auf Artikelgruppen oder Unternehmen zu ermitteln, welches Hinweise auf denkbare Kundenprofile gibt. Auf der Grundlage des Data Mining können z.B. Kundensegmente oder Verbundbeziehungen im Sortiment identifiziert werden. Die Kenntnis dieser Zusammenhänge ermöglicht eine gezielte Kundenansprache und kann somit zur Kundenbindung und Kundengewinnung beitragen.

Auf die Analyseergebnisse der Kundendaten kann innerhalb des Kampagnenmanagement zur Auswahl und Durchführung von Marketingmaßnahmen zurückgegriffen werden. Zu diesem Zweck wird aus den durch Data Access und On-Line Analytical Processing bzw. Data Mining verifizierten bzw. generierten Hypothesen manuell bzw. automatisiert ein Modell in Form bspw. eines Klassifikations- oder Prognosemodells abgeleitet. Dieses Modell wird zur Steuerung der Kundenansprache auf die operativen Datenbestände angewendet und über eine Erfolgsmessung der Kampagnen überprüft.

4. Zusammenfassung und Ausblick

Die vorliegenden Ausführungen haben einen kurzen Überblick zum derzeitigen Stand der Analytischen Informationssysteme im Einsatzgebiet des Handels gegeben. Wesentliche Aspekte hierbei sind, dass es aus der Sicht der Informatik gelungen ist, sehr große Datenbestände, die am PoS anfallen, zentral zu speichern und einer „intelligenten" Analyse zuzuführen. Die aufzubauenden Informationssysteme müssen einen hohen Grad an Integration aufweisen, um eine automatisierte Informationsbereitstellung für das Management zu bewerkstelligen. Durch die Einbindung von Verfahren der Datenanalyse in die Gesamtarchitektur ist es weiterhin möglich geworden, eine geschlossene Bearbeitung von Datenbereitstellung, Datenanalyse und anschließender Initiierung von Kampagnen in ein teilautomatisiertes Verfahren zu überführen. Die o.a. Ziele der Wirtschaftsinformatik *Integration* und *Automatisierung* sind damit auch für die Anwendungen des analytischen Customer Relationship Management einen wesentlichen Schritt weiter gekommen. Dennoch ist weiterer Forschungsbedarf bei der Analyse und Ergebnisinterpretation in den geschilderten Anwendungsgebieten zu erkennen.

Literatur

ADRIAANS, P.; ZANTINGE, D. (1996): Data mining, Harlow et al. 1996.

BACKHAUS, K.; ERICHSON, B.; PLINKE, W.; WEIBER, R. (2000): Multivariate Analysemethoden: eine anwendungsorientierte Einführung, 9. Aufl., Berlin et al. 2000.

BARTH, K. (1999): Betriebswirtschaftslehre des Handels, 4. Aufl., Wiesbaden 1999.

BOLLINGER, T. (1996): Assoziationsregeln: Analyse eines Data Mining Verfahrens: in: Informatik Spektrum, Jg. 19, H. 5, 1996, S. 257-261.

CHAMONI, P.; GLUCHOWSKI, P. (1999): Analytische Informationssysteme – Einordnung und Überblick, in: Chamoni, P.; Gluchowski, P. (Hrsg.): Analytische Informationssysteme. Data Warehouse, On-Line Analytical Processing, Data Mining, 2. Aufl., Berlin u.a., 1999, S. 3-25.

CHAMONI, P. (2001): On-Line Analytical Processing (OLAP), in: Hippner, H.; Küsters, U.; Meyer, M.; Wilde, K. (Hrsg.), Handbuch Data Mining im Marketing: Knowledge Discovery in Marketing Databases, Braunschweig-Wiesbaden 2001, S. 543-558.

DECKER, K. M.; FOCARDI, S. (1995): Technology overview: a report on data mining, CSCS TR-95-02, CSCS-ETH, Swiss scientific computing center, Manno 1995.

DÜSING, R. (2000): Knowledge Discovery in Databases, Diskussionsbeiträge des Fachbereichs Wirtschaftswissenschaft der Gerhard-Mercator-Universität Duisburg, Nr. 272, Duisburg 2000.

FAYYAD, U. M.; PIATETSKY-SHAPIRO, G.; SMYTH, P. (1996a): From data mining to knowledge discovery: an overview, in: Fayyad, U. M.; Piatetsky-Shapiro, G.; Smyth, P.; Uthurusamy, R. (Hrsg.): Advances in knowledge discovery in databases, Menlo Park et al. 1996, S. 1-34.

FAYYAD, U. M.; PIATETSKY-SHAPIRO, G., SMYTH, P. (1996b):, The kdd process for extracting useful knowledge from volumes of data, in: Communications of the ACM, Jg. 39, H. 11, 1996, S. 27-34.

KAUFMAN, L.; ROUSSEEUW, P. J. (1989): Finding groups in data: an introduction to cluster analysis, New York et al. 1989.

KLOTH, R. (1999): Waren- und Informationslogistik im Handel, Wiesbaden 1999.

MEFFERT, H. (2000): Marketing: Grundlagen marktorientierter Unternehmensführung - Konzepte, Instrumente, Praxisbeispiele, 9. Aufl., Wiesbaden 2000.

Wolfgang Prümper

Beschaffungslogistik für den METRO AG-Konzern: Vom Paradigmenwechsel zur Systemnormalität

1. Ausgangssituation
2. Die Komplexität der Supply Chain des METRO AG-Konzerns
3. Der Paradigmenwechsel
4. Der Geschäftsprozess
5. Die IT-Systeme
6. Die Ergebnisse

1. Ausgangssituation

Die deutsche Einzelhandelslandschaft dürfte gemessen an den übrigen europäischen Ländern am wettbewerbsintensivsten sein. Die zunehmende Konzentration der deutschen und europäischen Handelsunternehmen geht einher mit der Konzentration auf der Lieferantenseite. In dem Maße, wie sich die Anzahl der zu beliefernden Märkte bzw. Filialen eines Handelsbetriebes in einem wettbewerbsstarken Umfeld ausweiten und eine Standardisierung der Prozesse in den Outlets gefordert ist, nimmt der Stellenwert der Logistik als strategischer Erfolgsfaktor zu. Die METRO MGL LOGISTIK GmbH hat als Querschnittsgesellschaft für die Vertriebslinien der METRO AG die herkömmliche Organisation der Supply Chain in Frage gestellt und mit ihrem System der Beschaffungslogistik einen Paradigmenwechsel vollzogen. Die bisherige lieferanten-getriebene Logistik wurde in eine handelsgetriebene Logistik umgewandelt.

Triebfedern für den Aufbau eines eigenständigen Supply Chain Management für den METRO AG-Konzern waren auf der einen Seite die mangelnde Steuerungsmöglichkeit der Informations- und Warenströme, die Intransparenz von Prozesskosten und –leistungen und damit die fehlende Beherrschbarkeit der Komplexität der Versorgungsstrukturen und -prozesse. Auf der anderen Seite hat der METRO AG-Konzern das Potenzial, aus eigener Kraft genügend kritische Masse für den Transportmarkt zu bündeln, um die Prozesskette selbst wirtschaftlicher gestalten zu können.

Im Rahmen von just in time-Konzeptionen in der Automobilindustrie wechselte Ende der 80er/Anfang der 90er Jahre die Systemführerschaft in der Gestaltung der Versorgungskette von den Zulieferern zum Automobilhersteller. Im Unterschied zur Automobilindustrie ist der Handel und insbesondere der METRO AG-Konzern nicht nur von einer deutlich höheren Anzahl von Quellen (Zulieferer/Lieferanten) gekennzeichnet. Das prägende Unterscheidungsmerkmal ist die große Anzahl von Senken (Automobilfabriken/Verkaufsstellen). Das bedarfsgerechte Bestellungen generierende Warenwirtschaftssystem in den vielen einzelnen Verkaufsstellen treibt die Supply Chain und führt tendenziell zu höheren Lieferfrequenzen mit geringeren Liefermengen pro LKW-Stopp (just in time-Phänomen).

Beschaffungslogistik für den METRO AG-Konzern 119

2. Die Komplexität der Supply Chain des METRO AG-Konzerns

Die METRO AG deckt mit ihren Vertriebslinien in den Segmenten Cash & Carry (Großhandel), Verbrauchermärkte, SB-Warenhäuser, Nonfood-Fachmärkte bis hin zum Warenhaus mit Vollsortiment nahezu den gesamten Bereich des Konsumgüterhandels ab (siehe Abb.1).

	METRO AG Umsatz*: 47 Mrd. Euro Anteil Auslandsumsatz: 42 %			
Vertriebslinien / Querschnittsgesellschaften	Cash & Carry	Lebensmittel - einzelhandel	Non Food - Fachmärkte	Warenhäuser
Einkauf MGE	METRO	real,-	Media Markt	
Logistik MGL			SATURN	GALERIA KAUFHOF
IT MGI	makro	extra	Praktiker	
Werbung MWG	Umsatz*: 21 Mrd. Euro Länder: 20 Outlets: 353	Umsatz*: 11 Mrd. Euro Länder: 3 Outlets: 774	Umsatz*: 10 Mrd. Euro Länder: 12 Outlets: 665	Umsatz*: 4 Mrd. Euro Länder: 1 Outlets: 132
Immobilien MRE				

* im Jahr 2000

Abbildung 1: Vertriebslinien und Querschnittsgesellschaften der METRO Gruppe

Ca. 42% des Umsatzes der METRO AG werden im Ausland erzielt. Die folgenden Angaben beziehen sich auf die METRO-Aktivitäten in Deutschland, einem Land, in dem gemessen am übrigen Europa sowohl die Einzelhandelslandschaft als auch der Logistikdienstleistermarkt zu den größten und komplexesten zu zählen sind. Die Bandbreite der Vertriebslinien der METRO AG reicht von Filialen in teuren City-Lagen bis hin zu Märkten auf der grünen Wiese. Die ca. 1.700 Märkte und Filialen variieren in ihrer Verkaufsfläche zwischen 1.500 m² (extra) und 50.000 m² (Kaufhof Galeria).

Innerhalb der einzelnen Vertriebslinien ist der Anteil an Food- und Nonfood-Sortimenten unterschiedlich stark ausgeprägt. Aus logistischer Perspektive lassen sich die Sortimente im Food-Bereich differenzieren in Trockensortiment, Frische, Obst und Gemüse, Tiefkühlware sowie Frischfleisch und -fisch. Im Nonfood-Sortiment wird im Wesentlichen unterschieden zwischen palettierfähiger Ware, sperriger Ware und Hängetextilien. Je nach Vertriebslinie ist diese Sortimentsvielfalt in unterschiedlichem Umfang in den Verkaufsstellen wiederzufinden. So zeichnen sich die Kaufhof-Warenhäuser durch ein Vollsortiment aus, in dem jedoch die Artikelvielfalt im Nonfood-Segment dominiert, während ein extra-Markt nur eine begrenzte Anzahl von Nonfood-Artikeln im Sortiment führt. Media/Saturn-Märkte wiederum sind gekennzeichnet durch eine Konzentration auf den Elektronikbereich in seiner gesamten Breite und Tiefe.

Den 1.700 Märkten und Filialen auf der einen Seite, aufgeteilt in verschiedene Vertriebslinien mit jeweils eigenständigen Sortimentsprofilen, stehen auf der anderen Seite ca. 8.000 durchgehend aktive Lieferanten gegenüber, von denen ein hoher Anteil mehrere Vertriebslinien, jedoch mit teilweise unterschiedlichen Artikeln, beliefert. Aus dieser Vielfalt der Vertriebslinien, ihrer Unternehmensstruktur, Sortimentsbreite und –tiefe, der Betriebsgröße und Lage der Filialen resultieren unterschiedliche Anforderungen an die Logistikleistungen.

In Abhängigkeit von den unterschiedlichen strukturellen Rahmenbedingungen und den eigenständigen Profilen der einzelnen Vertriebslinien haben sich unterschiedliche Versorgungsstrukturen herausgebildet. Neben der traditionellen Streckebelieferung vom Lieferanten direkt an die Märkte werden Zentral- und Regionallager-Konzepte sowie Cross-Docking-Systeme betrieben. Die Entscheidung für eine dieser Belieferungsvarianten ist abhängig von der Struktur und Betriebsgröße der Verkaufsstellen, von der jeweiligen Sortimentsbreite und -tiefe und nicht zuletzt von der Wirtschaftlichkeit des jeweiligen Lieferweges.

Eine Filiale des Kaufhof als Vollsortimenter in teurer Innenstadtlage verfügt aus wirtschaftlichen Gründen nicht über Flächen für die Zwischenpufferung von Waren und wird folgerichtig über nationale Nonfood-Lager versorgt. Ein Markt der Vertriebslinie METRO Cash & Carry mit einem eingeschränkten Vollsortiment und Lage auf der grünen Wiese ist auf eine Zwischenlagerung von Paletten eingerichtet und wird folglich überwiegend über Strecke direkt beliefert.

Bei der traditionellen Belieferung über Strecke durch die Lieferanten werden die Märkte unmittelbar mit einer Vielzahl unterschiedlichster Lieferanten-Logistiken konfrontiert. Der Handel hat nur sehr begrenzten Einfluss auf die Logistikkosten und die Logistikleistungen bei den Lieferanten sowie auf die von ihnen eingesetzten Logistikdienstleister. Der Handel beschränkt sich also im Wesentlichen auf die Verkaufsaktivitäten.

Die Folge dieser lieferantengetriebenen Logistik war eine hochgradige Fragmentierung der physischen Lieferbeziehungen: In der Vertriebslinie mit den durchsatzstärksten Märkten, Cash & Carry, lagen rund 80% aller LKW-Stopps bei einer Sendungsgröße von nur einer Palette. Täglich wurden rund 150 LKW-Anlieferungen im Auftrag der Lieferanten aufgewendet. Dies musste zwangsläufig zu langen Warteschlangen vor den Rampen führen. Aufgrund der hohen Anzahl unterschiedlicher Logistikdienstleister existierten keine Sendungsavise, und ein Zeitfenstermanagement war in der Praxis kaum durchführbar. Der Prozess der Warenvereinnahmung bis zur Warenverräumung in die Verkaufsregale war für die Märkte kaum planbar.

Eine Transparenz über die Transportkosten war nicht gegeben, da sie in den vom Einkauf verhandelten Artikelpreisen und Konditionen versteckt sind. Aufgrund der fehlenden Vertragsbeziehung zwischen dem Handel und den von den Lieferanten beauftragten Logistikdienstleistern bestand keinerlei Handhabe, auf deren Lieferprozesse Einfluss zu nehmen. Der Warenzulauf auf die Vertriebslinien der METRO AG war im Resultat nichts anderes als die Summe der Suboptima unterschiedlichster Lieferantenlogistiken, gepaart mit den Suboptima der unterschiedlichsten Dienstleister-Logistiken.

Diese für die METRO-Gruppe völlig unbefriedigende Situation und das Wissen um die für die METRO verfügbare kritische Transportmasse waren Ausgangspunkt für die Überlegungen zu einer neuen, von der Metro gesteuerten Beschaffungslogistik. Bei der METRO wurde nach einem Logistikkonzept gesucht, das durch Eigensteuerung die Informationsdefizite beseitigt, einen Einfluss auf die Prozessgestaltung ermöglicht und durch Bündelungseffekte eine zusätzliche Wertschöpfung generieren kann. Es galt, die Prozesse vom Lieferanten bis in die Regale der Märkte durchgängig zu gestalten und eine Komplexitätsreduktion durch die Einführung von Standards zu erreichen. Es galt darüber hinaus, ein Konzept zu entwickeln, das sowohl die Strecke- als auch die Lagerbelieferung abdeckt und das Bestellwesen der Märkte nicht antastet. Und um die für die METRO-Gruppe verfügbare kritische Masse nicht zu schmälern, sollte eine vertriebslinienübergreifende Lösung angestrebt werden.

3. Der Paradigmenwechsel

Die Konzeption einer handelsgesteuerten Beschaffungslogistik bedingte ein radikales Umdenken für alle an der Prozesskette beteiligten Partner: Die tradierte Sichtweise, nämlich von der Quelle zur Senke, also von den Lieferanten zu den METRO-Outlets, musste um 180 Grad gedreht werden: Die Anforderungen der Senken müssen die vorgelagerten physischen Transport- und Informationsprozesse bestimmen – das Push-Prinzip der Industrie musste durch das Pull-Prinzip des Handels ersetzt werden. Dieser Paradigmenwechsel bewirkte die partielle Auflösung der einzelnen lieferantengetriebenen industriellen Distributionslogistiken zugunsten einer von der METRO-Gruppe organisierten, somit kunden- bzw. handels-getriebenen Beschaffungslogistik.

Diese Ausgangssituation führte 1995 zur Gründung der METRO MGL LOGISTIK GmbH (MGL). Die MGL ist eine Querschnittsgesellschaft der METRO AG mit dem

Ziel, ein vertriebslinienübergreifendes Supply Chain Management aufzubauen, zu betreiben und die ergebnisorientierte Wertschöpfung eigenständig abzubilden. Die MGL übernimmt für ihre Kunden - die Vertriebslinien - den Aufbau, die Steuerung und die permanente Optimierung der Logistiknetzwerke auf der Beschaffungs- und Distributionsseite unabhängig von der vertriebslinienspezifisch realisierten Logistiklösung. Eine der Hauptaufgaben der MGL besteht im Management der Komplexität. Wesentliches Lösungskriterium hierfür ist die Standardisierung an den Schnittstellen zu den Lieferanten und zu den Anlieferstellen der METRO-Vertriebslinien. Die MGL als Querschnittsgesellschaft des METRO AG-Konzerns agiert als der einheitliche Ansprechpartner bei logistischen Fragestellungen sowohl gegenüber den Lieferanten als auch gegenüber den Vertriebslinien.

Seither übernimmt die MGL mit den von ihr ausgewählten Systemdienstleistern den Transport der Waren für mehr als 3.500 Lieferanten in Deutschland. Was vordergründig wie ein einfaches Auswechseln der von den einzelnen Lieferanten eingesetzten Dienstleistern gegen den „einen" von der MGL eingesetzten Dienstleister aussieht, erweist sich in der Praxis als ein hochkomplexes System von geregelten Prozessschritten, denn nur so war es möglich, die geforderte Transparenz, Standardisierung, Qualität und wirtschaftliche Wertschöpfung zu erzielen. Folgerichtig waren adäquate regelbasierte DV-Steuerungstools aufzubauen, die die physische und informatorische Koordination zwischen Lieferanten, Dienstleistern und Vertriebslinien übernehmen.

Die MGL tritt im Rahmen des Supply Chain Management als ein vertriebslinienübergreifender Ansprechpartner der Lieferanten auf. Sie nimmt damit gegenüber den Lieferanten im Bereich Logistik die gleiche Position ein, wie der vertriebslinienübergreifend organisierte strategische Einkauf. Auf der Basis der Sendungsstrukturen der Lieferanten an alle Anlieferstellen der METRO-Vertriebslinien werden mit den Lieferanten Frachtkostenvereinbarungen geschlossen. In diesen Vereinbarungen wird die Frachtkostenvergütung festgeschrieben, die dem Kostenäquivalent des Lieferanten für die METRO-Sendungen entspricht. Aus den erzielten Frachtkostenvergütungen werden durch die MGL diejenigen Kosten bezahlt, die ihr für die durch sie transportierten Sendungen von ihren Systemdienstleistern in Rechnung gestellt werden. Der daraus resultierende Saldo bildet die Wertschöpfung der MGL und wird verursachungsgerecht an ihre Kunden - die einzelnen Vertriebslinien - ausgeschüttet.

Zur Erreichung ihrer Ziele geht die MGL sowohl mit dem Einkauf als auch mit den Vertriebslinien eine enge Kooperation ein. Dadurch wird sichergestellt, dass der MGL das waren- und artikelbezogene Wissen des Einkaufs und Verkaufs in Form von Lieferanten- und Artikelstammdaten sowie sämtlichen Bewegungsdaten, insbesondere Wareneingangsdaten, zur Verfügung steht. Durch selbst entwickelte Logistik-Tools ist die MGL in der Lage, aus diesen wertorientierten Daten logistikrelevante Informationen zu generieren.

4. Der Geschäftsprozess

Der Geschäftsprozess lässt sich in sechs Kernprozesse gliedern (siehe Abb.2). Es sind dies die Festlegung des Systemdesigns, die Analyse und Auswahl der Lieferanten, die physische Integration der Lieferanten in die Supply Chain der METRO-Gruppe, die operative Unterstützung der logistischen Prozesse, das Kosten- und Qualitätscontrolling der Supply Chain und die Weiterentwicklung und permanente Verbesserung der Strukturen und Prozesse der Supply Chain.

System-Design	*Lieferanten-analyse*	*Lieferanten-integration*	*Operativer Betrieb*	*Control-ling*	*Optimierung*
• Def. der Lstgs.anforderungen • Abgrenzg. der Lstgs.pakete • Def. der Kernprozesse • Ausschreibung • Dienstleister-verhandlg.	• Identifik. relev. Lieferanten • Analyse der Ist-Logistikstrukturen der Lieferanten • Zuordnung Leistungspakete • Kalkulation und Verhandlg.	• Vorabstimmung Spediteure • Vorortbesuch • Übergabe Papiere und Einrichtung EDI	• Avisierung von Aktionen • Hotline • Schadensbearbeitung • regelbasierte Auftragsbearbeitung/ Einzelfalldispo • Abrechnung	• Ergebnisüberwachung • Leistungsüberwachung gegenüber VL/DL und Lieferanten	• Zellteilung der Speditionssysteme • Anpassung von Prozessen • Anpassung der Vergütung

Abbildung 2: Basisgeschäftsprozess der Supply Chain

Beim Systemdesign werden zunächst die logistischen Leistungsanforderungen an den Logistikdienstleister definiert. Mit Hilfe des integrierten logistischen Informationssystems ist die MGL in der Lage, seine Dienstleister mit detaillierten Informationen über monatliche, wöchentliche bis tägliche Liefermengen zu versorgen - heruntergebrochen auf die einzelnen Abholdepots, die auszuführenden Hauptläufe und Auslieferdepots. Ergebnis der von der MGL permanent durchgeführten und aktualisierten Analysen ist ein Plan, in dem festgelegt ist, welche Logistikleistungen wann und wo in welchem Umfang benötigt werden. Der MGL-Systemdienstleister erhält dadurch seine Planungssicherheit, die es ihm wiederum ermöglicht, die Leistungen für die METRO mit den Leistungen für andere Kunden zu koordinieren und somit für beide Vertragspartner eine Optimierung zu erzielen.

Im Rahmen des Systemdesigns hat die MGL folgende Speditionssysteme definiert:

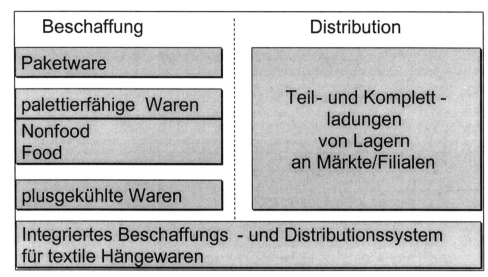

Abbildung 3: Speditionssysteme der MGL

Im Rahmen des Prozessschritts „Lieferantenanalyse" wird definiert, welche Lieferanten in das System integriert werden sollen. Zur Auswahl der Lieferanten erfolgt eine umfassende Analyse der verfügbaren lieferantenbezogenen Sendungsdaten auf Marktebene. Anhand der Kriterien Umsatz, Sendungsstruktur und Tonnage wird eine sortimentsübergreifende Clusterung der Lieferanten vorgenommen. Bevor ein Lieferant integriert wird, erfolgt gemeinsam mit dem Lieferanten eine sorgfältige Analyse seiner derzeitigen Sendungsstrukturen an die Anlieferstellen der METRO AG-Vertriebslinien. Am Ende der Analyse der Logistikprozesse steht die Bewertung zu den derzeitigen Ist-Kosten des Lieferanten. Diese derzeitigen Frachtkosten werden zusammen mit den ermittelten Sendungsstrukturdaten vertraglich fixiert. Die Integration der Lieferanten folgt dem Grundsatz, dass derjenige die Logistikleistung erbringen soll, der die strukturell und damit dauerhaft günstigsten Voraussetzungen im Sinne des Gesamtkostenprinzips mitbringt.

Im nächsten Schritt erfolgt die operative Integration des Lieferanten in das MGL-Speditionssystem. Dieser Schritt wird von der MGL vorbereitet durch die Vorabversorgung der Logistikdienstleister mit allen relevanten Informationen auf der Ebene der Abgangs- und Empfangsdepots. Es folgt ein gemeinsamer Besuch beim Lieferanten vor Ort, um die operativen Details, wie Vereinbarung angemessener Zeitfenster, der Einsatz transportsicherer Verpackungen, die Belabelung der Packstücke mit dem EAN 128 sowie die Einrichtung der EDI-Schnittstelle für den beleglosen Datenfluss zu klären. Nicht selten werden in diesem Prozess-Schritt Lösungen mit dem Lieferanten vereinbart, die zu einer generellen Verbesserung seiner Abwicklung im Warenausgang und zur Absicherung seiner Waren gegen Transportschäden führen.

Die Integration der Lieferanten in das System mündet in den „operativen Betrieb". Die MGL übernimmt als zentrale Anlaufstelle für die Märkte die Sendungsverfolgung und

Schadensbearbeitung. Zusätzlich findet ein permanentes Qualitätsmanagement gegenüber den Dienstleistern und Lieferanten statt. Das Qualitätsmanagement beinhaltet die Überprüfung und permanente Optimierung der Sendungsstrukturen und schließt direkte Besuche bei den Lieferanten, auf den Dienstleisterdepots sowie regelmäßige Arbeitskreissitzungen ein. Ein vollständiger Qualitätsreport, basierend auf den von der MGL bereitgestellten Daten, beinhaltet Aspekte wie Terminabweichungen, Teillieferungen, Schäden, Verluste, Mengendifferenzen, und zwar differenziert nach Lieferanten und Depots. Die MGL ist darüber hinaus in der Lage, dem Dienstleister vorausschauende Informationen, z.B. über anstehende Aktionen mit hohen Volumina einzelner Lieferanten, an die Hand zu geben, mit denen Engpässe beim Prozessgeschehen der Lieferanten, der Dienstleisterdepots sowie der Markt- und Lagerrampen erkannt werden können, um hier entsprechende Vorsorge zu treffen.

MGL führt auf seinen Systemen die Abrechnung mit den Dienstleistern durch. Der Zugriff auf sämtliche prozess- und strukturbezogenen Kosten- und Leistungsinformationen von der Einzelsendung bis zu unterschiedlichsten Aggregationsebenen ermöglicht ein Leistungs- und Ergebniscontrolling bezogen auf alle beteiligten Partner: Vertriebslinien, Dienstleister und Lieferanten.

5. Die IT-Systeme

Kern des MGL-Systems bildet das integrierte Logistikinformationssystem, das zugleich Stammdaten und Sendungsdaten beinhaltet, Analyse- und Controlling-Tool ist und zur Steuerung der Dienstleister genutzt wird. Hierbei greift das MGL-System auf die Systeme des strategischen Einkaufs (MGE), auf die Warenwirtschaftssysteme der Vertriebslinien und auf die Dienstleistersysteme zu - wie in Abbildung 4 dargestellt.

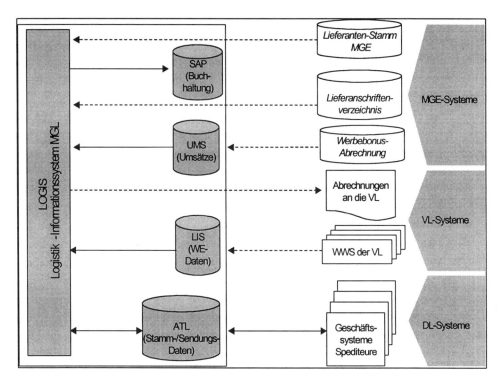

Abbildung 4: Die Grundstruktur der MGL-Systeme

Die wertmäßigen Wareneingangsdaten der Vertriebslinien werden von den MGL-Systemen zu logistisch relevanten Größen aufbereitet. Mit Hilfe des Analysetools können tagesgenaue Sendungen auf Marktebene generiert werden. Vom Dienstleister werden 14tägig die durchgeführten Transporte auf Einzelsendungsebene je Markt mit entsprechenden Angaben über Sendungsgröße und Sendungsgewicht übermittelt. Nicht zuletzt wurde die Schadensbearbeitung, ein Prozess, der üblicherweise durch einen erheblichen manuellen Aufwand, viele Schnittstellen und einen hohen zeitlichen Aufwand gekennzeichnet ist, völlig neu gestaltet und bis zur Durchsteuerung der Informationen zu den Versicherungen medienbruchlos digitalisiert.

6. Die Ergebnisse

Das MGL-System ermöglicht es, vertriebslinienübergreifende Synergieeffekte ebenso zu realisieren wie vertriebslinienspezifische Optimierungseffekte. Das MGL-System steht permanent im Wettbewerb mit den Logistiksystemen ihrer Lieferanten. Entscheidende

Faktoren im Wettbewerb der Logistiksysteme sind strukturelle Bündelungs- und Standardisierungsvorteile, die Transparenz über verursachungsgerechte Logistikkosten und die Konsequenz, mit der Qualitätsanforderungen durchgesetzt werden. Durch die Umwandlung der vielen Lieferantenlogistiken in eine systemgesteuerte MGL-Beschaffungslogistik ist es gelungen, aus Bündelungseffekten Kostenvorteile zu erzielen.

Die grundsätzliche Komplexität der Strukturen in der Beschaffungslogistik, bedingt durch die Vielzahl der Quellen und Senken, ist geblieben. Der Einsatz weniger leistungsfähiger MGL-Systemdienstleister, die Standardisierung der Prozesse und die Möglichkeit, auf die Qualität der Dienstleistung aktiv einwirken zu können, reduziert diese Komplexität. MGL hat den Anspruch auf die Systemhoheit durchgesetzt und beherrscht folglich die Prozesskette. Der Paradigmenwechsel ist zur Systemnormalität geworden.

Alle Prozesspartner in der Logistikkette profitieren vom MGL-System: Für die Vertriebslinien bedeutet die Belieferung über die MGL eine maßgebliche Entzerrung an der Rampe, eine gesteigerte Anlieferqualität und die Möglichkeit, logistische Probleme mit einem einzigen kompetenten und informierten Partner lösen zu können. Der Einkauf wird entlastet von logistischen Fragestellungen. Preisforderungen aufgrund veränderter Logistikeinflüsse (Öko-Steuer, Benzinpreise, Maut) werden nicht durch den Einkauf, sondern durch die MGL verhandelt. Für den MGL-Systemdienstleister bieten sich aufgrund der durch die MGL bereitgestellten Volumina erhebliche Potenziale, sein gesamtes Speditionsnetz auf der Basis weitgehend planbarer Mengen besser auszulasten. Die Abfertigungspriorität an den Rampen der METRO-Outlets verringert die Standzeiten. MGL sorgt für die Durchsetzung der MGL-Versandrichtlinie und entlastet den Dienstleister bzw. seinen Außendienst somit an einer äußerst neuralgischen Stelle. Über 3.500 Lieferanten werden von der Abwicklung der Transporte bis hin zur Schadensabwicklung entlastet. Die MGL stellt für sie sicher, dass die Dienstleistung den Anforderungen seiner Kunden, den Vertriebslinien der METRO AG, gerecht wird.

Joachim Zentes und Bernhard Swoboda

Virtuelle Netzwerke – Entwicklungsrichtung für Verbundgruppen des Handels?

1. Verbundgruppen und Mainstreams der Managementforschung und -literatur
    1.1 Verbundgruppen als offensive Strategische Allianzen
    1.2 Verbundgruppen als Netzwerke
    1.3 Wertkettenverknüpfung in Verbundgruppen
    1.4 Verbundgruppen und Globalisierung
    1.5 Verbundgruppen und e-Commerce

2. B2B-Marktplätze und Virtuelle Netzwerke
    2.1 Funktionalitäten der B2B-Marktplätze
    2.2 Strategische Allianzen versus Virtuelle Allianzen
        2.2.1 Virtuelle Allianzen als neue Erscheinungsform der Kooperation
        2.2.2 Formen Virtueller Allianzen auf Beschaffungsmärkten
    2.3 Virtuelle Allianzen als strategische Ansatzpunkte für Verbundgruppen
        2.3.1 Stand der Realisierung
        2.3.2 Entwicklungstendenzen und -optionen
        2.3.3 Erweiterung des Leistungsprogramms
        2.3.4 Erschließung von Märkten/Branchen
        2.3.5 Diversifikation

3. Fazit und Ausblick

Literatur

1. Verbundgruppen und Mainstreams der Managementforschung und -literatur

1.1 Verbundgruppen als offensive Strategische Allianzen

Verbundgruppen des Handels, die meist als *Einkaufsgemeinschaften mittelständischer Unternehmen*, z.B. in Form von Einkaufsgenossenschaften, entstanden sind, haben in Deutschland eine lange Tradition - sie entstanden bereits in der zweiten Hälfte des 19. Jahrhunderts - und eine große empirische Relevanz.[1] Heute operieren etwa 300 Kooperationen des Handels auf dem deutschen Markt. Die rund 80 000 Handelsunternehmen, die in den Kooperationen organisiert sind, erwirtschaften einen Marktanteil von ca. 30 %. Den Verbundgruppen kommt somit eine wesentliche Bedeutung zur Aufrechterhaltung und Förderung einer pluralistischen Wirtschafts-, i.e.S. Handelsstruktur zu.[2]

Die Verbundgruppen sind zugleich Ausdruck einer sehr *modernen wettbewerbsstrategischen Ausrichtung*, die heute meist mit Begriffen wie Strategische Allianzen, Strategische Partnerschaften u.ä. belegt und meist mit „Großunternehmen" assoziiert wird. Durch den Aufbau solcher Koalitionen eröffnet sich für die beteiligten Unternehmen generell die Option, auf bestimmten Geschäftsfeldern einen nachhaltigen Wettbewerbsvorteil im Sinne eines „joint competitive advantage" zu erzielen.[3]

Während aus einer historischen Perspektive Verbundgruppen als institutionalisierter Ausdruck einer eher defensiven Strategie mittelständischer Akteure eingestuft werden können, ist heute für die Gruppierungen mittelständischer Unternehmen ein offensiver Charakter konstitutiv. Insofern unterscheiden sich diese Allianzen nicht wesentlich von den Strategischen Allianzen von „Großunternehmen".

1.2 Verbundgruppen als Netzwerke

Betrachtet man eine weitere Mainstream-Dimension der modernen Managementliteratur, das Thema der Netzwerke, so lassen sich *Verbundgruppen* hier geradezu als *Pioniere* einstufen. Versteht man Unternehmensnetzwerke als interorganisationale Formen der Wertschöpfung, die durch eine polyzentrisch geführte Organisationsform charakterisiert sind und die sich durch komplexe, kooperative und (relativ) stabile Beziehungen zwischen rechtlich selbstständigen, wirtschaftlich jedoch - mindestens partiell – abhängigen

---

1 Vgl. hierzu Barth 1999, S. 104 ff.
2 Vgl. Liebmann/Zentes 2001, S. 12 ff. und die dort angegebene Literatur.
3 Vgl. hierzu bereits Zentes 1992, S. 24 ff. und Barth 1995, Sp. 87

Unternehmen auszeichnen, dann lassen sich traditionelle Verbundgruppen des Handels, z.B. in Form von Einkaufsgemeinschaften, den Unternehmensnetzwerken zuordnen.

Auch die so genannten *Strategischen Netzwerke*, bei denen das Unternehmensnetzwerk von einem oder mehreren „fokalen" Unternehmen geführt wird, finden sich in unterschiedlicher Ausprägung in traditionellen Verbundgruppen, so in Freiwilligen Ketten, in denen die fokale Rolle der Großhandelspartner übernimmt. In offensiven Strategischen Allianzen übernimmt die Verbundgruppenzentrale wesentliche Aufgaben im Hinblick auf die warenwirtschaftliche und absatzwirtschaftlichen Steuerung des gesamten Verbundes.[4]

1.3 Wertkettenverknüpfung in Verbundgruppen

Das von Porter bereits in den achtziger Jahren in die wissenschaftliche Diskussion eingebrachte und seitdem viel beachtete Konzept des *Denkens in Wertketten*, besonders im Sinne einer unternehmensübergreifenden Wertkettenoptimierung - ein Konzept, das gegenwärtig in der Konsumgüterwirtschaft weltweit zu implementieren versucht wird -, ist in Verbundgruppen in zahlreicher Form bereits in einem hohen Ausmaß realisiert.[5] Dies kann am Beispiel der *Zentralregulierung* (ZR) veranschaulicht werden (vgl. Abb. 1).[6]

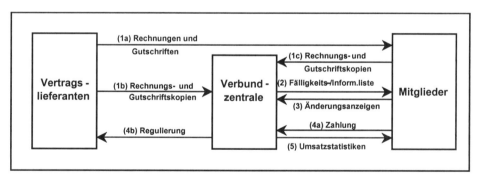

Abbildung 1: Basisform des Ablaufs der Zentralregulierung

Zentralregulierung kann sicherlich zunächst als ein Abrechnungssystem eingestuft werden, das sich auf den Zahlungsverkehr zwischen Vertragslieferanten (i.d.R. Herstellern) und Mitgliedern (Gesellschaftern) einer Verbundgruppe des Einzel- und/oder Großhandels bezieht: Alle Forderungen, welche die Mitglieder aus Kaufverträgen schulden,

---

4 Vgl. hierzu Zentes/Swoboda 2001a, S. 365ff. und Zentes/Swoboda 1998b, S. 221 ff.
5 Vgl. zur Wertkettengestaltung in Verbundgruppen Swoboda 2001, S. 135 ff.
6 Vgl. zu den Potenzialen der Zentralregulierung als Form der Wertkettenverknüpfung Zentes 2001, S. 3 ff.

werden von der Verbundgruppenzentrale bearbeitet und zum Zeitpunkt der Fälligkeit in einer Summe an den jeweiligen Lieferanten bezahlt. Die Mitglieder erhalten für alle angeschlossenen Vertragslieferanten die Abrechnung ebenfalls gebündelt, d.h. „in einer Summe". Zudem ist ZR meistens mit der Übernahme des Delkredere durch die Verbundgruppe verknüpft („*ZR+D-Geschäft*"). Für die Erfüllung der Kaufpreisforderung durch die Mitglieder der Verbundgruppe übernimmt diese i.d.R. dann die selbstschuldnerische Bürgschaft.

Ein wesentlicher Vorteil der ZR - neben vielen anderen operativen und strategischen Potenzialen - kann die transaktionskostenreduzierende Abwicklung des Zahlungsverkehrs bzw. der Zahlungsströme in den beschriebenen Wertketten herausgestellt werden. Die *Verbundgruppenzentrale* nimmt in Bezug auf die Zahlungsströme die *fokale Rolle* im Wertschöpfungsnetzwerk ein.

1.4 Verbundgruppen und Globalisierung

Eine wesentliche Entwicklungstendenz mit weitreichenden Konsequenzen für die Verbundgruppen stellt die rapide zunehmende *Internationalisierung der Absatz- und Beschaffungsmarktaktivitäten* der Handelsunternehmen dar. Empirische Untersuchungen, wie der Handels*Monitor* 2000, verdeutlichen nicht nur eine beachtliche Relevanz der internationalen Unternehmenstätigkeit im Handel, sondern auch die Erwartung der massiven Zunahme der Internationalisierung der Beschaffungsmärkte und besonders der Absatzmärkte (vgl. Abb. 2). Begründungen hierfür sind etwa in den Marktpotenzialen in Auslandsmärkten, in Wachstumsgrenzen in Heimatmärkten usw. zu sehen. Die Konsequenzen liegen nicht nur in der *offensiven Expansion*, sondern auch in einer (*Globalisierungs-*)Betroffenheit lediglich national tätiger Handelsunternehmen.[7]

Während allerdings die Internationalisierung oder gar Globalisierung der Beschaffungsaktivitäten in Verbundgruppen bereits eine lange Tradition aufweist und vergleichsweise weit vorangeschritten ist, stellt die absatzmarktorientierte Globalisierung des Handels die Verbundgruppen vor neue strategische und operative Herausforderungen. Die absatzmarktorientierte Internationalisierung oder *Globalisierung der Verbundgruppen* vollzieht sich in vielfältiger Form, wie etwa

- durch grenzüberschreitende Expansion („direkte Aufnahme oder Assoziierung von Handelsunternehmen aus dem Ausland"),
- durch Gründung von Tochtergesellschaften im Ausland, die dann als „nationaler Systemkopf" agieren,
- durch die Beteiligung an und die Übernahme von bestehenden Kooperationsgruppen oder
- „nur" durch die lose Zusammenarbeit mit bestehenden ausländischen Gruppierungen (z.B. in Form eines Erfahrungsaustauschs).

---

7 Vgl. Zentes/Swoboda 1998a, S. 3 ff. und die dort angegebene Literatur.

Virtuelle Netzwerke – Entwicklungsrichtung für Verbundgruppen des Handels? 133

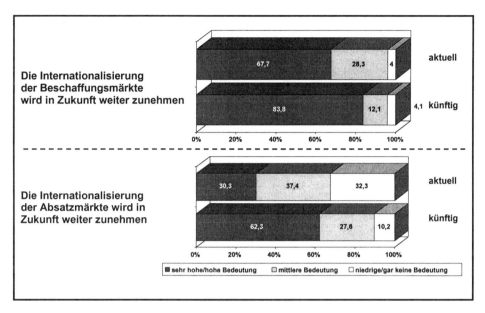

Abbildung 2: Internationalisierung der Beschaffungs- und der Absatzmärkte
Quelle: HandelsMonitor 2000

Freilich steht bezüglich dieser strategischen, internationalen Ausrichtung die Mehrzahl der Verbundgruppen erst am Anfang einer weitreichenden Veränderung, die sich in „der Welt der Filialisten, Handelskonzerne oder vertikal integrierte Franchisesysteme" bereits seit längerer Zeit und vor allem in den letzten Jahren intensiver vollzieht.[8] Ähnliches gilt für die Aktivitäten mittelständischer Unternehmen des verarbeitenden bzw. produzierenden Gewerbes.[9]

1.5 Verbundgruppen und e-Commerce

Die modernen Informations- und Kommunikationstechnologien (*IuK-Technologien*) ermöglichen eine zunehmende Elektronisierung aller (administrativen) Geschäftsprozesse, so in Form eines elektronischen Datenaustauschs (*Electronic Data Interchange*, EDI), die neben eher operativen Effizienzsteigerungspotenzialen auch die Voraussetzung zur Ausschöpfung von Effektivitätssteigerungspotenzialen darstellt, so hinsichtlich der Optimierung der logistischen Versorgungskette (*Supply Chain Management*) und der

---

8 Vgl. hierzu Zentes 1998, S. 134 ff.; Zentes/Swoboda 1998a, S. 4 f. und Olesch 1998, S. 9 ff.
9 Vgl. hierzu Swoboda 2000, S. 107 ff.

Marketingprozesse (im Rahmen des *Category Management*).[10] Die IuK-Technologien führen auch zu weitreichenden Veränderungen der unternehmensinternen bzw. gruppeninternen Kommunikation. Die Verbundgruppen stehen hier vor der Aufgabe, einen umfassenden Informationsverbund zu schaffen.[11]

Neben dieser Ausprägung der Elektronisierung der Geschäftsprozesse - oftmals auch als Virtualisierung bezeichnet - ist das elektronische Einkaufen oder Bestellen, z.B. in Form des Internet-Shopping, herauszustellen, das sowohl im *Business-to-Business-Bereich* („B2B") als auch im *Business-to-Consumer-Bereich* („B2C") - wenngleich dort mit geringerer Bedeutung - Relevanz erlangen dürfte.[12]

E-Commerce stellt für die Verbundgruppen in mehrfacher Hinsicht eine Herausforderung dar.[13]

Zunächst gilt es, auf der *B2B-Ebene*, also hinsichtlich Lieferanten und Mitgliedern, entsprechende Systeme zu implementieren, um die vielfältigen Möglichkeiten des e-Commerce (z.B. interaktive Produktinformationen, WEB-EDI für kleinere Lieferanten, die nicht über EDI oder kompatible Standards verfügen, Online-Verfügbarkeitsüberprüfungen, WEB Chat-Rooms zwecks Informationsaustausch in Projekten) auszuschöpfen. Vorbilder auf Seiten der Kommunikation sind gegenwärtig sicherlich Großunternehmen der umsatzstärksten Handelsbranche, des Lebensmitteleinzelhandels, so vor allem britische Unternehmen.

Gegenüber den Konsumenten, also auf der *B2C-Ebene*, bieten sich mehrere Optionen für Verbundgruppen.

- So kann der Verkauf über Internet ausschließlich als eine Aktivität eines jeden Mitglieds im Rahmen einer Multichannelpolitik, d.h. eines traditionellen Verkaufs über die (stationären, „realen") Geschäfte und eines virtuellen Vertriebs, realisiert werden.
- Alternativ hierzu kann die Verbundgruppe (bzw. Verbundgruppenzentrale) eingeschaltet werden. Bspw. kann über das Internetangebot der Verbundgruppe der „Verkauf" an den Verbraucher erfolgen, die logistische und administrative Abwicklung (einschließlich der Fakturierung) liegt jedoch bei dem Mitglied.
- Alternativ hierzu ist die logistische und administrative Abwicklung auch über die Verbundgruppenzentrale (z.B. über ein eigenes Zentrallager) denkbar. Das Mitglied, in dessen Einzugsgebiet der Internetkäufer wohnt, erhält in diesem Fall eine Provision im Sinne einer Kompensationszahlung. Bei technischen Gütern kann das Mitglied in Eigenregie Serviceaufgaben (z.B. Installation, Wartung) übernehmen.

---

10 Vgl. hierzu Zentes/Janz/Morschett 2000a
11 Vgl. hierzu umfassend Zentes/Swoboda 1998b, S. 221
12 Vgl. zu den zahlreichen Schätzungen der künftigen Transaktionsvolumen des E-Commerce u.a. The Boston Consulting Group 2000
13 Vgl. zu den Auswirkungen des E-Commerce auf den Handel umfassend Zentes/Swoboda 2000b, S. 687ff. und mit Bezug zu den Verbundgruppen Zentes/Swoboda 2000a, S. 133 ff.

2. B2B-Marktplätze und Virtuelle Netzwerke

2.1 Funktionalitäten der B2B-Marktplätze

Der B2B-e-Commerce ist - wie bereits erwähnt - nicht auf den elektronischen Datenaustausch beschränkt, der in traditioneller Form im Rahmen des Electronic Data Interchange über so genannte Value Added Networks (VAN) abgewickelt wird. Vielmehr entstehen gegenwärtig „*elektronische Marktplätze*", „*Internetplattformen*", „*B2B-Portale*", die eine Vielzahl weitergehender Funktionen beinhalten.[14]

Aus informationstechnologischer Sicht und ebenfalls aus organisatorischer Sicht können diese B2B-e-Commerce-Systeme - *im Folgenden als „B2B-Marktplätze" bezeichnet* - in

- *proprietäre Systeme* und
- *offene Systeme* (meist in Form so genannter „Branchenmarktplätze")

differenziert werden. Die proprietären Systeme bzw. Portale können wiederum unterschieden werden in

- Systeme/Portale, die von einem Unternehmen allein betrieben werden (z.B. Sainsbury's Information Direct (SID) in Großbritannien) und
- Systeme/Portale, die kooperativ betrieben werden (z.B. World Wide Retail Exchange (WWRE)).

Beispielhaft zeigt Abbildung 3 die Funktionalitäten des UCCnet, eines branchenweiten Extranets der amerikanischen Konsumgüterwirtschaft. Neben der Übermittlung operativer Transaktionsdaten (z.B. Bestellungen, Lieferavisierungen, Rechnungen, PoS-Warenbewegungen) bildet UCCnet die Funktion einer multimedialen Datenbank ab, über die interaktiv z.B. Stammdaten, Produktinformationen, Produktneuheiten, Markt- und Konsumentendaten oder auch Repro-Vorlagen (für Werbemaßnahmen „vor Ort") abgerufen werden können. Damit wird, selbst für die Unternehmen, die über keine ausgefeilte warenwirtschaftliche und aufwendige Informationsstruktur verfügen, der Zugang zu ausgewählten Daten via Internet ermöglicht, so dass diese für ihre Zwecke nutzbar sind.

Darüber hinaus werden über diese und weitere Systeme bzw. Marktplätze, so auch über UCCnet, Auktionen (z.B. der Hersteller) oder Ausschreibungen in Form so genannter „reverse auctions" (z.B. des Handels) durchgeführt. Kurzfristig besteht hier vor allem die Möglichkeit des Handels mit Aktionswaren („*Spot-Märkte*"). Mittel- und langfristig soll damit eine „trading community" geschaffen werden, über die Händler wie Hersteller und sonstige Akteure ihre gesamten marktorientierten Aktivitäten im B2B-Bereich abwickeln können.

---

14 Vgl. hierzu umfassend Zentes/Janz/Morschett 2000b

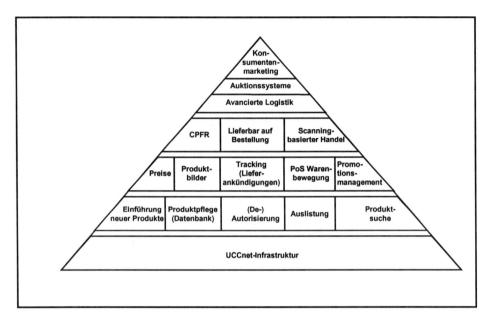

Abbildung 3: UCCnet als Beispiel eines Branchenmarktplatzes

2.2 Strategische Allianzen versus Virtuelle Allianzen

2.2.1 Virtuelle Allianzen als neue Erscheinungsform der Kooperation

Vor dem Hintergrund der technologiegetriebenen Entwicklungen stellt sich die Frage, ob sich auf der Basis der elektronischen Marktplätze oder Internetportale neue Arten von Allianzen bilden werden, die gegebenenfalls die traditionellen Allianzen in Form von Verbundgruppen ablösen oder mindestens in ihrer Bedeutung relativieren. Bspw. zeichnete das internationale Beratungsunternehmen KSA in der Frankfurter Allgemeinen Zeitung (vom 24.05.2000, S. W2) ein dramatisches *Umwälzungsszenario*, nach dem in den kommenden Jahren mehr als die Hälfte der traditionellen Verbundgruppen aus dem Markt ausscheiden werden. Auch wenn dies sicherlich überzeichnet erscheint, ist die Frage opportun, inwiefern es den traditionellen Verbundgruppen gelingt, diese technologiegetriebenen Entwicklungen als Chance der eigenen Entwicklung zu nutzen.

Unzweifelhaft eröffnen die B2B-Marktplätze die Möglichkeit zur Bildung *Virtueller*

Allianzen bzw. Virtueller Netzwerke oder Virtueller Unternehmen.[15] Virtuelle Unternehmen können nach Byrne/Brandt/Port definiert werden als „ ein zeitweise bestehendes Netzwerk von rechtlich sowie wirtschaftlich weitgehend unabhängigen Unternehmen (...), die sich zusammenschließen, um Wissen, Kosten und Zugang zu Märkten miteinander zu teilen."[16]

Virtuelle Unternehmen verzichten auf die für „klassische" Unternehmen typischen Attribute wie ein gemeinsames juristisches Dach oder eine zentrale Verwaltung und Koordinierungsstelle. Es handelt sich vielmehr um einen spontanen Zusammenschluss von Unternehmen, der ohne formellen Aufwand zustande kommt und durch kooperative und vertrauensvolle Beziehungen der Partner gekennzeichnet ist. Das Konzept des Virtuellen Unternehmens basiert auf einer objekt- bzw. prozessorientierten Betrachtungsweise, die dadurch zustande kommt, dass für ein Objekt (bzw. Projekt), z.B. einen Beschaffungsvorgang, eine Optimierung des Wertschöpfungsprozesses erreicht werden soll, in dem die beteiligten Unternehmen nur die Aktivitäten (bzw. Beschaffungsmengen) in das Virtuelle Unternehmen einbringen, die zur Abwicklung des Projektes erforderlich sind.

Die Zielsetzung des Virtuellen Unternehmens besteht darin, die Wettbewerbsposition der an ihm beteiligten Unternehmen zu stärken. Dabei kann in einem Virtuellen Unternehmen - analog zu einem Strategischen Netzwerk - ein Unternehmen (oder auch mehrere) die Führungsrolle übernehmen.[17]

Diese Erscheinungsform der Kooperation ist vergleichsweise neuartig; sie wird im Wesentlichen ermöglicht - und auch angetrieben - durch moderne Informations- und Kommunikationstechnologien. Wesentliches (definitorisches) Merkmal der Virtuellen Unternehmen ist - um es nochmals hervorzuheben - der temporäre Charakter der Allianz, allerdings – wie ebenfalls hervorgehoben – mit der mittel- und langfristigen Option zum Aufbau einer „trading community".

2.2.2 Formen Virtueller Allianzen auf Beschaffungsmärkten

Im Business-to-Business-Bereich zeichnen sich mehrere Varianten Virtueller Allianzen auf Beschaffungsmärkten ab.[18]

- So bilden sich Internetplattformen heraus, die eine reine technisch-organisatorische Koordinationsfunktion übernehmen *(= Variante 1).* Sie ermöglichen Unternehmen einen spontanen „Zusammenschluss" - ohne formellen Aufwand - zur Abwicklung einer gemeinsamen Transaktion, z.B. des gemeinsamen Einkaufs eines Produktes. Die innerhalb eines bestimmten Zeitraums virtuell gebündelte Menge wird dann im

---

15 Im Folgenden werden diese Termini synonym verwendet.
16 Byrne/Brandt/Post 1993, S. 37
17 Vgl. hierzu Zentes/Swoboda 2001a, S. 369 f.
18 Dies gilt sowohl für den B2B-Bereich als auch für den B2C-Bereich; vgl. Zentes/Swoboda 2001a, S. 365 ff.

Rahmen einer „reverse auction" über das Internet ausgeschrieben. Merkmal einer derartigen „reverse auction", die online abgewickelt wird, ist, dass jeder Anbieter die Angebotspreise seiner Mitbewerber jederzeit kennt und somit eine dynamische Preisbildung stattfinden kann.
- Die Funktion des (technisch-organisatorischen) Koordinators kann auch ein beschaffendes Unternehmen selbst übernehmen; es nimmt damit eine „fokale Rolle" ein *(= Variante 2)*.
- Eine dritte Variante lässt sich als Broker-Modell bezeichnen *(= Variante 3)*. Hierbei übernimmt der Plattformbetreiber nicht nur die technisch-organisatorische Koordination, sondern er ergreift eine Vermittlerrolle bzw. Maklerrolle. Seine Vergütung besteht dann nicht in einer Gebühr, sondern in einer Provision.
- Eine weitere Form, die bezüglich des Transaktionsvolumens die größte empirische Bedeutung erlangen dürfte, ist die Bildung Virtueller Allianzen in offenen B2B-Marktplätzen, die von mehreren Unternehmen gemeinsam betrieben werden *(= Variante 4)*. Dabei können wiederum zwei Formen unterschieden werden. Einerseits ist die Bildung Virtueller Allianzen der an einem B2B-Marktplatz beteiligten bzw. assoziierten Unternehmen denkbar, andererseits können auch Dritte sich diesen temporären Allianzen anschließen, ohne kapitalmäßig beteiligt oder vertraglich angebunden zu sein. Organisatorisch entsprechen diese Modelle den Varianten 1 und 2; jedoch können die den Varianten 1 und 2 zugrundeliegenden Portale auch andere Funktionalitäten umfassen, so hinsichtlich des B2C-Bereichs.
- Der „offenen" Variante 4 entspricht die Bildung Virtueller Allianzen in B2B-Branchenmarktplätzen, die grundsätzlich allen Industrie- und Handelsunternehmen (der Branche oder aller Branchen) zugänglich sind *(= Variante 5)*.

2.3 Virtuelle Allianzen als strategische Ansatzpunkte für Verbundgruppen

2.3.1 Stand der Realisierung

Für die modernen Verbundgruppen, die - wie eingangs skizziert - professionell und offensiv agieren, bietet sich die Chance, die auch bereits wahrgenommen wird, dieses sich bietende Terrain nicht neuen Akteuren zu überlassen, sondern auf der Basis ihrer Kompetenzen und der vorhandenen Ressourcen (z.B. der administrativen und logistischen Infrastrukturen) selbst zu erschließen.

Abbildung 4 zeigt den gegenwärtigen Grad der *Realisierung von Aktivitäten* im e-Commerce-Bereich durch Verbundgruppen. Danach arbeiten die Verbundgruppen bereits in hohem Maße an der Ausschöpfung der Potenziale des e-Commerce, wenngleich der B2C-Bereich überwiegt. Erste, diesbezüglich heute immer noch imponierende Engagements gehen bereits auf das Jahr 1996 zurück, so bei den vier B2C-Plattformen von

Idee+Spiel. Wie angedeutet, stehen hierbei allerdings weniger Befürchtungen der Umgehung des Handels im Vordergrund der Initiativen. Vielmehr sind es Fragen nach der „besseren" Erreichbarkeit der Konsumenten im Zuge einer Multichannelstrategie sowie Diskurse über die Einbindung der Mitglieder bei der Auslieferung oder Abholung der Ware vor Ort in den Läden und bei der Umsatz- und Kostenverteilung zwischen Zentrale und Partnerunternehmen, insbesondere bei durch die Verbundgruppenzentrale gesteuerten kommunikativen Auftritten.

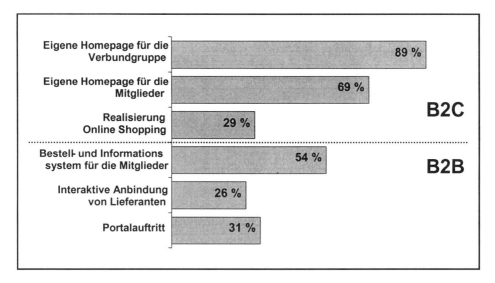

Abbildung 4: Realisierung von Aktivitäten im e-Commerce durch Verbundgruppen
Quelle: *Renz/Schäfer* 2000, S. 22.

Der die größeren Potenziale eröffnende B2B-Bereich wird zwar im Vergleich zum B2C-Bereich weniger, insgesamt aber durchaus im beachtlichen Maße genutzt. Hier dominieren gegenwärtig noch die (Selbst-)Information über neue Produkte, übermittelt u.a. durch Links auf die Pages der Hersteller, und die Möglichkeit der Warenbestellungen durch die Mitglieder. Demgegenüber haben die weiteren hier interessierenden Anwendungsfälle der interaktiven Anbindung von Lieferanten oder Portalauftritte im geringeren Teil der untersuchten Verbundgruppen heute bereits eine Realisierung erfahren.

2.3.2 Entwicklungstendenzen und -optionen

Die Optionen der zukünftigen Realisierungen der Verbundgruppen im B2B-Bereich lassen sich anhand der in Abbildung 5 aufgespannten Alternativen verdeutlichen. Ausgehend von der Perspektive „bisherige und neue Leistungsprogramme" und „bisherige bzw. neue Märkte/Branche" eröffnen sich idealtypisch zu betrachtende Optionen, so

- die *B2B-Marktplätze als Basis Virtueller Allianzen*, d.h. neue Leistungsprogramme in der Ausrichtung auf gegenwärtige Märkte/Branchen sowie
- der *Beschaffungs-/Marketing- und Systemverbund* als Variante bei unveränderten, d.h. nicht virtualisierten Leistungsprogrammen und
- die *B2B-Marktplätze als Basis Virtueller Allianzen*, d.h. neue Leistungsprogramme in der Ausrichtung auf neue Märkte/Branchen.

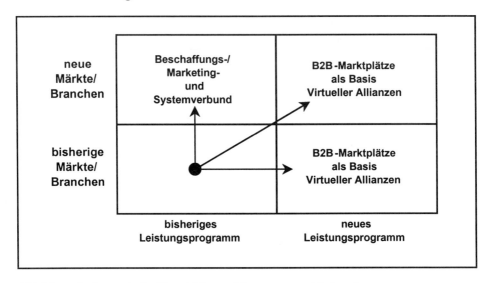

Abbildung 5: Strategische Entwicklungsrichtungen von Verbundgruppen

2.3.3 Erweiterung des Leistungsprogramms

Bereits heute entwickeln die Verbundgruppen *proprietäre B2B-Marktplätze* oder in kooperativer Form verbundgruppenübergreifende B2B-Marktplätze mit den aufgezeigten Funktionalitäten. In der Regel bilden sich hierbei Virtuelle Allianzen zunächst innerhalb der Verbundgruppenmitglieder. Die *Palette der Anwendungen* reicht von der

- (Selbst-)Information über neue Produkte, Funktionalitäten, Lieferkonditionen etc. über die
- Virtualisierung bestehender Portale in Richtung von (Service-)Plattformen für Mitglieder oder Lieferanten bis hin zu
- Plattformen, welche in Kooperation zwischen bisher selbständigen Verbundgruppen entstehen und tendenziell zu Branchenmarktplätzen entwickelt werden könnten.

Bereits die ersten Optionen dürften eine Entwicklungsrichtung in Verbundgruppen verstärken, die sich - unabhängig von der modernen IuK-Technologie - bereits seit längerer Zeit abzeichnet. So existieren in vielen Verbundgruppen so genannte „*Aktivistenkreise*" oder „*Marketingkreise*", die sich durch einen hohen internen Bindungsgrad auszeichnen. Diese Aktivistenkreise kaufen bspw. vorher gebündelte Mengen gemeinsam bei Herstellern ein und erzielen durch die Verbindlichkeit des Abschlusses bessere Konditionen als die in Rahmenverhandlungen ausgehandelte, die ja einen größeren Unverbindlichkeitsgrad aufweisen.[19] Ausschreibungen in Form von „*reverse auctions*" stellen daher eine naheliegende Ausweitung des Leistungsprogramms der Verbundgruppen dar, die tendenziell den Bindungsgrad bzw. den Verbindlichkeitsgrad der Entscheidungen stärken dürften. Prinzipiell wären entsprechende Aktivitäten auch durch branchenfremde Unternehmen durchführbar, so dass hier ein latentes Gefährdungspotenzial für Verbundgruppen besteht.

Für die genannten Anwendungen könnten zahlreich praktische Beispiele angeführt werden. Ein die gesamte Anwendungspalette anstrebende Verbundgruppe bildet das Einkaufsbüro Deutscher Eisenhändler GmbH (E/D/E) (vgl. Abb. 6), das bestehende Portale in der jüngeren Vergangenheit virtualisiert hat.

Darüber hinaus wird gegenwärtig in eine Kooperation von E/D/E mit Hagebau die Bildung von „*Contents*" und „*Communities*" umsetzt. Letztere umfassen neben virtualisierten Ein- und Verkaufsprozessen zugleich die Datenlogistik für Lieferanten und Mitglieder in einem kooperativ-proprietären System. Der langfristige Aufbau eines offenen Branchenmarktplatzes ist – basierend auf diesen ersten Schritten - nicht per se auszuschließen.

2.3.4 Erschließung von Märkten/Branchen

Das Know-how der Verbundgruppen und ihre Ressourcen dürften in einer zweiten – zunächst nicht-virtuellen Option – die Basis für eine Erweiterung der Märkte bzw. Branchen bilden. Für die Verbundgruppe ist hierdurch die *Möglichkeit zur Ausdehnung des Geschäftsvolumens* gegeben. Gleichzeitig eröffnet die *Anbindung Dritter* auch die Chance zur dauerhaften Assoziierung oder gar kapitalmäßigen Beteiligung dieser zunächst nur temporären Allianzpartner.

---

19 Vgl. hierzu Zentes/Swoboda 1998b, S. 223 f.

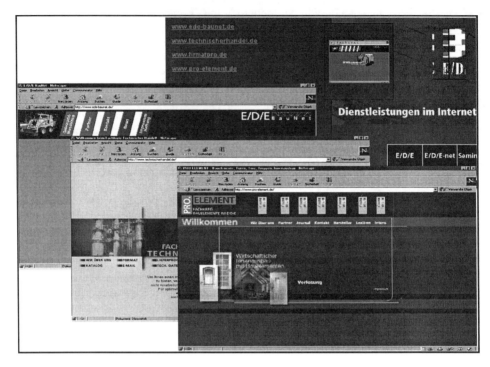

Abbildung 6: Virtuelle Portale der E/D/E

Diese Handlungsoption ist faktisch bei den Verbundgruppen bereits realisiert, die *Mehrbranchensortimente* – im Gegensatz zu Einbranchensortimenten wie bei den Verbundgruppen der Unterhaltungselektronik oder des Schuheinzelhandels – vertreten. Oftmals handelt es sich dabei um die großen, international tätigen Verbundgruppen des Handels, welche bspw. Food- und Nonfood-Sortimente einkaufen. Diese sind zugleich Ausdruck einer weitergehenden Konzentrations- und Internationalisierungsstrebens.

Über diese Aktivitäten hinaus eröffnen sich weitere, *übersektorale Optionen* für Verbundgruppen. So ist festzustellen, dass in vielen Sektoren der (deutschen) Wirtschaft noch erhebliche Kooperationspotenziale, vor allem in der Beschaffung, bestehen. Dies gilt bspw. für weite Teile

- des Handwerks,[20]
- der *mittelständischen Industrie*[21] und auch
- der *öffentlichen Betriebe*, so des Gesundheitswesens.[22]

---

20 Vgl. Servet 1998, S. 25ff. und Ostheimer 2001, S. 329 ff.
21 Vgl. Arnold 1998, S. 55ff. und Ostheimer 2001, S. 329 ff.
22 Vgl. Oberender/Menke 2001, S. 341 ff.

Hier liegen noch erhebliche Potenziale, die durchaus von den klassischen Verbundgruppen geborgen werden können, unterstellt man, dass auch eine Einstellungsänderung traditioneller Verbundgruppen ebenso erfolgt wie die Antizipation der Integrationserfordernisse institutionell neuartiger Marktpartner bzw. Mitglieder.

Zur Verdeutlichung können hier die *enormen Potenziale im Gesundheitswesen* hervorgehoben werden, zumal Beschaffungskooperationen auch im Gesundheitswesen im Rahmen der Entwicklung von alternativen Wettbewerbsstrategien in einem dynamischer werdenden Umfeld an Bedeutung gewinnen. Vor dem Hintergrund des Kostendrucks und der augenscheinlichen Synergiepotenziale kann am Beginn der Kooperationen der gemeinsame Einkauf von Krankenhäusern stehen, der im Folgenden um andere Serviceelemente ergänzt werden kann. Hier lassen sich heute allerdings erst vereinzelte Aktivitäten feststellen.[23] Unter Berücksichtigung der Kernkompetenzen von Verbundgruppen in den Bereichen Beschaffung, Dienstleistungen, Marketing oder Management eines Systemverbundes sind entsprechende Engagements, bis hin zur *Full-Service-Organisationen oder -Netzwerken* sehr gut vorstellbar, denn sie würden Potenziale zur Effizienzsteigerung ausnutzten helfen.[24] Oberender/Menke beschreiben in diesem Zusammenhang

- die Optionen eines gemeinsamen Einkaufs, der Abrechnung unter Ausnutzung von ZR-Daten etc.,
- die Anforderungen an ein In- und Outsourcing der Zentralregulierung und anderer Dienstleistungen aus Sicht der Gesundheitsorganisationen sowie
- die Realisierung von Strukturen, welche dem Charakter bekannter Efficient-Consumer-Response-Partnerschaften nahe kommen.

2.3.5 Diversifikation

Eine Ausweitung im Rahmen temporärer Allianzbildungen ist auch durch eine *Öffnung eines erweiterten, virtuellen Leistungsprogramms für Dritte* möglich. Diese Verbindung der beschriebenen Handelsoptionen führt zur weittestgehenden Form der Nutzung von B2B-Marktplätzen als Basis einer Diversifikation des Leistungsprogramms und der Märkte bzw. Branchen.

So können Verbundgruppen ihre B2B-Marktplätze auch Unternehmen anderer Branchen oder Sektoren zur Verfügung stellen und damit temporäre und möglicherweise auch dauerhafte Allianzen initiieren.

Diese Diversifikationsrichtung für Verbundgruppen des Handels ist *zunächst sicherlich vor dem Hintergrund der Zahlungssysteme - sowohl im B2B-Bereich als auch im B2C-Bereich - attraktiv*, da die Verbundgruppen neben der traditionellen Durchführung der

---

23 Vgl. Oberender/Menke 2001, S. 354
24 Vgl. Oberender/Menke 2001, S. 355 ff.

Zentralregulierung sich auch in die Zahlungsabwicklung mit Endverbrauchern integrieren und damit ihren Anteil an der Wertschöpfungskette ausbauen.[25] Eine diversifikative Ausdehnung des Geschäftsvolumens schafft die „kritische Masse", die erforderlich ist, um die Transaktionen effizient abzuwickeln. Im Extremfall ist es vorstellbar, dass die Verbundgruppe eine fokale Rolle im Zusammenspiel unterschiedlicher vertikaler und horizontaler Partner einnimmt, d.h. eine Steuerung der Wertschöpfungsfunktionen – sowohl bei den Zahlungsströmen wie bei anderen Services – übernimmt (vgl. Abb. 7).

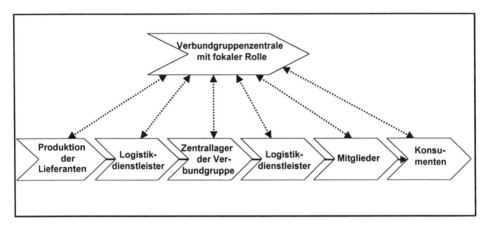

Abbildung 7: Fokale Rolle der Verbundgruppenzentrale in virtuellen Netzwerken

Bezogen etwa auf die wertkettenübergreifende Erbringen der *Zentralregulierung* entspricht dies der Wahrnehmung einer Clearingfunktion. Damit verbunden ist die Steuerung der Informations- und Zahlungsströme über die gesamte Wertkette sowie meistens die Schaffung der hierfür notwendigen Infrastruktur. Der durch den Kassiervorgang ausgelöste Zahlungs- bzw. Informationsstrom, wie auch der durch den Kaufvorgang ausgelöste Warenstrom wären über das Warenwirtschaftssystem der Verbundgruppe automatisch zu verarbeiten, d.h. bspw. dass allen Wertkettenpartnern, die an der Distribution des Produktes beteiligt sind, automatisch die Bestandsinformationen oder auch die Verkaufspreise online übermittelt würden. Ähnlich wie bei den vielfach beschriebenen virtualisierenden Wertschöpfungsketten neuerer Internetanbieter bzw. Mediäre wären keine (manuellen) Eingriffe erforderlich. Im Extremfall würde der Kauf des Endkunden in diesem Verbund nicht nur die Zahlungsströme und die Informationsströme, sondern ebenfalls die Warenströme steuern.

Eine der Kernfragen der Realisierung betrifft allerdings die Rolle der Verbundgruppen in einer entsprechenden virtuellen Wertschöpfungskette. Hier sind zumindest zwei Alternativen gegenüber zu stellen.[26]

---

25 Vgl. hierzu Swoboda 2001, S. 135 ff.
26 Vgl. zu den Gestaltungsoptionen der Wertschöpfungsketten Swoboda 2001, S. 135 ff. und zu den Opti-

- Im Zuge eines vollständigen Insourcing der Aktivitäten wären die infrastrukturellen, strategischen und operativen Voraussetzungen von Seiten der Verbundgruppe zu schaffen. Damit sind enorme Anforderungen an die fokale Rolle der Verbundgruppe verbunden.
- Im Zuge einer nicht vollständig integrierten Verbundform wäre die Einschaltung von Dienstleistern, welche einzelne Wertschöpfungsfunktionen effizient zu erbringen in der Lage sind, denkbar. Die Anforderung an die Verbundgruppe bestünde in diesem Fall in der Koordination der Aktivitäten unterschiedlicher Partner, so der lateralen Partner im Sinne von „Verbundmitgliedern" aus unterschiedlichen Branchen bzw. Märkten wie auch der unterschiedlichen Dienstleister.

Insgesamt erscheinen diese Realisierungsformen, wie hervorgehoben, vergleichsweise neuartig und innovativ. Sie eröffnen zugleich die mittel- und langfristige Option zum Aufbau einer branchenübergreifenden *„trading community"*.

3. Fazit und Ausblick

Zum Ausleuchten der Problemstellung um Virtuellen Netzwerke als strategische Option für Verbundgruppen des Handels sind schrittweise denkbare, zugleich aber getrennte Perspektiven eingenommen worden. Damit sollten die jeweils unterschiedliche Ausgangssituation von Verbundgruppen sowie gegebenenfalls die damit verbundenen Probleme berücksichtigt werden. Die drei in diesem Beitrag skizzierten Perspektiven sind hinsichtlich der *Handlungsoptionen* wie folgt zu bewerten:

- Die Erweiterung des Leistungsprogramms bei unveränderten Märkten bzw. Branchen hat sicherlich die kurzfristigste und gegenwärtig die stärkste Relevanz für Verbundgruppen. Entsprechende Überlegungen sind sowohl im Fall von Gruppierungen mit einer großen Anzahl von Mitgliedern als auch in kleinen Gruppierungen opportun und betreffen letztlich sowohl das Geschäft in der physischen Welt wie auch der virtuellen Welt, zumal ausgehend von bestehenden Lieferantenbeziehungen oder, wie beschriebenen, ausgehend von bestehenden „Aktivistenkreisen" der Schritt in Richtung virtueller Marktplätze, so „reverse auctions" vergleichsweise klein erscheint. Entsprechend liegt in diesem Bereich die bei weitem überwiegende Mehrzahl der heute bereits zu beobachtenden Aktivitäten der Verbundgruppen.
- Demgegenüber fallen die Überlegungen zur Erweiterung der Märkte/Branchen differenzierter aus. Die Erschließung neuer Partnerschaften in der Landschaft bestehender Verbundgruppen des Handels wird sicherlich zukünftig durch die eingangs beschriebenen Mainstreams der Entwicklung, so insbesondere durch die zunehmende Netzwerkbildung aber auch durch Rationalisierungsbemühungen in anderen Wirtschaftssektoren bedingt werden. Wie jedoch die Erschließung neuer, branchenfremder

---

onen des In- bzw. Outsourcing Zentes/Swoboda 2001b, S. 73 ff.

Geschäftsfelder zu vollziehen ist, erscheint noch offen. Sie hängt sicherlich von den Wachstumsambitionen und der Kreativität der jeweiligen Verbundgruppe ebenso ab, wie von den Handlungsweisen der Unternehmen aus den genannten Wirtschaftssektoren sowie von den Strategien externer Konkurrenten, so möglicherweise spezialisierter Anbieter, die diese Märkte als neues Betätigungsfeld zuerst betreten.

- Verbindet man die Neuorientierung in den Leistungen sowie den Märkten/Branchen, dann sind die weitreichendsten Optionen in der Gestaltung der Wertschöpfungsprozesse und der virtuellen Netze zu erwarten. Verbundgruppenspezifische Aufgabenbereiche klassischer Prägung werden hier – unterstellt man die weitere, parallele Existenz bekannter Verbundgruppenstrukturen – eine fundamentale Neuorientierung erfahren. Es wird darauf ankommen, inwiefern es Verbundgruppen gelingt, das stationäre Geschäft mit dem virtuellen Geschäft synergetisch zu verbinden und daraus einen auch für andere Wirtschaftssektoren relevanten „joint competitive advantage" zu erzielen. Freilich bietet sich diese Möglichkeit auch für neue, branchenfremde Anbieter an, welche in Konkurrenz zu den traditionellen Verbundgruppen des Handels treten. In diesem Sinne sind hier nicht nur ein proaktives Handeln, sondern entsprechende Anstrengungen vonnöten.

Insgesamt werden in Zeiten eines zunehmenden Wettbewerbs die beschriebenen Optionen von Unternehmen der Verbundgruppen des Handels letztlich nicht in dieser disjunktiven Form, sondern gesamthaft zu lösen sein. Darauf sollte sich jede Verbundgruppe frühzeitig einstellen.

Indessen deutet die dynamische Entwicklung, die erfolgreiche Verbundgruppen in den letzten Jahren vollzogen haben und hinter der ein klares Strategiemuster steht,[27] eindeutig darauf hin, dass sich diese Verbundgruppen auch im bevorstehenden Zeitalter des e-Commerce, der B2B-Marktplätze und Virtueller Allianzen nicht nur behaupten werden, sondern diese Entwicklungen auch maßgeblich gestalten dürften.[28] Dies schließt nicht aus, dass – wie auch zu Zeiten der so genannten Old Economy – Verbundgruppen aus dem Markt ausscheiden werden. So identifiziert die bereits erwähnte Benchmarking-Studie des ZGV/IVE naheliegenderweise nicht nur „Big Player", sondern auch „Verlierer" und „lahme Riesen".[29] Letztere dürften vor allem die Gruppierungen sein, die bereits in der Old Economy Probleme haben, so etwa eine warenwirtschaftliche Struktur auf konventioneller Basis noch nicht haben.

Alles in allem ist eine zunehmende Virtualisierung mit Blick auf die Effizienz der Wertschöpfungsströme von Verbundgruppen des Handels positiv zu beurteilen. Andererseits ist sie, angesichts der Verdrängungsgefahr für die Verbundgruppen des Handels oder der enormen Herausforderungen hinsichtlich einer Implementierung entsprechender Strukturen und Prozesse in Verbundgruppen, auch vorsichtig zu bewerten.[30] Insgesamt dürften

---

27 Vgl. hierzu Renz/Schäfer 2000, S. 13 ff.
28 Vgl. hierzu u.a. die Beiträge von Siebert/Bartsch 2001; Merse 2001; Wellenbeck 2001 und Taubald 2001
29 Vgl. Renz/Schäfer 2000
30 Vgl. hierzu Swoboda 1998, S. 349

aber – pauschal ausgedrückt – die Unternehmen die größten Potenziale realisieren können, welche es zukünftig erfolgreich schaffen, ihre angestammten Aktivitäten mit den neuen Herausforderungen zu verbinden, d.h. die Geschäftsfelder der Old Economy und der New Economy zukunftsorientiert und wettbewerbssynergetisch auszunutzen.

Literatur

ARNOLD, U. (1998): Strategische Allianzen in der Industrie, in: Olesch, G. (Hrsg.): Kooperationen im Wandel, Frankfurt a.M. 1998, S. 55-79.

BYRNE, I.A.; BRANDT, R.; PORT, O. (1993): The Virtual Corporation, in: Business Week, 8.2.1993, S. 36-41.

BARTH, K. (1995): Handelsforschung, in: Tietz, B.; Köhler, R.; Zentes, J. (Hrsg.): Handwörterbuch des Marketing, 2. Aufl., Stuttgart 1995, Sp. 864-875.

BARTH, K. (1999): Betriebswirtschaftslehre des Handels, 4. Aufl., Wiesbaden 1999.

LIEBMANN, H.-P.; ZENTES, J. (2001): Handelsmanagement, München 2001.

MERSE, K. (2001): Zentralregulierung der Garant Schuh + Mode AG, in: Zentes, J.; Swoboda, B. (Hrsg.): Perspektiven der Zentralregulierung, Frankfurt a.M. 2001, S. 289-304.

OBERENDER, P.; MENKE, D. (2001): Strategische Allianzen öffentlicher Betriebe/Einrichtungen: Das Beispiel Gesundheitssektor, in: Zentes, J.; Swoboda, B. (Hrsg.): Perspektiven der Zentralregulierung, Frankfurt a.M. 2001, S. 341-363.

OLESCH, G. (1998): Zur Dynamik der Verbundgruppen des Handels, in: OLESCH, G. (Hrsg.): Kooperationen im Wandel, Frankfurt a.M. 1998, S. 3-24.

OSTHEIMER, D. (2001): Zentralregulierung und Strategische Allianzen in der Industrie und im Handwerk, in: Zentes, J.; Swoboda, B. (Hrsg.): Perspektiven der Zentralregulierung, Frankfurt a.M. 2001, S. 329-339.

RENZ, T.; SCHÄFER, P. (2000): Benchmarking-Studie zur strategischen Führung von Verbundgruppen, in: Der Verbund, 2000, Nr. 2, S. 18-23; Nr. 4, S. 13-17.

SERVET, W. (1998): Entwicklung und Marktbedeutung der Handwerkergenossenschaften, in: OLESCH, G. (Hrsg.): Kooperationen im Wandel, Frankfurt a.M. 1998, S. 25-53.

SIEBERT, J.; BARTSCH, A. (2001): Ariston Schuh-Einkaufsvereinigung eG - Der Einsatz der Standardsoftware SAP R/3 in der Zentralregulierung, in: ZENTES, J.; SWOBODA, B. (Hrsg.): Perspektiven der Zentralregulierung, Frankfurt a.M. 2001, S. 305-326.

SWOBODA, B. (1998): Globale Transaktion und Wertschöpfung durch Electronic Commerce - Eine Herausforderung für die Hersteller-Handels-Beziehung?, in: Zentes, J.;

Swoboda, B. (Hrsg.): Globales Handelsmanagement, Frankfurt a.M. 1998, S. 349-384.

SWOBODA, B. (2000): Bedeutung internationaler strategischer Allianzen, in: Meyer, J.-A. (Hrsg.): Jahrbuch der KMU-Forschung, München 2000, S. 107-129.

SWOBODA, B. (2001): Zahlungssysteme und Wertkettenoptimierung, in: Zentes, J.; Swoboda, B. (Hrsg.): Perspektiven der Zentralregulierung, Frankfurt a.M. 2001, S. 135-163.

TAUBALD, H. (2001): Zentralregulierung der Markant-Gruppe, in: Zentes, J.; Swoboda, B. (Hrsg.): Perspektiven der Zentralregulierung, Frankfurt a.M. 2001, S. 275-287.

THE BOSTON CONSULTING GROUP (2000): B2B-E-Commerce in Deutschland, München 2000.

WELLENBECK, M.-T. (2001): Zentralregulierung der Nord-West-Ring-Gruppe, in: Zentes, J.; Swoboda, B. (Hrsg.): Perspektiven der Zentralregulierung, Frankfurt a.M. 2001, S. 247-274.

ZENTES, J. (1992): Kooperative Wettbewerbsstrategien im internationalen Konsumgütermarketing, in: Zentes, J. (Hrsg.): Strategische Partnerschaften im Handel, Stuttgart 1992, S. 3-31.

ZENTES, J. (1998): Global Sourcing – Strategische Allianzen – Supply Chain Management: Neuorientierung des Beschaffungsmanagements im Handel, in: Scholz, Chr.; Zentes, J. (Hrsg.): Strategisches Euro-Management, Bd. 2, Stuttgart 1998, S. 133-146.

ZENTES, J. (2001): Stand und Entwicklungstendenzen der Zentralregulierung, in: Zentes, J.; Swoboda, B. (Hrsg.): Perspektiven der Zentralregulierung, Frankfurt a.M. 2001, S. 3-23.

ZENTES, J.; JANZ, M.; MORSCHETT, D. (1999): Neue Dimensionen des Handelsmarketing, Saarbrücken 1999.

ZENTES, J.; JANZ, M.; MORSCHETT, D. (2000a): Neue Dimensionen des Konsumgütermarketing, Saarbrücken 2000.

ZENTES, J.; JANZ, M.; MORSCHETT, D. (2000b): HandelsMonitor 2001: Retail Branding - der Handel als Marke, Frankfurt a.M. 2000.

ZENTES, J.; SWOBODA, B. (1998a): Globalisierung des Handels: Rahmenbedingungen - Antriebskräfte - Strategische Konzepte, in: Zentes, J.; Swoboda, B. (Hrsg.): Globales Handelsmanagement, Frankfurt a.M. 1998, S. 3-24.

ZENTES, J.; SWOBODA, B. (1998b): Die Verbundgruppen auf dem Wege zum Informationsverbund, in: Olesch, G. (Hrsg.): Kooperationen im Wandel, Frankfurt a.M. 1998, S. 221-243.

ZENTES, J.; SWOBODA, B. (2000a): Allied Groups on the Road to Complex Networks, in: Technology in Society, 22. Jg. (2000), S. 133-150.

ZENTES, J.; SWOBODA, B. (2000b): Auswirkungen des Electronic Commerce auf den Handel, in: DBW, 60. Jg., 2000, S. 687-706.

ZENTES, J.; SWOBODA, B. (2001a): Virtuelle Allianzen - Ansatzpunkte für neue Formen der Zentralregulierung, in: Zentes, J.; Swoboda, B. (Hrsg.): Perspektiven der Zentralregulierung, Frankfurt a.M. 2001, S. 365-384.

ZENTES, J.; SWOBODA, B. (2001b): Zentralregulierung im Spannungsfeld von Insourcing und Outsourcing, in: Zentes, J.; Swoboda, B. (Hrsg.): Perspektiven der Zentralregulierung, Frankfurt a.M. 2001, S. 73-107.

Margret Wehling und Stefan Borchert

Anreizkompatible Reorganisationen von Unternehmen in ECR-Wertschöpfungspartnerschaften

1. Zur Relevanz der Anreizkompatibilität von ECR-Reorganisationen

2. Empirische Studien zum Status quo von ECR-Reorganisationen in der Praxis
   2.1 Überblick
   2.2 Ergebnisse zur Anreizkompatibilität von ECR-Reorganisationen

3. Die Gestaltung kompatibler Anreizsysteme für erfolgreiche ECR-Reorganisationen
   3.1 Komponenten von Anreizsystemen
   3.2 Anforderungen an Anreizsysteme
   3.3 Gestaltungsparameter von Anreizsystemen
      3.3.1 Anreizinstrumente auf der Supply-Side
      3.3.2 Anreizinstrumente auf der Demand-Side
   3.4 Grenzen der Gestaltung von Anreizsystemen

4. Schlussbetrachtung

Literatur

1. Zur Relevanz der Anreizkompatibilität von ECR-Reorganisationen

Der traditionelle Absatzkanal von Konsumgütern soll seit 1994 unter dem Schlagwort "Efficient Consumer Response (ECR)" derart 'revolutionär' restrukturiert werden, dass die Unternehmungen eine bislang vorherrschende Konfrontation zwischen der Hersteller- und Handelsstufe kooperativ überwinden[1]. Anstelle konfliktärer Verhandlungen über Preise, Konditionen und isolierter Verkaufsförderungsmaßnahmen sollen integrativ Marketing- sowie Logistikmaßnahmen koordiniert werden, um die Erwartungen der Konsumenten besser, schneller und kostengünstiger zu befriedigen. In ECR-Kooperationen stimmen rechtlich und wirtschaftlich selbständige Hersteller- und Handelsunternehmungen ihre absatzwirtschaftlichen Maßnahmen der Warenversorgung (Efficient Replenishment) auf der Logistikseite sowie der Sortimentsführung (Efficient Assortment), der Verkaufsförderung (Efficient Promotion) und der Neuproduktentwicklung und -einführung (Efficient Product Introduction) auf der Marketingseite ab[2]. Diese vertikalen, also wertschöpfungsstufenübergreifenden Partnerschaften sollen Ineffizienzen aufgrund nicht koordinierter oder gar konfliktärer Tätigkeiten durch Restrukturierung der Aufbauorganisationen, der Abläufe und der Arbeitsteilung in den miteinander kooperierenden Unternehmungen abbauen. Ziel der Reorganisation ist die Implementierung eines prozessorientierten anstelle des vorherrschenden hierarchisch-funktionellen Organisationskonzeptes, das Kostensenkung und Kundenbindung für die beteiligten Wertschöpfungspartner bringt[3].

Die kooperative Reorganisation des Absatzkanals geht sinnvollerweise mit der Reorganisation der einzelnen Unternehmungen einher. Solche Organisationsänderungen erfordern zugleich immer auch Verhaltensänderungen auf Seiten der Mitarbeiter, die durch ECR-Reorganisationen mit zunehmenden Stellenanforderungen konfrontiert werden. Diese bestehen darin, dass verstärkt[4]

- Kommunikationsfähigkeiten gegenüber eigenen sowie bereichs- und funktionsfremden Mitarbeitern gefragt sind, die an der ECR-Umsetzung beteiligt sind,
- Problemlösungsfähigkeiten vorhanden sein müssen, damit die Mitarbeiter in der Lage sind, eigenverantwortlich und resultatsorientiert in vorgegebenen Zuständigkeitslinien handeln zu können, ohne bei Fragen sogleich das Problem an die Unternehmensleitung zurück zu delegieren,
- soziale Kompetenzen zur Arbeit in multifunktionalen Teams erforderlich sind und

---

1   Vgl. z.B. Ahlert/Borchert 2000, S. 5 ff.
2   Siehe v. d. Heydt 1998, S. 55 ff.
3   Vgl. v. Eiff 1998, S. 186
4   Vgl. Creischer 1999, S. 304 ff.

■ konzeptionelle Fähigkeiten ausgeprägt sein müssen, damit die Mitarbeiter stellenübergreifend zur Anbietung der Leistung aus einer Hand bei eigener fallabschließender (Ergebnis-)Verantwortung denken und handeln[5].

Die von ECR-Maßnahmen betroffenen Mitarbeiter stellen sich die Frage, ob sie diesen gewachsenen qualitativen und quantitativen Anforderungen gewachsen sind, und entwickeln häufig Ängste, wenn sie die Frage mit einem „nein" oder „vielleicht" beantworten müssen. Neben den Befürchtungen, den veränderten und/oder gestiegenen Anforderungen der prozess- und kundenorientierten ECR-Organisation nicht gewachsen zu sein, gewinnt auch die Frage der Motivation zum Erwerb solcher Kenntnisse und Fähigkeiten sowie zum Arbeiten in den neuen Strukturen und Prozessen an Bedeutung. Die Motivation bzw. das Commitment der Mitarbeiter und Führungskräfte im Sinne eines "Wollens" stellt einen wichtigen Erfolgsfaktor von ECR-Kooperationen dar. Es ist zu befürchten, dass die Umsetzung von ECR-Maßnahmen durch Akzeptanzprobleme auf Seiten der betroffenen Mitarbeiter erschwert wird, wenn den mitarbeiterbezogenen Fragen in den zur Umsetzung des ECR-Konzeptes erforderlichen Reorganisationen nicht hinreichend Beachtung geschenkt wird. Vermutungen gehen dahin, dass der Faktor "Mensch" den Reorganisationserfolg einer ECR-Einführung zu 80% determiniert, während die übrigen 20% von der Technologie und den konzeptionellen Faktoren bedingt sind[6]. Daher ist zu überlegen, wie ECR-Reorganisationsprozesse unter besonderer Berücksichtigung der Mitarbeiter erfolgreich gestaltet werden können. Diese Überlegungen führen zu der Kernfrage, wie ECR- Reorganisationsmaßnahmen implementiert werden können, damit für alle Beteiligten Anreize bestehen, eine konsequente Umsetzung von ECR zu betreiben. Damit steht die zielgruppenorientierte Gestaltung des Anreizsystems einer Unternehmung im Zusammenhang mit der unternehmensübergreifenden ECR-Umsetzung im Mittelpunkt der Überlegungen. Ein Anreizsystem wird verstanden als Menge von Anreizen sowie als Menge von Bemessungskriterien, die durch Zuordnungsvorschriften miteinander verknüpft werden, um eine Verhaltenssteuerung von Mitarbeitern in Richtung auf die angestrebten Ziele zu erreichen[7].

Vor diesem Hintergrund verfolgt der vorliegende Beitrag die Absicht, Instrumente und Orientierungshilfen für eine anreizkompatible Gestaltung von ECR-Reorganisationen zu liefern. Hierzu wird zunächst der Stand der inner- und zwischenbetrieblichen Umsetzung von ECR-Reorganisationen aufgezeigt, bevor Ansatzpunkte zur Ausgestaltung von Anreizsystemen bei ECR-Reorganisationen diskutiert werden. Dabei erfolgt die Fokussierung auf Anreizsysteme einer einzelnen Unternehmung, jedoch unter Berücksichtigung der unternehmensübergreifenden Interdependenzen.

---

5   Siehe ergänzend v. Eiff 1998, S. 189 f.
6   Siehe Homburg/Engelbrecht/Krohmer 1997, S. 13
7   Vgl. Wehling 1999, S. 76

2. Empirische Studien zum Status quo von ECR-Reorganisationen in der Praxis

Der Stand der Umsetzung von ECR-Reorganisationen in der Praxis wird nachfolgend anhand der Ergebnisse empirischer Untersuchungen dargelegt. Im Folgenden seien die vorhandenen Studien zunächst im Überblick dargestellt, bevor sie dahingehend analysiert werden, ob und wie sie die Anreizkompatibilität von ECR-Reorganisationen thematisieren.

2.1 Überblick

Die im ECR-Sektor bislang durchgeführten empirischen Studien sind durch unterschiedliche Untersuchungsdesigns gekennzeichnet.

Die Studien von *Homburg/Grandinger/Krohmer 1996* und von *Homburg/Engelbrecht/Krohmer 1997* nehmen eine enge und nach Wertschöpfungsstufen getrennte Erhebung der Umsetzung, Auswirkungen und Barrieren von ECR aus der Sicht von ECR-Beauftragten in Hersteller- und Handelsunternehmungen im Jahresabstand vor. Es handelt sich um quantitative und standardisierte Telefax- und Telefonbefragungen. Während in der Studie von *Homburg/Grandinger/Krohmer 1996* ausschließlich die Ergebnisse der Befragung von 52 Herstellerunternehmungen mit einem Gesamtumsatz von 80 Mrd. DM in 1996 präsentiert werden, erfolgt in der Studie von *Homburg/Engelbrecht/Krohmer 1997* ein Vergleich dieser Daten mit den Ergebnissen der Befragung von 12 Handelsunternehmungen mit einem Gesamtumsatz von ca. 126,7 Mrd. DM in 1996.

Lingenfelder/Lauer/Milstrey 1999 befragten die auf der Marketingseite des ECR-Konzepts im Bereich der Sortimentsführung (Efficient Assortment) anzusiedelnden Category Management-Verantwortlichen, deren Aufgabe in der Führung von Warengruppen als selbständige Geschäftseinheiten liegt. Diese Category Management-Verantwortlichen von sieben Herstellerunternehmungen und vier Handelsunternehmungen mit einem Gesamtumsatz von 41,1 Mrd. DM Umsatz im Jahr 1997 wurden in qualitativen Interviews gebeten anzugeben, wie sie die Umsetzung und Konfliktpotenziale von Category Management in der Lebensmitteldistribution einschätzen.

Feller/Großweischede 1999 und *Großweischede 2000* untersuchten die Ziele, Anforderungen an Partnerunternehmungen, den Umsetzungsstand sowie die Zufriedenheit der ECR-Beauftragten in der Lebensmitteldistribution. An diesen quantitativen schriftlichen Befragungen nahmen 46 Herstellerunternehmen mit einem Gesamtumsatz in 1998 von

29 Mrd. DM und 25 Handelsunternehmen mit einem Gesamtumsatz in 1998 von 213 Mrd. DM teil, nachdem vorbereitend mit 30 ECR-Experten qualitative semistandardisierte Expertengespräche durchgeführt worden waren.

In der quantitativen Online-Erhebung von *Borchert 2001* wurde eine enge Erhebung der Unterlassungsgründe, der Umsetzungsprobleme sowie der Erfolgsbeurteilung von ECR-Reorganisationen in der Konsumgüterindustrie in Deutschland vorgenommen. Die Befragten stammten zu 69,7% aus der Lebensmitteldistribution, wobei 70 Herstellerunternehmen mit einem Gesamtumsatz von ca. 106 Mrd. DM, 27 Handelsunternehmen mit einem Gesamtumsatz von ca. 115 Mrd. DM und 11 Dienstleistungsunternehmen mit einem Gesamtumsatz von ca. 27 Mrd. DM im Jahr 1998 in die Studie einbezogen wurden.

2.2 Ergebnisse zur Anreizkompatibilität von ECR-Reorganisationen

In den Studien von *Homburg/Grandinger/Krohmer 1996* und von *Homburg/Engelbrecht/Krohmer 1997* wird das Thema der Gestaltung von Anreizsystemen zur ECR-Umsetzung von den Autoren nur implizit erfasst. Gleichwohl lassen sich einige interessante Tendenzen ableiten, die hier genauer ausgeführt werden. Bei der Herstellerbefragung zeigt sich hinsichtlich der ECR-Umsetzungsbarrieren, dass den handelsbezogenen Barrieren eine höhere Bedeutung beigemessen wird als den unternehmensinternen Barrieren. Als bedeutendste Handelsbarrieren werden neben den Differenzen bei der Verteilung von Einsparungen das bisherige Konfliktverhalten sowie die Organisationsstruktur des Handels genannt[8]. Dies gibt Anlass zu der Vermutung, dass im Handel keine hinreichenden Anreize hinsichtlich der ECR-Umsetzung existieren. Wäre dies der Fall, wäre eine Veränderung des Konfliktverhaltens sowie eine Modifikation der bisherigen Organisationsstrukturen einschließlich des Anreizsystems für eine reibungslose ECR-Umsetzung möglich. Dass aus Herstellersicht der Handel die größeren Barrieren bei der ECR-Umsetzung verursacht als die Hersteller, ist attributionstheoretisch sehr leicht erklärbar, weil Misserfolge eher der anderen Wertschöpfungsstufe, also external zugeschrieben werden, während Erfolge eher internal und damit dem eigenen Unternehmen bzw. der eigenen Wertschöpfungsstufe zugeordnet werden[9]. Bei den unternehmensinternen Barrieren werden die größten Umsetzungsprobleme in der Verfügbarkeit von Ressourcen für ECR sowie im fehlenden Know-how der Mitarbeiter gesehen[10]. Hier lässt sich ebenfalls ableiten, dass die Ursachen in einer mangelnden Sensibilität bezüglich der Frage der Gestaltung der Anreizsysteme zur ECR-Umsetzung liegen. Offenbar gibt es keine hinreichenden Anreize, entsprechende Ressourcen für ECR zur Verfügung zu

---

8 Vgl. Homburg/Grandinger/Krohmer 1996, S. 18
9 Zur Attributionstheorie vgl. Ridder 1999, S. 454 sowie die dort zitierten Quellen.
10 Vgl. Homburg/Grandinger/Krohmer 1996, S. 18

stellen und das erforderliche ECR-Know-how zu erwerben bzw. auf Seiten der Führungskräfte den Erwerb der erforderlichen Kenntnisse und Fähigkeiten für ECR zu forcieren.

Diese Schlussfolgerungen hinsichtlich der internen Barrieren ergeben sich auch auf Basis der Daten der vergleichenden Studie von *Homburg/Engelbrecht/Krohmer 1997*. Interessanterweise ist hier zusätzlich festzustellen, dass mitarbeiterbezogene Items zwar für den Handel, aber nicht für die Herstellerseite erhoben wurden. Auf Handelsseite wird den Items „Die Umstellung auf ECR ist für die Mitarbeiter schwierig" und „Prozessdenkweise noch nicht ausreichend" durchaus eine Bedeutung beigemessen. Auch hier ist zu vermuten, dass den Anreizsystemen keine hinreichende Beachtung geschenkt wird. Bei den externen Barrieren sehen sowohl die Hersteller- als auch die Handelsseite die Verhandlungen über die Verteilung erzielter Einsparungen als größtes Problem der ECR-Umsetzung an[11]. Zur Erklärung ziehen die Autoren der Studie die Erfahrung heran, dass das bisherige Konfliktverhalten die gegenseitige Beziehung sehr tief geprägt hat, und dadurch eine Art Teufelskreis entstanden ist: Es herrscht kein Vertrauen, ohne Vertrauen werden sensible Daten nicht offengelegt, ohne eine hinreichende Datentransparenz wird den vom Partner präsentierten Daten aber misstraut und werden die Verhandlungen über die Verteilung von Einsparungen erschwert. Hier setzt die in diesem Beitrag aufgeworfene Frage der Gestaltung von Anreizsystemen zur ECR-Umsetzung an, da diesen nicht nur innerhalb der einzelnen Hersteller- und Handelsunternehmen, sondern auch in der zwischenbetrieblichen Zusammenarbeit zwischen den Handelsstufen Beachtung beizumessen ist: Vertrauen wird nur dann entwickelt, wenn hinreichende, auch wertschöpfungsstufenübergreifende Anreize für Vertrauen bestehen.

In der Studie von *Lingenfelder/Lauer/Milstrey 1999a* und *1999b* wird ebenfalls als Grundproblem bei Category Management-Projekten von Seiten des Handels mangelndes Vertrauen gegenüber den Herstellerunternehmungen genannt. Die befragten Handelsunternehmen haben den Verdacht, dass die Hersteller mit den im Rahmen von Category Management-Projekten überlassenen sensiblen Daten nicht adäquat umgehen, diese möglicherweise an Dritte weitergeben oder in anderen Kooperationen erneut verwenden. Aus Herstellersicht treten in Category Management-Projekten immer dann Probleme mit dem Handel auf, wenn bereits mit dem Handel abgesprochene Empfehlungen des Herstellers nicht umgesetzt werden und der Handel stattdessen rein politische Entscheidungen trifft, die objektiv nicht nachvollziehbar sind[12]. Offenbar gelingt es damit weder den Herstellern noch den Händlern, in der zwischenbetrieblichen Kooperation entsprechende Anreize zu liefern, um die Kooperationsprobleme zu entschärfen. Unternehmensinterne, auf das Anreizsystem eines einzelnen Hersteller- oder Handelsunternehmen bezogene Analysen zur Problematik der Umsetzung von Category Management-Projekten sind dieser Studie leider nicht zu entnehmen.

---

11 Vgl. Homburg/Engelbrecht/Krohmer 1997, S. 13
12 Vgl. Lingenfelder/Lauer/Milstrey 1999, S. 43 f.

Auch in den Studien von *Feller/Großweischede 1999* sowie von *Großweischede 2000* wird die Gestaltung von Anreizsystemen zur ECR-Umsetzung nicht explizit erfasst. Verwiesen wird aber durchaus auf die Problematik, dass Funktions- und Konkurrenzdenken sowohl im Verhältnis von Industrie und Handel zueinander als auch in den einzelnen Unternehmen die notwendige Prozessorientierung verhindern. Hier stellt sich folglich die Frage der Gestaltung von Anreizsystemen, um kooperatives, an den Prozessen ausgerichtetes Verhalten zu fördern. Als Umsetzungsprobleme von ECR werden zudem unzureichendes ECR-Know-how, mangelnde technische Möglichkeiten sowie knappe finanzielle Mittel erkannt. Auch an dieser Stelle setzt die Diskussion um die Gestaltung von Anreizsystemen zur ECR-Umsetzung an, da das Setzen der entsprechenden Anreize dazu führen kann, die genannten Probleme zu beseitigen. Darüber hinaus werden konzeptionelle Probleme der unzureichenden Erfolgsmessung im Category Management genannt. Es wird beklagt, dass die zur Zeit verwendeten qualitativen Kenngrößen den Erfüllungsgrad der qualitativen Ziele des Category Management nur unzureichend abbilden, sofern diese überhaupt festgelegt werden[13]. Damit wird letztlich konstatiert, dass die Bereitstellung der entsprechenden Bemessungskriterien nicht gegeben ist und eine der Hauptaufgaben der Gestaltung von Anreizsystemen unerledigt ist.

In der Studie von *Borchert 2001* zeigt sich, dass ECR-Kooperationen häufig deshalb unterlassen werden oder aber zu Problemen führen, weil die erforderlichen Reorganisationen nicht stattfinden. Als wichtigste Unterlassungsgründe und Umsetzungsprobleme von ECR-Kooperationen wurden bspw. die fehlende Standardisierung der Kommunikationsinfrastruktur, die fehlende prozessorientierte Category Management-Organisation, eine fehlende organisatorische Institutionalisierung der Schnittstellen zwischen den Lebensmittelunternehmungen, die mangelnde Standardisierung von Methoden und Tools des Category Management, die fehlenden informellen Kontakte zwischen den Mitarbeitern der ECR-Kooperateure und eine Nichteinhaltung des Prinzips der Gegenseitigkeit genannt[14]. Offenbar nehmen die befragten Unternehmen im Hinblick auf ECR-Kooperationen keine entsprechenden Anreize wahr, um ECR-Reorganisationen tatsächlich stufenübergreifend und kooperativ durchzuführen. Unternehmen, die ECR-Kooperationen mit anderen Unternehmen beginnen wollen, sind also hinsichtlich der Frage der Gestaltung des zwischenbetrieblichen Anreizsystems gefordert, an diesen Defiziten anzusetzen und aufzuzeigen, wie nutzbringend ECR-Reorganisationen sind. In dieser Studie wurde im Anschluss an die deskriptiv aufgezeigten Unterlassungsgründe und Umsetzungsprobleme eine explorative Faktorenanalyse durchgeführt, um die verschiedenen Items zu Hinderungsfaktoren zu verdichten. Im Ergebnis lassen sich die vier folgenden Defizitfaktoren von ECR-Kooperationen ermitteln[15]:

- *Organisatorische-Defizite-Faktor* für wertschöpfungsstufenübergreifende Organisations- und Koordinationslücken zwischen den ECR-Kooperateuren. Dazu gehören Items wie z.B. die mangelnde Standardisierung von Methoden und Tools des Cate-

---

13 Vgl. Feller/Großweischede 1999, S. 55
14 Vgl. Borchert 2001, S. 55
15 Vgl. Borchert 2001, S. 58 ff.

gory Management, die Instabilität der Kooperation durch eine fehlende schriftliche Verpflichtung und die fehlende Steuerung der Wertschöpfungsstufen durch eine Unternehmung als zentraler Koordinator.
- *Partnerdefizite-Faktor* für durch den Kooperationspartner bedingte Unterlassungsgründe und Umsetzungsprobleme. Hierzu gehören z.B. mangelnde(-s) Kompetenz und Know-how seitens der Mitarbeiter sowie ein mangelndes Commitment des Top-Management der Partnerunternehmung.
- *ECR-Interaktionsdefizite-Faktor* für konzeptionelle Probleme bei der ECR-Umsetzung oder für Unterlassungsgründe einer grundlegenden Zusammenarbeit. Darunter fallen bspw. die fehlende Integration der Handelsmarkenführung in das Category Management und fehlende informelle Kontakte zwischen Mitarbeitern der von der ECR-Kooperation betroffenen Unternehmungen.
- *Eigene-Unternehmungsdefizite-Faktor* für diejenigen Defizite, die in der Unternehmung des antwortenden ECR-Experten begründet sind. Damit werden z.B. die mangelnde Kompetenz und das unzureichende Know-how seitens der Mitarbeiter der eigenen Unternehmung sowie das nicht hinreichend vorhandene Commitment des Top-Management der eigenen Unternehmung erfasst.

Die Ergebnisse der Faktorenanalyse liefern wertvolle Hinweise für die Gestaltung von Anreizsystemen bei ECR-Reorganisationen. Die einzelnen Faktoren zeigen zusammenhängende Problembereiche auf, deren Lösung mit Hilfe einer kompatiblen Ausrichtung der inner- und zwischenbetrieblichen Anreizsysteme herbeigeführt werden kann. Neben der Notwendigkeit von Anreizen für die Bewältigung der organisatorischen und technischen Herausforderungen bei ECR-Reorganisationen wird auch die Wichtigkeit von Anreizen hinsichtlich der Wahrnehmung mitarbeiterbezogener Aufgaben, wie z.B. der Qualifikation und Motivation, deutlich.

3. Die Gestaltung kompatibler Anreizsysteme für erfolgreiche ECR-Reorganisationen

Die Diskussion der Gestaltung von Anreizsystemen für erfolgreiche ECR-Reorganisationen verlangt zunächst eine detailliertere Auseinandersetzung mit den Komponenten von Anreizsystemen (Abschnitt 3.1). Darüber hinaus sind die Anforderungen zu beachten, die an Anreizsysteme zur ECR-Umsetzung gestellt werden (Abschnitt 3.2), bevor dann mit der Diskussion möglicher Anreize konkrete Gestaltungsparameter in Abschnitt 3.3 erarbeitet werden.

3.1 Komponenten von Anreizsystemen

Als Anreizsystem wurde die Menge von Anreizen sowie die Menge von Bemessungskriterien verstanden, die durch Zuordnungsvorschriften miteinander verknüpft werden, um eine Verhaltenssteuerung von Mitarbeitern in Richtung auf die Kooperations- und Unternehmensziele zu erreichen. Die Unternehmens- und Führungskultur sowie die mit der ECR-Kooperation verfolgten Ziele der Unternehmen spannen den Gestaltungsrahmen für eine anreizkompatible ECR-Reorganisation auf. Insofern hat das ECR-affine Anreizsystem zeitlich und inhaltlich komplementär zu den jeweiligen unternehmerischen Zielsystemen zu wirken und sich an diesen zu orientieren[16]. Die konzeptionellen Ziele und Anforderungen der ECR-Kooperation einer Unternehmung können dann als Bemessungsgrundlagen für Leistung, Erfolg und der notwendigen Qualifikation der Mitarbeiter dienen. Bedeutsam erscheint, dass tatsächlich entsprechende Bemessungsgrößen als Zielgrößen der für eine ECR-Kooperation erforderlichen ECR-Reorganisation entwickelt und dabei konfliktäre Zielbeziehungen vermieden werden. Das Herunterbrechen allgemeiner ECR-Kooperationsziele auf spezielle ECR-Reorganisationsziele dürfte eine große Herausforderung für die Verantwortlichen darstellen, zumal nicht nur innerbetriebliche, sondern auch zueinander kompatible zwischenbetriebliche und mitarbeiterbezogene Zielgrößen zu entwickeln sind.

Darüber hinaus ist zu beachten, dass nicht nur die Bemessungsgrößen, sondern auch die zu gewährenden Anreize selbst als Instrumente eines Anreizsystems auszuwählen und zu gestalten sind. Damit die Anreizkompatibilität gewährleistet ist, sind bei der Auswahl der Anreize die Bedürfnisse, Erwartungen und Wünsche der Mitarbeiter in der eigenen Unternehmung sowie in den ECR-Partnerunternehmen zu beachten. Anreize lassen sich nach verschiedenen Gliederungskriterien systematisieren[17], wobei die Differenzierung in extrinsische und intrinsische Anreize in Literatur und Praxis besonderen Anklang gefunden hat.

Intrinsische Anreize liegen in der Person selbst oder in der Aufgabe von Mitarbeitern begründet, wie z.B. die Befriedigung von Bedürfnissen durch die Aufgabenerfüllung oder die „Selbstbelohnung" des Mitarbeiters durch Erfolg. Damit beziehen sich intrinsische Anreize auf Handlungen, die keiner äußeren oder externen Anstöße bedürfen. Eine Unternehmung kann intrinsische Anreize nur dadurch vergeben, dass sie den Mitarbeitern entsprechend interessante Aufgaben überträgt. Intrinsische Anreize entfalten dann ihre Wirkung, wenn ein Mitarbeiter ein so genanntes „flow-Erlebnis" realisiert. Dieses ist dadurch gekennzeichnet, dass ein Mitarbeiter in seiner Aktivität vollkommen aufgeht und schließlich keine Trennung zwischen sich und der Umwelt mehr empfindet[18].
Extrinsische Anreize stehen nur in einem mittelbaren Zusammenhang zur jeweiligen Aufgabe. Hier wird zwischen immateriellen und materiellen Anreizen differenziert. Als

---

16 Vgl. Wehling 1999, S. 82
17 Siehe z.B. die Übersicht bei Erdmann 1991, S. 34 f.
18 Vgl. Csikszentmihalyi 1985, S. 133

immaterielle Anreize gelten solche Anreize, die ein Gefühl der Zugehörigkeit zu einem Unternehmen vermitteln, Mitwirkungsmöglichkeiten liefern sowie Ausbildung, Aufstieg und Anerkennung ermöglichen. Dazu gehören z.B. die Anreize Karriere, Prestige, Personalentwicklung. Materielle Anreize können in Form monetärer Anreize durch Geldzahlungen gewährt werden, z.B. durch ein leistungsorientiertes Entgeltsystem. Darüber hinaus ist bei den materiellen Anreizen die Form quasi-monetärer Anreize möglich, die nicht in Geld gewährt werden, aber monetären Gegenwert besitzen, wie z.B. die Vergabe von Dienstwagen. Dass solche extrinsischen Anreize entsprechende Anreizwirkungen entfalten können, zeigt das nachfolgend zitierte Beispiel des „Category Manager Incentive Program" von H. E. Butt Grocery Company, USA[19]:

> H. E. Butt, San Antonio/Texas war 1992 mit einem Umsatz von über 3,2 Mrd. US-$ der dreizehntgrößte amerikanische Einzelhändler. Das Unternehmen beschäftigte sich sehr früh mit dem ECR-Ansatz und zählt heute zu den ECR-Umsetzungsführern in den USA. Der Wechsel von einer traditionell arbeitsteiligen Organisationsform hin zum interdisziplinären Category Management wurde bereits 1989 vollzogen und durch das ein Jahr zuvor eingeleitete Reorganisationsprogramm erheblich erleichtert. Wichtigstes Ziel dieses Programms war die Errichtung funktionsübergreifender Teams, woraus sich neue Anforderungen an die Organisation und insbesondere an die involvierten Mitarbeiter ergaben. Von den vier ursprünglich im Nahrungsmittelbereich tätigen Einkäufern und Assistenten schaffte nur einer den Sprung zum Category Manager. Bis zum Jahr 1993 war die Zahl jedoch auf 15 Category Manager angewachsen. Da die mit der Aufgabe verbundenen analytischen Anforderungen bereits frühzeitig erkannt wurde, wurden qualifizierte Kandidaten nicht nur von außerhalb des Unternehmens, sondern sogar aus anderen Wirtschaftsbereichen und Branchen rekrutiert. Mit der Institutionalisierung von Category Management wurde auch das so genannte Category Manager Incentive Program aufgelegt, das einen 50-prozentigen Bonus zuzüglich Gehalt bei voller Planerfüllung und eine Sonderprämie von zwei Prozent des regulären Gehalts für jeden Prozentpunkt darüber vorsah. Das Anreizsystem funktionierte so erfolgreich, dass sich mit jedem weiteren Category Manager das Betriebsergebnis signifikant verbesserte und die damit erzielten Gewinne zur Finanzierung anderer ECR-Techniken beitragen konnten. In den Jahren seit 1989 haben die Category Manager auch wichtige Marketingaufgaben (z.B. Planung, Durchführung und Kontrolle von Promotions etc.) übertragen bekommen und agieren, bezogen auf ihre Warengruppen, als selbständige Profit Center.

Allgemeine, generell gültige Handlungsempfehlungen für die Nutzung der Wirkungen von intrinsischen und extrinsischen Anreizen können jedoch nicht gegeben werden. Jedes Unternehmen hat hier situationsspezifische Ausgestaltungen der dargestellten Anreizinstrumente zu wählen. Dabei sind auch die Anforderungen zu beachten, die an kompatible Anreizsysteme für ECR-Reorganisationen gestellt werden und die nachfolgend genauer betrachtet werden.

---

19 Entnommen aus v. d.Heydt 1998, S. 109 f.

3.2 Anforderungen an Anreizsysteme

Die im Rahmen von ECR-Reorganisationen zu gestaltenden Anreizsysteme haben als zentrale Aufgabe, eine Komplementarität zwischen den Zielen der ECR-Reorganisation und den Handlungen der Mitarbeiter herzustellen, um entsprechende Verhaltensanreize für eine erfolgreiche Umsetzung von ECR zu schaffen. Zur Erfüllung dieser Aufgabe sind in der Literatur vielfältige Anforderungskataloge für die Gestaltung von Entgelt- und Anreizsystemen entwickelt worden[20]. Eine genauere Betrachtung der Entwicklungsgeschichte solcher Anforderungskataloge zeigt, dass zunächst die „Lohngerechtigkeit" als dominierende Anforderung an Entgeltsysteme im Mittelpunkt der Diskussionen stand. Es wurde jedoch deutlich, dass sich der Terminus „Lohngerechtigkeit" nicht in Form objektivierbarer Normen fassen lässt, weil der Gerechtigkeitsbegriff im Zeitablauf und abhängig vom jeweiligen situativen Kontext unterschiedlichste Interpretationen erfährt. Im Zuge der enormen Verbreitung von Konzepten der strategischen Planung gewann schließlich die Thematik der strategischen Anreizsysteme verstärkte Beachtung. Im Vergleich zur klassischen Diskussion von Entgelt-, Entlohnungs- bzw. Vergütungssystemen fand hier eine Erweiterung der Perspektive statt. Als Bemessungsgrößen derartiger Anreizsysteme wurden nicht nur die bislang üblicherweise verwendeten quantitativen, sondern ebenfalls qualitative Kriterien verwendet. Neben quantitativen Leistungsergebnissen wurden auch Kriterien für Verhaltensweisen von Mitarbeitern bei der Gestaltung von Entgelt- und Anreizsystemen berücksichtigt. Zusätzlich zur Gewährung monetärer und materieller Anreize wurde ebenfalls die Vergabe nicht-monetärer, immaterieller und intrinsischer Anreize verstärkt diskutiert. Ferner ist seit einiger Zeit ein deutlich zunehmender Trend nach einer Flexibilisierung und Variabilisierung der gesamten Personalkosten durch eine leistungsabhängige Grundvergütung von Mitarbeitern aller Hierarchieebenen zu beobachten, wobei der Leistungsbegriff aufgrund seiner mangelnden Objektivierbarkeit einzelfallspezifisch konkretisiert wird.

Festzustellen ist somit, dass die Komplexität von Entgelt- und Anreizsystemen durch die Berücksichtigung weiterer Anforderungen und durch die Zunahme von Gestaltungsparameter enorm angestiegen ist. Daher verwundert es grundsätzlich nicht, wenn nicht nur eine - wie auch immer zu definierende - Lohngerechtigkeit als Vergütungsprinzip postuliert wird. Die Kataloge von Anforderungen an Anreizsysteme werden vielmehr um zusätzliche Kriterien, wie z. B. Flexibilität, Einfachheit, Transparenz, Wirtschaftlichkeit, Individualisierung, Teamorientierung, Beeinflussbarkeit und Belohnungswirkung, erweitert. Vor diesem Hintergrund sind die folgenden grundlegenden Erfordernisse von Anreizsystemen für eine erfolgreiche ECR-Reorganisation zu beachten:

- Das Anreizsystem muss bei allen Neuausrichtungen der Aufgaben und Arbeitsabläufe auf eine Geschäftsprozessorganisation den Kongruenzsatz der Organisation berücksichtigen, nämlich der Äquivalenz von Aufgabe, Verantwortung und Kompetenz eines Aufgabenträgers.

---

20 Vgl. auch im Folgenden Wehling 1999, S. 120 ff. sowie die dort zitierten Quellen.

- Eine Vermittlung von Transparenz, dass die ECR-Reorganisation keine Rationalisierungsmaßnahme zum Arbeitsplatzabbau, sondern eine Absicherung der vorhandenen Arbeitsplätze in einem zunehmend dynamischeren Marktumfeld ist[21].
- Die Aufklärung aller Betroffenen, dass die ECR-orientierte Organisation nicht einer verbesserten Kontrolle gläserner Mitarbeiter in Arbeitsprozessen dient.
- Förderung des Know-how-Transfers über das ECR-Konzept zwischen kompetenten und betroffenen Mitarbeitern zur Einstellungsverbesserung und zum Reaktanzabbau.
- Auflösung streng hierarchischer Beförderungs- und Entlohnungsstrukturen unter Berücksichtigung[22]
- der Stellenanforderungen (z.B. funktionsübergreifendes Category Management),
- des notwendigen Qualifikationsprofils für die fallabschließende Leistungserstellung,
- einer Erhebung der Ist-Fähigkeiten und des vorhandenen ECR-Know-hows bei den betroffenen Mitarbeitern,
- einer Spezifizierung der Fähigkeitslücken bei den betroffenen Mitarbeitern und Führungskräften sowie
- einer Anpassung der Entlohnung an die gestiegenen Anforderungen und Qualifikationen.

3.3 Gestaltungsparameter von Anreizsystemen

Die Diskussion der Gestaltungsparameter von Anreizsystemen zur erfolgreichen ECR-Reorganisation orientiert sich an der eingangs vorgenommenen Strukturierung in logistikseitige ECR-Maßnahmen auf der „Supply-Side" und den marketingseitigen ECR-Maßnahmen auf der „Demand-Side"[23].

3.3.1 Anreizinstrumente auf der Supply-Side

Auf der Supply-Side sollen die Kosten für Waren- und Informationsflüsse entlang der gesamten Wertschöpfungskette durch eine Verbesserung des Lagernachschubs, der Regalauffüllung und der Verwaltung gesenkt werden. Ziel der Efficient Replenishment-Teilstrategie ist die Umsetzung informatorischer und logistischer Maßnahmen, damit den Kunden das richtige Produkt am richtigen Ort, zur richtigen Zeit in der richtigen Menge und in der richtigen Qualität angeboten wird. Im Idealfall sollte der Taktgeber allein die Nachfrage am Point of Sale im Rahmen eines so genannten „Efficient Consumer Response" sein. Der Restrukturierungsansatz des Efficient Replenishment-Konzeptes liegt somit in der prozessualen Gestaltung der Waren- und Informationsflüsse sowie der Auftragsprozesse unter Koordination und Reduktion von wertschöpfungsstu-

---

21 Siehe Creischer 1999, S. 306
22 Vgl. Picot et al. 1998, S. 492 ff.
23 Vgl. Ahlert/Borchert 2000, S. 11

fenübergreifenden Schnittstellen[24]. Als ECR-Reorganisationsziele stehen folglich die effiziente Verwaltung und Durchführung einer kundenorientierten, papierarmen, fehlerfreien Auftragsbearbeitung sowie eine effiziente kontinuierliche Warennachlieferung im Mittelpunkt der Bemühungen.

Vor diesem Hintergrund können spezifische Anforderungen an die mit Efficient Replenishment beauftragten Mitarbeiter formuliert werden. Diese bestehen bspw. darin, dass jeder Mitarbeiter fallabschließend hinsichtlich der ihm zugeordneten Kunden für die Auftragserfassung, Auftragsabwicklung, Konditioneneingabe, Fakturierung, Reklamationsbearbeitung, Zahlungseingang und Anfragen „aus einer Hand" zuständig ist. Aus diesen Anforderungen ergeben sich entsprechende Reorganisationsmaßnahmen auf der Supply-Side, die folgendermaßen lauten können:

- Einweisung in integrierte EDV-gestützte Liefer-, Auftrags- und Fakturierungsprogramme (z.B. SAP R/3),
- Zusammenarbeit in multifunktionalen Teams mit Mitarbeitern aus Logistik, IT, Vertrieb, Marketing und Buchhaltung,
- Commitment und partizipativer Führungsstil durch das Top-Management zur Unterstützung der verantwortlichen Mitarbeiter.

Damit diese Reorganisationsmaßnahmen tatsächlich umgesetzt werden, ist der Einsatz verschiedener Anreize denkbar (vgl. Tab. 1). Als intrinsische Anreize können die Arbeit in multifunktionalen Teams sowie die Einbindung in Qualitätszirkel fungieren. Diese Anreize wirken jedoch nur bei solchen Mitarbeitern als intrinsische Anreize, die tatsächlich Spaß an der Gruppenarbeit haben. Eine denkbare Aufgabe solcher multifunktionalen Teams kann z.B. darin liegen, nicht-standardisierte, wenig distributionsgerechte Verpackungsgrößen und –gestaltungen durch rationellere Lösungen zu ersetzen. Den Mitarbeitern auf der Supply-Side kommt bei einer solchen Problemstellung die Aufgabe zu, ihr spezifisches Logistikwissen einzusetzen, um dann im Zusammenspiel mit Marketing- und Vertriebsmitarbeitern für optimale Verpackungsgrößen und -gestaltungen zu sorgen. Im Bereich der extrinsischen Anreize kann die Partizipation an den Restrukturierungsentscheidungen als immaterieller Anreiz bei solchen Mitarbeitern eingesetzt werden, die die Entscheidungsbeteiligung bei ECR-Reorganisationen und die dabei zugeordnete Funktion eines Change-Agent als Prestige- oder Statusgewinn ansehen. Im Bereich der quasi-monetären Anreize sind marktwerterhöhende Aus- und Weiterbildungsmaßnahmen denkbar. Bspw. kann den betroffenen Mitarbeitern vermittelt werden, dass die Einweisung in SAP R/3 nicht nur ein ECR-Erfordernis darstellt, sondern zugleich den eigenen Marktwert erhöht, da SAP-Kenntnisse auf dem Arbeitsmarkt zunehmend nachgefragt werden. Führungkräfte können ihren Marktwert durch die Teilnahme an Führungstrainings zur Umsetzung eines partizipativen Führungsstils erhöhen.

---

24 Vgl. Borchert 2001, S. 31

Maßnahmen zur Teambildung können entweder in den Bereich der intrinsischen Anreize oder in den Bereich der quasi-monetären Anreize eingeordnet werden. Als intrinsische Anreize wirken Teambildungsmaßnahmen, wenn sie „flow-Erlebnisse" ermöglichen, die durch ein „Aufgehen im Tun" charakterisiert sind (vgl. Abschnitt 3.1). Dies ist in solchen Fällen denkbar, in denen Mitarbeiter Spaß an der Gruppenarbeit haben und daher auch ein intrinsisches Interesse dafür entwickeln, dass die Zusammenarbeit in der Gruppe optimiert wird. Hier werden Teambildungsmaßnahmen als quasi-monetäre Anreize eingestuft, da sie tatsächlich monetären Gegenwert erreichen können. Dies ist immer dann gegeben, wenn die Teambildungsmaßnahmen tatsächlich zu einer besseren Gruppenleistung führen, die monetär entlohnt wird. Die Wirkung der Teambildungsmaßnahmen als quasi-monetärer Anreiz setzt somit das Bestehen eines gruppenleistungsorientierten Entgeltsystems voraus. Sind diese Voraussetzungen in einem Unternehmen, das auf der Supply-Side Teambildungsmaßnahmen einsetzen möchte, gegeben, sind die Mitarbeiter je nach Persönlichkeitsstruktur auf diesen „Doppelcharakter" von Teambildungsmaßnahmen aufmerksam zu machen. Im Bereich der monetären Anreize ist darüber nachzudenken, ob das bisherige Entgeltsystem grundlegend modifiziert werden soll. Denkbar wäre z.B. die Einführung eines Qualifikationslohns bzw. -gehalts, das den Erwerb zusätzlicher Qualifikationen für die Arbeit in multifunktionalen Teams fördert. Dies würde jedoch eine Abkehr von bisherigen, oft allein an der hierarchischen Position ausgerichteten Entgeltsystemen erfordern. Sinnvoll erscheint auch eine Leistungszulage auf die Gruppenleistung, die dann allerdings in entsprechenden Bemessungsgrößen operationalisiert werden muss. Um weiterhin eine individuelle Leistung zu fördern, kann auch über eine Kombination von Qualifikationslohn, gruppenorientierter Leistungszulage und individueller Erfolgsprämie nachgedacht werden.

3.3.2 Anreizinstrumente auf der Demand-Side

Die Demand-Side umfasst die warengruppenbezogene Marketingkooperation zwischen Hersteller und Handel. Dazu gehören die Teilstrategien der Sortimentsführung (Efficient Assortment), der Verkaufsförderung (Efficient Promotion) und der Neuproduktentwicklung sowie -einführung (Efficient Product Introduction).

Als ECR-Reorganisationsziele auf der Marketingseite können vor diesem Hintergrund z.B. eine effiziente Sortimentsführung durch PoS-Daten-gestützte Regalanalysen und Space Management sowie eine effiziente Verkaufsförderung und Produktneueinführung

mögliche Anreize			
intrinsisch	extrinsisch		
	immateriell	materiell	
		quasi-monetär	monetär
Arbeit in multifunktionalen Teams Einbindung in Qualitätszirkel	„Aufstieg" durch Partizipation an den Restrukturierungsentscheidungen unter Übernahme von Change-Agent-Funktionen	Marktwerterhöhende Aus-/Weiterbildung Teambildungsmaßnahmen	Qualifikationslohn bzw. -gehalt Abhängigkeit der Leistungszulage von der Gruppenleistung Individuelle Erfolgsprämie

Tabelle 1: Beispiele für Anreizinstrumente auf der Supply-Side

durch kooperativ abgestimmte und computergestützte Marketingmaßnahmen zur Vermeidung von Doppelarbeiten und zur Erzielung von Synergien fungieren. Zur Erreichung dieser Ziele sind spezifische Anforderungen an die betroffenen Mitarbeiter zu stellen. Neben einem Querschnittswissen aus Marketing und Vertrieb werden Kommunikations- und Führungsfähigkeiten gegenüber Mitarbeitern im eigenen Unternehmen und im Partnerunternehmen verlangt. Analytische Fähigkeiten werden für die Datenauswertung benötigt, von Category Managern werden zudem soziale Kompetenzen, Team-, Motivationsfähigkeiten und Führungsqualitäten erwartet.

Damit die Mitarbeiter die vorstehend skizzierten Anforderungen erfüllen können, sind spezifische ECR-Reorganisationsmaßnahmen durchzuführen. Dazu gehört die Freistellung zur beruflichen Weiterqualifizierung, z.B. in Fachausbildungsgängen, die Schaffung und das Vorleben einer offenen kunden- und mitarbeiterorientierten Arbeitsatmosphäre, aber auch die Vermittlung und Förderung sozialer Fähigkeiten.

Damit solche notwendigen ECR-Reorganisationsmaßnahmen konsequent umgesetzt werden, kann das in Abschnitt 3.1 aufgezeigte Spektrum von Anreizinstrumenten ebenfalls auf der Demand-Side eingesetzt werden. Beispielhaft werden im Folgenden die in Tab. 2 aufgeführten Anreize beleuchtet.

mögliche Anreize			
intrinsisch	extrinsisch		
	immateriell	materiell	
		quasi-monetär	monetär
Arbeit in multifunktionalen Teams Job Rotation Projektarbeit	Vermittlung der Projektleitungqualifikation Kombiniertes Job Enlargement und Job Enrichment für Category Teams	Marktwerterhöhende Aus-/ Weiterbildung Success-Events z.B. in Form von Partys, Reisen	Orientierung der Erfolgszulage an der Kundenzufriedenheit und Ergebnissteigerung Zahlung einer einmaligen Qualifizierungszulage für Fachausbildung

Tabelle 2: Beispiele für Anreizinstrumente auf der Demand-Side

Als intrinsischer Anreiz kann auch für die Marketing- und Vertriebsmitarbeiter auf der Demand-Side die Arbeit in multifunktionalen Teams wirken, wenn diese entsprechende Präferenzen für Formen der Gruppenarbeit aufweisen. Eine typische Aufgabe für multifunktionale Teams besteht z.B. darin, ein Konzept zur Reduzierung des Handlingaufwandes entlang der Wertschöpfungskette durch Verringerung von Aktionsverpackungen zu entwickeln. Marketing- und Vertriebsmitarbeiter auf der Demand-Side haben in solchen multifunktionalen Teams die Aufgabe, für die gestellte Aufgabe ihr spezifisches Marketing- und Vertriebswissen einzubringen. Darüber hinaus kann ein Job Rotation als intrinsischer Anreiz wirken, wenn die Mitarbeiter selbst Interesse daran haben, andere Aufgabenbereiche kennenzulernen. Gedacht sei hier z.B. an die Möglichkeit, die auch aus Mitarbeitersicht oft als dysfunktional und störend empfundenen Bereichsegoismen durch einen systematischen Arbeitsplatzwechsel zwischen Marketing- und Vertriebsmitarbeitern zu überwinden. Als intrinsischer Anreiz kann ferner der Anreiz einer Projektarbeit eingesetzt werden. Bspw. könnten interessierte Marketing- oder Vertriebsmitarbeiter eine Projektaufgabe zum Thema „koordinierte Dauerniedrigpreisaktionen gestellt bekommen und dadurch den eigenen Arbeitsplatz als abwechslungsreicher und interessanter wahrnehmen.

Im Bereich der extrinsischen Anreize kann die Vermittlung einer Projektleitungsqualifikation als immaterieller Anreiz empfunden werden. Dies ist bei solchen Mitarbeitern der Fall, denen durch die Projektleitungsqualifikation die Verantwortung für eine Koordina-

Anreizkompatible Reorganisationen in ECR-Wertschöpfungspartnerschaften 167

tion von internen Aufgaben mit den Markt- und Kundenanforderungen übertragen wird und welche dies als Statusgewinn oder als Karriereaufstieg einstufen. Ähnliche Wirkungen kann ein kombiniertes Job Enlargement und Job Enrichment für Category Teams entfalten, wenn die Mitglieder solcher Category Teams darin einen Prestigegewinn erkennen. Marktwerterhöhende Aus- und Weiterbildungen können analog zur Supply-Side als quasi-monetärer, materieller Anreiz eingesetzt werden. Darüber hinaus sind Success-Events z.B. in Form von Partys oder Reisen als geldwerte Anreize denkbar. Im Bereich der monetären Anreize kann bspw. über eine Orientierung der Erfolgszulage an der Kundenzufriedenheit und Ergebnissteigerung oder an die Zahlung einer einmaligen Qualifizierungszulage für die Teilnahme an einer Fachausbildung nachgedacht werden, wenn der quasi-monetäre Anreiz der Erhöhung des Marktwertes als nicht ausreichend empfunden wird.

Die aufgezeigten Möglichkeiten des Einsatzes vielfältiger Anreizinstrumente können jedoch nicht darüber hinwegtäuschen, dass die Umsetzung einer vollständig anreizkompatiblen ECR-Reorganisation unrealistisch ist. Die kompatible Gestaltung von Anreizsystemen zur ECR-Umsetzung ist zweifellos mit Problemen verbunden, so dass nachfolgend die Grenzen der Gestaltung von Anreizsystemen zu diskutieren sind.

3.4 Grenzen der Gestaltung von Anreizsystemen

Zu beachten ist zunächst, dass eine eindeutige Unterscheidung zwischen den beiden Anreizarten der extrinsischen und intrinsischen Anreize nicht immer möglich ist. So kann bspw. die Vermittlung von Spaß am Erfolg als intrinsischer Anreiz angesehen werden. Wird der Erfolg aber in Geldeinheiten gemessen, stellt sich die Frage, ob es sich noch um einen intrinsischen bzw. schon um einen extrinsischen Anreiz handelt. Ferner ist zu berücksichtigen, dass die Vergabe extrinsischer Anreize (wie z.B. eine Prämie für eine Reduzierung der Handlingkosten um x%) die intrinsische Motivation von Mitarbeitern nachhaltig stören kann. Ein Mitarbeiter, der sich mit seiner Arbeit identifiziert und ständig über mögliche Einsparungen durch ECR nachdenkt, wird in Zukunft ggf. nur noch für Geld an ECR-Optimierungen arbeiten, wenn er einmal Geld für eine entsprechende Leistung bekommen hat. Der intrinsische Anreiz, aus Spaß an Verbesserungen zu arbeiten, wird so u.U. durch den vom Unternehmen gegebenen extrinsischen Anreiz „Geld" zerstört[25]. Dieses Zusammenspiel von Motivationen spielt auch bei der Gestaltung von Anreizsystemen zur ECR-Reorganisation eine wichtige Rolle. Der natürliche Wille eines Mitarbeiters, an einer ECR-Reorganisation zu arbeiten, sollte nicht durch Geldzahlungen unterdrückt werden, aber auch nicht durch allzu geringe Geldzahlungen konterkariert werden. Die Wissenschaft liefert hier jedoch bislang keine entsprechenden Studien, auf deren Basis „angemessene" Entgeltsysteme entwickelt werden können. Darüber hinaus ist zu beachten, dass nicht alle Arbeitsleistungen in ECR-

---
25 Vgl. Frey/Osterloh 1997, S. 308 f.

Reorganisationen durch extrinsische Anreize induziert werden können, sondern intrinsische Motivation voraussetzen. Damit extrinsische Anreize konzeptionell sinnvoll zum Einsatz kommen können, sind möglichst alle Leistungsmerkmale einer Arbeit im ECR-Sektor ex-ante genau zu definieren. Da ein Unternehmen die Fähigkeit und die Bereitschaft zur Mitarbeit an der ECR-Umsetzung sowie die sonstigen situativen Rahmenbedingungen jedoch nur begrenzt kennt, ist eine Leistungsbewertung als Grundlage für die Anwendung extrinsischer Anreize nicht unproblematisch. Ob die Mitarbeiter von sich aus an der ECR-Umsetzung arbeiten und entsprechende Leistungen erbringen, kann ansonsten nur mittels indirekter Messinstrumente, wie z.B. des 360-Grad-Feedback festgestellt werden. Beim 360-Grad-Feedback werden neben nachgeordneten Mitarbeitern auch Kollegen der gleichen Hierarchiestufe sowie Führungskräfte und ggf. auch Externe zur Beurteilung aufgefordert[26]. Die Anwendung solcher Instrumente wirft jedoch kaum lösbare neue Mess-, Anreiz- und Beurteilungsprobleme auf. Vorhandene intrinsische Motivation erleichtert also erheblich die ECR-Umsetzung. Unternehmen können daher versuchen, maßgeblich solche Mitarbeiter zu beschäftigen, die über eine hohe intrinsische Motivation verfügen. Um solche Mitarbeiter beschaffen zu können, muss das betreffende Unternehmen aber auch als attraktiv empfunden werden. Zudem ist die Problematik der Eignungsdiagnostik zu lösen, um tatsächlich intrinsisch motivierte Mitarbeiter auswählen zu können. Inwieweit andererseits die genannten indirekten Maßnahmen der Gewährung extrinsischer Anreize Erfolgswirkungen auf die ECR-Umsetzung nach sich ziehen, ist bislang jedoch ebenfalls in keiner wissenschaftlichen Studie erforscht worden.

Weitere Grenzen der Gestaltung von Anreizsystemen entstehen dadurch, dass in Unternehmungen mit fünf bzw. zwanzig ständigen und wahlberechtigten Arbeitnehmern das Betriebsverfassungsgesetz anzuwenden ist. Die §§ 87, Abs. 1 Nr. 10 und 11 BetrVG regeln in Ergänzung zu den tarifvertraglichen Vereinbarungen die Mitwirkungsrechte des Betriebsrats in Fragen der betrieblichen Lohngestaltung, insbesondere bezüglich der Aufstellung von Entlohnungsgrundsätzen und der Einführung, Anwendung und Änderung von neuen Entlohnungsmethoden sowie bei der Festlegung von Prämiensätzen und vergleichbaren leistungsbezogenen Entgeltsystemen. Darüber hinaus hat der Betriebsrat nach § 111 BetrVG umfassende Mitbestimmungsrechte bei grundlegenden Änderungen der Betriebsorganisation, der Einführung grundlegend anderer Arbeitsmethoden und Fertigungsverfahren. Vor diesem Hintergrund wird eine partizipative Umsetzung eines ECR-affinen Anreizsystems leichter zu realisieren sein als eine oktroyierte Verordnung via "Bombenwurf-Strategie".

Darüber hinaus sind die wirtschaftlichen Konsequenzen, insbesondere die Kosten von Anreizsystemen zur ECR-Umsetzung zu bedenken. Die dem ECR-Konzept immanente Notwendigkeit, in einem qualifizierungsorientierten Anreizsystem allen betroffenen Mitarbeitern Gelegenheit zur permanenten Weiterbildung zu geben, führt zu Fehlzeiten und (vorübergehenden) Minderproduktivitäten in der Funktionsausübung. Entsprechend fallen hohe Weiterbildungskosten an, zu denen auch Opportunitätskosten gehören. Die

---

26 Vgl. Scholz 2000, S. 445

in die Mitarbeiter investierten Beträge sind in der Bilanz aber zumindest nach deutschem Recht gar nicht oder nur sehr problematisch zu aktivieren. Dadurch, dass das Humankapital einer ECR-reorganisierten Unternehmung bilanzmäßig nicht adäquat erfassbar ist, sinkt auch der Anreiz, entsprechende Investitionen zu tätigen.

Weiterhin wurde bereits darauf hingewiesen, dass sich der Marktwert eines ECR-kompetenten Mitarbeiters erhöht, wodurch dessen Ausweichmöglichkeiten zu anderen Unternehmungen ansteigen. Somit kann der unerwünschte Nebeneffekt eintreten, dass eine höhere Personalfluktuation unter den qualifizierten Mitarbeitern eintritt.

Abschließend ist zu relativieren, dass nicht jeder von einer ECR-Reorganisation betroffene Mitarbeiter bzw. Manager beliebig durch ein kompatibles Anreizsystem zu prozessualem Denken und zu einem selbständigen, kundenorientierten Handeln zu befähigen ist. Bei aller Bedeutung der Komponente des „Wollens" zur Restrukturierung seitens eines einzelnen Mitarbeiters ist stets auch die Grenze des „Könnens" zu beachten, die vor der Gestaltung entsprechender Anreizsysteme zu prüfen ist.

4. Schlussbetrachtung

Der vorliegende Beitrag zeigt auf, dass ein mit den Unternehmenszielen und den Mitarbeiterbedürfnissen kompatibles Anreizsystem die zur Implementierung des ECR-Ansatzes notwendige Restrukturierung von Unternehmungen fördern kann. Um für die Gestaltung von Anreizsystemen zur ECR-Umsetzung Orientierungshilfen zu geben, wurden hier mögliche Gestaltungsparameter von intrinsischen und extrinsischen Anreizinstrumenten auf der Demand- und der Supply-Side erörtert. Die Ausführungen machen darüber hinaus deutlich, dass ein kompatibles Anreizsystem zur ECR-Umsetzung nur unternehmens- bzw. kooperationsspezifisch definiert, umgesetzt und gelebt werden kann. Zu beachten ist ferner, dass sowohl die Konstruktion von Anreizsystemem als auch die Umsetzung der ECR-Teilstrategien höchst firmenbezogene Aufgaben darstellen, die seitens der Unternehmensleitung nicht delegierbar sind, sofern sich ECR nicht in Schall und Rauch auflösen und an den unterbliebenen Reorganisationsmaßnahmen scheitern soll. Die Wissenschaft ist aufgefordert, der Erforschung von Anreizsystemen zur ECR-Umsetzung nicht nur theoretisch und konzeptionell, sondern auch empirisch verstärkte Aufmerksamkeit zu schenken, um auf dieser Basis für die Praxis entsprechende Handlungsempfehlungen ableiten zu können.

Literatur

AHLERT, D./ BORCHERT, S. (2000): Prozessmanagement im vertikalen Marketing - Efficient Consumer Response (ECR) in Konsumgüternetzen, Berlin u.a.O. 2000.

BORCHERT, S. (2001): Führung von Distributionsnetzwerken - Eine Konzeption der Systemführung von Unternehmungsnetzwerken zur erfolgreichen Realisation von Efficient Consumer Response-Kooperationen, in: Unternehmenskooperation und Netzwerkmanagement, hrsg. v. Ahlert, D. et al., Wiesbaden 2001.

CREISCHER, C. (1999): Der Mensch als Faktor, in: Handbuch Efficient Consumer Response, hrsg. v. von der Heydt, A., München 1999, S. 302-311.

CSIKSZENTMIHALYI, M. (1985): Das Flow-Erlebnis: Jenseits von Angst und Langeweile: im Tun aufgehen, Stuttgart 1985.

ERDMANN, U. (1991): Die Entlohnung von Führungskräften in Kreditinstituten, Band 43 der Schriftenreihe des Instituts für Kreditwesen der Westfälischen Wilhelms-Universität Münster, hrsg. von Schierenbeck, H., Frankfurt am Main 1991.

FELLER,M./GROßWEISCHEDE, M. (1999): Steht ECR heute am Scheideweg? Erste Ergebnisse einer Studie zu den Perspektiven, in: LZ vom 09.04.1999, S. 55.

FREY, B. S.; OSTERLOH, M. (1997): Sanktionen oder Seelenmassage? Motivationale Grundlagen der Unternehmensführung, in: Die Betriebswirtschaft, 57. Jg., 1997, S. 307-321.

GROßWEISCHEDE, M. (2000): Category Management aus Sicht der Lieferanten des Lebensmitteleinzelhandels - Grundlagen und ausgewählte Ergebnisse einer empirischen Studie, in: Prozessmanagement im vertikalen Marketing – Efficient Consumer Response (ECR) in Konsumgüternetzen, hrsg. v. Ahlert, D./Borchert, S., Berlin u.a.O. 2000, S. 273-283.

HOMBURG, C.; ENGELBRECHT, C.; KROHMER, H. (1997): Handel und Hersteller über Efficient Consumer Response (ECR): zwei unterschiedliche Perspektiven, Arbeitspapier des Zentrums für Marktorientierte Unternehmensführung der Wissenschaftlichen Hochschule für Unternehmensführung WHU Koblenz, Vallendar 1997.

HOMBURG, C.; GRANDINGER, A.; KROHMER, H. (1996): Efficient Consumer Response (ECR)-Erfolg durch Kooperation mit dem Handel, Arbeitspapier des Zentrums für Marktorientierte Unternehmensführung der Wissenschaftlichen Hochschule für Unternehmensführung WHU Koblenz, Vallendar 1996.

LINGENFELDER, M.; LAUER, A.; MILSTREY, F. (1999): Konflikte hemmen Umsetzung von Category Management, in: Dynamik im Handel, 43. Jg., Heft 8, 1999, S. 42-45.

PICOT, A. ET AL. (1998): Die grenzenlose Unternehmung: Information, Organisation und Management, 3. Auflage, Wiesbaden 1998.

RIDDER, H.-G. (1999): Personalwirtschaftslehre, Stuttgart-Berlin-Köln 1999.

SCHOLZ, C. (2000): Personalmanagement. Informationsorientierte und verhaltenstheoretische Grundlagen, 5. Auflage, München 2000.

VON DER HEYDT, A. (1998): Efficient Consumer Response - Basisstrategien und Grundtechniken, 3. Auflage, Frankfurt am Main u.a.O. 1998.

VON EIFF, W. (1998): Prozessorientierte Logistik: Der Kunde des Kunden im Fokus, in: Efficient Consumer Response: Strategische Waffe für Industrie und Handel, hrsg. v. Kilimann, J. et al., Stuttgart 1998, S. 184-214.

WEHLING, M. (1999): Anreizsysteme im Multi-Level-Marketing, in: Betriebswirtschaftliche Abhandlungen, Band 113, Stuttgart 1999.

Andreas Rühl und Andrea Skimutis

Vertikales Micromarketing in der Konsumgüterwirtschaft

1. Micromarketing als ein Instrument zur wertorientierten Leistungserstellung im Handel
2. Integration der Hersteller in das Konzept des Micromarketing
3. Ansätze zur Konfliktlösung in der Wertschöpfungskette

Literatur

1. Micromarketing als ein Instrument zur wertorientierten Leistungserstellung im Handel

In Anbetracht der besonderen Komplexität und Dynamik der Entscheidungsfelder bildet der Einsatz effektiver Methoden und Informationstechnologien zur Erhöhung der Kundenbindung sowie der Effizienz des betrieblichen Faktoreinsatzes eine unabdingbare Prämisse, um die Wettbewerbsfähigkeit der Unternehmung auf dem Konsumgütermarkt langfristig zu sichern und zu verbessern. Diesen Ansprüchen an die Unternehmungsstrukturen und -prozesse muss insbesondere im Hinblick auf die Gestaltung der betrieblichen Leistungs- und Entgeltpolitik Rechnung getragen werden; denn den Ausgangspunkt einer das profitable Wachstum[1] fördernden Marktbearbeitung kennzeichnet sowohl für den Handel als auch für die Industrie die Einsicht in die Bedeutung des Letztverwenders als „Souverän der Wirtschaft"[2].

Zwar wird dieses Axiom auf der Grundlage von aktuellen Untersuchungen bestätigt, die den Markenwert sowie die Rentabilität der Kunden als Ansatzpunkte einer Wertsteigerung der Unternehmung identifizieren und demzufolge das Marketingmanagement des Betriebes als einen essenziellen Werttreiber unterstreichen[3]. Jedoch resultiert aus dem hervorgehobenen Grundsatz unter den Bedingungen eines Käufermarktes ein Dilemma im gesamten marketingpolitischen Planungsprozess, welchem sich die Unternehmungen einer jeden Wirtschaftsstufe ausgesetzt sehen. So erfordern der starke Konkurrenzdruck, die hybriden und unbeständigen Anforderungen der Konsumenten sowie die gestiegene Markttransparenz sowohl die höchstmögliche akquisitorische Wirkung der angebotenen Leistungen als auch die Senkung der mit der Bereitstellung der betrieblichen Sach- und Dienstleistungen für den Endverbraucher verbundenen Kosten. Mit Blick auf das daraus erwachsende Kontinuum zwischen Differenzierungs- und Standardisierungsnotwendigkeit, in dem sich die Leistungspolitik bewegt und einen entscheidenden Einfluss auf alle weiteren Instrumentalvariablen der Marketingkonzeption ausübt, erweisen sich traditionelle Marktbearbeitungsprogramme als ungeeignet. Für das Marketingmanagement und damit ebenfalls die Marketinglehre stellt die Erarbeitung von Konzepten zur Lösung des Spannungsfeldes zwischen kundenorientierter Bedürfnisbefriedigung und Kostendruck nach wie vor die größte Herausforderung dar[4]. Dieses gilt insbesondere in Anbetracht der Abhängigkeit der betrieblichen Wertschöpfung von der räumlichen Verteilung der Märkte.

---

1 Vgl. Kotler 1999, S. 34
2 Seyffert 1972, S. 61
3 Vgl. dazu z.B. Droege & Company AG, Düsseldorf, 2000, S. 4, S. 7 und S. 18; Franzen/Reimann 1998, S. 214 f. und S. 220 ff. sowie Homburg/Schnurr 1998, S. 170 ff.
4 Vgl. Rudolph 1999, S. 39 f.

Im Gegensatz zum Wettbewerb zwischen Industriebetrieben ist der Wettbewerb zwischen Handelsunternehmungen in starkem Maße standortbezogen[5]. Denn prinzipiell konkurrieren die sich überschneidenden Leistungsprogramme aller lokal anbietenden Handelsbetriebe unter Einschluss der örtlich vorzufindenden Offerten der überregional agierenden Versandhandelsunternehmungen miteinander[6]. Eine Geschäftsstätte eines Handelsbetriebes verdankt ihre akquisitorische Effizienz vornehmlich der Akkumulation der Waren zu einem nachfragegerechten Sortiment nach vorhergehenden Beschaffungsdispositionen[7]. Dieser Tatbestand weist darauf hin, dass sich der Standort einer Betriebsstätte und die Ausgestaltung der marketingpolitischen Instrumentalvariablen einer Handelsunternehmung gegenseitig beeinflussen. Mithin wird die Standortwahl des Handelsbetriebes zur Rahmenvorgabe der Sortimentspolitik und damit zum konstitutiven Einflussfaktor auf eine bedarfsgerechte Sortimentssteuerung in der Handelsorganisation. Aufgrund der exponierten Stellung beziehungsweise bestimmenden Funktion der Sortimentspolitik im Retailingmix wird zum anderen ersichtlich, dass der Erfolg einer Handelsunternehmung nicht nur vom Angebot einkaufsstättenspezifischer Sachleistungen, sondern ebenfalls vom Angebot bedarfsgerechter Kombinationen aus Sachleistungen und absatzfördernden Dienstleistungen abhängig ist[8]. Zielgruppenorientierte Wettbewerbsvorteile an einem Standort können demzufolge sowohl über die Ware bzw. das Sortiment als auch über den Betriebstyp als Leistungsprodukt erzielt werden.

Vor diesem Hintergrund werden die jüngsten Erkenntnisse der auf dem deutschen Konsumgütermarkt im Einzelhandel durchgeführten Betriebsvergleiche erklärbar. Während die erhobenen Umsatzrenditen der Einkaufsstätten im Filialsystem einer Handelsunternehmung bis zu 25 Prozent voneinander abweichen, offenbaren Outlets, welche in Bezug auf Artikelangebot, Betriebsgröße und auch Standortbedingungen vergleichbare Voraussetzungen liefern, hinsichtlich ihrer erzielten Umsatzrenditen nur eine maximale Schwankungsbreite in Höhe von 8 Prozent[9]. Jedoch verweisen diese Beobachtungswerte nur auf eine bekannte Problemstellung im Einzelhandel. So zeigten die Ergebnisse der vom Institut für Handelsforschung (IfH) an der Universität zu Köln durchgeführten empirischen Untersuchungen bereits im Jahre 1980 in drei gleichartig strukturierten Einzelhandelsbetrieben eine Differenz in der Rentabilität eines Artikels von 300 Prozent[10].

Diese empirisch gewonnenen Aussagen dokumentieren nicht nur die besondere Bedeutung einer einkaufsstättengenauen Sortimentspolitik im stationären Einzelhandel. Vielmehr entwickelt sich unter Berücksichtigung der angeführten Feststellungen eine standortspezifische Planung in Bezug auf den Einsatz des Regiefaktors Ware zur primären Erfolgsdeterminante der Leistungserstellung in einer filialisierten Einzelhandelsunter-

---

5 Möhlenbruch/Nickel 1994, S. 4
6 Vgl. hierzu Schenk 1966, S. 177 ff.
7 Vgl. dazu Barth 1999, S. 166
8 Siehe hierzu auch Möhlenbruch/Nickel 1995, S. 108 ff.
9 Die Ergebnisse der von der Unternehmungsberatung McKinsey & Company, Inc., Düsseldorf, in den Jahren 1997 bis 1999 durchgeführten Studie sind veröffentlicht in: Bosshammer 2000, S. 42
10 Vgl. dazu Barth 1980, S. 1 f.

nehmung. Die unterschiedlichen Konsumentenerwartungen sowie der Wunsch der Kunden nach Multioptionalität, welcher eine Überschneidung der klassischen Endverbrauchersegmente induziert und sich zudem mit Blick auf die unterschiedlichen geografischen Orte des Absatzkontaktes und der Umsatzrealisation einer Filialorganisation des Einzelhandels als eine stark variierende Größe darstellt, bedingen ihren interlokal differenzierten Marktauftritt und die Vermeidung einer Systemfilialisierung des Handelsbetriebes. Mit der Planung und Überprüfung der Filialsortimente anhand der Kundenstrukturen in den durch die Standortwahl festgelegten Einzugsgebieten erzielt der filialisierte Einzelhandelsbetrieb eine wesentliche Erhöhung seiner Potenziale zur Profilierung und Abgrenzung der Einkaufsstätten im Wettbewerb sowie der Möglichkeiten für ein lokales Beziehungsmarketing zu den Konsumenten.

So stellen R. NIESCHLAG, E. DICHTL und H. HÖRSCHGEN fest, dass sich die Einflüsse der Zugehörigkeiten der Endverbraucher zu bestimmten sozialen Schichten oder sozialen Gruppen stärker auf das Konsumverhalten auswirken als kulturelle Unterschiede zwischen den Absatzregionen[11]. Dieser Sachverhalt unterstützt nicht nur die Forderung nach einer microgeografisch ausgerichteten Marketingpolitik von Handel und Industrie in der Konsumgüterwirtschaft. Vielmehr wird die Notwendigkeit betont, die Bestimmung verschiedener Geotypen auf der Grundlage einer feingliedrigen Zerlegung des relevanten räumlichen Marktes in lokale Gebietseinheiten (Marktzellen), die bis zu Straßenzügen reichen können, sowie der Verfügbarkeit entsprechend feinräumig systematisierter Endverbraucherdaten durchzuführen und damit eine Differenzierung von konsumentenbezogenen Wohngebietsclustern anzustreben[12]. Diesem Postulat liegt die Vermutung zugrunde, dass Personen mit identischen oder ähnlichen sozialen Ständen und Lebensgewohnheiten und daraus hervorgehend ähnlichen Neigungen, Präferenzen und demzufolge Konsumverhalten dazu tendieren, in ein bestimmtes microgeografisches Gebiet zu ziehen, und umgekehrt, räumliche Nachbarschaft ähnliches Konsumverhalten induziert (neighbourhood-Effekt)[13]. K. HEINZELBECKER veranschaulicht diese Basishypothese in dem Leitsatz: „Gleich und gleich gesellt sich gern."[14] Die hieraus resultierende Ungleichverteilung von Bevölkerungsgruppen über die Teilgebiete eines übergeordneten geografischen Raumes wird mit dem Begriff der sozialen Segregation gekennzeichnet[15]. Im Micromarketing wird die Abnehmerorientierung des Marketings demzufolge durch den Raumbezug konkretisiert. Damit nimmt der Stellenwert des Produktes zugunsten der Bedeutung microgeografisch definierbarer Endverbrauchergruppen ab[16]. Diese aus dem Konzept der microgeografischen Marktsegmentierung abgelei-

---

11 Vgl. dazu Nieschlag/Dichtl/Hörschgen 1997, S. 187 ff.
12 Vgl. dazu Ogilvy & Mather Dataconsult GmbH, Frankfurt am Main, 1987, S. 48 ff.
13 Vgl. dazu Meyer 1989, S. 348. Die Unternehmungsberatung Ogilvy & Mather Dataconsult GmbH, Frankfurt am Main, weist darauf hin, dass die Nachfrage der Letztverwender weniger zwischen Haushalten, sondern vielmehr zwischen Wohnvierteln, Siedlungen, Straßen und Reihenhausgruppen divergiert. Vgl. dazu Ogilvy & Mather Dataconsult GmbH, Frankfurt am Main, 1987, S. 50
14 Heinzelbecker 1988, S. 183
15 Nitsche 1998, S. 22
16 Vgl. hierzu Nitsche 1998, S. 13. In diesem Zusammenhang stellt M. Nitsche fest, dass im Micromarketing der Raumbezug durch den Kundenbezug ergänzt wird. Dieser Auffassung kann mit Blick auf die

tete Schlussfolgerung wird vor dem Hintergrund des Kontinuums zwischen Differenzierungs- und Standardisierungsnotwendigkeit der betrieblichen Leistungspolitik jedoch gleichzeitig zu einer zentralen Wettbewerbsanforderung und kennzeichnet somit eine microgeografische Marktspaltung als ein entscheidendes effizienzbestimmendes Instrument der Markterfassung und -bearbeitung.

2. Integration des Herstellers in das Konzept des Micromarketing

Da der microgeografisch genaue Einsatz der Produkte auch für den Hersteller das Potenzial für eine effektive und effiziente Leistungserstellung nach Maßgabe der Nachfrageverteilung auf dem relevanten Gesamtmarkt schafft, stellt die standort- und damit bedarfsgerechte Disposition der Artikel als Bottom up-Ansatz zur Steuerung des Gesamtsortimentes im Filialsystem einer Einzelhandelsunternehmung für die Konsumgüterindustrie ein entscheidendes Instrument zur konsumenten- und konkurrenzorientierten Planung der Produktprogramme und Produktionsmengen dar. Denn die Gewährleistung einer Übereinstimmung zwischen Leistungsangebot und Nachfrageprofil durch den Übergang von einem Stau- zu einem Fließsystem in der Wertschöpfungskette kann nur mit Hilfe der Wissensgenerierung aus den weit reichenden kundenbezogenen Informationen des filialisierten Einzelhandels als Informationsspezialist in der Konsumgüterwirtschaft erfolgen.

R. SEYFFERT kennzeichnet die Sortimentsbildung als Leistung des selbständigen Handels sowohl den Herstellern als auch den Verwendern gegenüber, welche darin besteht, aus der Vielfalt der Warenangebote auf den Beschaffungsmärkten eine Auswahl von Waren zu treffen, die den Bedarfen der Verwender am besten entspricht[17]. Während der Verwender hierdurch die Sicherheit erlangt, im Artikelangebot des Handelsbetriebes die Zusammenstellung der Waren der in Bezug auf seine abnehmersegmentspezifischen Anforderungen unter Leistungs- und Kostengesichtspunkten vorteilhaftesten Produzenten zu finden, ist der Hersteller auf der Grundlage der Sortimentsfunktion der qualitativen Umwandlung produktorientierter in konsumtionsorientierte Angebotsprogramme gegen eine einseitige, nicht marktkonforme Bevorzugung von Wettbewerbern gesichert[18].

---

konsequente Kundenorientierung, welche dem Konzept des Marketing ex definitione inhärent ist, jedoch nicht zugestimmt werden. Kundenorientierung als Denkhaltung basiert keineswegs auf einem neuen Marketingverständnis, sondern betont lediglich erneut die Notwendigkeit, alle Ressourcen und Aktivitäten der Unternehmung auf eine kundennutzenorientierte Leistungserstellung zu richten. Barth; Stoffl 1997, S. 5
17 Vgl. dazu Seyffert 1972, S. 9
18 Vgl. dazu Seyffert 1972, S. 9

Da eine Handelsunternehmung nicht ausschließlich Waren, sondern Leistungskomplexe bereitstellt, ist die von ihr ausgeübte Sortimentsfunktion nicht isoliert, sondern immer in Verbindung mit den weiteren vom Handelsbetrieb im Wertschöpfungsprozess übernommenen Funktionen zu beurteilen[19]. So gehen mit der Transposition fertigungstechnisch bedingter Produktprogramme in bedarfsgerechte Sortimente die Distributionsfunktionen der Markterschließung und Raumüberbrückung[20] einher. Vor diesem Hintergrund hebt auch E. SUNDHOFF die Leistung der artgerichteten Umgruppierung des Sachgüterangebotes in Abhängigkeit der Nachfrage für die Verwender und die Hersteller hervor, denn er betont die Vorteilhaftigkeit für beide Marktseiten, bereits über den Kontakt mit wenigen Handelsorganisationen den erforderlichen Überblick über den relevanten Markt erreichen zu können, wodurch erst ein Ausgleich von Produktion und Konsumtion zustande kommen kann[21]. Der Handelsbetrieb kennt die Produktprogramme und Produktionsmöglichkeiten bzw. die Abgabefähigkeit der Hersteller sowie die Bedürfnisse der Abnehmer und lenkt demzufolge die Produktion der Sachgüter in die ihm als aufnahmefähig bekannten sachlichen und räumlichen Marktsegmente[22]. Diese Leistungen einer Handelsorganisation sind für ihre Marktpartner und daher ihre eigene Wettbewerbsfähigkeit umso bedeutender, je genauer bedarfsferne Angebotsprogramme der Lieferanten den Anforderungen der Verwender angepasst werden und je mehr Nutzen die Verwender infolgedessen bei der Beschaffung ihrer Waren aus der Vorauswahl durch den Handelsbetrieb ziehen[23]. Denn zum einen werden potenzielle und tatsächliche Abnehmer über den Vorteil einer auf ihre Präferenzen abgestimmten Sortimentszusammensetzung als Neukunden bzw. Wiederkäufer gewonnen[24]. Zum anderen wird die Übertragung von Aufgaben auf einen Handelsbetrieb durch seine Erfahrungen, speziellen Kenntnisse, Kontakte und marktkonforme Geschäftsgröße gerechtfertigt, woraus im Regelfall größere Vorteile bei der Erfüllung marketingpolitischer Prozesse erwachsen als ein Herstellerbetrieb durch eigene Anstrengungen erzielen könnte[25]. Mithin ist die Leistung einer Handelsunternehmung anhand ihres Beitrages zu einer kostengünstigen Versorgung der Verwender zu messen[26]. Die Einschaltung von Handelsbetrieben in die Distributionsvorgänge ist folglich auf ihr überlegenes Effizienzpotenzial in Bezug auf die Durchführung bzw. Wahrnehmung der Umsatzprozesse zurückzuführen[27]. Handelsorganisationen nehmen demnach in der Distributionskette die Bedeutung von Intermediären ein (Dualismus des Handelsmarketing[28]), welche sich vor

---

19 Vgl. hierzu Sundhoff 1965, S. 764
20 Eine Ausnahme von dieser Leistungsaggregation im Handelsbetrieb ist lediglich der Streckengroßhandel.
21 Siehe Sundhoff 1965, S. 764 f.
22 Vgl. dazu Seyffert 1972, S. 9
23 Vgl. Hansen 1976, S. 195
24 Vgl. dazu Schauenberg 1998, S. 131
25 Vgl. Kotler/Bliemel 2001, S. 1074 ff.
26 Vgl. dazu Barth 1999, S. 140
27 Vgl. hierzu Kotler/Bliemel 2001, S. 1075
28 Barth 1999, S. 66 und S. 116

allem auf den von ihnen ausgeübten Funktionen zur Bildung von Sortimenten begründet[29].

Damit bildet die einzelhandelsbezogene Konkretisierung des Micromarketingkonzeptes als niedrigste Aggregationsstufe einer geografisch orientierten Marktbearbeitung durch den Einzelhandelsbetrieb, welche beruhend auf der zielgruppenspezifischen Ansprache der Endverbraucher am Point of Sale zu einer effektiveren Steuerung der absatzpolitischen Instrumentvariablen sowie einem effizienteren Einsatz von Leistungsfaktoren in der Einzelhandelsunternehmung beitragen soll[30], die Grundlage einer marktorientierten Unternehmungsführung in der Konsumgüterwirtschaft. So lassen sich mit Hilfe der Umsetzung des Konzeptes auf der Einzelhandelsebene die Bedingungen für eine effiziente Gestaltung von Sortimenten und Produktprogrammen in der Konsumgüterwirtschaft, welche der jeweiligen herrschenden Wettbewerbssituation Rechnung tragen, erfüllen. Zum einen gewährleistet die microgeografische Planung der Filialsortimente im Einzelhandel eine differenzierte Marktbearbeitung der Anbieter auf Basis des Pull-Prinzips, welche die jeweiligen standortspezifischen Anforderungen der Letztverwender an die darzubietende Artikelauswahl berücksichtigt. Zum anderen ermöglicht die auf der Grundlage eines microgeografischen Planungsansatzes erfolgende Steuerung der Gesamtsortimente in den Filialsystemen des Einzelhandels die Identifikation homogener Anspruchsprofile der Konsumenten zwischen verschiedenen Absatzorten und damit die Bestimmung der wirtschaftlich vertretbaren Standardisierungsgrade in den Angebotsprogrammen der Betriebe zur Erschließung von Kostensenkungspotenzialen.

Allein nach Betriebstypen, Vertriebskonzepten und/oder Warengruppen differenzierte Marktstrategien werden der erforderlichen Bedarfsorientierung in der Marketingplanung von Handel und Industrie nicht gerecht. Erst durch eine standortspezifische Planung des Marketingmix kann die Unternehmung den Anspruch einer konsequenten Ausrichtung an den Anforderungen des Absatzmarktes erfüllen.

Eine stärkere Kundenorientierung, die dem hybriden Käuferverhalten bei wachsender Wettbewerbsintensität Rechnung trägt, bedingt demzufolge sowohl den Übergang vom Push- zum Pull-Prinzip als auch eine differenzierte Marktbearbeitung, welche die jeweiligen standortspezifischen Anforderungen der Konsumenten an Preis, Service und Qualität gleichermaßen berücksichtigen. Dazu ist im Hinblick auf ein rentabilitätsorientiertes Marketingmanagement einerseits eine Analyse der standortspezifischen Zielgruppenanforderungen sowie andererseits der Abstimmungsmöglichkeiten zwischen den Marketingzielen (strategische und operative Zielvorstellungen) von Handel und Herstellern erforderlich.

Eine ganzheitlich auf den Konsumenten ausgerichtete Marketingpolitik muss daher durch die Integration sowohl aus Handels- als auch aus Haushaltspanels gewonnener Informationen unterstützt werden und beinhaltet den Sachzwang zur Kooperation. Die klassischen Distributionssysteme sind angesichts des Strukturwandels der wettbewerbli-

---

29 Vgl. dazu Schauenberg 1998, S. 131
30 Vgl. auch Barth 1999, S. 182.

chen Rahmenbedingungen zur Zusammenarbeit gezwungen, wenn sie nicht den Kampf um die Gunst des Endverbrauchers verlieren wollen. Denn sie müssen

- standortgerechte Leistungsangebote erbringen,
- zur eigenen Ertragsstützung die standortspezifischen Preiszahlungsbereitschaften ausschöpfen,
- die Reagibilität gegenüber Nachfrage-, Leistungs- und Technologieveränderungen steigern und
- das tun, was andere noch nicht können, nämlich: Kundenwert durch marktgerechte Leistungen und Preise schaffen!

3. Ansätze zur Konfliktlösung in der Wertschöpfungskette

Grundlegende Voraussetzung zur Umsetzung eines vertikalen microgeografischen Marketingmanagement ist die Realisierung eines partnerschaftlichen Verhaltens zur Gewährleistung einer stufenübergreifenden Kooperation zwischen den Marktakteuren. Dieser Notwendigkeit zur überbetrieblichen Kooperation zwischen Hersteller und Handel stehen jedoch differenzierte wirtschaftsstufenbedingte Zielsetzungen gegenüber. Zwar liegt das generelle Geschäftsinteresse beider Unternehmungen im Verkauf von Produkten; der Hersteller ist jedoch im Grundsatz an der Profilierung seiner Marke interessiert und ist folglich bestrebt, sein gesamtes Produktprogramm in den Mittelpunkt zu rücken, während für den Handel eine Profilierung seiner Einkaufsstätten sowie seiner Handelsmarken im Vordergrund steht[31]. Bestätigt wird dieser Zusammenhang auch durch eine empirische Untersuchung am Lehrstuhl für Absatzwirtschaft und Handel der Gerhard-Mercator-Universität Duisburg im Jahre 1999, die ergab, dass insgesamt 70 Prozent der befragten Hersteller- und Handelsunternehmungen die Auffassung vertreten, die unternehmungs- und marketingpolitischen Zielsetzungen unterscheiden sich stark bzw. sehr stark voneinander. Diese wirtschaftsstufenbedingten Zieldivergenzen, aus der sich eine Vielzahl systemimmanenter Konfliktpotenziale und Konflikte ableiten lässt, spiegelt sich auch in der Beziehung zwischen Industrie und Handel wider. Obgleich Anfang der 70er Jahre die stufenübergreifende Partnerschaft zwischen den Marktakteuren zur Reduzierung der Konfliktpotenziale und zur Harmonisierung der Zusammenarbeit bereits ausgiebig diskutiert wurde[32], bestimmen gegenwärtig immer noch wertverzehrende Machtkämpfe die Zusammenarbeit von Industrie und Handel[33]. Danach beurteilen zwar 71 Prozent der Handelsunternehmungen die Zusammenarbeit mit den Herstellern als koope-

---

31 Vgl. Zentes/Swoboda 1999, S. 826
32 Vgl. Engelhardt 1976, S. 178; Steffenhagen 1975, S. 157
33 Vgl. Möhlenbruch/Kotschi 2000, S. 275

rativ, herstellerseitig wird diese Bewertung jedoch nur von jeder dritten Industrieunternehmung bestätigt. Die Ursache liegt darin, dass dem Hersteller aufgrund von internem Wachstum, Akquisitionen und Fusionen professionell geführte Organisationen gegenüberstehen, die als gate keeper zum Konsumenten über eine ausgeprägte Verhandlungs- und Durchsetzungskraft verfügen. Gemäß H. DILLER beherrschen fünf Handelsunternehmungen 80 bis 90 Prozent des Marktes im Lebensmittelbereich, während die Lieferantenanteile am Einkaufsvolumen des Handels selbst für die marktstärksten Anbieter meist nicht mehr als 1 bis 2 Prozent im Falle einer produktmarktspezifischen Betrachtung überschreiten[34]. H. H. BAUER sieht in diesem Zusammenhang vor, eine Typologie der Pseudopartnerschaft zu entwerfen, die er mit den Ausprägungen „freundliche Worte", „fachliche Ausnützung" und „Vortäuschung" beschreibt[35]. Die Wahrscheinlichkeit einer handelsseitigen Bereitschaft zur tatsächlichen Kooperation wird nur dann gegeben sein, wenn einerseits der Hersteller in der Lage ist, eine Relativierung der Handelsmacht herbeizuführen[36], oder anderseits die Bereitschaft zur Kooperation vom Handel ausgeht[37].

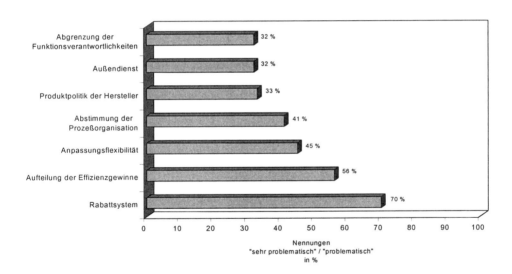

Abbildung 1:   Problemfelder in der Zusammenarbeit zwischen Industrie und Handel

---

34   Vgl. Diller 2001, S. 121
35   Bauer 1980, S. 430 f.; Feige 1997, S. 15
36   Vgl. Zentes/Swoboda 1999, S. 830. Strategische Optionen des Herstellers zur Relativierung der handelsseitigen Nachfragemacht sind u. a. der Aufbau von starken Marken, mittels derer ein Nachfragesog seitens der Endverbraucher im Handel generiert wird sowie die Erzielung eines Kräfteausgleichs durch Unternehmensaufkäufe auf horizontaler Ebene.
37   Diller 2001, S. 121

Aus Sicht der befragten Unternehmungen stellt die Aufteilung der Spannen („Aufteilung der Effizienzgewinne", „Rabattsystem") das größte Konfliktpotenzial in der Zusammenarbeit zwischen Industrie und Handel dar. Abbildung 1 dokumentiert die im Rahmen der Befragung untersuchten Problemfelder hinsichtlich der Bewertung „sehr problematisch"/ „problematisch" durch die Auskunftsträger.

Bezogen auf die wirtschaftsstufenübergreifende Sortiments- und Produktprogrammpolitik, als wesentliche Komponente des microgreografischen Marketingmanagement, stellt der Austausch sensibler Daten zur Optimierung der Leistungserstellung aus Sicht der Industrie das größte Hemmnis dar (Abbildung 2). Diese Erkenntnis gewinnt insbesondere Bedeutung vor dem Hintergrund, dass erst die Zusammenführung der hersteller- und handelsseitigen Informationen eine stufenübergreifende ganzheitliche Bedarfsorientierung im Sinne der Konsumentenpräferenzen ermöglicht. Während die Industrie über zielgruppen- und produktbezogenes Wissen verfügt, bringt der Handel die am Point of Sale generierten Informationen ein[38]. Darüber hinaus verdeutlicht Abbildung 2, dass insbesondere die Kriterien als Hemmnisse in der Umsetzung der Kooperation angeführt werden, die einerseits darauf abzielen, die interorganisationalen Schnittstellen zu reduzieren („Definition einer gemeinsamen Zielsetzung", „Akzeptanz eines übergreifenden Prozessdenkens beim Marktpartner", „Austausch sensibler Daten"), und andererseits Vertrauen in die Verhaltensweise des Anderen erfordern („Ausnutzung der jeweiligen Machtverhältnisse", „gegenseitiges Vertrauen").

Die Erfolgswirksamkeit des vertikalen Marketingmanagement und darauf aufbauend die kooperative microgeografische Marktbearbeitung hängt somit neben der Realisierung der harten Faktoren, wie die technisch integrative Vernetzung der Unternehmungen sowie die fachliche Qualifikation der Mitarbeiter, entscheidend von dem Verhalten der Wertschöpfungspartner ab[39]. Damit einhergehend ist die Notwendigkeit verbunden, der stufenübergreifenden Marktbeziehung zwischen Hersteller und Handel ein verändertes Verständnis der Zusammenarbeit zugrunde zu legen. Neben dem festen Willen zur langfristigen Kooperation, mit dem primär das Ziel verfolgt werden muss, Kundennutzen bei gleichzeitiger Ökonomisierung der Wertschöpfungskette zu generieren, muss auch das aktive Mitwirken der Wertschöpfungspartner sichergestellt sein[40]. Erforderlich ist die gegenseitige Anerkennung der Beziehung als eine Form der langfristig angelegten Investition, deren Wertigkeit nicht anhand periodenbezogener Umsatzgrößen gemessen werden darf, sondern vielmehr auf den Ertragswert über den gesamten Lebenszyklus der Beziehung abheben muss[41].

---

38 Vgl. Battenfeld 2001, S. 87
39 Vgl. Meyer 2000, S. 305 f.
40 Vgl. Disch 1997, S. 139
41 Vgl. Barth/Marzian/Wille 2000, S. 172

Vertikales Micromarketing in der Konsumgüterwirtschaft 183

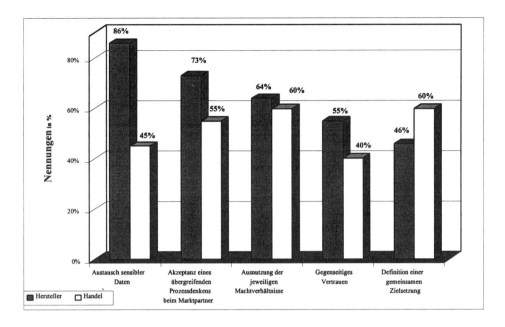

Abbildung 2: Beurteilung der Hindernisse einer wertschöpfungsübergreifenden Sortiments- / Produktprogrammpolitik

Eine derartige Neuausrichtung der stufenübergreifenden Wertschöpfungsbeziehung wird nach unternehmungseigener Darstellung in der dm-drogerie markt GmbH & Co. KG umgesetzt, bei der die Initiative zur Kooperation mit den Herstellern handelsseitig initiiert wurde. Neben dem Einsatz eines dm-Extranets, in dem der erforderliche Datenaustausch mittels Web-EDI sichergestellt wird, liegen die Schwerpunkte der Zusammenarbeit auf dem stufenübergreifenden Projektmanagement, der qualitativen und quantitativen Bewertung der Zusammenarbeit sowie der Prozessorientierung an den interorganisationalen Schnittstellen[42].

---

42 Vgl. Werner/Ester 2001, S. 12 ff.

Literatur

BARTH, K. (1999): Betriebswirtschaftslehre des Handels, 4. Auflage, Wiesbaden 1999.

BARTH, K. (1980): Rentable Sortimente im Handel - Zufall oder Ergebnis operabler Entscheidungstechniken?, Sundhoff, E. (Hrsg.), Sonderheft 26 der Mitteilungen des Instituts für Handelsforschung (IfH) an der Universität zu Köln, Göttingen 1980.

BARTH, K.; MARZIAN, S.; WILLE, K. (2000): Customer Equity - Die Rechnung mit dem Kunden, in: absatzwirtschaft, Sondernummer Oktober 2000, S. 170-178.

BARTH, K.; STOFFL, M. (1997): Hat das Marketing im Handel versagt? Die Kundenorientierung als Ansatz einer Neubesinnung, in: Trommsdorff, V. (Hrsg.): Handelsforschung 1997/98, Kundenorientierung im Handel, Jahrbuch der Forschungsstelle für den Handel Berlin (FfH) e. V., Wiesbaden 1997, S. 3-19.

BATTENFELD, D. (2001): Konfliktpotenzial im Rahmen des Category Management, in: Ahlert, D.; Olbrich, R.; Schröder, H. (Hrsg.): Jahrbuch Handelsmanagement 2001, Frankfurt am Main 2001, S. 85-105.

BAUER, H. H. (1980): Die Entscheidung des Handels über die Aufnahme neuer Produkte, Berlin 1980.

BOSHAMMER, U. (2000): Hausaufgaben für Filialen, in: Lebensmittel Zeitung, 52. Jg., Nr. 4, vom 28.01.2000, S. 42.

DILLER, H. (2001): Preis- und Distributionspolitik starker Marken vor dem Hintergrund fortschreitender Handelskonzentration, in: Köhler, R.; Majer, W.; Wiezorek, H. (Hrsg.): Erfolgsfaktor Marke, München 2001, S. 116-133.

DISCH, W. (1997): Kooperation braucht immer aktive Verbündete, in: MARKETING JOURNAL, 30. Jg., Heft 3, 1997, S. 139.

DROEGE & COMPANY AG, DÜSSELDORF (2000): Delphi-Studie „Creating Value": Marketing als Werttreiber - Ergebnispräsentation Oktober 2000, Zusammenfassender Foliensatz, Anlass: 28. Deutscher Marketing-Tag „Creating Value: Marketing als Werttreiber", am 20.10.2000, Berlin, hrsg. von Droege & Company AG, Düsseldorf, und Deutscher Marketing-Verband e. V., Düsseldorf, in: Internet: http://www.droege.de/ Delphi/sld001.htm, vom 13.12.2000, S. 1-49.

ENGELHARDT, W. H. (1976): Mehrstufige Absatzstrategien, in: ZfbF-Kontaktstudium, 28. Jg., o. Nr., 1976, S. 175-182.

FEIGE, S. (1997): Handelsorientierte Markenführung, Frankfurt am Main 1997.

FRANZEN, O.; REIMANN, A. (1998): Markenwert als Ziel- und Controllinggröße für die Unternehmensführung, in: Bruhn, M. et alii (Hrsg.): Wertorientierte Unternehmensführung: Perspektiven und Handlungsfelder für die Wertsteigerung von Unternehmen; Festschrift zum 10jährigen Bestehen des Wirtschaftswissenschaftlichen Zentrums (WWZ) der Universität Basel, Wiesbaden 1998, S. 213-229.

HANSEN, U. (1990): Absatz- und Beschaffungsmarketing des Einzelhandels: Eine Aktionsanalyse, 2. Auflage, Göttingen 1990.

HEINZELBECKER, K. (1988): Zielgruppenoptimierung durch mikro-geografische Segmentierung, in: Database, Telemarketing, Kreativität, Technik, Trends, Zusammenfassende Dokumentation, Anlass: 20. Deutscher Direkt Marketing Kongreß „Database, Telemarketing, Kreativität, Technik, Trends", am 27.11.1988, Wiesbaden, o. Hrsg., Wiesbaden 1988, S. 181-219.

HOMBURG, C.; SCHNURR, P. (1998): Kundenwert als Instrument der Wertorientierten Unternehmensführung, in: Bruhn, M. et alii (Hrsg.): Wertorientierte Unternehmensführung: Perspektiven und Handlungsfelder für die Wertsteigerung von Unternehmen; Festschrift zum 10jährigen Bestehen des Wirtschaftswissenschaftlichen Zentrums (WWZ) der Universität Basel, Wiesbaden 1998, S. 169-189.

KOTLER, P. (1999): Marketing: Märkte schaffen, erobern und beherrschen, München 1999.

KOTLER, P.; BLIEMEL, F. (2001): Marketing-Management: Analyse, Planung und Verwirklichung, 10. Auflage, Stuttgart 2001.

MEYER, A. (1989): Mikrogeographische Marktsegmentierung - Grundlagen, Anwendungen und kritische Beurteilung von Verfahren zur Lokalisierung und gezielten Ansprache von Zielgruppen, in: Jahrbuch der Absatz- und Verbrauchsforschung, hrsg. von Gesellschaft für Konsum-, Markt- und Absatzforschung (GfK) Nürnberg e. V., Berlin 1989, S. 342-365.

MEYER, M. (2000): Efficient Consumer Response - Eine kritische Betrachtung, in: Trommsdorff, V. (Hrsg.): Handelsforschung 1999/00, Verhalten im Handel und gegenüber dem Handel, Jahrbuch der Forschungsstelle für den Handel Berlin (FfH) e. V., Wiesbaden 2000, S. 297-314.

MÖHLENBRUCH, D.; KOTSCHI, B. (2000): Die Verkaufsförderung als Kooperationsbereich zwischen Industrie und Handel, in: Trommsdorff, V. (Hrsg.): Handelsforschung 1999/00, Verhalten im Handel und gegenüber dem Handel, Jahrbuch der Forschungsstelle für den Handel Berlin (FfH) e. V., Wiesbaden 2000, S. 275-294.

MÖHLENBRUCH, D.; NICKEL, S. (1995): Innovationen und Informationsmanagement - Ansatzpunkte zur Entwicklung innovativer Strategien im Einzelhandel, in: Trommsdorff, V. (Hrsg.): Handelsforschung 1995/96, Informationsmanagement im Handel, Jahrbuch der Forschungsstelle für den Handel Berlin (FfH) e. V., Wiesbaden 1995, S. 107-122.

MÖHLENBRUCH, D.; NICKEL, S. (1994): Kooperationsstrategien als Element der wettbewerbsstrategischen Konzeption von Einzelhandelsunternehmungen, in: Trommsdorff, V. (Hrsg.): Handelsforschung 1994/95, Kooperation im Handel und mit dem

Handel, Jahrbuch der Forschungsstelle für den Handel Berlin (FfH) e. V., Wiesbaden 1994, S. 3-22.

NIESCHLAG, R.; DICHTL, E.; HÖRSCHGEN, H. (1997): Marketing, 18. Auflage, Berlin 1997.

NITSCHE, M. (1998): Micromarketing: Daten - Methoden - Praxis, Wien 1998.

OGILVY & MATHER DATACONSULT GMBH, FRANKFURT AM MAIN (1987): Segmentierung und Lokalisierung von Märkten: Neue Methoden und Möglichkeiten, Frankfurt am Main 1987.

RUDOLPH, T. (1999): Marktorientiertes Management komplexer Projekte im Handel, Stuttgart 1999.

SCHAUENBERG, B. (1998): Die Sortimente von Auktionatoren - Interpretationen eines empirischen Befunds, in: Woratschek, H. (Hrsg.): Reihe: Ökonomie in Wissenschaft und Praxis, Perspektiven ökonomischen Denkens: Klassische und neue Ansätze des Managements; Festschrift für Rudolf Gümbel, Frankfurt am Main 1998, S. 127-142.

SCHENK, H.-O. (1966): Die Bedeutung der Betriebsformen für den spezifischen Wettbewerb im Handel, in: Jahrbuch der Absatz- und Verbrauchsforschung, 12. Jg., Heft 3, 1966, S. 173-188.

SEYFFERT, R. (1972): Wirtschaftslehre des Handels, 5. Auflage, Opladen 1972.

STEFFENHAGEN, H. (1995): Konflikt und Kooperation in Absatzkanälen, Wiesbaden 1995.

SUNDHOFF, E. (1965): Handel, in: Beckerath, E. von et alii (Hrsg.): Handwörterbuch der Sozialwissenschaften, Band 4, Forschung und Lehre: Handelspolitik (Binnenhandelspolitik), Stuttgart, Tübingen, Göttingen 1965, S. 762-779.

WERNER, G. W.; ESTER, B. (2001): Neue Aspekte der Kooperation, in: MARKENARTIKEL, 63. Jg., Heft 3, 2001, S. 12-18.

ZENTES; J.; SWOBODA, B. (2000): Hersteller-Handels-Beziehungen aus markenpolitischer Sicht, in: Esch, F. R. (Hrsg.): Moderne Markenführung, Wiesbaden 2000, S. 821-845.

Roland Mattmüller

Zur Vorteilhaftigkeit von Franchisesystemen – Ursachen und Lösungsansätze der Informationsasymmetrie

1. Problemstellung und Zielsetzung

2. Institutionenökonomische Charakterisierung von Franchisesystemen
    2.1 Beteiligte und Systemkomponenten
    2.2 Einordnung in die Prinzipal-Agenten-Beziehung und in den Transaktionskostenansatz

3. Lösungsansätze für den Franchisegeber
    3.1 Überwindung der Hidden Characteristics
        3.1.1 Zur Kritik am Argument der Finanzmittelknappheit
        3.1.2 Die Self-Selection-Eigenschaft von Franchisesystemen
    3.2 Überwindung der Hidden Intention und Hidden Actions
        3.2.1 Charakterisierung des Free-Riding-Problems
        3.2.2 Lösungsansätze

4. Schlussbetrachtung

Literatur

1. Problemstellung und Zielsetzung

Das Franchising gilt als ein wichtiges Distributionssystem und spielt in vielen Branchen bereits heute eine dominante Rolle. Bezogen auf das Jahr 2000 (Steigerungsraten zum Vorjahr in Klammern) kann in Deutschland von über 800 (plus 12,5%) verschiedenen Systemen mit über 37 000 Franchisenehmern (plus 9,1%) und rund 346 000 Beschäftigten (plus 5,0%) ausgegangen werden. Insgesamt wurde in diesen Betrieben ein Umsatz von etwa 43 Milliarden Mark erwirtschaftet (plus 13,2%). Die Bedeutung des Franchising wird dabei auch zukünftig weiter zunehmen: dies gilt verstärkt gerade auch für wesentliche Bereiche des Einzelhandels, auf den bereits heute rund 37% aller Franchisesysteme in Deutschland entfallen.[1] Dies auch deswegen, weil sich Franchising im Besonderen auch als Starthilfe für Existenzgründungen im Handel eignet.[2] Die nachfolgende Tabelle 1 zeigt die bereits heute vorzufindende Vertretung von Handelsunternehmen bei den nach Verkaufsstellen stärksten Franchisesystemen in Deutschland. Der vorliegende Beitrag geht dabei nun im Besonderen auf die Charakteristika des Franchising im Handel ein.

Porst on top		
Die größten deutschen Franchisesysteme (Anzahl der Verkaufsstellen 2000)		
1. Photo Porst	Fotogeschäft	2200
2. Foto-Quelle	Fotogeschäft	1400
3. Schmetterling	Reisebüros	1100
4. Schülerhilfe	Priv. Schülerhilfe	700
5. Ad-Auto Dienst	Autoreparatur	610
6. Mc Donald's	Fast Food Kette	600
7. Musikschule Fröhlich	Musikpädagogik	500
8. Sunpoint	Sonnenstudios	480
9. TUI/First	Reisebüro	470
10. Quick-Schuh	Schuhgeschäft	450

Abbildung 1: Franchiseunternehmen in Deutschland
Quelle: www.adivsa-gruppe.de

Franchising stellt dabei eine der beiden Möglichkeiten zur Umsetzung der strategischen Option der Multiplikation dar. Unter letzterer ist eine areal- oder gebietsorientierte stra-

---

1   DFV 2001
2   Barth 1999, S. 103

tegische Marketingoption zu verstehen, die gerade für den Handel von besonderer Bedeutung und praktischer Relevanz ist. Die Multiplikation unterzieht bei grundsätzlicher Beibehaltung des gegebenen Angebots und der Zielgruppe das dadurch definierte Strategische Geschäftsfeld sozusagen einer Vervielfältigung.³ Beschränkt man für die hier relevante Untersuchung die Multiplikation auf diejenigen Dimensionen, die zu einer Erhöhung der Anzahl der von einem (Handels-)Unternehmen unterhaltenen Verkaufsstellen (Outlets) führen, so finden sich zwei Ausprägungen. Zum einen kann eine Verdichtung bereits bearbeiteter Gebiete durch zusätzliche Eröffnung weiterer Outlets innerhalb desselben Einzugsgebiets erfolgen (Multiplikation zur Gebietsausschöpfung), etwa um damit höhere Eintrittsbarrieren für potenzielle Wettbewerber in diesem Gebiet zu schaffen. Zum anderen besteht die Möglichkeit, diese zusätzlichen Betriebsstätten in bisher noch nicht bearbeiteten Gebieten zu eröffnen, um damit eine insgesamt breitere regionale Streuung und Verbreitung des Absatzsystems zu erreichen (Multiplikation zur Gebietsausweitung).

Durch die zu unterstellende Konstanz von Angebot (kleinere Anpassungen des Sortiments an regionale Gegebenheiten stehen dieser Forderung nicht im Weg) und der Zielgruppe lässt sich auch die Multiplikation in neuen Marktgebieten etwa von der Diversifikation hinreichend genau abgrenzen. „Multiplikation zur Marktausweitung definiert sich durch die Neubearbeitung potenzieller, mit bereits eingesetzten Systemen bearbeitbarer, regional unterschiedlicher Märkte. Bei der Diversifikation hingegen zwingen generell neue Märkte zu einer entsprechenden Neugestaltung der Systeme zur Marktbearbeitung"⁴. Im Gegensatz zu Letzterer – die ja entweder ein prinzipiell neues Angebot und/oder eine neue Zielgruppe und damit ein neues zusätzliches Strategisches Geschäftsfeld begründet – gilt die Multiplikation als rahmenverändernde strategische Option (die Diversifikation und damit vergleichbare Optionen, wie etwa die Reduktion, gelten aufgrund ihrer Beeinflussung des Geschäftsfeldportfolios des Unternehmens als kernverändernde Strategien).⁵

Unabhängig von der gewählten arealstrategischen Variante stehen zur Umsetzung der Multiplikation wiederum zwei Formen zur Verfügung: Filialisierung und Franchising. Letzteres gilt im Gegensatz zum hierarchisch geprägten Filialsystem als kooperatives System, da es juristisch selbständige Partner als Franchisegeber und Franchisenehmer miteinander verbindet. Gleichwohl weist diese Bindung wiederum eine gewisse Abhängigkeit des Nehmers vom Franchisegeber auf, der als „Systemkopf" über die notwendigen Schutzrechte (Marken etc.) und über das System-Know-how verfügt. Auf diese Kennzeichen des Franchising und seinen daraus resultierenden Hybridcharakter wird im weiteren Verlauf noch genauer einzugehen sein.

Vorab ist an dieser Stelle jedoch noch auf die „echt" kooperativen Systeme oder Verbundgruppen hinzuweisen, wenngleich diese auf einer anderen Ebene der Klassifizie-

---

3   Meyer/Mattmüller 1993, S. 26
4   Hübner 1993, S. 194
5   Mattmüller 2000, S. 143 ff.

rung von Absatzsystemen stehen. Die Verbundgruppen des Handels (wie bspw. die gewerblichen Genossenschaften, freiwilligen Ketten etc.) weisen auf den ersten Blick erhebliche Ähnlichkeiten mit dem Franchising auf.[6] Für diese Verbundgruppen stellen Franchisesysteme in vielen Branchen des Handels einen ernst zu nehmenden Wettbewerber dar, da insbesondere viele Existenzgründer eine Entscheidung zwischen der Tätigkeit als Franchisenehmer oder dem Beitritt in eine Kooperation zu treffen haben – eine Wahl, die zunehmend zugunsten des Franchising ausgeht. Letztendlich resultieren daraus Nachwuchsprobleme für die Verbundgruppen im Handel und eine Schwächung ihrer langfristigen Wettbewerbsfähigkeit.[7]

In der relevanten Literatur spielt die Untersuchung der ordinalen Vorteilhaftigkeit von einzelnen Absatzsystemen eine immer schon wichtige Rolle – geht es doch um eine unternehmerische Entscheidung von allerhöchster Priorität und erfolgskritischer Bedeutung. Zu differenzieren ist allerdings zwischen der Sicht der jeweils beteiligten Seiten (also Filialist und angestellter Filialleiter, Franchisegeber und Franchisenehmer bzw. Zentrale der Verbundgruppe und Inhaber des Anschlussbetriebes). Dabei zeigen sich dann nur das Filialsystem und das Franchising als konkurrierende Alternativen aus Sicht desjenigen Unternehmens (Beteiligten), das (der) die Multiplikation als solche durchführen möchte. Hingegen stellt die Multiplikation sicherlich nicht das Hauptmotiv zur Gründung einer Verbundgruppe dar. Die Beweggründe für Letzteres liegen vielmehr – zumindest anfänglich – in den klassischen Vorteilen der Beschaffungsbündelung mit in der Regel dann im Zeitablauf sich ausweitenden Funktionen auch im Absatzbereich.

Der vorliegende Beitrag beschränkt sich daher auf die Betrachtung bzw. Begründung der Vorteilhaftigkeit des Franchising gegenüber dem zentralistischen System der Filialisierung, wobei dies aus der Perspektive des Franchisegebers erfolgen wird. Als Analyseraster wird auf die relevanten Plattformen der Neuen Institutionenökonomie zurückgegriffen, die sich im Zusammenhang mit der Bewertung unterschiedlicher Vertriebssysteme als tragfähiges Konzept erwiesen hat. Es handelt sich einerseits um die Charakterisierung der Beziehung von Franchisegeber und -nehmer als Prinzipal-Agenten-Problematik und andererseits um die Einbeziehung der Transaktionskosteneffizienz als Beurteilungskriterium.

---

6 Barth 1999, S. 104 ff.
7 Mattmüller 1997, S. 390

2. Institutionenökonomische Charakterisierung von Franchisesystemen

2.1 Beteiligte und Systemkomponenten

Ein Franchisesystem stellt einen vertikalen Vertragsverbund zwischen zumindest rechtlich selbständigen Partnern dar. Letztere können bekanntlich als Franchisegeber und Franchisenehmer differenziert werden. Legt man nicht nur eine produktorientierte (Rezepturen, Produktionsverfahren) Beziehung zugrunde, sondern stellt auf das übliche Business-Format-Franchising ab, so bietet der Franchisegeber dabei dem Nehmer ein möglichst unverwechselbares Marketingkonzept für dessen weitere Marktbearbeitung an. Dieses umfasst insbesondere auch das Recht (und die Verpflichtung) zur Nutzung der dem Geber gehörenden gewerblichen Schutzrechte (Markennamen etc.) und der vom Geber angebotenen unterstützenden Leistungen (etwa durch Umsetzung übergreifender Kommunikationsmaßnahmen). Darüber hinaus beinhaltet es in unterschiedlichem Umfang das Recht (bzw. wiederum die Verpflichtung) auf Belieferung mit den für den Geschäftsbetrieb benötigten Waren (bzw. die Bereitstellung des erforderlichen Know-how bei dienstleistungsbezogenen Franchisesystemen). Die Gegenleistung des Nehmers besteht in der Regel aus der Zahlung einer „Eintrittsgebühr" für die Aufnahme in das System und aus einer am Umsatz orientierten laufenden Nutzungsgebühr („Royalities"). Der Nehmer verpflichtet sich zudem zu einem systemkonformen Verhalten bei seiner weiteren Marktteilnahme. Da das Konzept von außen, bspw. vom Nachfrager, nicht von Filialbetrieben zu unterscheiden ist, kann es mit Blick auf die Stellung des Nehmers auch als „freiwillige Filialisierung" gekennzeichnet werden.[8]

In diesem Sinne weisen Franchisesysteme die bereits zu Beginn erwähnten hierarchieähnlichen Charakteristika auf, die dem Geber je nach vertraglicher Ausgestaltung durchaus umfangreiche Weisungs- und Kontrollrechte gegenüber den Nehmern einräumen. Auch die Verfügungsrechte (Property Rights) an den zur Leistungserstellung benötigten Inputfaktoren sind zugunsten des Gebers verteilt. Gleichwohl liegt Selbständigkeit des Franchisenehmers mit Zurechenbarkeit seiner Gewinne vor. Zudem begrenzen übergreifende Rechtsnormen – wie in Deutschland vor allem etwa das Verbot der Preisbindung der zweiten Hand – die Einflussnahme des Gebers.

Wie erwähnt stellt die Filialisierung die direkte alternative Umsetzungsform im Rahmen der Multiplikation dar. Zentrales Kennzeichen des Filialsystems sind die Eigentümeridentität aller betriebenen Outlets und eine in der Regel entsprechend zentrale und hierarchische Leitung. Das zentrale Management legt dabei die grundsätzliche strategische, aber auch operative Vorgehensweise fest, die von weisungsgebundenen Filialleitern dezentral umgesetzt wird (werden muss). Der Filialleiter als solcher ist dabei ein dem

---
8 Meyer 1973, S. 121

Arbeitsrecht unterliegender Angestellter des Unternehmens und arbeitet für dessen Namen und Rechnung. Unhabhängig davon können Handlungsfreiheiten definiert werden, die – neben dem konstitutiven Festgehalt – mit erfolgsorientierten Entlohnungskomponenten verbunden sein können.

Vor diesem Hintergrund sind zunächst in einer einleitenden Abgrenzung folgende allgemeine Vorteile des Franchising festzuhalten, auf die im weiteren Verlauf im Detail eingegangen wird:[9]

Vorteile für den Franchisegeber (im Vergleich zur Filialisierung):

- Auswahl motivierter und zur Selbständigkeit bereiter Partner,
- geringerer Kapitaleinsatz (durch Verlagerung auf die Franchisenehmer) und schnellerer Kapitalrückfluss (durch Einstiegsgebühr und laufende Zahlungen der Franchisenehmer),
- Gatekeeper-Rolle für alle relevanten Zulieferungsbereiche (z.B. Ladenausstattung) mit entsprechenden Ertragsmöglichkeiten,
- niedrigeres Risiko.

Vorteile für den Franchisenehmer (im Vergleich zur isolierten Selbständigkeit bzw. zum Angestelltenverhältnis):

- Übernahme eines bewährten Vermarktungskonzepts,
- Unterstützungsmaßnahmen durch Franchisegeber (bspw. Beschaffungsvorteile, nationale Kommunikation, Schulungsleistungen) und aus dem Kreis der anderen Franchisenehmer (z.B. Arbeitskreise, Erfahrungsaustausch),
- erhöhte Wettbewerbsfähigkeit,
- Wahrung der Selbständigkeit,
- niedrigeres Risiko.

---

9 Mattmüller/Killinger 1998, S. 581

2.2 Einordnung in die Prinzipal-Agenten-Beziehung und in den Transaktionskostenansatz

Die Analyse von Beziehungen zwischen Auftraggeber und Auftragnehmer (in einem sehr weiten Verständnis) ist Gegenstand der Prinzipal-Agenten-Theorie als Teilbereich der Neuen Institutionenökonomie. Bekanntlich beeinflussen dabei die Handlungen des Agenten auch den Nutzen des Prinzipals, welcher wiederum eben für diese Handlungen dem Agenten einen Auftrag zur Durchführung erteilt hat. Die Aufgabe der vertraglichen Gestaltung der Beziehung obliegt demnach dem Prinzipal. Wesentliche Kennzeichen sind die Annahme einer Informationsasymmetrie zugunsten des Agenten und dessen Verfolgung seiner Eigeninteressen durch opportunistisches Verhalten. Für den Prinzipal ist dabei zwar häufig das Arbeitsergebnis seines Agenten, nicht aber dessen konkretes Leistungsverhalten beobachtbar bzw. eine solche Beobachtung wäre mit prohibitiv hohen Kontrollkosten belegt. Je weniger Informationen über das tatsächliche Leistungsverhalten des Agenten dem Prinzipal aber zur Verfügung stehen, desto größer ist für diesen die Unsicherheit, dass der Agent nicht im Sinne des erteilten Auftrags, sondern gemäß seiner eigenen Zwecke handelt. Der Gestaltung von tauglichen Anreizsystemen zur Steuerung des Agenten ist daher eine zentrales Anliegen der Prinzipal-Agenten-Theorie.

Übertragen auf das Franchising ergibt sich aus den eben geschilderten Aufgabenverteilungen die Einordnung des Franchisegebers als Prinzipal und des Franchisenehmers als Agent.

Die beim Franchisegeber als Prinzipal bestehende Unsicherheit über das Verhalten seiner Franchisenehmer lässt sich anhand der Gliederung der Transaktionskosten in drei maßgebliche Quellen einteilen, welche wiederum nach einer Phase vor und nach dem Vertragsabschluss differenziert werden können. Dabei gilt auch für die Franchisebeziehung, dass sie auf einem grundsätzlich unvollständigen Vertrag beruht und nicht alle Gegebenheiten ex ante festlegbar sind.[10]

Vor Vertragsabschluss besteht dabei die Möglichkeit, dass der Partner – hier der potenzielle Franchisenehmer – solche Informationen über sich und seine Leistungsbereitschaft zurückhält, die für den Franchisegeber (als Prinzipal) von relevanter Bedeutung wären. Es handelt sich in diesem Fall um die Ausnutzung von Hidden Characteristics, die bei der hintergangenen Partei zu einer Fehlentscheidung im Sinne einer Fehlauswahl der Vertragspartner führen kann (Adverse Selection). Nach dem Vertragsabschluss kann die Absicht vorliegen (Hidden Intention), die andere Partei zu hintergehen, wobei sich dies auch im offen erkennbaren Ausnutzen etwa von Abhängigkeitsverhältnissen realisiert (Hold Up). Letztendlich – und für die jeweils hintergangene Partei mit am gefährlichsten – können Hidden Actions in Form der Durchführung (oder des Unterlassens) bestimm-

---

10 Hempelmann 2000, S. 8

ter, für den Hintergangenen gar nicht erkennbarer oder nur unter prohibitiv hohen Kosten beobachtbarer Handlungen vorliegen.[11]

Auf die obige Prinzipal-Agenten-Struktur zurückgreifend kann opportunistisches Verhalten jedoch auch vom Prinzipal ausgehen. Konkret könnte dies etwa bedeuten, dass der Franchisegeber die im Franchising explizit erlaubte ausschließliche Abnahmeverpflichtung der Nehmer, welche damit alle Waren beim Geber beziehen müssen, als Machtposition ausnützt, überhöhte Preise fordert (ein Beispiel für eine typische Hold-Up-Situation) oder etwa seinen überregionalen Kommunikationsaufgaben nur unzureichend nachkommt. Diese Ausprägung von Opportunismus, seine Ursachen und Lösungsansätze zur Überwindung werden aber im vorliegenden Beitrag nicht betrachtet.

3. Lösungsansätze für den Franchisegeber

Ausgehend von dem Prinzipal-Agenten-Charakter der Franchisebeziehung und den damit einhergehenden Annahmen gilt es im Weiteren nun, Ansätze zur Überwindung bzw. Verhinderung der gegebenen Unsicherheiten aus der Perspektive des Franchisegebers aufzuzeigen.

3.1 Überwindung der Hidden Characteristics

3.1.1 Zur Kritik am Argument der Finanzmittelknappheit

Als ein zentraler, wenn nicht als der zentrale Ansatz zur Erklärung der Wettbewerbsfähigkeit bzw. auch der Vorteilhaftigkeit von Franchising gegenüber dem zentralistischen Filialsystem gilt aus Sicht des multiplizierenden Unternehmens (also des Filialisten oder Franchisegebers) die Überwindung der Finanzmittelknappheit, wie dies auch weiter oben bereits als ein Vorteil aufgeführt wurde. Unbestritten ist zunächst, dass die anfallenden Investitionen für eine Expansion beim Franchising weitgehend durch den Nehmer getragen werden (etwa im Bereich der Immobilie, des Personals, der Ladengestaltung und Warenausstattung etc.). Dennoch ist dieses kostenorientierte Argument eine zwar richtige, aber in seiner Gesamtheit noch keineswegs ausreichende Begründung für die Vorteilhaftigkeit von Franchising, wie in den nachfolgenden Überlegungen kurz skizziert werden soll.

Zurecht wird in der Literatur darauf hingewiesen, dass es für den Franchisenehmer effizienter wäre, sein Kapital in ein diversifiziertes Portfolio zu investieren, statt in ein ein-

---

11 Mattmüller/Tunder 1999, S. 38 ff.

zelnes, örtlich gebundenes Outlet. Tut er dies dennoch, so wäre dies unter einer reinen kapitaltheoretischen Betrachtung mit einer entsprechenden Risikoprämie auszugleichen (die im Franchising für den Nehmer nicht aufzufinden ist). Im Umkehrschluss resultiert daraus die Überlegung, dass es für den Franchisegeber naheliegender wäre, sein benötigtes Kapital auf dem Kapitalmarkt zu beschaffen, als es durch Refinanzierung über die Geber zu versuchen. Letztendlich könnte er den Gläubigern auf dem freien Kapitalmarkt ein wesentlich breiter gestreutes Risiko bieten, was sich unmittelbar aus den obigen Überlegungen ableiten lässt. Außerdem dürften bereits eingeführte und erfolgreiche Franchisesysteme ohnehin keine Schwierigkeiten bei der Kapitalbeschaffung über den Markt zu erwarten haben.[12]

Die ausschließliche Argumentation zur Vorteilhaftigkeit von Franchising über die Finanzknappheit greift also zu kurz – vor allem bei bereits eingeführten und weiter expandierenden Systemen. Hingegen kann eine weitere Ausprägung der Knappheitsbetrachtung zum einen als wesentlicher verstanden und zum anderen über eine institutionenökonomische Analyse fundiert begründet werden: es handelt sich um die Überwindung der Knappheit an Managementkapazitäten.

3.1.2 Die Self-Selection-Eigenschaft von Franchisesystemen

Im Zusammenhang mit Managementkapazitäten sind bei einer prozessorientierten Betrachtung zunächst die grundsätzlichen Qualifikationen zu betrachten, die an Führungskräfte zu stellen sind, sowie deren spätere tatsächliche Leistungserbringung. Im Vorfeld handelt es sich also um das Problem der Auswahl geeigneter Personen und um die Beurteilung ihrer Kenntnisse, Fähigkeiten und ihrer Leistungsbereitschaft. Aus Sicht des Franchisegebers ist somit die Entscheidung hinsichtlich der gewünschten Franchisenehmer zu treffen (die Einstellung der Mitarbeiter in den einzelnen Outlets ist ja durch den Franchisenehmer zu verantworten, auch wenn in einzelnen Systemen der Franchisegeber hierbei Hilfestellung und Beratung leistet bzw. durch vorgegebene Standards auf diesen Prozess einwirkt). Im Sinne der obigen Unterscheidung sind damit im Besonderen die Hidden Characteristics angesprochen. Der Franchisegeber muss sich von Anfang an darauf verlassen können, dass die späteren Franchisenehmer nicht nur isoliert für den eigenen Erfolg, sondern auch für die Reputation des Gesamtsystems arbeiten werden. Letztendlich hängt diese eben nicht nur ursächlich von der zugrunde liegenden Konzeption und den Leistungen des Gebers, sondern in weitaus erheblicherem Umfang von dem Marktverhalten der Nehmer (und deren Mitarbeiter) ab. Folgerichtig gehört die Auswahl der Franchisenehmer zu den risikoreichsten und erfolgskritischsten Entscheidungen des Gebers. Nicht von ungefähr ist deswegen in namhaften Franchisesystemen diese Auswahlentscheidung „Chefsache" und wird vom Inhaber/Gründer durchgeführt (wie dies etwa von OBI bekannt war).

---

12 Posselt 2001, S. 126 ff.

In diesem Zusammenhang nun leistet das Franchising eine besondere Hilfestellung. Der Franchisenehmer ist selbständiger Unternehmer und arbeitet auf eigenes (wenngleich durch das System natürlich abgefedertes) Risiko. Damit werden einerseits ein hoher Kapitaleinsatz (durch die übliche Eintrittsgebühr und durch die laufenden Abgaben) und andererseits ein erheblicher Arbeitseinsatz gefordert. Die Entlohnung des Nehmers ist zudem ausschließlich erfolgsabhängig. Gleichzeitig ist den Bewerbern aber auch bekannt, dass das sichernde Dach eines Franchisesystems ein gewisses Maß an Einordnung in das bestehende System und seine Leitlinien erfordert. Hinzu kommt die Tatsache, dass der Nehmer eine Reihe spezifischer Investitionen zu tätigen hat. Darunter sind – im Sinne von Sunk Costs – solche Investitionen zu verstehen, die der Nehmer beim Ausscheiden aus dem System nur noch in erheblich abgeschwächtem Maße oder gar nicht mehr für seine eigenen Zwecke weiterverwenden kann (Second-Best-Lösungen). Als verdeutlichende Beispiele können etwa Investitionen in den systemspezifischen Ladenbau oder auch in jegliche Kommunikationsmaßnahmen genannt werden, die ja neben der Werbewirkung für das Outlet des Nehmers immer auch zumindest zu einem Teil den Bekanntheitsgrad, das Informationsniveau oder Image des Gesamtsystems beeinflussen.

In diesem Zusammenhang ist als irreversible Investition auch die übliche Eintrittsgebühr zu nennen, die bei einem eventuellen Ausscheiden des Nehmers aus dem System normalerweise nicht zurückgezahlt wird. Damit kapitalisiert sich diese Gebühr nur dann, wenn der Nehmer ein entsprechend langfristiges und leistungsorientiertes Engagement innerhalb des gewählten Franchisesystems beabsichtigt (und später auch realisiert). Es handelt sich also um eine vom Nehmer gestellte „Geisel" in der Hand des Franchisegebers. Mit der festgesetzten Höhe der Eintrittsgebühr bestimmt der Geber damit auch die bindende Wirkung, die von dieser Maßnahme ausgeht. Die Spezifität der Eintrittsgebühr ist außerdem abhängig von eventuell mit ihr verknüpften materiellen Leistungen: werden durch den Franchisenehmer bspw. Starthilfen in Form von Standortanalysen, Renditeberechnungen, Ratschläge zur Auswahl und Vertragsgestaltung der Mitarbeiter des Nehmers in seinem Outlet, Schulungen etc. geboten, die nicht eigens verrechnet werden, so können diese als Gegenleistungen zur Eintrittsgebühr verstanden werden. Sind diese Leistungen nun zudem an die Person des Franchisenehmers gebunden und bewirken bei diesem dauerhafte Verbesserungen seiner Kenntnisse und Fähigkeiten, so verlieren sie ihren ausschließlichen Charakter als „Geisel", da sie ja für den Nehmer bei einem eventuellen späteren Ausscheiden aus dem System nicht verloren wären – wie dies etwa bei Schulungsleistungen des Gebers der Fall ist.[13] Neben der Höhe beeinflussen also auch Art und Umfang verbundener Gegenleistungen die lenkende, in diesem Fall auswählende Funktion der Eintrittsgebühr.

Diese genannten Charakteristika lassen nun prinzipiell nur solche Bewerber ein grundsätzliches Interesse an einer Franchise zeigen, die eine entsprechende Bereitschaft von ihrer Persönlichkeitsstruktur her mitbringen. Mit anderen Worten: eher auf Sicherheit bedachte Personen wählen lieber ein Angestelltenverhältnis etwa im Bereich des Filialmanagement – Bewerber mit einem stärkeren Streben nach völliger Unabhängigkeit

---

13 Mattmüller/Killinger 1998, S. 583

gehen hingegen in die isolierte Selbständigkeit. Aus institutionenökonomischer Perspektive liegt somit ein typischer Screening-Mechanismus im Sinne eines „Self-Selection-Effects" vor: das System bzw. seine bekannten Charakteristika mit ihren Wirkungen attrahieren von vornherein nur prinzipiell systemgeeignete und eben leistungsorientierte Bewerber als Franchisenehmer. Die Gefahr der Adverse Selection, also der Fehl- bzw. Negativauslese, reduziert sich. Damit kann die Informationsasymmetrie aus der Perspektive des Franchisegebers relativ effizient überwunden werden, womit das hier als Ausgangsüberlegung dienende Problem der Hidden Characteristics grundsätzlich abzumildern ist.

Für die konkrete weitere Umsetzung gilt es jedoch auf der Basis der ausgewählten Franchisenehmer nun auch, deren konkrete Leistungserstellung im weiteren Verlauf zu steuern, womit die Problembereiche der Hidden Intention bzw. Actions angesprochen sind.

3.2 Überwindung der Hidden Intention und Hidden Actions

3.2.1 Charakterisierung des Free-Riding-Problems

Zur Strukturierung der Informationsasymmetrie und deren Ausprägungen nach Vertragsabschluss und während der Leistungsphase des Franchisenehmers bietet sich eine Strukturierung des Franchising als „Multitask-Agency-Beziehung" an.[14] Demnach hat der Franchisenehmer als Agent zwei hauptsächliche Aufgaben zu erfüllen: Verkauf der Produkte bzw. Leistungen einerseits und Investitionen in die Reputation des Gesamtsystems andererseits. Dabei liegen wiederum aus Sicht des Franchisegebers unterschiedliche Möglichkeiten zur Beobachtung bzw. Kontrolle der Leistungserfüllung und zur Erfolgsmessung vor.

In diesem Sinne kann der Franchisegeber nur den monetären Erfolg anhand der ihm vorgelegten Berichte (Umsatzübersichten, Gewinnabrechnungen etc.) überprüfen (ex post). Wie dieser Erfolg vor Ort erwirtschaftet wurde, wäre von ihm nur unter prohibitiv hohen Kontrollkosten zu beobachten. Letztendlich gar nicht zu überprüfen bzw. hinsichtlich des konkreten Einzelbeitrags zu bemessen sind die Anstrengungen, die der Franchisenehmer zur Aufrechterhaltung und Verbesserung der Gesamtreputation des Systems unternimmt.

Daraus resultiert, dass die Franchisenehmer als Agenten durch entsprechende Anreiz-/ und Sanktionsinstrumente dazu angeleitet werden müssen, in beide Teilbereiche (unterstellt man hier zunächst eine ungefähre Gleichgewichtung) zu investieren bzw. die Ziele des Franchisegebers als Prinzipal kongruent und aus Eigeninteresse umzusetzen.

---

14 Picot/Wolf 1995, S. 231

Aktivität Charakteristikum	Verkauf	Investition in Gesamtreputation
Beobachtung der Tätigkeit	nein	nein
direkte Messbarkeit des Erfolges	ja	nein

Abbildung 2: Franchising als Multitask-Agency-Beziehung
Quelle: Picot/Wolf 1995, S. 231

Im Besonderen gilt es für den Geber dabei, die Gefahr des Free Riding (Trittbrettfahrer-Problematik) zu vermeiden.[15] Der Free Rider verhält sich opportunistisch im „besten" modelltheoretischen Zusammenhang der Prinzipal-Agenten-Problematik: er nützt die Bekanntheit und die vorhandene gute Reputation des Systems zur Akquisition seiner Kunden, um dann jedoch bei der Leistungserstellung die für die Reputation verantwortlichen Qualitätsstandards zu unterlaufen, somit seine individuellen Kosten zu senken und seinen Gewinn zu erhöhen. Hierfür sind vor allem solche Systeme anfällig, die bereits einen hohen Bekanntheitsgrad sowie eine gute Reputation aufweisen und bei denen der Anteil der dem einzelnen konkreten Outlet gegenüber loyalen Kunden (noch) relativ gering ist. Der Free Rider schadet somit nicht nur dem Franchisegeber als seinem Prinzipal, sondern durch negative Transfereffekte der Reputation des Gesamtsystems und damit allen anderen Franchisenehmern, auch und gerade wenn diese sich qualitätsgetreu im Markt verhalten.[16] Hier greift im Besonderen das bereits erwähnte Charakteristikum des Franchising als freiwillige Filialisierung, die dem Nachfrager eine Unterscheidung der einzelnen Subanbieter innerhalb des Systems ja gerade erschweren bzw. unmöglich erscheinen lassen soll. Eine erste und wesentliche Maßnahme zur Vermeidung des Free Riding wurde bereits im obigen Zusammenhang mit der Self-Selection-Eigenschaft des Franchising deutlich: mit einer hohen Eintrittsgebühr ohne damit verbundene materielle, an die Person des Nehmers adjunktiv verknüpfbare Gegenleistungen und einer entsprechend starken Geiselwirkung erhöht sich das Interesse des Nehmers an einer langen Verweildauer im System und damit an einem systemkonformen Verhalten (sofern nicht ausschließlich Erstkundenakquisition ohne jegliche Folgekäufe unterstellt werden kann).

---

15 Brickley/Dark 1987, S. 404
16 Mattmüller/Killinger 1998, S. 577

3.2.2 Lösungsansätze

Die generelle Zielsetzung bei der Ausgestaltung auch der sonstigen zur Vermeidung suboptimaler Leistungserstellung notwendigen Mechanismen muss sich daran orientieren, dass der Franchisenehmer von seinen Investitionen in die Reputation des Systems auch unmittelbar selbst profitieren kann. Hierfür bieten sich verschiedene konkrete Vorgehensweisen an, die nachfolgend kurz zu skizzieren sind.

Vermeidung regionaler Verdichtung

Ein Ansatz ist mit dem Einzugsgebiet (geografische Reichweite) verbunden, das von dem Outlet des Franchisenehmers aus bearbeitet wird. Neben soziodemographischen Gegebenheiten (z.B. verfügbares Einkommen der potenziellen Kunden) steuern insbesondere Faktoren wie die Attraktivität des Angebots sowie die vorhandene Konkurrenzsituation das Mühe-Akzeptanz-Niveau der Nachfrager und damit den konkreten Wege-Zeit-Aufwand, den diese bis zum Outlet zurückzulegen bereit sind. Liegt die systemexterne Konkurrenz (durch vergleichbare Wettbewerber anderer Unternehmen bzw. Systeme) außerhalb der Beeinflussung durch das betrachtete Franchisesystem, so ist die Anzahl der Franchisenehmer und damit die systeminterne Wettbewerbssituation durch den Geber steuerbar.

Prinzipiell und vordergründig betrachtet erhöhen sich mit der Zahl der Franchisenehmer innerhalb des Systems für den Geber zunächst die Rückflüsse aus den Eintrittsgebühren sowie durch die stärkere Marktdurchdringung und –abschöpfung der Gesamtumsatz sowie die daraus wiederum resultierenden Royalities. Auf der anderen Seite aber bedeutet eine zu starke regionale Verdichtung der Outlets für den einzelnen Franchisenehmer, dass er bei jeglicher Aktivität (etwa im Bereich der Kommunikation, durch eine besondere Qualifikation seiner Mitarbeiter etc.) nicht nur für sich selbst, sondern in gewissem Maße stets auch für seine(n) systeminternen Wettbewerber arbeitet. Der unmittelbare, auf das Einzugsgebiet bezogene Zusammenhang zwischen Leistung und Erfolg nimmt mit zunehmender Dichte ab. Gleichzeitig steigt die Gefahr des opportunistischen Verhaltens durch einen Free Rider, der von den regional bezogenen Aufwendungen seiner direkten Systemnachbarn profitiert.

Als Konsequenz ergibt sich die Forderung an den Franchisegeber, keine zu starke regionale Verdichtung durch Outlets verschiedener Franchisenehmer vorzunehmen (eine Erhöhung der Anzahl der Outlets, die sich im Eigentum ein- und desselben Nehmers befinden, hat hingegen eine entgegengesetzte Wirkung: der Nehmer wird in diesem Fall durch die Verdichtung seiner Outlets von seiner regionalen Marktbearbeitung vermehrt profitieren). Neben einer auf Vertrauen beruhenden mündlichen Zusicherung kann der Geber eine entsprechende Gebietsschutzklausel in den Franchisevertrag aufnehmen.

Je stärker der Erfolg des Gesamtsystems von der Leistung des einzelnen Franchisenehmers abhängig ist und je mehr bereits einzelne Free Rider diesen Gesamterfolg bedrohen können, um so wichtiger ist die Überlegung einer formellen Gebietsschutzklausel. Nachvollziehbar ist daher die auch in der Realität festzustellende Tatsache, dass solche Gebietschutzklauseln vor allem bei Neugründungen von Franchisesystemen oder in der ersten Expansionsphase explizite Vertragsbestandteile sind, während dies bei erfolgreichen Systemen mit starker Marktpräsenz eher seltener der Fall ist.[17]

Übernahme weiterer Franchisen

Als weiterer Ansatz – und dabei mit der beschriebenen Problematik zusammenhängend – ist die Möglichkeit zur exklusiven Übernahme weiterer Franchisen durch bereits im Markt befindliche, langjährig tätige Franchisenehmer anzudenken. Damit wird für den Nehmer ein langfristiges und damit auf Reputation und Erfolg des Gesamtsystems ausgerichtetes Verhalten lohnenswert. Konkret könnte etwa ab einem bestimmten Zeitpunkt einer mindestens notwendigen Marktdurchdringung zwischen Franchisegeber und den bereits vorhandenen Franchisenehmern vereinbart werden, dass neue, zusätzliche Franchisen zunächst ausschließlich den bereits im System befindlichen Nehmern zur Übernahme angeboten werden. Erst für den Fall, dass sich aus deren Kreis kein Interessent findet, würde der Geber dann auf dem „freien" Markt weitere Nehmer suchen. Für den Geber bedeutet eine solche Festlegung allerdings eine nachvollziehbar starke Bindung und Koppelung seiner weiteren Expansion an die bereits vorhandenen Franchisenehmer, denen er durch eine entsprechende vertragliche Übereinkunft gleichzeitig signalisiert, dass er seinerseits auf opportunistisches Ausnützen seiner vertraglich in aller Regel stärkeren Position in diesem Zusammenhang verzichtet. Ein Franchisenehmer, der das Recht zur Vergabe von Unterlizenzen nützt („Master-Franchising"), findet im Übrigen analoge Prinzipal-Agenten-Probleme vor, die bereits weiter oben aus Sicht des Franchisegebers beschrieben wurden.[18]

Veräußerung der Franchise

In die gleiche Richtung zielt die Überlegung, dem Franchisenehmer seine Franchise bei gewünschtem Ausscheiden aus dem System auf seinen Gewinn veräußern zu lassen. Auch hierdurch soll und kann langfristiges Eigeninteresse des Nehmers gefördert und somit die Unsicherheit des Gebers und daraus resultierender Kontrollaufwand reduziert werden. Letztendlich könnte der Nehmer von dem durch ihn unmittelbar in seinem Einzugsgebiet regional geschaffenen Goodwill profitieren. Problematisch für die Umsetzung kann es dabei sein, wenn der Erfolg des betroffenen Outlets in hohem Maße von den spezifischen Leistungsfähigkeiten des ausscheidenden und veräußerungswilligen Nehmers abhängt und dies dem potenziellen Käufer bekannt ist. Letzterer muss in diesem Fall davon ausgehen, dass er ohne die besonderen Fähigkeiten des Vorgängers unter Umständen erhebliche Umsatzeinbußen zu verzeichnen haben wird. Jedoch gilt diese Einschränkung in erster Linie eher für das Franchising im Bereich persönlich zu erstellender Dienstleistungen und dort wiederum insbesondere für solche Leistungsarten, die eine starke Adjunktivität – also eine unauflösbare Koppelung – zwischen der Person des ausscheidenden Franchisenehmers als Leistungsträger und seinen Leistungsfähigkeiten aufweisen. Im Handel kann diese Problematik analog etwa in stark beratungsintensiven

---

17 Posselt 2001, S. 122
18 Siehe zu diesem speziellen Problembereich Mattmüller/Killinger 1998, S. 582

Bereichen vorliegen, wo die Person des dann ehemaligen Franchisenehmers eine zentrale Rolle spielt und eine Beratung nicht oder nur teilweise auf das beschäftigte und vom neuen Franchisepartner zu übernehmende Personal delegiert werden kann.

Erhöhung der spezifischen Investitionen

Neben diesen bisher beschriebenen Überlegungen zur Verbesserung der langfristigen Perspektive für den Franchisenehmer stehen dem Franchisegeber die „üblichen" Instrumente zur Selbstbindung des Nehmers an das System zur Verfügung. Hierbei ist – neben der bereits erwähnten Eintrittsgebühr – vor allem an eine Erhöhung der spezifischen Investitionen des Nehmers zu denken. Als solche zeigen sich etwa die ausschließlich auf das Angebot des Franchisesystems bezogene Schulung der (Verkaufs-)Mitarbeiter in den Outlets, eine hochspezifische Gestaltung der Ladeneinrichtung unter den Maßgaben eines strengen Corporate Designs oder bspw. Investitionen in eine nur für das jeweilige System sinnvoll nutzbare Softwareausstattung. Geschieht dies schrittweise während der bereits aufgenommenen Tätigkeit des Franchisenehmers und nicht von Anfang an, so erhalten diese Investitionen nicht den Charakter einer eher abschreckenden Eintrittsbarriere für potenzielle Franchisenehmer, sondern dienen eben der zunehmenden Selbstbindung der bereits im System befindlichen Partner.

Gegenseitige Kontrolle der Franchisenehmer

Über diese eher auf monetären Größen beruhenden Überlegungen hinaus dienen auch soziale Kontrollmechanismen zur Reduzierung der Unsicherheit des Franchisegebers hinsichtlich der Leistungserfüllung seiner Nehmer. Konkret geht es um die gegenseitige Kontrolle der Franchisenehmer untereinander, um damit das Problem des Free Riding einzelner Nehmer abzumildern. Letztendlich schadet der Free Rider, wie bereits weiter oben erwähnt, im Besonderen auch allen anderen, sich systemkonform verhaltenden Franchisenehmern. Die gegenseitige Kontrolle der Nehmer kann etwa konkret durch gemeinsame Workshops, Seminarveranstaltungen oder allgemein durch Möglichkeiten zum Meinungsaustausch erfolgen, wodurch ein Vergleich der Leistungen der Franchisenehmer untereinander ermöglicht und gefördert wird. Somit dienen diese eher mittelbaren Maßnahmen der gegenseitigen Identifikation eventuellen opportunistischen Verhaltens „im Kollegenkreis". Als Vorstufe hierzu erhöhen sie bereits die Motivation der einzelnen Nehmer, sich auf diesen gemeinsamen Treffen mit guten Leistungsdaten profilieren zu können.

Die Forderung nach verstärktem Kontakt der Franchisenehmer untereinander trifft in der unternehmerischen Realität jedoch eher auf den Versuch der Franchisegeber, eben einen solchen Kontakt zu unterbinden. Dahinter steht häufig die Befürchtung, ansonsten eine zu starke gemeinsame Front der Nehmer gegen den Geber zuzulassen. Es wird dabei im Allgemeinen übersehen, dass hierdurch eine für den Geber sehr kosteneffiziente Kontrollmöglichkeit der tatsächlichen Leistungserfüllung der Nehmer und damit eine Gegenmaßnahme im Zusammenhang mit möglichen Hidden Actions ungenutzt bleibt. Außerdem würde die proaktive Förderung solcher Kontakte durch den Geber auch eine vertrauensbildende Maßnahme gegenüber den beteiligten Franchisenehmern darstellen.

Insgesamt lässt sich aber anhand der hier skizzierten Maßnahmen erkennen, dass das Franchising dem Geber eine relativ effiziente Gestaltung seiner Agency Costs ermöglicht und damit – unter bestimmten Voraussetzungen – seine Vorteilhaftigkeit gegenüber dem Filialsystem rechtfertigt. Zwar sind die Vereinbarungskosten für die vertragliche Gestaltung der Beziehung zwischen Franchisegeber und -nehmer höher als vergleichbar im Filialsystem zwischen Arbeitgeber und seinem angestellten Filialmanagement. Jedoch sind neben den bereits erwähnten grundsätzlichen Vorteilen durch die Self-Selection-Eigenschaft des Systems auch ausreichende Optionen zur effizienten Ausgestaltung der Abwicklungs- und Kontrollkosten gegeben. Letztere beruhen dabei auf den prinzipiellen Charakteristika der erhöhten Motivation und des stärkeren Eigeninteresses der Franchisenehmer im Vergleich zum Angestelltenstatus.

Abgeleitet von den allgemeinen Charakteristika einer Transaktion im Sinne der Transaktionskostentheorie kann damit festgehalten werden: der Grad der spezifischen Investitionen des multiplizierenden Unternehmens – also hier des Franchisegebers – ist mittel bis hoch (durch die vom Geber zu erbringenden Investitionen in die Gesamtreputation des Systems, überregionale Kommunikation, Aufbau und Durchführung spezieller Schulungsprogramme etc.). Andererseits ist die Ausprägung der Verhaltensunsicherheit hinsichtlich der Franchisenehmer mittel oder gar gering zu halten. Hierzu tragen die geschilderten Charakteristika des Franchising bei, also einerseits die Self-Selection-Eigenschaft bei der Auswahl der Franchisenehmer und andererseits die Instrumente zur Optimierung der Eigensteuerung und Selbstbindung der Nehmer.

Im idealtypischen Verlauf des Zusammenhangs zwischen zunehmender Spezifität und Unsicherheit einerseits und Höhe der Transaktionskosten andererseits liegt das Franchising somit im „mittleren" Bereich, in dem sich Hybridformen als effiziente Ausprägung erweisen (im Gegensatz zur Alternative „Markt", also dem Absatz über ein freies Händlersystem, oder zu der hier betrachteten Alternative der Filialisierung als hierarchisches System). Dies erweist sich auch in der Weiterführung als konsistent: je spezifischer die Investitionen des Gebers werden, je höher damit das Risiko durch ein auch bei allen verfügbaren Instrumenten nicht mehr zu kontrollierendes opportunistisches Verhalten der Franchisenehmer in ihrer Gesamtheit, desto hierarchischer wird der Franchisegeber sein System im Detail gestalten. Konkret wird sich dies einerseits systemintern in den Einzelheiten der vorgelegten Franchiseverträge widerspiegeln, die dann restriktiver ausgelegt sein werden. Andererseits kann dies zur Aufgabe des Franchising als solches und zur Umwandlung (bzw. zum Neuaufbau) eines dann systemimmanent hierarchischen Filialsystems führen.

4. Schlussbetrachtung

Franchising ist bei weitem kein grundsätzlich neues Vertriebssystem, sondern blickt auf eine bereits über hundertjährige Geschichte zurück (bzw. hat sogar Vorläufer in der Antike). In den letzten Jahrzehnten hat dieses System aber deutlich an Attraktivität gewonnen und erhebliche absolute wie auch relative Zuwachsraten in vielen Branchen erzielen können. Als kooperatives und arbeitsteiliges System rechtlich unabhängiger Partner weist es dabei geradezu „klassische" Fragestellungen und Problembereiche von Auftragsbeziehungen auf, die sich auf die Grundannahmen der Prinzipal-Agenten-Theorie und des Transaktionskostenansatzes zurückführen lassen. Dabei stehen die Informationsasymmetrie und die daraus resultierende Verhaltensunsicherheit des jeweiligen Vertragspartners im Mittelpunkt.

Andererseits bietet gerade das Franchising konkrete Ansatzpunkte zur Überwindung der Verhaltensunsicherheit, sofern einige zentrale, sich aus einer institutionenökonomischen Betrachtung ableitende Implikationen berücksichtigt und umgesetzt werden. Auf diese wurde im vorliegenden Beitrag aus Sicht des Franchisegebers eingegangen. Es zeigt sich, dass effiziente Ansätze zur Überwindung der Unsicherheit sowohl vor als auch nach Vertragsabschluss bestehen. Bei deren aktiver Nutzung durch den Franchisegeber steht damit eine transaktionskosteneffiziente Umsetzungsform zur Multiplikation im Handel zur Verfügung.

Literatur

ADVISA GRUPPE: Porst on top, in: www.advisa-gruppe.de.

BARTH, K. (1999): Betriebwirtschaftslehre des Handels, 4. Aufl., Wiesbaden 1999.

BRICKLEY, J.A.; DARK, F.H. (1987): The choice of the organizational form, The case of franchising, in: Journal of Financial Economics, 18/1987, S. 401-420.

DFV (Deutscher Franchise-Verband) e. V. (2001): Pressemitteilung vom 19. Juni 2001, Düsseldorf 2001.

HEMPELMANN, B. (2000): Optimales Franchising, eine ökonomische Analyse der Vertragsgestaltung in Franchise-Beziehungen, Heidelberg 2000.

HÜBNER, C. (1993): Multiplikation, in: Meyer, P. W.; Mattmüller, R. (Hrsg.): Strategische Marketingoptionen, Stuttgart 1993, S. 186-228.

MATTMÜLLER, R. (2000): Integrativ-Prozessuales Marketing: Eine Einführung, Wiesbaden 2000.

MATTMÜLLER, R.; TUNDER, R. (1999): Zur theoretischen Basis der Marketingwissenschaft, Die Verknüpfung der Neuen Institutionenökonomie mit dem Integrativ-Prozessualen Marketingansatz, Arbeitspapier Nr. 5, 3. Aufl., Schloss Reichartshausen 1999.

MATTMÜLLER, R. (1997): Zur Wettbewerbsschwäche von Verbundgruppen im Handel, Eine institutionenökonomische Analyse der Beziehung zwischen Zentrale und Anschlussbetrieben, in: Jahrbuch der Absatz- und Verbrauchsforschung, 4/1997, S. 383-400.

MATTMÜLLER, R.; KILLINGER, S. (1998): Filialisierung und Franchising von Dienstleistungen – zur Multiplikationseignung unterschiedlicher Dienstleistungs- und Absatzsysteme, in: Meyer, A. (Hrsg.): Handbuch Dienstleistungsmarketing Band I, Stuttgart 1998, S. 563-588.

MEYER, P. W. (1973): Die machbare Wirtschaft, Grundlagen des Marketing, Essen 1973.

MEYER, P. W.; MATTMÜLLER, R. (1993): Bedeutung und Problematik von Strategien im Marketing, in: Meyer, P. W.; Mattmüller, R. (Hrsg.): Strategische Marketingoptionen, Stuttgart 1993, S. 13-29.

PICOT, A.; Wolff, B. (1995): Franchising als effiziente Vertriebsform, in: Kaas, K. P. (Hrsg.): Kontrakte, Geschäftsbeziehungen, Netzwerke – Marketing und Neue Institutionenökonomie, zfbf Sonderheft 35, Düsseldorf 1995, S. 223-244.

POSSELT, Th. (2001): Die Gestaltung von Distributionssystemen, eine institutionenökonomische Untersuchung mit einer Fallstudie aus der Mineralölwirtschaft, Stuttgart 2001.

Teil II

Die Bedeutung des Electronic Commerce für den Handel

Hartwig Steffenhagen und Michael Stiller

Erfolgsfaktoren im dynamischen Markt der Online-Shops

1. Einleitung

2. Kennzeichnung und Wirkungsmechanismen von Erfolgsfaktoren
    2.1 Charakterisierung von Erfolgsfaktoren
    2.2 Kausalverkettungen zwischen Erfolgsfaktoren und Erfolgsindikatoren
    2.3 Dynamik in den Erfolgsfaktoren
    2.4 Modellkonzeption

3. Erfolgsfaktoren im dynamischen Markt der Online-Shops
    3.1 Begriff des e-Commerce
    3.2 Erfolgsfaktoren in der Einführungsphase
    3.3 Erfolgsfaktoren in der Wachstumsphase

4. Zusammenfassung

Literatur

1. Einleitung

Das Thema e-Commerce ist in aller Munde. Es herrscht geradezu eine Euphorie, die zu einem Gründerboom in Deutschland im e-Commerce geführt hat. So animieren Erfolgsgeschichten wie die von Amazon oder E-Bay immer wieder junge, aber auch etablierte Unternehmen, ihr Engagement in diesem Bereich zu intensivieren. Schnell stellt sich dann aber heraus, dass sich der Erfolg dieser Engagements nicht von allein einzustellen vermag, wie es oft in den Medien suggeriert wird. So bedarf es eingehender Untersuchungen zur Ergründung der Ursachen des Erfolges.[1]

Gerade dem e-Commerce wird eine turbulente und dynamische Umwelt unterstellt. So sind es vor allem Märkte in einer rechtlich und ökonomisch unsicheren Umgebung, die es zu untersuchen gilt. Aus diesem Grund soll im vorliegenden Beitrag ein ordnender Bezugsrahmen zur Betrachtung von Erfolgsfaktoren in einer dynamischen Umwelt geschaffen werden. Als vereinfachendes Modell soll dieser Bezugsrahmen den Strategen bzw. Analysten unterstützen, Erfolgsfaktoren in Kategorien zu unterteilen und die sich im Zeitablauf ändernden Erfolgsfaktoren transparent zu machen. Dadurch kann das Modell als Grundlage einer Hypothesengenerierung dienen. Die Projektion dieses Modells auf den Markt der Online-Buch-Shops soll im Anschluss exemplarisch die ordnende Kraft eines solchen Denkrahmens verdeutlichen sowie die Aufmerksamkeit des Strategen auf nicht zu vernachlässigende Ansatzpunkte einer weitsichtigen Gestaltung lenken.

2. Kennzeichnung und Wirkungsmechanismen von Erfolgsfaktoren

2.1 Charakterisierung von Erfolgsfaktoren

Immer schon ragten Unternehmen aus ihrem Umfeld heraus, die überdurchschnittlich erfolgreich waren. Daher beschäftigen sich sowohl Praxis als auch Wissenschaft seit langem mit der Frage, welche Faktoren diesen überdurchschnittlichen Erfolg erklären können. Die Bestimmung dieser *Erfolgsfaktoren*, deren Wirkung, Beeinflussbarkeit und im Idealfall deren Beherrschbarkeit sind Gegenstand der Erfolgsfaktorenforschung.[2]

---

1 Erfolg bezieht sich in dieser Arbeit auf den Unternehmenserfolg. Die folgenden Überlegungen und Konzeptionen können zwar auch auf strategische Geschäftseinheiten bezogen werden, berücksichtigen in diesem Fall jedoch nicht das Beziehungsgeflecht, das zu anderen strategischen Geschäftseinheiten und der Unternehmensführung besteht.
2 Vgl. Hoffmann 1986, S. 831

Trotz der Mehrdimensionalität und Multikausalität des Einflussgrößengeflechts, von dem Unternehmenserfolg abhängt, existiert die Vorstellung, dass nur einige wenige Faktoren bedeutend und nachhaltig zum Unternehmenserfolg oder -misserfolg beitragen.[3] Aus dieser Anschauung heraus haben sich viele verschiedene Erfolgsfaktor-Konzeptionen entwickelt, deren Unterschiede jedoch meist nur in semantischen oder sprachlichen Feinheiten liegen.[4] Allen Konzeptionen gemeinsam ist der Versuch einer Identifizierung jener Faktoren, die den Unternehmenserfolg *bedeutend* und *nachhaltig* beeinflussen und erklären können.

Ein Erfolgsfaktor ist somit eine Einflussgröße bzw. Variable, die in ihrem Wirkungsumfeld eine besonders große Hebelwirkung auf den Unternehmenserfolg ausübt und infolgedessen in besonderem Maße den Erfolgsspielraum für das Unternehmen aufspannt, den es unter Beachtung weiterer Einflussgrößen bei der Erfolgsrealisierung auszunutzen gilt. Diese weiteren Faktoren wirken sich als *Moderatoren* auf die Wirkung aus, die Erfolgsfaktoren auf eine Erfolgsgröße (Erfolgsindikator) ausüben. Sie unterstützen somit Erfolgsfaktoren in ihrer Wirkung, können diese aber auch hemmen. Bei einem *Erfolgsindikator* handelt es sich um eine abhängige Variable, an der das Ausmaß der Wirkung von Erfolgsfaktoren abgelesen werden kann.[5] Im Allgemeinen werden in der Erfolgsfaktorenforschung hochrangige Unternehmensziele, wie z.B. das Erzielen einer hohen Kapitalrendite, hoher Jahresüberschüsse oder eines hohen Marktanteils als Erfolgsindikator angesehen.[6]

Als Beispiel für die Unterscheidung zwischen Erfolgsfaktor, Moderatoren und Erfolgsindikator soll die Einführung des Xerox-PC-Betriebssystems dienen. Dieses Betriebssystem wies zur Zeit seiner Markteinführung aufgrund seiner innovativen grafischen Benutzeroberfläche die mit Abstand höchste Benutzerfreundlichkeit auf. Dieser Umstand hätte als ein Erfolgsfaktor gelten können. Ein herausragender Absatzerfolg im Umfeld der Konkurrenz war diesem System jedoch zunächst nicht beschieden. Bei Anlegen dieses Unternehmensziels als möglicher Erfolgsindikator konnte von Erfolg deshalb nicht gesprochen werden. Dabei mag es mehrere Gründe für den ausbleibenden Erfolg gegeben haben. Der durch die Produktgestaltung anvisierte Kundennutzen 'Benutzerfreundlichkeit' war für das fokussierte Marktsegment offenbar nicht *der* Erfolgsfaktor, also der Faktor, der im Umfeld weiterer Kundenanforderungen eine besonders hohe Hebelwirkung auf Kaufentscheidungen hatte. Eine andere Erklärungsmöglichkeit ist, dass weitere Faktoren, wie z.B. der Preis oder die Verfügbarkeit (Distribution), nicht richtig justiert waren, welche in Verbindung mit der Benutzerfreundlichkeit einen weit größeren Erfolgsspielraum aufgespannt hätten.

Da Unternehmenserfolg als ein multikausal bedingtes Resultat zu betrachten ist, muss davon ausgegangen werden, dass sich die Wirkungen mehrerer Einflussgrößen in erziel-

---

3 Vgl. Hoffmann 1986, S. 832 und Kleinhückelskoten/Schnetkamp 1989, S. 263
4 Vgl. Göttgens 1996, S. 30 f.
5 Vgl. Preiß 1992, S. 71 ff. und Kleinhückelskoten/Schnetkamp 1989, S. 261 f.; Kleinhückelskoten/ Schnetkamp verwenden hierfür allerdings den Terminus Erfolgsmaßstab.
6 Vgl. Fritz 1990, S. 103 und Schröder 1994, S. 98 ff.

ten Ausprägungen eines Erfolgsindikators niederschlagen und es somit zu *Wirkungsinteraktionen* kommt. Im Rahmen solcher Wirkungsinterdependenzen sind – wie oben begrifflich eingeführt – jene Variablen die Erfolgsfaktoren, die in besonders hohem Maße mit ihrem partiellen Effekt auf den entstehenden Erfolg „durchschlagen". Bei strenger Fassung des Erfolgsfaktorbegriffs könnte sogar nur dann von einem Erfolgsfaktor gesprochen werden, wenn die betreffende Einflussgröße im Vergleich zu allen anderen die größte partielle Hebelwirkung auf den betrachteten Erfolgsindikator aufweist. Trotz des Vorteils dieser begrifflichen Trennschärfe wird einem solchen höchst selektivem Verständnis von Erfolgsfaktoren im vorliegenden Beitrag nicht gefolgt.

Die Komplexität der Wirkung von Erfolgsfaktoren wird, neben der Wirkungsinteraktion, zusätzlich von der *Wirkungsdynamik* verstärkt. Diese kann zum einen in typischen Erscheinungsformen wie der Wirkungsverzögerung (lag-effect), der Wirkungsübertragung (carry-over-effect) und des zeitlichen Wirkungsverbundes auftreten. Diese dynamischen Effekte beziehen sich auf den Wirkungszusammenhang zwischen Erfolgsfaktor und Erfolgsindikator.

Zum anderen treten dynamische Effekte aber auch insoweit auf, als sich die Wirkungsstärke von Erfolgsfaktoren (und damit deren Relevanz für den Unternehmenserfolg) im Zeitablauf verändert. Nicht zuletzt wird die Wirkungsstärke eines Erfolgsfaktors nachlassen, wenn alle Unternehmen innerhalb dieses Erfolgsfaktors das gleiche Niveau erreicht haben und sich daher das einzelne Unternehmen nicht mehr über diesen Erfolgsfaktor im Sinne eines Wettbewerbsvorteils gegenüber seinen Konkurrenten profilieren kann.[7] Dieser dynamische Effekt bezieht sich also auf den Wandel von Einflussgrößen innerhalb der Gruppe der Erfolgsfaktoren.

2.2 Kausalverkettungen zwischen Erfolgsfaktoren und Erfolgsindikatoren

Das in Abschnitt 2.1 dargelegte konzeptionelle Verständnis von Erfolgsfaktoren und Erfolgsindikatoren erscheint vielleicht auf den ersten Blick als nachvollziehbar und im Einklang mit Ansätzen der bisherigen Erfolgsfaktorenforschung zu stehen. Dennoch erweist es sich bei näherer Betrachtung noch als zu wenig differenziert. Denn

- bei den Einflussgrößen, die mit hoher Hebelwirkung auf eine Maßgröße des Unternehmenserfolgs einwirken, kann es sich um Stellgrößen handeln, die in vollem Umfang in der Hand des Management liegen (z.B. Sortimentsgestaltung, Serviceniveau, Art der Organisation, strategische Schwerpunktbildungen), während andere erfolgswirksame Einflussgrößen sich weitgehend der Steuerung durch das Management entziehen (z.B. günstige marktstrukturelle Rahmenbedingungen);

---

7 Vgl. Göttgens 1996, S. 39

- im Rahmen der vom Management steuerbaren, erfolgswirksamen Einflussgrößen ist zwischen konkret realisierbaren Handlungen bzw. Aktivitäten (z.b. Akquisition qualifizierter Mitarbeiter, Errichtung eines Zentrallagers, Sortimentszusammensetzung) und dadurch geschaffenen Potenzialen (z.b. Fähigkeit zur Befriedigung kurzfristig auftretenden, differenzierten Kundenbedarfs) zu unterscheiden. Derartige Potenziale werden seit langem als die Quellen von Wettbewerbsvorteilen eines Unternehmens angesehen, was die Frage nach dem Zusammenhang zwischen „Erfolgsfaktoren" und „Wettbewerbsvorteilen" aufwirft;
- hochrangige Unternehmensziele als Erfolgsindikatoren sind bekanntlich definitorisch und/oder kausal in Teilziele zerlegbar, welche in einer Mittel-Zweck-Beziehung zu dem jeweils zerlegten Oberziel stehen.[8] So ist z.B. die hohe Profitabilität eines Neuprodukts auf einen überragenden Marktanteilserfolg, dieser wiederum auf eine hohe Erstkäuferpenetration und stabil hohe Wiederkaufraten, letztere auf eine hohe Kundenzufriedenheit usw. zurückzuführen. Wenn ein Erfolgsfaktor wirkt, so lässt sich dieses deshalb nicht nur an einem hochrangigen, globalen Unternehmensziel ablesen, sondern auch an den diesem Ziel vorgelagerten Unterzielen.[9]

Diese Erörterung legt es nahe, zum einen zwischen *mehr und weniger kontrollierbaren Erfolgsfaktoren* zu trennen, etwa mit der Aufteilung in Erfolgsfaktoren des unternehmerischen Handelns und in marktstrukturelle Rahmenbedingungen als Erfolgsfaktoren.[10] Zum anderen erscheint es geraten, das Erfolgsfaktorenkonzept in einen Diskussionszusammenhang mit dem Konzept der *Wettbewerbsvorteile* eines Unternehmens zu stellen. Drittens mag es nicht als abwegig erscheinen, in Erfolgsfaktorkonzeptionen in gewissen, mehrgliedrigen *Kausalverkettungen* zu denken.

Die beiden letztgenannten Aspekte seien im Folgenden näher ausgearbeitet. Aus der Marktperspektive ist es nahe liegend, Erfolgsfaktoren mit ihrem *bedeutenden* und *nachhaltigen* Einfluss auf den Unternehmenserfolg im Bereich der Wettbewerbsvorteile eines Unternehmens zu vermuten.[11] Als Quellgebiete möglicher Wettbewerbsvorteile lässt sich zwischen dem vom Unternehmen erarbeiteten Goodwill im Kundenurteil (= akquisitorisches Potenzial) und den Fähigkeiten und Ressourcen dieses Unternehmens trennen.[12]

Ein Unternehmen verfügt über einen Goodwill-Vorsprung im Urteil seiner Kunden (oder der „Noch-Nicht-Kunden"), wenn ihm seitens der Nachfrager im Vergleich zu Wettbewerbern gewisse Leistungskriterien überdurchschnittlich positiv zugeordnet werden, die für die Lieferantenpräferenz der Nachfrager wichtig sind (z.B. kurze Lieferzeiten, ein vertrauensfördernder guter Ruf, Belieferungssicherheit, überragende Produktleistungen). Mit Fähigkeiten ist dagegen die im Unternehmen durch Personen, Systeme u.ä. verankerte Befähigung zur Gestaltung und Realisierung von Geschäftsprozessen etc. gemeint.

---

8 Vgl. Kupsch 1979, S. 64 ff. und Steffenhagen 2001
9 Vgl. Rehkugler 1989, S. 631 und Daschmann 1994, S. 9
10 Vgl. Steffenhagen 1997, S. 326 f.
11 Vgl. Kühn 2000, S. 186
12 Vgl. Steffenhagen 2000a, S. 109 ff.

„Ressourcen" des Unternehmens schließlich sind die akkumulierten Bestände an potenziell produktiven Faktoren (z.B. etablierte Standorte, motiviertes Personal, Wissen über Märkte und Technologien, Kooperationsnetzwerke). Fähigkeiten und Ressourcen repräsentieren folglich das Potenzial eines Unternehmens, im Wettbewerb einen spezifischen Kundennutzen zu bieten.

Erfolgsfaktoren eines Unternehmens können vor diesem Hintergrund in spezifischen Fähigkeiten/Ressourcen liegen, die das Unternehmen zu einem spezifischen, nachfragerpräferenzwirksamen Leistungszuschnitt befähigen, der seinerseits hohen Goodwill im Kundenurteil nach sich zieht. Eine gewisse *Kausalverkettung* möglicher Erfolgs*faktoren* wird hiermit evident.

Die Idee der Kausalverkettung betrifft jedoch auch den Bereich der Erfolgs*indikatoren*. Erwähnt wurde bereits die prinzipielle Möglichkeit, hochrangige Unternehmenserfolgsgrößen definitorisch und/oder kausal auf detailliertere Unterziele „herunterzubrechen". So mag die (überdurchschnittlich hohe) Profitabilität auf einen herausragend hohen Marktanteil zurückgehen, dieser wiederum auf eine hohe Stammkundschaft, jene wiederum auf hohe Kundenzufriedenheit, diese wiederum auf die von Kunden erlebte Produktqualität (= Goodwill im Kundenurteil), jene wiederum auf die technisch einzigartige Produktgestaltung (= Leistungszuschnitt) und letztere auf die spezifischen Fähigkeiten bzw. Ressourcen des anbietenden Unternehmens, die als Potenziale aufzubauen dem Unternehmen mittels konkreter Handlungen gelang. Derartige Kausalverkettungen sind eine Erklärung dafür, dass in der Erfolgsfaktorenforschung auch das Marktanteilsziel oder das Reputationsziel als Erfolgs*indikatoren* eingestuft werden. Andererseits wird verständlich, dass etwa der Marktanteil eines Unternehmens genauso berechtigt als Erfolgs*faktor* angesehen werden kann, von welchem Erfolgswirkungen auf übergeordnete Unternehmensziele ausgehen.

Der Gedanke der Kausalverkettungen sowohl zwischen Erfolgsfaktoren als auch zwischen Erfolgsindikatoren wird in Abbildung 1 veranschaulicht. Er sei konkret am Beispiel der bereits erwähnten Einführung des Xerox-PC-Betriebssystems verdeutlicht. Die gelungene Akquisition hochqualifizierter Computerspezialisten (= unternehmerisches Handeln) habe zu einer qualitativ herausragenden Mitarbeiterqualität in der Produktentwicklung (= Ressource) geführt. Infolgedessen gelang es mit der Produktgestaltung, einen im Umfeld der Konkurrenz komparativ einmaligen Leistungszuschnitt anzubieten. Der infolgedessen hohe Goodwill im Urteil angesprochener Nachfrager (in Sachen Benutzerfreundlichkeit) hätte ein für das Unternehmen herausragend positives Kauf- und Empfehlungsverhalten der Konsumenten auslösen können, was zu weiteren Erfolgsgrößen beigetragen hätte. Allerdings kam es in der Realität anders: Offenbar wurden weitere Einflussgrößen in dieser Wirkungskette übersehen, deren Impact (= Hebelwirkung) auf die in der Abbildung aufgezeigten, verketteten Erfolgsindikatoren größer als die der hier erläuterten Einflussgrößen waren.

Die beschriebene Kausalverkettung führt dazu, dass in der bisherigen Erfolgsfaktorenforschung die Begriffe Erfolgsfaktor und Erfolgsindikator auf die unterschiedlichsten, fensterartigen Ausschnitte der Abbildung 1 bezogen wurden. Ist sich der Stratege bzw.

Analyst über solche Wirkungsketten im Klaren, bleibt es ihm überlassen, in welcher Ausschnittbildung Erfolgsfaktoren betrachtet werden und welche Größen als Erfolgsfaktoren bzw. als Erfolgsindikatoren gelten sollen.

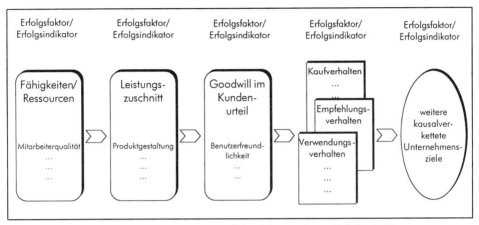

Abbildung 1: Kausalverkettung von Erfolgsfaktoren bzw. Erfolgsindikatoren

2.3 Dynamik in den Erfolgsfaktoren

Neben der Tatsache, dass Erfolgsfaktoren in Wirkungsketten in einem Mittel-Zweck-Verhältnis stehen, werden sich darüber hinaus die Erfolgsfaktoren eines Unternehmens im Zeitablauf ändern. Für diese Dynamik innerhalb der Erfolgsfaktoren gibt es zwei Ursachen. Zum einen kann es zu einem Wandel in der Unternehmensstrategie kommen. Der Strategiewechsel mag dazu führen, dass das Unternehmen ein anderes als das ehemals angepeilte Marktsegment priorisiert. Dies könnte wiederum zur Folge haben, dass das Unternehmen auf andere, den jetzigen Kunden wichtige Leistungsanforderungen stößt. Im Zuge der oben geschilderten Kausalverkettung kommt es dadurch zu einem Wandel der Erfolgsfaktoren, die im Leistungszuschnitt des Unternehmens zu beachten sind. Zur Verdeutlichung dieses Prozesses soll auch hier wieder die Einführung des Xerox-PC-Betriebssystems herangezogen werden.

Es ist vorstellbar, dass zu Beginn der Markteinführung des Betriebssystems mit dem Fokus auf die innovative, grafische Benutzeroberfläche zuerst innovationsbegeisterte Kunden angesprochen wurden. Geht das Unternehmen dann dazu über, ein breiteres Kundensegment anzusprechen, so ändert sich unter Umständen der für das Kundenurteil entscheidende Erfolgsfaktor: So könnte jetzt der Preis des Produkts zum Erfolgsfaktor werden mit der Konsequenz, dass sich auch in weiteren Abschnitten der Wirkungskette eine Verlagerung der Erfolgsfaktoren ergibt.

Aber auch ohne eine Änderung der Unternehmensstrategie sind dynamische Veränderungen in den Erfolgsfaktoren vorstellbar. So mag sich zum Beispiel das Anforderungsprofil im priorisierten Kundensegment im Laufe der Zeit verändern. Wird bspw. ein ebenso benutzerfreundliches Betriebssystem durch einen Konkurrenten auf den Markt gebracht, so wäre der durch die Benutzerfreundlichkeit erreichte Wettbewerbsvorteil neutralisiert bzw. zerstört. Aus diesem Grund könnte z.B. dann der zu bietende Service in der Wirkungskette zum Erfolgsfaktor werden.

2.4 Modellkonzeption

Mit Abbildung 2 wird hier ein ordnendes, auf Dynamik ausgelegtes Modell vorgestellt, dessen Wirkungsgefüge und Bestandteile zum größten Teil in den obigen Ausführungen beschrieben wurden. Der hier präsentierte Bezugsrahmen basiert neben den konzeptionellen Überlegungen von *Steffenhagen*[13] und *Fritz*[14] auf den Modellen von *Göttgens*[15] und *Wagner*[16].

Als Initiatoren für den Aufbau von Erfolgsfaktoren sollen unternehmerische Handlungen angesehen werden. So muss sich das Unternehmen aufgrund ihm zur Verfügung stehender, knapper Ressourcen entscheiden, welche Faktoren es im Sinne von Erfolgsfaktoren gezielt aufbauen bzw. ausbauen will. Dementsprechend entscheidet es mittels Einsatz der Ausprägungen seines Marketinginstrumentariums über seinen Leistung-Gegenleistung-Zuschnitt im Markt; ferner erfolgen Investitionen zum Auf- und Ausbau interner Fähigkeiten und Ressourcen.

An dieser Stelle sei auch verdeutlicht, dass sich – insbesondere bei einem Handelsunternehmen – die instrumentellen Marketingentscheidungen nicht nur auf den absatzmarktgerichteten Zuschnitt von Leistungen und Gegenleistungen beziehen, sondern dass sie auch den auf den Beschaffungsmarkt gerichteten Zuschnitt von Leistungen und Gegenleistungen betreffen.[17] So können sich die beim jeweiligen Zuschnitt eingesetzten Fähigkeiten und Ressourcen ebenso in komparativem Goodwill der Abnehmer wie auch dem der Lieferanten auswirken. Darüber hinaus existieren aber auch Erfolgsfaktoren in den Fähigkeiten und Ressourcen, die insbesondere die Kostenstruktur eines Unternehmens tangieren und sich somit direkt auf eine vorteilhafte Wettbewerbsposition auswirken.[18] Der Aufbau von Wettbewerbsvorteilen dient letztlich dem Erreichen der das langfristige Überleben sichernden, hochrangigen Unternehmensziele wie z.B. Liquidität, Unternehmenswachstum oder Rentabilität des eingesetzten Kapitals.

---

13 Vgl. Steffenhagen 1997
14 Vgl. Fritz 1995
15 Vgl. Göttgens 1996
16 Vgl. Wagner 1999
17 Vgl. Steffenhagen 2000, S. 163 ff.
18 Vgl. Hildebrandt/Trommsdorff 1989, S. 17

Erfolgsfaktoren im dynamischen Markt der Online-Shops 215

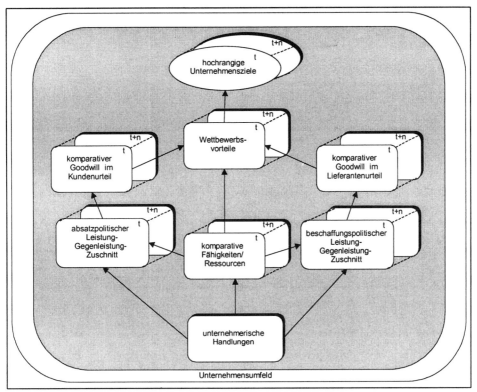

Abbildung 2: Konzeptioneller Rahmen zur dynamischen Betrachtung von Erfolgsfaktoren

Nicht unerwähnt seien jene Erfolgsfaktoren, die im Unternehmensumfeld liegen. Sie können sich auf den Erfolg sowohl fördernd als auch dämpfend auswirken. In vielen Studien zur Erfolgsfaktorenforschung werden Einflussgrößen des Unternehmensumfelds nicht in Untersuchungen einbezogen, da sie als nicht kontrollierbar gelten und somit begrifflich aus dem Erfolgsfaktorenkonzept ausgeklammert bleiben.[19] Dem sei nur eingeschränkt gefolgt: So lassen sich auch Einflussgrößen des Unternehmensumfelds durch Aktivitäten des Unternehmens beeinflussen, auch wenn dies mit größeren Anstrengungen verbunden ist.

---

19 Vgl. Patt 1988, S. 43 ff. und Kleinhückelskoten/Schnetkamp 1989, S. 263 f.

3. Erfolgsfaktoren im dynamischen Markt der Online-Shops

3.1 Begriff des e-Commerce

Da die Begriffe e-Commerce, e-Business und Online-Shops in der Literatur nicht einheitlich benutzt werden, sei an dieser Stelle kurz auf diese Begriffe eingegangen und der Versuch einer Abgrenzung gemacht.[20]

Der umfassendste Begriff in der Literatur ist der Begriff des *e-Business*. So wird unter e-Business die Unterstützung und Durchführung von Geschäftstransaktionen, -prozessen sowie -beziehungen zu sämtlichen internen und externen Partnern eines Unternehmens mittels elektronischer Informations- und Kommunikationstechnologien verstanden. Obwohl diese Definition des e-Business von vielen auch zur Definition des e-Commerce herangezogen wird,[21] seien hier diese Begriffe voneinander abgegrenzt. So unterscheidet sich der Begriff des *e-Commerce* von dem des e-Business durch das Ausklammern interner Geschäftsprozesse und der ausschließlichen Nutzung des Internets als Plattform der verwendeten Informations- und Kommunikationstechnologie.[22] E-Commerce ist somit ein Teil des e-Business.

Die folgenden Ausführungen beziehen sich nur auf Online-Shops, die im B2C-Commerce tätig sind. Unter einem Online-Shop sei eine Handelsplattform im e-Commerce verstanden, die es dem Konsumenten ermöglicht, neben der Nutzung eines Online-Kataloges auch die Bestellung und Bezahlung online abzuwickeln.

Im weiteren Verlauf wird hier exemplarisch für B2C-Online-Shops, die das Internet als exklusiven Absatzkanal nutzen und als Handelsunternehmen auftreten, der Markt der *Online-Buch-Shops* betrachtet. Aufgrund der hohen Akzeptanz des Online-Buchhandels kann dieser Markt als etabliert gelten[23] und eignet sich auch dank der vorhandenen historischen Daten besonders innerhalb des e-Commerce für die Erfolgsfaktorenforschung.

Die dynamischen Veränderungen der Erfolgsfaktoren sollen anhand der Markteinführungs- und der Marktwachstumsphase des Marktlebenszyklus beschrieben werden. Eine Betrachtung der Marktreifephase erscheint zum gegenwärtigen Zeitpunkt schwierig, da es bislang noch keinen Internetmarkt gibt, der in eine solche Phase eingetreten ist.

---

20 Vgl. Haertsch 2000, S. 12 f.
21 Vgl. Haertsch 2000, S. 13 und KPMG 1999, S. 7
22 Vgl. Günther 2000, S. 10
23 Vgl. G+J 2000, S. 20 und KPMG 1999, S. 18

Als Besonderheit dieses Marktes sei die gesetzlich vorgegebene Buchpreisbindung erwähnt, welche zur Folge hat, dass der Preis des Produkts Buch vom Handel nicht aktiv als Marketinginstrument eingesetzt werden kann.

3.2 Erfolgsfaktoren in der Einführungsphase

Erfolgsfaktoren des Unternehmensumfelds

Wie oben beschrieben, bildet das Unternehmensumfeld eine Art Rahmen, der das erfolgreiche Agieren des Unternehmens entscheidend beeinflussen kann. So seien an dieser Stelle solche Rahmenbedingungen genannt, die zwar schwierig, aber dennoch beeinflussbar sind.

Die Möglichkeiten, die sich einem Online-Shop bieten, um sein Angebot und ergänzende Informationen dem potenziellen Kunden attraktiv zu präsentieren, werden u. a. durch die *Netzinfrastruktur* beeinflusst. So bestimmen die Übertragungsrate und die vermittelnden Internetserver in entscheidender Art und Weise, wie schnell der potenzielle Kunde die Informationen abrufen kann. Die Übertragungsraten hängen von den technischen Möglichkeiten bezüglich der Übertragungsmedien und -protokolle ab (analoger Modemanschluss, ISDN, DSL oder neue geplante Techniken etwa über die Stromversorgung).[24] Daneben können sich auch die *Nutzungsgebühren* für den Zugriff auf das Internet auf das Nutzungsverhalten des potenziellen Kunden auswirken. Je niedriger die Nutzungsgebühren sind, desto eher wird dieser bereit sein, sich mit Hilfe des Internets zu informieren.

Die *Sicherheitsbedenken* eines potenziellen Kunden erstrecken sich hauptsächlich auf drei Gebiete. Zum einen besteht Bedarf an sicheren Zahlungsmethoden über das Internet.[25] Zum anderen werden viele potenzielle Kunden durch Bedenken bezüglich der Datensicherheit im Internet von Kaufhandlungen abgeschreckt.[26] Als dritter Punkt sorgt die mangelhafte rechtliche Regelung beim Abschluss eines Vertrages im Internet für Unsicherheit. So werden einerseits *gesetzliche Rahmenbedingungen* benötigt, die sowohl den Datenschutz als auch den Vertragsabschluss im Internet absichern. Zusätzlich bedarf es gewisser *Sicherheitstechniken*, die den Zahlungsverkehr sicher, aber für den Abnehmer dennoch transparent machen.[27]

---

24 Vgl. Preißl/Haas 1999, S. 99
25 So ist der häufigste Grund, E-Commerce nicht zu nutzen, das Risiko beim Zahlungsverkehr; vgl. G+J 2000, S. 33
26 Vgl. G+J 2000, S. 33
27 Vgl. Preißl/Haas 1999, S. 35 ff. und Wagner 1999, S. 109

Vom Anbieter steuerbare Erfolgsfaktoren

In der Markteinführungsphase muss der Marktaufbau erfolgen und daher muss die Kundengewinnung ein hochrangiges Marketingziel sein.[28] So muss es in dieser Marktphase gelingen, potenziellen Kunden den *Nutzenvorteil* gegenüber dem klassischen Buchhandel zu verdeutlichen, um auf diese Weise *Akzeptanz* für das Online-Shopping zu schaffen.

In der Warengruppe 'Buch' liegt ein möglicher Nutzenvorteil für den Kunden im *vollständigen* und *detailliert beschriebenen Produktangebot*.[29] Die hierfür zu treffenden Vorkehrungen im absatzpolitischen Leistungszuschnitt liegen einerseits in der *Angebotsgestaltung,* andererseits im Rahmen der Serviceleistung, nämlich im *Produktinformationsangebot*. Dabei ist dieses Informationsangebot so zu gestalten, dass es die mangelnde physische Präsenz der Bücher und damit den Verlust des Kauferlebnisses kompensieren kann.[30]

Die hierfür benötigten Fähigkeiten und Ressourcen des Anbieters sind sowohl eine große *Sortimentsbreite* und *-tiefe* in der Warengruppe 'Buch', als auch eine detaillierte und aktuelle *Informationsdatenbank*.[31] Um dieses vollständige und detaillierte Produktangebot nutzen zu können, ist dem potenziellen Kunden als weiterer Service ein geeignetes *Such-* und *Navigationssystem* zur Verfügung zu stellen, das mittels einer geschickten *programmiertechnischen Umsetzung* realisiert werden kann.[32]

Erfolgsfaktoren liegen in dieser Marktphase ebenfalls in der Beseitigung kaufhemmender Faktoren. So scheitert die Kaufhandlung bei potenziellen Kunden oft schon in der Anbahnungsphase des Transaktionsprozesses aufgrund von *Sicherheitsbedenken*.[33] Um diese Sicherheitsbedenken ausräumen zu können, hat der Anbieter bei der Einräumung von *Zahlungsbedingungen* Zugeständnisse zu machen.

Um Sicherheitsbedenken verringernde Zahlungsbedingungen zu schaffen, müssen Anbieter sich vor allem Fähigkeiten zum Einrichten unterschiedlicher *Zahlungsmodalitäten* aufbauen. Die üblichen Varianten enthalten die Zahlung per Nachname, Rechnung, Kreditkarte oder Lastschrift. Unter Umständen empfiehlt es sich hier, die Zahlungsabwicklung im Zuge einer *Kooperation* an einen Finanzdienstleister auszulagern. Des Weiteren bietet es sich an, dem potenziellen Kunden ein *Rückgaberecht* einzuräumen.

Die Wahrscheinlichkeit, dass die Transaktion auch trotz Aufbau des Produkt- und Informationsangebots sowie trotz Reduktion der Sicherheitsbedenken nicht zustande kommt, ist dann hoch, wenn der Anbieter dem potenziellen Kunden keine *schnelle* und *zuverlässige Lieferung* des Produktes zusichern kann.[34] Aus diesem Grund ist der Auf-

---

28 Vgl. Oelsnitz 1996, S. 108 f.
29 Vgl. Merz 1999, S. 48 und Weiber/Kollmann 1999, S. 53
30 Vgl. Schinzer 1997, S. 23
31 Vgl. Meffert/Böing 2000, S. 15
32 Vgl. Preißl/Haas 1999, S. 91 und Schneider/Gerbert 1999, S. 141 f.
33 Vgl. ECIN 2000
34 Vgl. Meffert/Böing 2000, S. 19; G+J 2000, S. 33 und ECIN 2000

bau einer effizienten *Logistik* in diesem Bereich unabdingbar. Hierbei kommt es nicht nur auf den reinen Lieferungsprozess an, sondern auch auf die schnelle Verfügbarkeit der Ware. Fand der Transaktionsprozess bis zur Abwicklungsphase online – im Marketspace[35] – statt, so findet der Warenaustausch in der realen Welt – dem Marketplace – statt, wodurch es zu einem Medienbruch kommt. Da die Kompetenzen von Online-Shops größtenteils im Marketspace liegen, bieten sich zur Bewältigung dieses Medienbruchs *Kooperationen* mit Partnern an, die ihre Kompetenzen im Marketplace besitzen.[36]

Aufgrund der Marktlage ist nicht anzunehmen, dass es in dieser Marktphase relevant ist, Goodwill im Lieferantenurteil aufzubauen. So macht es für einen Verlag keinen Sinn, selektiven Vertrieb zu betreiben, da das Produkt 'Buch' sich nicht durch eine exklusive Marke, sondern durch den Inhalt profiliert. Aus diesem Grund werden Verlage versuchen, eine möglichst breite Marktabdeckung zu erreichen.

Da eine starke Marke mit ihrem Beitrag zum Goodwill bei Nachfragern ihre bedeutende Rolle erst im Wettbewerb erfährt, soll ihr aufgrund der geringen Wettbewerberzahl in dieser Marktphase für junge Unternehmen noch keine herausragende Bedeutung zugesprochen werden. Für schon länger agierende Unternehmen,[37] die einen Teil ihrer Kapazitäten für den Aufbau einer guten Wettbewerbsposition nutzen können, bietet es sich jedoch an, in dieser Marktphase ihre *Marke* aufzubauen. So werden die *Kommunikationsmaßnahmen* zum Aufbau der Marke aufgrund der geringen Wettbewerbsdichte noch nicht von den Konkurrenten gestört.

3.3 Erfolgsfaktoren in der Wachstumsphase

Erfolgsfaktoren des Unternehmensumfelds

Durch die mit dem Marktwachstum fortschreitende Akzeptanz des e-Commerce verschieben sich die Erfolgsfaktoren zwar zunehmend in den kontrollierbaren Bereich, es wird aber bedeutsam sein, dass der *Markt stabil* bleibt. Eine große Konkurswelle z.B. würde für Unsicherheit unter den Abnehmern sorgen und damit das Vertrauen bzw. die Akzeptanz wieder mindern.

Positiv auf die *Kundengewinnung* wird sich auch die weitere Entwicklung des Internetzugangs auswirken. So gelten hier wie in der Einführungsphase die *Netzinfrastruktur* sowie niedrige *Nutzungsgebühren* als fördernde Faktoren. Darüber hinaus wird die Wei-

---

35 In der neueren Literatur spricht man bei elektronischen Märkten aufgrund ihres virtuellen Charakters vom Marketspace, während die klassischen Märkte Marketplace genannt werden.
36 Vgl. Heil 1999, S. 112
37 So mag es Unternehmen geben, die einen Teil ihrer Kompetenzen bereits als Versandhandel aufgebaut haben und nun in den Online-Bereich gewechselt sind.

terentwicklung komfortabler und leichter zu bedienender *Zugangssysteme* das Marktwachstum beschleunigen können.[38]

Aufgrund der geringen Wechselkosten für den Kunden wird es für die *Kundenbindung* entscheidend sein, wie stark die *Wettbewerbsintensität* ist. Gelingt es den etablierten Anbietern nicht, *Markteintrittsbarrieren* zu errichten und so die Anreize für einen Markteintritt zu mindern, werden diese ebenfalls zu einem restringierenden Faktor.[39]

Vom Anbieter steuerbare Erfolgsfaktoren

Im Verlauf der Marktwachstumsphase werden zusätzliche Konkurrenten auf den Markt dringen. Die Unternehmen, die sich in dieser Phase am Markt beteiligen, werden das Marktwachstum nutzen wollen, um selbst zu wachsen. Aus diesem Grund werden die vorrangigen Unternehmensziele darin liegen, die Wettbewerbsposition auszubauen.

Zunächst seien die Unternehmen betrachtet, die sich in der eigenen Wachstumsphase befinden, entweder weil sie den Markteinstieg durch den Aufkauf eines schon im Markt aktiven Unternehmens realisierten oder weil sie seit der Markteinführungsphase aktiv sind.

Hierfür bieten sich dem Unternehmen hauptsächlich zwei Ansatzpunkte: Zum einen muss es (wie in der Markteinführungsphase) versuchen, Neukunden zu gewinnen. Zum anderen hat es seine bisherige Kundschaft an sich zu binden und den eigenen Lieferanteil bei dieser Kundschaft auszuweiten.

Für die *Kundenneugewinnung* gelten im Wesentlichen die gleichen Erfolgsfaktoren, die bereits in der Markteinführungsphase bedeutsam waren und somit schon entsprechend justiert sein dürften. Lediglich der Stellenwert der Sicherheitsbedenken im Kundenurteil wird im Laufe der Wachstumsphase abnehmen.[40] So wird durch die erfolgreiche Nutzung von Zahlungsmethoden durch die Nutzungspioniere die Akzeptanz in der Masse der potenziellen Kunden diesbezüglich schnell steigen. Dies hängt vor allem mit Kritische-Masse-Effekten (oder Feed-Back-Effekten[41]) bei der Adoption derartiger Internetdienstleistungen zusammen. Ist eine solche kritische Masse überschritten, werden diese Leistungen in der Regel schnell von den potenziellen Kunden akzeptiert.[42]

Da der Anbieterwechsel dem Kunden im Internet sehr leicht fällt (der nächste Anbieter ist nur einen Mausklick entfernt), wird vor allem die *Kundenbindung* an Wichtigkeit gewinnen, um die Wettbewerbsposition auszubauen. Hier spielen mehrere Komponenten eine Rolle. So müssen sowohl *Kundenzufriedenheit* als auch *Kundenvertrauen* aufgebaut werden. Dies scheint für das Internet besonders wichtig zu sein: Gerade im Internet verbreiten sich negative Erfahrungen über Diskussionsforen und Chat-Rooms viel

---

38 Vgl. Wagner 1999, S. 125 f.
39 Vgl. Wagner 1999, S. 127
40 Vgl. Wamser/Staudacher 1997, S. 92
41 Vgl. Meffert 1999, S. 578
42 Vgl. Heil 1999, S. 100 f.

schneller, als es in der klassischen Ökonomie der Fall ist.[43] Die Kundenbindung zielt im e-Commerce und besonders im Markt der Online-Shops eher auf die Kundenverbundenheit als auf die Kundengebundenheit ab, da das Errichten von ökonomischen Wechselbarrieren in diesem Markt so gut wie nicht möglich ist.[44]

Um sowohl eine stärkere Kundenzufriedenheit als auch -vertrautheit aufbauen zu können, reicht es für einen Online-Shop in dieser Marktphase nicht mehr aus, dem Kunden Produktinformationen in Form reinen Faktenwissens zu präsentieren. Vielmehr muss der Servicezuschnitt so gelingen, dass dem potenziellen Kunden *Produktangebote* und *-informationen* seinen *individuellen Präferenzen entsprechend* dargestellt werden. Als Grundlage dieser Form des one-to-one-Marketing wird eine umfangreiche *Kundendatenbank* zu einer wichtigen Ressource.[45] Darüber hinaus kann ein solches Vorgehen auch zur *Kundenneugewinnung* beitragen.

Die *Kundenzufriedenheit* wird weiterhin durch die Sicherstellung schneller *Lieferzeiten* und niedriger *Liefergebühren* gesteigert, was für weitere Investitionen in das *Logistiksystem* spricht.[46] Die Liefergebühren stellen in diesem Zusammenhang einen Hemmnisfaktor bezüglich eines Kaufs im Online-Shop dar, wodurch dieser Aspekt auch auf die *Kundenneugewinnung* wirkt. Nach erfolgreicher und zufriedenstellender Abwicklung der Transaktion werden diese beiden Faktoren zusätzlich auf das *Kundenvertrauen* wirken.

Als entscheidender Faktor zur Erlangung des *Kundenvertrauens* ist die *Marke* des Online-Shops anzusehen. Sie steht für ein Qualitätsversprechen und bildet in der Anonymität des Internets einen Wiedererkennungswert.[47] Damit einher geht die Intensivierung *medienübergreifender Werbemaßnahmen*. Ein weiteres Mittel, um das Vertrauen des Kunden zu gewinnen, ist die Errichtung so genannter *Communities*. Dies sind Foren im Internet, die es dem Kunden erlauben, sich mit anderen Kunden auszutauschen und so dem Kunden das Gefühl geben, zu einer Gemeinschaft zu gehören.[48] Um diese Kommunikationsmaßnahmen zu finanzieren, bedarf es für das Unternehmen einer gewissen *Liquidität*.

Um den eigenen Lieferanteil beim Kunden zu erhöhen, bietet es sich an, die Produktpalette weiter auszubauen. So können neben Büchern verwandte oder ergänzende Produkte wie z.B. Musik-CDs oder Softwareprodukte in das Sortiment aufgenommen werden. Der potenzielle Kunde soll dadurch ein den Themenbereich 'Medien' abdeckendes *komplettes Sortiment* vorfinden.[49] Dies hat den Vorteil, dass die Investitionskosten eher gering bleiben, da die bestehende Plattform zur Präsentation sowie das aufgebaute Logistik-

---

43 Vgl. O´Conner/O´Keefe 2000, S. 130 f.
44 Vgl. Hildebrand 1998, S. 69 f.; Bliemel/Fassot 1999, 12 f. und Schneider/Gerbert 1999, S. 150 f.
45 Vgl. Hildebrand 1998, S. 70; Wagner 1999, S. 135 und Schneider/Gerbert 1999, S. 135 f.
46 Vgl. Meffert/Böing 2000, S. 18 f. und ECIN 2000
47 Vgl. Wagner 1999, S. 132 f.; Meffert/Böing 2000, S. 20 f. und Booz-Allen & Hamilton 2000, S. 61 ff.
48 Vgl. Hildebrand 1998, S. 70 und Schneider/Gerbert 1999, S. 169 ff.
49 Vgl. Heil 1999, S. 112

system zum Versand der Produkte verwendet werden können und Skaleneffekte zum Tragen kommen.

Um die Produktpalette weiter auszubauen, muss der Anbieter jedoch auch mit seinem *beschaffungspolitischen* Leistung-Gegenleistung-Zuschnitt Lieferanten für weitere Medien wie CDs oder Software gewinnen. Zu einem Wettbewerbsvorteil wird dies dann führen können, wenn der Anbieter es schafft, den Goodwill bei Lieferanten so weit auszubauen, dass diese den Anbieter exklusiv beliefern.

Zum Abschluss seien noch die Unternehmen betrachtet, die erst in der Wachstumsphase des Marktes gegründet werden. Sie werden zwar von den in der Markteinführungsphase – zumindest teilweise – gelösten Akzeptanzproblemen profitieren, müssen aber sowohl die Erfolgsfaktoren der Wachstums- als auch der Einführungsphase managen.

Darüber hinaus wird es diesen Unternehmen weitaus schwerer fallen, geeignete starke Partner zu finden, da diese zum größten Teil an die Unternehmen gebunden sein werden, die bereits in der Markteinführungsphase aktiv waren.

4. Zusammenfassung

Nach einer charakterisierenden Klärung des Begriffs Erfolgsfaktor werden im vorliegenden Beitrag grundsätzliche Wirkungsmechanismen zwischen Erfolgsfaktoren und Erfolgsindikatoren beschrieben. Insbesondere wird auf die in der Erfolgsfaktorenforschung eher im Hintergrund stehenden Wirkungsketten und dynamischen Effekte eingegangen. Schnell wird deutlich, dass die Ursache für dynamische Effekte sowohl in strategischen Richtungswechseln des Unternehmens, aber auch in Veränderungen des Unternehmensumfelds liegen. Diese theoretischen Vorüberlegungen münden in die Konzeption eines dynamischen Denkrahmens zur Ordnung möglicher Erfolgsfaktoren.

Auf Basis dieses Modells wird daran anschließend exemplarisch an der Branche der Online-Buch-Shops eine plausibilitätsgestützte Untersuchung bezüglich relevanter Erfolgsfaktoren durchgeführt. Anhand des dynamischen Modells werden Erfolgsfaktoren in unterschiedlichen Marktphasen unter Berücksichtigung der unterschiedlichen Reife agierender Unternehmen identifiziert. Diese Ausführungen dienen nicht nur als Fingerzeige für betroffene Unternehmen, sondern sie könnten auch nach adäquater Operationalisierung der Erfolgsindikatoren als Grundlage einer empirischen Untersuchung dienen.

Literatur

BLIEMEL, F.; FASSOT, G. (1999): Electronic Commerce und Kundenbindung, in: Bliemel, F.; Fassot, G.; Thoebald, A. (Hrsg.): Electronic Commerce: Herausforderungen, Anwendungen, Perspektiven, 2. Aufl., Wiesbaden 1999. S. 11-26.

BOOZ-ALLEN & HAMILTON (Hrsg.) (2000): 10 Erfolgsfaktoren im e-business, Frankfurt a. M. 2000.

DASCHMANN, H.-A. (1994): Erfolgsfaktoren mittelständischer Unternehmen: Ein Beitrag zur Erfolgsfaktorenforschung, Stuttgart 1994.

ECIN NEWS (2000): Viele verlassene Einkaufswagen im Netz, in: ECIN News, 25. Oktober 2000.

FRITZ, W. (1990): Marketing - ein Schlüsselfaktor des Unternehmenserfolges. Eine kritische Analyse vor dem Hintergrund der empirischen Erfolgsfaktorenforschung, in: Marketing ZFP, Jg. 1990, H. 2, S. 91-110.

FRITZ, W. (1995): Marketing-Management und Unternehmenserfolg, Stuttgart 1995.

G+J ELECTRONIC MEDIA SERVICE (Hrsg.) (2000): OnScreen Band II: E-Commerce Nachbefragung zur fünften Erhebungswelle des GfK-Online-Monitors, Hamburg 2000.

GÖTTGENS, O. (1996): Erfolgsfaktoren in stagnierenden und schrumpfenden Märkten. Instrumente einer erfolgreichen Unternehmenspolitik, Wiesbaden 1996.

GÜNTHER, J. (2000): Wenn E-Commerce Wirklichkeit wird. Nichts bleibt mehr, wie es war, in: Marketing Journal, Jg. 2000, H. 2, S. 104-106.

HAERTSCH, P. (2000): Wettbewerbsstrategien für Electronic Commerce. Eine kritische Überprüfung klassischer Strategiekonzepte, Lohmar, Köln 2000.

HEIL, B. (1999): Online-Dienste, Portal Sites und elektronische Einkaufzentren. Wettbewerbsstrategien auf elektronischen Massenmärkten, Wiesbaden 1999.

HILDEBRAND, V. G. (1998): Kundenbindung mit Online Marketing, in: Link, J. (Hrsg.): Wettbewerbsvorteile durch Online Marketing, Berlin, Heidelberg 1998, S. 53-73.

HILDEBRANDT, L., TROMMSDORFF, V. (1989): Anwendungen der Erfolgsfaktorenanalyse im Handel, in: Trommsdorff; Volker (Hrsg.): Handelsforschung 1989, Jahrbuch der Forschungsstelle für den Handel Berlin e. V., Wiesbaden 1989, S. 15-26.

HOFFMANN, F. (1986): Kritische Erfolgsfaktoren - Erfahrungen in großen und mittelständischen Unternehmungen, in: Zeitschrift für betriebswirtschaftliche Forschung, 38. Jg. 1986, H. 10, S. 831-843.

KLEINHÜCKELSKOTEN, H.-D.; SCHNETKAMP, G. (1989): Erfolgsfaktoren für Marketingstrategien, in: Bruhn, M. (Hrsg.): Handbuch des Marketing, München 1989, S. 257-276.

KPMG (1999): Electronic Commerce - Status Quo und Perspektiven '99, o.O. 1999.

KÜHN, R. (2000): Thesen zum Beitrag der deutschsprachigen Marketingforschung zum strategischen Marketing, in: Backhaus, K. (Hrsg.): Deutschsprachige Marketingforschung. Bestandsaufnahmen und Perspektiven, Stuttgart 2000, S. 177-192.

KUPSCH, P. (1979): Unternehmungsziele, Stuttgart-New York 1979.

MEFFERT, H. (1999): E-Commerce. Potenziale ohne Grenzen, in: Die Betriebswirtschaft, 59. Jg. 1999, H. 5, S. 577-579.

MEFFERT, H.; BÖING, C. (2000): Erfolgsfaktoren und Eintrittsvoraussetzungen im Business-to-Consumer-E-Commerce. Ausgewählte Ergebnisse einer empirischen Analyse. Wissenschaftliche Gesellschaft für Marketing und Unternehmensführung e.V., Arbeitspapier Nr. 138, 2000 als Manuskript gedruckt.

MERZ, M. (1999): Electronic Commerce - Marktmodelle, Anwendungen und Technologien, Heidelberg 1999.

O'CONNER, G. C.; O'KEEFE, R. (2000): The Internet as a new Marketplace: Implications for Consumer Behavior and Marketing Management, in: Shaw, M.; Blanning, R., Strader, T. u. a. (Hrsg.): Handbook on Electronic Commerce, Berlin-Heidelberg-New York u. a. 2000, S. 123-146.

OELSNITZ VON DER, D. (1996): Ist der "Firstcomer" immer der Sieger? Einflussfaktoren auf die Wahl des optimalen Markteintrittszeitpunktes, in: Marktforschung und Management, 40. Jg. 1996, S. 108-111.

PATT, P.-J. (1988): Strategische Erfolgsfaktoren im Einzelhandel. Eine empirische Analyse am Beispiel des Bekleidungsfachhandels, Frankfurt a. M. u.a. 1988.

PREIß, F. J. (1992): Strategische Erfolgsfaktoren im Software-Marketing. Ein Konzept zur Erfassung und Gewichtung strategischer Erfolgsfaktoren mit Hilfe quantitativer Verfahren, Frankfurt a. M. 1992.

PREIßL, B.; HAAS, H. (1999): E-Commerce. Erfolgsfaktoren von Online-Shopping in den USA und in Deutschland, Berlin 1999.

REHKUGLER, H. (1989): Erfolgsfaktoren der mittelständischen Unternehmen, in: WISU, 18. Jg. 1989, H. 11, S. 626-632.

SCHINZER, H. (1997): Auswahl einer geeigneten Electronic Commerce-Strategie, in: Thome, R.; Schinzer, H. (Hrsg.): Electronic Commerce: Anwendungsbereiche und Potentiale der digitalen Geschäftsabwicklung, München 1997, S. 19-39.

SCHNEIDER, D.; GERBERT, P. (1999): E-Shopping. Erfolgsstrategien im electronic commerce, Wiesbaden 1999.

SCHRÖDER, H. (1994): Erfolgsfaktorenforschung im Handel. Stand der Forschung und kritische Würdigung der Ergebnisse, in: Marketing ZFP, Jg. 1994, H. 2, S. 89-105.

STEFFENHAGEN, H. (1997): Erfolgsfaktorenforschung für die Werbung. Bisherige Ansätze und deren Beurteilung, in: Bruhn, M.; Steffenhagen, H. (Hrsg.): Marktorientierte Unternehmensführung Reflexionen - Denkanstöße - Perspektiven, Wiesbaden 1997, S. 323-350.

STEFFENHAGEN, H. (2000): Eine austauschtheoretische Konzeption des Marketing-Instrumentariums als Beitrag zu einer allgemeinen Marketing-Theorie, in: Backhaus, K. (Hrsg.): Deutschsprachige Marketingforschung. Bestandsaufnahmen und Perspektiven, Stuttgart 2000, S. 141-174.

STEFFENHAGEN, H. (2000a): Marketing: Eine Einführung, 4. Aufl., Stuttgart-Berlin-Köln 2000.

STEFFENHAGEN, H. (2001): Die Planung von Marketing-Zielen als Bestandteil der Strategieentwicklung und -implementierung in markthierarchisch gegliederten Unternehmen. Arbeitspapier, Nr. 01/08, RWTH Aachen 2001.

WAGNER, P.-O. (1999): Finanzdienstleister im Electronic Commerce, Wiesbaden 1999.

WAMSER, C.; STAUDACHER, F. (1997): Online-Shopping. Von der Kommunikation zur Distribution, in: Wamser, C.; Fink, D. H. (Hrsg.): Marketing-Management mit Multimedia: neue Medien, neue Märkte, neue Chancen, Wiesbaden 1997, S. 87-94.

WEIBER, R.; KOLLMANN, T. (1999): Wertschöpfungsprozesse und Wettbewerbsvorteile im Marketspace, in: Bliemel, F.; Fassot, G.; Thoebald, A. (Hrsg.): Electronic Commerce – Herausforderungen, Anwendungen, Perspektiven, 2. Aufl., Wiesbaden 1999, S. 47-62.

Franz-Rudolf Esch, Marco Hardiman und Greg Kiss

Gestaltung von Handelsauftritten im Internet

1. Herausforderungen der Gestaltung von Handelsauftritten im Internet
   1.1 Anwendung verhaltenswissenschaftlicher Erkenntnisse
   1.2 Bedeutung markenspezifischer Umsetzung

2. Gestaltungsempfehlungen aus den Besonderheiten des Mediums Internet
   2.1 Involvement berücksichtigen
   2.2 Hypertext gestalten
   2.3 Interaktivität verstärken
   2.4 Multimedialität nutzen

3. Entwicklungsprozess für eine wirksame Shopgestaltung

Literatur

1. Herausforderungen der Gestaltung von Handelsauftritten im Internet

Die Bedeutung von Online-Shops[1] nimmt unumstritten zu. Experten sind sich einig, dass den Händlern im Internet weiteres Umsatzwachstum bevorsteht.[2] Um von diesen positiven Rahmenbedingungen zu profitieren und den Marktanteil auszubauen, ist jedoch mehr als eine Präsenz im Internet nötig. Dies zeigen die zahlreichen Schließungen von Online-Shops der letzten Monate in drastischer Weise (siehe Abbildung 1).

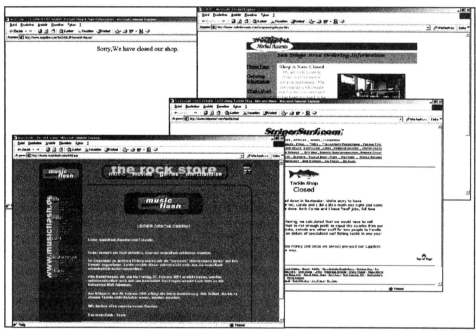

Abbildung 1: Shopsterben im Internet

---

1 In diesem Beitrag werden die Begriffe Handelsauftritte, Online-Shops und Online-Händler synonym verwendet. Im Speziellen wird auf die Gestaltung von Shops mit Bestellmöglichkeit eingegangen.

2 In den USA sind die e-Commerce Umsätze um den Faktor 100 gestiegen, als eine Flatrate von 22 US Dollar eingeführt wurde (vgl. Heddendorp 2001). Unter Flatrate versteht man einen Pauschaltarif, der die Internet- und Telefongebühren umfasst. Somit kann der Konsument zu einem festen Preis unbeschränkt im Internet surfen. In Deutschland wird von AOL ab August 2001 eine Flatrate für 39,90 DM pro Monat eingeführt.

Bislang werden, vor allem von reinen Internethändlern, verhaltenswissenschaftliche Erkenntnisse zur wirksamen Gestaltung von Websites und insbesondere von Handelsauftritten missachtet. Doch gerade die Anwendung von Sozialtechniken und eine konsequente Markenführung helfen beim Aufbau eines soliden Handelsauftritts, der dem Kunden einen Orientierungspunkt im Internet bietet und ihm das nötige Vertrauen vermittelt, Waren online zu bestellen.

1.1 Anwendung verhaltenswissenschaftlicher Erkenntnisse

Viele Unternehmen verlassen sich bei der Gestaltung ihrer Handelsauftritte auf die Kenntnisse von Programmierern und Kreativen. Diese postulieren häufig, dass im Internet völlig neue Regeln gelten. Deshalb bleiben bei der Gestaltung von Online-Shops meist grundlegende verhaltenswissenschaftliche Erkenntnisse zur wirksamen Beeinflussung von Kunden unberücksichtigt.

Eine solche Einstellung ist wenig fundiert, sie läuft den heutigen Erkenntnissen entgegen. Die Konsequenzen rein programmier- und kreativitätsgetriebener Internetseiten sind fatal, da gerade im Internet die Konkurrenz groß ist. Dies gilt auch für vermeintliche Nischen- und Fachgeschäfte. Allein im deutschen Verzeichnis von Yahoo! sind bspw. 101 Listungen unter fotografischem Bedarf und Zubehör sowie 74 Eintragungen unter Tabakwaren registriert. Bei 35 dieser Tabakläden ist eine Online-Bestellung möglich. Der Kunde befindet sich also inmitten einer Ansammlung von 35 Tabakgeschäften, er muss sich nur noch für ein Geschäft entscheiden, ein Produkt auswählen und zugreifen. Gerade bei einem solchen Wettbewerb geht es nicht darum, technischen Schnickschnack oder Kunst bei einem Handelsauftritt zu realisieren. Vielmehr sind Handelsauftritte im Internet sowohl markenstrategisch als auch kundenspezifisch zu gestalten. Dies erhöht die Effektivität und die Effizienz solcher Websites. Umso unbegreiflicher ist es, dass grundlegende Erkenntnisse der Markenführung und Sozialtechniken zur Gestaltung von Handelsauftritten nicht herangezogen werden, um die Internetnutzer auf die eigene Website zu führen und zu profitablen Kunden zu machen.

„Unter Sozialtechnik versteht man die systematische Anwendung von sozialwissenschaftlichen oder verhaltenswissenschaftlichen Gesetzmäßigkeiten zur Beeinflussung von Menschen."[3] Viele Internetshops bedienen sich nicht dieser Gesetzmäßigkeiten. Dabei unterscheidet sich im Internet weder die Wahrnehmung von Informationen, noch deren Verarbeitung und Speicherung bei den Konsumenten grundsätzlich von anderen Medien. So sind auch die Übereinstimmungen im Betrachtungsverhalten von Internetseiten und klassischer Werbung beträchtlich.[4] Die Gestaltung von Websites hat damit den gleichen sozialtechnischen Regeln wie die Gestaltung in klassischen Medien folgen.[5] Dies gilt

---

3 Kroeber-Riel/Esch 2000, S. 127
4 Vgl. Bachofer 1998
5 Vgl. Esch/Langner/Fuchs 1998

selbstverständlich auch für die Gestaltung von Online-Shops. Deshalb ist bei der Gestaltung von virtuellen Läden auf verhaltenswissenschaftlich fundierte Regeln zurückzugreifen.[6]

1.2 Bedeutung markenspezifischer Umsetzung

Zur Rolle markenspezifischer Umsetzungen für Handelsunternehmen: Für Handelsunternehmen, die das Internet als zusätzlichen Vertriebskanal nutzen, darf das Internet kein Freibrief für Abweichungen von Markenrichtlinien sein. Die Gesetze der Markenführung ändern sich nicht von Medium zu Medium, sie müssen lediglich medienspezifisch angepasst werden. Es gilt das Motto: Der Internetauftritt folgt der Marke! Konkret heißt dies, dass die Markenassets eines Handelsunternehmens auch im Internet umzusetzen sind. Bei der Globus-SB-Warenhauskette wären Merkmale zur Stützung der Markenbekanntheit und zur Förderung der Wiedererkennung etwa die Farben Grün und Orange. Hinsichtlich des Markenimage wären dies z.B. die Merkmale, die die Kundenorientierung von Globus sichtbar zum Ausdruck bringen: der Slogan „Immer auf der Seite seiner Kunden" oder Kunden, die auch in Beilagen und auf Plakaten im Globus abgebildet werden und positiv über den Globus berichten. Handelsunternehmen, die sich bereits als Marken etabliert haben, müssen demnach die aufgebaute Markenbekanntheit und das Markenimage auch im Internet nutzen und die Marke durch Wahrung der Markenassets bestmöglich kapitalisieren.

Deshalb ist es unverständlich, warum Karstadt zunächst mit einer neuen Online-Marke My-World.de startete, statt die Markenbekanntheit und das Markenimage sowie das daraus resultierende Markenvertrauen der Marke Karstadt zu nutzen. Sofern sich weder das grundlegende Geschäftsmodell, die Positionierung und die Zielgruppe im Internet verändern, ist die Einführung einer reinen e-Brand unzweckmäßig. Selbst bei Variationen in dem einen oder anderen Bereich kann ein Subbranding oder eine Markenkombination unter Verwendung einer bekannten und einer neuen Marke immer noch sinnvoller sein, als die Kreation einer völlig neuen e-Brand, da dadurch wenigstens ein Teil des aufgebauten Markenvertrauens, das für das Internet existenziell ist, auf den neuen Internetshop übertragen wird.

Mit dem Transfer eines Handelsunternehmens in einen Online-Laden entstehen durch die Charakteristika des Internets jedoch neue Möglichkeiten der Gestaltung. Die neuen Optionen erlauben häufig eine Darstellung der Markeneigenschaften, die in den klassischen Medien nur bedingt vorhanden sind. Bspw. könnte die Positionierung der Natürlichkeit von The Body Shop nicht nur durch eine visuelle Ansprache umgesetzt werden. Zusätzlich zum aktuellen Internetauftritt, der natürliche Farben sowie natürliche Motive verwendet (siehe Abbildung 2), wäre es möglich, den Aspekt der Natürlichkeit durch akustische Untermalung auf der Website zu betonen und zu verstärken. Dies könnte zum

---

6 Vgl. hierzu Kapitel 2 in diesem Beitrag

Beispiel durch Vogelstimmen, dem Rauschen von Blättern oder dem Plätschern eines Baches umgesetzt werden.

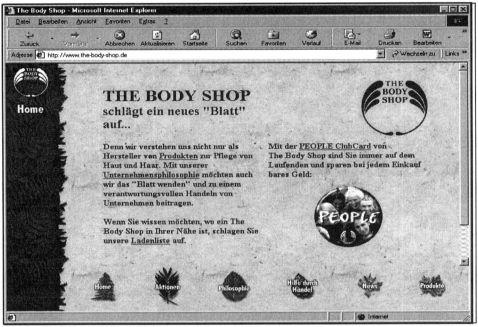

Abbildung 2: Natürliche Positionierung im Internetauftritt von The Body Shop

Quelle: www.the-body-shop.de, Stand: August 2001

Zur Rolle markenspezifischer Umsetzung für reine Online-Läden: Vor allem reine Internetshops, die nur über das Internet verkaufen, müssen die Erkenntnisse der Markenführung nutzen. Im Vergleich zu den großen Handelsunternehmen und -ketten, die bereits über bekannte und etablierte Marken verfügen, muss diese Bekanntheit bei den reinen Internetshops erst aufgebaut werden.

Bei den Internetmarken der ersten Stunden wie bspw. Amazon war dies noch einfacher realisierbar als bei den frühen und späten Folgern, weil in den Medien viel über diese Unternehmen berichtet wurde. Sie wurden dadurch kurzfristig aktualisiert und standen auf der Tagesordnung. Will man heute jedoch als e-Brand eine breite Zielgruppe ansprechen, ist der Einsatz klassischer Kommunikationsmittel zur Schaffung von Markenbekanntheit erforderlich. Dies gilt vor allem dann, wenn man sich mit seinem Angebot an eine breite Zielgruppe richtet.

Neuere Daten belegen, dass der Markenaufbau durch Schaffung einer Markenbekanntheit und eines Markenimage auch für Internetmarken existenziell ist, da diese Faktoren erheblich das Vertrauen in eine Marke beeinflussen und somit auch die durch das Internet erzeugten Ängste herabsetzen. Dies zeigt sich in der klaren Bevorzugung klassischer und bekannter Marken bei der Nutzung des Internets (siehe Abbildung 3).

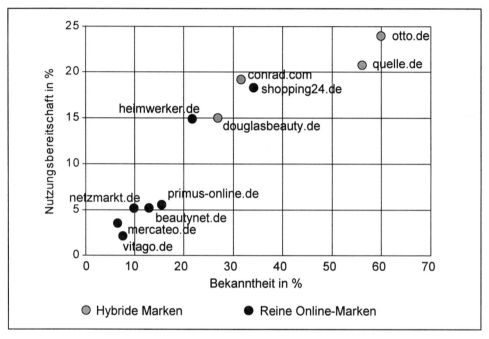

Abbildung 3: Bekanntheits- und Nutzungsvorsprung klassischer Handelsmarken im Internet

Quelle: Stern Trendprofile 2000

Aufgrund der engen finanziellen Budgets der reinen Internetgeschäfte sind ausgedehnte Kampagnen in den klassischen Medien jedoch häufig nicht möglich. Deshalb muss zusätzlich die hohe Diffusionsgeschwindigkeit[7] des Internets ausgenutzt werden. Dies kann zum Beispiel durch den Einsatz von Meinungsführern geschehen, indem Informationen gezielt in relevanten Communities, Newsgroups oder Mailinglisten veröffentlicht werden. Die Mitteilungen sollten themenrelevant und für die Empfänger nützlich sein. So könnte ein Anbieter von Babykleidung in den entsprechenden Newsgroups Fragen von Nutzern beantworten oder Tipps zur Bekleidung geben mit dem Hinweis, dass man sie in jenem Shop günstig beziehen kann. Auf diesem Weg wird eine besonders interessierte Zielgruppe erreicht, die den guten Tipp auch an weitere Interessierte weitergibt. Derarti-

---

[7] „Unter Diffusion versteht man die Ausbreitung einer Neuigkeit (Innovation) in einem sozialen System." Kroeber-Riel/Weinberg 1999, S. 642

ge Kommunikationsmaßnahmen, bei denen sich Informationen über Meinungsführer bzw. Multiplikatoren im Internet wie ein Virus ausbreiten, werden unter *Viral Marketing* zusammengefasst. Dabei bedient man sich Internetnutzer, die die eigene Kommunikationsbotschaft kostenlos weiterverbreiten.[8] Je fokussierter die Zielgruppe und je höher deren Involvement, umso erfolgreicher lassen sich solche Maßnahmen einsetzen.

Ein anderer Weg, die Diffusionsgeschwindigkeit zu nutzen, sind Bonusprogramme und kostenlose Dienste. Bspw. erhält man bei Amazon einen Gutschein über 10 DM, wenn man einen neuen Kunden wirbt und dieser dann etwas bestellt. Yahoo! hat zur Bekanntheitssteigerung Gratisaktien an registrierte Kunden verschenkt. Weitere Gratisaktien erhielt man, wenn man neue Kunden empfehlen konnte. Durch diesen Schnellballeffekt war es möglich, den Bekanntheitsgrad von Yahoo! beträchtlich zu steigern.

Hat der Online-Shop die notwendige Bekanntheit erreicht, gilt es, ein klares und prägnantes Image aufzubauen. Dies setzt voraus, dass die Shop-Marke über eine klare, für den Kunden subjektiv wahrnehmbare Positionierung verfügt.[9] Die Markenpositionierung muss daher folgende Anforderungen erfüllen:[10]

1. Sie muss für den Kunden relevant sein.
2. Sie sollte eine Besonderheit des Angebots herausstellen.
3. Sie muss den Shop von der Konkurrenz abgrenzen.
4. Sie muss langfristig verfolgbar sein.

Die Umsetzung eines Shops dient dazu, klare und unverwechselbare Vorstellungsbilder bei den Kunden aufzubauen. Hierbei sollten die besonderen Eigenschaften des Internets genutzt werden. Die Positionierung ist auf jeder Seite im Shop

- wahrnehmbar,
- eigenständig und
- integriert

umzusetzen.[11] Dies gilt für bereits etablierte Internetmarken ebenso wie für bekannte klassische Marken.

Zur *Wahrnehmbarkeit*: Bei The Body Shop erkennt man bspw. unmittelbar das Positionierungsmerkmal umweltfreundlich - natürlich. Imagerelevante Merkmale sind demnach so auf jeder Seite des Internetauftritts zu integrieren, dass sie selbst bei nur kurzzeitiger Betrachtung der Seite erkennbar sind. Bspw. wird das einfache Suchen und Finden bei

---

8   Zum Konzept des Viral Marketing vgl. ausführlich Kollmann 2001
9   Zu Positionierung vgl. Barth 1999, S. 121; Trommsdorff 1992, S. 330 und Wind 1982, S. 75 ff.
10 Vgl. Kroeber-Riel/Esch 2000, S. 47 ff.
11 Vgl. Kroeber-Riel/Esch 2000

Lycos durch den Spürhund erkennbar visualisiert. Hingegen kann man auf den Seiten von Quelle und Karstadt kaum die Positionierung wahrnehmen (siehe Abbildung 4).

Abbildung 4: Problem der Wahrnehmbarkeit des Markenimage bei Karstadt und Quelle

Die *Eigenständigkeit* von Internetauftritten muss systematisch geplant werden. Die meisten Internetauftritte sind allerdings austauschbar gestaltet. Gerade das Internet bietet durch die Multimedialität zahlreiche Möglichkeiten, eine Positionierung umzusetzen. Selbst Handelsauftritte, die ähnliche Positionierungen verfolgen, können ihren Auftritt eigenständig umsetzen (siehe Abbildung 5). Nur wenn ein Handelsauftritt Eigenständigkeit kommuniziert und sich dadurch von der Konkurrenz abgrenzt, können Barrieren aufgebaut werden, die den Wechsel in einen anderen Online-Shop mit einem höheren Risiko für den Kunden verbindet. Dies ist gerade im Internet überlebenswichtig, da die Konkurrenz nur einen Mausklick entfernt ist.

Gestaltung von Handelsauftritten im Internet 235

Abbildung 5: Austauschbare Internetauftritte von Buchläden im Internet

Die *Integration* bezieht sich hingegen auf zwei Aspekte: Zum einen ist damit die Integration des Internetauftritts mit anderen Kommunikationsauftritten gemeint, zum anderen die Abstimmung der einzelnen Internetseiten selbst. Damit sich durch eine solche Maßnahme auch ein klares Markenbild prägen kann, ist als weitere Bedingung eine kontinuierliche Vermittlung formaler und/oder inhaltlicher Integrationsklammern erforderlich. Formale Klammern sind Farben und Formen (Scout24 ist bspw. orange). Diese leisten einen Beitrag zur Erhöhung der Markenbekanntheit. Inhaltliche Klammern sind hingegen modalitätsspezifische Merkmale wie bestimmte Bilder, Geräusche und Musik oder Sprache (z.B. die Verwendung eines Slogans).

2. Gestaltungsempfehlungen aus den Besonderheiten des Mediums Internet

Aufbauend auf verhaltenswissenschaftlichen Erkenntnissen und markenspezifischen Grundlagen werden im Folgenden Sozialtechniken zur Gestaltung von Handelsauftritten im Internet abgeleitet. Ein erfolgreicher Handelsauftritt kann nur aus dem Zusammenspiel einer optimalen Verknüpfung der Seiten, eines sozialtechnisch fundierten Designs und der Gestaltung der Interaktion mit dem Nutzer entstehen (siehe Abbildung 6).

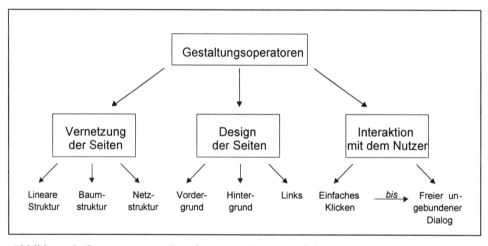

Abbildung 6: Operatoren zur Gestaltung von Internetauftritten
Quelle: Esch/Hardiman/Wicke 2001

Zur wirksamen und zielgerichteten Beeinflussung der Konsumenten sind bei der Gestaltung eines Internetshops eine Reihe von Sozialtechniken zu berücksichtigen. Zunächst einmal geht es um die Herstellung und Nutzung des Kontaktes, anschließend um eine wirksame Vermittlung von Informationen und Emotionen und schließlich um den Aufbau einer Kundenbindung. Damit man in Bezug auf diese Wirkungen eine effektive und effiziente Umsetzung eines Internetshops gestaltet, sind das Involvement der Internetnutzer, das die Art und Weise des Surfens durch ein- und denselben Internetshop beeinflusst sowie die medienspezifischen Besonderheiten, konkret Hypertext, Interaktivität und Multimedialität, zu berücksichtigen. Diese medienspezifischen Besonderheiten und das Involvement der Konsumenten sind für die einzelnen zu erzielenden Wirkungen von unterschiedlicher Bedeutung (siehe Abbildung 7).

Gestaltung von Handelsauftritten im Internet 237

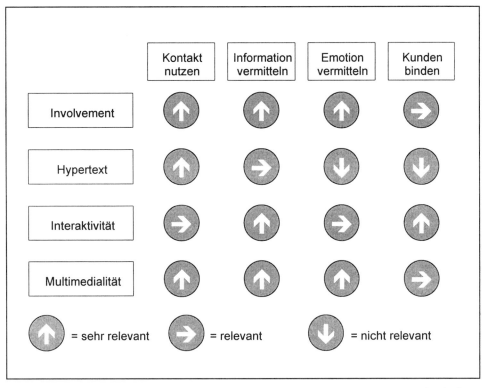

Abbildung 7: Bedeutung der Besonderheiten des Internets zur Konsumentenbeeinflussung

2.1 Involvement berücksichtigen

Das Involvement bezeichnet das Engagement, mit dem sich Konsumenten einem Gegenstand oder einer Aktivität zuwenden.[12] Es weist eine kognitive und eine emotionale Komponente auf. Ein hohes kognitives Involvement führt dazu, dass der Konsument Informationen aktiv aufnimmt und diese mit hohem Aufwand gedanklich verarbeitet. Ein hohes emotionales Involvement ist hingegen mit geringer gedanklicher Anstrengung und eher mit den persönlichen Werten, Motiven und Einstellungen des Konsumenten verbunden.

Hohes kognitives Involvement zeigt sich bei Internetnutzern in einem zielgerichteten Surfverhalten mit einem klar umrissenen Suchziel. Ein geringes kognitives oder ein

---

12 Vgl. Kroeber-Riel/Esch 2000, S. 133

höheres emotionales Involvement liegt hingegen vor, wenn Nutzer die Internetauftritte ohne feste Ziele und mehr oder weniger wahllos durchklicken. Häufig wird im ersteren Fall von einem *Searcher*, im letzteren Fall von einem *Browser* gesprochen.[13]

Neben den Gründen für die Nutzung des Internets beeinflusst auch der Ort, an dem das Internet genutzt wird, das Involvement der Besucher.[14] Zudem liegt beim Aufruf von Internetauftritten aufgrund des interaktiven Charakters einzelner Webseiten und der damit verbundenen Eigeninitiative in der Regel ein Mindestmaß an Involvement bei den Nutzern vor.[15] Im Gegensatz zu klassischen Medien kann daher von einem hohen Medieninvolvement gesprochen werden.[16]

Für die Gestaltung eines Handelsauftritts im Internet bedeuten diese Erkenntnisse, dass bei der Nutzung von Hypertext, Interaktivität und Multimedialität nicht nur hoch involvierten, sondern auch niedrig involvierten Nutzern Rechnung zu tragen ist. So hängt bspw. die Wahrnehmung des Vordergrundes einer Website vom Surfverhalten und vom Involvement der Nutzer ab. Browser verarbeiten diese dargebotenen Informationen peripher, während Searcher sie zentral verarbeiten. Deshalb ist bspw. für Browser bei der Gestaltung eines Handelsauftritts verstärkt auf Bilder zurückzugreifen.[17] Für Searcher hingegen bietet die Bereitstellung von Detailinformationen einen grundlegenden Anreiz zum Besuch einer Website.[18]

2.2 Hypertext gestalten

Hypertext ist das Prinzip der nicht-linearen Anordnung von Informationen, die durch Querverweise miteinander verbunden sind.[19] In einem Hypertextsystem werden mehrere Dokumente untereinander oder Komponenten eines Dokuments miteinander verknüpft. Durch Anklicken der oftmals mit einem Unterstrich gekennzeichneten Verknüpfung (Link) werden die angeforderten Komponenten im gleichen oder in einem neuen Fenster angezeigt.

Die *Kontaktherstellung* ist eine notwendige Bedingung für die Wirksamkeit eines Handelsauftritts. Zunächst muss die Auffindbarkeit der Website gewährleistet sein. Dies kann durch Einträge in Suchmaschinen, Links auf stark frequentierten Seiten oder eine entsprechende Wahl des Domainnamens erreicht werden. Ist der Kunde auf der Website, so sollte der Fokus auf der Nutzung des Kontakts liegen.

---

13 Vgl. Gall/Hannafin 1994, S. 210
14 Vgl. Esch/Roth/Kiss/Hardiman 2001, S. 572
15 Vgl. Silberer 1997, S. 9 f.
16 Vgl. Riedl/Busch 1997, S. 166
17 Vgl. hierzu Kapitel 2.4 in diesem Beitrag
18 Vgl. Fantapié Altobelli/Hoffmann 1996, S. 45 ff.
19 Vgl. Gall/Hannafin 1994, S. 207

Für die *Kontaktnutzung* ist die Verknüpfung der Websites so zu gestalten, dass sich Besucher mit deren Inhalten auseinandersetzen und ihre Verweildauer innerhalb des Handelsauftritts erhöhen. Interaktionsbarrieren in Form einer schlechten Benutzerführung oder einer undurchsichtigen Verknüpfungsstruktur sind zu vermeiden. Die Verknüpfungsstruktur gibt die möglichen Pfade vor, die Besucher eines Internetauftritts beschreiten können und sollte daher ein einfaches Zurechtfinden ermöglichen. Dazu stehen lineare, baumartige und netzwerkartige Verknüpfungsstrukturen zur Verfügung.[20]

Bei der Gestaltung der Verknüpfungen ist zu berücksichtigen, dass bestimmte Produkte in Verwendungs- und Bedarfszusammenhängen assoziiert werden. Diese *Verwendungs- und Bedarfszusammenhänge sind als Suchfilter für den Einkauf und zur Erhöhung des Transaktionsvolumens pro Kunde zu nutzen*, indem sich die Verknüpfung einzelner Webseiten an Schemastrukturen der Besucher orientiert.[21] Bspw. wird mit dem Buchen einer Reise oftmals auch der Kauf eines Reiseführers, Wörterbuchs etc. oder der Abschluss einer Auslandskrankenversicherung verbunden. Durch eine entsprechende Verknüpfung innerhalb der Website kann die Convenience der Besucher sowie der Umsatz des Shops durch entsprechendes Cross-Selling gesteigert und eine Erleichterung von Verbundkäufen erzielt werden. So bietet der Online-Shop www.porzellantreff.de direkt neben den Hochzeitsgeschenken und Hochzeitstischen auch das Porzellan für den bevorstehenden Polterabend an.

Bleiben die Gewohnheiten und Präferenzen der Konsumenten bei der Gestaltung des Layouts unberücksichtigt, ist ein Misserfolg des Handelsauftritts vorprogrammiert. So führte bspw. ein junges amerikanisches Internetunternehmen zum Lebensmitteleinkauf ein System ein, bei dem Frühstücksflocken nach ihren Hauptbestandteilen sortiert waren. Vielen Besuchern fiel es daraufhin schwer, ihre Lieblingsmarke zu finden, weil sie die entsprechenden Zutaten nicht kannten.[22]

Schließlich ist für die wirksame Informationsvermittlung innerhalb eines Handelsauftritts zu beachten, dass *Informationen* auf den einzelnen, miteinander verlinkten Webseiten *hierarchisch dargeboten* werden. Zuerst sollte dem Besucher die wichtigste Information zu einem Produkt ins Auge fallen, danach die zweitwichtigste, die drittwichtigste usw..[23] Wichtige Inhalte einer Webseite müssen ohne Scrollen erreichbar sein. Für einen ungehinderten Lesefluss sind Texte zudem zu strukturieren. Dabei können Links auf untergeordnete Inhalte führen. Als zentrales Entscheidungskriterium für die hierarchische Anordnung der Informationen ist der Blickverlauf zu sehen: Dieser kann durch Berücksichtigung eines gewohnheitsmäßigen Blickverlaufs (Bilder vor Text, oben vor unten usw.) sowie durch den Einsatz aktivierender Reize zur Lenkung des Blickverlaufs auf die wichtigsten Informationen umgesetzt werden.[24]

---

20 Vgl. Esch/Langner/Fuchs 1998, S. 193 ff.
21 Vgl. Esch/Langner/Jungen 1999, S. 416
22 Vgl. Burke et al. 2000, S. 23
23 Vgl. Kroeber-Riel/Esch 2000, S. 244 f.
24 Vgl. Kroeber-Riel/Esch 2000

2.3 Interaktivität verstärken

Interaktivität kennzeichnet eine Kommunikation, in der der Inhalt einer Botschaft durch den Inhalt vorher ausgetauschter Botschaften bestimmt wird.[25] Durch die Interaktion können Nutzer wechselseitig sowohl Empfänger, als auch Sender von Nachrichten sein.[26] Eine Interaktion kennzeichnet damit das „Miteinander-in-Verbindung-treten"[27]. Sie führt zu einer tendenziellen Abkehr von der eindimensionalen Massenkommunikation zu einer personalisierten dialogischen Kommunikation.[28]

Mit der Interaktivität bietet das Internet eine Eigenschaft, über die klassische Medien nicht bzw. nicht ohne Medienbruch verfügen. Sie ist in erster Linie für die gute Orientierung innerhalb eines Handelsauftritts und damit für die wirksame Informationsvermittlung sowie für die Kundenbindung mittels z.B. emotionaler und sachlicher Mehrwertdienste zu nutzen.

Ob tatsächlich eine Interaktion des Besuchers mit dem Internetauftritt erfolgt, hängt davon ab, ob es zunächst zu einer Kontaktherstellung mit dem Auftritt gekommen ist. Dabei bietet die Interaktivität des Mediums Internet den Besuchern höhere Freiheitsgrade bei der Nutzung einer Internetpräsenz, so dass die Initiative für den direkten Aufruf eines Handelsauftritts letztlich vom Besucher selbst ausgehen muss.

Ist es zu einer Kontaktherstellung gekommen, sind zur *Interaktion* zwischen Handelsauftritt und dem Nutzer grundsätzlich folgende *Abstufungen* denkbar:

- weiterklicken, vor- und zurückblättern,
- Verzweigungsmöglichkeiten auf der Seite,
- freie Eingaben mit Feedback sowie
- ungebundener Dialog.[29]

Durch die Möglichkeit des *Weiterklickens* gelangt man immer von einer Webseite auf die nächste. Man kann vor- und zurückblättern, das heißt, man bummelt durch einen Shopauftritt ohne Verzweigung. Auch Ja/Nein-Abfragen sind denkbar. Dies ist die geringste Form der Interaktion auf Websites.

Durch *Verzweigungsmöglichkeiten* erhält der Kunde größere Freiheiten. Er kann sich bspw. zu einer Produktkategorie durchklicken, in der er dann in einer weiteren Unterkategorie das gewünschte Produkt findet. Multiple-Choice-Antwortmöglichkeiten in Formularen wären eine weitere Interaktionsform dieser Abstufung.

---

25 Vgl. Rafaeli 1988, S. 111
26 Vgl. Hofmann/Novak 1996, S. 52 und Riedl/Busch 1997, S. 165
27 Haack 1995, S. 151
28 Vgl. Möhlenbruch/Schmieder 2001, S. 321
29 Vgl. Haack 1995, S. 153

Durch *freie Eingabemöglichkeiten* von Text wird der Interaktionsgrad weiter erhöht. Der Kunde erhält dann aus einer Datenbank vorformulierte Antworten. Dies findet in einigen Internetshops zum Beispiel durch virtuelle Verkaufsberater (Bots) Anwendung.

Die höchste Form der Interaktion wird durch einen *freien ungebundenen Dialog* realisiert. Hierbei kann der Kunde ein Gespräch nach seinen Vorstellungen führen. Dies wird bspw. durch Chats mit echten Verkäufern ermöglicht (z.B. bietet BOL diesen Service bei Kundenproblemen an).

Die Interaktion zwischen den Besuchern untereinander sowie zwischen Besucher und Handelsunternehmen sollte durch die Platzierung von Anfrageformularen, Frequently Asked Questions, Chat-Systemen, Diskussionsforen etc. innerhalb der Website gefördert werden. Dabei darf die Kontaktaufnahme der Besucher mit dem Unternehmen - zumindest in einem ersten Schritt - nicht an die Angabe persönlicher Daten geknüpft sein, weil diese eine Interaktionsbarriere darstellen kann. Da das Internet eine schnelle Kommunikation ermöglicht, erwarten Besucher auch, dass ihre Anfragen in kürzester Zeit bearbeitet werden und eine Rückmeldung an sie erfolgt.[30] Lange Reaktionszeiten, besonders bei Problemen mit dem online gekauften Produkt, sowie standardisierte Antworten auf persönliche Anfragen sollten daher vermieden werden. Vielmehr ist durch vertrauensbildende und unterstützende Maßnahmen nach einem Kauf die Kundenbindung zu erhöhen, in dem in der Nachkaufphase z.B. Informationen zu Zusatzleistungen und Produkterweiterungen in Form eines elektronischen Magazins zur Verfügung gestellt werden, das auf die individuellen Präferenzen der Kunden zugeschnitten ist.[31]

Das Navigationssystem innerhalb einer Internetpräsenz hat starken Einfluss auf die Interaktion zwischen dem Handelsauftritt und dem Besucher. Ermöglicht das Navigationssystem kein einfaches Zurechtfinden, steigt die Gefahr des Kontaktabbruchs seitens der Besucher. Daher sollte das Navigationssystem bestehende *mentale Modelle*[32] der Zielgruppe aktivieren, die einfache Hilfen zur Lösung des Navigationsproblems bereitstellen. Konkret heißt dies, dass die Zugänge eines Navigationssystems den Suchvorstellungen der Nutzer entsprechen sollten. Wenn ein Kunde bspw. eine Online-Weinhandlung besucht, dann sollte das Navigationssystem die Suchzugänge des Kunden widerspiegeln. Suchzugänge bei einem Weinkäufer könnten die Region, die Traube, der Preis oder auch der Anlass (Geschenk, Besuch, Abendessen usw.) sein.

Navigationsmetaphern orientieren sich an mentalen Modellen, indem sie Gesetzmäßigkeiten der realen Umwelt auf die Navigation übertragen.[33] Sie bieten den Vorteil, dass Besucher eines Handelsauftritts einen vertrauten Anblick erhalten. Als Bei-spiel für den gelungenen Einsatz einer Navigationsmetapher ist der Demonstrationsshop von Shopfactory zu nennen (siehe Abbildung 8). Hier besteht die Möglichkeit, sich durch verschiede-

---

30 Vgl. Strauss/Hill 2001, S. 68 f.
31 Vgl. Riedl/Busch 1997, S. 171 f.
32 Vgl. Johnson-Laird 1983
33 Vgl. Gay/Mazur 1991; Haack 1995, S. 157 f. und Esch/Langner/Jungen 1998, S. 135

ne Gänge in verschiedene Abteilungen zu bewegen, wo anschließend die einzelnen Produkte genauer betrachtet werden können.

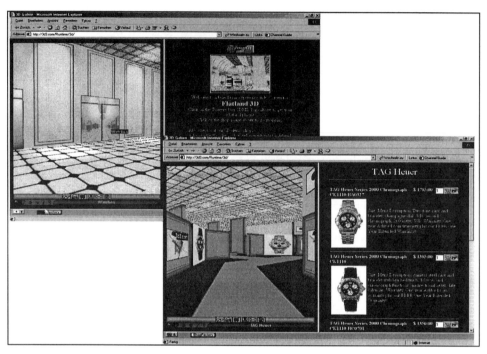

Abbildung 8: Navigationsmetapher bei Shopfactory

Quelle: www.shopfactory.com/Runtime/3d, Stand: August 2001

Ein Großteil der zumeist textbasierten Handelsauftritte im Internet ist kompliziert zu bedienen. Jede Website erfordert von den Besuchern ein leicht verändertes Navigieren, weil z.B. die Produktsuche heterogen ausgestaltet oder Bestellungen unterschiedlich abgewickelt werden.[34] Der Einkaufsvorgang eines Kunden dauert damit deutlich länger als in einem virtuellen Laden, der mittels Metaphern einem realen Ladengeschäft nachempfunden wurde. Gleichzeitig steigt die Wahrscheinlichkeit, dass der Einkaufsvorgang frühzeitig abgebrochen wird.

Die Navigationsmetaphern dürfen sich nicht in Nebensächlichkeiten verlieren, sondern sollten eindeutige, verständliche Hinweise zur Aktivierung mentaler Modelle bieten. Die Navigationslogik ist stringent innerhalb des gesamten Internetauftritts zu verwenden. Das Navigationssystem muss zudem so konstruiert sein, dass seine Funktionsweise leicht

---

34 Vgl. Burke et al. 2000, S. 22

erinnert werden kann. Bei seiner Gestaltung kann man sich die Überlegenheit visueller räumlicher Navigationsmetaphern und -hilfen zunutze machen.[35]

Im Gegensatz zu klassischen Medien ermöglicht das Medium Internet die effiziente Speicherung, Analyse und Verarbeitung kundenrelevanter Informationen. Hierfür ist die Dokumentation der direkten Interaktionen mit den Kunden (z.B. Kaufgewohnheiten) sowie der für Transaktionen notwendigen Daten der Kunden (z.B. Adressen und Bestellvolumen) erforderlich.[36] Werden die gewonnenen Informationen dazu genutzt, auf die Bedürfnisse der Kunden einzugehen und eine Individualisierung von Leistungen zu erzielen, kann eine höhere Kundenbindung erreicht werden.[37]

Eine wirksame Methode der Kundenbindung ist das Anbieten von Mehrwertdiensten. *Mehrwertdienste* sind Angebote, die nicht unmittelbar mit dem Verkauf im Zusammenhang stehen.[38] Sie sind idealerweise auf die Wünsche und Bedürfnisse der Kunden und auf die Positionierung des Handelsunternehmens abzustimmen. Um den verschiedenen Nutzertypen (Searcher/Browser) Rechnung zu tragen, empfiehlt sich eine Trennung in sachliche und emotionale Mehrwertdienste.[39] Searcher könnten aufgrund des hohen kognitiven Involvement eher von sachlichen Mehrwertdiensten angesprochen werden. Als sachlicher Mehrwertdienst innerhalb eines Internetauftritts würde sich zum Beispiel ein Produktkonfigurator (Autos, PCs, Reisen) eignen, der je nach individuell zusammengestelltem Produkt den Gesamtpreis berechnet. Somit wird es den Kunden erspart, die Preise der Produkte bzw. Produktvariationen aus einer Preistabelle abzulesen und zu addieren. Durch die individuelle Beschäftigung mit den Produktpreisen kann die Verarbeitungstiefe erhöht und eine bessere Erinnerung erreicht werden. Als ein gelungenes Beispiel für einen sachlichen Mehrwertdienst ist die Website Beautynet.de zu nennen. Auf Basis eines Tests bekommt der Kunde ein passendes Parfum vorgestellt, welches auf Basis wissenschaftlicher Duftprofile ausgesucht wird. Weiterhin findet der Besucher Tipps & Tricks rund um das Thema Schönheit und Produktempfehlungen aufgrund seiner Angaben.

Emotionale Mehrwertdienste sind hingegen besonders für Browser geeignet, weil diese nach Anregung und Stimulation suchen.[40] Emotionale Mehrwertdienste sind bspw. Spiele und sonstige Dienste, die zur Unterhaltung dienen. Idealerweise ist die Marke des Online-Shops formal und inhaltlich in den emotionalen Mehrwertdienst integriert.

Unzweckmäßig sind Mehrwertdienste innerhalb eines Internetauftritts, die keinen Bezug zum Handelsunternehmen oder zu den angebotenen Produkten haben. Solche Mehrwertdienste schaffen zwar Interaktivität auf einer Website, eine Bindung zum Handelsauftritt im Internet wird jedoch nicht hergestellt.

---

35 Vgl. Esch/Hardiman/Langner 2000, S. 14
36 Vgl. Möhlenbruch/Schmieder 2001, S. 328 f.
37 Vgl. Riedl/Busch 1997, S. 163 ff. und Wind/Rangaswamy 2001, S. 17 ff.
38 Vgl. Esch/Langner/Fuchs 1998, S. 200
39 Vgl. Esch/Langner/Jungen 1998, S. 141
40 Vgl. Esch/Langner/Jungen 1998, S. 142

Während die meisten herkömmlichen Händler ihre Angebote für die breite Masse gestalten und damit nicht auf die individuellen Einkaufspräferenzen der Kunden eingehen, bringt diese Gleichbehandlung die traditionellen Händler gegenüber einem elektronischen Handelsauftritt im Internet deutlich ins Hintertreffen. Eine besonders intensive Form der Interaktion bringt somit ein *personalisierter Handelsauftritt* mit sich, indem nach dem Einloggen dem Kunden nur solche Angebote angezeigt werden, die auf seine spezifischen Bedürfnisse zugeschnitten und für ihn von besonderer Relevanz sind. Dell bspw. bietet für Geschäftskunden komplett personifizierte Webseiten (Premier Pages) an. Deren Mitarbeiter können ohne Fachkenntnisse online besonders einfach und unproblematisch Serviceleistungen in Anspruch nehmen oder weitere Dell-PCs bestellen, die bereits vom eigenen Unternehmen bezüglich der Konfiguration geprüft und getestet wurden. Für Privatkunden wäre bspw. in einer Online-Drogerie ein Einkaufszettel denkbar, auf dem die bereits bestellten Lieblingsmarken, wie die Zahncreme, Deo, Shampoo usw. vermerkt sind und der Kunde nur noch ankreuzen muss, was er dieses Mal einkaufen möchte. Allerdings muss mit dieser Art der Personalisierung vorsichtig umgegangen werden, da sich die Kunden in ihrer Privatsphäre angegriffen fühlen könnten.

2.4 Multimedialität nutzen

Als multimedial werden computergestützte Systeme bzw. Anwendungen dann bezeichnet, wenn sie die Möglichkeit zur gleichzeitigen Darstellung von bildlichen, textlichen, auditiven und animierten Informationen bieten.[41] Die Multimedialität als eine besondere Eigenschaft des Mediums Internet bietet damit zahlreiche Gestaltungsmöglichkeiten für Handelsauftritte im Internet.

Dabei spielt die Gestaltung der Oberfläche des Internetshops für einen erfolgreichen Auftritt im Internet eine entscheidende Rolle. Durch das Design der Seiten erlangt der Internetshop sein Aussehen. Der Kunde tritt mit dieser Oberfläche in Kontakt und interagiert gegebenenfalls mit ihr. Die Oberfläche muss zur Beeinflussung der Konsumenten genutzt werden. Grundsätzlich sind beim Webdesign drei Operatoren zu unterscheiden:

- Gestaltung des Hintergrundes,
- Gestaltung des Vordergrundes und
- Gestaltung der Links.

Der *Hintergrund eines Internetauftritts* wird meist nur nebenbei wahrgenommen und peripher verarbeitet. Er ist ein wichtiges optisches Gestaltungsmittel zur Erzeugung positiver Klimawirkungen. Sofern die Wahrnehmbarkeit anderer Gestaltungsmittel wie z.B. des Textes nicht gefährdet wird, sollten Farben, Muster und Bilder zur *Vermittlung einer angenehmen Wahrnehmungsatmosphäre* sowie zur *Erzeugung markenspezifischer Assoziationen* genutzt werden. Dabei ist jedoch zu beachten, dass durch eine auffällige Ge-

---

41 Vgl. Hoffman/Novak 1996, S. 53

staltung der Figur-Grund-Kontrast des Vordergrundes verringert werden kann, was zu einer schlechteren Wahrnehmung führt.[42] Zudem hat ein zu komplexer[43] Hintergrund einen negativen Einfluss auf die Einstellung zur Marke und zur Website sowie auf die Kaufabsicht.[44] Neben der visuellen Ansprache bietet die Multimedialität im Internet auch die Möglichkeit der Vermittlung auditiver Reize. So bieten sich vor allem Geräusche und Musik zur Schaffung einer positiven Wahrnehmungsatmosphäre beim Einkauf an.

Dem *Design des Vordergrundes* eines Shopauftritts sollte die größte Aufmerksamkeit geschenkt werden, da durch den Vordergrund Informationen über das Unternehmen, den Shop oder die einzelnen Produkte bereitgestellt werden. Der Vordergrund wird vom Besucher mit höherem Involvement als der Hintergrund aufgenommen. Gerade Searcher haben ein hohes kognitives Involvement, das zu einer zentralen Verarbeitung der Informationen führt.[45]

Zusätzlich können durch den Vordergrund Erlebnisse vermittelt werden. Ziel der Gestaltung des Vordergrundes ist einerseits die Akzeptanz und andererseits die Vermittlung von Markenassoziationen. Akzeptiert der Kunde die Ladengestaltung, so ist die Wahrscheinlichkeit hoch, dass er auch in diesem Online-Shop seinen Einkauf tätigt und nicht zur Konkurrenz klickt. Grundsätzlich stehen zum Design des Vordergrundes wiederum visuelle und akustische Reize zur Verfügung. Durch das Internet können mittlerweile auch Gerüche und haptische Eindrücke vermittelt werden[46]. Während Gerüche in virtuellen Geschäften weniger vermisst werden, fehlen den Besuchern vor allem haptische Eindrücke.[47] Aufgrund der noch geringen Verbreitung der zum Empfang olfaktorischer und haptischer Reize notwendigen Hilfsmittel wird auf diese Reizvermittlung nicht weiter eingegangen. Zur vordergründigen Vermittlung akustischer Reize stehen drei Arten der Ansprache zur Verfügung:[48]

- eigenständige Sprache (häufig zur Unterstützung von Text- oder Bildelementen),
- Geräusche (als eigenständiges Informationselement) sowie
- Musik (als eigenständiges Informationselement).

Dabei ist Multimedialität für die Aktivierung der Besucher mittels visueller und akustischer Reize einzusetzen. Mit dem gezielten Einsatz emotionaler, überraschender oder physisch intensiver Reize kann Aufmerksamkeit geschaffen und für eine intensivere Nutzung des Handelsauftritts gesorgt werden.[49] Wird die Aufmerksamkeit des Besu-

---

42 Vgl. Kroeber-Riel/Esch 2000, S. 208
43 Komplexität ergibt sich aus der Anzahl und der Unterschiedlichkeit der Reize. Verschiedene definitorische Ansätze finden sich bei Stevenson/Bruner II/Kumar 2000.
44 Vgl. Stevenson/Bruner II/Kumar 2000, S. 31
45 Vgl. Petty/Cacioppo 1983
46 Haptische Reize und vor allem olfaktorische Reize können auch zur Hintergrundgestaltung dienen.
47 Vgl. Diehl 2000, S. 131
48 Vgl. Ziegler/Koller 1993, S. 93
49 Vgl. Kroeber-Riel/Esch 2000, S. 165 f.

chers nicht hinreichend erregt, steigt die Wahrscheinlichkeit, dass sich dieser einem der zahlreichen konkurrierenden Handelsauftritte im Internet zuwendet.

Aufgrund der Überlegenheit der Bildwahrnehmung bei hohem als auch bei niedrigem Involvement sind für eine wirksame Informationsvermittlung bspw. Produktinformationen durch Bilder und Graphiken zu visualisieren.[50] Grundsätzlich kann die visuelle Ansprache des Kunden im Online-Shop durch Text- oder Bildelemente geschehen. Die verwendeten Bilder können statisch oder dynamisch sein (Animationen, Filme). Insgesamt sollten die angebotenen Produkte so real und direkt erfahrbar wie möglich präsentiert werden.

Zudem sind positive Ausstrahlungseffekte von Produktumfeldreizen gezielt zur Vermittlung kaufentscheidungsrelevanter Assoziationen einzusetzen. So entstehen *Klimawirkungen* durch emotionale Reize, die wenig bewusst aufgenommen und peripher verarbeitet werden. Positive Klimawirkungen verbessern den Erfolg des Markenauftritts, indem sie die Informationsvermittlung unterstützen.[51] Bspw. eignet sich eine angenehme Hintergrundmusik dazu, das Wahrnehmungsklima zu verbessern und eine stimulie-rende Wirkung hervorzurufen. Zudem können bildhafte und anschauliche Formulie-rungen realistische Eindrücke bei den Besuchern vermitteln und Vertrauen aufbauen.

Erlebniswirkungen werden durch dominante emotionale Reize ausgelöst, die als erstes fixiert und zentral verarbeitet werden.[52] Die Vermittlung von Erlebnissen ist vor allem bei austauschbaren, rein informativen Auftritten im Internet zur Differenzierung von der Konkurrenz notwendig. Für die Vermittlung von Erlebnissen sollte auf einer Website hauptsächlich auf große, emotionsstarke Bilder zurückgegriffen werden. Der Einsatz von Bildern macht diese, wegen der besseren Entschlüsselungs- und Gedächtnisleistun-gen, zu idealen Werkzeugen auch für die Orientierung innerhalb eines komplexen Internetauftritts. Des Weiteren eignen sich Animationen gut, um emotionale Erlebnisse zu erzeugen. Der Handelsauftritt sollte dabei auf jeden Fall in das vermittelte Erlebnis integriert sein, das heißt, die emotionalen Wirkungen sind auf die Positionierung abzustimmen. Allerdings reicht eine Erlebnisvermittlung, die nur zur Begrüßung des Konsumenten verwendet wird, nicht aus. Das Erlebnis sollte auf jeder Seite des Handelsauftritts erkennbar sein.

Grundsätzlich sollte der Schwerpunkt bei der Gestaltung von Handelsauftritten auf die *visuelle Ansprache* der Kunden gelegt werden, da Endgeräte häufig nicht über die notwendige Ausstattung zur Vermittlung akustischer Reize verfügen oder schlicht Lautsprecher nicht eingeschaltet sind.

Bei der *Gestaltung der Links* kann man zwischen reinen Wort-Links, reinen Bild-Links und Wort-Bild-Links, die eine Kombination aus beiden sind, unterscheiden. Da Bilder schneller und mit weniger kognitivem Aufwand wahrgenommen werden[53], darf vor

---

50 Vgl. Kroeber-Riel 1996
51 Vgl. Kroeber-Riel/Esch 2000, S. 210 ff.
52 Vgl. Kroeber-Riel 1996, S. 155 ff.
53 Vgl. Kroeber-Riel 1996

allem hier auf die Verwendung von Bildern nicht verzichtet werden. Dabei sollten Bilder möglichst konkret sein, damit der Kunde die Inhalte assoziieren kann, auf die der Link führt. Um jedoch immer den genauen Inhalt der Folgeseite zu vermitteln, sollten idealerweise Wort-Bild-Links verwendet werden. Des Weiteren müssen Links prägnant gestaltet sein. Der Kunde muss Links sofort erkennen und darf nicht lange nach diesen suchen. Studien des Instituts für Marken- und Kommunikationsforschung in Gießen ergaben, dass die Gesamteinschätzung einer Website positiv mit der Verständlichkeit, der Erkennbarkeit, der Eindeutigkeit und der Logik der Linkgestaltung korreliert.[54]

3. Entwicklungsprozess für eine wirksame Shopgestaltung

Die Gestaltung eines Online-Shops darf nicht dem Zufall überlassen werden. Damit der virtuelle Laden kein Selbstzweck wird, muss er systematisch geplant werden (siehe Abbildung 9). Zum einen ist er auf die Bedürfnisse der Konsumenten abzustimmen. Zum anderen müssen unterschiedliche Anforderungen erfüllt werden, damit ein Markenbild vermittelt bzw. bei den reinen Internetshops ein klares und prägnantes Markenbild aufgebaut werden kann.

Um diesen Anforderungen Rechnung zu tragen und einen erfolgreichen Handelsauftritt zu gestalten, müssen folgende Analyseschritte vollzogen werden. Auch bei kleinen Veränderungen oder Relaunches von Online-Shops sollte dieses Raster angewendet werden.[55]

1. Schritt: Inhaltsanalytische Untersuchungen von Internetshops und Benchmarks

Die Grundlage für die Schaffung eines erfolgreichen Internetshops ist eine ausgiebige Analyse von Konkurrenzseiten. Die Auswahl der zu untersuchenden Seiten sollte unbedingt die nahe Konkurrenz umfassen. Zusätzlich sollten branchenfremde Shops und Benchmarks anderer Branchen untersucht werden. Dies ermöglicht eine umfassende Beurteilung des State-of-the-Art im Internet und zeigt die aktuellen Trends. Weiterhin können frühzeitig Differenzierungsmängel zu anderen Shops und sonstigen Auftritten vermieden werden. Die Analyse der Seiten sollte mittels eines bewährten Kategoriensystems erfolgen. Dieses Instrument erlaubt es, die Webseiten standardisiert zu erfassen und intersubjektiv vergleichbar zu machen. Dabei sollte besonderes Augenmerk auf die formale und inhaltliche Gestaltung der einzelnen Seiten sowie auf das Navigationssystem gelegt werden.

---

54 Vgl. Esch/Hardiman/Wicke 2001
55 Vgl. Esch/Hardiman/Langner 2000, S. 15 f.

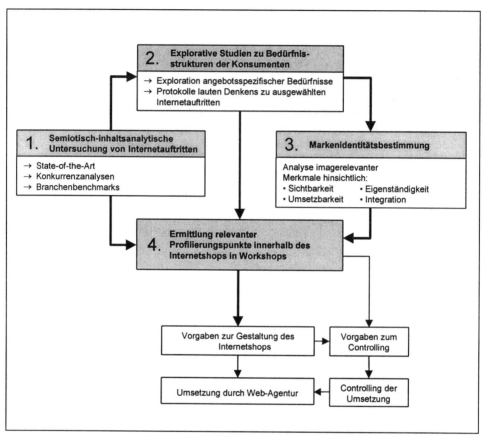

Abbildung 9: Entwicklungsschritte zur Entwicklung von wirksamen Internetshops
Quelle: Esch/Hardiman/Langner 2000, S. 15

2. Schritt: Erfassung der Bedürfnisse der Konsumenten

Im zweiten Schritt müssen die Bedürfnisse der Zielgruppe erfasst werden. An diesen Bedürfnissen muss sich der spätere Online-Shop ausrichten. Die Bedürfnisstrukturanalyse sollte dabei einerseits die Bedürfnisse an die Produktkategorie abdecken und andererseits auch die Bedürfnisse an Handelsauftritte abfragen. Daraus können Gestaltungsempfehlungen für einen wirksamen Internetshop abgeleitet werden. Zusätzlich können die Ergebnisse, in Kombination mit den Ergebnissen aus der inhaltsanalytischen Erfassung im ersten Schritt, Gestaltungsmängel der Konkurrenz aufdecken, die wertvolle Hinweise zur Gestaltung des eigenen Auftritts geben. Die Erfassung der Bedürfnisse sollte explorativ erfolgen. Dabei ist nach den Surffähigkeiten und dem Surfverhalten der Zielgruppe zu differenzieren. Zusätzlich sollten bei ausgewählten Auftritten Protokolle lauten Denkens angefertigt werden. Dadurch können wichtige Einblicke in die Informationsaufnahme und -verarbeitung der Zielgruppen gewonnen werden.

3. Schritt: Bestimmung der Markenidentität und Transfer der Markenelemente des Shops

Die Bestimmung der Markenidentität bildet die Basis für einen markenwirksamen Online-Shop. Durch diese ist es möglich, die Markenelemente festzulegen, die letzt-endlich medienspezifisch ins Internet übertragen werden sollen. Nur so kann sicher-gestellt werden, dass der Online-Shop die gewünschte Positionierung widerspiegelt und sich somit von der Konkurrenz unterscheidet und dieser vorgezogen wird. Dazu müssen alle imagerelevanten Merkmale auf ihre multimodale Umsetzbarkeit im Internet überprüft werden. Es sollte dabei in kognitive und emotionale Elemente unterschieden werden. Emotionale Elemente sollten im Shop durch Farben oder Bilder dargestellt werden.

4. Schritt: Ermittlung relevanter Profilierungspunkte

Im abschließenden Analyseschritt geht es darum, relevante Profilierungspunkte für den Online-Shop zu finden. Dabei muss vor allem darauf geachtet werden, dass die Profilierungspunkte (z.B. Mehrwertdienste) zum Shop und zu den Bedürfnissen der Nutzer passen. Mehrwertdienste wie SMS, Grußkarten oder Chats, die eher allgemeinen Charakter haben, reichen mittlerweile nicht mehr aus, um hinreichend zu differenzieren und den Shop zu stärken. Auch die Bekanntheit des Shops kann durch diese Zusatznutzen nicht gesteigert werden. Diese allgemeinen Mehrwertdienste bieten Online-Shops keine hinreichende Profilierung. Die Generierung relevanter Profilierungspunkte sollte auf Basis obiger Schritte erfolgen. Die Ergebnisse dieser Analysen können als Input für Workshops dienen, aus denen Ideen für wirkliche Zusatznutzen für die Kunden generiert werden. Externe Berater können, als neutrale Workshopleiter, bislang nicht erfasste Profilierungspunkte einbringen.

Aufgrund dieser Entwicklungsschritte ist es möglich, einen Internetshop zu gestalten, der auf die Bedürfnisse der Konsumenten zugeschnitten ist. Gleichzeitig baut der Shop relevante Assoziationen zur Marke auf bzw. festigt diese. Gerade vor den Herausforderungen des Internets muss das Potenzial, welches solche Analysen bieten, ausgeschöpft werden.

Literatur

BACHOFER, M. (1998): Wie wirkt Werbung im Web?, Hamburg 1998.

BARTH, K. (1999): Betriebswirtschaftslehre des Handels, 4. Aufl., Wiesbaden 1999.

DIEHL, S. (2000): Verhaltenswirksame virtuelle Ladengestaltung: in: Behrens, G. et al., Arbeitspapier Nr. 26, Konsum und Verhalten, Saarbrücken 2000.

ESCH, F.-R.; HARDIMAN, M.; LANGNER, T. (2000): Wirksame Gestaltung von Markenauftritten im Internet, in: Thexis, 17. Jg., Heft 3, 2000, S. 10-16.

ESCH, F.-R.; HARDIMAN, M.; WICKE, A. (2001): Markenwirksames Webdesign, in: Roadm@p to E-Business, St. Gallen 2001 (im Druck).

ESCH, F.-R.; LANGNER, T.; FUCHS, M. (1998): Gestaltung von Electronic Malls, in: Trommsdorff, V. (Hrsg.): Handelsforschung 1998/99, Wiesbaden 1998, S. 183-205.

ESCH, F.-R.; LANGNER, T.; JUNGEN, P. (1998): Kundenorientierte Gestaltung von Verkaufsauftritten im Internet, in: Der Markt, 37. Jg., Heft 3+4, 1998, S. 129-145.

ESCH, F.-R.; LANGNER, T.; JUNGEN, P. (1999): Sozialtechnische Gestaltung virtueller Warenhäuser, in: Mattmüller, R. (Hrsg.): Versandhandelsmarketing - Vom Katalog zum Internet, Frankfurt am Main 1999, S. 399-426.

ESCH, F.-R.; ROTH, S.; KISS, G.; HARDIMAN, M. (2001): Markenkommunikation im Internet, in: Esch, F.-R. (Hrsg.): Moderne Markenführung, 3. Aufl., Wiesbaden 2001, S. 565-597 (im Druck).

FANTAPIÉ ALTOBELLI, C.; HOFFMANN, S. (1996): Werbung im Internet, Kommunikations-Kompendium, Band 6, München 1996.

GALL, J. E.; HANNAFIN, M. J.; (1994): A framework for the study of hypertext, in: Instructional Science, Vol. 22, 1994, S. 207-232.

GAY, G.; MAZUR, J. (1991): Navigation in Hypermedia, in: Berk, E.; Devlin, J. (Hrsg.): Hypertext/Hypermedia Handbook, New York 1991, S. 271-283.

HAACK, J. (1995): Interaktivität als Kennzeichen von Multimedia und Hypermedia, in: Issing, L. J.; Klimsa, P. (Hrsg.): Information und Lernen mit Multimedia, Weinheim 1995, S. 151-166.

HEDDENDORP, U. (2001): AOL führt neue Internet-Pauschaltarife für 39,90 DM im Monat ein (Interview mit der Frankfurter Allgemeinen Zeitung), in: FAZ vom 19. Juli 2001, S. 20.

HOFFMAN, D. L.; NOVAK, T. P. (1997): Marketing in Hypermedia Computer-Mediated Environments: Conceptual Foundations, in: Journal of Marketing, Vol. 60, July 1997, S. 50-68.

JOHNSON-LAIRD, P. N. (1983): Mental Models: Towards a Cognitive Science of Language, Inference and Consciousness, Cambridge 1983.

KERRES, M. (1995): Technische Aspekte multimedialer Lehr-Lernmedien, in: Issing, L. J.; Klimsa, P. (Hrsg.): Information und Lernen mit Multimedia, Weinheim 1995, S. 25-44.

KOLLMANN, T. (2001): Viral-Marketing - ein Kommunikationskonzept für virtuelle Communities, in: Merten, K.; Zimmermann, R. (Hrsg.): Handbuch der Unternehmenskommunikation 2000/2001, Neuwied 2001, S. 60-66.

KROEBER-RIEL, W. (1996): Bildkommunikation, München 1996.

KROEBER-RIEL, W.; ESCH, F.-R. (2000): Strategie und Technik der Werbung, 5. Aufl., Stuttgart 2000.

KROEBER-RIEL, W.; WEINBERG, P. (1999): Konsumentenverhalten, 7. Aufl., München 1999.

MÖHLENBRUCH, D.; SCHMIEDER, U.-M. (2001): Mass Customized Communication: Innovation durch kundenindividuelle Massenkommunikation, in: Blecker, T.; Gemünden, H. G. (Hrsg.): Innovatives Produktions- und Technologiemanagement, Festschrift für Bernd Kaluza, Berlin et al. 2001, S. 317-347.

PETTY, R. E.; CACCIOPPO, J. T. (1983): Central and Peripheral Routes to Persuation: Application to Advertising, in: Percy, L.; Woodside, A. G. (Hrsg.): Advertising and Consumer Psychology, Lexington 1983, S. 3-24.

RAFAELI, S. (1988): Interactivity: From New Media to Communication, in: Hawkins, R. P.; Wieman, J. M.; Pingree, S. (Hrsg.): Advancing Communication Science: Merging Mass and Interpersonel Process, Newbury Park 1988, S. 110-134.

RIEDL, J.; BUSCH, M. (1997): Marketing-Kommunikation in Online-Medien, in: Marketing ZFP, 19. Jg., Heft 3, 1997, S. 163-176.

STERN TRENDPROFILE (2000): Markenstatus der Online-Marken, 10/2000, http://www.co.guj.de/titel/stern/trendprofile.

STEVENSON, J. S.; BRUNER II, G. C., KUMAR, A. (2000): Webpage Background and Viewer Attitudes, in: Journal of Advertising Research, Vol. 40, Jan/Apr. 2000, S. 29-34.

STRAUSS, J.; HILL, D. J. (2001): Consumer Complaints by E-Mail: An Exploratory Investigation of Corporate Responses and Customer Reactions, in: Journal of Interactive Marketing, 15. Jg., Heft 1, 2001, S. 13-32.

TROMMSDORFF, V. (1992): Mulitvariate Imageforschung und strategische Marketingplanung, in: Hermanns, A.; Flegel, V. (Hrsg.): Handbuch des Electronic Marketing: Funktionen und Anwendungen der Informations- und Kommunikationstechnik im Marketing, München 1992, S. 321-337.

WIND, Y. J. (1982): Product Policy. Concepts, Methods and Strategy, Reading (Mass.) 1982.

WIND, J.; RANGASWAMY, A. (2001): Customerization: The Next Revolution in Mass Customization, in: Journal of Interactive Marketing, 15. Jg., Heft 1, 2001, S. 13-32.

ZIEGLER, J.; KOLLER, F. (1993): Software-ergonomische Gestaltung, in: Förster, H. P.; Zwernemann, M. (Hrsg.): Multimedia - Die Evolution der Sinne!, Neuwied et al. 1993, S. 92-96.

Ursula Hansen, Dirk Hohm und Sven Mekwinski

„Mass Customized Retailing": Eine strategische Option für das Informationszeitalter?

1. Problemstellung

2. Grundlagen und Hintergrund des Mass Customization-Konzeptes
   2.1 Förderfaktoren der Individualisierung
   2.2 Grundprinzipien des Mass Customization-Konzeptes

3. Mass Customization aus Kundensicht

4. „Mass-Customized Retailing": Handlungsoptionen und Kundennutzen
   4.1 Die Handelsfunktionen
   4.2 Die Handelsfunktionen beim Mass Customization
       4.2.1 Grundlegende Rollenkonzepte des Handels
       4.2.2 Vermittlungsfunktionen des Kommunikationsstromes
       4.2.3 Vermittlungsfunktionen des Waren- und Wertstromes
       4.2.4 Nutzen für den Konsumenten

5. Fazit

Literatur

1. Problemstellung

Eng verbunden mit dem Informationszeitalter ist die zunehmende *Individualisierung* von Märkten und Vermarktungsprozessen. Zwar werden die Grenzen und Unzulänglichkeiten eines standardisierten Massengeschäftes und die Möglichkeiten einer verstärkten Differenzierung und Individualisierung schon seit längerem diskutiert.[1] Neue Impulse hat das Thema jedoch in den letzten Jahren vor allem durch die rasante Entwicklung der Informations- und Kommunikationstechnologien erhalten. Viele Leistungen können nun - im Sinne eines „*Mass Customization*" - auch in großen Mengendimensionen und zu wettbewerbsfähigen Kosten kundenindividuell zugeschnitten werden.

In der Marketingdiskussion wird dem Mass Customization deshalb eine hohe Aufmerksamkeit zuteil.[2] Die Bedeutung und die Folgen des Konzeptes für den *stationären Handel* wurden demgegenüber bislang nur sehr vereinzelt untersucht.[3] Da diese weitgehende „Vernachlässigung" weder der Bedeutung des Handels mit seinen vielfältigen Vermittlungsfunktionen noch der aktuellen Problemsituation in vielen Handelsunternehmen gerecht wird, zielt der vorliegende Beitrag auf eine grundlegende Auseinandersetzung mit dem Mass Customization aus Sicht des stationären Handels. Dabei soll gezeigt werden, dass dessen Beteiligung an einem kundenindividuellen Massengeschäft dem Kunden eine ganze Reihe von Vorteilen gegenüber alternativen Vertriebswegen (z.B. Direktvertrieb, Electronic Commerce) bieten kann. Zudem kann der Handel einige seiner Vermittlungsleistungen selbst - in Anlehnung an die Prinzipien des Mass Customization - zum Nutzen des Konsumenten individualisieren.[4]

2. Grundlagen und Hintergrund des Mass Customization Konzeptes

2.1 Förderfaktoren der Individualisierung

Wesentliche Impulse für eine verstärkte Individualisierung von Marktleistungen gehen – sowohl für den Handel als auch für die Herstellerunternehmen - von der *technologischen Entwicklung*, von bestimmten Veränderungen auf der *Nachfrageseite* sowie von der aktuellen *Wettbewerbssituation* aus. Die Möglichkeiten einer verstärkten Differenzierung und Individualisierung von Produkten mittels veränderter Produktions- und

---

1 z.B. Toffler 1970; Piore/Sabel 1984
2 Davis 1989; Kotler 1989; Pine 1993
3 z.B. Piller 1998; Hausruckinger/Wunderlich 1997
4 u. a. Barth/Stoffl 1997

Fertigungstechnologien wurden bereits im Zusammenhang mit einem „Computer Integrated Manufacturing" (CIM) diskutiert, wobei auch schon mögliche distributionspolitische Konsequenzen analysiert wurden.[5] In den letzten Jahren kamen die entscheidenden Impulse dann aber aus dem Bereich *der Informations- und Kommunikationstechnologien (IuK)*, bzw. aus deren Kombination mit Produktions- sowie Transporttechnologien. Der Fortschritt bei den IuK-Technologien lässt sich z.B. an deren stark gestiegenen Leistungsvermögen, an der Miniaturisierung und den zunehmenden Integrations- und Vernetzungsmöglichkeiten festmachen.[6] Ihre zentrale Bedeutung für das Mass Customization ergibt sich aus der Tatsache, dass mit zunehmendem Kundenzuschnitt einer Leistung die Anforderungen an die *Informationsaufnahme, -verarbeitung und -weitergabe* steigen.[7] Auf dieser Ebene liegen zugleich auch die zentralen Kapazitäts- und Rationalisierungspotenziale der IuK-Technologien.

Die technologischen Individualisierungspotenziale stehen in einer engen Wechselwirkung mit *gesellschaftlichen* und *marktlichen Fragmentierungs- und Differenzierungsprozessen*. Seit den 60er-Jahren kann ein bis heute ungebrochener Trend zur gesellschaftlichen Individualisierung festgestellt werden, der sich sowohl auf der Ebene der Sozialstrukturen - etwa in Bezug auf Haushaltsgrößen und -typen - als auch durch eine Pluralisierung der Werthaltungen offenbart.[8] Die Individualität wurde dabei zu einem Wert an sich, der nicht zuletzt durch den Konsum zum Ausdruck gebracht wird. Konsumenten demonstrieren durch die Art und Weise ihres Konsums und durch die Zusammenstellung der konsumierten Produkte ihre eigene Individualität und Andersartigkeit.[9]

Auf der marktlichen Ebene zeigen sich die Individualisierungstendenzen in einer zunehmenden *Heterogenität der Nachfragestrukturen*, wobei sowohl eine *wachsende inter-individuelle* Heterogenität (Unterschiedlichkeit im Verhalten verschiedener Nachfrager) als auch eine fortschreitende *intra-individuelle* Heterogenität (Divergenz innerhalb des Nachfrageverhaltens eines einzelnen Konsumenten) festgestellt wird.[10] Für die Erfassung und Bearbeitung von Marktstrukturen hat dies zur Folge, dass sich Marktsegmente in vielen Bereichen zu Mikro-Segmenten und „Segments of One" verengen. Daher muss sich auch die Marktbearbeitung von einer Segmentausrichtung zu einer Nischenorientierung und kundenindividuellen Bearbeitung wandeln.[11] Gleichzeitig ist mit einer erhöhten Sprung- und Wechselhaftigkeit sowie Widersprüchlichkeit im Verhalten der Kunden zu rechnen („hybrider Konsument"), was den Herstellern und dem Handel ein entsprechendes Maß an Flexibilität und Anpassungsfähigkeit abverlangt.[12]

---

5   Brandt 1988, S. 144
6   Picot/Reichwald/Wigand 2001, S. 5 u. 145 ff.
7   Brandt 1988, S. 154
8   Hansen/Bode 1999, S. 177; Raffée/Wiedmann 1987, S. 190
9   Hansen/Bode 1999, S. 181
10 Gierl 1989; Wiswede 1990
11 Becker 1994, S. 15 ff.
12 Szallies 1990, S. 53; Hansen/Bode 1999, S. 197 f.; Schmalen 1994, S. 1221 ff.

Der stationäre Handel ist von den Entwicklungen auf der Nachfrageseite unmittelbar betroffen und viele Händler werden zugleich durch die *Wettbewerbsbedingungen* dazu gedrängt, die veränderten Ansprüche ihrer Kunden stärker zu berücksichtigen. Mit der Heterogenisierung der Nachfrage geht dabei offensichtlich eine wachsende Vielfalt an Betriebsformen und -typen einher, wobei sich - analog zum hybriden Konsumverhalten - sowohl preisorientierte Unternehmen (z.b. Discounter und Fachdiscounter) als auch Händler mit hochpreisigen und qualitätsorientierten Sortimenten (z.B. Boutiquen oder Feinkosthändler) erfolgreich behaupten können. Ein erheblicher Teil der Handelsbetriebe bewegt sich jedoch in einem Mittelbereich zwischen Preis- und Qualitätsausrichtungen (z.B. Warenhäuser, Bekleidungsfachhandel) und damit in einem Spannungsfeld zwischen wachsenden Preis- und Kostendruck auf der einen Seite und zunehmend differenzierten Kundenanforderungen an Qualität und Service auf der anderen Seite, was die „hybride" Grundidee eines Mass Customization – nämlich die Verbindung von Kunden- und Kostenorientierung – für diese Unternehmen entsprechend attraktiv machen sollte.[13]

Neben dem Wettbewerb zwischen verschiedenen Betriebsformen und -typen des Handels entwickeln sich mittel- bis langfristig strategische Herausforderungen aus der zukünftigen Entwicklung des *Electronic Commerce* im Konsumgüterbereich. Auch wenn der faktische Umsatzanteil der Onlinehändler noch sehr gering ist und insgesamt in diesem Sektor in der letzten Zeit eine deutliche Ernüchterung zu verspüren ist, so dürften dessen tatsächliche Wertschöpfungspotenziale noch nicht ausgeschöpft sein. Ein rechtzeitiges Engagement im Mass Customization, bei dem bislang viele Konzepte noch einen Direktvertrieb via Internet unter Umgehung der Handelsstufen vorsehen, könnte langfristig dazu beitragen, dem stationären Handel auch bei diesen Produktkonzepten eine eigenständige Position im Marktweg zu sichern.

2.2 Grundprinzipien des Mass Customization Konzeptes

Der *Begriff Mass Customization* tauchte erstmals Ende der 80er-Jahre in der angloamerikanischen Marketingdiskussion auf.[14] Bis heute wird diesem Konzept - auch im deutschsprachigen Raum[15] - eine hohe Aufmerksamkeit zuteil. Es umschreibt eine Wettbewerbsstrategie, der zu Folge auch in relativ großen Absatzmärkten Produkte und Dienstleistungen nach den Vorgaben und Erfordernissen einzelner Nachfrager individuell hergestellt und vermarktet werden, und zwar zu Kosten, die in etwa denen der Produktion von vergleichbaren standardisierten Leistungen entsprechen sollen.[16] Im Kern zielt dieser Ansatz damit auf eine Aufhebung der zuvor lange Zeit in Anlehnung an

---

13 Barth/Stoffl 1997, S. 5 und 7; Hausruckinger/Wunderlich 1997, S. 35
14 Davis 1989, S. 16 ff.; Kotler 1989, S. 10 ff.
15 z.B. Piller 2000, S. 201ff.; Hildebrandt 1997, S. 67
16 Piller 1998a, S. 63

Porter als unvereinbar dargestellten, alternativen Strategiekonzepte „Kostenführerschaft" und „Differenzierung"[17].

Die erwünschte Verbindung zwischen einer Mengen- und Kostenorientierung auf der einen Seite und der Ausrichtung an individuellen Kundenwünschen auf der anderen Seite soll vor allem durch den effektiven Einsatz moderner Fertigungs- sowie IuK-Technologien erreicht werden. Mit deren Hilfe lassen sich die notwendigen Kundeninformationen effektiv und kostengünstig erfassen, speichern, weitergeben und in entsprechende Produktspezifikationen transformieren. Computerbasierte Konfigurationssysteme unterstützen im Sinne eines umfassenden „Computer Aided Selling" (CAS) den gesamten Prozess der Leistungsindividualisierung inklusive der Erfolgskontrolle und Kundenbegleitung in der Nachkaufphase.[18]

Das Grundanliegen des Mass Customization wird ferner unterstützt durch eine modularisierte Verknüpfung von standardisierten und individualisierten Produkt- und Servicebestandteilen (Abb. 1). Gemäß diesem *Modularisierungsprinzip* kann aus einer relativ geringen Zahl an Grundelementen eine quasi unbegrenzte Anzahl an verschiedenen, weitgehend individuellen Endprodukten erzeugt werden. So werden individuell zusammengestellte, standardisierte Produktmodule zu einem materiellen Produktkern geformt (Kernbündel), der durch weiter produktbegleitende Servicemodule ergänzt werden kann. Das kundenindividuell zugeschnittene Endprodukt ist dann ein Leistungsbündel aus überwiegend standardisierten Produkt- und Servicemodulen. Dieses „Baukastenprinzip" wirkt dabei kostensparend durch die nur geringe Anzahl an notwendigen Grundelementen und zum anderen durch die weitgehende Standardisierung der Module, die in Massenproduktion hergestellt werden können.

Das Modul- oder Baukastenprinzip und der Technologieeinsatz kennzeichnen wesentliche Unterschiede zu einer herkömmlichen individuellen Marktbearbeitung, die auch in Zeiten von standardisierter Massenproduktion und Marktbearbeitung nie völlig verdrängt wurde, mit der aber i. d. R. immer auch kleine Los- und Stückgrößen und hohe Preise und Kosten verbunden waren. Mass Customization soll demgegenüber auch im Massengeschäft dem Kunden einen einmaligen, durch den individuellen Zuschnitt von Wettbewerbern nur schwer zu imitierenden *Nutzenvorteil* generieren, der sich für den Anbieter durch eine Sicherung und Stärkung seiner Wettbewerbsposition auszahlt.

---

17 Porter 1992, S. 412; Büttgen/Ludwig 1997, S. 9
18 Piller 2000, S. 276 ff.

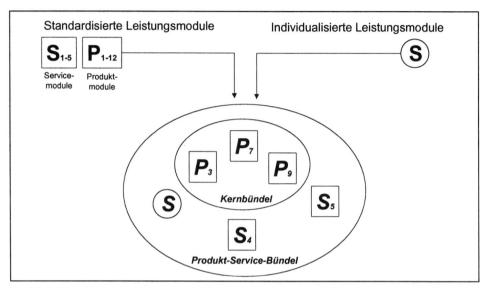

Abbildung 1: Individualisierung durch Bündelung von Produkt- und Servicemodulen

Von zentraler Bedeutung für das Mass Customization ist vor diesem Hintergrund das Ziel der *Kundenbindung*, denn eine maßgeschneiderte Individualisierung von Leistungen und Vermarktungsprozessen *fördert und bedingt* den Aufbau von langfristigen und intensivierten Austauschbeziehungen zum Abnehmer im Sinne von „Learning Relationships"[19]. Die Kundenbindung unterstützt langfristig die Effizienz des Mass Customization Konzeptes: Je länger eine Geschäftsbeziehung zu einem einzelnen Kunden besteht und je intensiver diese ausgestaltet wird, desto geringer wird von Transaktion zu Transaktion der jeweilige Individualisierungsaufwand für Anbieter und Nachfrager, da bestimmte Informationen nicht jedesmal wieder neu erhoben werden müssen: Der Anbieter *lernt*, sich auf den jeweiligen Kunden einzustellen und ihm passende Produktlösungen zu unterbreiten. Aufgrund der zentralen Funktion der Kundenbindung für das Mass Customization wird es heute i. d. R. als integrativer, instrumenteller Bestandteil des *Relationship Marketing* dargelegt.[20]

Das Thema Kundenbindung wird - angesichts der langfristigen ökonomischen Vorteile und der marktlichen Umfeldbedingungen - seit einigen Jahren auch für den Handel intensiv diskutiert.[21] Wenn der Handel die Bindung der Kunden an seine Einkaufsstätte durch ein Engagement im Mass Customization fördern möchte, so muss er dem Kunden damit konkrete *Nutzenvorteile* gegenüber herkömmlichen Produkt- und Vermarktungskonzepten in Aussicht stellen. Um entsprechende Anhaltspunkte ableiten zu können,

---

19 Pine/Peppers/Rogers 1995, S. 103
20 Diller 2000, S. 43; Hennig-Thurau/Hansen 2000, S. 5-6; Wehrli/Wirtz 1997, S. 116 ff.
21 z.B. Haedrich/Hoffmann-Linhard/Olavarria 1997; Foscht/Jungwirth 1998

sollen im Folgenden zunächst grundsätzliche Aspekte einer Bewertung des Mass Customization aus Kundensicht dargestellt werden.

3. Mass Customization aus Kundensicht

Obwohl mit dem Mass Customization der Anspruch einer weitgehenden Kundenorientierung verbunden ist, fehlt es in der Literatur bislang weitgehend an theoretischen wie empirischen Untersuchungen, mit denen mögliche Einstellungen oder Verhaltensweisen von Konsumenten gegenüber dem Konzept beschrieben oder erklärt werden können. Ausgehend von dem „hybriden" Grundansatz scheint es sich allerdings grundsätzlich dadurch auszuzeichnen, dass es verschiedenen Motiven von Kunden, die bislang schwer vereinbar erschienen, entgegenkommt.

Ausgehend von den Untersuchungen zur *Trend- und Werteforschung* zeigt sich bspw., dass ein Mass Customization zunächst den Wunsch nach individueller Behandlung und der Abhebung von anderen „bedient": Die bereitgestellte Leistung ist naturgemäß „einzigartig", da sie genau auf einen individuellen Kunden und seine momentanen Wünsche zugeschnitten wird. Damit wird die Erreichung jener Motive gefördert, die gemeinhin mit dem Individualisierungsphänomen in Verbindung gebracht werden[22], nämlich z.B. das *Prestigestreben*, die *Selbstverwirklichung* und *-entfaltung* oder der *Hedonismus*. Eng verbunden mit diesen Motiven ist auch die häufig zitierte *Erlebnisorientierung* der Konsumenten, die den Wunsch nach emotionaler Anregung und nach sinnlichen Erfahrungen in der Konsumwelt umschreibt und die dabei stark in der jeweiligen subjektiven und individuellen Gefühls- und Erfahrungswelt der Konsumenten verankert ist.[23] Individualisierte Produkte, deren Entstehungsprozess durch den Kunden mittels Technologie und seiner eigenen Kreativität beeinflusst und gesteuert werden können, dürften mit der Erlebnisorientierung vieler Konsumenten vermutlich im Einklang stehen.

Gleichzeitig bewirkt der präzise Zuschnitt eines Produktes auf die individuellen Bedürfnisse und Nutzungsbedingungen einen höheren *funktionalen Produktnutzen* und verbessert somit die subjektiv wahrgenommene *Produktqualität*. Bei wiederholter Inanspruchnahme von individualisierten Produkten bei ein und demselben Anbieter kann auf bereits gespeicherte Daten und Individualisierungsinformationen über den Kunden zurückgegriffen werden, was dessen *Bequemlichkeitsstreben* möglicherweise entgegenkommt. Der Aspekt der Bequemlichkeit verweist ferner auf einen kundenbezogenen Kerngedanken des Mass Customization: Es geht dabei nicht einfach nur um eine Ausweitung der Auswahlmöglichkeiten für den Kunden, sondern um den *passenden Zuschnitt* einer Produktlösung, die den individuellen Ansprüchen des Kunden möglichst genau gerecht werden soll, ohne dass dies für den Kunden mit einem erheblichen Mehr-

---

22   Gierl 1989, S. 10 ff.
23   Weinberg 1986, S. 97 ff.

aufwand verbunden ist.[24] Im Ergebnis zielt das Konzept damit auf einen höheren Nettonutzen, indem zum einen der Individualisierungsaufwand für den Kunden – der sich z.B. aus der Notwendigkeit ergibt, die eigenen Wünsche zu erkennen, zu konkretisieren und zu artikulieren – möglichst gering gehalten wird und zum anderen der Nutzen des Produktes durch den individuellen Zuschnitt erhöht wird. Dieses Ziel kann der Anbieter eines Mass Customization Konzeptes umso eher erreichen, je besser er den Kunden und seine individuellen Wünsche und situativen Umstände kennt.

Dennoch ist beim Mass Customization zunächst von einem *höheren Beschaffungsaufwand* gegenüber einem vergleichbaren standardisierten Produkt auszugehen. Auch wenn das vom Kunden nicht zwangsläufig auch als belastend empfunden werden muss und gerade der Beschaffungsakt eines individuellen Produktes vielmehr auch Spaß und Lust bereiten kann, besteht hier aber eine mögliche Kaufbarriere aus Kundensicht. Ein weiterer Nachteil ergibt sich aus der Tatsache, dass der Konsument ein standardisiertes Produkt sofort nach der Kaufentscheidung mitnehmen und inspizieren kann, während beim Mass Customization häufig eine mehr oder weniger große *Zeitlücke* zwischen Kaufentscheidung und Entgegennahme des Produktes entsteht.[25] Grundsätzlich muss deshalb bei Mass Customization Produkten von einem *höheren wahrgenommenen Kaufrisiko* ausgegangen werden als bei vergleichbaren standardisierten Gütern.

Hinzu kommen weitere Barrieren: Kunden könnten z.B. Bedenken hinsichtlich der notwendigen Preisgabe und Speicherung ihrer Daten beim Mass Customizer hegen. Ferner könnte es zu Erwartungsenttäuschungen kommen bzw. zu dem Gefühl, dass es sich hier nur um eine „Pseudo"-Individualisierung handelt, denn auch das Mass Customization ist i. d. R. dem Massengeschäft zuzuordnen, was der Individualisierung prinzipielle Grenzen setzt: Z.B. ist es letztlich etwas anderes, ob ein Anbieter seinen Kunden wirklich persönlich kennt und entsprechend behandelt, oder ob er sein Wissen über den Kunden - wie es beim Mass Customizing üblich ist - bei Bedarf aus einem unpersönlichen elektronischen Datensatz abruft, ohne den Kunden wirklich wiederzuerkennen. Der soziale Zusatznutzen bei der Individualisierung im Sinne eines „Special Treatment Benefit"[26] wird dadurch u. U. als nicht besonders hoch empfunden.

Ein weiteres mögliches Problem liegt in der genauen *Ermittlung der Individualisierungsinformationen*: Häufig müssen die Kunden erst einmal in die Lage versetzt werden, ihre jeweiligen Bedürfnisse zu erkennen und so zu artikulieren, dass sie vernünftig in eine Produktlösung transformiert werden können. Möglicherweise treten dabei auch Motivkonflikte zu Tage, die das Auffinden einer den Kunden dauerhaft zufrieden stellenden Lösung sehr erschweren können.

Eine genauere theoretische und empirische Analyse der aktuellen Einflussfaktoren und Motivgründe für einen Konsum von individuell zugeschnittenen Produkten und Dienstleistungen steht bislang noch aus, könnte aber wesentlich dazu beitragen, fundierte An-

---

24 Pine/Peppers/Rogers 1995, S. 103
25 Piller 1999, S. 86
26 z.B. Hennig-Thurau/Gwinner/Gremler 2000

haltspunkte zur Abschätzung des zukünftigen Marktpotenzials eines Mass Customization zu entwickeln sowie Hinweise für deren Ausgestaltung abzuleiten. Aus Sicht des stationären Handels wäre dabei vor allem die Frage von Interesse, welche besonderen Nutzenvorteile und welche spezifischen Risiken und Barrieren sich aus Sicht von Konsumenten aus der Tatsache ergeben können, dass sich der stationäre Handel in den Marktweg für individualisierte Produkte „einschaltet" und/oder seine ergänzenden Leistungen individualisiert anbietet und vermarktet. Der stationäre Handel wird um so eher in der Lage sein, eine eigenständige Position im Marktweg individualisierter Produkte zu behaupten und die Bindung der Kunden an die Einkaufsstätten zu fördern, je besser es ihm gelingt, dem Kunden zu verdeutlichen und ihm wiederholt zu bestätigen, welche konkreten Nutzenvorteile ihm der Handel durch seine Beteiligung an Individualisierungskonzepten in Aussicht stellen kann. Im Folgenden sollen daher ausgewählte und zentrale Funktionsbereiche im Hinblick auf die Frage analysiert werden, welche Ansatzpunkte sich für eine nutzensteigernde Gestaltung ableiten lassen.

4. Mass Customized Retailing: Handlungsoptionen und Kundennutzen

4.1 Die Handelsfunktionen

Die Analyse von Funktionen im Sinne von Aufgaben und Leistungen des Handels, die erbracht werden müssen, um Produkte zwischen Herstellungs- und Konsumprozessen zu vermitteln, hat in der Handelsforschung eine lange Tradition und kennzeichnet eine der zentralen Forschungsperspektiven in diesem Bereich.[27] Mittels Katalogen von möglichen Handelsfunktionen (siehe Abb. 2), die heute zunehmend auch in Form von Wertschöpfungsketten oder Leistungsprozessen dargestellt werden, sollen die Aufgaben des Handels beschrieben und unabhängig von einer spezifischen Institution dahingehend analysiert werden, wie diese am besten im Sinne der beteiligten Akteure erfüllt werden können.

---

27 Barth 1999, S. 25; Hansen 1990, S. 9

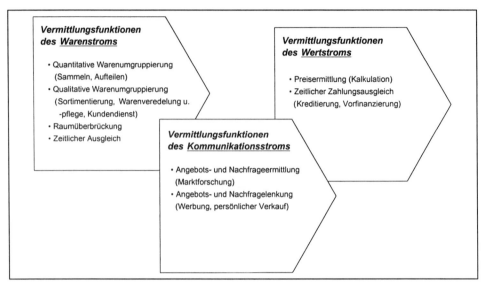

Abbildung 2: Katalog der Handelsfunktionen
Quelle: in Anlehnung an Hansen 1990, S. 15

Wie bereits in der Einleitung angedeutet, wurden mögliche Vermittlungsfunktionen des Handels bei Mass Customization Produkten bislang eher am Rande behandelt. Zwar scheint aus einer transaktionskostentheoretischen Perspektive heraus die hohe Spezifität individualisierter Produkte und die direkte Vernetzbarkeit von Hersteller und Endverbraucher via Internet einen Direktvertrieb unter Umgehung von Handelsstufen zu begünstigen.[28] Zu berücksichtigen ist jedoch, dass dem stationären Handel auch bei Mass Customization Konzepten u. U. wichtige Vermittlungsfunktionen zukommen, denn er verfügt durch seine räumliche und persönliche Nähe zum Konsumenten über wertvolle Erschließungsvorteile sowie über gewachsene Kompetenzen und Reputation. Das Prinzip der Individualisierung ist für den Handel dabei alles andere als neu und wird traditionell durch das so genannte „Tante-Emma-Laden-Prinzip" repräsentiert, dieses wurde allerdings im Laufe der Entwicklung immer weiter aus der Handelslandschaft verdrängt. Beim Mass Customization handelt es sich zudem - wie bereits dargelegt - um eine neue Form der Individualisierung mit Hilfe moderner Technologien und in großen Mengendimensionen.

Ein „Mass Customized Retailing" kann dabei zunächst an den gehandelten materiellen Waren ansetzen, die traditionell den Kernbezugspunkt der Handelsfunktionen bilden. Diese sind im Folgenden daher auch zunächst Gegenstand der Analyse möglicher Individualisierungsoptionen im Sinne des Mass Customization, d. h. es soll geprüft werden,

---

28 Picot 1986, S. 5; Brandt 1988, S. 154 f.; Piller 1999, S. 82

wie die Funktionen des Handels bei der Vermittlung von individualsierten materiellen Produkten angepasst werden können. Damit lässt sich zum einen die Einschaltung des stationären Handels gegenüber alternativen Distributionsmodellen legitimieren (z.B. Direktvertrieb oder Electronic Commerce) und zugleich können Anhaltspunkte dahingehend abgeleitet werden, wie der stationäre Handel Mass Customization Konzepte nutzen kann, um die Kundenbindung an die eigenen Einkaufsstätten zu fördern. Darüber hinaus richtet sich der Blick auf die Frage, ob und wie sich die Vermittlungsfunktionen des Handels selbst - unabhängig von dem Individualisierungsgrad der gehandelten Ware – gemäß den Prinzipien des Mass Customization zur Förderung der Kundenbindung individualisieren lassen. Damit sind vordringlich die Dienstleistungsfunktionen des Handels angesprochen, die Gegenstand eines entsprechenden Konzeptes zur *„Service Customization"*[29] werden können.

4.2 Die Handelsfunktionen beim Mass Customization

4.2.1 Grundlegende Rollenkonzepte des Handels

Eine Beteiligung des stationären Händlers im Rahmen eines Mass Customization Konzeptes kann, abhängig vom zugrunde liegenden Produkt und den jeweiligen Interessen der beteiligten Akteure, unterschiedliche Ausprägungsformen annehmen. Je nachdem wie stark sich der Händler einbringt, hat dies Einfluss auf die Veränderungen seiner Vermittlungsfunktionen im Marktweg. In der Literatur finden sich bislang vorwiegend Modelle, die von einer Herstellerperspektive ausgehen und daraus ableiten, welche Hilfs-, Vermittlungs- und Kooperationsleistungen der stationäre Handel erfüllen kann, um eine erfolgreiche Vermarktung von Mass Customization -Produkten zu unterstützen. Die denkbaren Beiträge des Handels reichen dabei von einer einfachen Kontaktanbahnung und –vermittlung zwischen Produzent und Konsument bis hin zur Rolle eines umfassenden Individualisierungshelfers oder -partners eines Herstellerunternehmens.[30] Nicht ausreichend berücksichtigt wird dabei allerdings, dass auch der Händler selbst zum Initiator und Koordinator eines Mass Customization werden kann, d. h. dass er seine Eigenmarken individualisiert anbietet und sich dazu entsprechende Partner in Industrie und Handwerk sucht. In der Handelspraxis finden sich heute verschiedene Konzepte und Beispiele für eine Beteiligung des Handels an Mass Customization Konzepten. Maßgebliche Impulse und eigene Initiativen gingen dabei in der Vergangenheit vor allem vom Bekleidungsfachhandel (preiswerte, maßgeschneiderte Anzüge), vom Computerfachhandel (individuelle PC-Konfigurationen) sowie von Baumärkten (Wandfarbe, Bilderrahmen) aus.

---

29   Büttgen/Ludwig 1999
30   Piller 1999, S. 84

4.2.2 Vermittlungsfunktionen des Kommunikationsstromes

Da Produkte, die erst nach den individuellen Vorstellungen eines Kunden gefertigt werden, naturgemäß nicht Bestandteil eines physischen Sortiments sein können, rücken zunächst vor allem die *Informations- und Beratungsfunktionen* – und damit die Vermittlungsfunktionen des Händlers in Bezug auf den Kommunikationsstrom – in den Vordergrund. Die räumliche und persönliche Nähe zum Konsumenten weist dem stationären Händler wichtige Funktionen für die kommunikative *Bedarfsermittlung* und *-lenkung* zu. Der stationäre Händler kann mit dem Kunden diejenigen Informationen erheben, die notwendig sind, um die individuelle Konfiguration durchzuführen. In vielen Fällen ist dazu eine *persönliche* Beratung sinnvoll, da Kunden häufig erst angeleitet werden müssen, um ihre Bedürfnisse zu erkennen und so zu formulieren, dass sie in sinnvolle Leistungsergebnisse transformiert werden können. Die Beratung vor Ort kann dazu „didaktisch" durch physisch verfügbare Produktmodule oder Musterexemplare für individualisierte Produkte unterstützt werden. Ziel sollte es gemäß den Prinzipien des Mass Customization sein, den Individualisierungsaufwand für das Personal und für den Kunden so gering wie möglich zu halten, indem die Potenziale der Informations- und Kommunikationstechnologie zielgerichtet ausgeschöpft werden. Computergestützte Konfigurationssysteme können eingesetzt werden, um zusammen mit dem Kunden im Laden das für ihn optimale Produkt zu entwickeln. Der Einsatz von Technologie ersetzt somit nicht die persönliche Bedarfsbegleitung vor Ort, sondern ergänzt sie lediglich. Die Kombination aus IuK-Technik und den Informations- und Beratungskompetenzen des Personals dürfte in vielen Fällen – insbesondere bei komplexen, erklärungsbedürftigen Gütern – gegenüber dem eher „unpersönlichen" Vertrieb über das Internet vorteilhaft sein.

Auch unabhängig vom Individualisierungsgrad der gehandelten Produkte bieten die Vermittlungsfunktionen des Kommunikationsstromes Ansatzpunkte für einen kundenindividuellen Leistungszuschnitt. Grundsätzlich ist zunächst festzuhalten, dass der Bereich der persönlichen Kommunikation sich von Natur aus weitgehend individuell gestaltet. Die Technologie und ggf. eine Schulung des Personals sollen dazu beitragen, dass die persönlichen Informations- und Beratungsleistungen möglichst effizient auf den jeweiligen, einzelnen Kunden zugeschnitten werden. Im Bereich der mediengestützten, unpersönlichen Kommunikationsleistungen bergen die IuK-Technologien zusätzlich vielfältige Potenziale, mit denen die Informationsvermittlung auch in der Massenkommunikation individualisiert werden kann. Dies ermöglicht die Minimierung von Streuverlusten in der Kommunikationspolitik: Botschaften, z.B. über spezielle Angebotsaktionen, können per Brief, e-mail oder über das Handy („M-Commerce") an verschiedene Kunden mit jeweils angepassten Inhalten – ggf. individuell konfiguriert aus standardisierten Bild- und Textmodulen – verschickt werden.

4.2.3 Vermittlungsfunktionen des Waren- und Wertstromes

Eine Beteiligung des stationären Handels an einem Mass Customization Konzept bedeutet letztlich, dass dieser individualisierte Produktkonzepte in sein Sortiment aufnimmt und sie damit dem Kunden über seine Verkaufsstätte zugänglich macht. Der stationäre Händler greift somit auch *Vermittlungsfunktionen des Warenstromes* auf. Mit der Aufnahme individualisierter Produkte in das Sortiment ist eine qualitative Veränderung der Auswahl- und Bündelungsentscheidungen verbunden: Im Gegensatz zu den standardisierten Produkten im Präsenzbestand, bei denen der Händler eine bedarfsgerechte *Vorselektion* für den Kunden ohne dessen direkte Beteiligung durchführt, erfolgt die endgültige Auswahlentscheidung nunmehr mit dem Kunden zusammen. Eine Vorauswahl ohne Kunden trifft der Händler nur noch in Bezug auf alternative Individualisierungskonzepte sowie auf die einzelnen Produkt- und Servicemodule, mit denen am Ende das engültige individuelle Leistungsergebnis konfiguriert werden soll. Die Vorauswahl ist insbesondere dann von Bedeutung, wenn für das Leistungsergebnis Module verschiedener Hersteller Verwendung finden können (z.B. bei einem PC) oder wenn im Markt verschiedene Individualisierungskonzepte für ein und dasselbe Produkt existieren. Ergänzend zu den Produktmodulen kann der Händler eigene Servicemodule – z.B. für den technischen Kundendienst oder in Form von Distributionsservices –(siehe Abschnitt 3.3) – hinzufügen. Die *Lagerhaltung* und die *Raumüberbrückungsfunktionen* eines stationären Händlers verändern sich bei individualisierten Produktkonzepten analog zu den Auswahl- und Kombinationsleistungen, d. h. sie beziehen sich vorwiegend auf die Produktmodule oder auf Musterexemplare. Bei der Planung und Gestaltung der entsprechenden Logistik ist von Bedeutung, wo die letztendliche Produktkonfiguration stattfindet.

Übernimmt der Händler über die Information und Beratung des Kunden hinaus dabei auch selbst Fertigungsschritte für die endgültige Produktkonfiguration, so kann dies als eine Art Wiederbelebung der historischen Handelsfunktion der Warenveredelung bzw. Warenmanipultation interpretiert werden. Im Rahmen einer solchen sog. „*Point of Delivery Customization*"[31] erbringt der Händler wieder – wie es früher vor der Industrialisierung die Regel war – handwerkliche und handwerksähnliche Tätigkeiten, um die Ware gemäß den individuellen Vorstellungen des Kunden „konsumreif" zu machen. Dazu wird im Prinzip die letzte Fertigungsstufe des Produktes in die Räumlichkeiten des Händlers verlegt. Allerdings beschränken sich die Leistungen des Handels hierbei in der Regel auf relativ einfache Montagedienste, wie etwa den Zusammenbau standardisierter PC-Module, oder auf wenig komplexe Produkte, wie z.B. Wandfarbe, die heute in vielen Baumärkten nach den Wünschen des Kunden gemischt wird. Die Point of Delivery Customization dient insbesondere dazu, die Lieferzeiten für individualisierte Produkte möglichst gering zu halten und dem Kunden den Zugang zum Produkt möglichst schnell zu ermöglichen. Im Idealfall ist die Endfertigung so schnell vorzunehmen, dass der Kunde das fertige Produkt gleich inspizieren und mitnehmen kann.

---

31 Piller 1998, S. 154

Ergänzend zur Vermittlung individualisierter Produktkonzepte kann der Handel seine warenstrombezogenen Leistungen selbst kundenindividueller gestalten, wobei insbesondere die *Sortiments-* und die *Servicepolitik* relevante Ansatzpunkte aufweisen. Das Sortiment eines stationären Händlers kann z.b. nach den Prinzipien des Mass Customization durch *virtuelle Zusatz- und Randsortimente* ein Stück weit individualisiert werden. Die IuK-Technologien werden dabei genutzt, um schnell und kostengünstig *für* oder *zusammen mit* dem Kunden eine individuelle Auswahl aus dem erweiterten Sortiment zu treffen. Zwar ist das Prinzip, dass Händler als *Beschaffungsspezialisten* dem Kunden Zugang zu Waren über das direkt im Laden verfügbare Sortiment hinaus eröffnen, nicht neu (z.B. Buchhandel oder Apotheken), durch die Technologie ergeben sich hier aber neue Ausgestaltungsmöglichkeiten und Anwendungsfelder. In den Verkaufsräumen lassen sich „Web-Shops" einrichten, über die Kunden selbst Zugang zu virtuellen, ggf. exklusiven Sortimenten erlangen. Wer bspw. in einer Filiale nicht fündig wird, kann über entsprechende Terminals im Web-Shop weitersuchen und sich so möglicherweise weitere *Beschaffungsmühen* ersparen.[32]

Viele Händler bieten im Rahmen ihrer warenbezogenen Vermittlungsfunktionen heute vielfältige ergänzende *Serviceleistungen* für ihre Kunden. Begleitende Serviceleistungen eines Händlers bewirken u. U. an sich schon eine Individualisierung der Gesamtleistung: Insbesondere im Bereich des technischen Kundendienstes werden häufig verschiedene Dienstleistungen angeboten, die je nach Bedarf und Wünschen des Kunden zu individuellen *Servicepaketen* (z.B. in Form eines Wartungsvertrages) „geschnürt" werden. Sofern diese Servicemodule, die neben den technischen Diensten z.B. auch neuartige Lieferservices zum Inhalt haben können, weitgehend standardisiert bereitgestellt werden, entspricht dies dem kostensparenden Modularisierungsprinzip des Mass Customization.[33] Die Kostenorientierung kann darüber hinaus gefördert werden, indem der Händler Kooperationsverträge mit spezialisierten Dienstleistern – z.B. aus dem Handwerk – abschließt, die bestimmte Leistungen häufig kostengünstiger und effektiver als der Händler selbst erbringen können. Allerdings verliert der Händler damit auch ein Stück seiner qualitätspolitischen Kontroll- und Steuerungsmöglichkeiten.

Eng verknüpft mit den Vermittlungsfunktionen des Waren- und Kommunikationsstromes sind auch bei individualisierten Produkten die des *Wertstromes*. Ein individualisiertes Produkt, das sich aus einzeln abrechenbaren Modulen zusammensetzt, bewirkt im Ergebnis einen individuellen Gesamtpreis, bei dessen Ermittlung der stationäre Händler beratend und erklärend – mittels Unterstützung einer entsprechenden Abrechnungssoftware – auf den Kunden einwirken kann. Die finanzielle Situation und Möglichkeiten des Nachfragers können in der Beratung berücksichtigt werden und gemeinsam lässt sich dann – z.B. nach Festlegung einer Preisobergrenze – ein individuell optimiertes Preis-Leistungsverhältnis ermitteln. Die Zusammenstellung eines individuellen Servicepaketes eröffnet darüber hinaus die Möglichkeit, Finanzierungsservicemodule in das Paket mit einzubinden. Einer verstärkten Individualisierung der warenbezogenen Preisstellung

---

32 Fischer 1999
33 Diller/Gömann 1999; Reiß/Beck 1995, S. 24 ff.; Anderson/Narus 1995, S. 107 ff.

waren für den Händler bislang auf Grund der rechtlichen Situation enge Grenzen gesetzt. Nach dem Fall des Rabattgesetzes und der Zugabenverordnung ergeben sich aber auch hier in Zukunft vielfältige neue Möglichkeiten.

4.2.4 Nutzen für den Konsumenten

In Bezug auf die bereits genannten Kundenvorteile, die im Rahmen der Individualisierung grundsätzlich von Relevanz sind (siehe Abschnitt 2.3), lässt sich abschließend belegen, dass ein *Engagement des stationären Handels* beim Mass Customization dem Kunden verschiedene *Nutzenvorteile* bieten kann. Die Kombination aus moderner Informations- und Kommunikationstechnologie und persönlicher Bedarfsbegleitung durch das Verkaufspersonal birgt bei entsprechender Gestaltung vielfältige Erlebnispotenziale und – im begrenzten Rahmen – kreative Selbstentfaltungsmöglichkeiten für den Kunden: Der Verkaufsraum des Händlers kann dabei zur „Bühne" werden, auf der das Individualisierungskonzept für den Kunden „inszeniert" wird und auf der sich der Kunde selbst darstellen kann.[34] Manche Händler haben die Potenziale in diesem Zusammenhang erkannt, in dem sie bspw. für maßgeschneiderte Bekleidungsprodukte „Body-Scanning-Aktionen" als besondere „Events" für ihre Kunden organisieren.

Über den sozialen und erlebnisbezogenen Effekt hinaus kann der Händler aber vor allem einen wesentlichen Beitrag dazu liefern, die Individualisierung für den Kunden so bequem, einfach und sicher wie möglich zu gestalten. Er kann dem Kunden durch seine Beratungskompetenzen anleitend und begleitend zur Seite stehen und damit gewährleisten, dass das Ergebnis der Individualisierungsbemühungen den Wünschen und situativen Umständen des Kunden möglichst nahe kommt, wodurch die Erschließung des *funktionalen Produktnutzens* verbessert wird. Ferner steht der Händler bei Problemen oder Unzufriedenheiten als *persönlicher Ansprechpartner* zur Verfügung. Die Reputation eines stationären Händlers kann wesentlich dazu beitragen, das *erhöhte Kaufrisiko* bei Mass Customization Produkten zu reduzieren. Förderlich ist in diesem Zusammenhang auch die Möglichkeit, beim Händler Produktmuster, einzelne Produktmodule oder Konfigurationsbeispiele persönlich zu inspizieren. Die Nutzung der etablierten Distributionsorgane des stationären Handels – ggf. ergänzt um die Point of Delivery Customization – reduziert zusätzlich die risikoerhöhenden Liefer- und Wartezeiten des Mass Customization.

Ein wesentlicher Vorteil für den Kunden ergibt sich ferner aus der Tatsache, dass auch individualisierte Produkte in einem Sortiment bestimmten *Verbundeffekten* zu anderen Produkten unterliegen. So kann ein Händler zu einem maßgeschneiderten Anzug die passenden Hemden, Krawatten und Schuhe anbieten und dem Kunden damit weitere Beschaffungsmühen ersparen. Abschließend kann der Händler ferner im Interesse des Kunden auch bei individualisierten Produkten unter Umständen seine Einkaufskompe-

---

[34] Lutz 1999, S 52

tenzen, seine Marktstellung und den Umfang seiner Bestellmengen nutzen, um die *Preise* für Mass Customization Produkte möglichst niedrig zu halten.

5. Fazit

Die Ausführungen sollten belegen, dass stationäre Händler auch im Rahmen eines Mass Customization Konzeptes wichtige Vermittlungsfunktionen zwischen Produktion und Konsum übernehmen können und dass sich zusätzlich vielfältige Ansatzpunkte für eine Individualisierung der Handelsfunktionen selbst finden lassen. Auch wenn in der Praxis bereits zahlreiche Beispiele für erste Konzepte eines „*Mass Customized Retailing*" zu finden sind, so kann zur Zeit noch nicht abgesehen werden, ob mit der Kombination von moderner Informations- und Kommunikationstechnologie und persönlichen Informations- und Beratungsleistungen des stationären Händlers tatsächlich auch eine umfassende funktionale Neuausrichtung einhergehen wird, oder ob es sich nur um ein einzelnes Zusatzangebot handelt, das letztlich ohne wesentlichen Einfluss auf das Kerngeschäft der Händler bleiben wird. Für die Forschung eröffnen sich dabei vielfältige Untersuchungsaufgaben, etwa im Hinblick auf eine differenziertere Herausarbeitung der spezifischen Anwendungsvoraussetzungen, z.B. in Bezug auf Leistungsarten und Betriebsformen, oder der potenziellen Einstellungen und Nutzungsmotive verschiedener Konsumentengruppen.

Literatur

ALBERS, P.; PETER, K. (1997): Die Wertschöpfungskette des Handels im Zeitalter des Electronic Commerce, in: Marketing ZfP, 19. Jg. (1997), H. 2, S. 69-80.

ANDERSON, J.C.; NARUS, J.A. (1995): Nur wohlüberlegte Zusatzleistungen fördern das Geschäft, in: Harvard Business Manager, 17. Jg. (1995), H. 3, S. 107-114.

BARTH, K. (1999): Betriebswirtschaftslehre des Handels, 4. Aufl., Wiesbaden 1999.

BARTH, K.; STOFFL, M. (1997): Hat das Marketing im Handel versagt? Die Kundenorientierung als Ansatz einer Neubesinnung, in: Trommsdorff, V. (Hrsg.): Handelsforschung 1997/98, Jahrbuch der Forschungsstelle für den Handel Berlin e. V., Wiesbaden 1997, S. 3-19.

BECKER, J. (1994): Vom Massenmarketing über das Segmentmarketing zum Kundenindividuellen Marketing (Customized Marketing), in: Tomczak, T./Belz, C. (Hrsg.): Kundenmanagement, St. Gallen 1994, S. 15-30.

BRANDT, A. (1988): Neue Fertigungstechnologien und Handel. Eine transaktionskostentheoretische Analyse, in: Trommsdorff, V. (Hrsg.): Handelsforschung 1988, Jahrbuch der Forschungsstelle für den Handel Berlin e. V., Wiesbaden 1988, S. 143-161.

BÜTTGEN, M.; LUDWIG, M. (1997): Mass Customization von Dienstleistungen, Arbeitspapier des Instituts für Markt- und Distributionsforschung der Universität Köln, Köln 1997.

DAVIS, S. (1989): From „future perfect": Mass Customization, in: Planning Review, Vol. 17 (1989), No. 2, S. 16-21.

DILLER, H. (2000): Customer Loyality: Fata Morgana or Realistic Goal? Managing Relationships with Customers, in: Hennig-Thurau, T./Hansen, U. (Ed.): Relationship Marketing - Gaining Competetive Advantage Through Customer Satisfaction and Customer Retention, Berlin u.a. 2000, S. 29-36.

DILLER, H.; GÖMANN, S. (1999): Verbreitung und Akzeptanz innovativer Distributionsservices für Lebensmittel. Arbeitspapier Nr. 78, Lehrstuhl für Marketing, Universität Erlangen-Nürnberg, Nürnberg 1999.

FISCHER, O. (1999): Von Emma lernen, in: Manager Magazin, 29. Jg. (1999), H. 11, S. 288-298.

FOSCHT, T.; JUNGWIRTH, G. (1998): Interaktive Medien als neues Instrument zur Kundenbindung im Handel, in: Trommsdorff, V. (Hrsg.): Handelsforschung 1998/99, Jahrbuch der Forschungsstelle für den Handel Berlin e. V., Wiesbaden 1998, S. 227-246.

GIERL, H. (1989): Empirische Individualisierungsforschung, in: Jahrbuch der Absatz- und Verbrauchsforschung, 35. Jg. (1989), Nr. 1, S. 4-22.

HAEDRICH, G.; HOFFMANN LINHARD, A.; OLAVARRIA, M. (1997): Zielgruppenorientierte Kundenbindungsstrategien im Lebensmitteleinzelhandel - Ergebnisse einer empirischen Untersuchung, in: Trommsdorff, V. (Hrsg.): Handelsforschung 1997/98, Jahrbuch der Forschungsstelle für den Handel Berlin e. V., Wiesbaden 1997, S. 71-91.

HANSEN, U. (1990): Absatz- und Beschaffungsmarketing des Einzelhandels: Eine Aktionsanalyse. 2., neubearb. und erw. Aufl., Göttingen 1990.

HANSEN, U.; BODE, M. (1999): Marketing und Konsum: Theorie und Praxis von der Industrialisierung bis ins 21. Jahrhundert, München 1999.

HAUSRUCKINGER, G.; WUNDERLICH, F. (1997): Der Handel wird zum Moderator der Produktion, in: BAG-Handelsmagazin, 1997, H. 3, S. 34-40.

HENNIG-THURAU, T.; GWINNER, K. P.; GREMLER, D. D. (2000): Why Customers Build Relationships with Companies - and Why Not, in: Hennig-Thurau, T.; Hansen, U. (Ed.): Relationship Marketing - Gaining Competetive Advantage Through Customer Satisfaction and Customer Retention, Berlin u. a. 2000, S. 369-391.

HENNIG-THURAU, T.; HANSEN, U. (2000): Relationship Marketing - Some Reflections on the State-of-the-Art of the Relational Concept, in: Hennig-Thurau, T.; Hansen, U. (Ed.): Relationship Marketing - Gaining Competetive Advantage Through Customer Satisfaction and Customer Retention, Berlin u.a. 2000, S. 3-18.

HILDEBRAND, V. (1997): Individualisierung als strategische Option der Marktbearbeitung, Wiesbaden 1997.

KOTLER, P. (1989): From Mass Marketing to Mass Customization, in: Planning Review, Vol. 17 (1989), No. 5, S. 10-13 und 47-48.

LUTZ, C. (1999): Konsumentenverhalten und Handelsoptionen. Explosion der Vielfalt, in: absatzwirtschaft, 42. Jg. (1999), H. 9, S. 50-53.

PICOT, A. (1986): Transaktionskostenanalyse im Handel, in: Betriebsberater, 42. Jg. (1986), H. 27, Beilage Nr. 13, S. 1-16.

PICOT, A.; REICHWALD, R.; WIGAND, R. T. (2001): Die grenzenlose Unternehmung, 4. Auflage, Wiesbaden 2001.

PILLER, F. (1998): Kundenindividuelle Massenproduktion: Die Wettbewerbsstrategie der Zukunft, München-Wien 1998.

PILLER, F. (1999): Handelsnetzwerke für Mass Customization, in: absatzwirtschaft, 42. Jg. (1999), H. 4, S. 82-89.

PINE, B. (1993): Mass Customizing Products and Services, in: Planning Review, Vol. 22 (1993), No. 4, S. 7-13.

PINE, B.; PEPPERS, D.; ROGERS, M. (1995): Do you want to keep your customer forever? In: Harvard Business Review, Vol. 73 (1995), No. 2, S. 103-114.

PIORE, M. J.; SABEL, C. F. (1985): Das Ende der Massenproduktion, Berlin 1985.

PORTER, M. E. (1992): Wettbewerbsstrategien: Methoden zur Analyse von Branchen und Konkurrenten, 7. Aufl., Frankfurt a. M. 1992.

RAFFÉE, H.; WIEDMANN, K. P. (1987): Gesellschaftliche Mega-Trends als Basis einer Neuorientierung von Marketing-Praxis und Marketing-Wissenschaft, in: Schwarz, C.; Sturm, F.; Klose, W. (Hrsg.): Marketing 2000: Perspektiven zwischen Theorie und Praxis, Wiesbaden 1987, S. 185-209.

REIß, M.; BECK, T. C. (1995): Mass Customization: Kostenverträglichen Service anbieten, in: Gablers Magazin, 9. Jg. (1995), H. 1, S. 24-27.

SCHMALEN, H. (1994): Das hybride Kaufverhalten und seine Konsequenzen für den Handel, in: Zeitschrift für Betriebswirtschaft, Heft 10/1994, S. 1221-1240.

SZALLIES, R. (1990): Zwischen Luxus und kalkulierter Bescheidenheit - Der Abschied von Otto-Normal-Verbraucher - Ein Rück- und Ausblick über 50 Jahre Konsumentenverhalten, in: Szallies, R.; Wiswede, G. (Hrsg.): Wertewandel und Konsum, Landsberg/Lech 1990, S. 41-58.

TOFFLER, A. (1970): Future Shock, Cologny 1970.

WEHRLI, H. P.; WIRTZ, B. W. (1997): Mass Customization und Kundenbeziehungsmanagement, in: Jahrbuch der Absatz- und Verbrauchsforschung, 43. Jg. (1997), Nr. 2, S. 116-138.

WEINBERG, P. (1986): Erlebnisorientierte Einkaufsstättengestaltung im Einzelhandel, in: Marketing ZfP, Heft 2, 1986, S. 97-102.

WISWEDE, G. (1990): Der neue Konsument im Lichte des Wertewandels, in: Szallies, R.; Wiswede, G. (Hrsg.): Wertewandel und Konsum, Landsberg/Lech 1990, S. 11-40.

Hendrik Schröder

Informationsbarrieren und Kaufrisiken –
Womit Electronic Shops ihre Kunden belasten

1. Marktgesetze des Internet und Electronic Shopping

2. Electronic Shopping – Was ist neu für die Verbraucher?
    2.1   Einkauf in Geschäften des stationären Einzelhandels
    2.2   Einkauf in Electronic Shops
    2.3   Unterschiede in den Beschaffungsvorgängen

3. Kaufrisiken der Verbraucher beim Electronic Shopping
    3.1   Ursachen des Kaufrisikos
    3.2   Maßnahmen zur Vermeidung und Reduktion des Kaufrisikos

4. Fazit

Literatur

1. Marktgesetze des Internet und Electronic Shopping

Mit dem Internet haben neue Marktgesetze Einzug gehalten: globale Verfügbarkeit, verringerte Informationsasymmetrie, steigende Markttransparenz, Abbau von Wechselbarrieren und Reduktion der Transaktionskosten[1]. Von Internet-Ökonomie ist die Rede und von der Annäherung an den vollkommenen Markt. Die Begründungen sind nachvollziehbar: Intermediäre helfen bei der Suche nach Produkten, Dienstleistungen und niedrigen Preisen, der nächste Anbieter ist für den Kunden nur „einen Click weit entfernt", der Zugriff auf ein global verfügbares Angebot zwingt die Anbieter zu schnellen Reaktionen, und für den Verbraucher verlagert sich der Ort des Geschehens von unbeliebten Einkaufsstätten mit unfreundlichem Personal an Orte, an denen er in Ruhe Angebote vergleichen und auswählen kann.

Es finden sich sofort zahlreiche Beispiele, auf die diese Gesetze zutreffen. Die Aussagen reizen aber gleichzeitig zu der Frage, ob es sich bei einigen Punkten nicht genau umgekehrt verhält: Märkte werden intransparent, Transaktionskosten nehmen zu und Kaufrisiken steigen. Worin können die Ursachen für diese Antithese gesehen werden?

1. Electronic Shopping bedeutet für Verbraucher, dass sie neue Geschäftsmodelle erfahren, in denen *Güter-, Geld- und Informationsströme anders organisiert* sind als im stationären Einzelhandel.
2. Ein Teil der Handelsfunktionen verlagert sich von den Anbietern auf die Verbraucher. Sie müssen daher ihre *Entscheidungsmodelle restrukturieren:* Andere Handlungsmöglichkeiten, Zielsetzungen und Entscheidungskriterien sind die Folge.
3. Der *Umfang und die Qualität der Informationen*, die im Zuge von Kaufentscheidungsprozessen beim Electronic Shopping aufgenommen und verarbeitet werden, weichen von jenen des stationären Einzelhandels ab.
4. Bewährte *kognitive Strukturen* sind nur in begrenztem Maße verwendbar. Cognitive Maps von Geschäften des stationären Einzelhandels können den Suchprozess in Electronic Shops kaum unterstützen.
5. Soweit die Betreiber von Mehr-Kanal-Systemen, sog. Click-and-Mortar-Unternehmen, die Marktauftritte ihrer Vertriebswege unterschiedlich gestalten (Store Brand, Sortimentszusammensetzung, Preishöhe, Rabattsystem etc.), trägt dies zu einer *zusätzlichen Belastung der Verbraucher* bei.

Konsequenz: Die Informationsbelastung der Verbraucher steigt, und die Anforderungen an die kognitive Steuerung von Kaufentscheidungsprozessen nehmen zu. Wer als Electronic Retailer den Bedürfnissen der Verbraucher zu wenig Beachtung schenkt, wird mit Misserfolgen rechnen müssen, die bis zum Marktaustritt führen. Die Liste der so genannten „dot.gones" ist bereits sehr lang.

---

1 Vgl. z.B. Barth/Schmekel 1998, S. 57 ff., Meffert 2000, S. 2 ff., Wirtz 2000, S. 107 ff.

Die Fehler reichen von *Schwächen des Webdesigns* (Usability Problems)[2] über die *Weigerung der Abgabe von Informationen* und *Probleme der Zahlungssicherheit* bis hin zu *Schwierigkeiten der Vertragserfüllung* (Fulfillment), d.h. die bestellte Ware wird gar nicht, zu spät, in falscher Zusammensetzung, mit qualitativen Mängeln oder mit falscher Rechnung geliefert. Diese Probleme sind offensichtlich, werden im Folgenden aber nicht aufgegriffen. Ihre Ursachen liegen zum einen im technischen Bereich (Zahlungsabwicklung, Logistik) und zum anderen in der Gestaltung von Webseiten, die sich wenig am Nutzungsverhalten der Verbraucher ausrichten.[3]

Eine Randbemerkung darf an dieser Stelle nicht fehlen, sie leitet zudem auf das hier zu betrachtende Problem über: Als Maßstab für die Beurteilung, ob Webseiten brauchbar sind, wird oftmals auf den „dümmsten anzunehmenden User" (DAU, teilweise auch WAU für worst acceptable user) abgestellt. Diese Sichtweise spiegelt zunächst die vielerorts immer noch vorherrschende Dominanz von Technikern wider. Darüber hinaus geht sie von einem zu engen Bild der Nutzer aus. Es geht nicht nur darum, die „Dummheit" zu überwinden, sondern vielmehr darum, die vielfältigen Verhaltensweisen und Eigenarten der Verbraucher zu berücksichtigen. In diesem Spektrum finden sich potenzielle Kunden, die wenig Zeit für die Navigation haben, ebenso wie Nutzer, die sich bei der Suche nach Produkten durch Pop-Up-Ads, Ticker und Banner jeglicher Art nur gestört fühlen. Letztlich gilt es zu beklagen, dass dem Gedanken der Convenience, also der Erleichterung bei Beschaffungsprozessen, zu wenig Beachtung geschenkt wird.

Der vorliegende Beitrag nimmt die *Perspektive der Verbraucher von Konsumgütern* ein, vor allem von Lebensmitteln, und vergleicht zunächst, inwieweit sich die Beschaffungsvorgänge in Geschäften des stationären Einzelhandels von denen in Electronic Shops unterscheiden. Anschließend wird untersucht, inwieweit die genannten Annahmen über den Anstieg von Intransparenz, Transaktionskosten und Kaufrisiken bei Electronic Shops zutreffen könnten.

Die folgenden Ausführungen greifen Beispiele von Anbietern auf, die in ihren Electronic Shops solche Sortimente führen, die üblicherweise in Supermärkten, Verbrauchermärkten, SB-Warenhäusern und Discountern des stationären Lebensmittel-Einzelhandels zu finden sind. Die Beispiele für Produkte, Preise, Vertragsbedingungen etc. stammen aus Juli 2001 und können sich zum Zeitpunkt der Lektüre bereits geändert haben. Für die Analyse ist dies nachrangig, da nicht die genannten Firmen im Mittelpunkt stehen, sondern die an ihnen festgestellten und diskutierten Merkmale, die ebenso bei anderen Firmen hätten gefunden werden können.

---

2 Siehe hierzu Jakob Nielsen's Alertbox unter www.useit.com/alertbox/
3 Ausführliche Informationen über die Akzeptanz des Electronic Shopping liefern z.B. die Untersuchungen von ATKearney 2000, S. 8 ff., Ernst & Young 2001 und Haupt/Ansorge 2001.

2. Electronic Shopping – Was ist neu für die Verbraucher?

2.1 Einkauf in Geschäften des stationären Einzelhandels

Das Informations-, Such- und Entscheidungsverhalten von Verbrauchern im stationären Einzelhandel lässt sich grob wie folgt charakterisieren[4]. Das Spektrum beim *Informationsverhalten* reicht von Verbrauchern, die auf Werbung resistent reagieren (Zapping, fehlendes Vertrauen in Massenmedien, Ignoranz von Handzetteln etc.), über Verbraucher, die an Informationsüberlastung leiden, bis hin zu Verbrauchern, die von einer Einkaufsstätte Anregungen für ihre Einkäufe erwarten.

Für *Suchvorgänge* stellen Verbraucher unterschiedlich viel Zeit bereit: Zum einen gibt es Verbraucher, die ihre Einkäufe schnell und mit geringem Aufwand erledigen wollen. Andere suchen in einer Einkaufsstätte mehr als nur Produkte, so z.B. Kommunikation, Erlebnis und soziale Kontakte[5]. Zahlreiche Faktoren beeinflussen den Suchprozess[6]. Neben der Ladengestaltung, situationsspezifischen Merkmalen der Einkaufsstätte sowie des Kunden sind es emotionale und kognitive Attribute der Kunden, die den Erfolg der Suche bestimmen. Zu den kognitiven Merkmalen zählen Objektschemata (Verwendungs- und Bedarfszusammenhänge von Produkten), Scripts (zeitlich zugeordnete Sequenzen eines Vorgangs) sowie Cognitive Maps (innere Bilder vom Laden und der räumlichen Anordnung). Objektschemata, Scripts und Cognitive Maps sind Erfahrungen der Kunden, auf die sie bei dem Besuch einer Einkaufsstätte zurückgreifen.

Entscheidungen haben die Verbraucher vor allem über den Einkaufszeitpunkt, die Art und Anzahl der Einkaufsstätten sowie die Art und Menge der Produkte zu treffen. Folgt man den Erhebungen führender Marktforschungsinstitute, dann decken – nach AC Nielsen – deutsche Haushalte ihren Bedarf an Lebensmitteln durchschnittlich in 14 verschiedenen Einkaufsstätten pro Quartal, darunter zwei Verbrauchermärkte, zwei Supermärkte, zwei Discounter und zwei Drogeriemärkte[7]. Viele Verbraucher haben „Trampelpfade" entwickelt, die sie auf ihren Einkaufsgängen benutzen: Sie suchen regelmäßig dieselben Geschäfte auf, oftmals an denselben Wochentagen. Sonderangebote anderer Händler, die nicht auf ihrem Trampelpfad liegen, veranlassen sie nur unter bestimmten Voraussetzungen, von ihrem Rhythmus abzuweichen[8]. Ein Einkaufsgang kann, insbesondere was kleinflächige Betriebstypen anbelangt, mit dem Besuch von zwei oder mehr Geschäften verbunden sein.

---

4   Schröder 2001a, S. 273 ff.
5   Barth/Blömer 1995, S. 10
6   Esch/Thelen 1997, S. 299
7   Milde 2000, S. 288
8   Schröder/Feller 2000, S. 190

2.2 Einkauf in Electronic Shops

Beim Electronic Shopping sieht sich der Verbraucher einer ganzen Reihe anderer Einkaufsbedingungen gegenüber, von denen einige hier aufgeführt werden.

(1) Der Ladenbau von Electronic Shops ist zweidimensional, kann auf einer Internetseite nicht detailliert den Lageplan einer stationären Einkaufsstätte abbilden und muss vor allem schriftliche Beschreibungen einsetzen. Die Orientierung an topografischen Punkten wie Regalen, Warengruppen und Produkten ist nicht möglich. *Die Sprache und die Verständlichkeit der Begriffe werden zum Engpass.* Schwierigkeiten treten auf, wenn Anbieter ihre Warengruppen unterschiedlich abgrenzen und benennen, wie z.B. Drogerieartikel bei Schlecker, IhrPlatz24 und Rossmann, wenn Suchfunktionen die richtige Schreibweise eines Artikels verlangen und wenn dieselben Artikel von verschiedenen Anbietern unterschiedlich bezeichnet werden.

(2) Die *freie Suche nach Produkten und Dienstleistungen ist eingeschränkt.* Ungebundenes Bewegen wie in einer Einkaufsstätte des stationären Einzelhandels ist nicht möglich. Der Verbraucher ist bei Information und Suche auf das ihm vorgegebene Korsett des Anbieters angewiesen, oftmals als hierarchischer Aufbau der Seiten gestaltet.

(3) Die *Freiheitsgrade bei der Organisation des Einkaufs sinken.* Beim stationären Einzelhandel bestimmt allein der Verbraucher, wann er über die Ware verfügen kann. Beim Electronic Shopping wird sein Einkauf durch die Ausgliederung von Funktionen (z.B. Kommissionieren, Logistik) auf den Anbieter von dessen Betriebsabläufen bestimmt[9].

(4) Manche Anbieter verlangen *Mindestbestellwerte.* Sie betragen (Juli 2001) z.B. bei Schlecker 30 DM, bei IhrPlatz 20 DM und bei Rossmann 40 DM.

(5) Die *Planungssicherheit der Verwendung sinkt.* Der Kunde weiß nicht, ob die richtige Ware in der richtigen Menge zum richtigen Zeitpunkt am richtigen Ort verfügbar ist. Kurz gefasst: Bei Nahrungs- und Genussmitteln ist unsicher, ob die geplante Mahlzeit tatsächlich zum geplanten Zeitpunkt mit den geordneten Zutaten zubereitet werden kann.

(6) Der *Bestellzeitpunkt liegt um so weiter vom Bedarfszeitpunkt entfernt*, je länger die Lieferzeit und je größer das Lieferzeitfenster ist. Der Kunde muss seine Bestellung früher aufgeben, um die Ware zum Bedarfszeitpunkt noch rechtzeitig zu erhalten. Beispiel: Für Lieferungen von Lebensmitteln am Samstag ist es bei manchen Anbietern erforderlich, dass die Bestellung bis spätestens Freitag, 16 Uhr, eingegangen ist.

(7) Soweit der Kunde dem Anbieter die Logistik vollständig überträgt (Home Delivery), können *Lieferkosten* auf ihn zukommen. Die Komponenten sind vielfältig und in ihrer Ausgestaltung sehr verschieden (Abbildung 1). Entgelte sind grundsätzlich möglich für:

- jeden Kunden (zeitraumbezogene, bestellunabhängige Kosten),
- jede Bestellung (bestellfixe Kosten),

---

[9] Zum Funktionenwandel vgl. Barth 1999, S. 30 ff.

- einzelne Produkte (produktfixe Kosten je Bestellung),
- Transportverpackung,
- einen bestimmten Zeitpunkt der Lieferung (Expresslieferung, samstags etc.),
- ein bestimmtes Liefergebiet und
- eine bestimmte Zahlungsart (z.B. Nachnahme).

Anbieter	Funktion (Lieferkosten)	Definitionsbereich (Bestellwertgrenzen)
Schlecker	X + 0	X ≥ 30
IhrPlatz24	X + 3,90	20 ≤ X < 50
	X + 0	X ≥ 50
Rossmann	X + 0	X ≥ 40
Kaisers / Tengelmann Lieferservice	X + 10 + 2 Y	X ≥ 30, Y ≥ 1
Konsum Dresden	X + 6,50 in Z1	X > 0
	X + 0 in Z1	Mo, Di und Mi, wenn X ≥ 175
	X + 8,50 in Z2	Z1 = Stadtgebiet Dresden
	X + 12,50 in Z3	Z2 = bis zu 8 km außerhalb der Stadtgrenzen
	X + 0,65 · km in Z4	Z3 = 8 km bis 18 km außerhalb der Stadtgrenzen
		Z4 = über 18 km außerhalb der Stadtgrenzen
X = Kaufbetrag der Waren, Y = Zahl der Getränke-Mehrwegkisten, Z = Liefergebiet, alle Wertangaben in DM		

Abbildung 1: Lieferkostenfunktionen ausgewählter Anbieter bei Bestellungen über das Internet (Stand 7/2001)

Die Komplexität und Dynamik von Lieferkostenfunktionen lässt sich durchaus noch übertreffen, wie das Beispiel von walmart.com zeigt. Die Lieferkosten setzen sich aus warengruppenabhängigen bestellfixen, artikelabhängigen sowie lieferzeitabhängigen Kosten zusammen. Im November 2000 sahen sich die Kunden noch der in Abbildung 2 aufgeführten Kostenstruktur gegenüber. Ein Beispiel soll die Berechnung der Lieferkosten verdeutlichen. Die Lieferung einer CD kostet (in $) bei Auslieferung innerhalb von 3 bis 6 Tagen (Ground Shipping):

2,50 + 0,38 · 1 = 2,88 [Juli 2001: 1,96 + 0,97 · 1 = 2,93]

Entsprechend kosten vier CDs:

2,50 + 0,38 · 4 = 4,02 [Juli 2001: 1,96 + 0,97 · 4 = 5,84]

Sollte sich der Besteller nun für eine schnellere Belieferung entscheiden, muss er warengruppenabhängige Zuschläge entrichten, bei Lieferung in 2 Werktagen 3 $ [Juli 2001: 3,13 $], bei Lieferung am nächsten Werktag 7 $ [Juli 2001: 7,37 $]. Die Lieferkosten bei vier CDs betragen dann:

2,50 + 0,38 · 4 + 3 = 7,02 [Juli 2001: 1,96 + 0,97 · 4 + 3,13 = 8,97] bzw.

2,50 + 0,38 · 4 + 7 = 11,02 [Juli 2001: 1,96 + 0,97 · 4 + 7,37 = 13,21]

Sollte sich der Besteller des Weiteren dafür entscheiden, Produkte aus mehreren Warengruppen zu ordern, dann gilt folgende Regelung: Es sind einmal die höchsten warengruppenabhängigen bestellfixen Kosten zu entrichten, die bei den bestellten Warengruppen genannt sind, sowie die jeweiligen artikelbezogenen Kosten. Würden – in Erweiterung des obigen Beispiels – nun neben den vier CDs 3 Bücher bestellt (Ground Shipping), so ergeben sich folgende Kosten:

2,97 (da größer als 2,50 für CD) + 0,38 · 4 + 0,50 · 3 = 5,99

[Juli 2001: 2,97 (da größer als 1,96 für CD) + 0,97 · 4 + 0,97 · 3 = 9,76]

Die Erläuterungen von walmart.com zu den Shipping Cost führen dann allerdings nicht weiter aus, welche zusätzlichen Kosten nun bei gemischten Warengruppen (Multiple Shipping Categories) anfallen, wenn diese in einer kürzeren Zeit als 3 bis 6 Werktage geliefert werden sollen. In Fortführung der angewandten Modalitäten ist anzunehmen, dass bei 2-Day-Shipping und Next-Day-Shipping die höchsten Zuschläge der bestellten Warengruppe anzusetzen sind, in diesem Fall:

2,97 + 0,38 · 4 + 0,50 · 3 + 5,50 (da größer als für CD) = 11,49

[Juli 2001: 2,97 + 0,97 · 4 + 0,97 · 3 + 5,54 (da größer als für CD) = 15,30] bzw.

2,97 + 0,38 · 4 + 0,50 · 3 + 10,50 (da größer als für CD) = 16,49

[Juli 2001: 2,97 + 0,97 · 4 + 0,97 · 3 + 10,68 (da größer als für CD) = 20,44]

Im Juli 2001 zeigt sich ein ganz anderes Bild der Kostenstruktur (Abbildung 3). In Fortführung des obigen Beispiels heißt dies: Die warengruppenabhängigen bestellfixen Kosten für CD sind gesunken, die artikelabhängigen Kosten sowie lieferzeitabhängigen Kosten gestiegen. Die sich nunmehr ergebenden Werte sind oben in eckigen Klammern angefügt. Für die Kunden bedeutet ein solcher Vorgang, dass sie sich darauf einstellen müssen, die Lieferkosten ständig zu beobachten. Oder anders ausgedrückt, von Entlastung kann keine Rede sein, das Kaufrisiko steigt.

(8) Der Kunde wird mit den aus dem klassischen Versandhandel bekannten Problemen konfrontiert, die insbesondere die *Kontrolle* von Waren und Rechnungen sowie *Reklamationen* betreffen. Mit dem Wechsel vom Residenzprinzip (Kunde sucht Einzelhändler in dessen Einkaufsstätte auf) zum Distanzprinzip (Kunde und Einzelhändler treten physisch nicht in Kontakt) gibt der Kunde jegliche Kontrolle vor der Kaufentscheidung aus der Hand: In der Einkaufsstätte kann er Art, Qualität und Preise der Ware prüfen, soweit es sich um Inspektionsgüter (search goods) handelt, und unmittelbar auffallende Unregelmäßigkeiten klären. Beim Electronic Shopping sind diese Probleme nur dadurch zu lösen, dass der Kunde nach dem Kauf mit seiner Beschwerde an den Anbieter herantritt. Verschiedene Barrieren können ihn davon abhalten, wie z.B. finanzieller, zeitlicher und psychischer Aufwand der Beschwerde, geringe Aussicht auf Beschwerdeerfolg oder geringes Selbstbewusstsein[10].

(9) Zusätzlicher Informationsbedarf entsteht bei der *Redistribution von Waren*. Hat der Kunde den Wunsch, nicht seinen Vorstellungen entsprechende Waren zurückzugeben, sind die gesetzlichen Bestimmungen und die vertraglichen Vereinbarungen zu beachten. Eine zentrale *gesetzliche Grundlage* für das Electronic Shopping ist das Fernabsatzgesetz (FernAbsG). Der Anbieter kann wählen, ob er dem Kunden das *Widerrufsrecht* nach § 361a BGB oder das *Rückgaberecht* nach § 361b BGB einräumt (§ 3 Abs. 3 FernAbsG). Jeder Anbieter muss die Verbraucher rechtzeitig vor Abschluss des Fernabsatzvertrages in einer dem eingesetzten Fernkommunikationsmittel entsprechenden Weise klar und verständlich über das Bestehen eines Widerrufs- oder Rückgaberechts informieren (§ 2 Abs. 2 FernAbsG).

Wichtig sind die Hinweise auf das BGB; denn sie spezifizieren u.a. die *Kostenregelung für die Rücksendung*. So besagt § 361a Abs. 2 S. 3 BGB für den Fall der Ausübung des Widerrufsrechts, dass dem Verbraucher „bei einer Bestellung bis zu 40 Euro die regelmäßigen Kosten der Rücksendung vertraglich auferlegt werden" dürfen, „es sei denn, dass die gelieferte Ware nicht der bestellten entspricht." Für den Fall, dass von dem eingeräumten Rückgaberecht Gebrauch gemacht wird, bestimmt § 361b Abs. 2 BGB u.a., dass die Kosten der Rücksendung dem Verbraucher nicht auferlegt werden dürfen. Hieraus folgt – nicht unwesentlich für den Verbraucher: Wurde vertraglich das Widerrufsrecht vereinbart, können ihm die Kosten für die Rücksendung auferlegt werden, sofern der Wert der zurückgeschickten Ware 40 Euro nicht überschreitet. Wurde dagegen vertraglich das Rückgaberecht vereinbart, braucht der Verbraucher keine Kosten der Rücksendung zu tragen. Welcher Verbraucher kennt diese Unterschiede tatsächlich und wo findet er diese Informationen?

---

10 Stauss/Seidel 1996, S. 46

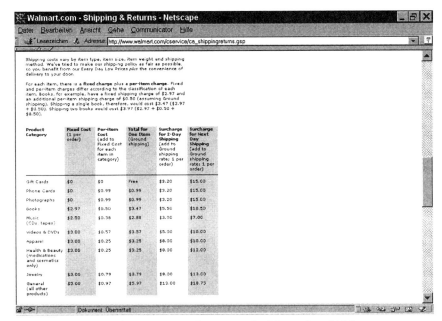

Abbildung 2: Lieferkosten von walmart.com im November 2000

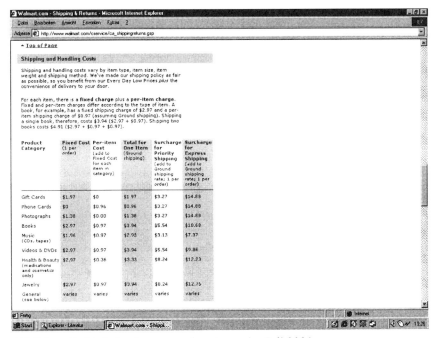

Abbildung 3: Lieferkosten von walmart.com im Juli 2001

2.3 Unterschiede in den Beschaffungsvorgängen

Electronic Shopping verlangt von den Kunden, ihr Entscheidungsmodell und ihren Beschaffungsvorgang zu restrukturieren. Information, Suche und Entscheidung finden zu anderen *Zeiten* (durch Lieferkonditionen oder Unabhängigkeit von Ladenöffnungszeiten), an anderen *Orten* (unabhängig von der physischen Warenpräsenz) und mit anderen *Medien* (Computer) statt. Die Zahl der zur Auswahl stehenden *Entscheidungsobjekte* (Electronic Shops, Produkte, Marken) nimmt zu. Da die räumliche Entfernung zwischen Anbietern und Kunden bei der Bestellung gegen Null strebt, rückt die zeitliche Entfernung in den Vordergrund: Technische Rahmenbedingungen, Sortimentsaufbau, eingebaute Suchlogiken und -hilfen determinieren die Bestelldauer.

Die Verbraucher müssen *viele neue Informationen* verarbeiten, die Läden sind anders gestaltet, Scripts aus dem stationären Einzelhandel sind ebenso wenig übertragbar wie Cognitive Maps. Die Konsequenz ist, dass die Kunden viele Erfahrungen im Umgang mit Geschäften des stationären Einzelhandels nicht verwenden können; sie müssen neue Scripts und neue Cognitive Maps entwickeln. Nur Übung und Erfahrung im Umgang mit Electronic Shops werden die physischen und psychischen Anstrengungen reduzieren.

Die *Gewichtung der Entscheidungskriterien* ändert sich beim Electronic Shopping. Abbildung 4 zeigt Tendenzaussagen zur Bedeutung von Kriterien bei der Einkaufsstättenwahl. Die Aspekte Sortimentsumfang und Preisniveau bleiben hier unberücksichtigt.

Anders gewichtete Kriterien haben zur Folge, dass sich die *Nachfrage* beim Electronic Shopping *anders auf Anbieter verteilt*: Bestellfixe Kosten führen dazu, Nachfrage zu bündeln, starke zeitliche, psychische und physische Belastungen durch den Ladenbau führen zu Ablehnung, und die Schwierigkeit, die Lieferungen mehrerer Anbieter in einem schmalen Lieferzeitfenster zu erhalten, reduziert die Zahl der akzeptierten Lieferanten.

Vorteile können sich für Kunden beim Electronic Shopping durch die *Personalisierung von Angeboten* ergeben. Electronic Shops gehen auf die individuellen Verbraucherbedürfnisse ein und entlasten von Such- und Informationsvorgängen. Beispiele[11]: Der Anbieter lernt aus dem Einkaufsverhalten des Kunden und stellt das Sortimentsangebot auf ihn ein (Feedback and Learning). Die Kunden werden segmentiert (z.B. Premiumkunden, Potenzialkunden) und erhalten nach vom Management festgelegten Regeln differenzierte Angebote (Rule Based Matching). Oder Kundenprofile werden verglichen, um hieraus auf weitere Bedarfspotenziale zu schließen (Collaborative Filtering).

So naheliegend diese Maßnahmen sind, sie hängen überwiegend von der Bereitschaft des Kunden ab, sich mit der *Speicherung und Weiterverarbeitung von persönlichen Daten* einverstanden zu erklären. Das Gesetz über den Datenschutz bei Telediensten

---

11 Großweischede 2001, S. 317 f.

(TDDSG) verlangt, dass den Anbietern von Telediensten bei der Verarbeitung und Nutzung personenbezogener Daten für Werbezwecke die *ausdrückliche Einwilligung der Betroffenen* vorliegt (§ 5 Abs. 2 TDDSG). Zudem dürfen Nutzungsprofile nur unter der Verwendung von Pseudonymen erstellt werden. Die Zusammenführung dieser Nutzungsprofile mit den Daten über den Träger des Pseudonyms, etwa dem Kunden eines Electronic Retailers, ist unzulässig (§ 4 Abs. 4 TDDSG). Verstöße gegen diese Regelungen, insbesondere solche, die bekannt geworden sind, können das Vertrauen in den Electronic Retailer nachhaltig erschüttern.

Entscheidungskriterium \ Ort des Einkaufs	Stationärer Einzelhandel	Electronic Shop
zeitliche Verfügbarkeit	–	+
räumliche Nähe	–	+
physische Entlastung	–	+
Zeitersparnis	– (?)	+ (?)
Entlastung bei Informationsverarbeitung ohne personalisierte Angebote	+	–
Entlastung bei Informationsverarbeitung mit personalisierten Angeboten	–	+
zeitliche Verfügbarkeit der Ware (sofern grundsätzlich vorhanden)	+	–
Planungsgrad des Wareneingangs	+	–
Kosten bei der Verteilung der Nachfrage auf mehrere Anbieter	+	–
Vorlaufzeit für Bestellungen	+	–
+ (–) = Kriterium besser (schlechter) erfüllt (Tendenzaussagen)		

Abbildung 4: Erfüllung von Kriterien beim Einkauf im stationären Einzelhandel und in Electronic Shops

Electronic Shopping führt, wie Abbildung 5 zeigt, zu *anderen Arten und einer anderen Verteilung der Transaktionskosten*. Für das B2C-Geschäft mit Lebensmitteln könnte gelten: Anbahnungskosten für die Suche von Informationen nehmen tendenziell zu, ebenso die Kontrollkosten für die Überwachung der vereinbarten Leistungen.

Die Anbahnungskosten steigen durch die Suche nach Anbietern, ihren Leistungen und ihren Vertragsbedingungen, die Kontrollkosten durch die Übertragung der Logistik auf den Anbieter. Betrachtet man die Komplexität dieser beiden Bereiche, lässt sich die

These der Transaktionskostenreduktion durch Electronic Shopping nicht ohne weiteres auf das B2C-Geschäft mit Lebensmitteln übertragen.

Kauf im stationären Einzelhandel	Electronic Shopping
Fahrtkosten / Anbahnungskosten ▪ Zeit (Opportunitätskosten) ▪ Kosten des Transportmittels	„Fahrt"kosten / Anbahnungskosten ▪ Zeit (Opportunitätskosten) ▪ Kosten der Internetverbindung
Kosten für Transportverpackung ▪ Einmalige Verwendung ▪ Wiederholte Verwendung	Lieferkosten, z.B. abhängig von Warengruppenart, Produktanzahl, Transportverpackung, Liefergebiet, Zahlungsart
Kosten der Beschwerdeführung / Kontrollkosten (entfallen soweit Beschwerden durch Kontrollen vor Abschluss des Kaufvorgangs Mängel erkennen und beseitigen lassen)	Beschwerdekosten bei mangelhaften Lieferungen / Kontrollkosten ▪ Zeit (Opportunitätskosten) ▪ Kosten der Internetverbindung Sonstige Kosten bei mangelhaften Lieferungen ▪ Nutzenentgang ▪ Kosten für Ersatzprodukte
Rückgabekosten bei Nichtgefallen der Ware: <u>Fahrtkosten</u> (s.o.), wenn Ware bereits mit nach Hause genommen worden ist; im Übrigen keine	Rückgabekosten bei Nichtgefallen der Ware, <u>regelmäßige Kosten</u> bei Anwendung des Widerrufsrechts können auferlegt werden, sofern Kaufbetrag der Rücksendung 40 Euro nicht übersteigt, <u>Kosten der Fahrt</u> zum Versandpunkt

Abbildung 5: Vergleich von Transaktionskosten beim Einkauf in Geschäften des stationären und des elektronischen Handels

Hinweise auf die Bandbreite der „Fahrt"kosten im Internet liefern Ergebnisse aus Tests von Electronic Shops. Als z.B. eine vorgegebene Einkaufsliste (u.a. Mehl, Kaffee, Salat, Bier, Sekt, Waschmittel) von den Testpersonen abgearbeitet wurde, zeigte sich: Der längste Bestellvorgang nahm mit 126 Min. (Reichelt AG) mehr als dreimal so viel Zeit in Anspruch wie der kürzeste mit 40 Min. (Tengelmann Lieferservice) – und im Vergleich hiermit dauerte selbst der zweitlängste Bestellvorgang mit 78 Min. (Edeka Online) noch knapp doppelt so lang[12]. Manche Verbraucher reagieren auf solche Ergebnisse häufig mit den Aussagen wie: „So lange hätte ich mich bei dem Anbieter nicht aufgehalten." „Bei meinem Händler um die Ecke hätte ich den Einkauf schneller erle-

---

12 o.V. 2000, S. 26

digt." Unterstellt man variable Kosten für die Internetverbindung von 2,9 Pf./Min. (vom Kostenmodell der Flat Rates sei hier abgesehen), dann betragen die Kosten zwischen 3,65 DM bzw. 2,26 DM und 1,16 DM pro Bestellung.

Selbstverständlich ist der zitierte Test ein Einzelfall. Andere Personen können zu anderen Bestellzeiten kommen, und die Wiederholung des Einkaufs durch dieselben Personen kann – nicht zuletzt aufgrund von Lerneffekten – mit kürzeren Bestellzeiten verbunden sein. Die Betreiber von Electronic Shops sollten jedoch bedenken, dass sich Neukunden am Anfang ihrer Lernkurve befinden.

3. Kaufrisiken der Verbraucher beim Electronic Shopping

3.1 Ursachen des Kaufrisikos

Kaufrisiko entsteht während einer Kaufentscheidung. Der Verbraucher befindet sich in einem *kognitiven Konflikt*: Auf der einen Seite strebt er danach, ein bestimmtes Gut zu kaufen und zu nutzen, auf der anderen Seite befürchtet er, dass dieses Gut nicht seine Erwartungen erfüllt. Die Unsicherheit darüber, dass der Kauf mit nachteiligen Konsequenzen verbunden sein könnte, wird als wahrgenommenes Kaufrisiko bezeichnet.

Es lassen sich mehrere *Arten von Kaufrisiken* unterscheiden: Ein Verbraucher befürchtet, bei einem bestimmten Anbieter für dieselbe Ware mehr Geld als bei einem anderen Anbieter bezahlen zu müssen (finanzielles Kaufrisiko), nicht funktionsfähige Produkte zu erhalten (funktionales Kaufrisiko), gesundheitliche Schäden bei der Unterschreitung bestimmter Produktstandards zu erleiden (physisches Kaufrisiko), die Orientierung bei für ihn ungewohnten Angebotskonzepten zu verlieren (psychisches Kaufrisiko) oder durch den Kauf seiner Produkte sozial nicht akzeptiert zu sein, weil es ihm z.B. nicht gelungen ist, den günstigsten Kauf zu tätigen (soziales Kaufrisiko).

Das Kaufrisiko ist eine *subjektive Größe*, die von zahlreichen intra- und interpersonalen Faktoren beeinflusst wird. Intrapersonale Faktoren sind Emotionen, Bedürfnisse, Einstellungen, Erfahrungen und Involvement. Interpersonale Determinanten sind vor allem das soziale Gefüge einer Person und die Kommunikation mit anderen Personen.

In *neuartigen Kaufsituationen* kann das Risiko besonders hoch ausgeprägt sein. Der Umgang mit dem Electronic Shopping ist für viele Personen eine solche Kaufsituation. Betrachtet man die Ergebnisse von Untersuchungen, die sich mit der Frage befasst haben, was Verbraucher vom Electronic Shopping abhält, dann lässt sich erkennen, dass verschiedene Kaufrisiken (z.B. Angst vor Betrug, Datenunsicherheit, schlechte Vergleichsmöglichkeiten) offenbar eine Barriere darstellen (Abbildung 6). Der Aspekt „schlechte Vergleichsmöglichkeiten" belegt, dass sich – zumindest im B2C-Bereich –

keineswegs die Markttransparenz verbessert. Ganz im Gegenteil, sie wird von manchen Verbrauchern als unüberwindbare Barriere für Electronic Shopping angesehen.

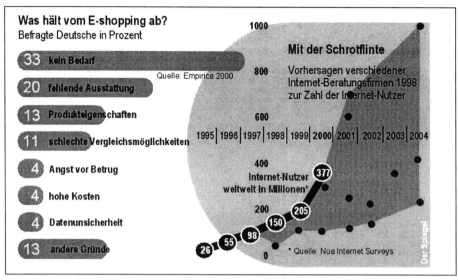

Abbildung 6: Barrieren des Einkaufs in Electronic Shops
Quelle: www.spiegel.de/netzwelt/ebusiness/0,1518,103818,00.html, 23.11.2000, Wirtschaft | Netzwelt | Panorama (Stand 15.07.2001)

Ungeachtet individueller Unterschiede lassen sich zwei Vermutungen anstellen:

1. Je mehr sich für die Verbraucher beim Electronic Shopping gegenüber dem Einkauf in Geschäften des stationären Einzelhandels ändert, desto höher wird beim Electronic Shopping das wahrgenommene Kaufrisiko sein. (Kaufrisiko bei Anfangsnutzung)
2. Je eher Verbraucher davon ausgehen, dass sich der Marktauftritt eines Electronic Shops häufiger und schneller ändert als der Marktauftritt eines Geschäftes im stationären Einzelhandel, desto höher wird beim Electronic Shopping das wahrgenommene Kaufrisiko sein. (Kaufrisiko bei Wiederholungsnutzungen)

Zu 1: Electronic Shopping ist im Vergleich zum stationären Einzelhandel mit zusätzlichem Informationsbedarf und mit anderen Formen der Informationsbeschaffung verbunden. Während der Aufwand der Informationsbeschaffung steigt, kann die Informationsrate aufgrund unveränderter Kapazitäten der Informationsverarbeitung sinken.

Zusätzlicher Informationsbedarf entsteht beim Electronic Shopping durch Elemente des Kaufprozesses, die im stationären Handel völlig fehlen oder dort sehr einfach ausgeprägt sind. Hierzu zählen die Lieferungskosten, die Lieferungskonditionen und die Rücksendungsmodalitäten sowie die hier nicht weiter behandelten Aspekte internetspezifischer Zahlungsverfahren (Secure Electronic Transaction, Cyber Cash, Chipkarten, NET900 etc.) und der Abfluss persönlicher Daten (ein anonymer Einkauf wie im stationären Einzelhandel ist fast unmöglich). Vergleiche mit Anbietern des stationären Handels, aber auch Vergleiche zwischen Electronic Shops sind um so schwieriger, je mehr Elemente ein Anbieter in sein Geschäftsmodell aufnimmt und je mehr die Ausprägungen verschiedener Anbieter abweichen.

Im stationären Einzelhandel mit Konsumgütern, insbesondere bei Lebensmitteln, werden die wenigsten Verbraucher Informationen über vertragliche Bedingungen des Kaufes einholen. Beim Electronic Shopping führt der erhöhte Informationsbedarf dazu, sich mit der *Informationsbeschaffung* auseinanderzusetzen. Die Frage wird sein: Welche Informationen wird ein Verbraucher wo, wann und wie lange mit welcher Zielsetzung suchen? Beim Kauf von Lebensmitteln im stationären Einzelhandel dürfte in der Regel ein niedriges produktbezogenes Involvement mit einem geringen einkaufsstättenbezogenen Involvement gepaart sein. Die kognitive Steuerung der Kaufprozesse ist gering, habitualisierte Einkaufsvorgänge dominieren.

In Electronic Shops dürfte die Neuartigkeit der Einkaufssituation zu einer *höheren kognitiven Steuerung* führen, spätestens dann, wenn dem Verbraucher auffällt, dass z.B. Lieferungskosten, Lieferungskonditionen und Rücksendungsmodalitäten sehr unterschiedlich gestaltet sind und dass seine Einkaufszufriedenheit von diesen Bedingungen abhängt. Informationen über die genannten Aspekte bieten Electronic Retailer an verschiedenen Stellen ihrer Shops: umfassend in den AGB (Allgemeine Geschäftsbedingungen), im Übrigen in reduzierter Form auf einzelnen Seiten. Bei *Schlecker* erfährt der Verbraucher unmittelbar auf der ersten Seite, dass die Lieferung kostenfrei ist und dass der Mindestbestellwert 30 DM beträgt, zu weiteren Bedingungen muss er die AGB aufsuchen. Andere Anbieter machen es dem Verbraucher oftmals nicht leicht, die Vertragsbedingungen schnell zu finden.

Der Verbraucher hat nicht einmal die Sicherheit, dass es sich um rechtlich einwandfreie Vertragsklauseln handelt. Die Informationslage wird selbst von Medien nicht verbessert, die sich eingehend mit Electronic Shopping befassen. Die Aussagen etwa zum Widerrufs- und Rückgaberecht sind teilweise unvollständig, missverständlich oder falsch. So findet sich z.B. in der Rubrik „Profi-Rat" der Zeitschrift Tomorrow (Heft 25/2000, S. 68) lediglich die Angabe: „Seit dem 1. Juni 2000 können Käufer die bestellte Ware innerhalb von 14 Tagen ohne Angabe von Gründen zurückschicken – wenn der Warenwert 40 Euro überschreitet, sogar auf Kosten des Anbieters." Es wird weder mitgeteilt, dass die Kosten beim Widerrufsrecht – dieses ist hier angesprochen – dem Kunden auferlegt werden können (nicht müssen), noch dass das Rückgaberecht, sofern es dem Kunden eingeräumt und von ihm genutzt wird, nicht mit Rücksendungskosten für den Kunden verbunden werden darf. Bei shopping.netz, die Online-Shops nach Branchen sortieren und redaktionell beurteilen, werden bei der Bewertung zwar die Kriterien Features (z.B. Versandkosten, Suchfunktion, Geschenkservice), Zahlungsarten, Zahlungsmittel, Sicherheit und Versand herangezogen, über Widerrufs- und Rückgaberechte findet sich dagegen nichts.

Fasst man den hier angesprochenen Bereich zusammen, dann handelt es sich um Ursachen für Kaufrisiken, die in der *Intransparenz des Marktes* begründet sind. Diese Intransparenz betrifft im übrigen nicht nur Lieferungskosten, Lieferungskonditionen und Rücksendungsmodalitäten, sondern ebenfalls die Preise der Waren. Dies gilt auch für Artikel, von denen man annehmen kann, dass sie über einen hohen Bekanntheitsgrad verfügen, dass sie in kurzen Abständen gekauft werden und dass die Verbraucher über sie eine eher hohe Preiskenntnis besitzen[13].

Zu 2: Als besondere Rahmenbedingung des Electronic Commerce wird die Fähigkeit der schnellen Anpassung herausgehoben. Unter dieser Annahme müssen die Verbraucher erwarten, dass sich der *Marktauftritt eines Electronic Shops* häufiger und schneller ändert. Die Veränderung der Lieferungskosten bei walmart.com belegen dies beispielhaft. Das mit Electronic Shopping verbundene Kaufrisiko ist daher nicht auf erstmalige Nutzungen begrenzt, sondern kann ebenso bei Wiederholungsnutzungen auftreten.

Cognitive Maps von Electronic Shops, Scripts und Objektschemata haben bei häufigen Änderungen eine geringere zeitliche Stabilität und können dadurch nur eine geringere Hilfe bei der Orientierung in Electronic Shops leisten.

In Geschäften des stationären Einzelhandels lassen sich viele Änderungen „auf einen Blick" erkennen, die Verbraucher registrieren sehr schnell, wenn Warenträger neu angeordnet worden sind oder wenn die Ware nicht mehr an der gewohnten Stelle zu finden ist. In Electronic Shops lassen sich Änderungen nicht mit derselben Geschwindigkeit erfassen wie im stationären Einzelhandel. Denn der gesamte Shop besteht aus einer Vielzahl einzelner Seiten, die auf Änderungen zu überprüfen sind. Jede Änderung von Farben, Logos, Bannern, Übersichten von Kategorien und Produkten und Angeboten von Dienstleistern gilt es – neben den Eigenschaften und Preisen der Produkte – zu verarbeiten. Tritt neben die Komplexität des Shops noch eine hohe Veränderungsrate, wird dies kaum dazu beitragen, dem Verbraucher Sicherheit bei seinen Entscheidungen zu geben.

Die Veränderungsrate betrifft nicht nur den Marktauftritt der bereits im Internet vertretenen Shops, sondern auch die *Anzahl der Anbieter*. Marktzutritte und Marktaustritte sind jeden Tag möglich. Während der Ansiedlung von Einkaufsstätten im stationären Einzelhandel zahlreiche Hinderungsgründe entgegenstehen können, wie z.B. keine verfügbaren Flächen und rechtliche Barrieren[14], kann ein Electronic Shop innerhalb weniger Minuten errichtet und eröffnet werden. Neben Anbietern des stationären Einzelhandels, die mit ihren Electronic Shops eine neue Vertriebslinie einführen, sind es die sog. Pure Players, Anbieter ohne Standbein im stationären Einzelhandel, wie z.B. Amazon, LeShop, VitaGo, peapod und webvan, die für eine sehr dynamische Wettbewerbsstruktur sorgen (auch durch ihre Marktaustritte). Die Konsequenz für die Verbraucher: Sie wissen vor ihrem nächsten Einkauf nicht, ob die beim letzten Einkauf besuchten Electronic Shops noch geöffnet haben und ob neue Anbieter in den Markt eingetreten sind.

---

13 Schröder 2001b, S. 40 f
14 Ahlert/Schröder 1999, S. 260 ff

Während sie die erste Frage leicht beantworten können, bleibt die Klärung der zweiten Frage eher dem Zufall überlassen: Werbung in Printmedien oder im Internet, Mund-Propaganda oder Suchmaschinen weisen auf neue Anbieter hin. Verbraucher, die diese Anbieter nicht von vornherein ausschließen, führen ihre Einkaufsvorgänge mit hoher kognitiver Beteiligung durch. Sie benötigen Informationen über die Leistungen und vertraglichen Regeln der neuen Anbieter. Möglicherweise bleibt auch das Set an Kriterien nicht stabil, mit denen bislang die Einkaufsstätten ausgewählt wurden. Neuen Anbietern kann es gelingen, das Koordinatensystem der Beurteilungskriterien zu verändern: Bisherige Kriterien verschieben sich auf der Bedeutungsskala, neue Kriterien kommen hinzu. Je höher der Informationsbedarf ist, je weniger Erfahrungen den Verbrauchern vorliegen und je weniger ihr Verhalten habitualisiert ist, desto stärker wird das wahrgenommene Kaufrisiko sein.

3.2 Maßnahmen zur Vermeidung und Reduktion des Kaufrisikos

Sowohl Nachfrager als auch Anbieter können Maßnahmen ergreifen, um das Kaufrisiko zu vermeiden oder zu reduzieren. Die Unterschiede liegen in den Ansatzpunkten: Die Nachfrager haben nur die Möglichkeit, innerhalb vorgegebener Rahmenbedingungen zu agieren, die Anbieter können die Rahmenbedingungen selbst verändern. An dieser Stelle lassen sich einige Aspekte nur schlaglichtartig beleuchten.

Die Verbraucher können im Wesentlichen folgende Maßnahmen ergreifen:

- *Beschaffung zusätzlicher Informationen*, wenn sie risikoscheu und ihre Entscheidungsprozesse extensiv sind,
- *Reduktion komplexer Entscheidungssituationen*, indem sie sich an Ankergrößen orientieren, z.B. an bekannten und aus ihrer Sicht bewährten Händlern, identifizierbar über die Store Brands,
- *Veränderung der Kriterien für die Einkaufsstättenbewertung*, indem z.B. bestimmte Einkaufsrisiken durch die Vorteile des bequemen Einkaufs kompensiert werden,
- *Entwicklung hoher Einkaufsstättentreue*, die zwei Richtungen haben kann: Ablehnung von Electronic Shops oder geringe Wechselbereitschaft, wenn die ersten Einkäufe mit hoher Zufriedenheit verlaufen sind.

Für die Anbieter muss die Maßgabe lauten: Erforsche, wie sich Verbraucher in Electronic Shops verhalten, und nutze die Erkenntnisse, um den eigenen Marktauftritt daran auszurichten! Dies bedeutet letztlich nichts anderes, als den Stand der Kunst im stationären Einzelhandel aufzugreifen. Offenbar scheinen einige Anbieter aber von der falschen Annahme auszugehen, dass eine „New Economy" die bis dahin gewonnenen Erkenntnisse aus der Erforschung des Verbraucherverhaltens außer Kraft setzt. Das Phänomen „New Economy" beruht aber weniger auf neuen ökonomischen Gesetzmäßigkeiten als vielmehr auf dem Glauben, mit neuen Techniken müssten sich auch die ökonomischen Regeln ändern. Niemand hat im Zusammenhang mit dem klassischen Versandhandel irgendwann einmal von „New Economy" oder Ähnlichem gesprochen, obwohl die Umsatzbedeutung deutscher Versandhändler selbst heute noch – auch wenn man die auf elektronischem Wege getätigten Umsätze herausrechnet – höher ist als die restlichen Umsätze im elektronischen B2C-Bereich und obwohl Versandhändler schon immer das betrieben haben, was seit kurzem als Customer Relationship Management Einzug in die Managementschulen gehalten hat. Zudem verfügen klassische Versandhändler über jene Potenziale, nach denen Electronic Shops noch suchen: Sie kennen ihre Kunden, sie beherrschen die Logistik und sie gestalten ihre Geschäftsmodelle einfach. Belege hierfür finden sich in den AGB der Versandhändler, die weniger komplex sind als jene vieler Neulinge im Distanzgeschäft. Und es kommt nicht von ungefähr, dass Händler, die bislang ausschließlich im stationären Bereich tätig waren, bei ihrem Eintritt in den Markt des Electronic Shopping Partner im Versandhandel suchen, wie z.B. OBI mit Otto.

Welche konkreten Anforderungen – lässt man einmal die technischen Aspekte außen vor – ergeben sich für die Betreiber von Electronic Shops? Sie lassen sich im Kern in zwei Punkten zusammenfassen.

(1) Die Verbraucher müssen bei der Informationsverarbeitung physisch und psychisch entlastet werden.

Die „Ladengestaltung" ist an den Bedürfnissen der Verbraucher auszurichten. Nicht die Suchlogik des Anbieters, sondern die des Verbrauchers ist entscheidend. Da nicht alle Verbraucher ihre Produkte nach demselben Prinzip suchen, müssen – will der Anbieter kein zu enges Segment von Kunden bearbeiten – mehrere Suchprinzipien angeboten werden. Der Aufbau von Warengruppen, einschließlich ihrer Bezeichnungen, muss durchgängig stimmig sein. Hier liegt die Kernaufgabe des Category Managements im Electronic Shopping. So wie der stationäre Einzelhandel im Rahmen von Category Management-Projekten Erkenntnisse über die Orientierung der Verbraucher gewinnt[15], so sind Erkenntnisse über die Verbraucher in Electronic Shops zu erlangen. Zwei wesentliche Gründe sprechen dagegen, die Ergebnisse aus dem stationären Einzelhandel 1:1 auf Electronic Shops zu übertragen: Erstens entfällt das Sehen, Fühlen und Riechen realer Gegenstände. Zweitens beschränkt sich die Wahrnehmung von Informationen auf zweidimensionale Darstellungen, die jeweils nur einen kleinen Ausschnitt dessen zeigen können, was der Verbraucher im stationären Handel wahrnimmt.

Die Webseiten sind von Elementen zu befreien, die den Verbraucher irritieren und ihm keinen Mehrwert verschaffen. Es fällt z.B. bei einigen Click-and-Mortar-Unternehmen auf, dass sie in ihren Electronic Shops viel mehr Dienstleistungen anbieten als im stationären Handel. Wenn dies auf der überprüften Erkenntnis beruht, dass sich auf diesem Weg Kunden gewinnen lassen, die niemals den Weg in die Geschäfte des stationären Handels desselben Anbieters nehmen würden, dann ist der Weg richtig. Teilweise muten die Seiten jedoch überfrachtet an, und der Zugang zum Electronic Shop geht – was die Wahrnehmung anbelangt – zwischen vielen anderen Angeboten unter.

---

15 Schröder 2001a, S. 266 ff.

Wenn die vertraglichen Bedingungen für den Kunden so einfach und vorteilhaft wie möglich gehalten werden, ist dies eine Investition in die Kundenbeziehung. Der Verzicht auf die Berechnung von Lieferkosten (z.B. Schlecker) und ein großzügiges Rückgaberecht (z.B. OBI) sind als Einnahmenverzicht zu verstehen. Die Erwartung, dass dieses Verhalten in der Folgezeit zu (Mehr)Einnahmen führt, speist sich aus zwei Quellen. Erstens werden Kunden von zusätzlichen Überlegungen entlastet. Sie können die Frage leicht beantworten, welche Kosten sich zu den Warenkosten addieren. Barrieren für *Neukunden* fallen damit. Zweitens tragen einfache Rahmenbedingungen des Einkaufs dazu bei, auf den Vergleich mit anderen Anbietern zu verzichten. Wechselbarrieren steigen und damit die Zahl der *Stammkunden*.

(2) Die Verbraucher brauchen einen Vertrauensanker.

Wie können Electronic Retailer Kunden aus dem stationären Einzelhandel oder von anderen Electronic Shops gewinnen? Eine Wechselbarriere für potenzielle Kunden sind die aus der Neuartigkeit resultierenden Kaufrisiken. Reduzieren lässt sich das Kaufrisiko durch Vertrauen in den Anbieter. Ein wichtiger Vertrauensanker kann die *Händlermarke (Store Brand)* sein[16]. Zum Vertrauensanker wird sie dann, wenn der Kunde bereits positive Erfahrungen mit dieser Marke gemacht hat.

Was Erfahrungen mit der Store Brand anbelangt, treten Electronic Retailer unter zwei Voraussetzungen an: Die eine Gruppe von Händlern kann grundsätzlich nicht auf Erfahrungen der Kunden mit ihrer Store Brand zurückgreifen, da sie als *Pure Players* (z.B. Amazon, LeShop, VitaGo, peapod, webvan) nicht im stationären Einzelhandel tätig sind (bzw. waren). Die andere Gruppe, die *Click-and-Mortar-Unternehmen*, haben die Möglichkeit, die *Store Brand des stationären Einzelhandels* auch für ihre Electronic Shops zu verwenden. Diese Option haben zahlreiche Anbieter genutzt, wie z.B. Schlecker, Rossmann, IhrPlatz, Conrad Electronic, OBI, Quelle, Kaiser's und Tengelmann. Sie können nicht nur von den Erfahrungen profitieren, die ihre Kunden aus dem stationären Geschäft gewonnen haben, sondern auch von ihrer Bekanntheit, die für ihre Erreichbarkeit im Internet nicht unerheblich ist. Sofern die Click-and-Mortar-Unternehmen ihre Store Brand als URL (Uniform Resource Locator) verwenden, erleichtern sie den Kunden das Auffinden ihrer Electronic Shops. Eine Studie der Boston Consulting Group kommt zu dem Ergebnis, dass der Anteil der Besucher, die durch Direkteingabe der URL zu dem Anbieter gelangen, bei Click-and-Mortar-Unternehmen über 60% und bei Pure Players unter 50% liegt[17].

Trotz dieser Vorteile – Bekanntheit und vorhandenes Vertrauen – gibt es ebenso Click-and-Mortar-Unternehmen, die für ihre Electronic Shops *neue Store Brands* entwickelt und eingeführt haben, wie z.B. Ihr-Home-Service (Rewe), einkauf24 (Spar) und primusonline (Metro) mit weiteren Segmentmarken, wie z.B. primusautomotive, primustronix und primusmedia. Auf die Gründe soll hier nicht näher eingegangen werden, sie dürften von der Chance, im Internet ein segmentbezogenes Markenbild zu entwickeln (siehe

---

16 Kenning 2000, S. 61 ff.
17 Boston Consulting Group 2000, S. 53

Metro), bis zu der Notwendigkeit kooperierender Gruppen reichen, Konflikte mit ihren selbständigen Einzelhändlern zu vermeiden, indem eine neue Store Brand genutzt wird, um den Markt zu segmentieren. In jedem Fall treten diese Anbieter nicht mit dem Erfahrungs- und Vertrauensvorsprung der Kunden jener Händler an, die im stationären Einzelhandel und in ihren Electronic Shops dieselben Store Brands einsetzen.

Eine dritte Variante des Marktauftritts von Click-and-Mortar-Unternehmen besteht darin, eine *neue Store Brand mit Hinweisen auf ihren Absender im stationären Handel* zu verknüpfen. Beispiele hierfür sind eWorld24.de von Edeka oder zebralino.de von Kaufhof. Die für Edeka typische Kombination der Farben gelb und blau findet sich – im Unterschied zu Edeka.com und zu Edeka-Online.de – nur noch im Edeka-Logo in der Kopfzeile. Ähnlich zurückhaltend sind die Hinweise auf Galeria Kaufhof bei zebralino.de.

Wenn Store Brands der Electronic Shops völlig losgelöst von Store Brands des stationären Einzelhandels sind oder an diese nur schwach angelehnt werden, sind hohe Anstrengungen zu unternehmen, um die Marken bei den Verbrauchern bekannt zu machen. Die Kommunikation im Internet dürfte hierbei nicht ausreichen, vielmehr ist sie durch Werbung in Printmedien und anderen elektronischen Medien massiv zu unterstützen.

4. Fazit

Das Internet bietet den privaten Verbrauchern zweifelsohne die Möglichkeit, ihre Einkäufe völlig neu zu organisieren und sich von Einkaufszeiten und Einkaufsorten zu emanzipieren. Die damit einhergehenden Entlastungen sind offensichtlich. Electronic Retailer dürfen aber bekannte und gültige Grundregeln der „Old Economy" nicht außer Acht lassen: Viele Verbraucher meiden kognitive Belastungen und bevorzugen einfache Entscheidungssituationen. Electronic Shopping verlangt von den Verbrauchern aber, dass sie ihre kognitiven Strukturen revidieren; denn auf ihre Erfahrungen aus dem stationären Einzelhandel können sie nur bedingt zurückgreifen. Neben Faktoren der Entlastung treten somit *Faktoren der Belastung*.

Electronic Shopping konfrontiert die Verbraucher mit neuen Einkaufsbedingungen. Waren sie bislang gewohnt, ihre Einkäufe im stationären Einzelhandel in habitualisierter Form zu erledigen (das gilt vor allem für den Lebensmittelbereich), treffen die Verbraucher in Electronic Shops auf ein neues Umfeld: Das *elektronische Ladendesign* stellt höhere Anforderungen an die Wahrnehmung der Einkaufsstätte und das Suchverhalten. Electronic Shopping verlangt des Weiteren, dass sich der Verbraucher mit Informationen auseinander setzen muss, die im stationären Einzelhandel gar nicht oder aber in einer einfachen Form auftreten: Dies sind insbesondere Mindestbestellwerte, bestellfixe und variable Lieferkosten, Lieferzeitfenster sowie von Shop zu Shop variierende AGB. *Die Vielfalt und die Dynamik der Informationen nehmen zu*, die Informationsverarbeitung erfordert eine höhere kognitive Steuerung. An die Stelle habitualisierter treten extensive Kaufentscheidungsprozesse. Aus Verbrauchersicht nimmt die Intransparenz des Marktes nicht ab, sondern zu. Gefördert wird die Intransparenz auch durch die deutlich flexiblere Zahl an Anbietern: Markteintritte und Marktaustritte sind an niedrigere Barrieren gekoppelt als im stationären Einzelhandel. Fehlende Restriktionen für Standorte und Verkaufsflächen erlauben den schnellen Markteintritt, geringe Kapitalbindungskosten und das Fehlen von (langfristigen) Mietverträgen für Verkaufsstellen ermöglichen den schnellen Marktaustritt. Treten neben den aus dem stationären Einzelhandel bekannten Store Brands reine Internet-Anbieter und Click-and-Mortar-Unternehmen mit ungewohnten Händlernamen auf, fehlt zudem der Vertrauensanker.

Die mit dem Electronic Shopping gerade für neue Kunden einhergehende Belastung fördert das *wahrgenommene Kaufrisiko*. Neue Bestandteile des Einkaufs, die Verlagerung der Beschaffung auf die Lieferanten und die damit verbundene Abhängigkeit sowie unbekannte Händlermarken steigern die kognitive Auseinandersetzung mit den Einkaufsvorgängen. Eine Reihe von Komponenten fördern das Einkaufsrisiko. Fragen wie „Könnten die Lieferkosten bei einem anderen Anbieter niedriger sein?" „Kommt die Ware zum vereinbarten Termin?" oder „Kann ich mich auf das Rückgaberecht eines mir unbekannten Anbieters verlassen?" spiegeln Risiken der Verbraucher, die ihnen im stationären Einzelhandel weitgehend fremd sind.

Um Kunden gewinnen und binden zu können, muss es das Ziel eines Electronic Retailers sein, Transparenz zu schaffen und die von Verbrauchern wahrgenommenen Kaufrisiken abzubauen. Das Motto kann nur lauten: Mach' es dem Verbraucher so einfach wie möglich! Dies setzt allerdings voraus, dass sich die Electronic Retailer eingehend mit den Wünschen und Bedürfnissen ihrer (potenziellen) Kunden auseinandersetzen. Nur die gründliche Erforschung des Konsumentenverhaltens in Electronic Shops zeigt auf, was zu tun ist, um das Medium Internet zu einer ernsten Alternative im B2C-Bereich werden zu lassen.

Literatur

AHLERT, D.; SCHRÖDER, H. (1999): Binnenhandelspolitische Meilensteine der Handelsentwicklung, in: Dichtl, E.; Lingenfelder, M. (Hrsg.): Meilensteine im deutschen Handel – Erfolgsstrategien gestern, heute und morgen, Frankfurt/Main 1999, S. 241-292.

ATKEARNEY (2000): Satisfying – The Experienced On-Line Shopper, London 2000 (http://www.atkearney.com/pdf/eng/E-shopping_survey.pdf).

BARTH, K. (1999): Betriebswirtschaftslehre des Handels, 4. Aufl. Wiesbaden 1999.

BARTH, K.; BLÖMER, F. (1995): Analyse neuer Werbeformen im Handel, Diskussionsbeiträge des Fachbereichs Wirtschaftswissenschaft der Gerhard-Mercator-Universität Gesamthochschule Duisburg, Nr. 221, 1995.

BARTH, K.; SCHMEKEL, V. (1998): Vertriebsmedium Internet. Chancen und Risiken für den Einzelhandel, Diskussionsbeiträge des Fachbereichs Wirtschaftswissenschaft der Gerhard-Mercator-Universität Gesamthochschule Duisburg, Nr. 255, 1998.

BOSTON CONSULTING GROUP (2000): eBranding, Köln 2000.

ERNST & YOUNG (2001): Global Online Retailing, An Ernst &Young Special Report, o.O. 2001.

ESCH, F.-R.; THELEN, E. (1997): Ein konzeptionelles Modell zum Suchverhalten von Kunden in Einzelhandelsunternehmen, in: Trommsdorff, V. (Hrsg.): Handelsforschung 1997/98, Wiesbaden 1997, S. 297-314.

GROßWEISCHEDE, M. (2001): Category Management im eRetailing – Konzeptionelle Grundlagen und Umsetzungsansätze am Beispiel der Lebensmittelbranche, in: Ahlert, D.; Olbrich, R.; Schröder, H. (Hrsg.): Jahrbuch Handelsmanagement 2001 – Vertikales Marketing und Markenführung im Zeichen von Category Management, Frankfurt/Main, S. 293-337.

HAUPT, U., ANSORGE, P. (2001): Absatz-Praxis im Online-Handel, Internetshopping GAU - vom Designstörfall zur Umsatzkatastrophe, in: Klietmann, M. (Hrsg), Kunden im E-Commerce: Verbraucherprofile, Vertriebstechniken, Vertrauensmanagement, Düsseldorf 2001, S. 53-71.

KENNING, P. (2001): Die Bedeutung von Kundenvertrauen für die Kundenzufriedenheit und das Kaufverhalten im Lebensmittel-Einzelhandel, in: Ahlert, D.; Olbrich, R.; Schröder, H. (Hrsg.): Jahrbuch Handelsmanagement 2001 – Vertikales Marketing und Markenführung im Zeichen von Category Management, Frankfurt/Main, S. 61-84.

MEFFERT, H. (2000): Neue Herausforderungen für das Marketing durch interaktive elektronische Medien – auf dem Weg zur Internet-Ökonomie, Institut für Wirtschaftswissenschaften der Universität Klagenfurt (Hrsg.): Reihe BWL aktuell, Nr. 6, Klagenfurt 2000.

MILDE, H. (2000): Category Management aus der Perspektive eines Marktforschungsinstitutes, in: Ahlert, D.; Borchert, S. (Hrsg.): Prozeßmanagement im vertikalen Marketing – Efficient Consumer Response (ECR) in Konsumgüternetzen, S. 299-310.

O.V. (2000): Test: Einkauf im Internet – Klick ohne Kick, in: Lebensmittel-Praxis, Nr. 16, 2000, S. 22-29.

SCHRÖDER, H. (2001a): Wer hat bei Category Management an Efficient Shelf Presentation gedacht? – Informationen für kundenorientierte Flächenzuteilung und Warenpräsentation im Lebensmittel-Einzelhandel, in: Ahlert, D.; Olbrich, R.; Schröder, H. (Hrsg.): Jahrbuch Handelsmanagement 2001 – Vertikales Marketing und Markenführung im Zeichen von Category Management, Frankfurt/Main, S. 261-291.

SCHRÖDER, H. (2001b): Intransparenz und Kaufrisiken beim Electronic Shopping – Was E-Retailer über die Kunden im B2C-Bereich wissen sollten, Arbeitspapier Nr. 9 des Lehrstuhls für Marketing und Handel an der Universität Essen, Essen 2001.

SCHRÖDER, H.; FELLER, M. (2000): Kundenorientierte Sortimentsgestaltung als Herausforderung für das Controlling im Einzelhandel mit Lebensmitteln, in: Graßhoff, J. (Hrsg.): Handelscontrolling – Neue Ansätze aus Theorie und Praxis zur Steuerung von Handelsunternehmen, Hamburg 2000, S. 161-208.

STAUSS, B.; SEIDEL, W. (1996): Beschwerdemanagement, Fehler vermeiden - Leistung verbessern - Kunden binden, München/Wien 1996.

WIRTZ, B. (2000): Electronic Business, Wiesbaden 2000.

Anton Meyer, Christian Blümelhuber und Mark Specht

Informationen: Zentrale Güterkategorie des Electronic Commerce

1. Der Ausgangspunkt: Electronic Commerce und elektronische Märkte

2. Im Mittelpunkt: Informationen
    2.1   Zum Verständnis der Information als Wirtschaftsgut
    2.2   Eigenschaften von Informationen
    2.3   Zum „Aggregatzustand" der Information

3. Die Umsetzung: Information und Transaktion
    3.1   Zwei „Geschäftsmodelle"
    3.2   Rechte als Absatzobjekte

4. Erfolgspotenziale: Kosten- und Differenzierungsvorteile
    4.1   Kostenvorteile
    4.2   Differenzierungsvorteile

5. Zum Abschluss: eine kurze Zusammenfassung

Literatur

1. Der Ausgangspunkt: Electronic Commerce und elektronische Märkte

Kaum ein Begriff ist in den letzten Jahren so ausführlich thematisiert worden wie der des Electronic Commerce – und das sowohl im populärwissenschaftlichen als auch im wissenschaftlichen Kontext. Ein einheitliches Begriffsverständnis konnte sich dabei leider noch nicht herausbilden. Die Bandbreite reicht von Definitionen, die „...jede Art wirtschaftlicher Tätigkeit auf Basis elektronischer Verbindungen (...)"[1] umfassen, damit von elektronischen Märkten bis hin zu elektronischen Hierarchien reichen, und auch Formen elektronisch unterstützter Unternehmensnetzwerke und -kooperationen mit einschließen, bis hin zu einem Verständnis, das vor allem auf die Möglichkeiten der Nutzung der im Electronic Commerce eingesetzten Medien als zusätzliche Tools der effizienteren Gestaltung der Absatzanbahnung oder Distribution[2] abzielt. Im Mittelpunkt eines solchen Verständnisses steht dann regelmäßig die Plattform, in der sich das e-Business oder das Informationszeitalter am spektakulärsten verdichtet: das Internet.

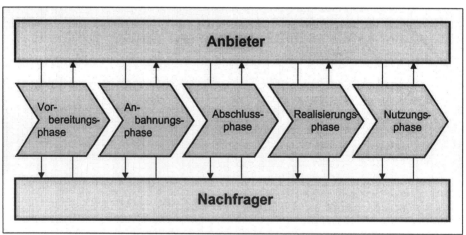

Abbildung 1: Transaktionsphasen im Electronic Commerce
    Quelle: Specht 2001, in Anlehung an Meyer 1996, S. 24; vgl. zu ähnlichen Konzepten auch: Zerdick et al. 2001, S. 222 f.; Schmid 2000, S. 185.

Wenn wir vor diesem Hintergrund – und stark vereinfachend – Electronic Commerce als ‚elektronische Verbindungen auf Basis des Internet' verstehen wollen, so geraten vor

---

[1] Picot/Reichwald/Wiegand 1993, S. 317
[2] Rebstock 1998, S. 265; Krause 1998, S. 171; Fritz 1999, S. 5 und Hermanns/Sauter 1999, S. 14

allem solche Objekte ins Blickfeld, die Transaktionen ohne Medienbrüche erlauben, die also alle wesentlichen Transaktionsphasen im und über das Internet „abwickeln". Konkret bedeutet dies, dass sowohl – und wir orientieren uns jetzt insbesondere am Marktmodell von *Paul Werner Meyer* – die Vorbereitungs- und Anbahnungsphase, als auch die Abschluss-, Realisierungs- und vor allem Nutzungsphase (vgl. Abbildung 1) weitgehend (oder ausschließlich) „elektrifiziert" sind, also auf Basis elektronischer Verbindungen ablaufen.

In solch weitgehend mediatisierten Marktbeziehungen sind vor allem auch die Realisierung des Objekttausches und die Betreuung in der Nutzungsphase nahezu ohne räumliche und zeitliche Friktionen möglich. Während sich diese Friktionen in allen anderen Transaktionsphasen mit Hilfe geeigneter Medien (wie bspw. Telefon, Fax) bereits in der Vergangenheit minimieren ließen, liegt darin das besondere Potenzial des internetbasierten Electronic Commerce begründet.

Welches sind nun die *Objekte*, die in solchen vollständig mediatisierten Markttransaktionen ausgetauscht werden können? Welches sind die zentralen – die originären? – Objekte des e-Commerce? Bücher, Software, Flugtickets? (Weiter-)Bildungsangebote, Fonts oder Finanzdienstleistungen?

Einen besonders hohen *„e-Share"* weisen z.B. Computerspiele auf, die in Echtzeit im Internet gespielt werden.[3] Von der Produktdemonstration über den „Verkauf" des Spieles bis hin zu User-Foren und der konkreten Nutzung kann alles im Internet abgewickelt werden. Solche Spiele liegen vor als *digitalisierte Objekte*, die sich durch die Ziffern 0 und 1 ausdrücken lassen. Ähnliches gilt für downloadbare Bilder, Texte und Filmsequenzen, aber auch für Überweisungsaufträge und Übersetzungshilfen wie leo.org. Wir haben es hier mit digitalen Einheiten zu tun. Und die sind zweifelsfrei die Objektkategorie, die dem Potenzial des Internet oder e-Business am stärksten gerecht wird. Es lohnt sich, sich mit diesen Objekten verstärkt auseinander zu setzen.

2. Im Mittelpunkt: Informationen

Vielleicht muss im Zeitalter der Informationsgesellschaft, des e-Business und e-Commerce die klassische duale Codierung der Wirtschaftsgüter in materielle und immaterielle Güter[4] abgelöst werden durch einen dualen Code à la „digital(isierbar)" vs. „nicht-digital(isierbar)". Denn die *Digitalisierbarkeit* führt ohne Zweifel zu interessanten und gewichtigen Konsequenzen, was das Design, die Besonderheiten und die Vermarktungskonsequenzen von Objekten betrifft.

---

3   Bliemel/Fassot 2000, S. 509
4   Blümelhuber 2000, S. 75 und 112

2.1 Zum Verständnis der Information als Wirtschaftsgut

Wenn man die Digitalisierung bzw. Digitalisierbarkeit von Objekten herausstellt, so landet man, ausgehend von der bekannten und beliebten Interpretation des SIMS um Hal Varian, schnell bei den Informationen. Die Forschergruppe definiert: „...anything that can be digitized – encoded as a stream of bits – is information."[5] Wenn man Informationen also als digitale bzw. digitalisierbare Objekte bezeichnet, so konzentriert man sich in der Charakterisierung dieser Objekte allein an der *syntaktischen Ebene* der Information bzw. derjenigen der Signale und Appelle. Semantische und pragmatische Aspekte bleiben zunächst einmal ebenso unberücksichtigt wie die Darstellung bzw. Symbolik und Ausdrucksweise im Sinne *Karl Bühlers*[6].

Gerade im deutschsprachigen Raum ist eine solche Interpretation ungewöhnlich, gewöhnungs- und erklärungsbedürftig. Denn der Großteil der Veröffentlichungen zu Informationen orientiert sich noch immer an einem *instrumentellen Verständnis* der Information, wie es bspw. *Wittmann* 1959 vorschlug. Er definierte Informationen als Daten mit Zweckbezug und schuf damit eine später erweiterte Gedankenkette, die die Information in einen Kontext zusammen mit den Daten, dem Wissen und den Meinungen einordnete (vgl. Abbildung 2).

In einer solchen Interpretation kommt den Informationen eine entscheidungsvorbereitende und/oder -unterstützende Aufgabe zu[7]. Informationen werden hier als „Ressource", als Leim, der die Struktur unternehmerischer Aktivitäten zusammenhält, oder als maßgeblicher Bestandteil der Wertkette eines Anbieters[8] verstanden.

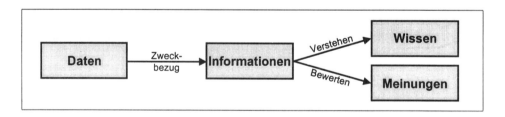

Abbildung 2: Beziehungen zwischen Daten, Informationen, Wissen und Meinungen
                      Quelle: Specht 2001, S. 16, in Anlehnung an Müller-Merbach 1995, S. 4; Müller-Merbach 2000, S. 252; Glazer 1991, S. 2

---

5 Shapiro/Varian 1999, S. 3
6 Bühler 1982, S. 24 ff.
7 Erichson/Hamann 1997, S. 235; Zahn 1997, S. 307 und Frese 1995, S. 36
8 Evans/Wurster 1998, S. 52

Ein solches Verständnis hat allerdings eine ganz andere Basis, Grund- und Ausgangslage als unser Ansatz. Denn in unserem Fall geht es ja um die Inthronisation, Beschreibung und Analyse einer eigenen Art von *Wirtschaftsgut*. Und die Güte solcher Definitionen zeigt sich vor allem in der Möglichkeit, sinnvolle Handlungsempfehlungen ableiten zu können.

Gerade vor dem Hintergrund des in dieser Festschrift aufgearbeiteten Informationszeitalters bzw. dem e-Commerce und e-Business ist die Digitalität der Information – und damit die mathematische Struktur und syntaktische Ebene – ein vieles entscheidendes Charakteristikum.[9]

Informationen können also zunächst einmal unabhängig vom Menschen verstanden werden. In vielen Fällen müssen sie auch unabhängig vom Rezipienten verstanden werden. Denken wir nur an das Schlagwort der Informationsüberlastung. Wenn *Kroeber-Riel*[10] diese auf ca. 98% taxiert, heißt dies letztlich, dass 98% der Informationsangebote ohne Rezipienten „auskommen". Nicht die Information ist also knapp, sondern die Rezeption, oder besser: die *Aufmerksamkeit*. So liegt es nahe, das Informationszeitalter als ein Zeitalter der Aufmerksamkeit[11] zu verstehen. Dies ist ein wichtiger Perspektivenwechsel. Denn er bedeutet jetzt, den Menschen mit seiner organisch beschränkten Kapazität zur Informationsaufnahme ins Zentrum zu rücken und die Informationen danach zu konkretisieren, wie sie vom Menschen verarbeitet werden.[12] Wenn wir uns also von der Welt der Signale hin zu einer „Welt des Sinns"[13] bewegen, lassen sich auch die semantische und pragmatische Komponente integrieren und der Begriff inhaltlich ausdifferenzieren. Damit werden bspw. das „*Wissen*" als vom Menschen verstandene Informationen oder die „*Meinungen*" als Inbegriff für Überzeugung, Glaube, Fürwahrhalten, Fürrichtighalten, Fürguthalten[14] interpretierbar.

Aus der Perspektive der Information bedeutet dies, dass die Art und Weise der Rezeption, und damit auch der Inhalt und Nutzen der Information, maßgeblich sind für die Bewertung und Vermarktbarkeit des konkreten Objektes.

2.2 Eigenschaften von Informationen

Informationen werden in der einschlägigen Literatur eine Fülle von Eigenschaften attestiert.[15] Wir haben einige, im betrachteten Kontext besonders interessante, ausgewählt:

---

9   Blümelhuber 2000, S. 159
10 Kroeber-Riel 1993, S. 11 ff. und Kroeber-Riel/Weinberg 1999, S. 90
11 Franck 1998 und Davenport/Beck 2001
12 Hierzu: Meyer/Blümelhuber 2001
13 Bolz 1997, S. 75
14 Müller-Mehrbach 1997, S. 358 und Müller-Mehrbach 2000, S. 246
15 Picot/Franck 1998, S. 545; Priest 1985/1994, S. 6 ff. und Zahn 1997, S. 304 ff.

Nicht-Exklusivität und Nicht-Rivalität im Konsum

Wird bspw. ein Motorrad gehandelt, so wechselt das Gut mit Realisierung des Kaufvertrags den Eigentümer und Besitzer. Werden hingegen Informationen „gehandelt", so sind nach Realisierung des Vertrags sowohl Anbieter als auch Nachfrager im Besitz des gehandelten Guts. Informationsnachfrager müssen sich also in gewissem Sinne mit *Kopien* begnügen. Durch die gleichzeitige Nutzung des Informationsguts (etwa der Zugriff auf die Suchmaschinenfunktion eines Portals durch mehrere Konsumenten) entsteht dem Konsumenten jedoch keinerlei Nachteil. Information hat daher eine natürliche Neigung zur Diffusion und ist damit „...gewissermaßen eine aggressive Ressource, die ständig versucht, die Geheimhaltungsgrenzen, in welche sie zu Recht oder zu Unrecht gezwungen wird, zu durchdringen."[16]

Hohe Fixkosten, geringe Grenzkosten

Informationen verfügen über eine zu klassischen Konsumgütern abweichende Kostenstruktur, die unter dem Stichwort ‚Skaleneffekte in der Produktion' bekannt sind: Ein hoher Fixkostenanteil geht hier mit nahezu vernachlässigbaren variablen Kosten einher; die langfristige Durchschnittskostenkurve nähert sich daher in ihrem Verlauf asymptotisch der x-Achse.

Grundsätzlich ist diese Kostenstruktur auch aus anderen Industrien bekannt. Insbesondere leitungsgebundene Netze, wie man sie bspw. aus dem Schienenverkehr und der Stromversorgung kennt, aber auch andere komplexe Systeme wie etwa Marktplätze oder Mobilkommunikationsnetze, sind bedingt durch die hohen Anfangsinvestitionen durch eine ähnliche Kostenstruktur gekennzeichnet.

Der Unterschied ergibt sich weniger aus der Struktur der Fixkosten, sondern aus der unterschiedlichen Struktur der variablen Kosten – diese betragen bei Informationsgütern nämlich nahezu null, während ein zusätzlich eingesetzter Zug oder eine weitere Kilowattstunde Energie immer variable Kosten zumindest in Höhe der Energiekosten erzeugt.

Exemplarisch dazu ist das immer wieder angeführte Beispiel der ‚*First Copy Costs*' bei Software-Produkten: Die Entwicklungskosten der ersten funktionsfähigen Version des www-Browsers Netscape Navigator sollen insgesamt 30 Millionen US-Dollar verschlungen haben; die erste Kopie war hingegen zu Kosten von etwa einem US-Dollar bereitstellbar.[17]

Die entstehenden Kosten beschränken sich dabei im Wesentlichen auf die Kosten für das verwendete Trägermedium (bspw. CD-ROM, Diskette). Wird, wie beim Vertrieb über das Internet, gar kein Trägermedium benötigt, so fallen die variablen Kosten nochmals geringer aus. Dadurch sind Informationen relativ einfach und kostengünstig zu reproduzieren.

---

16 Picot/Franck 1988, S. 545
17 Kelly 1998, S. 54

Mutabilität

Digitalisierte Objekte sind nicht nur problemlos reproduzierbar; aufgrund ihrer binären Codierung sind sie auch ohne größere Mühen veränderbar.[18] Dies führt aus Herstellerperspektive zu zwei Implikationen: Zum einen gestaltet sich die Kontrolle der *Integrität* des Guts als problematisch, da mit dem Übergang des Objektes ein Verlust an Kontrolle über mögliche Veränderungen durch den/die Nutzer verbunden ist; zum anderen ergeben sich auf der Habenseite umfangreiche Möglichkeiten der *Produktdifferenzierung und -individualisierung*: „The Strategic Implication of transmutability is that rather than trying to protect content integrity, producers need to differentiate their products by customizing and updating, and by selling them as interactive services, not as standard shrink-wrapped products. This product differentiation is not only a possibility, but should be the overall business strategy..."[19].

2.3 Zum „Aggregatzustand" der Information

Wir haben Informationen als digitalisierbare Objekte kennen gelernt. Diese Beschreibung sagt noch nichts aus über die konkrete Ausgestaltung der Information.

Interessant, und in unserem Falle natürlich auch besonders relevant, ist der Fall der digitalen Information. Die „Repräsentation der gedachten oder realen" Welt liegt also in Form von „Bits", d.h., vollständig mediatisiert vor. Denken wir nur an den Versuch des amerikanischen Bestseller-Autors Stephen King, sein aktuelles Werk „The Plant" alleine über das Internet anzubieten und abzusetzen. Alle Transaktionsstufen von der Vorbereitung bis zur Nutzung basieren auf der elektronischen Verbindung des Internet; das Objekt selbst – also der Text – liegt dazu natürlich in digitaler Form vor. Jeder Kunde, der bereit war, den geforderten Dollar pro Kapitel zu bezahlen, konnte sich das jeweilige Kapitel downloaden, am Bildschirm lesen oder auch ausdrucken.

Natürlich könnte King seinen Text auch als Ausdruck, also in Form eines materiellen Buches anbieten. Dieses Objekt besteht dann zwar im Kern aus einer Idee oder Information, weist aber – dank der Materialisierung – den Charakter einer Sachleistung auf. Dies hat dann deutliche Auswirkungen, bspw. auf die Produktion und Logistik des Objektes. Und natürlich ist ein solches Gut auch handelbar. Eigentum kann also übertragen werden. Allerdings geht nur das Eigentum am materiellen Träger auf den Käufer über; niemals aber das Copyright, also das Eigentum an der Idee oder Information. So kann der Käufer das Buch zwar als Wissensquelle oder als Brennmaterial, als Geschenk oder lediglich zum Auffüllen des Bücherregals nutzen, er darf aber nie die Information nutzen, um darauf aufbauend bspw. einen Spielfilm zu produzieren oder eine Fortsetzung zu verfassen.

---

18 Choi/Stahl/Whinston 1997, S. 72 und Shapiro/Varian 1998, S. 111
19 Choi/Stahl/Whinston 1997, S. 73

Und natürlich könnte King den Text auch in eine andere, z.B. szenische „Redeform" transformieren, dramatisieren und quasi als Dienstleistung anbieten.

Aufbauend auf einer Idee können also unterschiedliche Objektarten angeboten werden. Diese unterscheiden sich nicht nur hinsichtlich ihres „Aggregatzustandes", sondern auch hinsichtlich der Rezeption, der Marktfähigkeit und der unterschiedlichen Möglichkeiten der Bewirtschaftung.[20]

Wir werden uns im Folgenden mit den digitalen Informationen auseinander setzen, denn nur diese Gruppe erlaubt vollständig mediatisierte Transaktionen. Alle Phasen, einschließlich der Realisierungs- und Nutzungsphase, können hier „ins Internet" verlagert werden. Der e-Commerce wird hier in besonderem Maße erlebbar.

3. Die Umsetzung: Information und Transaktion

Interpretieren wir den Begriff „Commerce" einmal nicht im Sinne von „Handel", sondern wie im ersten Abschnitt angesprochen eher als Transaktion, und beschäftigen wir uns mit dem Absatz digitaler Informationen, und zwar am Beispiel der Branche, die in der virtuellen Welt wohl am besten funktioniert, nämlich dem Angebot an Sex- und Pornographie-„Welten".

Die hier angebotenen (vgl. als Überblick: www.sex.com) Objekte – Bilder (Pics), Video-Sequenzen und Texte – sind ohne Zweifel Informationen. Und können meist der beliebten Aufforderung „if you can't bill it, kill it" entsprechend, „verkauft" werden; sie erzielen also positive Erlöse.

Dabei können wir vor allem zwei Geschäftsmodelle unterscheiden:

3.1 Zwei „Geschäftsmodelle"

Einmal sind die Angebote im Sinne eines *„subscription models"* konzipiert.[21] Dabei wird dem Nutzer ein Bündel an unterschiedlichsten Objekten angeboten. Jeremy Rifkin[22] bezeichnet dies in seinem Bestseller als „Access" und präsentiert so den *„Zugang"* als zentrales Objekt unseres Zeitalters, in dem das Leben eine „paid-for experience" (ebd.) ist. Im Mittelpunkt steht die kurzfristige und begrenzte Nutzung von Vermögenswerten – seien es nun Erlebniswelten, Automobile oder eben Internetplattformen.

---

20 Vgl. hierzu Meyer/Blümelhuber 2001
21 Harris 1998, S. 38 ff.
22 Rifkin 2000

Ein anderes Modell, das wir als „*pay-per-use-model*" bezeichnen können, ermöglicht dem Rezipienten die Nutzung einzelner Objekte, für die er jeweils pro download oder Nutzungsperiode bezahlen muss. Computersoftware, Datenbanken, elektronische Bücher, aber auch Bilder, Musikstücke oder Videosequenzen werden auf diese Art und Weise vermarktet.

Wie schon angesprochen, muss sich der Konsument nach einer solchen Transaktion mit einer Kopie der Information „zufrieden" geben. Und er erwirbt auch kein Eigentum, sondern „lediglich" die Möglichkeit der Nutzung fremden Eigentums.

Diese „Nutzungsmöglichkeit fremden Eigentums", die wir als „*Recht*" bezeichnen,[23] ist die zentrale Konstruktion der Vermarktung und Transaktion von Informationen. Rechte sind oder werden ein, oder vielleicht sogar das zentrale Wirtschaftsgut unserer Zeit.[24]

3.2 Rechte als Absatzobjekte

Die Meinungen über die Rechte gehen weit auseinander. Neben der hier vertretenen Annahme, die Rechte könnten als eine spezielle Art von Wirtschaftsgütern oder Absatzobjekten interpretiert werden, verstehen es andere Autoren – allen voran *Eugen Ritter von Böhm-Bawerk* – als ihren Hauptverdienst, den Gutsbegriff von den Rechten als Pseudogütern befreit zu haben.[25] Populär ist auch die Interpretation der Rechte in der Tradition der Neuen Institutionenökonomie: In diesem Rahmen werden nicht, wie ansonsten üblich, spezifische Güter betrachtet, sondern der institutionelle Rahmen der Güter und damit ihre Nutzungsmöglichkeiten. Als die effektiven Güter gelten dann die an einer Ressource bestehenden „property rights", also das Recht auf Nutzung, auf Einbehaltung und Verwendung der anfallenden Erträge, auf form- oder substanzverändernde Bearbeitung und auf die Übertragung der Ressource auf andere Individuen. Diese Sichtweise können wir in der prägnanten Formel „alle Güter sind Rechte" zusammenfassen.

Ganz anders und abseits vom mainstream ist unsere Annahme, dass die Rechte eine spezielle Güterart seien, die neben den Waren, den Dienst- und Erstellungsleistungen, den Informationen und den Leistungsbündeln in eine Aufstellung von Wirtschaftsgüterkategorien aufzunehmen sind (vgl. Abbildung 3). In der Tradition dieser Sichtweise können wir Rechte eben als *Nutzungsmöglichkeiten fremden Eigentums*[26] verstehen. Von zentraler Bedeutung ist dann insbesondere die Trennung von Eigentum und Besitz: Eigentümer und Verfügungsberechtigter sind also zwei verschiedene Einheiten. Ein Recht kann ohne das zugehörige Eigentum (das sog. Basisobjekt) nicht existieren. Wir haben es also mit einem abgeleiteten oder derivativen Wirtschaftsgut zu tun.

---

23   Blümelhuber 2000, S. 172
24   Rifkin 2000, Blümelhuber 2000
25   Böhm-Bawerk 1968, S. 16 ff. und Voigt 1912/1913, S. 311
26   Blümelhuber 2000, S. 172

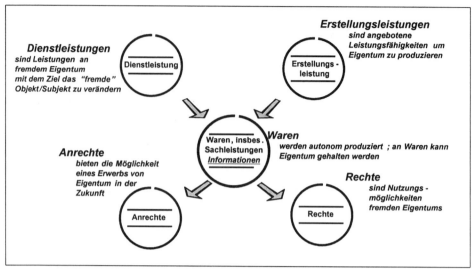

Abbildung 3: Vorschlag einer koordinierten Systematisierung von Wirtschaftsgütern

Quelle: Blümelhuber 2000, S. 113

In unserem Fall setzen die Rechte am Eigentum von Informationen an. Aufbauend auf deren Charakteristika können wir folgende zentrale Marketingaufgaben festhalten:

Strategische Basisentscheidung bzgl. der Bewirtschaftung der Information

Gerade aus der Sicht der Vermarktung und Vermarktbarkeit gilt es, attraktive *Nutzungsmöglichkeiten* zu identifizieren oder gar zu konzipieren. Es ist eine unternehmerische Herausforderung ersten Ranges zu entscheiden, welche konkreten Nutzungen als Wirtschaftsgut angeboten werden sollen. Das Marketing hat sich also mit unterschiedlichen Bewirtschaftungsformen auseinanderzusetzen, die miteinander in Konkurrenz stehen – wie etwa das Verpfänden des Basisobjektes im Kreditkontrakt, die Belastung des Eigentums zu Finanzierungszwecken, den Verkauf der Information (falls möglich), das Halten von Eigentum oder eben die Vergabe von (Nutzungs-)Rechten. Wenn sich ein Anbieter für die letztgenannte Alternative entscheidet, erwartet er in der Regel eine Art „*Eigentumsprämie*", also ein Einkommen aus der Vergabe der jeweiligen Rechte. Dieses Einkommen muss nicht zwingend aus monetären Zahlungen bestehen, sondern kann auch in Form von Ruhm, Prominenz, Ansehen bzw. Aufmerksamkeit „ausbezahlt" werden.

Aufgrund des Charakters eines öffentlichen Gutes, und damit der Möglichkeit der joint consumption, ist die *Bewirtschaftung* – oder: Ausschöpfung, oder: *Exploitation* – einer Information besonders interessant.[27] Können doch mehrere Rechte bezüglich eines Ob-

---

27 Blümelhuber 2000, S. 225 ff.

jektes oder bezüglich einer Nutzleistung parallel vergeben werden. So können bspw. Tausende von Interessenten und Kunden gleichzeitig auf „The Plant" zugreifen. Angestrebt wird eine Maximierung der Erlöse, die aufgrund der Kostenstruktur in der Regel eine gute Heuristik für eine Maximierung der Gewinns ist.

Design

Aufgrund ihres *Derivat-Charakters* sind Rechte immer ein zweistufiges Phänomen: Einmal hat man es mit der konkreten Ware bzw. Information zu tun, und dann mit dem daran anknüpfenden Derivat. Wenn es nun gilt, Rechte zu beschreiben, zu definieren, darauf aufbauend zu designen – also kurz: vermarktbar und marktfähig zu machen –, so müssen stets beide Ebenen in Betracht gezogen werden. Bspw. wird ein Eigentümer, der die Vergabe von Nutzungsrechten einplant, dies schon in der Gestaltung des Basisobjektes berücksichtigen. Die Art der Nutzung, potenzielle Nutzer und Nutzungsgeflechte bestimmen die Gestaltung der Information also teilweise mit. Die zweite Dimension betrifft nun das an der Ware anknüpfende, bzw. aus ihr abgeleitete Derivat, also die dem „Nicht-Eigentümer" gewährte Nutzungsmöglichkeit. Zur Konkretisierung dieses „Rechts" sind deswegen Aussagen bzw. Entscheidungen zu treffen bzgl. der Art der Nutzungsmöglichkeit, der möglichen Nutzungsdauer, der Anzahl der Nutzer und dem Preis der Nutzung.

4. Erfolgspotenziale: Kosten- und Differenzierungsvorteile

Aufgrund ihrer Eigenschaften ermöglichen Informationen die Realisierung von besonderen Erfolgspotenzialen, die sich – in der Terminologie Porters – sowohl als Kosten- als auch Differenzierungsvorteile beschreiben lassen. Damit lässt sich nun auch die Frage beantworten, wieso ein „Handel" mit digitalen Informationen so interessant ist.

4.1 Kostenvorteile

Kostenvorteile lassen sich beim „Handel" mit Informationen grundsätzlich in allen Bereichen der Wertschöpfungskette, insbesondere aber innerhalb der primären Aktivitäten eines Handelsunternehmens realisieren.

So entfällt beim Vertrieb digitalisierter Güter das physische Lager weitgehend. Denn die Objekte können ja – bedingt durch ihre Bits-und-Byte-Struktur – in großen Mengen auf Datenträgern gespeichert (also ‚gelagert') werden. Und die erfordern in der Regel einen nur geringen Raumbedarf. Zudem muss nur ein Exemplar „gelagert" werden, der Abnehmer erhält ja lediglich Kopien.

Oder nehmen wir den After-Sales-Bereich. Auch hier sind deutliche Kostenvorteile möglich. So können Aktualisierungen, Updates, Testversionen, neue Angebote, Newsletter etc. ohne Medienbrüche übertragen werden. Dabei entfallen auch – wie generell im Vertrieb der Information – die aufwändigen Logistikprozesse, die die Rentabilität solcher e-Commerce-Anbieter schmälern, die vor allem Sachgüter wie Bücher, CD´s oder Telefone anbieten und versenden.

Zudem lassen sich, unterstützt durch die Eigenschaften des Mediums Internet,[28] auch die Ressourcen bzw. Fähigkeiten der Kunden, Rezipienten oder Konsumenten nutzen. Im Sinne einer *„Rationalisierung durch Externalisierung"* können hier Aufgaben auf den Kunden übertragen und somit Kosten eingespart werden. Dies gelingt auch über die Nutzung der vom Kunden vielfach bereitgestellten Informationen.

4.2 Differenzierungsvorteile

Vor allem aufgrund der Mutabilität von Informationen und der Interaktivität des Mediums Internet lassen sich neben Kosten- auch Differenzierungsvorteile, vor allem im Rahmen eines *One-to-One-Marketing* realisieren. Dabei sind im Wesentlichen zwei Aspekte von Bedeutung: Zum einen der Aufbau individueller Kundenbeziehungen, und zum anderen die auf dieser Kundenbeziehung aufbauende *Individualisierung* der Leistungserbringung, die wiederum positiv auf die Individualisierung der gesamten Kundenbeziehung wirkt. Damit werden sog. „learning reationships" angestrebt, bei denen durch den ständigen Kontakt mit dem Kunden und die effektive Auswertung der verfügbaren Daten maßgeschneiderte Leistungen angeboten werden können.[29] So bietet der führende amerikanische Breitband-Musik- und Video-Anbieter launch.com registrierten Nutzern u.a. die Möglichkeit, eine personalisierte Radio- bzw. Fernsehstation einzurichten, deren Programm als Streaming-Format empfangen werden kann. Eine learning relationship entsteht dadurch, dass Kunden immer wieder zu einer Bewertung aktuell empfangener Angebote (Musik oder Video) aufgefordert werden und das Programm entsprechend angepasst wird (vgl. Abbildung 4).

Diese Möglichkeiten bieten sich aufgrund der Vielzahl von Berührungspunkten mit dem Kunden, die so bei traditionellen, also nicht vollständig mediatisierten Markttransaktionen, nicht bestehen. Bspw. erlaubt das Interaktivitätspotenzial des Internet die Aufnahme von und Reaktion auf Kundenwünsche in allen Transaktionsphasen, die in ihrer Gesamtheit als Basis für eine kundenindividuelle Ansprache vor, während und nach dem aktuellen und zukünftigen „Kauf" genutzt werden können. So kann bspw. mit Hilfe eines „Collaborative Filtering" das auf einer erstmaligen oder wiederholten Transaktion basierende Profil eines Kunden mit den Profilen anderer Kunden verglichen werden, um

---

28 Vgl. hierzu Meyer/Davidson 2001, S. 665 ff.
29 Meyer/Davidson 2001, S. 58

auch so von den Vorlieben und den Einkaufshistorien dieser Referenzkunden auf die geeignete Gestaltung der Transaktionsbeziehung zu schließen.

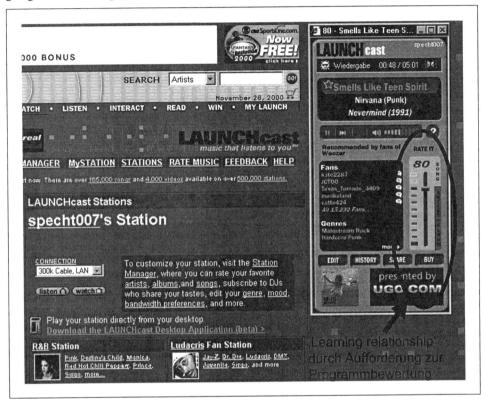

Abbildung 4: Learnig relationship am Beispiel launch.com

Quelle: www.launch.com, 1.2.2001

5. Zum Abschluss: eine kurze Zusammenfassung

Digitale Objekte – Informationen – sind ein, vielleicht *das* Fundament der Informationsgesellschaft. Schon deswegen sollten sie im Katalog der Wirtschaftsgüter eine zentrale Stellung einnehmen. Doch ein Blick in die Literatur zeigt, dass man mit den Informationen – vor allem in ihrer Interpretation als Objektkategorie – seine Schwierigkeiten hat. Wir haben versucht, einen möglichen Ansatz zu präsentieren.

Dazu haben wir die Informationen in eine Systematisierung eingepasst, die sich am Eigentum orientiert und die die digitalen Objekte als produzierbare Waren versteht, an denen Eigentum existiert. Gilt es nun, dieses Potenzial auszuschöpfen, die Ware also zu bewirtschaften, so werden Nutzungsrechte vergeben. Informationen und Rechte sind so – gerade wenn es um Transaktionen geht – die zwei Seiten einer Medaille.

Diese Idee kann u.E. ein Rahmen für die weitere theoretische Aufarbeitung des e-Business und e-Commerce sein. Und so verstanden ist der e-Commerce mehr als eine Art Versandhandel mit einer speziellen Form der Andienung. Gerade im „Handel" mit Informationen zeigt sich das Potenzial des „e-*.*" in besonderem Maße. Das Informationszeitalter gewinnt an Kontur!

Literatur

BLIEMEL, F.; FASSOTT, G. (2000): Produktpolitik im Electronic Commerce, in: Weiber, R. (Hrsg.): Handbuch Electronic Business, Wiesbaden 2000, S. 505-522.

BLÜMELHUBER, C. (2000): Rechte als zentrale Wirtschaftsgüter der E-conomy, München 2000.

VON BÖHM-BAWERK, E. (1968): Rechte und Verhältnisse vom Standpunkte der volkswirtschaftlichen Güterlehre, in: Weiss, F. X. (Hrsg.): Gesammelte Schriften von Eugen von Böhm-Bawerk, Frankfurt 1968, S. 5-126.

BOLZ, N. (1997): Die Sinngesellschaft, Düsseldorf 1997.

BÜHLER, K. (1982): Sprachtheorie: die Darstellungsfunktion der Sprache, Stuttgart-New York 1982.

CHOI, S.; STAHL, D.; WHINSTON, A. (1997): The Economics of Electronic Commerce, Indianapolis 1997.

DAVENPORT, T.; BECK, J. (2001): The Attention Economy, Boston 2001.

ERICHSON, B.; HAMMANN, P. (1997): Beschaffung und Aufbereitung von Informationen, in: Bea, F. X.; Dichtl, E.; Schweitzer, M. (Hrsg.): Allg. Betriebswirtschaftslehre, Bd. 2: Führung, 7. Aufl., Stuttgart 1997, S. 234-299.

EVANS, P. B.; WURSTER, T. S. (1997): Strategy and the New Economics of Information, in: Harvard Business Review, Vol. 75, No. 5, 1997, pp. 70-82.

FRANCK, G. (1998): Ökonomie der Aufmerksamkeit, München-Wien 1998.

FRESE, E. (1995): Grundlagen der Organisation. Konzepte - Prinzipien - Strukturen, 6. Aufl., Wiesbaden 1995.

FRITZ, W. (1999) Internet-Marketing: Eine Einführung, in: Fritz, W. (Hrsg.): Internet-Marketing: Perspektiven und Erfahrungen aus Deutschland und den USA, Stuttgart 1999, S. 1-18.

HARRIS, L.E. (1998): Digital Property, Toronto et al. 1998.

HERMANNS, A.; SAUTER, M. (1999): Electronic Commerce - Grundlagen, Potentiale, Marktteilnehmer und Transaktionen, in: Hermanns, A.; Sauter, M. (Hrsg.): Management-Handbuch Electronic Commerce, München 1999, S. 13-30.

KELLY, K. (1998): New Rules for the New Economy. 10 Radical Strategies for a Connected World, New York 1998.

KRAUSE, J. (1998): Electronic Commerce - Geschäftsfelder der Zukunft heute nutzen, München 1998.

KROEBER-RIEL, W. (1993): Strategie und Technik der Werbung, Stuttgart-Berlin-Köln 1993.

KROEBER-RIEL, W.; WEINBERG, P. (1999): Konsumentenverhalten, München 1999.

MEYER, A.; BLÜMELHUBER, C. (2001): Informationsdienstleistungen, dienstleistungsbasierte Informationsprodukte, informationsbasierte Dienstleistungen – Grundlagen und Herausforderungen im Zeitalter des „e-*.*", in: Stauss, B.; Bruhn, M. (Hrsg.): Jahrbuch Dienstleistungsmarketing 2002, Wiesbaden 2001, im Druck.

MEYER, A.; DAVIDSON, H. (2001): Offensives Marketing, Freiburg i. Br. 2001.

MEYER, P. W. (2001): Der integrative Marketingansatz und seine Konsequenzen für das Marketing, in: Meyer, P. W. (Hrsg.): Integrierte Marketingfunktionen, 4. Aufl., Stuttgart u.a. 1996, S. 13-30.

MÜLLER-MERBACH, H. (1995): Die Intelligenz der Unternehmung. Management von Information, Wissen und Meinung, in: Technologie & Management, 44. Jg., Nr. 1, 1995, S. 3-8.

MÜLLER-MERBACH, H. (2000): Führungsaufgaben im Gleichgewicht: Management von Information, Wissen und Meinung. Ein Mono-Dialog mit Hermann Meyer zu Selhausen, in: Riekeberg M.; Stenke, K. (Hrsg.): Banking 2000. Perspektiven und Projekte. Hermann Meyer zu Selhausen zum 60. Geburtstag, Wiesbaden 2000, S. 243-261.

PICOT, A.; FRANCK, E. (1988): Die Planung der Unternehmensressource Information (I), in: Das Wirtschaftsstudium, 17. Jg., H. 5, 1988, S. 544-549.

PICOT, A.; REICHWALD, R.; WIEGAND, R. T. (1996): Die grenzenlose Unternehmung, 2. Aufl., Wiesbaden 1996.

PRIEST, C. W. (2000): The Character of Information, http://www.eff.org/pub/Groups/CITS/Reports/cits_nii_framework_ota.report, 31.08.2000.

REBSTOCK, M. (1998): Electronic Commerce, in: Die Betriebswirtschaft, 58. Jg., H. 2, 1998, S. 265-267.

RIFKIN, J. (2000): The Age of Access, New York 2000.

SCHMID, B. (2000): Elektronische Märkte, in: Weiber, R. (Hrsg.): Handbuch Electronic Business, Wiesbaden 2000, S. 179-207.

SHAPIRO, C.; VARIAN, H. R. (1998): Versioning: The Smart Way to Sell Information, in: Harvard Business Review, Vol. 76, No. 6, 1998, S. 106-114.

SHAPIRO, C.; VARIAN, H. R. (1999): Information Rules, Boston, MA 1999.

SPECHT, M. (2001): Pioniervorteile für Anbieter von Informationsgütern im Electronic Commerce, München 2001.

VOIGT, A. (1912/1913): Die wirtschaftlichen Güter als Rechte, in: Archiv für Rechts- und Wirtschaftsphilosophie, VI. Jg., 1912/1913, S. 304-316.

ZAHN, E. (2001): Informationstechnologie und Informationsmanagement, in: Bea, F. X.; Dichtl, E.; Schweitzer, M. (Hrsg.): Allg. Betriebswirtschaftlehre, Bd. 2: Führung, 7. Aufl., Stuttgart 1997, S. 300-357.

ZERDICK, A. ET AL. (2001): Die Internet-Ökonomie, 3. Aufl., Berlin et al. 2001.

Arnold Hermanns und Florian Riedmüller

Markenstrategien im Electronic Commerce – Implikationen für den Lebensmitteleinzelhandel

1. Electronic Commerce: Grundlagen, Potenziale und Entwicklungen

2. Marken im Electronic Commerce als Orientierungs- und Vertrauensanker

3. Markenstrategische Optionen bei Electronic Enabled Brands

4. Beispiele für elektronische Markenstrategien im Lebensmitteleinzelhandel
    4.1 Die Branchensituation im deutschen Lebensmitteleinzelhandel
    4.2 Showroomstrategie: Das Beispiel Aldi-Süd
    4.3 Multichannelstrategie: Das Beispiel Kaiser's Tengelmann
    4.4 Contentstrategie: Das Beispiel Edeka

5. Konsequenzen für den Lebensmitteleinzelhandel: Die Marke als ONE-Brand

Literatur

1. Electronic Commerce: Grundlagen, Potenziale und Entwicklungen

Bislang gibt es für den Begriff Electronic Commerce noch keine einheitlich und übergreifend gültige Definition. Die Einsatzbereiche des Electronic Commerce sind so vielfältig, dass je nach Perspektive und Fokus des jeweiligen Betrachters ein anderes Verständnis zugrunde gelegt wird. Aus einer allgemeinen Perspektive versteht man unter *Electronic Commerce* alle Formen der elektronischen Geschäftsabwicklung über öffentliche oder private Computernetzwerke.[1] Diese Sichtweise geht über das häufig auch synonym verwendete Electronic Shopping bzw. Online Shopping hinaus, da nicht nur auf den Kaufabschluss abgestellt wird, sondern die Phasen der Anbahnung, Aushandlung und/oder Abwicklung von Transaktionen in ihrer Gesamtheit betrachtet werden. Gerade im hier weiter behandelten Segment des Lebensmitteleinzelhandels ist diese umfassendere Betrachtungsweise essenziell, da erst ein geringer Anteil der Waren über das Internet bestellt und ausgeliefert wird, die hohe Bedeutung des Mediums Internet unter dem Gesichtspunkt der Profilierung und Kundenbindung hingegen unbestritten ist.

Das Interesse für Electronic Commerce von Seiten der Unternehmen ist vor allem auf die *Kostensenkungs- und Erlöserhöhungspotenziale* zurückzuführen, die durch den Einsatz des Internet möglich scheinen. Beschaffungsprozesse lassen sich durch Electronic Procurement-Lösungen effizienter und effektiver gestalten. Ausschreibungen und Auktionen in elektronischen Marktplätzen ermöglichen einem Unternehmen, das günstigste Angebot für einen bestimmten Beschaffungsbedarf zu finden.[2] Die vermuteten Erlöspotenziale sind in einem engen Zusammenhang mit der explosionsartigen Entwicklung der Nutzerzahlen im Internet zu sehen: Die Zahl der weltweiten Internetnutzer betrug Ende 2000 knapp über 400 Millionen und hat sich allein in den letzten beiden Jahren mehr als verdoppelt.[3] Auch in Deutschland ist der Zuwachs an neuen Internetnutzern weiterhin enorm. 24,2 Millionen Bundesbürger zwischen 14 und 69 Jahren hatten Anfang 2001 Zugang zum Internet und nutzen es zumindest gelegentlich.[4] Gegenüber den Nutzerzahlen von Anfang 2000 sind im letzten Jahr damit 6,2 Millionen Personen erstmalig online gegangen, was einer Wachstumsrate von 34,4% entspricht.

60% aller deutschen Internetnutzer haben im letzten halben Jahr bereits ein Produkt online gekauft bzw. eine Dienstleistung über das Internet in Anspruch genommen. Damit liegt Deutschland im europäischen Vergleich der realisierten Transaktionsvolumen im Business-to-Consumer-Bereich via Internet an der Spitze (Durchschnittswert in Europa 38%). Zu den bevorzugt erworbenen *Produkten* gehören vor allem Bücher, Software, CDs, DVDs, Videokassetten, PC-Zubehör und Kleidung. Gemessen an der Trans-

---

1 Hermanns/Sauter 2001, S. 16
2 Brenner/Zarnekow 2001, S. 487 ff.
3 Petska 2001
4 GfK 2001, S. 9

aktionshöhe ist inzwischen auch der Online-Wertpapierhandel zu einem beachtenswerten Markt herangewachsen. Der Kauf von hochpreisigen Gütern oder größerer Bestellmengen via Internet ist bisher noch sehr zurückhaltend: Nur etwa einer von drei Internetshoppern gab in den letzten sechs Monaten mehr als 200 Euro für Einkäufe im Netz aus. Zum Vergleich: In den USA sind es durchschnittlich 273 US-Dollar (oder 320 Euro) – pro Monat. Schätzungen zufolge werden über das Internet weniger als 1% des gesamten westeuropäischen Einzelhandelsumsatzes erzielt. In den USA sind es hingegen etwa 3%.[5]

Einer Prognose zufolge sollen sich die online realisierten Umsätze in Europa in den nächsten drei Jahren von 1% auf 6% erhöhen.[6] Wenn man davon ausgeht, dass dem *Business-to-Consumer-Bereich* ca. 10% des Gesamtvolumens entsprechen, so lässt sich für den westeuropäischen Einzelhandel 2004 ein Marktvolumen von 140 Milliarden US-Dollar Online-Umsätzen berechnen. Als Treiber dieses starken Wachstums werden deutlich günstigere Internetzugänge und neue Zugangsmedien zu den Angeboten im Internet genannt (Handy, digitales Fernsehen etc.), durch die eine steigende Penetration der Zugangsmöglichkeiten erreicht werden soll. Weiterhin sollen die via elektronischer Netze angebotenen Produktkategorien ausgeweitet werden und für eine höhere Attraktivität des Gesamtangebotes sorgen. Auch wenn der prognostizierte Umsatz sehr spekulativ ist (die Prognose verknüpft zur Evaluation Daten über das zukünftige Nutzungsverhalten mit Annahmen des Kaufverhaltens, über dessen Entwicklung es noch keine sicheren Vorhersagen gibt), zeigt er doch in die richtige Richtung: Je mehr Konsumenten die Barriere eines Erstkaufs überschreiten und einen erfolgreichen Transaktionsvorgang erleben, desto schneller werden sich Online-Shops in den evoked sets potenzieller Einkaufsstätten festsetzen und so zu einer echten Alternative zum stationären Handel werden.

Das *Wachstum* des Internet ist allerdings nicht nur auf einen kontinuierlichen Zuwachs an Nachfragern der Informations-, Kommunikations- und Shoppingangebote beschränkt, sondern vollzieht sich gleichzeitig auch auf der Angebotsseite: Die Anzahl der weltweit an das Internet angeschlossenen Computer, die Internetseiten bereitstellen, hat zum Jahreswechsel die 100 Millionenmarke überschritten. Neben den Start-Up-Unternehmen als „Frühstarter" im Electronic Commerce und den Großkonzernen entdecken auch immer mehr kleine und mittelständische Unternehmen die Vorzüge einer multimedialen und interaktiven Business-Plattform. In Abbildung 1 lässt sich erkennen, dass Unternehmen des Einzelhandels bei ihrem Internetengagement vor allem von Zielen der Neukundenakquisition und Kundenbindung getrieben werden. Kostenreduktion oder Zeitersparnisse stellen eher untergeordnete Beweggründe dar.

---

5 Schöneberg 2001
6 Forrester 2000

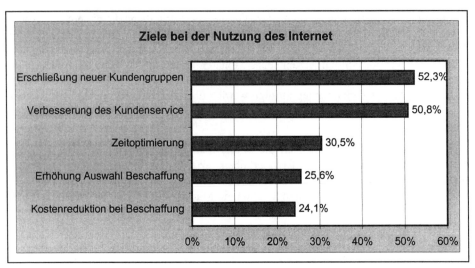

Abbildung 1: Ziele bei der Nutzung des Internets im Einzelhandel
Quelle: Büchel/Hudetz 2000, S.132

Dieses Ergebnis wird auch durch eine Studie von *Kaapke* untermauert,[7] in dessen Untersuchung 80% der befragten Handels- und Dienstleistungsunternehmen angeben, dass der Ansprache neuer Kundengruppen eine große oder sehr große Bedeutung zukommt. Auf den folgenden Plätzen erscheinen ein verbesserter Kundenservice und ein verbessertes Image mit jeweils 74%. Eine stärkere Kundenbindung hat immerhin für 70% der befragten Unternehmen eine große oder sehr große Bedeutung. Aus den Erkenntnissen der beiden Studien lässt sich schlussfolgern, dass bei den Aktivitäten von Handelsunternehmen im Internet kundenbezogene Aspekte Priorität besitzen.

2. Marken im Electronic Commerce als Orientierungs- und Vertrauensanker

Jede Adresse im World Wide Web wird durch ihren Uniform Resource Locator (URL) als einzigartig gekennzeichnet, um so eine Struktur und Orientierung innerhalb des Internetdienstes mit graphischer Benutzeroberfläche zu gewährleisten. Durch diese Kennzeichnung wird theoretisch jeder Anbieter in die Lage versetzt, aus einem zunächst anonymen Angebot unbekannter Qualität eine *elektronische Marke* zu schaffen. Eine elektronische Marke kann für ein Angebot (Dienstleistungen, Waren oder Handelsplät-

---

[7] Kaapke 2000, S. 136

ze) oder ein Unternehmen stehen, welches sich der Nachfrage im Internet stellt. Eine Marke entsteht nach einer wirkungsbezogenen Sichtweise dann, wenn sie ein in der Psyche der Konsumenten verankertes, positives, relevantes und unverwechselbares Image aufbauen kann.[8] Der Markenname kann sich dabei auf das Unternehmen selbst, Produkte oder Produktplattformen im Internet beziehen.

Die Bedeutung von Marken ist auch im Electronic Commerce unbestritten: „Die virtuelle Welt bietet dem Verbraucher ein unübersehbares Angebot mit Hunderttausenden von Internetshops auf der ganzen Welt, aber keine Einkaufsstraße zur Orientierung"[9]. Die Namen und Adressen vieler Anbieter im Internet haben sich immer wieder kurzfristigen Entwicklungen angepasst oder verschwinden sogar ganz aus der virtuellen Welt. Marken stehen dieser hyperdynamischen Entwicklung entgegen. Ebay steht z.B. seit Jahren für die effiziente Abwicklung von Online-Auktionen, Quelle und Otto für umfassende Konsumgütersortimente und Yahoo übernimmt als weltweit führende Suchmaschine eine Navigationsfunktion per se. Bekannte Marken werden im Internet direkt aufgerufen, unabhängig davon, ob es sich um real existierende Marken handelt, die ins Internet übertragen wurden, oder um neue, virtuell generierte Marken. Dem Nutzer sollen im Sinne einer *Orientierungsfunktion* feste Bezugspunkte zur Bewältigung und Bewertung der Informationsflut gegeben werden. Die Marke kann somit zu einem strukturierenden Element in der undurchsichtigen virtuellen Welt werden.[10]

Weiterhin schaffen Marken *Vertrauen* im rechtlich immer noch unsicheren Raum des Internet. Die elektronischen Marktplätze und Online-Shops der Anbieter sind für die Internetnutzer nicht greifbar, ebenso wie die darin abgegebenen Leistungsversprechen: Es ist eben nicht möglich, den Bezug einer Polstergarnitur zu berühren, um sich von dessen Strapazierfähigkeit zu überzeugen, oder die Ladengestaltung und das Verhalten der Mitarbeiter eines Mobilfunkanbieters als Qualitätsanker über dessen Leistungsfähigkeit heranzuziehen. Die Erfahrungs- und Vertrauenswerte der Konsumenten in Bezug auf Güter und Hersteller gewinnen im virtuellen Raum im Verhältnis zu den konkreten Produkteigenschaften an Bedeutung. Besonders Offline-Marken, mit denen Konsumenten in der realen Welt bereits Erfahrungen gemacht haben, genießen Vertrauensvorschüsse, da ihnen die Kompetenz zur erfolgreichen Durchführung von Transaktionen auch in der virtuellen Welt zugesprochen wird. Untersuchungen haben gezeigt, dass die Erst- und Wiederkaufrate etablierter Marken im Online-Handel höher liegen als die neuer Marken.[11] Man kann hier von einem „Offline-Anker des Vertrauens" sprechen.

---

8   Esch/Wicke 1999, S. 11
9   Ahlert/Kenning/Schneider 2000, S. 209
10 Hermanns/Matzdorf/Riedmüller 2001, S. 195
11 Ahlert/Kenning/Schneider 2000, S. 210

3. Markenstrategische Optionen bei Electronic Enabled Brands

Zur Entwicklung einer Marke im Electronic Commerce muss ein längerfristig angelegter Verhaltensplan der Markengestaltung festgelegt werden, eine so genannte *Markenstrategie*. Bei den Markenstrategien muss grundsätzlich zwischen den Optionen für traditionelle, in das Internet übertragene Marken (Electronic Enabled Brands) und neue, im Internet entstandene Marken (Electronic Generated Brands) differenziert werden. Während die wesentlichen Markenmerkmale bei Electronic Generated Brands unabhängig gestaltet werden können, müssen diese bei Electronic Enabled Brands mit der bestehenden Markenidentität abgestimmt werden. Electronic Enabled Brands basieren auf bestehenden Offline-Marken. Sie bauen auf bereits existierenden Werten und Eigenschaften auf, die mit den Offline-Marken unmittelbar verbunden werden. Den Vorteilen der Bekanntheit, Akzeptanz, Kompetenz und des bestehenden Image einer Offline-Marke steht somit die Schwierigkeit der Übertragung in ein neues Medium entgegen. Durch den Transfer der Marke in die virtuelle Welt wird deren Wahrnehmung um die medienspezifischen Attribute des Internet erweitert. „Persil.de" steht z.B. nicht mehr ausschließlich für Reinheit und Pflege, sondern gleichzeitig auch für einen multimedialen Auftritt und interaktive Services.[12]

Aus der Markenstrategie wird der angestrebte Entwicklungspfad einer Marke abgeleitet und der Handlungsrahmen für operative Maßnahmen zur Markenführung im Internet vorgegeben. Die hierbei getroffenen Entscheidungen können später nur noch mit großem Aufwand revidiert werden und sie determinieren den Erfolg der Electronic Enabled Brand. Im Mittelpunkt der strategischen Überlegungen müssen vor allem die Positionierung der Marke in der elektronischen Welt, die Nutzenprägung und der Name festgelegt werden, unter dem die Marke zu finden ist.[13]

Die *Positionierung* legt unter anderem fest, welche Zielgruppen durch die Electronic Enabled Brand angesprochen werden sollen. Als strategische Stoßrichtung bietet sich eine Konzentration auf das bereits in der Offline-Welt bearbeitete Marktsegment an oder eine Fokussierung auf die im Internet überdurchschnittlich vertretenen demographischen Gruppen. Stimmen beide Segmente überein (z.B. im Markt für PC-Soft- und Hardware), ist diese Frage leicht zu beantworten, in anderen Produktgruppen (z.B. bei Waschmitteln und Haushaltsreinigern) ist der Spagat eines einheitlichen Auftritts für marken- und medienaffine Zielgruppen wohl kaum zu realisieren.

Potenzielle Kunden werden Marken im Electronic Commerce nur dann wahrnehmen, wenn von den Electronic Brands ein *Nutzen* ausgeht, der Vorteile gegenüber anderen

---

12 Hermanns/Riedmüller 2001, S. 66 ff.
13 Boston Consulting Group 2000, S. 20

Angeboten bietet.[14] Dieser Differenzierungsvorteil kann in einem einfachen und günstigen Beschaffungsprozess, aktuellen, interessanten und umfassenden Inhalten, einer emotionalen Ansprache oder einer Kombination dieser medienspezifischen Nutzenkategorien liegen. Gleichzeitig muss sich die elektronische Marke gegenüber den Wettbewerbern innerhalb des Electronic Commerce absetzen.[15] Sie muss den Konsumenten einen faktischen Mehrwert bieten, der möglichst in unmittelbarem Zusammenhang mit den Kernwerten der Offline-Marke stehen sollte. Discounter sollten ihre Preisführerschaft gerade im Internet unter Beweis stellen und Hersteller von Luxusgütern ihre elektronischen Marken mit einem entsprechenden Ambiente ausstatten.

Wenn die Entscheidung für den Transfer einer Offline-Marke in die virtuelle Welt getroffen wurde, ist zu fragen: Welchen *Namen* soll die elektronische Marke tragen – vor allem im Hinblick auf einen möglichen Imagetransfer. Unternehmen der Old Economy behalten ihre Markennamen im Internet weitgehend bei, insbesondere wenn sie Firmen- oder Dachmarken darstellen.[16] Eine 1:1 Übernahme garantiert den Unternehmen nicht nur das schnelle Auffinden, sondern bietet der offline geführten Marke auch gleichzeitig Schutz. Je größer der Unterschied zum bestehenden Geschäftsmodell ist, desto eher sollte man eine Erweiterung des ursprünglichen Markennamens in Erwägung ziehen.[17] Bertelsmann hat seinen deutschen Online-Buchshop z.B. unter der Marke bol aufgebaut, wobei „b" eine Assoziation zu „Bertelsmann" und „Büchern" zulässt und der Zusatz „ol" für „on-line" steht. Der Autovermieter Sixt bietet sein Leistungsspektrum unter dem Namen e-sixt an, wobei der Zusatz „e" die Verbindung zum Electronic Commerce explizit hervorhebt. Durch solche und ähnliche Transformationen des Namens lässt sich eine verbale Verbindung zwischen den assoziativen Werten der Offline-Marke und des Mediums Internet schaffen. Der Aufbau eines neuen elektronischen Markennamens für Electronic Enabled Brands ist nur bei einem Wechsel in ein völlig neues Geschäftsfeld als sinnvoll zu erachten. Versuche einer online und offline dualen Namensführung innerhalb eines Segmentes (z.B. der Aufbau des elektronischen Pendants myworld von Karstadt) haben zu keinem nachhaltigen Erfolg geführt.

Aus einer Kombination der strategischen Optionen in den Entscheidungsfeldern Positionierung, Nutzenprägung und Markenname können Leitstrategien abgeleitet werden, deren Verfolgung sich beim Transfer von Marken in das Internet als besonders Erfolg versprechend erwiesen haben. Die Leitstrategien „Showroom-", „Multichannel-", „Content-" und „Transformationsstrategie" spannen einen strategischen Entscheidungsraum auf, der durch eine Polarität zwischen überwiegend offline und online geführten Marken gekennzeichnet ist. Dabei stehen die Multichannel- und Contentstrategie für zwei grundsätzlich zu differenzierende Arten der werterhöhenden Vorteile für den Nutzer (siehe Abbildung 2).

---

14 Ahlert/Kenning/Schneider 2000, S. 206
15 Hermanns/Matzdorf/Riedmüller 2001, S. 198
16 Fritz 2000, S. 112
17 Boston Consulting Group 2000, S. 26

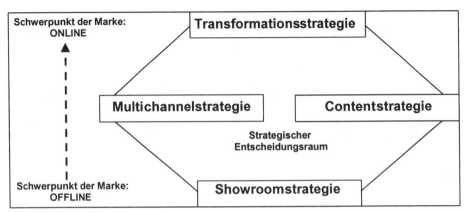

Abbildung 2: Markenstrategische Optionen bei Electronic Enabled Brands
Quelle: Hermanns/Riedmüller 2001

Bei einer *Showroomstrategie* liegt der Schwerpunkt der Internetumsetzung auf Informationen über die Offline-Marke. Die Interaktionsmöglichkeiten für die Nutzer sind eingeschränkt und die Präsenz ist nicht auf den Aufbau einer Online-Geschäftsbeziehung ausgerichtet. Diese Strategie wird häufig beim Einstieg in die virtuelle Welt gewählt, um den Internetnutzern zunächst ein Schaufenster der Marke präsentieren zu können. Auch für starke Marken, die ihre Kompetenz weiterhin außerhalb der virtuellen Welt sehen und keine internetaffinen Produkte bzw. Dienstleistungen besitzen, bietet sich eine solche Leanstrategie an. Der Nutzer sollte beim Betreten des virtuellen Showrooms sofort das Gefühl bekommen, sich in der Welt der bekannten Marke zu befinden. Farben und Formen helfen hier die Markenwelt realistisch umsetzen zu können: Das Orange der Drogeriekette Müller, das Rot des Elektrofachmarktes Mediamarkt oder das Türkis des Sportartikelhändlers Runners Point können ebenso Vertrauen erwecken wie die klare Linie eines Discountanbieters oder das Natur-Feeling bei Bodyshop.

Im Mittelpunkt der *Multichannelstrategie* steht der direkte Absatz der unter einer Marke geführten Produkte. Das Internet als neuer Vertriebsweg erlaubt den Kunden ein schnelles und einfaches Beschaffen von Produkten mit 24h Verfügbarkeit. Der elektronische Vertriebsweg stellt eine Ergänzung der bisherigen Absatzwege dar. Die Kommunikation und Darstellung der Marke orientiert sich auch online an den in der realen Welt kommunizierten Werten. Durch den Auftritt in Form eines elektronischen Kataloges (z.B. floetotto.de) wird die Offline-Marke kommunikativ gestützt. Das Sortiment sollte in etwa dem Umfang entsprechen, der auch in der realen Welt geboten wird. Mit einem Lebensmitteldiscounter verbinden die Konsumenten z.B. ein Einzelhandelsgeschäft mit Selbstbedienung und einem „Magersortiment" (ca. 600 Artikel) zu Niedrigpreisen.[18]

---

18 Berekoven 1995, S. 73

Daher sollte sich auch der Online-Shop eines Lebensmitteldiscounters bei einer Multichannelstrategie auf ein entsprechendes Sortiment beschränken.

Bei einer *Contentstrategie* bildet die interaktive Einbindung des Konsumenten in die Erlebniswelt der Marke den Schwerpunkt. Die Bindung an die Offline-Marke soll durch Information, Unterhaltung und vor allem Interaktion gefördert werden. Durch den interaktiven Kontakt zwischen dem Internetnutzer und der Erlebniswelt der Marke kann diese in einer Intensität erlebt werden, die durch einseitig vermittelte Massenkommunikation kaum möglich ist. Der Schokoriegel Bounty verfügt z.B. unter der Internetadresse bounty-insel.de über ein virtuelles Pendant, in dem der Nutzer auf einer Südseeinsel bei verschiedenen Stationen aktiv in die Welt der Exotik und des Genusses von Bounty eintauchen kann. Durch Informationen zu einem Thema, das unmittelbar mit der Marke verbunden ist, kann die Electronic Enabled Brand gleichzeitig zu einem Berater für einen bestimmten Lebensbereich werden. Maggie bietet unter der Adresse maggie.de Rezepte, einen multimedialen Kochkurs und weitere Angebote rund ums Kochen. Weiterhin kann die elektronische Marke eine Gemeinschaft unter den Nutzern herstellen, indem sie ihnen eine Plattform zum Kommunizieren rund um die Marke bietet.[19] Weniger die hinter den Electronic Enabled Brands stehenden Produkte, als vielmehr die den Marken zugeschriebenen Eigenschaften prägen die Contentstrategie.

Die *Transformationsstrategie* überträgt die Markenführung von der Offline-Marke auf die elektronische Marke. Die virtuelle Markenwelt steht stellvertretend für alle online- und offline ablaufenden Transaktionen und hat ihren Schwerpunkt in der Kundeninteraktion und -integration. Die Transformationsstrategie wird vor allem von Unternehmen genutzt, deren Geschäftsprozesse sich durch das Internet wesentlich rationeller abwickeln lassen als in der Offline-Welt. Der ursprüngliche Offline-Computerversender Dell wird heute unmittelbar mit seiner Internetplattform verbunden und auch Quelle versucht in Deutschland, seine Versandhandelstätigkeiten zunehmend in das Internet zu verlagern, was auch im veränderten Logo „Quelle." deutlich wird. Diese Strategieoption kann nur dann gewählt werden, wenn sich das hinter einer Marke stehende Geschäftsmodell oder Produkt grundsätzlich auf das Internet übertragen lässt. Die Transformationsstrategie führt zwangsläufig zu einer veränderten Wahrnehmung der Electronic Enabled Brands in der Offline-Welt.

Zusammengefasst unterscheiden sich die vier Leitstrategien für Electronic Enabled Brands durch die in Abbildung 3 dargestellten Ausprägungen innerhalb der strategischen Entscheidungsfelder.

---

19 Aaker/Joachimsthaler 2000, S. 245

	Positionierung	Nutzenprägung	Markenname
Showroom-strategie	markenaffine Zielgruppen	Informationsplattform	1:1 Übertragung des Offline-Namens
Multichannel-strategie	markenaffine Zielgruppen	elektronischer Vertriebsweg	1:1 Übertragung des Offline-Namens
Content-strategie	marken- und medienaffine Zielgruppen	Markenerlebniswelt	1:1 Übertragung des Offline-Namens
Transformations-strategie	medien- und markenaffine Zielgruppen	Markenplattform	elektronische Transformation

Abbildung 3: Positionierung, Nutzenprägung und Markenname der Leitstrategien für Electronic Enabled Brands

4. Beispiele für elektronische Markenstrategien im Lebensmitteleinzelhandel

4.1 Die Branchensituation im deutschen Lebensmitteleinzelhandel

Die Entwicklung des Gesamtumsatzes im deutschen Lebensmitteleinzelhandel ist seit 1994 rückläufig (siehe Abbildung 4; der außergewöhnliche Zuwachs 1992 ist auf den Einbezug des Handels in den neuen Bundesländern ab diesem Zeitpunkt zurückzuführen). Als einer der Hauptgründe wird der forcierte *Preiskampf* in der Branche angesehen: Der Lebensmitteleinzelhandel hat die Preise für 400 ausgesuchte Artikel im ersten Halbjahr 1999 um 2,5% gesenkt; im zweiten Halbjahr betrug der Vorteil für die Verbraucher schon fast 3%.

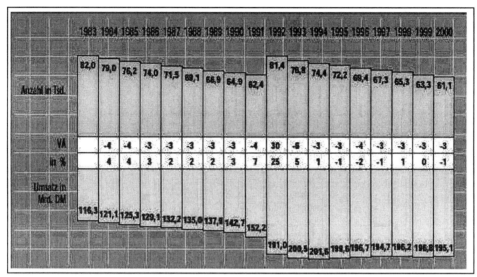

Abbildung 4: Entwicklung des Lebensmitteleinzelhandels in Deutschland
Quelle: GfK 2000, S.5

Signifikant wird diese Entwicklung auch im internationalen Vergleich. Im Ausland sind eher serviceorientierte Handelsformen am Markt. Die Preise und Umsatzrenditen liegen meist deutlich über denen des deutschen Marktes. In Großbritannien beträgt die Rendite im Lebensmittelhandel 6%, in Deutschland unter 1%.[20] Dass diese Entwicklung auf Dauer einschneidende Auswirkungen auf die deutsche Handelslandschaft haben wird, versteht sich von selbst. So verwundert es auch nicht, dass die Anzahl der traditionellen Lebensmittelhändler von Jahr zu Jahr stark abnimmt. Es ist ihnen nicht möglich, bei diesem ruinösen Wettbewerb zu überleben. Von 1991 mit 81.400 Verkaufsstellen verringerte sich die Anzahl auf 61.100 im Jahr 1999. Allein in 1999 schlossen 2.200 Geschäfte ihre Türen.[21]

Zusätzlich wächst dem Lebensmitteleinzelhandel neue *Konkurrenz* heran. Die Drogeriemärkte, vor allem Schlecker, dringen mehr und mehr in die klassischen Warengruppen des Lebensmittelhandels vor. Die Mineralölkonzerne nutzen ihre Verbreitung und statten nahezu alle Tankstellen mit Minisupermärkten aus. Neben der unbeschränkten Öffnungszeit spricht für diese Geschäfte auch die gute Erreichbarkeit und die hohe Conveniencefähigkeit der meisten angebotenen Produkte. Angesichts dieser für den Lebensmittelhandel ungünstigen Konstellation werden die Marktbereinigung und der Konzentrationsprozess weiter fortschreiten.

---

20 Axel Springer-Verlag 2000, S. 3
21 Berthold 2000

Um diesen Entwicklungen entgegenzuwirken, haben die deutschen Lebensmitteleinzelhändler in den letzten Jahren zunehmend versucht, sich bei den Verbrauchern als *eigenständige Marken* zu profilieren. Die durchschnittlichen Umsätze pro Einkauf und die Kundenbindungsrate können durch eine solche Profilierung deutlich gesteigert werden. Neben einer grundsätzlichen Verbesserung der Serviceleistungen für die Kunden wurde dies vor allem durch eine Imageverbesserung der jeweiligen Handelsmarken erreicht: sieben von zehn Verbrauchern sahen im Jahr 2000 die Qualität der Handelsmarken bereits auf einer Ebene mit den Herstellermarken.[22] Der aktuelle Marktanteil der Handelsmarken liegt im Foodbereich in Deutschland (ohne Aldi) bei etwa 20% und dürfte sich in den nächsten Jahren auf ca. 30% ausweiten. Wenn man zusätzlich die Foodumsätze von Aldi mit einbezieht, beträgt der Handelsmarkenanteil bereits heute ungefähr ein Viertel, wobei auch dieser im Vergleich zum europäischen Ausland noch deutlich zurückliegt.[23]

Die Warengruppe der *Lebensmittel* gehört innerhalb des Einzelhandelsportfolios aufgrund der geringen Preisspannen und der eingeschränkten Haltbarkeit sicherlich nicht zu den prädestiniertesten Segmenten für den Vertrieb via Internet. Die Bedeutung des Electronic Commerce ist jedoch groß genug, um auch die Lebensmittelbranche radikal zu verändern.[24] Das aktuelle Marktpotenzial für den Vertrieb von Lebensmitteln via Intenet lässt sich bisher nur sehr schwer bestimmen, da von den Unternehmen bisher keine exakten Umsatz- oder Rentabilitätszahlen bekannt gegeben werden. Als Richtgröße hat die Boston Consulting Group für das Umsatzvolumen von Electronic Commerce mit Lebensmitteln in Deutschland 1999 einen Wert von 23 Millionen DM ermittelt.[25] Roland Berger geht für 2000 bereits von 120 Millionen DM aus.[26]

Um das *Marktpotenzial* für die Zukunft abschätzen zu können, bietet es sich an, die Akzeptanz von Online-Shopping durch die Kunden zu analysieren: 14,3% der deutschen Internetnutzer greifen bereits zur Information über Lebensmittel auf Websites der Hersteller und Händler zurück. 16,1% können sich grundsätzlich vorstellen, Lebensmittel online zu kaufen (siehe Abbildung 5) und 4,1% haben bereits einen virtuellen Einkauf von Lebensmitteln erfolgreich abgeschlossen.[27]

McKinsey bezieht seine „best-case"-Prognose für 2003 auf eine pragmatische Kalkulation: „Bis Mitte 2003 werden etwa 25 Millionen Bundesbürger über einen Zugang zum Internet verfügen. Etwa 30% dieser Online-Nutzer leben in Ballungsgebieten. Wenn diese sieben Millionen Menschen ein Drittel ihrer durchschnittlichen Ausgaben für Lebensmittel (rund 3000 DM pro Jahr) über das Internet tätigen, ergibt sich daraus ein Marktvolumen von rund sieben Milliarden Mark."[28] Trotz dieser positiven Aussichten

---

22 Gaspar 2000
23 Axel Springer-Verlag 2000, S. 6 ff.
24 Ahlert/Kenning/Schneider 2000, S. 200
25 Gussmann 2000, S. 95
26 Tofern 2000, S. 24
27 ACTA 2000
28 Claussen 2000, S. 5

für die Zukunft ist der direkte Vertrieb im Lebensmitteleinzelhandel aufgrund der geringen Handelsspannen und der hohen Transport- und Lagerkosten für Lebensmittel weiterhin kritisch zu beurteilen. Die Option eines direkten Absatzes sollte in die Überlegungen der Markenstrategien für die Electronic Enabled Brands des Lebensmitteleinzelhandels allerdings nicht völlig außer Acht gelassen werden.

Wird bei dem Produkt oder der Dienstleistung ein Online-Kauf persönlich in Betracht gezogen?		
	Online-Nutzer	
	in %	Tausend
Bücher, CDs oder Videos	53,3	7806
Buchung von Bahn- oder Flugtickets	41,6	6095
Buchung von Reisen	39,8	5836
Kauf von Theaterkarten	33,4	4894
Download von Software	22,4	3273
Computerhardware	20,4	2981
Kleidung, Mode, Schuhe	16,6	2434
Lebensmittel	*16,1*	*2358*
Blumen	12,1	1767
Telekommunikationsprodukte	10,9	1601
Basis: Bevölkerung, 14 bis 64 Jahre.		

Abbildung 5: Bereitschaft zum Einkauf verschiedener Güter via Internet
               Quelle: o.V. 2000, S. 30

Im Folgenden sollen nun typische Beispiele aus der Praxis für eine Umsetzung der Showroom-, Multichannel- und Contentstrategie vorgestellt werden. Aufgrund der Produkt- und Leistungsspezifika ist eine Transformationsstrategie als Leitstrategie für den Lebensmitteleinzelhandel noch nicht vorstellbar. Im Mittelpunkt der jeweiligen Strategie steht der Transfer einer bisher offline geführten Marke ins Internet.

4.2 Showroomstrategie: Das Beispiel Aldi-Süd

Der Internetauftritt von Aldi konzentriert sich auf die Darstellung aktueller Angebote, informiert über das Unternehmen und Karrieremöglichkeiten und bietet als interaktives Feature die Abrufmöglichkeit der Filialen in Deutschland nach Postleitzahlen. Das bekannte Aldi-Logo ist als einziges Grafikelement auf der Startseite animiert (siehe Abbildung 6).

Abbildung 6: Showroomstrategie der Electronic Enabled Brand aldi-sued.de

Aldi konzentriert sich auch online auf seine offline angesprochene Stammkundschaft der Schnäppchenjäger. Die Aktualisierung des Internetauftritts orientiert sich an dem Timing der halbwöchentlich durchgeführten Aktionen: Wird bei Aldi eine neue Sonderaktion vorgestellt, so findet man diese auch unmittelbar auf den Webseiten wieder.[29] Der Informationsnutzen steht für die Zielgruppe damit eindeutig im Vordergrund. Der Internetauftritt soll in der virtuellen Welt über das Sortiment von Aldi informieren und eine bessere Wahrnehmung der aktuellen Angebote an Partiewaren gewährleisten. Eine eigenständige Markenführung im Internet findet nicht statt.

---

29 Wielsch 2000, S. 15

4.3 Multichannelstrategie: Das Beispiel Kaiser's Tengelmann

Zur Kaiser's Tengelmann AG gehören 391 A & P Kaiser's Supermärkte und 382 A & P Tengelmann Supermärkte, die gemeinsam einen Jahresumsatz von 6,7 Mrd. DM erwirtschaften. Obwohl die beiden Submarken Kaiser's und Tengelmann verschiedene Regionen abdecken, wird ihr Internetauftritt unter der gemeinsamen Adresse www.kaisers.de geführt (siehe Abbildung 7). Dieser umfasst den Online-Shop, ein Verzeichnis der nächstgelegenen Märkte und drei Serviceangebote (Club, frische Küche und Gewinnspiel). Der Kaiser's Tengelmann Club stellt die Leistungen des offline geführten Kundenclubs statisch vor und bei der frischen Küche werden Rezepte ohne Bezug zum Kaiser's- und Tengelmann-Sortiment vorgestellt. Das Gewinnspiel orientiert sich an aktuellen Themen (z.B. Urlaub), die auch in keinem Zusammenhang zu den beiden Marken stehen.

Nach einer mehrmonatigen Testphase in Berlin 1997 hat die Kaiser's Tengelmann AG ihren Online-Lieferservice auf das gesamte Hauptstadtgebiet ausgedehnt. Da die Erwartungen dort übertroffen wurden (Anfang 2000 zählte Kaiser's Tengelmann allein in Berlin rund 6.000 Bestellungen), wurde das Konzept mit einem Sortiment von 2.500 Artikel auch auf München, Düsseldorf und das Rhein-Main-Gebiet übertragen. In Düsseldorf und dem Rhein-Main-Gebiet hat Kaiser's Tengelmann seinen Lieferservice inzwischen wieder eingestellt und konzentriert sich jetzt ganz auf die beiden Standorte Berlin und München.[30]

Die ca. 2.500 Artikel können aus einem elektronischen Katalog im Internet ausgewählt werden. Der Konsument erhält eine detaillierte Produktbeschreibung, auf eine Abbildung der jeweiligen Artikel wird allerdings verzichtet. Der aktuelle Warenkorb wird während des gesamten Bestellvorgangs aktualisiert und für Wiederholungskunden wird der zuletzt erworbene Warenkorb gespeichert. Pro Auslieferung wird eine Gebühr von pauschal 10 DM erhoben. Der Mindestbestellwert beträgt 30 DM. Bei der Bestellung kann der Kunde zwischen drei Zeitfenstern von drei bis vier Stunden wählen, in denen die Ware bei ihm angeliefert wird.

Im Vordergrund der Internetmarke kaiser.de steht die Erweiterung der Offline-Marken Kaiser's und Tengelmann um einen zusätzlichen Vertriebsweg. Da die Produkte nicht visuell aufbereitet und in virtuellen Regalen präsentiert werden, richtet sich das Angebot vor allem an Kunden, die bereits über einschlägige Erfahrungen mit den Lebensmittelsortimenten der Offline-Pendants verfügen. Die Informations- und Unterhaltungsangebote rund um den Lieferservice sind stark eingeschränkt und entsprechen dem Aufbau eines klassischen Showrooms. Die Electronic Enabled Brand stützt die bekannte Wahrnehmung von Kaiser's und Tengelmann.

---

30 Doepner 2000, S. 67 und Udina 2001, S. 60

Abbildung 7: Multichannelstrategie der Electronic Enabled Brand kaisers.de

4.4 Contentstrategie: Das Beispiel Edeka

Die Edeka Gruppe ist ein freiwilliger Zusammenschluss selbständiger Einzelhandelskaufleute des Lebensmitteleinzelhandels. Die Gruppe umfasste Ende 2000 über 10.000 Geschäfte mit einem inländischen Einzelhandelsumsatz von 39 Mrd. DM. Im März 2001 wurde der bisher als Showroom geführte Internetauftritt um eine Vielzahl neuer Informationen und interaktiver Elemente erweitert, die Edeka den Kunden als Marke deutschlandweit näher bringen sollen. Unter www.edeka.de sind neben den handelsüblichen Unternehmensinformationen auch Kochrezepte, Ernährungstipps und Gewinnspiele zu finden (siehe Abbildung 8). Bei den Kochrezepten kann sich der Nutzer über die Nährwerte informieren und den dazugehörigen Einkaufszettel ausdrucken. Dazu kommt ein Warenkundebereich mit Informationen über die eigenen Handelsmarken und einem Lebensmittellexikon mit rund 500 Einträgen. Die Suche nach dem nächstgelegenen Edeka-Markt erfolgt über die Eingabe der Postleitzahl und auf Wunsch wird das jeweilige Einkaufswetter mit angegeben.

Markenstrategien im Electronic Commerce 329

Abbildung 8: Contentstrategie der Electronic Enabled Brand edeka.de

Die Internetmarke edeka.de richtet sich sowohl an die bestehenden Edeka-Kunden, als auch an alle Internetsurfer, die sich über gesunde Ernährung informieren möchten. In der Rubrik Essen und Wohlfühlen findet man ein Portal, das aktuelle und umfangreiche Informationen zum Thema Ernährung bietet. Interaktiv kann man sich mit Fragen auch direkt an eine Ernährungsberaterin wenden. Die beiden Gewinnspiele sind darauf ausgerichtet, das Edeka-Sortiment besser kennen zu lernen. Warenkörbe müssen zusammengesetzt und Buchstaben gefunden werden, die auf den verschiedenen Seiten versteckt sind. Die Möglichkeit zum Versenden von e-Cards mit themenspezifischen Motiven (Einladung, Dankeschön, Urlaub, ...) tragen zur weiteren Verbreitung der Website im Sinne des Viral Marketing bei.

Edeka.de bietet seinen Nutzern die Möglichkeit, die Philosophie und Waren von Edeka multimedial näher zu erfahren. Auf einen zentralen unter der Marke Edeka geführten Lebensmittellieferservice wird bewusst verzichtet.[31] Vertragsgebundenen Händlern wird

---

31 Udina 2001, S. 60

es aber freigestellt, einen eigenen Lieferservice aufzubauen und zu betreiben (z.B. www.flauers-shop.de in Erftstadt oder www.edeka-walter.de in Aufseß).

5. Konsequenzen für den Lebensmitteleinzelhandel: Die Marke als ONE-Brand

Die Gefahr, den *Kompetenzbereich* einer Marke zu verlassen, ist bei einem Wechsel von der Offline- in die Online-Welt überdurchschnittlich hoch. Allerdings ist eine strikte Trennung der beiden Welten heute nicht mehr haltbar und widerspricht den Grundsätzen einer integrierten Markenführung. Die Marketingmaßnahmen in beiden Welten müssen sich an den zentralen Werten der Marke orientieren und nicht umgekehrt. Dabei stehen den Unternehmen, je nach Zielsetzung, die vorgestellten Leitstrategien zur Verfügung.[32]

Der Schlüssel für eine erfolgreiche Markenführung zwischen beiden Welten ist in einem „Old New Economy"-Konzept zu sehen, der Führung einer *ONE-Brand*.[33] Die ONE-Brand als interaktive dynamische Marke der Zukunft vereint das beste beider Welten und verfügt gleichermaßen über Branding- und Vernetzungskompetenz. Dafür müssen Online- und Offline-Marken schon heute voneinander lernen und gemeinsam wachsen.

Man kann diesen Wachstumsprozess für die Electronic Enabled Brands auch plakativ mit einem integrierten Wachstum von *bricks and clicks* beschreiben. Durch den Transfer der zentralen Werte einer Lebensmittelmarke in das Internet trifft der Kunde online wie offline auf das gleiche Konzept. Dadurch fällt es den bestehenden Kunden gegebenenfalls auch leichter, sich für den Einkaufsvorgang per Internet zu entscheiden. Der Interessent kann selbst entscheiden, ob er den Einkauf wie bisher in einer Filiale tätigen möchte, oder ob er seine Bestellung im Online-Shop abgibt und nach Hause liefern lässt. Eine Wiedererkennung des vertrauten Markenbildes ist gegeben. Für durch den Online-Shop gewonnene Neukunden bietet sich zudem die Möglichkeit, *Cross-Shopping-Potenziale* durch ein stärkeres Interesse an den stationären Filialen erschließen zu können.

---

32 Hermanns/Riedmüller 2001, S. 66 ff.
33 Boston Consulting Group 2000, S. 12

Literatur

AAKER, D.; JOACHIMSTHALER, E. (2000): Brand Leadership, New York 2000.

ACTA (2000): Allensbacher Computer und Telekommunikationsanalyse 2000, URL: http://www.acta-online.de (Stand: 01.07.2001).

AHLERT, D.; KENNING, P.; SCHNEIDER, D. (2000): Markenmanagement im Handel, Wiesbaden 2000.

AXEL SPRINGER VERLAG (2000): Märkte 2000 - Informationen für die Werbeplanung, Hamburg 2000.

BEREKOVEN, L. (1995): Erfolgreiches Einzelhandelsmarketing: Grundlagen und Entscheidungshilfen, 2. überarb. Aufl., München 1995.

BERTHOLD, W. (2000): Trotz Konjunkturaufschwung stagniert der deutsche Lebensmittelhandel, Pressemeldung vom 27.04.2000, URL: http://www.gfk.de (Stand: 01.07.2001).

BOSTON CONSULTING GROUP (2000): eBranding – Kernfusion in der Markenführung, Hamburg 2000.

BRENNER, W.; ZARNEKOW, R. (2001): E-Procurement – Einsatzfelder und Entwicklungstrends, in: Hermanns, A./Sauter, M. (Hrsg.): Management-Handbuch Electronic Commerce, 2. erw. und völlig überarb. Aufl., München 2001, S. 487-502.

BÜCHEL, D.; HUDETZ, K (2000): Innovation Internet – ein Vergleich zwischen verschiedenen Wirtschaftszweigen, in: Müller-Hagedorn, L. (Hrsg.): Zukunftsperspektiven des E-Commerce im Handel, Frankfurt a. M. 2000.

CLAUSSEN, T. (2000): Trend: Netzsupermärkte, in: net-business, Nr. 10/2000, S. 5.

DOEPNER, F. (2000): Dabei sein ist alles, in: Lebensmittel Zeitung Spezial Nr.1/2000, S. 67-69.

ESCH, F.-R.; WICKE, A. (1999): Herausforderungen und Aufgaben des Markenmanagements, in: Esch, F.-R. (Hrsg.): Moderne Markenführung, Wiesbaden 1999, S. 3-55.

FORRESTER (2000): Worldwide E-Commerce Growth, URL: http://www.forrester.com/ ER/ Press/ForrFind/0,1768,0,00.html (Stand: 01.07.2001).

FRITZ, W. (2000): Internet-Marketing und Electronic Commerce, Wiesbaden 2000.

GASPAR, C. (2000): Ein Volk von Schnäppchenjägern, Pressemeldung vom 04.10.2000, URL: http://www.gfk.de (Stand: 01.07.2001).

GfK (2000): Grundgesamtheiten 2000 - Überblick über die Handelsstrukturen für FMCG in Deutschland, Nürnberg 2000.

GfK (2001): GfK Online-Monitor – 7. Untersuchungswelle, Nürnberg 2001.

GUSSMANN, K. (2000): Gestrandet im Netz, in: Lebensmittel Zeitung Spezial, Nr. 1/2000, S. 95-96.

HERMANNS, A.; MATZDORF, M.; RIEDMÜLLER, F. (2001): Marken im Internet – die virtuelle Herausforderung, in: Hermanns, A./Sauter, M. (Hrsg.): Management-Handbuch Electronic Commerce, 2. erw. und völlig überarb. Aufl., München 2001, S. 193-209.

HERMANNS, A.; RIEDMÜLLER, F. (2001): Erfolgreiche Marken können die Offline- und Online-Welt vereinen, in: absatzwirtschaft, Nr. 9/2001, S. 66-70.

HERMANNS, A.; SAUTER, M. (2001): E-Commerce – Grundlagen, Einsatzbereiche und aktuelle Tendenzen, in: Hermanns, A./Sauter, M. (Hrsg.): Management-Handbuch Electronic Commerce, 2. erw. und völlig überarb. Aufl., München 2001, S. 15-32.

KAAPKE, A. (2000): Die Bedeutung des Absatzkanals Internet für den deutschen Handel – Empirische Untersuchung, in: Müller-Hagedorn, L. (Hrsg.): Zukunftsperspektiven des E-Commerce im Handel, Frankfurt a. M. 2000.

MEFFERT, H. (2000): Auf der Suche nach dem „Stein der Weisen". Erfolgsfaktoren der marktorientierten Unternehmensführung heute und morgen, in: markenartikel, Nr. 1/2000, S. 24-36.

o.V. (2000): Produkte und Dienstleistungen im E-Commerce, in: <e>market, Nr. 41/2000, S. 30.

PETSKA, K. (2001): Computer Industry Almanac Inc., URL: http://www.c-i-a.com/200103iu.htm (Stand: 01.07.2001).

SCHÖNEBERG, U. (2001): Untersuchung von The Wall Street Journal Europe/GfK Worldwide ergibt: Deutsche führend beim Online-Shopping – Generell bleibt Online-Handel in Europa hinter Erwartungen zurück, Pressemeldung vom 26.06.2001, URL: http://www.gfk.de (Stand: 01.07.2001).

UDINA, B. (2001): Süßsaure Aussichten im Food-Vertrieb, in: Horizont, Nr. 25/2001, S. 60.

TOFERN, M. (2000): Umsätze bisher nur in homöopathischen Dosen, in: net-business, Nr. 39/2000, S. 24.

WIELSCH, G. (2000): Werbung am Internet vorbei, in: <e>market, Nr. 50/14, S. 14-16.

Hans-Joachim Theis

Kommunikationsstrategien im handelsbetrieblichen Online-Marketing

1. Einführung
   1.1 Old Economy – New Economy im Handel
   1.2 Kommunikationsstrategien als Element handelsbetrieblicher Online-Marketingstrategien
   1.3 Aufgaben der Online-Marketingkommunikation

2. Online-Präsentationsstrategien

3. Online-Werbestrategien
   3.1 Suchmaschinen-Werbung
   3.2 Bannerwerbung
   3.3 Screensaver Advertising

4. Direktmarketing-Strategien
   4.1 E-Mail-Werbung
   4.2 Surf-for-Pay-Werbung
   4.3 Interstitials

5. Sonstige Kommunikationsstrategien
   5.1 Sales Promotion Strategien
   5.2 Public Relations Strategien
   5.3 Sponsoring-Strategien
   5.4 Eventmarketing-Strategien
   5.5 Virtuelle Messen und Ausstellungen

Literatur

1. Einführung

1.1 Old Economy – New Economy im Handel

Bedingt durch die wachsende Komplexität und Dynamik des handelsbetrieblichen Entscheidungsfeldes im Umfeld des Electronic Commerce kann sich das Handelsmanagement nicht mehr auf die Erfolgswirksamkeit der intuitiven Planung und Steuerung des neuen Absatzkanals Internet verlassen. Die Zeit des „Abtastens" ist vorüber. Die kommerzielle Nutzung des e-Business als innovative Form des Einzelhandels hat nicht nur begonnen, sondern wandelt sich bereits permanent. Die Wandlungen betreffen nicht nur Unternehmen der „New" Economy, sondern ganz besonders Unternehmen der „Old" Economy. Man bezeichnet dies als Prozess der e-Transformation, d.h. der Wandlung traditioneller Unternehmen in e-Companies.

Sprechen einige noch vom „zusätzlichen" Vertriebsweg e-Commerce, diskutieren nicht nur innovative First Mover über erhebliche Synergien beim Einstieg in e-Shopping, dringend notwendige Veränderungen im handelsbetrieblichen e-Marketing und über die Umsetzung neuer Modelle (z.B. 1:1-Marketing, CRM oder Multi-Channel-Strategien). Der Onlinevertrieb hält zudem immer stärker ergänzend oder alternativ Einzug in Bereiche, in denen das Einkaufserlebnis im Vordergrund zu stehen scheint, z.B. Neufahrzeuge und hochwertige Textilien. In mittelfristiger Zukunft wird in vielen Bereichen nicht mehr länger die Frage sein, wie der Händler das Internet für das bisherige Geschäft sinnvoll nutzen kann, sondern wie das bisherige Geschäft im Internet zu nutzen ist.[1]

Das etablierte Unternehmen der Old Economy, sei es der stationäre Handel oder ein Versandhandelsunternehmen, hat gegenüber einem StartUp eine Fülle von Vorteilen, die hohe Synergieeffekte freisetzen können. Für das Versandhandelsunternehmen bedeutet der Onlinehandel eine *Ergänzung* zum vorhandenen Geschäft. Aus Marketingsicht stellt das Internet ein weiteres Bestellverfahren sowie Akquisitionsmedium dar. Für den stationären Handel bedeutet die Aufnahme der e-Commerce-Aktivitäten die Öffnung eines ergänzenden Vertriebskanals, damit verbunden die *Veränderung und/oder Erweiterung* des bestehenden Geschäftes. Mögliche Synergien und Wettbewerbsvorteile gegenüber der New Economy und den etablierten Herstellerunternehmen resultieren dabei insbesondere aus den bestehenden Ressourcen sowie vorhandenen Beziehungen zu Kunden, Herstellern und Kooperationspartnern.

Die im etablierten Handelsunternehmen vorhandenen *Ressourcen* erleichtern die Online-Aktivitäten und führen vielfach zu kosten- und leistungspolitischen Vorteilen. Zu nennen sind hierbei das vorhandene Sortimentswissen, Filial- und Logistiksystem sowie die Marktbedeutung, Informationstechnologie, Manpower, Finanzkraft und die damit verbundene finanzielle Unabhängigkeit. In Richtung *Konsumentenseite* machen sich insbe-

---

[1] Schneider 1999, S. 54

sondere die geringeren Akquisitionskosten bemerkbar. Bekanntheitsgrad, Käuferreichweite, Kundenfrequenz, Stammkundenanteil und Kundenbindung sind diesbezüglich nur einige Kriterien, die zu wahrnehmbaren Wettbewerbsvorteilen führen. Schließlich führt auch die vielfach gefestigte Imageposition bei den Konsumenten zu einer höheren Produkt-, Dienstleistungs- und Preiskompetenz. Mit Blick auf die *Herstellerseite* ergeben sich insbesondere Vorteile aus der etablierten Geschäftsbeziehung, den günstigeren Einkaufskonditionen sowie dem integrierten Warenwirtschaftssystem. Marktbedeutung und Kompetenz machen sich jedoch auch in der Beziehung zu potenziellen *Kooperationspartnern* bemerkbar: Hier ist die Bereitschaft für strategische und operative Allianzen höher als gegenüber StartUps.

Während sich die e-Commerce-Aktivität für etablierte Handelsunternehmen demnach als Differenzierungs- oder Diversifikationsstrategie unter Nutzung vorhandener Potenziale darstellt, verkörpert sie für Start-Up-Unternehmen eine *vollständige Neupositionierung*. Parallel müssen die Aufgaben der Gründung und Finanzierung, des Aufbaus einer betrieblichen, beschaffungswirtschaftlichen und logistischen Struktur sowie der Kundengewinnung bewältigt werden. Hilfreich bei diesen Aufgaben sind vielfach Innovationsfähigkeit, Flexibilität, Kreativität und die Bereitschaft zu unkonventionellen Vorgehensweisen – Eigenschaften, die viele etablierte Organisationen erst wieder erlernen müssen.

Dass das klassische Geschäftsfeld zumindest von den großen Handelsunternehmen als strategischer Vorteil im e-Commerce erkannt und entsprechend umgesetzt wurde, zeigt ein Blick auf das Ranking der Online-Shops[2]. Unter den umsatzstärksten acht Internethändlern findet sich nur ein Newcomer: amazon.de auf Platz drei. Die Rangliste wird durch die großen Versender (otto.de, quelle.de, neckermann.de) angeführt, die ihre strategischen Wettbewerbsvorteile in den Bereichen Logistik und Kundenbindung gezielt und frühzeitig nutzen konnten. Zukünftig wird jedoch auch der klassische stationäre Handel seine virtuellen Geschäftschancen erkennen, Geschäftsprozesse strategisch optimieren und vorhandene Marketingvorteile gezielt einsetzen.

1.2 Kommunikationsstrategien als Element handelsbetrieblicher Online-Marketingstrategien

Voraussetzung für einen erfolgreichen Verlauf der e-Commerce-Aktivitäten des Handels ist die Entwicklung einer in sich geschlossenen und die etablierte Geschäftstätigkeit integrierenden Marketingkonzeption. Hierbei besteht die erste Aufgabe der Planungsverantwortlichen in der Formulierung des strategischen Zielkatalogs. Herausragende Bedeutung erhalten operationale Zielformulierungen auf allen Ebenen der Zielpyramide,[3] insbesondere jedoch in den Dimensionen Unternehmens- und Instrumentalziele. Denn nur durch konkrete Vorgaben im Stellenwert des e-Business und in den zentralen

---

2 Rode 2001, S. 51
3 Theis 1999, S. 450 ff.

leistungspolitischen Erfolgsfaktoren (Kommissionierung, Lieferlogistik, Lieferzeiten etc.) lassen sich vorprogrammierte Rückschläge, wie sie z.B. mehrfach Walmart erleiden musste, vermeiden.

An die strategische Zielformulierung schließt sich die Entwicklung einer Marketingstrategie zur Realisierung der angestrebten Ziele an. Aufgabe der Strategieplanung ist die Entwicklung eines Handlungsrahmens (Kanal, Route), der die Existenz des Online-Handels durch die Realisierung bestehender Erfolgspotentiale langfristig sichert und in dem sich der Instrumentaleinsatz im Zeitablauf bis zur endgültigen Zielerreichung schrittweise vollziehen kann.[4] Im Einzelnen sind in diesem Zusammenhang Basis-, Positionierungs- und Instrumentalstrategien zu planen. Während im Rahmen der Basisstrategien strukturbildende Entscheidungen des Online-Handels im Vordergrund stehen, erfolgt mit der Festlegung der Positionierungsstrategien die Definition der zu bearbeitenden Marktsegmente. Mit Hilfe der sich anschließenden Planung der Instrumentalstrategien erfolgt eine Konkretisierung der Schwerpunkte im Einsatz der Marketinginstrumente.

Zur systematischen Ausschöpfung von Synergiepotenzialen kommt der integrativen Planung des On- und Offline-Engagements erhebliche Bedeutung zu. Um dies zu gewährleisten, empfiehlt sich der Rückgriff auf das von Barth speziell für Handelsbetriebe entwickelte Marketinginstrumentarium, wonach grundsätzlich Leistungs-, Entgelt- und Kommunikationspolitik zu unterscheiden sind.[5]

Der vorliegende Beitrag beschäftigt sich lediglich mit einem Ausschnitt der handelsbetrieblichen Marketingstrategie für den e-Commerce-Bereich: der Kommunikationsstrategie. Die Entwicklung der vollständigen Konzeption bleibt einer deutlich umfassenderen Darstellung im Rahmen eines umfangreicheren Werkes vorbehalten.[6]

1.3 Aufgaben der Online-Marketingkommunikation

Das Angebot einer anspruchsgerechten Handelsleistung zu vom Konsumenten akzeptierten Preisen ist eine grundlegende, aber keine hinreichende Voraussetzung für den Erfolg eines Online-Shops oder einer -Mall. Darüber hinaus ist die erfolgreiche Kommunikation des Preisleistungsangebotes erforderlich. Nur wenn es gelingt, Aufmerksamkeit im Netz zu gewinnen und Besucher auf die eigene Homepage zu ziehen, hat der Internetauftritt Aussicht auf Erfolg. Das Ziel aller möglichen Kommunikationsstrategien ist daher eine erfolgreiche Vermarktung des Internetauftritts.

Im Rahmen der Kommunikationspolitik sind Schwerpunkte im Einsatz der Kommunikationsinstrumente festzulegen. Dies betrifft sowohl die Art als auch die Intensität der

---

4   In Anlehnung an Becker 1998, S. 140
5   Vgl. im Einzelnen Barth 1999, S. 35 ff.
6   Siehe hierzu: Theis/Gandt 2001 (in Vorbereitung)

Instrumente. Demnach ist aus strategischer Sicht zu entscheiden, welche online und offline Kommunikationsmöglichkeiten von dem betreffenden Handelsunternehmen genutzt werden sollen und welcher Budgetanteil für die einzelnen Instrumente vorzusehen sind. Das Ergebnis des Auswahlprozesses bildet das Kommunikationsmix des Online-Engagements, in dem On- und Offline-Instrumente zielorientiert aufeinander abgestimmt sind und alle Möglichkeiten zur Ausschöpfung von Synergien genutzt wurden. Insoweit gilt es im Folgenden, das Spektrum jener Kommunikationsinstrumente aufzuzeigen, die das Ziel verfolgen, den Internetauftritt bekannt zu machen („Awareness" schaffen) und die Zielgruppen zum Einkauf zu motivieren. Hierbei erfolgt eine Konzentration auf die Online-Kommunikation.

Das Gewicht der Online-Kommunikationspolitik im Marketingmix lässt sich u.a. an den Online-Werbeinvestitionen ablesen: Das Marktforschungsinstitut Prognos kommt zu dem Ergebnis, dass bis zum Jahr 2003 ca. 1,8 Mrd. DM für Online-Werbung ausgegeben werden.[7]

2. Online-Präsentationsstrategien

Die Homepage eines Online-Handelsunternehmens erfüllt ähnliche Funktionen wie ein Ladenlokal. Dabei bildet die Startseite den ersten Anlauf- und Einstiegspunkt einer Site. Sie dient der Selbstvorstellung des Anbieters, der weiteren Orientierung für den Besucher, soll sein Interesse wecken und ihn zum Weiterblättern veranlassen. Es handelt sich um die virtuelle Visitenkarte des Unternehmens im Internet, vergleichbar mit dem Schaufenster des stationären Handels oder dem Deckblatt einer Zeitschrift. In ihrer Repräsentationswirkung soll sie die Hemmschwelle vor dem Betreten des virtuellen Verkaufsraums abbauen und dem potenziellen Kunden das Gefühl vermitteln, dass er mit dem Einkauf in dem neuen Medium Internet nicht überfordert oder gegenüber einem „gewöhnlichen" Einkauf übervorteilt wird.

Strategische Entscheidungen der Online-Präsentationspolitik betreffen in erster Linie die Gestaltung des Online-Geschäftes. Grundsätzlich folgt die Gestaltung der Homepage den gleichen Gesetzmäßigkeiten wie das Direktmarketing, wobei dem Stichwort Usability eine besondere Bedeutung zukommt.[8] Übersichtlichkeit und klare eindeutige Benutzerführung sind primär entscheidend für den erfolgreichen Online-Verkaufsdialog. Anmutung, Design und Information sind demnach von sekundärer Bedeutung.

---

7   www.prognos.de. Darüber hinaus sind die Werbeinvestitionen in Offline-Kommunikation zu berücksichtigen: Um in der Öffentlichkeit bekannt zu werden, investieren Internethandelsunternehmen wie Primus-Online, Letsbuyit.com oder Buecher.de 60-80% ihres gesamten Werbeetats in Offline-Kommunikation. Fritz 2000, S. 126
8   Scholz 2001, S. 51 f.

Aus präsentationspolitischer Sicht lassen sich vier Gestaltungsstrategien unterscheiden; die reine Textpräsentation, Text und graphische Aufmachung, einen virtuellen Store und eine virtuelle Mall.

Bei reiner Textpräsentation handelt es sich meist um die ersten Versuche eines Anbieters, im Bereich des e-Shopping aktiv zu werden. Die angebotenen Produkte werden aufgelistet und beschrieben. Da hierbei auf den Einsatz graphischer Gestaltungsmittel verzichtet wird, kann diese Form kaum eine wirksame Beeinflussung des Kunden erreichen.

Die akquisitorisch verbesserte Präsentationsstufe zeigt den Besuchern neben dem Textangebot Bilder, graphische Aufmachungen und Animationen. Sie ist zur Zeit im e-Commerce am weitesten verbreitet. Häufig wird dabei allerdings das Gebot optimaler und schneller Ladezeiten missachtet, weshalb zahlreiche Surfer ihren Besuch auf der Site frühzeitig abbrechen.

Bei einem virtuellen Store bzw. einer virtuellen Mall kann sich der Käufer frei durch das Online-Geschäft (Shop) bewegen und je nach Interesse bestimmte Sortimentsbereiche oder Anbieter (Mall) aufsuchen. Im Vergleich zu herkömmlichen Websites sind die Möglichkeiten der Darstellung nahezu unbegrenzt[9]. Beispielsweise lässt sich durch akustische Untermalung der Präsentation eine Steigerung des Einkaufserlebnisses erreichen, wodurch sich die Verweildauer auf der ausgewählten Website erhöht. Insoweit hat der Anbieter über einen virtuellen Verkaufsraum umfangreiche Möglichkeiten, die Aufmerksamkeit der Kunden zu wecken, sich von anderen Wettbewerbern zu distanzieren und gegenüber den Nachfragern zu profilieren. Nachteile ergeben sich jedoch durch die verhältnismäßig langen Ladezeiten und/oder die mäßige Bildqualität.

3. Online-Werbestrategien

Während die klassische Handelswerbung über bestimmte Medien (z.B. Print-, Funk- und TV-Werbung) indirekt ein breites, weitgehend anonymes Publikum vorwiegend in Formen der Einwegkommunikation anspricht, zielt die Online-Werbung („Webvertising") auf eine definierte Zielgruppe,[10] wobei häufig eine Interaktion zwischen Internet-User und -Shop stattfindet. Die wachsende Bedeutung der Online-Werbung wird durch die steigenden Werbeumsätze unterstrichen: Während im Jahr 1998 noch rd. 50 Mio. DM investiert wurden, betragen die Werbeumsätze im Jahr 2001 bereits 850 Mio. DM.[11]

---

9   Brenner/Zarnekow 1997, S. 17
10 Werner 1998, S. 11 und 19
11 www.emar.de/ind...ting/umsatz_zeitverl&session_obj=OXOXOXO

3.1 Suchmaschinen-Werbung

Suchmaschinen („Search-Engines") sind Auskunftsstellen im WWW, die reichhaltig und zuverlässig Informationen darüber bieten, wo was im Netz zu finden ist.[12] Da sie dem Internet-User eine Orientierungsmöglichkeit unter den mehr als 3 Mrd. Seiten des WWW bieten, werden sie sowohl vom User (von rund 83%), als auch von den Werbetreibenden (von rund 94%) intensiv genutzt.[13] Aus werblicher Sicht besteht der große Vorteil der Suchmaschinen in ihrer Zielgruppengenauigkeit; der User sucht aktiv nach einem Produkt/einer Dienstleistung und entscheidet sich aktiv durch einen Klick für den Anbieter.

Die Suchmaschinen unterscheiden sich zum einen danach, ob die Stichwortaufnahme in die Datenbank nach vorangegangener manueller Anmeldung des Homepagebetreibers („Verzeichnisse") oder aufgrund der eigenständigen Eintragung des Suchmaschinenbetreibers erfolgt.[14] Im ersten Fall (z.B. Yahoo, Web.de) ist ein Anmeldeformular unter Angabe der Startseite einer Webadressse auszufüllen und Redakteure ordnen die Seite in die passende Kategorie eines vorgegebenen Schlagwortbaumes.

Im zweiten Fall (z.B. Google, AltaVista) durchsucht der Suchmaschinen-Betreiber das WWW mit Hilfe von sog. Spidern. Es handelt sich um Robots (auch Bots genannt), die das Internet nach neuen oder aktualisierten Seiten absuchen und diese in einer Datenbank, sortiert nach deren Relevanz, speichern. Eine wirkungsvolle Suchmaschinenwerbung basiert daher auf sog. Rankingseiten, die speziell für die Suchmaschinen nach geeigneten Begriffen/Begriffskombinationen optimiert werden und über die der User, ohne es wahrzunehmen, auf die zugehörige Website weitergeleitet wird. Zahlreiche Suchmaschinenanbieter unterstützen ihre Kunden bei der inhaltlichen Gestaltung der Rankingseiten und ermöglichen darüber hinaus eine Abrechnung ihrer Leistung nach Maßgabe tatsächlich weitergeleiteter Besucher der betreffenden Website (Traffic-Modell).

Die Vielzahl der Suchmaschinenanbieter erschwert den Auswahlprozess erheblich. Dabei ist es zweckmäßig, die Marktbedeutung der Suchmaschine als Beurteilungskriterium heranzuziehen. Auch hierbei kann man auf professionelle Internetdienstleister zurückgreifen. In Abbildung 1 findet sich eine aktuelle Rangreihe der Suchmaschinen in Deutschland.

Darüber hinaus sind Suchmaschinen zu nennen, welche sich auf Shopangebote spezialisiert haben:

- www.shop.de (über 17.000 Einträge in rund 470 Kategorien),
- www.shopfinder.de (über 1.700 Shops mit Bewertung),

---

12 Resch 1996, S.46
13 www.werbeformen.de/werbeformen/sonder/1.shtml
14 www.werbeformen.de/werbeformen/sonder/1.shtml

- www.shopsuche.de (ausgewählte Anbieter in 14 Kategorien),
- www.excite.de/shopping (ausgewählte Angebote in diversen Kategorien).

Suchmaschine	Besucher in Mio	Reichweite in %
Google.de	1,49	11,4
Altavista.com	1,42	10,9
Altavista.de	1,14	8,8
Metager.de	0,74	5,7
Google.com	0,59	4,6
Netfind.de	0,47	3,6
Bellnet.de	0,36	2,8
Goto.com	0,22	1,7
Clickheretofind.com	0,19	1,5
Tel.de	0,18	1,4
Gesamte Kategorie Suche	3,84	34,0

Abbildung 1: Top Ten der Suchmaschinen in Deutschland
Quelle: Broecheler 2001, S. 16

3.2 Bannerwerbung

Die Bannerwerbung verfolgt die Zielsetzung, auf der Werbefläche einer fremden Website Werbung für die eigene Homepage zu platzieren und den Besucher hierüber zur eigenen Site zu führen. Die grundlegenden Merkmale des Banners sind dabei:

- Integration in eine Website (Werbeträger),
- rechteckiges Format,
- Interaktionsmöglichkeit durch den Betrachter.[15]

In der Vergangenheit waren Banner üblich, die reine werbliche Funktionen erfüllten und keine Interaktionsmöglichkeit boten. Moderne Bannerwerbung zeichnet sich hingegen dadurch aus, dass sie interaktiv in Form eines Hyperlinks (kurz: „Link") gestaltet ist und der User durch Anklicken des Banners direkt zur Zieladresse des Werbenden geführt wird.

---

15 www.werbeformen.de/werbeformen/klassisch/a.shtml

Die Bannerwerbung zählt derzeit aufgrund des umfangreichen Angebotes von Werbeplätzen und der einfachen Handhabung der Banner zu den bedeutendsten Online-Werbemitteln. Allerdings gerät diese Vormachtstellung zunehmend ins Wanken: Der Erfolg der Software „Webwasher", die etwa 1,3 Mio. mal in Deutschland im Einsatz ist,[16] spricht Bände. Gleichzeitig wird allgemein mit zunehmender Weberfahrung der User das Phänomen der „Banner-Blindness" notiert, d.h. der Surfer stumpft mit zunehmender Surferfahrung gegen optische Reize ab, der Betrachter blendet unterbewusst störende und irrelevante Elemente aus.[17] Einzelne Anbieter limitieren aus diesem Grund bereits die Zahl der Banner ihrer Site, um ihren Werbekunden eine gewisse Alleinstellung und optimale Wahrnehmung zu bieten. Auf der anderen Seite werden immer aufmerksamkeitsstärkere Bannerformen entwickelt.

In diesem Zusammenhang stellt sich die Frage nach den Hauptgründen der Surfer, Bannerwerbung anzuklicken. Wie die Abbildung 2 zeigt, stehen reine Neugier und Produktinteresse im Vordergrund.

Clickmotivationen	In %
Aus reiner Neugier	45
Weil mich das beworbene Produkt interessiert	37
Aufgrund der Werbebotschaft	28
Weil mich die Branche interessiert	13
Wegen des ansprechenden Bannermotivs	13
Weil mich das werbende Unternehmen interessiert	11
Aufgrund der guten Animation	8
Sonstiges	8
Weiß nicht	9

Abbildung 2: Clickmotivation der Internet-User
　　　　　　Quelle: www.emar.de/print.ph...ting%Fonww5&session_obj=OXOXOXO&"

16　Knüpffer 2001, S. 63
17　Puscher 2001, S. 14

Aus werblicher Sicht sind im Rahmen der Bannerwerbung folgende Entscheidungen zu treffen:

(1) Statische versus animierte Banner

Statische Banner ziehen ihre Aufmerksamkeitswirkung aus einer unbewegten, nicht animierten 2D-Grafik. Sie sind die einfachste und preiswerteste Art der Bannerwerbung und am ehesten mit klassischer Plakatwerbung vergleichbar.

Animierte Banner enthalten bewegte Elemente. Sie entstehen durch die Überlagerung unterschiedlicher GIF-Bilder, die mit definierter Frequenz wiedergegeben werden. Das Interesse des Internet-Users wird durch den statischen Hintergrund auf die bewegte Stelle gelenkt. *Mouse-Move-Banner* bewegen sich synchron zu den individuellen Benutzerbewegungen des Mauszeigers.[18] *Rotating Banner* (auch „Revolving Banner") sind verschiedene Banner, die nacheinander am selben Platz gezeigt werden. Hierdurch optimiert der Vermieter die nur begrenzt zur Verfügung stehende Werbefläche.

In *Multiple-Link-Bannern* findet der User mehrere unterschiedliche Gif-Dateien, die einzeln angewählt werden können. Zu den Bannern, die für den Nutzer eine höhere Attraktivität ausstrahlen, zählen auch die *Pop-Up Ads* und die *Rich-Media Banner*. Hierbei handelt es sich um in Banner integrierte Fenster (Pull-Down-Menüs oder Auswahlboxen) bzw. die Präsentation von 3D-Welten oder Kurzvideos auf Banner-Format.[19] *Microsite-Banner* bieten die Möglichkeit, auf der Banner-Werbefläche eine kleine, komplett funktionsfähige Website einzublenden, die der Besucher nutzen kann, ohne die von ihm aufgerufene Seite verlassen zu müssen.[20] Darüber hinaus sind *Realtime-Banner* (Ticker) zu nennen, bei denen aktueller Text (z.B. Nachrichten, Börsenkurse, Angebotspreise) auf das Banner übertragen wird. Zusätzliche Funktionalität bieten *transaktive Banner*: Auf der vom Benutzer besuchten Website können über das Banner Informationen abgerufen, Dialoge geführt oder Käufe getätigt werden.

(2) Targeting

Das Internet bietet grundsätzlich wesentlich mehr und bessere Möglichkeiten der zielgruppengenauen Kundenansprache als herkömmliche Offline-Werbemedien. Der Einsatz moderner AdServer-Technologie erlaubt die Optimierung der Werbeschaltungen nach Maßgabe vorgegebener Zielgruppenprofile:[21] Beispielsweise können Nutzer nach Systemvoraussetzungen, Browsertyp und Land selektiert werden. Sog. Cookies ermöglichen den gezielten Einsatz der Werbung nach den Kriterien Alter, Geschlecht, Einkommen, PLZ, Job, Herkunftsland, Hobbys etc.

---

18 www.werbeformen.de/werbeformen/klassisch/acc.shtml
19 Fritz 2000, S. 123
20 Wagner/Schleith 2000, S. 70 f.
21 www.werbeformen.de/werbeformen/klassisch/ab.shtml

(3) Eigenrecherche versus Dienstleisterrecherche

Werbetreibende können in Eigeninitiative nach adäquaten Internetseiten suchen und nach Absprache mit dem jeweiligen Betreiber dort ein Banner platzieren. Der komfortablere und in vielen Fällen effektivere Weg besteht darin, einen professionellen Dienstleister (Anbieter von AdServern wie z.B. doubleclick.com und realmedia.com) mit der Suche nach geeigneten Partnern zu beauftragen. Sie verfügen - ähnlich wie im Bereich der Anzeigenwerbung - über geeignetes Datenmaterial, das zur Identifikation zielgruppenkonformer Werbeplätze herangezogen werden kann. In zahlreichen Fällen ist die Einschaltung eines Dienstleisters zwingend erforderlich, da der Verkauf der Werbeplätze professionellen Vermarktern übertragen wurde.

(4) Insel- versus Systemlösung

Die Platzierung eines Banners als Werbeinsel verliert zunehmend an Bedeutung. In weiten Bereichen haben sich durch die Vernetzung themenverwandter (affiner) Homepages bereits umfangreiche Banner-Partnerprogramme etabliert. Die Bannernetzwerke agieren als clevere Werbemaschinen und lassen die konventionelle Werbung unter Effizienzaspekten weit hinter sich.[22] In den USA besonders beliebt sind sogenannte Web-Ringe, in denen die Homepages mit auf der Einstiegsseite platzierten Links zu einer Ringstruktur zusammengeschlossen sind. Interessant sind diese Ringstrukturen für kleinere Internet-Shops, deren Angebote nicht in direkter Konkurrenz zueinander stehen.[23]

(5) Fixe versus variable Kosten

Bannerwerbung differenziert sich weiterhin nach Maßgabe der zugrunde liegenden Vergütungssysteme. Die einfachste Vergütungsform – Zahlung eines Entgelts für die zur Verfügung gestellte Werbefläche – wird vermehrt durch erfolgsabhängige Vergütungssysteme abgelöst. Dies ermöglicht die AdServer-Technologie; das Banner ist nicht unmittelbar auf der Werbefläche eingebunden, sondern wird erst beim Aufruf der Site durch den User von dem Server auf den Bildschirm des Nutzers übertragen.[24] Hierbei werden Auslieferungszahl und Nutzerreaktion (Click-Through-Rate) protokolliert.

Die Zahl der Besuche (Visits) sowie die Anzahl der Aufrufe (PageImpressions) sind die entscheidenden Kriterien für die Attraktivität einer Website. Sie werden von der durch die Werbeträger getragenen Informationsgesellschaft der Verbreitung von Werbeträgern (IVW) erfasst und veröffentlicht. Ende Oktober 1998 haben sich der Bundesverband Deutscher Zeitungsverleger (BDZV) und andere zentrale Organisationen der Werbewirtschaft auf eine Standardisierung der „Online-Werbewährung" verständigt, auf die AdImpressions, die Direktkontakte mit der Online-Werbung.[25] Ein Alternativmodell ist die Preisgestaltung nach AdRequests, d.h. die Zählung und Berechnung der tatsächlich angewählten Online-Werbung.

---

22 Krause 1998, S. 234
23 Sträubig 2000, S. 221
24 www.werbeformen.de/werbeformen/klassisch/acc.shtml
25 http://www.abseits.de/messkriterien.htm

Visits und PageImpression bilden die Grundlage für den Tausender-Kontakt-Preis (TKP). Beachtungsstarke Websites wie z.B. Finanztreff und autoscout24 ziehen monatlich rund 50 Mio. PageImpressions bei über 1 bzw. 10 Mio. Visits auf sich, wobei der TKP mit 60,- bzw. 70,- DM veranschlagt ist.[26]

Eine weitere Vergütungsmöglichkeit besteht im Abschluss eines Gegengeschäftes, bei dem als Gegenleistung ein Hyperlink auf der eigenen Site eingestellt wird.

3.3 Screensaver Advertising

Bildschirmschoner (Screensaver) sind bei klassischen Röhrenbildschirmen eine technische Notwendigkeit, damit sich keine Schattenbilder in den Bildschirmhintergrund einbrennen.[27] Heute überwiegt der Unterhaltungswert, den Bildschirmschoner dem User bieten.

Wurden früher Bildschirmschoner per Diskette abgegeben, ist heute der Download Normalität. Attraktive Bildschirmschoner können monatliche Zugriffszahlen von weit über 10.000 erreichen. Witzige attraktive und qualitativ hochwertig gestaltete Schoner werden weitergegeben, so dass sich ein Schneeballeffekt ergeben kann. Der Kontakt zwischen Nutzer und Werbendem erfolgt über die Integration von Werbeflächen und Logos. Darüber hinaus können Bildschirmschoner auch interaktiv gestaltet sein oder Links enthalten, so dass ein direkter Kontakt mit der Website des werbenden Unternehmens erfolgen kann. Ein weiterer Vorteil dieser Werbeform ist die teils lange Verweildauer und die damit verbundene hohe Zahl von Kontakten.

4. Direktmarketing-Strategien

Auch im Bereich der Online-Vermarktung ist das Direktmarketing eine geeignete Strategie, den Shop/die Mall bei Kunden bekannt zu machen bzw. über bestimmte Aktionen/Angebote zu informieren. Im Unterschied zur Online-Werbung, bei der die Adressaten der Werbebotschaft dem Werbetreibenden namentlich nicht bekannt sind, richtet sich das Direktmarketing an bekannte Adressaten. Hierbei handelt es sich in der Regel um Kundenadressen oder um von Adressverlagen gekaufte Adressen. Auch existieren spezialisierte Agenturen, die über entsprechende Verteilerlisten verfügen sowie die zielgruppengenaue Verteilung der Direktwerbemittel übernehmen.

---

26 o.V. 2001, S. 47 ff.
27 Vgl. zu den folgenden Ausführungen www.werbeformen.de/werbeformen/sonder/kk.shtml

4.1 E-Mail-Werbung

Eine erste Möglichkeit zur gezielten Ansprache ist die Versendung von Werbebriefen oder Newslettern an potenzielle bzw. bereits existierende Kunden via E-Mail. Allerdings ist die Akzeptanz des Werbeträgers in Deutschland aufgrund gesetzlicher Restriktionen nicht weit verbreitet. Unverlangt versendete werbliche E-Mails (Spamming) sind - ähnlich wie unverlangt versandte Werbebotschaften per Fax – verboten.[28] Sie verursachen dem Empfänger Kosten oder beeinträchtigen ihn in unzumutbarer Weise.

Aufgrund zahlreicher Verstöße gegen das Verbot setzt sich der DMMV (Deutscher Multimedia Verband) für die Anwendung des Double-Opt-in-Verfahrens ein.[29] Hiernach sollten Werbeemails nur an Nutzer versandt werden, die ihre Zustimmung zur Mail-Werbung gegeben und dies ausdrücklich rückbestätigt haben. Zahlreiche Verbraucherschutzverbände beantragen bereits Abmahnungen, wenn die doppelte Zustimmung nicht nachgewiesen werden kann.[30]

Handelsunternehmen, die in Geschäftsbeziehung mit Kunden stehen, können weitgehend ohne Bedenken E-Mail-Versendungen vornehmen. Möglich ist auch die Ansprache von Teilnehmern, die sich aufgrund von Gutschriften zum Empfang von werbender elektronischer Post bereit erklärt haben.[31] Werden E-Mail-Adressen und Dienste von Betreibern von Listservern erworben, so stehen diese ebenfalls in der Pflicht sicherzustellen, dass die Empfänger die E-Mails ausdrücklich angefordert haben. Eine Möglichkeit, das E-Mail-Werbeverbot zu „umschiffen", besteht darin, den (rechtmäßigen) Empfänger des E-Mails aufzufordern, dieses auch an interessierte Freunde und Bekannte weiterzusenden und damit eine „Kunden werben Kunden-Aktion" zu initiieren.

E-Mail-Werbung eignet sich nur bedingt zur Neukundenakquisition. Ihr Nutzen besteht vielmehr in der Information bestehender Kunden. Wenn der User eine Abfrage über sein Interessenprofil ausgefüllt hat, können die für ihn interessanten Themen herausgefiltert bzw. die Information kundengerecht gebündelt werden (CRM).

4.2 Surf-for-Pay-Werbung

Bei dieser Werbeform meldet sich der Internetnutzer unter Angabe seiner demographischen Daten und persönlichen Interessengebiete bei einem „Geld fürs Surfen"-Anbieter an und akzeptiert die Einblendung zusätzlicher Werbefenster gegen Zahlung eines Entgelts. Für jede Stunde, die der Nutzer das Werbefenster geöffnet hat, bekommt er einen bestimmten Betrag - meist zwischen 0,50 und 1,50 DM - auf seinem Kundenkonto gut-

---

28 § 1 UWG, §§ 1044, 823 I BGB sowie Urteil LG Berlin v. 13.10.98, Az.: -160320/98
29 Schreier 2001, S. 14 f.
30 Weber 2001, S. 9
31 Strauss/Frost 1999, S. 204

geschrieben. Das Werbebanner wird auf jenen Websites platziert, die der User bevorzugt aufruft. Die Software der „Geld fürs Surfen"-Anbieter ist lernfähig, d.h. sie reagiert auf das Surfverhalten der User und zeichnet deren Präferenzen auf. Durch die ständige Weiterentwicklung der Kundenprofile soll sichergestellt werden, dass die Werbung kontinuierlich die gewünschte Zielgruppe erreicht.

4.3 Interstitials

Interstitials sind kurzzeitige Werbeeinblendungen in voller Bildschirmgröße, die der User z.B. als Gegenleistung für einen kostenlosen Internetzugang oder eine kostenlose eigene Website akzeptiert.[32] Da Interstitials die Rezeption des redaktionellen Inhalts unterbrechen („programmunterbrechende Werbung"),[33] haben die so kommunizierten Werbebotschaften den Vorteil der Alleinstellung; sie konkurrieren nicht mit anderen Inhalten der jeweiligen Website. Erst nach Ablauf einer definierten Zeit bzw. durch einen Klick auf das Interstitial wird die ursprünglich betrachtete Seite wieder aufgerufen. Gegenüber einem Werbebanner haben sie den Vorteil, dass aufgrund ihrer Größe mehr bzw. größere Animationen und Grafiken untergebracht werden können.[34]

Das *Superstitial* ist eine Weiterentwicklung des Interstitial, das die Einbindung großer Multimediaelemente ohne lange Wartezeiten ermöglicht.[35] Durch Flash-Animationen und integrierten Sound können emotionale Botschaften und Interaktionsanreize übertragen werden. *PopUp-Advertisements* ist eine schwächere Form der Unterbrecherwerbung, bei der die Werbung nicht anstelle der Zielseite geladen wird, sondern in einem neuen Fenster, das sich automatisch öffnet.[36] Hierdurch wird der User bei seiner Navigation nicht direkt unterbrochen und empfindet die Werbung daher als weniger aufdringlich.

---

32 Fritz 2000, S. 125
33 Frühschütz 2001, S. 81
34 Baumann/Kistner 2000, S. 201
35 www.werbeformen.de/werbeformen/weitere/d.shtml
36 www.werbeformen.de/werbeformen/weitere/c.shtml

5. Sonstige Kommunikationsstrategien

5.1 Sales Promotion Strategien

Der Online-Handel setzt die Instrumente der Verkaufsförderung ein, um den Absatz der Produkte beim Online-Konsumenten durch kurzfristig wirksame Anreize zu fördern. Aufgrund der lange Zeit gültigen restriktiven Regelung von Rabattgesetz und Zugabeverordnung konzentriert sich die VKF noch auf nicht-preisorientierte Promotionaktionen. Die folgenden Beispiele können nur einen Ausschnitt der zahlreichen Promotionstrategien darstellen.

(1) Waren- und Dienstleistungsproben

Der Einsatz von Waren- und Dienstleistungsproben dient dem Ziel, beim potenziellen Internetkunden Kaufanreize auszulösen. Aufgrund rechtlicher Restriktionen in der Vergangenheit stand lange Zeit die kostenlose Abgabe von Softwareprodukten im Vordergrund. Oftmals zahlt der Kunde bereitwillig für ein Programm-Update, um sich nicht an ein neues Produkt gewöhnen zu müssen.[37]

(2) Online-Preisausschreiben und -Gewinnspiele

Online-Preisausschreiben und Gewinnspiele gehören mittlerweile zu den beliebtesten Angeboten im Web. Sie veranlassen große Teile der Konsumenten zu einem Besuch des Shops bzw. der Mall, wodurch sowohl die Besucherfrequenz (Traffic) als auch der Verkauf der angebotenen Waren gesteigert werden kann. Hierbei wird also die Spielleidenschaft vieler Internet-User genutzt.

Der Nutzen des Werbenden besteht in erster Linie darin, Angaben von potenziellen Kunden zu erhalten sowie den Besucher für eine relativ lange Zeit auf der Site zu halten und ihn damit einer längeren Manipulation aussetzen zu können. Viele Spiele setzen daher als Teilnahmevoraussetzung die Angabe soziodemographischer und psychographischer Merkmale sowie die Zustimmung für Direktmailingaktionen voraus. Auf diese Weise erhält das Online-Unternehmen die für Direktmaßnahmen erforderlichen Daten. Gleichzeitig steigt der Bekanntheitsgrad des Unternehmens und die Wahrscheinlichkeit für die Erinnerung an bestimmte Werbebotschaften. Moderne Spielvarianten sind dadurch gekennzeichnet, dass die Spieler im Spielverlauf Lifestyledaten preisgeben, die dann zur gezielten Steuerung von Informationen und Werbung eingesetzt werden können.[38]

Der Erfolg des Gewinnspiels hängt auch von seiner Kontinuität ab. Nur die Schaltung ständig neuer Aufgaben wird den Besucher immer wieder zu der umworbenen Internet-

---

37 Matthies/Siedenburg 1999, S. 260
38 www.werbeformen.de/werbeformen/sonder/j.shtml

präsenz zurückkehren lassen. Ein durchschlagender Erfolg war bspw. dem Moorhuhn-Spiel beschieden, das sich mittlerweile verselbständigt hat. Kaum jemand weiß noch, dass das Spiel ursprünglich einer Whisky-Marke zu Absatzerfolgen verhelfen sollte.

5.2 Public Relations Strategien

Bei Public Relations oder „Öffentlichkeitsarbeit" steht das Ziel im Vordergrund, ein positives Bild vom Unternehmen zu schaffen sowie Vertrauen und Verständnis in der Öffentlichkeit zu gewinnen bzw. auszubauen.[39] Im Rahmen der Kommunikationspolitik stehen dem Unternehmen insbesondere folgende Möglichkeiten zur Wahl:[40]

(1) Online-Publikationen

Hierzu zählt die Internetpublikation von Unternehmensnachrichten, Geschäfts- und Umweltberichten, Vorträgen etc.

(2) Beantwortung von E-Mail-Anfragen

Durch die Bereitstellung eines Kontaktformulars auf der Site des Online-Händlers wird dem Besucher die Möglichkeit für einen wirkungsvollen Informations- und Meinungsaustausch geboten.[41] Der Online-Händler erhält hierdurch ein Feedback des Besuchers, das er zur Weiterentwicklung und Verbesserung seines Internetauftritts nutzen kann. Folglich zählen E-Mail-Anfragen heute zu der am häufigsten genutzten Möglichkeit der Kontaktaufnahme mit dem Online-Unternehmen. Da sich die persönliche Beantwortung von Anfragen als sehr zeitaufwendig darstellt, wurden Programme (Bots) entwickelt, die insbesondere häufig gestellte Fragen (FAQs), automatisch beantworten.

(3) Chats

Unter einem Chat versteht man eine „Echtzeitkonferenz für die direkte Unterhaltung zwischen verschiedenen Internetteilnehmern einer Online-Kommunikation nur mit Hilfe von Monitor und Tastatur".[42] Chats lassen sich z.B. als Gesprächsrunden unter Beteiligung von Unternehmenssprechern und der interessierten Öffentlichkeit zu ausgewählten Themen einsetzen.

(4) Virtuelle Communities

Virtuelle Communities sind Gemeinschaften von Internet-Usern, die sich zu speziellen Themen auf virtuellem Wege austauschen.[43] Da auch hier der nicht-kommerzielle Charakter überwiegt, beschränkt sich das Engagement auf individuell und fachlich fundierte

---

39 Jefkins 1992, S. 1 f.
40 Fritz 2000, S. 129
41 Tapscott 2000, S. 219
42 Frühschütz 2001, S. 37
43 Fritz 2000, S. 131 ff.

Sachbeiträge (Content), bei denen Werbeinhalte im Hintergrund stehen. Ein Handelsunternehmen kann jedoch auch selbst eine Kommunikationsplattform schaffen und hierüber Kundenbindung und –loyalität begründen (elektronische Kundenclubs).

(5) Pressemitteilungen

Zu den wichtigsten Maßnahmen der PR zählen on- und offline versendete Pressemitteilungen an Computerzeitschriften und Magazine, die sich mit vergleichenden Analysen der Leistungsfähigkeit von Shops beschäftigen. Viele andere Zeitschriften enthalten mittlerweile eine Rubrik wie z.B. „Neu im WWW", die eine hohe Werbewirksamkeit und Zielgruppenaffinität mit sich bringen. Ebenfalls eine hohe Werbewirkung erzielen Pressemitteilungen, die an Fachpressepublikationen und Branchendienste versendet werden, die jeweils über Neuigkeiten/Hintergründe der jeweiligen Branchen berichten.

5.3 Sponsoring-Strategien

Das Sponsoring beinhaltet die systematische Förderung von Personen, Organisationen oder Veranstaltungen durch Geld-, Sach- oder Dienstleistungen.[44] Hinter dem Sponsoring steht – im Gegensatz zum Mäzenatentum - eine ökonomische Zielsetzung: Der Sponsor erwartet eine Gegenleistung, i.d.R. in Form unentgeltlicher Werbemöglichkeiten durch Anzeigen und Namensnennung.

Zu den klassischen Arten des Sponsoring zählen das Sport-, Kultur-, Sozio- und Ökosponsoring. Bei der einfachsten Form des Sponsoring eines Online-Unternehmens oder einer Online-Organisation wird das Logo des Sponsors als Hyperlink-Button in eine Website des Gesponserten integriert.[45] Ähnlich wie bei der Bannerwerbung wird hierdurch die direkte Kontaktmöglichkeit zum Sponsor geschaffen. Der Hinweis „Sponsored by..." oder „Powered by..." macht deutlich, dass der Sponsor eng an den Website-Anbieter gebunden ist und nicht nur dessen Werbefläche gemietet hat. Denn letztlich besteht das Ziel des Sponsorships in der Realisation eines positiven Imagetransfers.

Als erweiterte Form hat das sog. Content-Sponsoring Bedeutung gewonnen:[46] Hierbei wird das Expertenwissen des Sponsors in eine Special-Interest-Seite integriert, womit er eine ideale Plattform zur Demonstration von Zielgruppenkompetenz erhält und seinen Bekanntheitsgrad steigern kann. Diese Form des Sponsoring bietet sich Handelsunternehmen an, die in spezialisierten Sortimentsbereichen agieren und durch Angebotstiefe und Know-how Expertenkompetenz verkörpern. Insoweit eignen sich Informationsseiten des Handels insbesondere im Seitenkontext nicht-kommerzieller Organisationen.

Kooperationsmöglichkeiten zwischen Handel und Industrie ergeben sich zudem aus der Platzierung von Herstellerinformationen im Sinne echten Contents im Store des Händ-

---

44 Bruhn 1991, S. 17 f.
45 Vgl. hierzu Bruhn 1997, S. 103 f.
46 www.werbeformen.de/werbeformen/sonder/h.shtml

lers (auch Produktplacement oder Branded Content genannt). Es ist davon auszugehen, dass die Bedeutung des Sponsoring gegenüber der Bannerwerbung weiter zunehmen wird.[47]

5.4 Eventmarketing-Strategien

Das Eventmarketing umfasst die Planung, erlebnisorientierte Inszenierung und Kontrolle von firmen- oder produktbezogenen Ereignissen.[48] Das Event dient als Plattform, um das Unternehmen, seine Produkte und Dienstleistungen erlebnisorientiert zu präsentieren, dadurch das Image zu verbessern und den Bekanntheitsgrad zu erhöhen.[49]

Im Online-Handel sind die Einsatzmöglichkeiten von Eventmarketing-Strategien naturgemäß begrenzt. Wie der regelmäßig erscheinende Online-Kalender der Zeitschrift „Tomorrow" beweist, nimmt die Zahl von Online-Events dennoch zu. Für stationäre Handelsbetriebe bietet sich die Möglichkeit, vor, während und nach eigenen Life-Veranstaltungen (z.B. Geschäftseröffnungen, gesponsorte Konzertveranstaltungen, Sommerfeste) über das Internet zu berichten. Die Darstellung von Veranstaltungsinhalten, Akteuren, Fotos und Videosequenzen auf der eigenen Site erhöht das Potenzial der Besucher. Gleichzeitig liefert die Werbung für das Life-Event selbst eine Plattform, um auf die Internetaktivitäten des Handelsunternehmens aufmerksam zu machen.

5.5 Virtuelle Messen und Ausstellungen

Ausstellungen und Messen haben auch im Konsumgüterbereich aufgrund der intensiven Kundenkontakte ihre Bedeutung, wie das Beispiel der „Grünen Woche" in Berlin regelmäßig zeigt. Die virtuelle Form gewinnt an Bedeutung, da Vorteile wie Orts- und Zeitunabhängigkeit, Kosteneinsparungen (kein Messestand, kein Messepersonal, keine Logistikkosten etc.) und die Möglichkeit jederzeitiger Aktualisierbarkeit gegeben sind.[50] Virtuelle Präsentationen werden jedoch eher als Ergänzung angesehen, da der Erlebnischarakter einer Ausstellung/Messe sowie Produktkontakte (berühren, probieren, verführen lassen, schmecken) nur schwer herstellbar sind.

---

47 Freter et al. 1999, S. 49
48 Auer 1993, S. 201 ff.
49 Theis 1999, S. 544
50 Fritz 2000, S. 133 ff.

Literatur

AUER, M.; DIEDRICHS, F.A. (1993): Werbung below the line, Landsberg am Lech 1993.

BARTH, K. (1999): Betriebswirtschaftslehre des Handels, 4. Aufl., Wiesbaden 1999.

BAUMANN, M.; KISTNER, A.C. (2000): e-Business, Böblingen 2000.

BECKER, J. (1998): Marketing-Konzeption: Grundlagen des strategischen und operativen Marketing-Managements, 6. Aufl., München 1998.

BRENNER, W.; ZARNEKOW, R. (1997): Elektronische Marktplätze - ein Überblick, in: Office Management, Nr. 4, 1997, S. 17.

BROECHELER, B. (2001): Ohne Werbung auf den Thron, in: e-market, Nr. 22, 2001, S. 16.

BRUHN, M. (1997): Multimedia-Kommunikation, München 1997.

BRUHN, M. (1991): Sponsoring-Unternehmen als Sponsoren und Mäzene, 2. Aufl., Frankfurt a.M. 1991.

FRETER, H. ET AL. (1999): Quantitative Wirkungsmessung im Internet. Ergebnisse einer empirischen Studie, Siegen 1999.

FRITZ, W. (2000): Internet-Marketing und Electronic Commerce, Wiesbaden 2000.

FRÜHSCHÜTZ, J. (2001): E-Commerce-Lexikon, Frankfurt 2001.

JEFKINS, F. (1992): Public Relations, 4. Aufl., Suffolk 1992.

KNÜPFER, G. (2001): Privacy contra Werbung, in: e-market, Nr. 19, 2001, S. 63.

KRAUSE, J. (1998): Electronic Commerce: Geschäftsfelder der Zukunft heute nutzen, München 1998.

MATTHIES, N.; SIEDENBURG, B. (1999): Geschenke aus dem Internet, in: Focus, Nr. 36, 1999, S.260-264.

O.V. (2001): Online-Werbeträger, in: e-market special, Nr. 13, 2001, S. 47-49.

PUSCHER, F. (2001): Funktion statt Design, in: e-market, Nr. 25, 2001, S. 14-16.

RESCH, J. (1996): Marktplatz Internet, in: Microsoft Press, 1996, S. 46.

RODE, J. (2001): Das Rennen beginnt, in: Lebensmittel Zeitung Spezial, Nr. 1, 2001, S. 48-51.

SCHNEIDER, D.; GERBERT, P. (1999): E-shopping – Erfolgsstrategien im e-commerce, Wiesbaden 1999.

SCHOLZ, J. (2001): Der Dialog ist entscheidend, in: e-market, Nr. 20, 2001, S. 51-52.

SCHREIER, G. (2001): Feinheiten entscheiden, in: e-market, Nr. 22, 2001, S. 14-15.

STRÄUBIG, M. E. (2000): Projektleitfaden Internet-Praxis, Braunschweig 2000.

STRAUSS, J.; FROST, R. (1999): Marketing on the Internet. Principles of Online-Marketing, Upper Saddle River, New York 1999.

TAPSCOTT, D. (2000): Erfolg im E-Business, München 2000.

THEIS, H.-J. (1999): Handelsmarketing – Analyse- und Planungskonzepte für den Einzelhandel, Frankfurt 1999.

THEIS, H.-J.; GANDT, K. (2001): Electronic Commerce - Online-Marketingstrategien für den Handel, Frankfurt 2001 (in Vorbereitung) .

WAGNER, H.; SCHLEITH, U. (2000): Wie wird mein Online-Angebot bekannt? – Maßnahmen zur Steigerung des Bekanntheitsgrades, in: Albers, S. (Hrsg.): eCommerce, 2. Aufl., Frankfurt a. M. 2000, S. 63-77.

WEBER, M. (2001): Abmahnung trotz Opt-in, in: e-market, Nr. 14, 2001, S. 9.

WERNER, A.; STEPHAN, R. (1998): Marketing Instrument Internet, 2. Aufl., Heidelberg 1998.

Ralf Immel

Ganzheitliche Marktkommunikation am Beispiel einer integrierten Launchkampagne aus dem Automobilbereich

1. Vorbemerkungen zur ganzheitlich ausgerichteten Marktkommunikation
   1.1 Hintergrund
   1.2 Selling Idea
   1.3 Reason Why
   1.4 Benefit

2. Integrierte Launchkampagne zur Positionierung des Opel Astra Eco 4 im Segment Dieselfahrzeuge
   2.1 Situationsanalyse
   2.2 Strategischer Background
   2.3 Zielsetzungen des Launch
   2.4 Kampagnenrealisation
   2.5 Launcherfolge

3. Ausblick

Literatur

1. Vorbemerkungen zur ganzheitlich ausgerichteten Marktkommunikation

Zielsetzung der folgenden Ausarbeitung ist es, ganzheitliche Marktkommunikation im Rahmen eines realen Anwendungsszenarios zu dokumentieren. Der Fokus liegt dabei auf der Planung und Umsetzung absatzpolitischer Maßnahmen, deren Orientierung sowohl eine Business-to-Business- als auch Business-to-Consumer-Ausprägung erfährt. Vorab folgen jedoch noch einige grundsätzliche Anmerkungen zur Beleuchtung des theoretischen Hintergrundes sowie der Bedeutung des Themas.

1.1 Hintergrund

Die ganzheitliche Marktkommunikation wird häufig auch als integrierte Kommunikation bezeichnet, wohinter sich ein Prozess der Planung und Organisation verbirgt, der darauf ausgerichtet ist, aus den diversen Quellen der internen und externen Marktkommunikation eines Unternehmens eine Einheit herzustellen. Diese wiederum soll den Rezipienten ein konsistentes Erscheinungsbild/Image des Unternehmens oder dessen Produkte, Dienstleistungen etc. vermitteln[1].

Der Zusammenhang von integrierter Marktkommunikation und Corporate Identity mit seinen Instrumenten Corporate Design, Corporate Behavior und Corporate Communications ist dabei evident. Eine Deckungsgleichheit von Identität und Image ist in beiden Fällen als Kernzielsetzung gegeben[2]. Vereinfacht gesagt ist die Corporate Identity nach innen gerichtet und wirkt nach außen, während es sich im Falle der ganzheitlichen Marktkommunikation vice versa verhält. In der folgenden Ausschnittsbetrachtung wird lediglich der Marketinginstrumentalbereich des Kommunikationsmix eine Rolle spielen, welcher damit auch den definitorischen Rahmen vorgibt.

In diesem Kontext ist die Planung ganzheitlicher Marktkommunikation geprägt von der optimierten Auswahl absatzpolitischer Instrumente unter Berücksichtigung der jeweiligen Marketingzielsetzungen, aller relevanten Zielgruppen (Handel, Kunde etc.) sowie der budgetären Restriktionen eines Unternehmens.

---

1 Bruhn 1995, S. 4
2 Wiedmann 1996, S. 21

1.2 Selling Idea

Vor dem Hintergrund der geänderten Marktbedingungen sind Unternehmen mehr denn je gefordert, auch mittels der Gesamtheit ihrer Marketingaktivitäten einen unverwechselbaren, eigenständigen Auftritt zu realisieren. Insofern ist auch die ganzheitliche Marktkommunikation ein probates Mittel zur Realisierung einer diesbezüglichen Unique Selling Proposition, welche in adäquater Weise eine Profilierung gegenüber der Zielgruppe bei gleichzeitiger Wettbewerbsdifferenzierung erlaubt und darüber hinaus den Innovationen im Bereich der Kommunikationsmedien Rechnung trägt.

Die Selling Idea verkörpert in diesem Fall den Umstand, dass vernetztes Denken auch vernetztes Handeln bedingt. Die Vernetzung spiegelt auf anschauliche Weise die Entwicklungsphasen der Kommunikation von der unsystematischen Kommunikation über die Etappen Produkt-, Zielgruppen-, Wettbewerbskommunikation bis hin zum Kommunikationswettbewerb wider.

1.3 Reason Why

Die Frage nach der Notwendigkeit ganzheitlicher Kommunikation lässt sich anhand folgender entscheidender Entwicklungstendenzen in der Marketingumwelt eines Unternehmens erklären:

- wachsende Medienvielfalt,
- stark fragmentierte Zielgruppen,
- Reizüberflutung,
- erhöhte Komplexität in der Informationsaufnahme.

Als Resultat ergeben sich auf Seiten der Zielgruppen veränderte Wahrnehmungs- und Verarbeitungsprozesse, die stringenterweise in veränderten Verhaltensmustern münden. Hieraus leitet sich eine Entscheidungsoptionalität ab, die neue Qualitätsansprüche sowohl an die strategische als auch an die taktische Planung definiert.

Dies wiederum bedingt immer mehr den Einsatz crossmedialer Kommunikationsstrategien, die online und/oder offline-Medien berücksichtigen und somit im Rahmen der One-to-one-, One-to-many- oder One-to-few-Communication eingesetzt werden. Hierbei ist häufig auch das Erfordernis einer additiven Zielgruppenansprache gegeben.

Des Weiteren lassen sich psychologische (z.B. Awarenessaufbau), ökonomische (z.B. Absatzmaximierung) und strategische Ziele (z.B. Nischenpositionierung) trotz eines inhärenten Zielkonfliktes realisieren, wenn durch eine entsprechende Mediaselektion und unter Berücksichtigung der medienspezifischen Nutzungspeaks und -eigenschaften ein Maximum an kommunikativer Wirkung bzw. Werbedruck erzeugt wird. Bezogen auf die obigen Beispiele können neben der Ausschöpfung hoher Affinitätsgrade sowohl On-top-Umsätze als auch partielle Marktführerschaften realisiert werden.

1.4 Benefit

Idealerweise ist die Resultante ganzheitlicher Marktkommunikation die Optimierung des Share of Voice, welcher sich endlich in einem überproportionalen Share of Mind dokumentiert. Dieser ist wiederum die Basis für die Realisierung kommunikationspolitischer Zielsetzungen eines Unternehmens, welche insbesondere der Prämisse einer zielgruppenadäquaten, optimierten Allokation des Marketingbudgets unterliegen.

Der situativ geprägte Planungsprozess ganzheitlicher Marktkommunikation führt last but not least mittels der Evaluierung von instrumentellen und intermedialen Nutzungsalternativen nicht nur zur signifikanten Erhöhung der Effektivität, sondern auch der Effizienz absatzpolitischer Aktivitäten.

2. Integrierte Launchkampagne zur Positionierung des Opel Astra Eco 4 im Segment Dieselfahrzeuge

Bevor nun die praktische Umsetzung einer ganzheitlichen Kommunikationskampagne dargestellt wird, ist darauf hinzuweisen, dass die Kreativität eine entscheidende Rolle im Rahmen der Evaluierung des Kommunikationsmix spielt, womit die alleinige Beherrschung des Nutzungsspektrums potenzieller Kommunikationsinstrumente als suboptimal zu definieren ist. Dies belegen auch aktuelle Untersuchungen, die besagen, dass die Wahrscheinlichkeit der Zielerreichung umso höher ist, je kreativer eine Kampagne konzipiert ist[3]. Insofern sollte neben den o. g. Grundbedingungen für die Entwicklung von integrierten Kommunikationsaktivitäten auch immer die Kreativkomponente als komplettierendes Element in die Realisationsüberlegungen miteinbezogen werden.

2.1 Situationsanalyse

Der Markt der Dieselfahrzeuge erlebt in den letzten Jahren einen Boom. Die Gründe hierfür sind in der deutlich verbesserten Motorentechnologie zu finden. Ein starkes Drehmoment schon bei sehr niedrigen Drehzahlen, ruhige Laufkultur und dynamischsportliche Fahrcharakteristika haben den Diesel zu einer echten Alternative zum Benziner gemacht. Des Weiteren hat die Ökosteuer und die damit verbundene Explosion der Kraftstoffpreise den Diesel immer mehr in den Fokus der Verbraucher gerückt. Denn erstens ist der Dieselkraftstoff wesentlich günstiger als Benzin, und zweitens liegt der Verbrauch eines Diesels deutlich unter dem eines vergleichbaren Otto-Motors.

---

3 Trommsdorff 2001, S. 29

Im späten Frühjahr 2000 brachte die Adam Opel AG mit dem Astra Eco 4 ein Dieselfahrzeug auf den Markt, welches in seinem Wettbewerbsumfeld (damals und bis heute) ein absolutes Novum darstellte. Der Astra Eco 4 ist das erste voll alltagstaugliche 4-Liter-Auto in der kompakten Mittelklasse. Für den minimalen Verbrauch von durchschnittlich 4,4 Liter auf 100 km sorgen bei der Schrägheck-Limousine neben dem 75 PS starken 1,7-Liter-Direkteinspritzer-Turbodiesel eine aerodynamisch optimierte Karosserie, verschiedene Leichtbaumaßnahmen sowie rollwiderstandsarme Reifen.

2.2 Strategischer Background

Die verbraucherorientierte Modell- und Unternehmenspolitik hat bei Opel eine lange Tradition. 1989 bot Opel zur Überraschung des gesamten Marktes als erster Automobilhersteller serienmäßig einen geregelten 3-Wege-Katalysator für alle Modelllinien an. Die Verbrauchs- und Emissionsreduzierung war seit den 80er Jahren eines der zentralen Produktbenefits der Opel-Modelle. Die Kommunikation nahm selbstverständlich diese Produktstärken wiederholt auf.

War Anfang bis Mitte der 90er Jahre der Umweltschutzgedanke noch der primär kommunizierte Benefit, so passte man sich danach an die sich wandelnden Einstellungen der Verbraucher an. Heute steht weniger der ökologische, als vielmehr der ökonomische Vorteil einer ressourcenschonenden Mobilität im Vordergrund. Auch besonders vor dem Hintergrund stark gestiegener Kraftstoffpreise und der damit einhergehenden Kostensensibilität bietet Opel mit dem Astra Eco 4 eine zeitgemäße und verbraucherrelevante Antwort.

Zusammenfassend soll der Astra Eco 4 mittels seiner innovativen Eigenschaften und einem attraktiven Pricing einer breiten Käuferschicht den Zugang zu fortschrittlichem Hightech bieten.

2.3 Zielsetzungen des Launch

Vor dem Hintergrund eines sich sehr schnell und dynamisch entwickelnden Dieselmarktes, des starken Wettbewerbs in der Kompaktklasse mit dem "Platzhirsch" VW Golf, einem noch verbesserungswürdigen Dieselimage des Astra und der Marke Opel war die kommunikative Zielsetzung für den Launch des Astra Eco 4 ebenso klar wie ambitioniert: Es sollte eine integrative Kampagne entwickelt werden, die den Astra Eco 4 in kurzer Zeit bekannt macht, die Dieselkompetenz der Marke Opel stärkt und möglichst viele Verbraucher schnell motiviert, Testfahrten beim Händler durchzuführen.

Als quantitative Ziele wurden definiert:
- Signifikanter Ausbau des Dieselanteils innerhalb der Astra-Range,

- Eroberung neuer Käufergruppen/Fremdfabrikatsfahrer speziell aus dem Segment der Benzinmotorisierungen,
- Generierung von Adressen und Testfahrten beim Händler sowie
- Integration und Motivation der Opel-Händler.

Die qualitativen Ziele lauteten:

- Bekanntmachung und Positionierung des Astra Eco 4 als der Kompaktwagen mit dem extrem niedrigen Verbrauch.
- Imagestärkung der Astra-Range in puncto Dieseltechnik und Stärkung der Dieselkompetenz der Marke Opel.

2.4 Kampagnenrealisation

Den Ansprüchen einer integrativ konzipierten Kampagne entsprechend war die Positionierung des Astra Eco 4 als der Kompaktwagen mit extrem niedrigen Verbrauch in allen Through-the-line-Aktivitäten das zentrale Thema. Die Through-the-line-Kampagne setzte sich aus der additiven Verknüpfung von Above-the-line- und Below-the-line-Maßnahmen zusammen, die im Folgenden dargestellt werden.

Zunächst wurde in TV und Print der Astra Eco 4 als das Opel-Sparwunder auf sympathische Weise bekannt gemacht und positioniert.

Etwa 8 Wochen später erfolgte der Startschuss der begleitenden promotionalen Kampagne. Deren Strategie war darauf ausgerichtet, innerhalb eines Zeitraumes von 1 1/2 Monaten bei möglichst vielen Menschen das Interesse und die Lust zu wecken, sich mit dem Astra Eco 4 tiefergehend zu beschäftigen und ihn schnellstmöglich zu testen. Zum einen sollte die Promotion eine klare Verbindung zur übergeordneten Kampagne aufweisen, zum anderen musste sie sich auch mit ihrer intendierten aktionsauslösenden Botschaft gegenüber dem klassischen Auftritt durchsetzen. Es galt also, einerseits Synergien zu schaffen und andererseits eine gewisse Eigenständigkeit zu bewahren.

(a) "Above-the-line"-Kampagne

Basismedien für den positionierenden Launchauftritt waren ein TV-Spot und eine begleitende Printanzeige. Der TV-Spot dramatisierte auf humorvolle und sehr menschliche Art und Weise die fast schon verwunderliche Genügsamkeit des Astra Eco 4: Das Sparwunder Astra Eco 4 geht so geizig mit seinem Kraftstoff um, dass man als Besitzer nach zahlreichen Fahrten, Kilometern und Tagen schon mal in größere Zweifel kommen kann, ob die Tankuhr nicht vielleicht ihren Job verweigert. Denn sie scheint sich nicht von der Stelle rühren zu wollen. Doch zum Glück gibt es noch die Kontrollinstanz Zapfsäule an Tankstellen. Sie zeigt zum Bedauern des Tankwarts an, dass nur 4,4 Liter auf 100 km verbraucht wurden (Chart 1).

Das begleitende Printmotiv nahm die Thematik des TV-Auftritts auf und schaffte eine deutliche Verbindung durch die Headline und die Tankuhr als Key-Visual. So einfach das Motiv gestaltet ist, so direkt wirkt es: Fast scheint es so, als könne man analog zum TV-Spot das Klopfen an der Tankuhr hören (Chart 2).

(b) "Below-the-line"-Kampagne

"Machen Sie eine Testfahrt bei ihrem Händler und gewinnen sie eines von x Autos"...so oder so ähnlich sind nicht wenige promotionale Aktionen im Automobilsektor ausgerichtet. Eine reine "Fahr mich und Gewinn mich"- Aktion erschien zu generisch und zu unspektakulär für den Astra Eco 4, um die angestrebte Zielsetzung der schnellen Generierung von zahlreichen Adressen und Probefahrtwünschen zu erreichen. So wurde die Idee geboren, einen "Spar-Wettkampf" auszurufen, welcher an den "sportlichen Ehrgeiz" der Autofahrer appellieren sollte. Da es in Deutschland ja bekanntermaßen nur sehr gute Autofahrer gibt und sich jeder Einzelne insgeheim als der "Primus inter pares" ansieht, sollte einer limitierten Anzahl von Autofahrern unter dem Aktionsmotto "Die Tour gegen die Uhr" die Möglichkeit gegeben werden, gegeneinander anzutreten und ihr Können zu beweisen.

Ein Key-Visual der promotionalen Kampagne bildet das Schlussbild des TV-Spots, nämlich die 4,4 Liter Anzeige an der Zapfsäule. Dieses zweite prägnante Element des TV-Spots (neben der Tankuhr) wurde mit Ausnahme von Teletext durchgängig in allen Werbemitteln der Promotion genutzt, angefangen von der Promotionanzeige (Chart 3) über den Internetauftritt bis hin zu Antwortkarten und Händlerausstattung (Chart 4). Darüber hinaus wurde ein 15" Tag-On an den positionierenden TV-Spot angehängt, der die "Tour gegen die Uhr" zusätzlich bekannt machte und zur Teilnahme aufrief.

Aus dem Pool der Interessenten, die an der "Tour gegen die Uhr" teilnehmen wollten, wurden nach Ablauf der Anmeldefrist 100 Teilnehmer durch Losverfahren ermittelt. An einem Wochenende im Oktober 2000 wurde dann der Wettkampf in die Tat umgesetzt. Von 5 Standorten aus (Bochum, Hannover, Nürnberg, Saarbrücken und Weimar) wurden je 20 Teilnehmer mit einem Astra Eco 4 auf die Reise geschickt. Das Ziel war Rüsselsheim und die Aufgabe bestand darin, möglichst wenig Kraftstoff auf der Tour dorthin zu verbrauchen. Um Manipulationen auszuschließen, wurden Motorhaube und Tank eines jeden Astra Eco 4 versiegelt sowie die gesamte Aktion vom AVD überwacht. Dem Besten je Tour, dem "Kraftstoffsparmeister", winkte ein Astra Eco 4 als Belohnung.

Das Resultat der Sternfahrt überraschte nicht nur die Teilnehmer selbst, sondern auch die Opel-Ingenieure: Der ermittelte Durchschnittsverbrauch je 100 Km lag bei 3,9 Litern, wobei sich die Sieger im 2-Liter-Bereich tummelten.

(c) "Through-the-line"-Mediamix

Aufgrund der verschiedenen Zielsetzungen der integrativen Launchkampagne des Astra Eco 4, die sowohl imagebildend als auch aktionsauslösend wirken sollte und die sich darüber hinaus an eine breite und wenig homogene Zielgruppe richtete (Familien, gewerbliche Kunden, Opelfahrer und Fremdfabrikatsfahrer in der Kompaktklasse primär mit Otto-Motorisierung, kurzfristig Kaufinteressierte, Opel-Händler etc), wurde ein breiter Mediamix eingesetzt, um eine optimale Werbewirkung zu erzielen.

In der Above-the-line-Kommunikation stellte TV das Basismedium dar. Der eingesetzte 30"-Spot sollte für den Astra Eco 4 schnell Bekanntheit aufbauen und ihn über die emotionalen Stärken dieses Mediums als sympathisches "Dieselsparwunder" positionieren. Begleitend wurde ein 2/1 Motiv in reichweitenstarken Titeln platziert, um weitere faktische Botschaften über den Astra Eco 4 zu penetrieren und um zusätzlichen Werbedruck bei TV-Selektivsehern zu erzielen. Nachdem 2 TV-Flights mit dem begleitenden Printmotiv abgeschlossen waren, begann die promotionale, d.h. taktische Kampagne.

Um die Aktion "Tour gegen die Uhr" schnell bekannt zu machen, bediente man sich ebenso des Mediums TV. So wurde an den klassischen TV-Spot für einen begrenzten Zeitraum ein 15"-Tag-on gesetzt, der den Inhalt und Gewinn der Aktion kurz anriss. Damit sich die Interessenten detailliert informieren konnten, wurden eine Hotline-Nummer und Teletext-Seite eingeblendet. Die Teletext-Pages wurden explizit für die Haupt-TV-Sender konzipiert, auf denen der Tag-On geschaltet wurde, so dass ein sofortiges und unkompliziertes "Weiterbilden" für die Rezipienten möglich war (Chart 5).

Neben TV bildeten Print und Hörfunk die weiteren Basismedien zur Reichweitenkumulierung. Ein 1/1 Motiv der "Tour gegen die Uhr" wurde in additiven PZ-Magazinen platziert, und ein Hörfunkspot diente als schnellwirkendes, aktivierendes Medium zum weiteren Bekanntheitsaufbau und zur Interessentengenerierung.

Die Kampagne wurde bis zum PoS umgesetzt, so dass auch der wichtigen Integration des Handels Rechnung getragen wurde. Im Zuge dessen fand eine Versorgung aller Opel-Händler mit entsprechenden Werbemitteln wie Poster, Anzeigenvorlagen, Thekendispenser, Mailings etc. statt, um vor Ort bei den Autohäusern auf die Aktion aufmerksam zu machen.

Begleitend zum aufgezeigten Mediamix wurden durch Customer-Relationship-Marketingmaßnahmen bestehende Opel-Kunden direkt angesprochen, um ihre Aufmerksamkeit und ihr Interesse gezielt auf die Aktion gelenkt.

2.5 Launcherfolge

Die Werbeerinnerung (Recall) für die Astra-Limousine stieg im Zeitraum Juni bis Oktober um 12 Prozentpunkte und stellte den höchsten Wert seit März 1999 dar. Hierbei erreichte im gleichen Zeitraum der Proven Recall (Astra Eco 4-Kampagnenerinnerung) ein Niveau von bis zu 64%. Im Durchschnitt gaben 9 von 10 Kampagnenerinnerern die Kernbotschaft und die Positionierung "Hat einen extrem sparsamen Dieselmotor" wieder. Knapp 70% der Werbeerinnerer gefiel die Kampagne sehr gut/gut, so dass der Auftritt hinsichtlich seiner Likeability auf fruchtbaren Boden stieß.

Die Kampagne für den Astra Eco 4 arbeitete nicht nur vorzüglich für das Astra-Produktimage, sondern auch für das Opel-Markenimage. Von Juni bis Dezember 2000 war ein signifikanter Anstieg des Image-Item "Feine, starke Dieselmotoren" beim Astra zu verzeichnen. Das Modellimage erreichte hier den höchsten Wert seit Beginn der Ersterhebung (1995). Darüber hinaus wurden, mit Ausnahme des VW Golf, der ein Benchmarkniveau einnimmt, alle weiteren Wettbewerber innerhalb eines Quartals überflügelt.

Im gleichen Zeitraum war eine signifikante Verbesserung des Opel-Markenimage zu erkennen. Das Markenimage-Item "Modernste Hightech Dieselmotoren" erreichte ebenfalls einen historischen Spitzenwert.

Die Ziele, den Astra Eco 4 einerseits in kurzer Zeit bekannt zu machen und zu positionieren, andererseits aber auch die Modell- und Markenwahrnehmung hinsichtlich des Diesel-Image zu stärken, wurden also deutlich erreicht.

Einen durchschlagenden Erfolg erzielte neben der klassischen Kampagne auch die begleitende promotionale Kampagne. Knapp 28.000 Fahrer wollten an der "Tour gegen die Uhr" teilnehmen. Die Aktion "räuberte" hierbei sehr erfolgreich in fremden Revieren. Mit einem Anteil von 62% an Fremdfabrikatsfahrern stieß die Aktion auf ein beachtliches Interesse bei Nicht-Opel-Besitzern. Mit 75% wurde die große Mehrheit der Teilnehmer aus dem Segment der Benzinmotorisierungen generiert.

Die große Anziehungskraft der Aktion und des Astra Eco 4 belegten auch die Probefahrtwünsche, die jeder Teilnehmer unabhängig vom Gewinnspiel äußern konnte. Jeder Dritte, d.h. 9.800 der 28.000 Teilnehmer, hatten sich neben der "Tour gegen die Uhr" gleichzeitig zu einer Probefahrt angemeldet.

Was die Promotion schon andeutete, wurde im zweiten Halbjahr Wirklichkeit. Der Erfolg des Astra Eco 4 zeigt sich besonders deutlich an den Verkaufszahlen. So konnte sich der prozentuale Anteil der verkauften Dieselfahrzeuge innerhalb der Astra-Range im Laufe von 6 Monaten verdoppeln. Lag der prozentuale Anteil der verkauften Astra-Diesel im Juni noch um knapp ein Drittel unter dem Segmentdurchschnitt, so erfolgte bis Dezember eine wahre Aufholjagd, und das obwohl der prozentuale Anteil aller verkauften Dieselfahrzeuge in der Kompaktklasse noch deutlich stieg.

Am Jahresende 2000 wurde schließlich ein neues Kapitel in der Astra-Diesel-Geschichte aufgeschlagen. Zum ersten Mal zog der Dieselanteil der Astra-Range nicht nur mit dem Segmentniveau gleich, sondern es wurde sogar übertroffen .

3. Ausblick

Abschließend stellt sich die Frage, wie die zukünftige Entwicklung aussehen kann. Weiterhin wird das Streben nach Verbesserung der Werbeeffizienz eine bedeutende Rolle im Rahmen der Marketingzielsetzung eines Unternehmens spielen, da diesbezügliche Investitionen aufgrund ihrer Dimension und ihrer oft auch kurzfristigen Disponibilität gerne Gegenstand strategischer oder taktischer unternehmenspolitischer Überlegungen sind.

Daneben zwingt verändertes Zielgruppenverhalten, welches immer mehr die Wahrnehmung von Kommunikationsmaßnahmen gefährdet, zur Entwicklung innovativer integrativer Kommunikationsstrategien. Diesbezüglich liefern emotionale Erlebnisstrategien nach wie vor vielfältige Ansatzpunkte, um aktivierende Prozesse auf Seiten der Zielgruppen positiv im Sinne der Kommunikationszielsetzung herbeizuführen[4].

In Verbindung mit dem Wissen über kognitive Prozesse kann letztlich das Entscheidungsverhalten von Zielgruppen in wesentlichem Maße determiniert werden, was somit auch die weiteren Entwicklungen im Bereich der ganzheitlichen Kommunikation beeinflusst.

Bei aktuellen Expertenbefragungen liegen ganzheitliche Kommunikationskampagnen weiterhin auf einem Spitzenplatz. Daneben zeigt auch die signifikante Verschiebung von Kommunikationsbudgets in Below-the-line-Aktivitäten, dass auch die Unternehmen dieser Entwicklung Rechnung tragen.

Abschließend seien noch die Innovationen im Bereich der Medien erwähnt. E-Business, M-Business, E-Retailing sind nur einige Begriffe, die neue Formen der Marktkommunikation und damit auch der Marktpenetration repräsentieren. Eine daraus resultierende Entwicklung von Multichannelstrategien im Rahmen der Vertriebsplanung forciert auch die Weiterentwicklung integrativer Kommunikationsansätze zur Profilierung im Hyperwettbewerb.

---

4   Weinberg 2001, S. 30

Ganzheitliche Marktkommunikation

Die Tour gegen die Uhr.
Gewinnen Sie den Astra ECO 4.

Jetzt bewerben zum großen Dieseltest: 0180/30 10 000 (0,18 DM/Min.)

Mit nur 4,4 l/100 km lässt der Astra ECO 4 in der Kompaktklasse die Uhren künftig anders gehen. Dafür gabs von „auto motor und sport" (Heft 18/2000) die Bestnote: 5 Sterne. Bei der „Tour gegen die Uhr" können Sie zeigen, dass es noch besser geht. Beweisen Sie beim großen Dieseltest, dass Sie 4,4 l/100 km noch unterbieten können. Mit etwas Glück starten Sie Ende Oktober als einer von 100 Fahrern zur finalen 5-Sterne-Fahrt nach Rüsselsheim, wo die 5 Besten den Astra ECO 4 gewinnen werden. Wenn Sie dabei sein wollen, rufen Sie an: bis spätestens 30. 09.

Ganzheitliche Marktkommunikation

An diesen Anblick werden Sie sich gewöhnen müssen.

Der neue Astra ECO 4 ist so sparsam, dass die Tanknadel sich kaum von der Stelle rührt. Schuld daran ist der 1,7-Liter-Hightech-Dieselmotor. Er sorgt dafür, dass die nächste Zapfsäule bis zu 1.200 km entfernt sein darf. Und das ohne Aufpreis. Mehr über den ersten 4-Liter-Diesel in der Kompaktklasse beim freundlichen Opel Händler.

Der neue Astra ECO 4. Nur 4,4 Liter Diesel auf 100 km.

Ganzheitliche Marktkommunikation

Literatur

BRUHN, M. (1995): Integrierte Unternehmenskommunikation, Stuttgart 1995.

TROMMSDORFF, V. (2001): Studie zum Thema kreative Werbung und deren Erfolg, Technische Universität Berlin 2001, in: FAZ vom 25. Juni 2001, S. 29.

WEINBERG, P. (2001): Was in den Köpfen der Verbraucher vorgeht, in: FAZ vom 25. Juni 2001.

WIEDMANN, K.-P. (1996): Grundkonzepte und Gestaltungsperspektiven der Corporate Identity Strategie, in: Schriftenreihe Marketing Management der Universität Hannover, Hannover 1996.

Heinz Müller

E-Commerce als Chance zur Optimierung der Prozesse zwischen Industrie und Handel

1. Problemstellung

2. Stammdaten als Basis der Prozessoptimierung

3. Standardisierung des Informationstransfers

4. Bilaterale Kooperationen zur Prozessoptimierung
    4.1 Logistische Kooperationen
        4.1.1 Continuous Replenishment (CRP)
        4.1.2 Continuous Replenishment Outlet
        4.1.3 Controlling Outlet
    4.2 Category Management

5. Multilaterale Kooperationen zur Prozessoptimierung
    5.1 Grenzen der bilateralen Kooperationen
    5.2 Extranets als multilateraler Ansatz
    5.3 Marktplätze als multilateraler Ansatz

6. Zusammenfassung und Ausblick

1. Problemstellung

Die Optimierung der Prozessabläufe ist traditionell ein wesentliches Instrument innerbetrieblicher Kostensenkungs- und Rationalisierungsvorhaben. Neue Erkenntnisse werden dazu verwendet, Arbeitsabläufe neu zu definieren, Schnittstellen zu vereinfachen bzw. zu beseitigen und Organisationsstrukturen den veränderten Prozessen anzupassen. Oftmals bilden neue Technologien hierbei den Ausgangspunkt.

Über alle Branchen und alle Wirtschaftsstufen - von der Rohstofferzeugung bis hin zum Handel - hinweg wurden dabei vergleichbare Projekte mit zumeist sehr ähnlichen Ergebnissen durchgeführt. Eine unternehmensübergreifende Sichtweise, d.h. der Einbezug der jeweils vor- bzw. nachgelagerten Wirtschaftsstufe, erfolgte lange Zeit nicht.

Erst mit der Etablierung von Efficient Consumer Response (ECR) in den europäischen Konsumgütermärkten setzte sich die Idee durch, die Wertschöpfungskette als Ganzes zu betrachten. Mit der Zielsetzung, die Bedürfnisse des Verbrauchers bestmöglich erfüllen zu können, werden hierbei sowohl die administrativen und logistischen Prozesse (supply side), als auch die Marketing-Aktivitäten (demand side) auf Basis einheitlicher Kommunikationsstandards (enabling technologies) von den beteiligten Unternehmen gemeinsam analysiert mit dem Ziel, die insgesamt beste Lösung zu finden.

Die Umsetzung der Erkenntnisse erfolgt im Rahmen von bilateralen Vereinbarungen, die auf die jeweiligen Prozessbeteiligten individuell abgestimmt sind. Für die Unternehmen bedeutet das den Umgang mit einer Vielzahl ähnlicher, aber nicht völlig identischer Prozesse und damit nach wie vor unnötige Komplexität. Darüber hinaus ist der damit einhergehende Analyse- und Umsetzungsaufwand so groß, dass die Anzahl der beteiligten Unternehmen nicht das gewünschte Ausmaß („kritische Masse") erreicht.

Mittels der Internet-Technologie sollen diese Defizite beseitigt werden. Die Verwendung von Standardsoftware, eine simple Programmiersprache sowie das Internet als Medium sollen die Zutrittsbarrieren auf ein Minimum reduzieren. Darüber hinaus haben sich sowohl die Industrie- als auch die Handelsunternehmen als Betreiber von Internet-Marktplätzen zusammengeschlossen, um mittels eines einheitlichen Auftritts generelle Standards zu etablieren und die Entwicklungskosten weiter zu reduzieren. Wie weit diese hochgesteckten Erwartungen erfüllt werden, wird sich in den kommenden Monaten herausstellen.

Als führendes Markenartikelunternehmen in Deutschland hat sich die Henkel Wasch- und Reinigungsmittel GmbH frühzeitig allen geschilderten Entwicklungen gestellt. Vielfach hat sie eine Vorreiter-Rolle übernommen. Ziel dieses Beitrages ist es daher, aus der Sichtweise dieser Firma darzustellen, wie mittels der modernen Informations- und Kommunikationstechnologien sukzessive eine Optimierung der gemeinsamem Prozesse von Industrie und Handel erfolgt ist, wie der aktuelle Stand ist und was die kommenden Schritte sein können.

2. Stammdaten als Basis der Prozessoptimierung

Grundvoraussetzung erfolgreicher Optimierungsbemühungen ist es, dass alle Prozessbeteiligten dieselbe Sprache sprechen, d.h. dass zunächst einmal die zugrundeliegenden Stammdaten einheitlich definiert sein müssen. Auf Handelsseite ist hierbei vor allem eine eindeutige Identifikation der jeweiligen Standorte erforderlich. Hierfür hat sich europaweit die International Location Number (ILN) durchgesetzt.

Auf Industrieseite sind unter Stammdaten darüber hinaus insbesondere sämtliche artikelbezogenen Daten zu verstehen, die auf Seiten des Handels benötigt werden.

In einigen europäischen Ländern ist für diese artikelbezogenen Stammdaten ein zentraler Datenpool eingerichtet, in den die Industrieunternehmen die benötigten Informationen sowie Produktabbildungen in einem standardisierten Nachrichtenformat einspeisen können. In Deutschland sowie in Österreich und den Niederlanden ist dies der SINFOS-Pool.[1]

Vorteil eines derartigen Pool-Konzeptes ist, dass die Hersteller alle angeschlossenen Handelsunternehmen automatisch mit den Artikeldaten versorgen können, wobei die Daten nur einmal in den Pool einzupflegen sind. Die Verantwortlichkeit für Pflege und regelmäßige Aktualisierung verbleibt dabei bei den einstellenden Unternehmen.

Der Abruf der Daten wird von jedem Handelsunternehmen individuell vorgenommen. Die dabei zur Verfügung stehenden Selektionsmöglichkeiten sind vielfältig. Neben einmaligen Abrufen besteht auch die Möglichkeit sogenannter Abonnements. Hierbei wird ein bestimmter Teil des Datenpools, z.B. eine bestimmte Warengruppe oder die Daten eines bestimmten Unternehmens, nicht nur einmalig abgerufen, sondern automatisch zu einem fest vorgegebenen Zeitpunkt (z.B. jeden Freitag um 8.00 Uhr) mit den jeweils in der Zwischenzeit erfolgten Aktualisierungen übermittelt.

Henkel ist maßgeblich am Aufbau und der Weiterentwicklung des SINFOS-Pools beteiligt. Ein Beispiel dafür stellt die gerade abgeschlossene Integration von Bilddaten dar, die entscheidend mitgestaltet wurde. Darüber hinaus setzt sich Henkel für eine Ausdehnung dieses Pools, der mit seinen vielfältigen Services international als „Best Practise" anerkannt ist, auf weitere europäische Länder ein. Hier sind insbesondere diejenigen Länder von Interesse, in denen bisher kein einheitlicher Stammdatenpool existiert.

---

1 Vgl. hierzu Centrale für Coorganisation (Hrsg.): Edition ECR Deutschland, Köln 1998, S. 6 f.

3. Standardisierung des Informationstransfers

Innerhalb der Unternehmen hat sich in immer größerem Umfang die automatisierte elektronische Verarbeitung von Informationen durchgesetzt. Die dadurch bedingte manuelle Eingabe von auf Papier, mündlich oder unstandardisiert eingehenden Dokumenten der Geschäftspartner, z.B. Aufträge, Lieferscheine, Rechnungen, ist mit hohem Aufwand verbunden. Darüber hinaus besteht eine große Gefahr von Fehleingaben.

Mit der Verwendung standardisierter elektronischer Nachrichten können genau diese Probleme gelöst werden. Für die beteiligten Unternehmen ergeben sich Zeit- und Kostenvorteile.

Als ein Basiselement von Efficient Consumer Response hat sich daher der elektronische Datenaustausch (EDI) etabliert. Für die Konsumgüterindustrie und den Einzelhandel wird dabei auf internationalem Level als Standard EANCOM angewendet[2].

Innerhalb dieses Standards sind eine Vielzahl von Nachrichtenarten entwickelt worden, die alle routinemäßigen Geschäftsprozesse zwischen den beteiligten Organisationen abdecken sollen. Als wichtigste Nachrichtenarten sind hierbei zu nennen:

- PRICAT: Auflistung der Artikeldaten einschl. Preisangaben eines Herstellers; diese Nachrichtenart kann sowohl kundenindividuell als auch allgemeingültig (z.B. zur Beschickung von SINFOS) verwendet werden,
- ORDERS: Übermittlung von Aufträgen,
- ORDRSP: Bestellbestätigung des Lieferanten an den Besteller,
- DESADV: Ankündigung der auf Basis einer ORDER vom Lieferanten exakt auszuliefernden Menge,
- RECADV: Bestätigung des Kunden über die exakt erhaltene Warenmenge,
- INVOIC: Rechnung an den Käufer der Ware,
- SLSRPT: Meldung über artikelspezifische Abverkaufsmengen; insbesondere bei der Übermittlung von Scanner-Abverkaufsdaten wird diese Nachrichtenart i.d.R. verwendet,
- INVRPT: Übermittlung von Lagerbestandsdaten; diese Nachricht ist insbesondere bei den in Kap. 4 beschriebenen logistischen Kooperationen von Bedeutung.

Henkel setzt die oben genannten Nachrichtenarten in unterschiedlichem Ausmaß ein. Entscheidend sind die jeweiligen konkreten Vereinbarungen mit den Kunden. Die mit der Verwendung von EDI verbundenen Ziele werden zwar grundsätzlich erreicht; das Ausmaß ist jedoch noch nicht zufriedenstellend. Hierfür sind insbesondere die folgenden Faktoren entscheidend:

---

2 Vgl. Centrale für Coorganisation (Hrsg.): Edition ECR Deutschland, Köln 1998, Bd. 17, S. 6.

- Das „Durchschleusen" der eingehenden Nachrichten in die eigenen Systeme ohne manuellen Eingriff ist oftmals nicht oder erst nach sehr langen Anlaufphasen möglich. Ursächlich hierfür ist die oftmals unzureichende zugrundeliegende Datenqualität.
- Der ideale Prozess ist erst dann realisiert, wenn vom Austausch der Stammdaten bis zur Rechnungslegung alle Interaktionen elektronisch und ohne jeden manuellen Eingriff erfolgen. Eine derart umfassende Lösung ist bislang mit sehr wenigen Kunden vereinbart.
- Das Erstellen der Nachrichtenarten ist mit erheblichen Investitionen verbunden. Daher werden die Standards nicht in hinreichender Breite angewandt.
- Trotz definierter Standards wird für nahezu jede Kooperation eine leicht modifizierte Ausprägung der Nachrichtenart erforderlich. Dies führt zu aufwendigen Erstellungs- und Wartungsprozessen.

4. Bilaterale Kooperationen zur Prozessoptimierung

Zielsetzung der dargestellten Standardisierungsbestrebungen im administrativen Bereich ist es, bestehende Prozesse zwischen Industrie und Handel für beide Seiten effizienter zu gestalten. Der Prozess als solcher wird dabei nicht einer kritischen Analyse unterzogen.

Kooperationen im Bereich Logistik (Supply Chain Management) bzw. Marketing (Category Management) reichen i.d.R. darüber hinaus. Hier wird der Prozess als solcher zunächst kritisch hinterfragt; gemeinsam wird versucht, die gesetzten Ziele auf neuen Wegen effizienter zu erreichen. Voraussetzung dafür ist das beiderseitige Offenlegen der erforderlichen Informationen und die Bereitschaft, auch über das Verlagern von Aufgaben und Verantwortungen an denjenigen Prozessbeteiligten, der sich aus Gesamtsicht am besten dafür eignet, nachzudenken.

Aus der Vielzahl denkbarer Kooperationen werden im Folgenden diejenigen dargestellt, die sich am häufigsten durchgesetzt haben und die für Henkel gängige Praxis sind.

4.1 Logistische Kooperationen

4.1.1 Continuous Replenishment (CRP)

Der traditionelle Logistikprozess ist dadurch charakterisiert, dass jede Stufe eine Optimierung des eigenen Verantwortungsbereiches betreibt. Jeweiliges Ziel ist es dabei, mit so geringem Bestand wie möglich eine permanente Warenverfügbarkeit (unter Berücksichtigung spezifischer Nebenbedingungen wie z.B. mengenbezogene Konditionsstaffeln oder Produktionslosgrößen) sicherzustellen.

Gleichzeitig besteht allerdings Unsicherheit bezüglich der Situation der vor- und nachgelagerten Prozessbeteiligten: Die Produktion erfolgt ohne Kenntnis der Bestandssituation im Handelslager bzw. der Abverkaufssituation in den Outlets; analog ist für den Disponenten des Handelslagers die Verfügbarkeit der benötigten Produkte beim Hersteller unbekannt; oftmals ist sogar die Kenntnis über Bestände und Abverkäufe in den zu beliefernden Outlets mangelhaft. Diese Unsicherheit schlägt sich in erhöhten Sicherheitsbeständen nieder.

CRP ist eine Methode, die diese Defizite beseitigt. Der Handelspartner stellt dem Hersteller die Bestands- und Abverkaufsdaten der Warenhäuser für das jeweilige Sortiment per EDI tagesaktuell zur Verfügung. Auf Basis dieser Daten generiert der Hersteller die für beide Seiten optimale Bestellmenge und informiert das Handelslager auf elektronischem Weg darüber. Ergebnis dieser Vorgehensweise sind signifikante Verringerungen der Lagerbestände im Handel bei gleichzeitiger Steigerung des Servicelevels. Darüber hinaus wird die Transporteffizienz erhöht. Falls der Hersteller ein hinreichendes Volumen seiner Absatztonnage auf diese Weise steuern kann, ergeben sich für ihn Einsparpotenziale in der Produktion.

CRP wird analog auch zwischen einem Hersteller und seinen Vorlieferanten angewandt, wobei die zur Produktion benötigten Rohstoffe durch den Vorlieferanten gesteuert und bedarfsgerecht zur Verfügung gestellt werden.

Für Henkel ist CRP ein wesentliches Element partnerschaftlicher Zusammenarbeit mit mehreren Großkunden in Europa. In Deutschland ist die zur Steigerung der Produktionseffizienz erforderliche kritische Masse bislang noch nicht erreicht. Als Ergebnis sind für das Waschmittelsortiment Bestandssenkungen im Handelslager von bis zu 50 % realisiert worden. Die Reichweiten können im optimalen Fall auf ca. 2 Tage gesenkt werden. Dabei wird ein Servicelevel von über 99,5% gegenüber dem Handelslager gewährleistet.

Die Optimierung des Prozesses wirkt sich jedoch nur unzureichend auf die Outlets aus. So ist trotz des erreichten Servicelevels in den Geschäften eine unverändert hohe Out of Stock-Situation festzustellen, die in manchen Fällen 10% überschreitet.

Die nachfolgend skizzierten Methoden schließen daher die Outlets in die Betrachtung ein. Sie werden jedoch in deutlich geringerem Umfang praktiziert als das „klassische" CRP.

4.1.2 Continuous Replenishment Outlet

Analog zur Vorgehensweise beim „klassischen" CRP stellt der Handelspartner dem Lieferanten hierbei die Abverkaufsdaten und - soweit verfügbar - die Bestandsdaten je

Filiale tagesaktuell zur Verfügung. Wenn keine Bestandsdaten verfügbar sind, müssen diese einmalig erhoben sowie permanent überprüft werden.

Diese Daten bilden die Grundlage für die Berechnung der erforderlichen Bestellmengen, die durch Systeme des Herstellers vorgenommen wird. Die exakte Festlegung der Bestellung erfolgt - unter Berücksichtigung zusätzlicher Einflussfaktoren wie Promotions, Zweitplatzierungen, Platzierungsänderungen, Preisänderungen - in Absprache zwischen dem Außendienst der Herstellers und dem dispositionsverantwortlichen Mitarbeiter auf Handelseite.

Die Belieferung der Filiale kann dabei entweder direkt oder über ein Handelslager erfolgen. Im letztgenannten Fall findet i.d.R. ein mehrstufiges CRP statt, bei dem der Hersteller sowohl für das Handelslager als auch für die Outlets die Dispositionsverantwortung übernimmt.

Diese Vorgehensweise setzt regelmäßige Besuche des Außendienstes in den jeweiligen Filialen voraus. Die Anwendung ist daher auf diejenigen Outlets begrenzt, die ohnedies regelmäßig besucht werden. Während für die Startphase ein wöchentlicher Besuchsrhythmus zu empfehlen ist, kann dieser sukzessive auf längere Intervalle ausgedehnt werden.

Bei hinreichender Datenqualität und vollständiger Übergabe der Verantwortlichkeit in die Hände des Herstellers ist sogar eine Steuerung der Liefermengen durch einen zentralen Disponenten, der sowohl für die Handelsläger als auch die Filialen verantwortlich ist, denkbar. Vor Ort verbleibt in diesem Fall lediglich eine Kontrollfunktion der Bestände.

Mittels dieser Methoden ist es Henkel gelungen, die Out of Stock-Situation in den Regalen auf ca. 1% zu reduzieren. Zugleich ist es möglich, den Bestand signifikant zu reduzieren.

4.1.3 Controlling Outlet

Verfügt der Handel über automatisierte Bestellsysteme, ist es nicht sinnvoll, diesen automatisierten Prozess für wenige Hersteller zu verändern und zwei unterschiedliche Prozesse parallel zu verwalten. Trotz der weitgehenden Automatisierung kommt es jedoch in vielen Fällen zu signifikanten Bestandslücken in den Regalen. Henkel hat daher ein Konzept entwickelt, mittels dessen diese Defizite beseitigt werden, ohne dass der standardisierte Prozess verändert werden muss.

Basis hierbei sind wiederum die Scanner-Abverkaufsdaten und, soweit verfügbar, Bestandsdaten je Outlet. Diese werden analysiert und in Form von „exception reportings" an den Außendienstmitarbeiter vor dem anstehenden Filialbesuch übermittelt. Dabei wird der Mitarbeiter über Artikel informiert, bei denen die Daten darauf hinweisen, dass

- ein Out of Stock vorliegt oder unmittelbar bevorsteht,
- für eine vereinbarte Aktivität der aktuelle Warenbestand kritisch ist,
- der Endverbraucherpreis von der Preisvorgabe der Handelszentrale abweicht,
- eine vereinbarte Listung noch nicht in Distribution umgesetzt wurde.

Der Außendienstmitarbeiter hat zu kontrollieren, ob das vermutete Problem tatsächlich vorhanden ist, und ggf. für Abhilfe zu sorgen.

Auf diese Weise gelingt es, die Probleme innerhalb weniger Monate signifikant zu reduzieren. Nicht zuletzt deshalb ist dieses System bei Mitarbeitern von Handel und Henkel gleichermaßen akzeptiert.

Auch für Märkte, die vom Außendienst nicht oder nicht regelmäßig besucht werden, kann dieses Prinzip grundsätzlich angewandt werden. Hierbei werden die Ergebnisse der Schwachstellenanalysen vom Key Account Manager mit den Handelszentralen diskutiert. Die erforderlichen Maßnahmen werden entweder durch die Handelszentrale selbst oder auch durch telefonischen Kontakt von Henkel mit der jeweiligen Filiale eingeleitet.

4.2 Category Management

Im Vergleich zu den administrativen und logistischen Prozessen ist die Standardisierbarkeit im Rahmen des Category Management deutlich geringer. Hier ist es vielmehr das Ziel, mit Blick auf den Verbraucher gemeinsam dafür zu sorgen, dass der richtige Artikel zum richtigen Preis dort zur Verfügung gestellt wird, wo er vom Konsumenten erwartet wird. Ziel ist mithin nicht die Standardisierung und Vereinfachung von Prozessen, sondern die Erfüllung von konkreten Verbraucherbedürfnissen.

Während die Kernkompetenz des Handels auf der Ebene der Produkte insbesondere im bedarfsgerechten Mix der einzelnen Warengruppen zu finden ist, hat sich der Hersteller auf die Warengruppen fokussiert, in denen er tätig ist. Detailkenntnisse und Verfügbarkeit aller denkbarer Verbraucherdaten machen ihn hier zu einem kompetenten Berater des Handels.

Das Grundprinzip des Category Management ist es, diese Kompetenzen zum Wohle von Handel, Hersteller und vor allem Verbraucher zu verzahnen. Für jede wesentliche Kategorie sucht sich der Handel einen kompetenten Industriepartner, der als Berater fungiert (Category Captain).

Auf der Grundlage einer strategischen Analyse, bei der die Bedeutung der Warengruppe und der dazugehörigen Unterwarengruppen für den jeweiligen Geschäftstyp festgelegt wird, sowie einer Stärken-Schwächen-Analyse des Handelsunternehmens mittels Verbraucherdaten werden Empfehlungen für konkrete Maßnahmen abgeleitet. Diese Maßnahmen umfassen insbesondere die

- Sortimentsoptimierung: Bestimmung des idealen Sortimentes. Basis hierfür bilden die artikelspezifischen Käuferreichweiten.
- Optimierung des Promotionsverhaltens: welche Unterwarengruppen eignen sich überhaupt für Aktivitäten, welche Artikel eignen sich dafür, wie häufig sollen welche Aktivitäten erfolgen?
- Bestimmung der idealen Preisstruktur: was ist der richtige Preis für das Regalgeschäft, wie hoch sollen die Preisabschläge bei Promotions sein?
- Regaloptimierung: Bestimmung des idealen Regallayouts; neben Paneldaten werden hier die individuellen Abverkaufsdaten der Outlets herangezogen.

Henkel verfügt als Basis der Analysen über die Rohdaten eines repräsentativen Verbraucherpanels. Neben zahlreichen weiteren Datenquellen stehen außerdem Scannerdaten (sowohl kundenindividuell als auch aus einem Panel) zur Verfügung.

Als dominanter Marktführer in den Warengruppen Wasch-, Putz- und Reinigungsmittel wird Henkel von zahlreichen Handelsunternehmen als kompetenter Category Captain herangezogen. Der dabei angewandte „Cat-Master"-Ansatz mit dem Ziel, Umsatzsteigerungen auf Basis der Optimierung von Käuferreichweite und Bedarfsdeckung zu erzielen, ist international als Best Practise anerkannt.

5. Multilaterale Kooperationen zur Prozessoptimierung

5.1 Grenzen der bilateralen Kooperationen

Unter dem Begriff Efficient Consumer Response (ECR) sind u.a. die geschilderten bilateralen Kooperationen entwickelt und etabliert worden. Anhand konkreter Problemstellungen werden mittels unternehmensübergreifender Projekte Verbesserungsansätze erarbeitet. Zur Verbreitung dieser Ideen und Konzepte wurde ein internationales Netzwerk aller Industrie- und Handelsunternehmen geschaffen, die sich diesem Ideengut geöffnet haben. Dabei geht es insbesondere darum, Doppelarbeiten zwischen verschiedenen Unternehmen sowie unterschiedlichen Ländern zu vermeiden und so weit wie möglich ein einheitliches Verständnis für die Inhalte der Projekte und identische Umsetzungsrichtlinien für die ECR-Konzepte zu gewährleisten. Auf nationalen wie internationalen Konferenzen werden Lösungen präsentiert, und es wird um Verbreiterung des Anwenderkreises geworben.

Dennoch stellt man bei kritischer Betrachtung fest, dass diese Ziele nicht im gewünschten Ausmaß erreicht sind. Insbesondere die folgenden Defizite sind nach wie vor feststellbar:

- Die Anzahl der insgesamt an ECR-Kooperationen teilnehmenden Projekte ist wesentlich kleiner als erwünscht; vor allem kleine bis mittelständische Unternehmen sind nur sehr selten involviert.
- Sogar die ECR-Basismethoden, nämlich Stammdatenpools und elektronischer Nachrichtenaustausch, werden lange nicht von allen Unternehmen praktiziert. Auch in Deutschland, wo mit dem SINFOS-Pool ein sehr effizienter Datenpool existiert, beklagen die teilnehmenden Handelsunternehmen die geringe Anzahl datenliefernder Hersteller sowie die teilweise schlechte Datenqualität, verursacht durch unzureichende Pflege der die Daten liefernden Unternehmen.
- Die verfügbaren Methoden sind auf europäischer Ebene nicht einheitlich umgesetzt. So existieren bspw. in Frankreich und Italien keine nationalen Datenpools. Darüber hinaus sind die in den Ländern vorhandenen Pools technisch und methodisch oftmals nicht miteinander kompatibel (z.B. SINFOS und AECOC in Spanien).
- Trotz des Versuches, einheitliche Standards zur gemeinsamen Basis zu machen, ist die Praxis weit davon entfernt. Nahezu jeder Datenaustausch zwischen zwei Unternehmen weicht geringfügig vom Austausch derselben Nachricht zwischen anderen Partnern ab. Für die ECR-Teilnehmer ergibt sich also nach wie vor eine erhebliche Komplexität beim Datentransfer
- Die Umsetzung der Methoden ist mit erheblichem finanziellem Aufwand verbunden. Dieser ist einerseits durch die geschilderte Komplexität begründet; andererseits ist die Anschaffung der erforderlichen Software mit erheblichen finanziellen Belastungen verbunden, vor denen gerade die kleinen und mittelständischen Unternehmen oftmals zurückschrecken.

Einen Ansatzpunkt zur Beseitigung dieser Hemmnisse bildet die Internet-Technologie. Nachdem diese wiederum zunächst innerhalb der Unternehmen (in den so genannten Intranets) zur Vereinfachung und Vereinheitlichung eingesetzt wurde, haben sich inzwischen zahlreiche so genannte Extranets, d.h. geschlossene unternehmenseigene Netzwerke, zu denen bestimmte Geschäftspartner in konkret festgelegten Segmenten Zugang haben, etabliert. Daneben haben sich branchenspezifische und branchenübergreifende Internet-Marktplätze gebildet, die einer großen Zahl von Benutzern gegen geringe Gebühren standardisierte Kommunikation unter Nutzung der Marktplatz-Software ermöglichen.

Während die Zielsetzung der Extranets eine 1:n-Beziehung (ein Anbieter des Extranets zu vielen Geschäftspartnern) ist, streben die Marktplätze n:m-Lösungen (z.B. n Handelspartner und m Lieferanten) an.

5.2 Extranets als multilateraler Ansatz

Durch die Öffnung des unternehmenseigenen Intranet für externe Geschäftspartner entsteht ein Extranet. Ziel ist es dabei, den Austausch von Informationen und Transaktionen zu automatisieren und dadurch Fehlerquellen zu beseitigen sowie die Prozessgeschwindigkeit zu erhöhen.

Über das Extranet werden oftmals unternehmensindividuell die Informationen ausgetauscht, die ansonsten auf Basis von EANCOM-Nachrichten übermittelt wurden (vgl. hierzu Punkt 3). Für das Unternehmen, das das Extranet zur Verfügung stellt, ergibt sich dabei der Vorteil, dass die Informationen erheblich einfacher in die eigenen EDV-Systeme integriert werden können. Darüber hinaus ist es weniger aufwendig, evtl. erforderliche Rückmeldungen (z.B. Auftragsbestätigungen auf Basis erhaltener Orders) zu generieren.

Darüber hinaus werden i.d.R. zusätzliche Informationen bereitgestellt, die sich der externe Partner ansehen oder auch herunterladen kann. Beispiele hierfür sind Produktinformationen und Anwendungsbeschreibungen, Abbildungen und ein Verzeichnis der Ansprechpartner im Unternehmen mit Telefonnummer/E-Mail Adresse und (oftmals) Foto.

Die derzeit häufigsten Extranet-Anwendungen sind

- Informationsmanagement: standardisierte Kommunikation mit externen Partnern,
- Messaging: Kommunikation via SMS, Teleworking etc.,
- Service- und Logistikkonzepte: Online-Vertrieb, 24-Stunden-Service etc.,
- Online-Kataloge.

Im Bereich der Konsumgüterindustrie ist das amerikanische Unternehmen Wal*Mart der Vorreiter. Über sein „Retail Link" genanntes System gibt es seinen Lieferanten die Möglichkeit, Zugriff auf die spezifischen Daten aller Filialen zu nehmen. Das dabei zur Verfügung gestellte Informationsangebot ist umfassend und beinhaltet nahezu alle Daten, auf die Wal*Mart selbst zurückgreifen kann. Die Nutzung setzt lediglich einen Internet-Zugang sowie einen handelsüblichen Browser voraus.

Von den Lieferanten wird eine detaillierte Analyse dieser Daten erwartet. Die regelmäßigen Besuche des Key Account Managers in der Kundenzentrale werden u.a. zur Diskussion der Analyseergebnisse und zur Ableitung geeigneter Maßnahmen verwendet. Das Category Management wird ebenfalls maßgeblich von diesen Resultaten beeinflusst. Selbst auf Outlet-Ebene wirken sich die Erkenntnisse der Industriepartner unmittelbar aus, wie bspw. bereits in Punkt 4.1.3 dargestellt.

Die Zusammenarbeit zwischen Wal*Mart und seinen Lieferanten findet dabei auf unterschiedliche Weise statt. In Deutschland sitzen die Analysten in den Zentralen der Lieferanten; die Umsetzung erfolgt in der Zentrale durch den Key Account Manager unter Hinzunahme der entsprechenden Experten und vor Ort durch die Außendienste. In den USA hingegen haben die meisten Lieferanten ein eigenes Team in unmittelbarer Nähe der Wal*Mart Zentrale etabliert. Die gemeinsame Besprechung der Analyseergebnisse findet häufig und intensiv statt. Die Märkte werden von den Kundenteams telefonisch kontaktiert und beseitigen die erkannten Schwachstellen eigenverantwortlich.

Ein weiteres Beispiel eines handelsbetriebenen Extranet stellt das dm-Extranet der Karlsruher dm Drogeriemarkt GmbH und Co. KG dar. Zusammen mit einigen als Berater fungierenden Industrieunternehmen, zu denen auch Henkel gehört, wird sukzessive eine eigene Plattform etabliert, mit der den Lieferanten ein schneller und effizienter Zugang zu allen relevanten Daten ermöglicht wird.

Das dm-Extranet umfasst vier Basis-Funktionsbereiche: Category Management, Supply Chain Management, Exception Reporting (von den Lieferanten selbst definierbar) sowie generelle Informationen. Zur Verfügung stehen dabei sowohl die Zentrallagerdaten als auch die Daten der einzelnen Filialen in Deutschland.

Auch die meisten Industrieunternehmen beschäftigen sich mit der Entwicklung eines eigenen Extranet. Hierbei stehen sowohl die Anbindungen der jeweiligen Lieferanten als auch die Kommunikation mit den Handelsunternehmen im Blickpunkt.

Auch Henkel setzt sich mit diesem Thema intensiv auseinander. Vorreiter für Entwicklung und Test eines eigenen Extranets für die Handelspartner ist dabei die Tochtergesellschaft in Spanien. Auf der Grundlage dieser Erfahrungen ist ein europaweites Projekt unter Einbezug aller Markenartikel-Geschäftsbereiche initiiert worden.

Das hauptsächliche Ziel, das dabei verfolgt wird, ist zunächst die interne Vernetzung. So soll es zukünftig möglich sein, mittels eines Browsers gleichzeitig auf alle relevanten Informationen aus den unterschiedlichen Ländern zugreifen zu können. Dies setzt eine einheitliche Definition sowie Gestaltung voraus.

Die Publikation der Informationen in Richtung Handel wird von Henkel differenziert betrachtet. So wird es sensible und vertrauliche Informationen geben, die nur mittels eines eigenen Extranet bereitgestellt werden können. Es ist jedoch nicht davon auszugehen, dass die Handelspartner bereit sein werden, sich zum Erhalt der benötigten Informationen auf die Extranets zahlreicher Lieferanten begeben werden. Vielmehr wird es verstärkt die Anforderung geben, dass die Informationen möglichst vieler Unternehmen mit einem einzigen Zugriff abgerufen werden können, oder dass die erforderlichen Informationen dem jeweiligen Mitarbeiter des Handels automatisch angezeigt werden, wobei dies ebenfalls für möglichst viele Lieferanten einheitlich zu erfolgen hat.

Dies zeigt auch zugleich die Schwachstelle unternehmensindividueller Extranets: Der Nutzen der Prozessoptimierung ist weitgehend auf das das Extranet zur Verfügung stellende Unternehmen begrenzt; die Kooperationspartner müssen sich im Extremfall auf ein spezifisches Extranet für jeden wichtigen Geschäftspartner einrichten.

Die Komplexitätsreduktion für alle am Prozess Beteiligten ist das Ziel der Marktplätze.

5.3 Marktplätze als multilateraler Ansatz

Auf einem internetbasierten Marktplatz finden Transaktionen zwischen mehreren Anbietern und mehreren Nachfragern statt (n:m-Relation). Der Marktplatzbetreiber, i.d.R. ein rechtlich wie wirtschaftlich eigenständiges Unternehmen, stellt dabei die für das Zustandekommen der Transaktionen erforderlichen Dienstleistungen und die benötigte Technik zur Verfügung; für die Nutzung seiner Dienste und Services erhält er eine Gebühr, mittels derer er sich finanziert. Um einen Anreiz zu schaffen, die Dienste des Marktplatzes zu nutzen, muss der vom Marktplatz geschaffene Mehrwert erkennbar größer sein als die verlangten Transaktionsgebühren.

Im Bereich der Konsumgüterindustrie haben sich zwei unterschiedliche Typen von Marktplätzen etabliert.

Vertikale Marktplätze sind auf ganz bestimmte Industriezweige spezialisiert und decken deren kompletten Bedarf ab. Sie liefern oftmals darüber hinaus relevante Informationen und Neuigkeiten sowie weiterführende Links. Da auf diesen Marktplätzen eine große Anzahl interessierter Anbieter wie Nachfrager eines spezifischen Sektors zusammengebracht werden, eignen sich die vertikalen Marktplätze auch gut für Ausschreibungen und Auktionen.

Vertikale Marktplätze sind die am weitesten verbreitete Form der Marktplätze; sie sind in nahezu jeder Branche vorzufinden.

Horizontale Marktplätze sind hingegen nicht auf die spezifischen Bedürfnisse einer eng gefassten Branche zugeschnitten. Sie liefern Prozesse und Funktionalitäten, die für mehrere Branchen relevant sind.

In der Konsumgüterindustrie sind vier große horizontale Marktplätze gegründet worden. Sie sind deshalb von so großer Relevanz, weil sich nahezu alle bedeutenden Unternehmen mit erheblichem Kapital an einem oder mehreren von ihnen beteiligt haben. Aufgrund ihrer hohen Bedeutung werden sich die nachfolgenden Ausführungen auf diese horizontalen Marktplätze konzentrieren.

In Abhängigkeit von den schwerpunktmäßigen Anteilseignern kann man sie in zwei handels- und zwei herstellergetriebene Marktplätze einteilen:

- Global Net Exchange (GNX) sowie World Wide Retail Exchange (WWRE) als handelsgetriebene Marktplätze sowie
- Transora und CPGMarket als herstellergetriebene Marktplätze.

GNX wurde ursprünglich von Carrefour und Sears als Handelsunternehmen sowie Oracle als Technologiepartner gegründet. Als weitere Investoren aus dem Handel sind inzwischen u.a. hinzugekommen: Metro, Karstadt, Kroger, Sainsbury, Pinault Printemps Redoute und Coles Meyer. GNX stellt seine Dienste gegen Gebühr auch Unternehmen zur Verfügung, die nicht in den Marktplatz investiert haben. Ziel ist es, für die angeschlossenen Unternehmen eine standardisierte Oberfläche für alle in Richtung Lieferanten laufenden Prozesse zu schaffen.

Die Anzahl der an *WWRE* angeschlossenen Handelsunternehmen ist deutlich größer. Mit u.a. Ahold, Auchan, Casino, Delhaize, El Corte Ingles, Kingfisher, Marks & Spencer sowie Tesco sind namhafte internationale Konzerne darunter. Auch für Deutschland ist die Anzahl der angeschlossenen Unternehmen mit u.a. Edeka, Rewe, Schlecker und Tengelmann höher als bei GNX. WWRE stellt seine Dienste ebenfalls Nicht-Investoren zur Verfügung. Im Gegensatz zu GNX bezieht WWRE dabei ausdrücklich die Lieferanten mit ein, deren Engagement als Investoren ebenfalls gefragt ist. Das geplante Leistungsspektrum ist im Wesentlichen identisch mit dem Angebot von GNX.

Hinter *Transora* verbergen sich als Investoren mehr als 50 namhafte Industrieunternehmen wie z.B. British American Tobacco, Coca Cola, Colgate Palmolive, Gilette, Heineken, Kellog, Kraft, Nestle, Pepsi, Procter & Gamble und Unilever. Der Schwerpunkt seiner Tätigkeit liegt eindeutig im amerikanischen Bereich. Als globaler Marktplatz ist aber auch eine Tätigkeit auf allen anderen Kontinenten, insbesondere in Europa, initiiert. Das Konzept von Transora lässt erhebliche Überschneidungen mit den handelsgetriebenen Marktplätzen erkennen; die angekündigten Funktionalitäten decken zum Großteil die Prozesse zwischen Industrie und Handel ab. Aus Sicht der Investoren handelt es sich hierbei um den so genannten downstream-Bereich.

CPGMarket wurde von Nestle, Danone und Henkel als Hersteller sowie SAP als Softwarepartner gegründet. Die Investorengruppe hat sich auf ca. 30 Unternehmen vergrößert, u.a. gehören Barilla, Bahlsen, Ferrero und L´Oréal dazu. Die Aktivitäten beschränken sich bislang auf Europa, wobei der eindeutige Schwerpunkt im so genannten upstream-Bereich, also den Prozessen zwischen den Investoren und deren Lieferanten, liegt. Downstream-Funktionalitäten werden bislang lediglich in begrenztem Umfang angeboten. Die Überlappung zwischen CPGMarket und den Handelsmarktplätzen ist somit geringer als bei Transora.

Das von den Marktplätzen angestrebte Serviceangebot besteht grundsätzlich aus drei großen Blöcken:

- Procurement: Schwerpunkt der Services sind Ausschreibungen, Auktionen und umgekehrte Auktionen. Diese Einkaufsfunktionen sind zugleich der Bereich, in dem alle Marktplätze die ersten konkreten Tests durchgeführt haben. Allerdings beschränken sich die Aktivitäten auf standardisierte Produkte und Rohmaterialien; Markenartikel sind hiervon nicht betroffen. Erste Tests von aggregierten Einkäufen mehrerer Firmen finden ebenfalls statt, sind aber aus kartellrechtlichen Gründen auf wenige Produktbereiche beschränkt.
Der Beschaffungsprozess soll durch Auftragsbearbeitungsmodule, die den gesamten Prozess bis zur Auslieferung der Ware elektronisch begleiten, abgerundet werden. Produktkataloge sind ein weiteres Angebot, das alle Marktplätze offerieren möchten. Allerdings ist mit der Realisierung dieser Kataloge ein erheblicher technischer und

finanzieller Aufwand verbunden, so dass die Realisierung oftmals ins Stocken geraten ist.
- Supply Chain Management: Die hierunter zusammengefassten Funktionalitäten stellen den Schwerpunkt im Rahmen der Prozessoptimierungen zwischen Handel und Industrie dar. Bei theoretischer Betrachtung liegt genau hier die Möglichkeit zu größtmöglicher Effizienz für eine breite Masse von Unternehmen zu gelangen.
Ein Schwerpunkt ist die informationstechnische Abbildung der gesamten Lieferkette. Vom Auftrag bis zur Rechnungsabwicklung sollen alle erforderlichen Daten permanent aktualisiert verfügbar sein, und zwar für zahlreiche Unternehmen in einheitlicher Form. Warnhinweise sollen Abweichungen vom Plan rechtzeitig erkennbar machen und somit zeitnahe Reaktionen ermöglichen. Die Transparenz der gesamten Logistikkette verspricht eine optimale Warensteuerung bis zum Endverbraucher.
Moderne Tools, die heute bereits von einigen Unternehmen zur Optimierung verwendet werden (vgl. hierzu Punkt 4.1), sollen durch Etablierung auf den Marktplätzen eine weite Verbreitung erfahren; die Notwendigkeit, Software selbst anzuschaffen und zu installieren, entfällt zugunsten der Nutzung der Marktplatzangebote.
Eine weitere Effizienzsteigerung wird durch Anwendung der ECR-Methode CPFR (Collaborative Planning, Forecasting and Replenishment) erwartet. Die Marktplätze bieten unterschiedliche Softwarelösungen an, die diesen komplexen Prozess unterstützen. Erste Pilotanwendungen sind von allen Marktplätzen initiiert worden.
Als zukünftige Weiterentwicklung sind darüber hinaus logistische Konsolidierungen über die Unternehmensgrenzen hinweg vorgesehen.
- Sonstige Dienste: In diesem Bereich werden weitere Dienstleistungen wie Beratung, Finanzservices und Marktforschung angesiedelt. Hierzu zählt mit Category Management aber auch ein wesentlicher funktioneller Prozess, der jedoch nur sehr schwierig standardisierbar und damit marktplatzfähig ist.

Insbesondere im Kernbereich der Serviceangebote, nämlich beim Supply Chain Management, gibt es erhebliche Überlappungen zwischen den Angeboten der vier Marktplätze. Zum „natürlichen" Wettbewerb zwischen den jeweils zwei Marktplätzen derselben Wirtschaftsstufe kommt somit ein weiterer Wettbewerbsfaktor hinzu. Dies hat zur Folge, dass sich alle Marktplätze vor allem mit den neuen und als zukunftsträchtig betrachteten Prozessen beschäftigen. Die Konsequenz ist, dass es bspw. für CPFR auf allen Marktplätzen eine auf anderer Software basierende Lösung gibt. Der eigentlich im Mittelpunkt stehende Gedanke der Standardisierung wird somit bereits wieder konterkariert.

Fraglich ist, wie der Informationsfluss zukünftig gestaltet wird. Es ist wenig sinnvoll, eine bisher unmittelbar zwischen zwei Unternehmen ablaufende Kommunikation zusätzlich durch zwei Marktplätze zu schleusen. Auch aus wirtschaftlichen Gründen ist die Zweckmäßigkeit dieses Vorgehens zweifelhaft, da die damit verbundenen Einsparmöglichkeiten der beteiligten Unternehmen die auf den Marktplätzen anfallenden Gebühren deutlich übersteigen muss.

Ebenso ist es nicht sinnvoll, auf allen Marktplätzen mit hohem Aufwand gleichartige Angebote zu entwickeln und dadurch die Kosten der Komplexität unnötig zu erhöhen.

Insbesondere für die herstellergetriebenen Marktplätze kann die Ausdehnung ihrer Angebote auf eine breite Anwendergruppe problematisch werden, wenn die großen Handelsunternehmen darauf bestehen, die Services auf den Plattformen zu nutzen, an denen sie wirtschaftlich beteiligt sind.

Die bislang erkennbaren Ergebnisse der Marktplätze weichen noch weit von den ursprünglich extrem hoch angesetzten Erwartungen ab. Die ursprünglich angekündigten sehr kurzfristigen Realisierungszeiträume werden oftmals nicht erfüllt, erste Abstriche an angebotenen Services erfolgen. Viele der bereits im Test befindlichen Funktionalitäten haben darüber hinaus die Phase des bilateralen Tests noch nicht überwunden; bis zur Realisierung der angekündigten n:m-Funktionalität ist es oftmals noch ein weiter Weg.

Als Investor in CPGMarket verfolgt Henkel das wichtige Ziel der Standardisierung im upstream-Bereich. Darüber hinaus wird das Angebot herstellergetriebener Services für den Handel als wesentliches Element betrachtet. Die Entwicklung dieser Services sollte jedoch in enger Kooperation mit den Handelsmarktplätzen erfolgen, um Doppelarbeiten zu vermeiden und ein nahtloses Ineinandergreifen der Funktionen von vornherein zu gewährleisten.

Als herstellergetriebene Services sieht Henkel insbesondere

- einen Produktkatalog, der allen Handelsunternehmen die benötigten Stammdaten standardisiert zur Verfügung stellt,
- Serviceangebote der Hersteller an den Handel, so z.B. herstellerübergreifende Auftragseingaben, Auftragsverfolgung mit Exception Reporting, standardisiertes Complaint Management,
- Tools, die bereits heute von einigen Herstellern zur Prozessoptimierung in der Logistikkette eingesetzt werden; hierzu kann auch ein CPFR-Tool gehören.

Wesentlich ist, dass sich die Marktplätze auf einheitliche Standards einigen, um die Voraussetzungen für wirklich effiziente Prozesse zu schaffen. Um dies auf globaler Ebene zu unterstützen, haben sich die meisten international tätigen Unternehmen in der Global Commerce Initiative (GCI) zusammengeschlossen, in der auch die Marktplätze aktiv mitarbeiten.

6. Zusammenfassung und Ausblick

Als Schlüsselfaktor des Erfolges stellt sich immer mehr die Geschwindigkeit heraus. Die modernen Informations- und Kommunikationstechnologien liefern dabei eine Grundlage zur Erhöhung der Geschwindigkeit. Die Nutzung der entstehenden Vorteile setzt dabei eine standardisierte Struktur sowie eine breite Teilnahme voraus. Hier kommt der Internet-Technologie sowie den Marktplätzen eine Schlüsselrolle zu. Sie liefern die Grundlagen für eine effiziente, standardisierte und breit zugängliche Prozesskette.

Von dieser idealen Situation ist die erlebbare Realität jedoch noch weit entfernt. Unterschiedliche, parallel entwickelte Standards, Konkurrenzdenken zwischen den Marktplätzen und nationale Vorbehalte sorgen ebenso für ein diffuses Bild wie die vielfach nur anhand singulärer Beispiele nachgewiesene Umsetzung der idealen Prozesse in Tools und Workflows.

Die heute vorhandene große Anzahl individueller Marktplätze wird in Zukunft sicherlich erheblich reduziert werden. Auf Grundlage dieser Bereinigung wird sich sowohl das unternehmenseigene Extranet für die sensiblen Daten sowie die Marktplatzidee für die generelle Kooperation zwischen Unternehmen durchsetzen.

Das gemeinsame Ziel bei den Prozessoptimierungen ist dann erreicht, wenn die Wünsche des Verbrauchers exakt und mit geringstmöglichem wirtschaftlichen und administrativen Aufwand erfüllt werden. Diejenigen Unternehmen, die dieses Ziel erreichen, werden zukünftig auch erfolgreich sein.

Helmut Schmalen und Michael M. Sauter

Musikkompression – Revolution im Musikvertrieb?

1. Einleitung

2. Grundlagen
    2.1 Musik – ein digitales Gut
    2.2 e-Commerce und Digital Commerce
    2.3 Voraussetzungen für Digital Commerce

3. Die traditionelle Wertschöpfungskette
    3.1 Der herkömmliche Vertriebsweg
    3.2 Marktentwicklung

4 Erweiterte Angebotsformen im digitalen Vertrieb
    4.1 Nutzungsunabhängige Modelle
    4.2 Nutzungsabhängige Modelle

5. Auswirkungen auf die Absatzwege
    5.1 Disintermediation und Reintermediation
    5.2 Teildigitaler Vertrieb
    5.3 Veränderte Rollenverteilungen

6. Eine veränderte Vertriebslandschaft: Realität oder Vision?

Literatur

1. Einleitung

Das Internet hat in den vergangenen Jahren unübersehbar an Zentralität im täglichen Leben gewonnen, die Nutzungsmöglichkeiten im geschäftlichen Alltag sind unverzichtbar geworden. Mindestens genauso viel Bedeutung kommt den Möglichkeiten zu, die sich für die individuelle Freizeitgestaltung und den damit verbundenen Medienkonsum ergeben.

Musik, traditionell über Rundfunk und vor allem über physische Trägermedien verbreitet, nimmt mittlerweile auch einen erheblichen Stellenwert in der Welt des Netzes ein. Auf die Frage „Was haben Sie bereits im Internet erworben?" gaben mit 61% weit mehr als die Hälfte aller Befragten Musik an, nur Bücher wurden mit 62% häufiger genannt; andere Produktkategorien landeten mit 19% der Nennungen und weniger auf den hinteren Plätzen.[1] Durch beständige Steigerung der Leistungsfähigkeit der Datennetze und auch der steigenden Anbindung privater Haushalte sowie deren adäquate Ausstattung zur Nutzung der bereitgestellten Angebote ist eine neue, volldigitale Schiene des Musikkonsums entstanden. Wesentlich dazu beigetragen hat die Entwicklung von Verfahren, die es ermöglichen, Musik durch Kompression mit einem Bruchteil des ursprünglichen Datenvolumens einer Musik-CD zu speichern. Einen hohen Bekanntheitsgrad hat vor allem das vom Fraunhofer Institut entwickelte Kompressionsformat mp3 erlangt, obwohl parallel einige weitere, mindestens gleichwertige Formate von anderen Herstellern existieren. Dies ist vor allem auf den sehr schnell gewachsenen Bekanntheitsgrad von Napster zurückzuführen. Napster hatte es ermöglicht, dass mp3-Dateien[2] von Rechner zu Rechner auf Basis einer freiwilligen Zugriffsfreigabe von Verzeichnissen auf der lokalen Festplatte eingeloggter User auf einfachste Weise untereinander getauscht werden konnten. Die durch den Tausch und die damit verbundenen Urheberrechtsverletzungen hervorgerufenen gerichtlichen Auseinandersetzungen zwischen Napster und Musikkonzernen wie auch Künstlern[3] schufen auch außerhalb der Heavy User der Internetgemeinde ein hohes Maß an öffentlicher Aufmerksamkeit.

Nachdem die Akzeptanz in solch hohem Maße zu Tage trat, stellt sich mittlerweile die Frage, wie eine kommerzielle Vermarktung solcher Dienste bzw. der Vertrieb von komprimierter Musik – über das Internet und von physischen Trägermedien entkoppelt – aussehen könnte. Interessant scheint aber vor allem, welche Veränderungen und Erweiterungen bisheriger Vertriebsstrukturen in der Musikbranche dadurch angestoßen wurden und welcher zusätzliche Aktionsradius sich daraus ergibt.[4]

---

1 Vgl. Wirtschaftswoche 2001, o.S.
2 Moving Pictures Expert Group Layer 3
3 Vgl. diverse Artikel unter http://www.napster.com/pressroom, vom 25.6.2001
4 An der Untersuchung hat Herr cand. rer. pol. Torsten Berger im Rahmen seiner Diplomarbeit mitgewirkt.

2. Grundlagen

2.1 Musik – ein digitales Gut

Luxem kommt nach Diskussion alternativer Definitionen digitaler Güter zu einer treffenden Formulierung. Unter digitalen Gütern versteht er

> *„Informationen im weiteren Sinn, die in vollständig digitalisierter Repräsentation vorliegen und ohne Bindung an ein physisches Trägermedium über Kommunikationsnetze vertrieben werden können. Beispiele sind elektronische Texte, Bilder, Musik- und Videodateien sowie Software."* [5]

Informationen in diesem Sinne sind also nicht nur kognitiv verarbeitbare Wort-Informationen, sondern auch audio(visuelle) Reize. Musik wird explizit mit eingeschlossen.

Was genau als „digitales Gut" bezeichnet werden kann, stand in vielfältigen Publikationen auf dem Prüfstand. *Choi/Stahl/Whinston* gehen von der sehr weit gefassten Definition aus, dass „anything that one can send and receive over the internet has the potential to be a digital product"[6]. Dieser Definition folgend wird der Begriff inhaltlich in drei Kategorien – die *Seddon*[7] präzisiert – aufgespalten.

Der Begriff *„Informationsgut"* steht an erster Stelle und umfasst durchweg Produkte, die einen direkten Nutzen durch Konsum stiften. Darunter lassen sich auch Dateien mit komprimierter Musik einordnen. Diese nehmen unter den Informationsgütern aber eine gewisse Zwischenposition ein. Mit der Aufzeichnung in Tonstudios liegen bereits digitale Daten vor, die zum leichteren Handling aber noch verändert – komprimiert – werden. Es liegen bei komprimierten Musikdateien also weder bereits digital erstellte Güter[8] vor, noch handelt es sich um Güter, die erst später in digitale Form gebracht wurden[9]. Dies ist insofern interessant, da durch den Komprimierungsprozess eine gewollte Qualitätseinbuße[10], die keine zwingende Folge eines Medienbruchs ist, in Kauf genommen wird. Eine weitere Kategorie digitaler Güter sind *„Processes & Services"*, also digital abgestimmte Abläufe.[11] Diese stellen allerdings eher digital erbrachte Dienstleistungen dar, können aber bei Verkauf des Prozesswissens zum digitalen Produkt i.e.S. werden. Als Drittes werden *„Certificates of Rights"*[12] angeführt, die schlicht das Recht auf zukünfti-

---

5 Luxem 2000, S. 24
6 Choi/Stahl/Whinston 1997, S. 62. So auch Loebbecke 1999, S. 2f. Sie subsumiert diese Auffassung knapp unter „online delivered content".
7 Vgl. Seddon 1998, o.S.
8 Vgl. Luxem 2000, S. 21
9 Dies wäre z.B. beim Einscannen von Photos der Fall.
10 Form und Ausmaß des Qualitätsverlustes werden später noch genauer zu betrachten sein.
11 Vgl. Seddon 1998, Table 2.
12 Folgendes wird von Harris 1998 aus juristischer Sicht zusätzlich zu Informationsgütern als „digital

ge (reale) Leistungen oder Dienstleistungen in digitaler Form verbriefen. Die beiden zuletzt genannten Kategorien stellen das „Beiwerk" dar, um Informationen einerseits verteilen zu können und einen gesicherten Leistungsaustausch überhaupt zu ermöglichen und andererseits um rechtliche Ansprüche – von physischen Trägern entkoppelt – zu verbriefen und z.B. das Produkt Musikdatei vor Urheberrechtsverletzungen zu sichern.

Der zweite wichtige Aspekt der oben angeführten Arbeitsdefinition ist die fehlende Bindung an ein physisches Trägermedium.[13] Bei Musik ist diese Loslösung vom Tonträger leicht zu realisieren. Sobald ein „String of Bits"[14] vorliegt, handelt es sich bei Musikdateien um vollständig digitale Produkte i.e.S.

Zusätzlich zu den konstituierenden Merkmalen konkretisieren *Choi/Stahl/Whinston* digitale Produkte durch weitere Eigenschaften, die diesen – und somit auch Musikdateien – zwangsläufig anhaften.[15] Zunächst steht die *Unzerstörbarkeit* im Raum. Aufgrund der dadurch bedingten fehlenden Abnutzung, fehlenden neuen Produktvarianten sowie fehlender Updates können parallele „Second-Hand" Märkte – heutzutage noch mit meist unentgeltlichem Leistungsaustausch – entstehen, bei denen z.B. das Musikstück höchstens durch einen überholten Musikgeschmack an Wert bzw. Attraktivität verliert. Unterstützung findet diese Eigenschaft in der verlustfreien *Reproduzierbarkeit*, die nach Erstellung der „First Copy" mit verschwindend geringen zusätzlichen Kosten[16] möglich ist. Die Ansicht, dass das Internet „one giant, out-of-control copying machine"[17] ist, schürt vielfach die Ängste aller online wie auch offline an der Wertschöpfung beteiligten Parteien, durch illegale Kopien vom Markt verdrängt zu werden[18]. Daraus resultiert die Forderung nach wirksamen Digital-Rights-Protection-Systemen.[19] Durch *willentliche Veränderbarkeit* – als dritte Eigenschaft digitaler Produkte – ist eine Implementierung solcher Schutzsysteme möglich. Bei Veränderungen durch nicht Berechtigte sind weitreichendere negative Auswirkungen vor allem durch Manipulationen an diesen Schutzmechanismen zu befürchten. Die Konsequenzen bei Veränderung sind wegen des noch relativ niedrigen Verbreitungsgrades wirksamer Schutzmechanismen momentan allerdings weitaus geringer als z.B. bei veränderten Börseninformationen, die schwerwiegende Fehlentscheidungen mit sich ziehen können.

---

asset" qualifiziert. Dieser Standpunkt setzt v.a. an Vermögensaspekten an, und basiert weniger auf der Produkteigenschaft im betriebswirtschaftlichen Sinn. Vgl. auch Luxem 2000, S. 21f.
13 Vgl. auch Illik 1998, S. 15 f.
14 Seddon 1998, o.S.
15 Vgl. hierzu und zum Folgenden Choi/Stahl/Whinston 1997, S. 70 ff.
16 Kosten entstehen lediglich in Form von aufgewendeter Zeit, benötigtem Speicherplatz und evtl. in Form von Übertragungskosten.
17 Shapiro/Varian 1999, S. 4
18 Vgl. Wittgenstein 2000, S. 142
19 Vgl. Schaefer 2000

2.2 e-Commerce und Digital Commerce

Zum besseren Verständnis von Veränderungen in der Musikvertriebslandschaft ist es notwendig, den Absatzweg zu systematisieren.

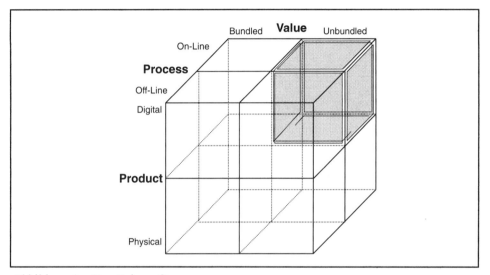

Abbildung 1: „Kern" des e-Commerce
Quelle: Loebbecke 1999, S. 3, in Anlehnung an Choi/Stahl/Whinston 1997, S. 18

Unter e-Commerce könnte man – so auch zunächst *Müller-Hagedorn* – schlicht „Handel auf elektronischem Weg" verstehen.[20] Diese sehr weit gefasste Definition schränken *Hermanns/Sauter* ein, indem gefordert wird, dass Transaktionen zumindest über Computernetzwerke ablaufen müssen.[21] Explizit als Abgrenzungskriterium ausgeschlossen wird von *Müller-Hagedorn* die Art der Bezahlung und Warenauslieferung.[22] Insofern umfasst diese Auffassung auch Online-Shopping, das sich vom klassischen Versandhandel nur dadurch unterscheidet, dass die Bestellungsannahme und evtl. die Bezahlung online erfolgt, die Ware aber nach wie vor per Post geliefert wird.

Digital Commerce hingegen beschreibt die rein digitale Abwicklung aller Transaktionsphasen – von der Geschäftsanbahnung über die Vereinbarung und den anschließen-

---

20 Vgl. Müller-Hagedorn 2000, S. 50
21 Vgl. Hermanns/Sauter 2001, S. 16
22 Vgl. Müller-Hagedorn 2000, S. 55

den Leistungsaustausch.[23] Über die elektronische Prozessabwicklung hinaus, die auch Voraussetzung oben angesprochener e-Commerce-Aktivitäten ist, muss ein digitales Produkt vorliegen, das auch ohne Bindung an ein physisches Medium (unbundled) eigenständig einen Wert besitzt.[24] Es besteht also die Möglichkeit, den gesamten Kaufprozess in elektronischer Form ohne menschliche Interaktion abzuwickeln.[25]

2.3 Voraussetzungen für Digital Commerce

Unabdingbare Voraussetzung für Digital Commerce in der Musikbranche ist, dass die gehandelten Musikdateien und die dafür erforderlichen Transaktionsprozesse vollständig auf elektronischem Weg verfügbar sind. Es kommt allerdings eine Reihe weiterer Voraussetzungen hinzu, um die Musikdistribution überhaupt erst zu ermöglichen und wirtschaftlich sinnvoll erscheinen zu lassen.

Technische Anforderungen

An die technische Infrastruktur werden hohe, teilweise noch nicht ausreichend erfüllte Anforderungen – vor allem was die Netzbandbreiten betrifft – gestellt. Denn erst durch eine zügige Übertragungsmöglichkeit wird die Bezugsquelle Internet für Konsumenten attraktiv. Die den Konsumenten aufgebürdeten Transaktionskosten in Form von Online- und Providergebühren und vor allem investierter Zeit werden bei höherem Datendurchsatz niedriger. Ebenso sinken die Suchkosten, die durch Probehören entstehen. Akzeptable Übertragungsgeschwindigkeiten werden erst seit der Einführung von DSL durch die Deutsche Telekom im Herbst 1999[26] erreicht, wobei die Anschlusskosten noch relativ hoch sind und die Technik noch nicht flächendeckend verfügbar ist.

---

23 Vgl. Luxem 2000, S. 13
24 Vgl. Abbildung 1. Hier ist der grau hinterlegte Bereich als „Kern" des e-Commerce – also des Digital Commerce – zu verstehen. Die anderen Kombinationen erscheinen, so auch Luxem 2000, S. 11 ff., allerdings nicht durchgängig plausibel.
25 Dies ist bei Musikprodukten unabhängig von der gewählten Angebotsform des Musikstückes möglich, wobei Streaming, Rental, Pay-per-Download oder das Abonnement, siehe 4., in Betracht kommen.
26 Vgl. Deutsche Telekom 1999, o.S.

Einen Überblick über benötigte Download-Zeiten und Kosten alternativer Anschlüsse gibt Tabelle 1.

	56k Modem	ISDN	T-DSL
Anschlusskosten (Dt. Telekom)	T-Net Standard 24,81 DM	T-Net ISDN 44,89 DM	zzgl. 39,89 DM (T-Net Standard) bzw. zzgl. 19,90 DM (T-Net ISDN)
Übertragungsgeschwindigkeit	56 kbps	64 kbps	768 kbps
Pre-Listening (30 sec.)	45 sec.	30 sec.	1,5 sec.
Track (ca. 3 MB)	7 min.	6 min.	30 sec.
Album (ca. 50 MB)	120 min.	100 min.	9 min.

Tabelle 1: Download-Zeiten und Kosten bei alternativen Anschlüssen
Quelle: In Anlehnung an Schlumbohm 2000, S. 8 f.; Deutsche Telekom 2000

Musikspezifische Anforderungen

In engem Zusammenhang mit den notwendigen Bandbreiten steht die Kompression. Kleinere, schneller übertragbare Dateien sind nur durch höhere Verdichtung der Informationen, also des Musiksignals, bei gleichzeitig wachsendem Informationsverlust möglich. Bei Kompression werden nur vom menschlichen Ohr wahrnehmbare Töne beibehalten, überlagernde Töne werden herausgerechnet und die maximale Frequenz auf 20 kHz beschränkt.[27] Gleichzeitig soll die subjektiv wahrgenommene Qualität möglichst gut erhalten bleiben.[28] Am weitesten verbreitet und am bekanntesten ist das Kompressionsformat mp3[29], obwohl parallel weitere konkurrierende Formate wie WMA[30] bzw. nutzungsspezifischere Formate AAC[31] (bzgl. der Sicherheit) oder Real Audio G2 (vor allem für Streaming[32] verwendet) existieren.[33] Ein Qualitätsverlust, wenn auch in geringem Maße[34], ist auf jeden Fall hinzunehmen.[35] Insofern werden durch Digital Commer-

---

27 Vgl. Schlumbohm 2000, S. 7
28 Vgl. Stoll/Kozamernik 2000, S. 2
29 Zu Details der verschiedenen MPEG Standards und der Vorgehensweise der Algorithmen vgl. Brandenburg/Popp 2000.
30 Windows Media von Microsoft
31 Advanced Audio Coding
32 Übertragung in Echtzeit, ohne dass eine Kopie auf dem anfragenden Rechner verbleibt.
33 Vgl. Stoll/Kozamernik 2000, S. 9, S. 18 ff.
34 Wie stark dieser wahrgenommen und bewertet wird, ist vom individuellen Gehör und den Wiedergabemöglichkeiten abhängig.
35 Die Qualität verschiedener Datenkompressionsverfahren wurde von Stoll/Kozamernik 2000 untersucht.

ce physische Tonträger nie ganz verdrängt werden können, da – so auch *Zombik* 1998 – beide Produkte unterschiedliche Besitz- und somit auch Verwenderansprüche erfüllen.

Rechtliche Anforderungen

Eine notwendige Voraussetzung anderer Art ist der Schutz bestehender Urheber- und Verwertungsrechte. Solange der Verwertungsberechtigte sein Recht, Nutzungsrechte gegen Entgelt weiterzugeben, nicht weitgehend exklusiv kontrollieren kann, und eine (einfache) Möglichkeit zur Umgehung besteht, ist die wirtschaftliche Ertragsfähigkeit in Frage gestellt.[36] Bei fehlenden oder unzureichenden Kontrollmöglichkeiten wird sich eine illegale Verbreitung nicht eindämmen lassen; „im Netz ist eben jeder nebenan, selbst wenn der Server in Burkina Faso steht"[37].

Deswegen plädiert *Schäfer* für ein *Rights-Protection-System*, durch das einerseits Angebote auf inländischen (deutschen) Servern einer Kontrolle unterzogen werden. Gleichzeitig sollen vor allem unautorisierte Musiklieferungen aus dem Ausland gesperrt werden, indem man bestimmte URLs blockiert.[38] Abgesehen von der technischen Realisierung und dem Problem, die sich ständig ändernden „Schwarzen Listen" auf dem aktuellen Stand zu halten, scheint dieser Ansatz sinnvoll zu sein. Gängige Gegenargumente wie „Zensur des Internets" und „Einschränkung des freien Warenverkehrs" sind leicht zu entkräften. Zum einen fände bei Musikdateien keine inhaltliche Bewertung des Angebots (Zensur) statt, sondern nur eine Prüfung der formalen Berechtigung des Anbieters. Andererseits würde der freie Warenverkehr in keiner Weise beeinträchtigt, da es sich um eine Grenzbeschlagnahme von Piraterieprodukten handeln würde. Bei der Umsetzung sind hierbei die nationalen Provider maßgeblich gefordert, deren freiwillige Beteiligung jedoch zweifelhaft ist.[39]

Ein anderer Ansatz wird von der *Secure Digital Music Initiative* (SDMI) verfolgt. Die SDMI ist ein Zusammenschluss aus Unternehmen und Verbänden der Musik-, Hard- und Software- sowie Unterhaltungselektronikbranche mit über 140 Mitgliedern.[40] Ziel ist es, einen gemeinsamen Rahmen für die sichere Übertragung von Dateien und vor allem auch für die weitere Kontrolle der Verwendung über Computer und andere Abspielgeräte zur Verfügung zu stellen.[41] Der Urheberrechtsschutz setzt hierbei allerdings direkt an der Struktur der Musikdateien an. Es werden (nutzerspezifische) *digitale Wasserzeichen*, die es ermöglichen, (eine spezielle Datei, und nicht nur) ein Musikstück[42] als

---

Mit sinkender Kompressionsrate wurden zwar bessere Ergebnisse erzielt, die jedoch deutlich unter der Qualität der Originalquelle lagen. Mit einbezogen wurden dabei nur Bitraten, bei denen eine Sendung in Echtzeit (Streaming) derzeit möglich ist. Zur Methodik vgl. auch Hoeg/Christensen/Walker 1997.

36 Vgl. Sasse/Waldhausen 2000, S. 837 f.
37 Schaefer 2000, o.S.
38 Vgl. hierzu und zum Folgenden Schaefer 2000, o.S. sowie BPW 2001a, o.S.
39 Vgl. Zombik 1998, o.S.
40 Eine detaillierte Auflistung findet sich unter http://www.sdmi.org/participant_list.htm, vom 17.6.2001
41 Vgl. http://www.sdmi.org/FAQ.htm, vom 16.6.2001
42 Anders der International Standard Recording Code (ISRC), durch den das Musikstück als solches eindeutig identifizierbar ist. Vgl. BPW 1997, o.S.

solches unverwechselbar zu machen, sowie dateispezifische Nutzungsbestimmungen integriert. Ähnliches wird von Liquid Audio[43] bereits heute praktiziert; zusätzlich zu den Verfügungsbefugnissen können Kundeninformationen an Dateien gekoppelt werden. Dadurch soll verhindert werden, dass ein einmal legal erworbenes Nutzungsrecht bzw. eine Kopie anschließend unlimitiert vervielfältigt und weitergegeben werden kann.[44] *Wittgenstein* bezeichnet die Vervielfältigungsmöglichkeiten ohne Schutzmechanismen treffend als „Viral Growth"[45].

Die konkrete Ausgestaltung der Wasserzeichen scheint allerdings keine einfache Aufgabe zu sein; die SDMI-Varianten wurden bei einem offiziell ausgeschriebenen Hackerwettbewerb[46] von Angehörigen der Princeton & Rice University in kürzester Zeit beseitigt[47] und deren Effektivität somit in Frage gestellt.[48]

3. Die traditionelle Wertschöpfungskette

Im Folgenden soll nicht der virtuelle, sondern der reale Vertrieb von Tonträgern im Vordergrund stehen. Ziel ist es, die beteiligten Akteure im Musikgeschäft vorzustellen und gleichzeitig Grundlagen für die im weiteren Verlauf verwendete Systematik zu legen. Daran schließt sich eine knappe Betrachtung der Marktentwicklung an.

3.1 Der herkömmliche Vertriebsweg

An erster Stelle im herkömmlichen Vertriebsweg, wie auch in dessen evolutorischen, digitalen Formen, steht der kreative Künstler. Im engen Kontakt dazu befindet sich der Tonträgerhersteller (vgl. Abb. 2). Der „Hersteller" soll hier nicht unbedingt nur als Produzent des physischen Produkts Tonträger aufgefasst werden. Vielmehr verbergen sich dahinter die Majors der Musikbranche – Bertelsmann Music Group (BMG), EMI, Sony Music Entertainment, Warner Music und die Universal Music Group[49] – sowie zahlreiche Independents.

---

43 Vgl. http://www.liquidaudio.com, vom 16.6.2001
44 Ein ähnliches Ziel wird von Musicrypt, Inc. verfolgt. Hier wird die Musikdatei in so genannten Containern verschlüsselt aufbewahrt, wobei zusätzliche Schutzmechanismen bzgl. des Passworts eingebaut sind, so dass Passwörter nicht von Dritten verwendet werden können.
    Vgl. http://www.musicrypt.com/html/technology.html, vom 18.6.2001
45 Vgl. Wittgenstein 2000, S. 151
46 Vgl. Chiariglione 2000, o.S.
47 Vgl. Brown 2000, o.S.; Lischka 2000, o.S. und Röttgers 2000, o.S.
48 Vgl. Craver/McGregor/Wu et. al. 2000, o.S.
49 Vgl. Schmidt 1997, S. 185 und Musikmarkt 1998a, o.S.; Musikmarkt 1998b, o.S.

Majors zeichnen sich dadurch aus, dass sie alle Unternehmensfunktionen – von der Produktentwicklung (Artist & Repertoire) bis zum Vertrieb der Tonträger – unter einem Dach vereinen, wobei vielfach Teilprozesse (z.B. Herstellung) ausgelagert werden.[50] Die Independents lassen sich inhaltlich vor allem dadurch charakterisieren, dass sie sich vom Mainstream der Majors absetzen. Die Größe dieser Unternehmen ist vergleichsweise gering; damit einher geht eine geringe Finanzkraft sowie ein geringes Prozess-Knowhow – bei allerdings hoher zielgruppenspezifischer Marktkenntnis.[51] Deswegen ist es vielfach erforderlich, Teilprozesse wiederum an die Majors auszulagern.

Wichtig für die hier verwendete „Hersteller"-Sicht ist vor allem die Funktion als Kontaktorgan zu Künstlern, dem Verwertungsrechte übertragen werden[52]. Erst dadurch kann die Vermarktung wirtschaftlich sinnvoll gestaltet werden; die Verwertungsrechte stellen insofern den „heiligen Gral" der Hersteller dar.

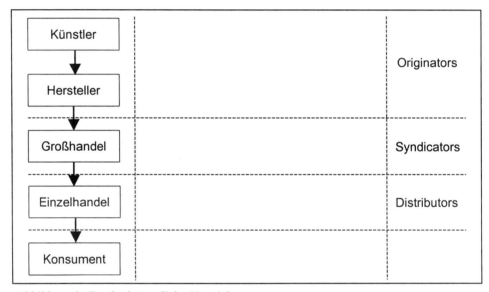

Abbildung 2: Der herkömmliche Vertriebsweg

Dem Künstler selbst fehlt für den traditionellen Vertrieb ohnehin die Finanzkraft, so dass er auf jeden Fall zur Bindung an einen Hersteller gezwungen ist. Erst durch diesen kann die Aufzeichnung und Produktion erfolgen, vor allem aber die notwendige öffent-

---

50 Vgl. Kulle 1998, S. 136 f., zur Auslagerung vgl. Schmidt 1997, S. 193
51 Vgl. Vormehr 1997, S. 201 f.
52 Und zwar unabhängig davon, ob ein Bandübernahmevertrag, Künstlervertrag oder sonstiger Lizenzvertrag geschlossen wurde. Unterschiede ergeben sich vor allem in dem Risiko, das die jeweilige Vertragspartei trägt. Vgl. Kulle 1998, S. 130 f., S. 144 ff.

liche Aufmerksamkeit über funktionierende Marketinginstrumente und Absatzkanäle geschaffen werden.

Nach *Werbach*[53] ist derjenige *Originator*, der „original content" bereitstellt. Neben Künstlern, die kreativ tätig sind, können Hersteller ebenso als Originatoren eingestuft werden, da diese meist die Verwertungsrechte inne haben.

Einen Schritt weiter in der Wertschöpfungskette stehen die *Syndicators*. Syndikatoren erfüllen eine kollektivierende, sortimentsbildende Funktion, wobei evtl. Inhalte bzw. Produkte verschiedenen Ursprungs zu neuen zusammengefasst werden. Die Begriffsbezeichnungen beziehen sich bei *Werbach* nur auf „Inhalte" bzw. „Informationen". Das Konzept der *Syndikation* hat seinen Ursprung bei Printmedien, die Inhalte zukaufen[54]– und somit die Rolle von Syndikatoren einnehmen.[55] Im Anschluss ist aber eine Zweitverwertung von Bildern und Texten möglich, die – beliebig kombiniert – ohne Abnutzung und somit vergleichbar mit digitalen Produkten, erneut von Dritten verwendet werden können. Als Parallele dazu kann der Großhandel betrachtet werden, nur dass bei physischen Produkten die uneingeschränkte Reproduzierbarkeit sowie die fehlende Abnutzbarkeit nicht vorhanden sind.

Das letzte und gleichzeitig wichtigste Glied sind die *Distributors*. Unter Distribution versteht man normalerweise den Weg eines Erzeugnisses über den Markt zum Endverbraucher.[56] Im weiteren Gang der Argumentation wird diese Sichtweise dadurch eingeschränkt, dass nur diejenigen, die entgeltpflichtigen Endkundenkontakt haben, nicht aber Handelszwischenstufen (Intermediäre), als Distributoren gelten.

Abbildung 2 verdeutlicht die dargelegten Zusammenhänge. Verzichtet wurde allerdings auf die Darstellung des Herstellerdirektvertriebs und des indirekten Absatzes bei Umgehung der Großhandelsstufe.

3.2 Marktentwicklung

Weltweit wurden im Jahr 2000 3,5 Mrd. Tonträger verkauft.[57] Deutschland ist nach den USA und Japan zusammen mit Großbritannien der drittgrößte Ländermarkt mit 262,2 Mio. verkauften Tonträgern.

Was die Zuwachsraten anbelangt, so liegt der europäische Gesamtumsatz im Plus, während der deutsche Markt im vergangenen Jahr Umsatzeinbußen hinnehmen musste. Es ist allerdings nicht ausreichend, den Umsatz als einzige Kenngröße zur Beurteilung der

---

53 Zu Grundlagen der Syndikation vgl. Werbach 2000
54 Werden eigene Inhalte erstellt, so schlüpft der Zeitungsverlag in die Rolle des Originators.
55 Vgl. Rittmann 2000
56 Vgl. Schmalen 1999, S. 550
57 Vgl. für diesen Abschnitt BPW 2001b, BPW 2001c und IFPI 2001

Marktlage heranzuziehen, selbst wenn er preisbereinigt vorliegt. Die Umsatzzahlen sind zu stark von der Preispolitik der Hersteller abhängig. Aber selbst bei Betrachtung der Absatzzahlen ist in Deutschland seit 1998 ein leichter Rückgang – nach kontinuierlichem Wachstum seit Anfang der Neunziger Jahre – zu verzeichnen. Der Umsatzrückgang fällt jedoch stärker als der Rückgang der Absatzzahlen aus. Dies mag an einer Präferenzumschichtung bei Konsumenten liegen, die jetzt eher zu Low- und Midprice-Produkten als zu regulärer Ware greifen.

Bei Differenzierung zwischen Tonträgern mit regulärer Spieldauer und Singles fallen die Einbußen auf dem deutschen Single-Markt etwas stärker aus. Der Bundesverband der Phonographischen Wirtschaft (BPW) versucht diesen leichten Rückgang mit Online-Piraterie – also dem illegalen Download vor allem hochaktueller Musikstücke, die einen Großteil des Single-Angebots ausmachen – zu begründen. Eine mögliche Kannibalisierung der Vertriebsschienen durch legalen, volldigitalen Online-Erwerb bleibt hier allerdings unberücksichtigt.

Eine Bestätigung für den Verdacht des BPW scheint allerdings der amerikanische Single-Markt zu liefern: Dieser brach von 1999 auf 2000 um 46% ein. Vor dem Hintergrund der amerikanischen Einbußen sind steigende Verluste in Deutschland vorprogrammiert. Da der Single-Absatz in der vergangenen Dekade fast acht mal stärker gewachsen ist als der restliche deutsche Tonträgermarkt, können diese beachtliche Ausmaße annehmen, solange nicht auf Substitute im digitalen Bereich zurückgegriffen wird. Der erkennbare Trend in Richtung Einzelerwerb bzw. -download von Musikstücken räumt dem digitalen Vertrieb aber entsprechende Chancen ein.

Wird zwischen den Absatzwegen differenziert, so entfällt mittlerweile ein Umsatzanteil von 18,8% auf Mail-Order, Tendenz steigend. Internetbasierte Versandhändler haben mit 4,7% bzw. einem Viertel aller über Mail-Order getätigten Umsätze einen beachtlichen Anteil errungen.

4. Erweiterte Angebotsformen im digitalen Vertrieb

Einige Angebotsformen[58] im digitalen Vertrieb sind bereits angesprochen worden. In einer kurzen Übersicht werden nun deren konkrete Ausgestaltungen und Spezifika vorgestellt. Aus Sicht der Konsumenten kann die Nutzungsintensität entweder unabhängig von dem zu entrichtenden Entgelt sein oder aber damit in direktem Zusammenhang stehen.

---

58 Teilweise wird zwischen Angebots- und Erlösformen unterschieden, wobei die Betrachtungen nur aus unterschiedlichen Sichtweisen stattfinden, aber prinzipiell den gleichen Aussagegehalt haben. So z.B. DCMS 2000, S. 17 und S. 38

4.1 Nutzungsunabhängige Modelle

Pay-per-Download

Mit dem Download wird das Musikstück auf der Festplatte des empfangenden Computers gespeichert. Bei der Angebotsform Pay-per-Download steht es dann uneingeschränkt zum Abspielen zur Verfügung; das Nutzungsrecht wird nach Bezahlung eines auf ein Stück angepassten Entgelts erworben.

Abonnement

Beim Abonnement wird ein auf Zeit beschränkter Zugang zu Musikdatenbanken gewährt.[59] Während das Abonnement besteht, kann allerdings eine unlimitierte Anzahl von Musikstücken heruntergeladen und anschließend uneingeschränkt genutzt werden. Derzeit wird dieses Modell von EMusic praktiziert. Ein vergleichbares Konzept verfolgt die ehemals kostenfreie, aber auch fast ausschließlich nicht legale Musiktauschbörse Napster; dazu wurden Lizenzabkommen mit BMG, EMI und Warner geschlossen.[60] Dienste dieser Art beinhalten allerdings ein nicht zu vernachlässigendes Risiko: Durch die im Vorfeld unbekannte Anzahl heruntergeladener Stücke sind die letztendlich an die Künstler abzuführenden Lizenzgebühren im Voraus nicht abschätzbar.[61]

4.2 Nutzungsabhängige Modelle

Streaming on Demand (Pay-per-Play)

Streaming kann als Übertragung in Echtzeit bei gleichzeitiger Nutzung, ohne dass eine Kopie der gesendeten Informationen auf dem empfangenden Rechner zurückbleibt, beschrieben werden.[62] Die Bereitschaft Pay-per-Play, also entgeltpflichtiges Streaming, zu nutzen, scheint noch kaum vorhanden zu sein. Streaming könnte jedoch in Zukunft dadurch eine Bedeutung bekommen, dass – ähnlich einer Radiosendung – Musikkonzerte live übertragen werden.

Rental

Rental – die „Miete" eines Stückes – kann zeit- bzw. mengenlimitiert erfolgen.[63] Voraussetzung für diese nutzungsbeschränkte Angebotsform ist wiederum der Download eines Stückes. Gegen Entgelt werden in der Nutzung limitierte Musikprodukte noch sehr

---

59 Vgl. hierzu und zum Folgenden http://www.emusic.com, vom 28.6.2001
60 Vgl. Musikmarkt 2001, o.S. sowie SZ 2001, o.S.
61 Stückzahlenunabhängige Pauschalentgelte für Künstler sind die Ausnahme, meist findet eine (stückzahlenabhängige) Umsatzbeteiligung statt. Vgl. Gilbert/Scheuermann 1997, S. 1030 ff.
62 Vgl. Sosinsky 1999, o.S. und Sasse/Waldhausen 2000, S. 839 und S. 842
63 Vgl. DCMS 2000, S. 17 und S. 38

selten angeboten. Anwendung finden die Beschränkungen meistens bei Teaser-Downloads[64], so z.B. bei Liquid Audio. Die Limitationen – also die Abspielhäufigkeit bzw. das „Verfallsdatum" – können nur mittels spezieller Software überprüft und eingehalten werden.[65] Bei Liquid Audio ist die Kontrolle unproblematisch und für Endabnehmer leicht zu handhaben, da Software und Rechtemanagement aus einer Hand stammen und auch auf dieses Ziel hin, anders als weiter verbreitete Abspielsoftware[66], entwickelt wurden.

5. Auswirkungen auf die Absatzwege

> *"Once the Internet is reality, the music business is finished. There won't be any need for record companies. If I can send you my music direct, what's the point of having a music business?"*[67]
>
> Prince

5.1 Disintermediation und Reintermediation

Es liegt auf der Hand, dass es über das Internet für Künstler möglich ist, Musik direkt zu vertreiben und radikal alle Produktions- und Handelsstufen zu überspringen, so wie es Prince schon 1995 formuliert hat. Das gleiche gilt für Hersteller sowie Absatzmittler, die alle Handelsstufen, die zwischen ihnen und dem Konsumenten liegen, ebenso überspringen können (Disintermediation).

Benjamin/Wiegand vertreten die These, dass durch elektronischen Handel Zwischenstufen überflüssig werden; sie basieren ihre Aussage aber vor allem auf sinkende Koordinationskosten, die auf die Nutzung elektronischer Medien zurückzuführen sind.[68] Nicht

---

64 Zu Promotionszwecken unentgeltlich an Konsumenten weitergegebene Musikstücke. Vgl. Gilbert/Scheuermann 1997, S. 1035 und S. 1050. Im herkömmlichen Vertrieb werden meist CDs oder Kassetten mit Stücken kürzerer Abspieldauer verteilt. Über das Internet hingegen besteht zusätzlich die Möglichkeit, Teaser-Downloads in reduzierter Qualität oder – wie hier verwendet – mit zeit- oder mengenlimitierten Abspielmöglichkeiten auszustatten.

65 Vgl. hierzu und zum Folgenden http://www.liquidaudio.com/services/distribution/index.jsp, vom 28.6.2001

66 Vgl. z.B. http://www.winamp.com. Dort ist es zwingend erforderlich, zusätzlich zum Audio-Player weitere Software – Plug-ins – zu installieren; erst dann ist die Nutzung möglich.

67 Prince, zitiert nach Hayward (1995), o.S.

68 Nach deren Auffassung setzt sich der Absatzpreis eines Produktes aus den drei Elementen Produktionskosten, Koordinationskosten und Gewinnaufschlag zusammen. Unter Koordinationskosten fallen alle Kosten, die durch Informationsverarbeitung anfallen, wie z.B. durch die Koordination der Festlegung von Produktdesign, -preis und -menge oder dem Produktionsplan. Des Weiteren fallen darunter vor allem die Kosten, die bei Übergang zur nächsten Stufe in der Wertschöpfungskette entstehen. Vgl. Ben-

berücksichtigt bleiben dabei allerdings die Transaktionskosten, die durch das Ausscheiden von Intermediären aufgrund einer Zunahme der notwendigen Hersteller-Abnehmer-Beziehungen exponentiell zunehmen werden.[69] Ein vollständig elektronischer Prozessablauf könnte jedoch die Transaktionskosten senken und die Übernahme klassischer Handelsfunktionen durch Hersteller nahe legen. Inwieweit eine funktionale „Vorwärtsintegration" sinnvoll sein kann, ist aber fraglich; das Gleiche gilt für die Musikschaffenden, wobei hier größere Schwierigkeiten aufgrund mangelnder Kompetenz auftreten dürften.

Zusätzlich zum Ausscheiden bzw. Überspringen bestehender Handelsstufen können genauso neue, teilweise im traditionellen Absatzweg nicht mögliche Zwischenstufen entstehen (Reintermediation).[70] In der aktuellen Diskussion scheint allerdings festzustehen, dass der etablierte, stationäre Handel zwar an Stärke verliert und durch netzgestützte Konzepte teilweise substituiert wird, aber nie ganz übersprungen werden kann.[71]

Die Tatsache, dass eine partielle Disintermediation von Handelsstufen stattfinden kann und stattfindet, steht also außer Frage. Weitaus interessanter sind aber neue Formen von Intermediären und deren Integrationsmöglichkeit in die Wertschöpfungskette. Dies soll im weiteren Verlauf diskutiert werden.

5.2 Teildigitaler Vertrieb

An den steigenden Mail-Order-Marktanteil anknüpfend scheint es notwendig – bevor neue Absatzwege aufgezeigt werden – auf den teildigitalen Vertrieb einzugehen.

Bei teildigitalem Vertrieb findet die Vertragsanbahnung und der Vertragsabschluss online über die Website des jeweiligen Anbieters oder per e-mail statt. Es werden aber nach wie vor physische Produkte distribuiert. Deswegen bedarf es auch einer physischen Warenlogistik sowie eines parallelen Warenprozesssystems. Die Bezahlung der Ware kann dann entweder über Kreditkarte oder mittels neuerer elektronischer Zahlungssysteme wie Paybox oder verschiedener Micropayment-Konzepte erfolgen. Aufgrund der konventionellen Warenauslieferung bleibt eine Lieferung auf Rechnung oder per Nachnahme – unter Inkaufnahme eines Medienbruchs – erhalten. Insofern tritt der Einzelhandel hier als Versandhändler auf; somit wäre die Bezeichnung *elektronischer Distanzhandel* treffend.[72]

---

jamin/Wiegand 1995, v.a. S. 64 f.
69 Auch Baligh-Richartz-Effekt genannt. Vgl. zunächst Baligh/Richartz 1967 und Gümbel 1985, S. 111 f. dann Sarkar/Butler/Steinfeld 1997, o.S.; so auch Luxem 2000, S. 51 f. unter Berücksichtigung der Gewinne der Intermediäre.
70 Diese Möglichkeit bejahen sogar Benjamin/Wiegand 1995, S. 68, wenn auch in Grenzen.
71 Vgl. z.B. Haentjes 2001, S. 3; Butscher/Luby 2000, o.S. und Zombik 1998, o.S.
72 Vgl. Barth 1999, S. 94

Die hier verwendete Auffassung *teildigitalen Vertriebs* geht noch einen Schritt weiter. Zusätzlich zu digitalen Prozessabläufen muss noch das digitale Produkt Musikdatei in den Ablauf eingebunden werden.

Da Musik bei sehr starker Datenreduktion und dementsprechend niedriger Qualität relativ schnell übertragen werden kann, bestehen Zusatznutzen stiftende Ergänzungsmöglichkeiten. Vom stationären Einzelhandel angebotene Serviceleistungen, wie das Probehören von Tonträgern vor dem Kauf, können durch Demos, die in Echtzeit übertragen werden, oder durch Teaser-Downloads ersetzt werden und stellen so einen „volldigitalen Vorgeschmack" auf den Tonträger dar. Dies ist mittlerweile Standard bei allen Versendern – so z.B. www.cdnow.com, www.amazon.com, www.bol.de, www.mediantis.de – wobei die Anzahl der angebotenen Demos je nach Anbieter variiert.

Von diesen Möglichkeiten machen auch Tonträgerhersteller Gebrauch. Da es in deren Interesse liegt, nicht nur über neue Produkte zu informieren, sondern diese auch abzusetzen, wird des Öfteren ergänzend durch Links auf Bestellmöglichkeiten verwiesen. So führt sonymusic.de den Besucher an vielen Stellen ihrer Website direkt zu Mediantis, wo das beworbene Produkt bestellt werden kann.[73]

Zusätzlich zu diesem Service wird eine Vielzahl weiterer Dienste angeboten, die offline nicht verfügbar sind. Die zu Universal gehörende getmusic.com[74] setzt Künstler in Szene, präsentiert Hintergründe und Lebensläufe und animiert Fans, Musikvideos zusammenzustellen – die „community" steht im Vordergrund.[75] Der angegliederte Online-Shop tritt dabei zunächst in den Hintergrund, wobei die Bestellmöglichkeit trotzdem auf jeder Seite meist nur einen Klick weg liegt.

Ganz neue Wege geht Music Buddha. Dieser Dienstleister nimmt eine Vermittlerrolle zwischen Konsument und Händler ein.[76] Besucher von www.mubu.com können durch Probehören verschiedener Demos mit anschließender Bewertung auf einer Ratingskala Informationen über ihren Musikgeschmack weitergeben. Nach der anschließenden, intelligenten Auswertung wird eine dem Musikgeschmack angepasste Vorauswahl an interessanten Alben getroffen. Davon können jeweils nur sehr kurze Ausschnitte gehört werden. Bei gewecktem Interesse besteht dann die Möglichkeit, sich zu verschiedenen Händlern weiterleiten lassen. Dort kann man weitere Stücke des Albums nochmals Probe hören und dieses schließlich auch bestellen.

Einen anderen Weg zur Verwertung digitaler Daten geht CDnow. Durch deren Vorliegen ist es möglich, CDs just-in-time erst auf Kundenwunsch herzustellen.[77] CDnow

---

73 Vgl. http://www.sonymusic.de, vom 20.6.2001
74 Vgl. Enos 2001, o.S.
75 Vgl. hierzu und zum Folgenden http://www.getmusic.com, vom 26.6.2001
76 Vgl. hierzu und zum Folgenden http://www.mubu.com/content/about/fact_sheet.htm?ply=4, vom 8.6.2001
77 CDnow bietet solche CDs neben einer Vielzahl anderer Produkte an.
Vgl. hierzu und zum Folgenden http://www.cdnow.com → custom cds., vom 18.6.2001.
Ein auf „Custom Disks" spezialisierter Anbieter war musicmaker.com, der mittlerweile aber vom Netz

bietet diesen Service für den amerikanischen Markt an; Kunden können aus einem sehr ausgedehnten Angebot an Titeln zwölf Stücke nach Belieben auswählen und auszugsweise Probe hören. Zusätzlich lässt sich noch der Namen des neuen Albums sowie eine Widmung angeben, die dann auf das Booklet gedruckt werden. Die CD wird anschließend kundenindividuell gefertigt.

5.3 Veränderte Rollenverteilungen

Einen Schritt weiter als die eben dargelegten teildigitalen Absatz(mittler)formen gehen Anbieter, die die komprimierten Daten nicht nur als Zusatzangebot bzw. zur Schaffung von Zusatznutzen einsetzen, sondern diese auch unmittelbar als digitales Produkt vermarkten. Ein Rückgriff auf physische Trägermedien bei Vertragsschluss und -erfüllung kann somit vollständig unterbleiben.

Die jeweiligen Marktakteure können jetzt nicht mehr nur als Intermediäre, sondern als *Cybermediaries* bezeichnet werden. *Sarkar/Butler/Steinfeld* bezeichnen jede Organisation, „that performs the mediating tasks in the world of electronic commerce"[78] als Cybermediary. Da aber jeder Intermediär in der virtuellen Welt des Netzes mehr als eine Rolle in der Originator-Syndikator-Distributor-Systematik einnehmen kann, scheint eine präzisere Sichtweise sinnvoll. In Analogie zum eingangs dargestellten „Kern" des e-Commerce (vgl. Abb. 1) ist eine Einschränkung auf Unternehmen, die ausschließlich mit digitalen Produkten Kontakt haben und Glied einer digitalen Wertschöpfungskette sind, angebracht. Aktuell am Markt arbeitende Cybermediaries werden im Folgenden beispielhaft je Kombinationsmöglichkeit für rollenübergreifendes Agieren betrachtet.

Die erste und gleichzeitig am wenigsten innovative – aber stark propagierte – Entwicklungsmöglichkeit ist der eigenständige Vertrieb durch den Hersteller.[79] Es werden dabei gleichzeitig die Funktionen des Originators und des Distributors wahrgenommen (vgl. Abb. 3). Eine herstellerübergreifende Sortimentsbildung unterbleibt allerdings, so dass der Kundennutzen in Frage steht. Man kauft schließlich nicht „die neue CD" von Sony, sondern die Neuerscheinung mit dem präferierten Musikgeschmack. Sony Music praktiziert den digitalen Direktvertrieb allerdings nur in sehr beschränktem Umfang:[80] Es steht eine nur sehr begrenzte Auswahl an Künstlern wie auch an deren Stücken zur Verfügung.

---

78 Sarkar/Butler/Steinfeld 1997, o.S. genommen ist.
79 Vgl. z.B. Benjamin/Wigand 1995 oder Schmitz 2000. Die gegenteilige Meinung findet sich bei Sarkar/Butler/Steinfeld 1997.
80 Vgl. http://www.sonymusic.com, vom 30.6.2001

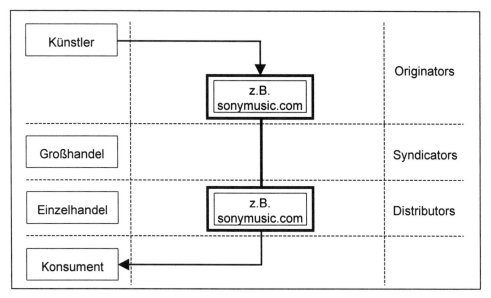

Abbildung 3: Cybermediary als Originator und Distributor

Liquid Audio (LA) ist hingegen ein erstes innovatives Beispiel.[81] LA fungiert in erster Linie als Syndikator. Angeschlossen sind mittlerweile über 10.000 Künstler und 1.500 Labels, die meist auch zu den Majors gehören. LA selbst hat allerdings keinen entgeltpflichtigen Endkundenkontakt. Die Distributionsrolle übernehmen angeschlossene Einzelhändler (Affiliates), die an jeder Transaktion mitverdienen. Sie können auf die bereitgestellte Infrastruktur von LA zurückgreifen. Diese Infrastruktur beinhaltet aber nicht nur die technische Seite der Musikspeicherung und -verteilung, sondern zusätzlich eine bereitgestellte Einkaufsumgebung. Da LA daran interessiert ist, ein möglichst breites Netz an Händlern an sich zu binden, tritt man – neben der kollektivierenden Rolle bzgl. des angebotenen Musikrepertoires – in einer weiteren Position als Syndikator auf. So werden auf der Website Informationen diverser Händler, auf die per Link verwiesen wird, präsentiert, um die Aufmerksamkeit auf diese zu lenken.[82] Sie sind diejenigen, die Nachfrage aggregieren, über sie kommt ein Vertragsschluss mit den Endabnehmern zustande. Die technische Abwicklung des Inkassos, der Abführung der Lizenzgebühr und Umsatzbeteiligung, sowie der Lieferung der Musikstücke übernimmt dann LA.

Zusätzlich zur Rolle des Syndikators kommt noch die des Originators. Originär von LA ist – neben dem Herzstück des Firmenkonzepts, dem eigenen Digital-Rights-Management – das Shop-System. Das DRM garantiert weitgehend eine bestimmungsgemäße

---

81 Vgl. hierzu und zum Folgenden http://www.liquidaudio.com, vom 30.6.2001
82 Ebenso sind in geringem Maße Links auf Internetversandhändler zu finden. Diese sind in Abbildung 4 wegen deren untergeordneter Rolle nicht festgehalten.

Nutzung der Musikdateien. Erst durch das Shop-System können die (geschützten) Dateien an den Endabnehmer gelangen. Dort werden persönliche Angaben gemacht sowie Zahlungsmodalitäten festgelegt. Nach deren Prüfung können die bezahlten Dateien letztendlich auch heruntergeladen werden. Das Shop-System kann in bestehende Händlerseiten, die ihre eigene Corporate Identity haben, integriert werden. Die jeweilige Corporate Identity bleibt dabei erhalten, da es nahtlos integriert und angepasst werden kann.

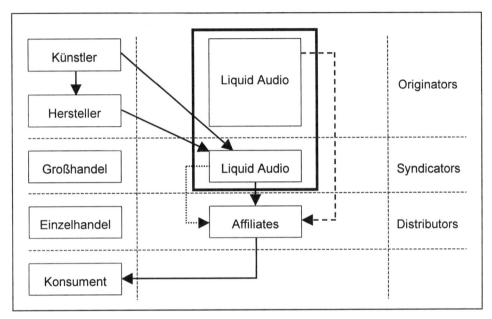

Abbildung 4: Cybermediary als Originator und Syndikator

LA stellt insofern ein intelligentes Konzept dar, da es als Marke nicht nur für die Firma steht, sondern gleichzeitig für das Musikformat[83] sowie die kostenlos zur Verfügung stehende Abspielsoftware. Der Bekanntheitsgrad ist dementsprechend hoch. Der Produkt- bzw. Informationsfluss ist zur besseren Übersicht in Abbildung 4 dargestellt.

Vom Konzept her sehr ähnlich gestaltet ist On Demand Distribution (OD2).[84] Die von OD2 angebotene Leistung unterscheidet sich vor allem dadurch von LA, dass hier keine

---

83 Streng genommen handelt es sich um kein eigenständiges Format, sondern um einen Schutzmechanismus. Nach außen – für den unerfahrenen Benutzer – scheint es sich allerdings um ein eigenständiges Kompressionsformat zu handeln.
84 Vgl. hierzu und zum Folgenden http://www.ondemanddistribution.com, vom 30.6.2001

eigenständige Markenpflege betrieben wird und OD2 somit nur als Back Office Service für Distributoren zu sehen ist.

Eine andere Zielsetzung hat sich mp3.com auf die Fahnen geschrieben.[85] Man positioniert sich als Distributionsplattform für Künstler, die dort ihre Musik hinterlegen können. Insofern wird die kollektivierende Rolle des Syndikators eingenommen. Des Weiteren werden die Musikstücke aber auch vermarktet und alle finanziellen Transaktionen mit den Endkunden abgewickelt. Hier liegt also eine Synthese von Syndikation und Distribution vor. Die Musikschaffenden verdienen bei jeder Transaktion, die mp3.com tätigt, direkt anteilig mit. Der Absatz beschränkt sich allerdings nicht auf eine schlichte Download-Möglichkeit. Es werden noch diverse Zusatzdienste angeboten. So können Alben teilweise nicht nur online, sondern auch als eigens auf Bestellung gefertigte physische Tonträger erworben werden. Das Lagerrisiko – das bei weniger bekannten Künstlern relativ hoch ist – wird somit gering gehalten. Gleichzeitig mit dem Erwerb eines Albums – egal ob digital oder physisch – oder eines einzelnen Musikstückes steht dieses sofort online in einem so genannten „Locker" in digitaler Form zur Verfügung[86] und kann von jedem beliebigen Computer aus abgerufen werden.

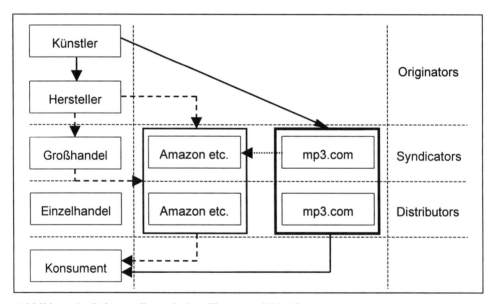

Abbildung 5: Cybermediary als Syndikator und Distributor

---

85 Vgl. hierzu und zum Folgenden http://www.mp3.com, vom 30.6.2001
86 Eine Freischaltung kann erfolgen, wenn der Künstler dazu eingewilligt hat. Im Locker können auch Teaser-„Downloads" hinterlegt sowie anderweitig erworbenen CDs freigeschaltet werden.

Weiterhin wird den Künstlern die Möglichkeit gegeben, Detailinformationen über ihre Werke zu hinterlegen; durch die leichte Auffindbarkeit vereinfacht dies eine „Zweitverwertung" in Musikproduktionen verschiedenster Art, z.B. als Filmmusik.

Teilweise haben verzeichnete Künstler schon CDs in Zusammenarbeit mit Plattenfirmen veröffentlicht, die deshalb nicht ohne weiteres bei mp3.com in digitaler Form verwertet werden dürfen. Als Ausgleich dafür wird dem Konsumenten ein Link angeboten, der zu einem Internethändler wie z.B. Amazon, CDnow oder Fastmusic führt, bei dem diese dann erworben werden können; ebenso verhält es sich bei Veröffentlichungen etablierter Künstler oder CD-Neuerscheinungen. Eine Darstellung des Produkt- bzw. Informationsflusses zeigt Abbildung 5.

6. Eine veränderte Vertriebslandschaft: Realität oder Vision?

Es besteht kein Zweifel, dass durch die Übertragungsmöglichkeit von Musik im weltweiten Datennetz Veränderungen angestoßen wurden. Teildigitale Vertriebsformen erfreuen sich einer immer größer werdenden Beliebtheit und substituieren den stationären Handel teilweise.

Hinsichtlich der volldigitalen Musikverwertung ist der Weg noch etwas steiniger, auch wenn schon einige Steine aus dem Weg geräumt wurden. Die dargestellten innovativen Konzepte sind jedenfalls wegweisend und werden in Zukunft mit Sicherheit weiterentwickelt. Um von Konsumenten stärker akzeptiert und genutzt zu werden, müssen die neuen Cybermediäre einige Voraussetzungen – die nicht ausschließlich in ihrem Ermessen liegen – in stärkerem Maße als bisher erfüllen.

Zunächst einmal müssen sich die Tonträgerhersteller bereit erklären, Musik für den Online-Handel bzw. Digital Commerce zur Verfügung zu stellen. Sie kontrollieren folglich zu weiten Strecken die Erfolgsaussichten der Akteure in einer sich verändernden Vertriebslandschaft, da sie vor allem namhafte Künstler unter Vertrag haben. Zudem bedarf es herstellerübergreifender Kooperationen, die momentan erst zögerlich eingegangen werden. Nur so können umfassende, leicht auffindbare Angebote – analog zur physischen Distribution – bereitstehen. Des Weiteren müssten die Hersteller dafür Sorge tragen, von Künstlern weltweite Verwertungsrechte zu deren Vermarktung im weltweiten Datennetz übertragen zu bekommen. Eine nicht unwesentliche Anzahl der von Liquid Audio angebotenen Stücke sind z.B. in Deutschland nicht abrufbar. Ein weiterer integraler Bestandteil für eine erfolgreiche Weiterentwicklung ist der Rechteschutz. Dieser darf für den Konsumenten kein Hemmnis in der Handhabung darstellen, sondern muss mit leicht bedien- und universell verwendbarer Software bei einfacher hardwareübergreifender Übertragbarkeit ausreichend Schutz bieten. Gleichzeitig muss der entgegengerichtete Lizenzstrom zu den Künstlern ausreichend geregelt sein.

Zusätzlich zum Vertriebsweg eröffnen sich auch neue Spielräume bei der Produktbündelung und zugehörigen Preisgestaltung. Diese Möglichkeit machen sich die bisherigen Angebote nur in unzureichendem Maße zunutze.

Für den volldigitalen Musikvertrieb bestehen immense Potenziale, wobei deren Ausschöpfung maßgeblich von der Kooperationsbereitschaft der Rechteinhaber abhängt. Aufgrund unterschiedlicher Produktansprüche seitens der Konsumenten wird der volldigitale Vertrieb den stationären Handel in näherer Zukunft nicht verdrängen, sondern nur parallel existieren können. Digitale Musikprodukte und physische Musikprodukte decken eben verschiedenartige Nutzeransprüche und auch Erlebnisbereiche ab.

Literatur

BALIGH, H. H.; RICHARTZ, L. E. (1967): Vertical Market Structures, Boston 1967.

BARTH, K. (1999): Betriebswirtschaftslehre des Handels, 4. Aufl., Wiesbaden 1999.

BENJAMIN, R.; WIGAND, R. (1995): Electronic Markets and Virtual Value Chains on the Information Superhighway, in: Sloan Management Review, Winter 1995, S. 62-72.

BPW (1997): Bundesverband der Phonographischen Wirtschaft e.V., Der ISRC, 1997, http://www.ifpi.de/service/se-isrc.htm, vom 18.6.2001.

BPW (2001a): Bundesverband der Phonographischen Wirtschaft e.V., Phonographische Wirtschaft: Jahrbuch 2001, Musik als geistiges Eigentum, http://www.ifpi.de/jb/2001/ jb01e.html, vom 20.6.2001.

BPW (2001b): Bundesverband der Phonographischen Wirtschaft e.V., Phonographische Wirtschaft: Jahrbuch 2001, Jahreswirtschaftsbericht 2000, http://www.ifpi.de/jb/2001/jb01b.html, vom 21.6.2001.

BPW (2001c): Bundesverband der Phonographischen Wirtschaft e.V., Phonographische Wirtschaft: Jahrbuch 2001, Musikwirtschaft und Internet, http://www.ifpi.de/jb/2001/ jb01d.html, vom 21.6.2001.

BRANDENBURG, K.; POPP, H. (2000): An Introduction to MPEG Layer-3, EBU Technical Review, June 2000, http://www.ebu.ch/trev_283-popp.pdf, vom 17.06.2001.

BROWN, J. (2000): SDMI cracked!, http://www.salon.com/tech/log/2000/10/12/sdmi_hacked/index.html, vom 15.6.2001.

BUTSCHER, S. A.; LUBY, F. (2000): How to make the Deal Work, in: Wall Street Journal Europe, 20.12.2000.

CHIARIGLIONE, L. (2000): An Open Letter to the Digital Community, http://www.sdmi. org/pr/OL_Sept_6_2000.htm, vom 17.6.2001.

CRAVER, S.; MCGREGOR, P.; WU, M. ET. AL. (2000) : Statement Regarding the SDMI Challenge, http://www.cs.princeton.edu/sip/sdmi/announcement.html, vom 15.6.2001.

CHOI, S.; STAHL, D. O.; WHINSTON, A. B. (1997): The Economics of Electronic Commerce, Indianapolis 1997.

DCMS (2000): Department for Culture, Media and Sport, The Impact of New Technologies on the Music Industry, http://culture.gov.uk/PDF/music_tune.pdf, vom 5.6.2001.

DEUTSCHE TELEKOM (1999): Deutsche Telekom präsentiert breitbandiges T-DSL Angebot erstmals auf der IFA, http://www.telekom.de/dtag/presse/artikel/0,1018, x306,00.html, vom 20.6.2001.

DEUTSCHE TELEKOM (2000): Preistabelle, http://www.dtag.de/dtag/ipl2/cda/t2/0,4260, 10482,00.html, vom 17.6.2001.

ENOS, L. (2001): Universal To Put All Eggs in GetMusic.com, http://www.ecommerce times.com/perl/printer/9264, vom 3.7.2001.

GILBERT, R.; SCHEUERMANN, A. (1997): Künstler-, Produzenten-, Bandübernahmeverträge, in: Moser, R.; Scheuermann, A. (Hrsg.), Handbuch der Musikwirtschaft, 4. Aufl., Starnberg-München 1997, S. 1018-1084.

GÜMBEL, R. (1985): Handel, Markt und Ökonomik, Wiesbaden 1985.

HAENTJES, M. (2001): Developing the Online Music Market – the Independent's View, in: ifpi network Newsletter, S. 3, http://www.ifpi.org/library/newsletter7.pdf, vom 26.6.2001.

HAYWARD, P. (1995): Enterprise on the New Frontier – Music, Industry and the Internet, http://www2.hu-berlin.de/fpm/texte/hayward.htm, Zugriff am 20.06.01.

HERMANNS A.; SAUTER M. (2001): E-Commerce – Grundlagen, Einsatzbereiche und aktuelle Tendenzen, in: Hermanns, A.; Sauter, M. (Hrsg.): Management-Handbuch Electronic Commerce: Grundlagen, Strategien, Praxisbeispiele, 2. Aufl., München 2001, S.15-32.

HOEG, W.; CHRISTENSEN, L.; WALKER, R. (1997): Subjective Assessment of Audio Quality – the Means and Methods within the EBU, EBU Technical Review, Winter 1997, http://www.ebu.ch/trev_274-hoeg.pdf, vom 17.06.2001.

IFPI (2001): International Federation of the Phonographic Industry, Recording Industry World Sales 2000, http://www.ifpi.org/statistics/worldsales.html, vom 28.6.2001.

ILLIK, A. (1998): Electronic Commerce – eine systematische Bestandsaufnahme, in: HMD, Jg. 35, Heft 199, 1998, S. 10-24.

KULLE, J. (1998): Ökonomie der Musikindustrie: eine Analyse der körperlichen und unkörperlichen Musikverwertung mit Hilfe von Tonträgern und Netzen, zugl. Diss., Frankfurt am Main u.a. 1998.

LISCKA, K. (2000): Ist SDMI bereits Hackfleisch?, http://www.spiegel.de/druckversion/ 0,1588,98391,00.html, vom 15.6.2001.

LOEBBECKE, C. (1999): Electronic Trading in On-line Delivered Content, http://dlib. computer.org/conferen/hicss/0001/pdf/00015009.pdf, vom 5.6.2001.

LUXEM, R. (2000): Digital Commerce: Electronic Commerce mit digitalen Produkten, zugl. Diss., Köln 2000.

MÜLLER-HAGEDORN, L. (2000): Zur Abgrenzung von E-Commerce: Definitorische Anmerkungen, in: Müller-Hagedorn, L. (Hrsg.): Zukunftsperspektiven des E-Commerce im Handel, Frankfurt am Main 2000, S. 49-57.

MUSIKMARKT (1998a): Übernahme von Polygram durch Seagram perfekt, http://www.musikmarkt.de/news/artikel/1768.html, vom 27.6.2001.

MUSIKMARKT (1998b): Der Name Polygram verschwindet zugunsten Universal Music Group, http://www.musikmarkt.de/news/artikel/1803.html, vom 27.6.2001.

MUSIKMARKT (2001): Napster: Lizenz-Abkommen mit EMI, Bertelsmann und WEA http://www.musikmarkt.de/news/artikel/3963.html, vom 28.6.2001.

RITTMANN, R. (2000): News, zweiter Aufguss, in: W&V, Nr. 41, 2000, S.232-235.

RÖTTGERS, J. (2000): Good bye SDMI!, http://www.heise.de/tp/deutsch/inhalt/musik/ 3578/1.html, vom 15.6.2001.

SARKAR, N. B.; BUTLER, B.; STEINFIELD, C. (1997): Intermediaries and Cybermediaries: A Continuing Role for Mediating Players in the Electronic Marketplace, JCMC, Vol. 1/3, 1997, http://www.ascusc.org/jcmc/vol1/issue3/sarkar.html, vom 1.6.2001.

SASSE, H.; WALDHAUSEN, H. (2000): Musikverwertung im Internet und deren vertragliche Gestaltung – MP3, Streaming, Webcast, On-demand-Service etc., in: ZUM, 44. Jg., Heft 10, 2000, S.837-848.

SCHAEFER, M. (2000): Hindernisse auf dem Weg zu einem legalen Online-Musikmarkt, http://www.ifpi.de/rechte/re-25.htm, Zugriff am 29.5.2001.

SCHLUMBOHM, D. (2000): Digitaler Vertrieb von Musik – ein Überblick zu aktuellen Entwicklungen, http://www.ifpi.de/service/kompendium.zip, Zugriff am 17.06.2001.

SCHMALEN, H. (1999): Grundlagen und Probleme der Betriebswirtschaft, 11. Aufl., Köln 1999.

SCHMIDT, C. (1997): Organisation der Majors, in: Moser, R.; Scheuermann, A. (Hrsg.), Handbuch der Musikwirtschaft, 4. Aufl., Starnberg-München 1997, S. 185-200.

SCHMITZ, S. W. (2000): The Effects of Electronic Commerce on the Structure of Intermediation, JCMC, Vol. 5/3, 2000, http://www.ascusc.org/jcmc/vol5/issue3/schmitz.html, vom 1.6.2001

SEDDON, P. (1998): Digital Products and Processes: A Critique of Whinston, Stahl, and Choi's Chapter 2, http://www.dis.unimelb.edu.au/staff/peter/DigitalProductsAndProcesses.doc, vom 1.6.2001.

SHAPIRO, C.; VARIAN, H. R. (1999): Information Rules: a Strategic Guide to the Network Economy, Boston 1999.

SOSINSKY, A. (1999): Streaming Audio Technology: Threat or Opportunity for the Music Industry?, http://www.stern.nyu.edu/~mea/stream.html, vom 26.5.2001.

STOLL, G.; KOZAMERNIK, F. (2000): EBU Listening Tests on Internet Audio Codecs, EBU Technical Review, June 2000, http://www.ebu.ch/trev_283-kozamernik.pdf, vom 17.6.2001.

SZ (2001): Süddeutsche Zeitung, Napster einigt sich mit Plattenfirmen, http://szarchiv.diz-muenchen.de/REGIS_A12425184, vom 27.6.2001.

VORMEHR, U. (1997): Independents, in: Moser, R.; Scheuermann, A. (Hrsg.): Handbuch der Musikwirtschaft, 4. Aufl., Starnberg-München 1997, S. 201-212.

WERBACH, K. (2000): Syndication – The Emerging Model for a Business in the Internet Era, in: HBR, May/June 2000, S. 85-93.

WITTGENSTEIN, P. (2000): Die digitale Agenda der neuen WIPO-Verträge: Umsetzung in den USA und der EU unter besonderer Berücksichtigung der Musikindustrie, zugl. Diss., Bern 2000.

WIRTSCHAFTSWOCHE (2001): Was kaufen Deutsche im Netz?, http://wiwo.de/Wirtschafts Woche/Wiwo_CDA/0,1702,13975_62721,00.html, vom 29.6.2001.

ZOMBIK, P. (1998): Music-On-Demand: „Tanz auf dem Vulkan" oder „Gib dem Affen Zucker"? – Chancen und Gefahren der neuen Technologien, http://www.ifpi.de/recht7re-6.htm, vom 26.03.2001.

Teil III

Entwicklungsperspektiven im Handelsmarketing

Bartho Treis, Gordon H. Eckardt und Dirk Funck

Konzeption der Aus- und Weiterbildung von Category Managern im Handel

1. Category Manager als neues Berufsbild

2. Grundlagen und Anforderungen für die Entwicklung eines curricularen Konzeptes
    2.1 Kompetenzerwerb aus handlungstheoretischer Sicht
    2.2 Art und Gewichtung der Qualifikationsanforderungen im Management

3. Planung von Aus- und Weiterbildungsmaßnahmen für Category Manager im Handel
    3.1 Ermittlung des Qualifizierungsbedarfs
    3.2 Ableitung der Weiterbildungs- und Lernziele
    3.3 Festlegen der Aus- bzw. Weiterbildungsinhalte
    3.4 Auswahl und Kombination von Lehrmethoden
        3.4.1 Methoden des Führungskräftetrainings – ein Überblick
        3.4.2 Darstellung der Methoden
        3.4.3 Beurteilung der Methoden
        3.4.4 Kombination der Methoden
    3.5 Messung und Kontrolle des Weiterbildungserfolges

4. Zusammenfassung und Ausblick

Literatur

1. Category Manager als neues Berufsbild

Das seit Beginn der 90er Jahre diskutierte Konzept des Category Management findet zunehmende Umsetzung in der Handelspraxis. Dieser Ansatz, der meist im Zusammenhang mit der Kooperation zwischen Herstellern und Händlern diskutiert wird, zielt im Wesentlichen auf eine stärker am Kunden ausgerichtete Sortimentspolitik. Erreicht werden soll die deutlichere Marktorientierung vor allem durch die Umstrukturierung der unternehmensinternen Aufbau- und Ablauforganisation. Die traditionell stark einkaufslastige Funktionsorientierung der Organisation soll einer objektorientierten, an Bedarfskategorien ausgerichteten Struktur weichen. Mit dieser Reorganisation und der Einrichtung einer entsprechenden organisatorischen Instanz entsteht gleichzeitig ein neues Berufsbild: der Category Manager. Seine Aufgaben bestehen in der strategischen und operativen Steuerung „seiner" Category, und zwar von der Zielgruppe ausgehend. Das Aufgabenfeld des Category Managers beschränkt sich daher nicht nur auf einen Funktionsbereich und einen abgegrenzten zeitlichen Rahmen, sondern beinhaltet die Koordination mehrerer Funktionsbereiche auf mehreren zeitlichen Ebenen (strategisch, taktisch und operativ) bei gleichzeitiger Abstimmung mit den übrigen Categories im Sinne der Unternehmensziele und -strategien.

Um diesem äußerst umfangreichen Aufgabenfeld gerecht zu werden, bedarf es einer Vielzahl von individuellen Qualifikationen auf verschiedensten Ebenen. Die Abstimmung dieses Qualifikationsangebots von (zukünftigen) Category Managern mit der unternehmensseitig festzulegenden Qualifikationsnachfrage erfordert eine differenzierte unternehmens- und personenspezifisch konzipierte Aus- und Weiterbildung. Das Ziel dieses Beitrags besteht darin, entsprechend geeignete Ansätze zur Konzeption eines Curriculums im Rahmen der Entwicklung von Category Managern im Handel bewertend aufzuzeigen und damit eine grundlegende Entscheidungshilfe für die praxisorientierte Aus- und Weiterbildung zu bieten.

Als Basis für die bewertende Darstellung und Diskussion der Planungsbestandteile von Aus- und Weiterbildungskonzepten für Category Manager im Handel werden nachfolgend zunächst theoretische und methodische Grundlagen zum Erwerb und zur Entwicklung von Kompetenzen aus handlungstheoretischer Sicht dargelegt.

2. Grundlagen und Anforderungen für die Entwicklung eines curricularen Konzeptes

2.1 Kompetenzerwerb aus handlungstheoretischer Sicht

Beim Lernen wird aus handlungstheoretischer Sicht davon ausgegangen, dass das Denken aus der Handlung und deren Wahrnehmung hervorgeht. Die daraus erworbenen Begriffe und Regeln werden zu geistigen Instrumenten des Handelns. *Handlungslernen* liegt demnach dann vor, „wenn die äußere (materielle) Handlung in ihrem inneren Aufbau so verstanden wurde, dass das abstrakte (vom äußeren Handeln „abgezogene") Handlungsgerüst flexible geistige Operationen (flexiblen Umgang mit Handlungsschemata und Begriffen) erlaubt"[1].

Eine theoretische Begründung für das Lernen aus handlungstheoretischer Sicht liefert der Ansatz der Handlungsregulation. Er entstammt der psychologischen Handlungstheorie und geht davon aus, dass die psychische Regulation des Handelns bzw. der Arbeitstätigkeiten durch das Zusammenwirken von drei hierarchisch geordneten Regulationsebenen theoretisch zu begründen ist:[2]

- Die *sensumotorische Regulationsebene* ist die Ebene der unbewussten Handlungsvollzüge, die weitgehend standardisiert bzw. stereotypisiert sind. Auf ihr entstehen bewegungsorientierte Abbilder oder werden aktualisiert. Bestimmte Regeln werden erkannt, imitiert und eingeübt. Sie entwickeln sich zu „*Fertigkeiten*", die (überwiegend) unbewusst abgerufen werden können. Diese werden benötigt, wenn gleichbleibende arbeitsprozessuale Sequenzen ablaufen, die die Einschaltung von Bewusstseinsvorgängen nicht erforderlich machen.
- Auf der *perzeptiv-begrifflichen Regulationsebene* werden Tätigkeiten bewusst durch Abbilder reguliert. Auf der Basis gespeicherter allgemeiner Handlungsschemata werden flexible Varianten entwickelt. Im Zuge der Bewältigung komplexer Situationen wächst der Anteil des Bewusstseins an den Tätigkeiten. Zum „*Können*" gehören die Wahrnehmung technisch funktionaler Abläufe bzw. Störungen, sprachlich-numerischer Symbole oder auch von Personen und sozialen Beziehungen zwischen den Personen.
- Auf der *intellektuellen Regulationsebene* werden Tätigkeiten durch die intellektuelle Durchdringung der Problemsituation mit Hilfe komplexer Abbildsysteme geregelt. Das „*Beherrschen*" ist durch eine hohe Antizipationsweite des Ziels und die Entwicklung eines inneren Modells des Tätigkeitsablaufs gekennzeichnet. Erkennen und Verstehen bilden dafür die Voraussetzung.

---

1 Reetz 1996, S. 34
2 Hacker 1980, S. 117 f.

Aus handlungstheoretischer Sicht ist Lernen bzw. der Erwerb von Handlungsfähigkeit als Aufbau einer derartig strukturierten Handlungsregulation zu verstehen. Ziel ist es, flexibel einsetzbare Handlungspläne zu erwerben. Der dafür erforderliche Lernprozess lässt sich durch eine Vier-Stufen-Folge charakterisieren:[3]

- Die erste Stufe beinhaltet eine zielorientierte *Grobstrukturierung* des Handlungsplanes. Ausgangspunkt ist das innere Bedürfnis, ein erkanntes Problem zu lösen, und das Ziel, den antizipierten Endzustand zu erreichen. Dabei ist die emotionale Erregung (Motivation) zunächst handlungsbestimmend. Die Qualitätsanforderung bezüglich der Ausführung der Tätigkeit ist gering.
- Auf der zweiten handlungshierarchisierten Lernstufe erfolgt die *Feinstrukturierung* des Handlungsplanes durch die Differenzierung des Handlungsplanes hinsichtlich des qualitativen Ablaufs der Tätigkeit. In dieser Phase wird durch einsichtiges aktives Üben von Teiltätigkeiten eine höhere Qualität der Tätigkeitsausführung erreicht. Das Bewusstsein wird durch psychisch automatisierte Ausführungstätigkeiten entlastet und so die intellektuelle Zuwendung zu weiterführenden Aufgaben in den folgenden Lernstufen ermöglicht.
- In der dritten Lernstufe erfolgt die Zusammenfügung von Teil-Lernprozessen und -ergebnissen zum ganzheitlichen Problemlösen gleicher oder ähnlicher Situationen, mithin die *Generalisierung* von Lernerfahrungen. So entstehen komplexe Handlungspläne mit hoher Qualitätsanforderung hinsichtlich der Ausführung der Tätigkeit.
- Die vierte, höchste Lernstufe ermöglicht die *Flexibilisierung* des Handlungsplanes für veränderte situative Bedingungen. Die Fähigkeiten zum Transfer, zur Reflexion (Kontrolle, Kritik, Beurteilung) und Zusammenfügung erworbener und neuer Lernerfahrungen werden erreicht und gefordert.

Um den Aufbau eines umfassenden Handlungsregulationssystems zu erreichen, sollten ganzheitliche Lernprozesse gestaltet werden, die Wissen und Handeln so miteinander verknüpfen, dass wertorientiertes und theoriegeleitetes Denken und Handeln in komplexen Situationen entwickelt werden. Das Lernen ist dabei in dreifacher Weise auf Handeln bezogen:[4]

1. als theoretisches Lernen, das auf Handeln vorbereitet,
2. als Lernen durch Handeln,
3. als kritische und interaktive Reflexion über das Handeln.

Dafür sollte ein Methodenkonzept aufgestellt werden, das primär auf die Befähigung ausgerichtet ist, „... sich selbständig Wissen anzueignen, Probleme zu lösen, neue Situationen zu bewältigen, die eigene Lebens- und Umwelt mitzugestalten, lebenslang lernfähig und lernbereit zu bleiben"[5]. Erforderlich erscheint dafür ein Pluralismus der Metho-

---

[3] Halfpap 1983, S. 46 ff.; Halfpap 1996, S. 12 und S. 20
[4] Kaiser/Kaminski 1994, S. 88 f.
[5] Kaiser/Kaminski 1994, S. 89

Konzeption der Aus- und Weiterbildung von Category Managern im Handel   419

den wie auch eine Pluralität der Lernorte, so dass auf allen Lernstufen und in unterschiedlichen Erfahrungszusammenhängen Lernprozesse initiiert werden.[6]

Aus handlungstheoretischer Sicht sollte Lernen daher drei Prinzipien genügen:[7]

- Aktiv: Der Lernstoff ist nicht passiv zu vermitteln, sondern aktiv zu erarbeiten.
- Konstruktiv: Die Lerninhalte müssen in Beziehung zu bereits vorhandenem Wissen gesetzt werden.
- Zielorientiert: Die Lernenden müssen sich des Ziels bewusst sein, auf das sie hinarbeiten.

2.2 Art und Gewichtung der Qualifikationsanforderungen im Management

Die aufgezeigten drei Ebenen der Handlungsregulation sind als Qualifikationsanforderungen anzusehen, über die ein Subjekt verfügen muss, um eine bestimmte Aufgabe erfüllen zu können. Zur Bestimmung von objektiven, d.h. vergleichbaren und von außen messbaren Qualifikationsanforderungen sind die Ebenen der Handlungsregulation jedoch nicht geeignet. Eine diesbezügliche Systematik, welche gleichzeitig den Forderungen nach der Berücksichtigung von Schlüsselqualifikationen[8] gerecht wird, kann von *Kroll*[9] übernommen werden.

Er unterscheidet in prozessspezifische und prozessunspezifische Anforderungselemente. Prozessspezifische Qualifikationen sind solche, die sich auf „aus dem Arbeitsprozess ergebende konkretstoffliche Anforderungselemente beziehen"[10]. Sie sind unterteilt in funktionale und extrafunktionale Tätigkeitsanforderungen. Funktionale Anforderungen sind auf konkrete Arbeitsplätze bezogen. Dagegen sind extrafunktionale Anforderungen solche, die prozessspezifisch, aber gleichzeitig auch arbeitsplatzübergreifend einsetzbar sind. Hierzu zählen z.B. die Fähigkeiten, sich schnell in neue Aufgabenfelder einzuarbeiten, komplexe Arbeitsabläufe selbständig planen und Störungen bewältigen zu können.[11]

Prozessunspezifische Qualifikationen beinhalten Anforderungen, die sich „nicht direkt auf die konkret stofflich-materiellen Bedingungen des Arbeitsablaufes beziehen, sondern auf die zu dessen störungsfreiem Verlauf erforderlichen Eigenschaften des Humankapitals"[12]. Die prozessunspezifischen Qualifikationen unterteilen sich in motivationale,

---

6   Kaiser/Kaminski 1994, S. 89
7   Dörig/Waibel o. J., S. 4
8   Dahrendorf 1956, S. 553 ff.; Mertens 1974, S. 36 ff.
9   Kroll 1978, S. 21 ff.
10 Kroll 1978, S. 21
11 Kroll 1978, S. 22
12 Kroll 1978, S. 22

soziale und antizipatorische Anforderungselemente. Die Begriffe sind in der Abbildung 1 erläutert.

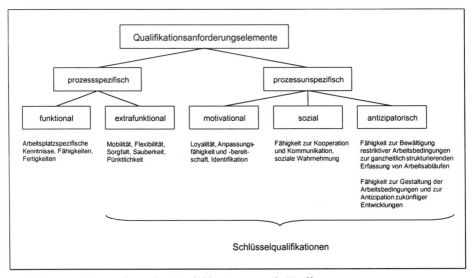

Abbildung 1: Unterteilung der Qualifikationen nach *Kroll*

Quelle: Eckardt 2001, S. 37; dort in Anlehnung an Kroll 1978, S. 43

Die extrafunktionalen sowie die nicht arbeitsplatzspezifischen motivationalen, sozialen und antizipatorischen Anforderungselemente stellen aufgrund ihres übergreifenden und nicht an eine konkrete Tätigkeit gebundenen Charakters Schlüsselqualifikationen dar.

Mit Hilfe dieser Systematik objektiver Anforderungselemente lässt sich ein geeigneter Anforderungskatalog erarbeiten, indem aus den Aufgaben von Category Managern systematisch die Anforderungsebene zugeordnet wird. Je nach konkreter unternehmensindividueller Ausgestaltung wird sich eine unterschiedliche Gewichtung der objektiven Anforderungselemente ergeben. Grundsätzlich kann jedoch regelmäßig von einer hohen Beanspruchung aller Anforderungselemente, besonders aber der extrafunktionalen und antizipativen Anforderungen ausgegangen werden.[13]

Die anschließende Kombination der ermittelten objektiven Anforderungselemente mit den subjektiven Anforderungen ermöglicht die Ableitung von individuellen Qualifikations- und Lernzielen für einzelne Category Manager gemäß dem jeweiligen Aufgabenkatalog. Für das konkrete Vorgehen verdeutlicht die Abbildung 2 eine Strukturierungshilfe.[14]

---

13 Vgl. Eckardt 2001, S. 198 ff.
14 Eckardt 2001, S. 44

Ebenen objektiver Anforderungen	Prozessspezifisch		Prozessunspezifisch		
Subjektive Anforderungsebene	Funktional	Extrafunktional	Motivational	Sozial	Antizipativ
Sensumotorische Ebene	↘...	↘...	↘...	↘...	↘...
Perzeptiv-begriffliche Ebene	↘...	↘...	↘...	↘...	↘...
Intellektuelle Ebene	↘...	↘...	↘...	↘...	↘...
Qualifikationsziele	⇓ Funktionale Kompetenz	⇓ Extrafunktionale Kompetenz	⇓ Motivationale Kompetenz	⇓ Soziale Kompetenz	⇓ Antizipative Kompetenz

Abbildung 2: Kombination von subjektiven und objektiven Anforderungselementen für die Managemententwicklung
Quelle: Eckardt 2001, S. 44

Basierend auf den hier dargelegten Anforderungen zur Gestaltung des Kompetenzerwerbs sowie der Art und Gewichtung von Qualifikationsanforderungen an Category Manager im Handel soll nachfolgend ein praxisrelevanter Leitfaden zum Aufbau eines umfassenden Aus- und Weiterbildungskonzeptes für die Qualifikationsentwicklung von Category Managern im Handel dargestellt werden. Der Fokus liegt dabei auf der Diskussion des Einsatzes und der Kombination von Lehrmethoden. Der darzulegende Leitfaden soll als Grundlage einer unternehmensindividuellen Curriculumentwicklung anwendbar sein.

3. Planung von Aus- und Weiterbildungsmaßnahmen für Category Manager im Handel

Die Planung von Aus- und Weiterbildungsmaßnahmen sollte sich an einem sachlogischen Prozess orientieren, der die folgenden Schritte beinhaltet:[15]

- Ermittlung des Qualifizierungsbedarfs,
- Ableitung von Weiterbildungs- und Lernzielen,
- Festlegen der Aus- bzw. Weiterbildungsinhalte,
- Auswahl und Kombination von Lehrmethoden,
- Messung und Kontrolle des Weiterbildungserfolges.

---

15 Schwuchow 1991, S. 87; Kitzmann/Zimmer 1982, S. 116; Dieterle 1983, S. 113 f.

Schließlich sind noch die organisatorischen Rahmenbedingungen festzulegen. Hierzu gehören die Festlegung der *Organisationsform*, die *zeitliche* und *örtliche Gestaltung*, die Auswahl der *Referenten*, die Festlegung der *Teilnehmerzahl* sowie die Zusammensetzung des *Teilnehmerkreises*.[16] Aufgrund der unternehmensindividuell starken Unterschiede soll auf diese Planungselemente an dieser Stelle nicht weiter eingegangen werden.

Die oben aufgezeigten Planungsschritte werden nachfolgend für die vorliegende Problemstellung konkretisiert.

3.1 Ermittlung des Qualifizierungsbedarfs

Der zu ermittelnde *Qualifizierungsbedarf* ergibt sich aus der Differenz zwischen dem individuellen personenbezogenen Qualifikationsangebot und der unternehmensseitigen Qualifikationsnachfrage.[17]

Für eine systematische Ermittlung des Qualifizierungsbedarfs[18] ist daher zunächst die unternehmensindividuelle *Qualifikationsnachfrage* in Form des spezifischen Aufgaben- bzw. Anforderungsprofils der Stelle des Category Managers zu bestimmen. Dieses kann einer gegebenenfalls existierenden Stellenbeschreibung entnommen oder aber mit Hilfe eines grundlegenden Aufgaben- und Anforderungskataloges für das Berufsbild des Category Managers erstellt werden.[19] Die darin enthaltenen Aufgaben und Anforderungen sollten hinsichtlich ihrer unternehmensspezifischen Ausprägung (Umfang und Intensität) analysiert und präzisiert werden.

Ist der Bedarf geklärt, muss das *Qualifikationsangebot* des (zukünftigen) Stelleninhabers erhoben werden. Dafür lässt sich eine Vielzahl von Instrumenten heranziehen, die zumeist auch ihren Einsatz in der klassischen Personal- bzw. Potenzialbeurteilung finden.[20] Hierzu zählen insbesondere Befragungen, Dokumentenanalysen und Verhaltensbeobachtungen.

Die Auswahl und Anwendung der Methoden zur Ermittlung des Qualifikationsangebots (potenzieller) Category Manager hängt von den unternehmensindividuellen Voraussetzungen sowie den zu erhebenden Qualifikationsinhalten ab. Um eine vollständige Analyse des Qualifikationsangebots bezüglich aller Anforderungsebenen zu ermöglichen, ist eine auf den konkreten Einzelfall abgestimmte kombinierte Anwendung der vorgestellten Methoden, bspw. in einem umfassenden Assessment Center, zu empfehlen.

---

16 Dazu vertiefend Eckardt 2001, S. 241 ff.
17 Vgl. dazu Marr/Stitzel 1979, S. 337
18 Kitzmann/Zimmer 1982, S. 119
19 Zu einem solchen Anforderungskatalog Eckardt 2001
20 Vgl. Lössl 1992, S. 756 ff.

Das so erhobene Qualifikationsangebot kann in einem dritten Schritt zu einem *Eignungsprofil*[21] zusammengefasst und der unternehmensseitigen Qualifikationsnachfrage gegenübergestellt werden. In aller Regel werden sich so genannte „Deckungslücken" ergeben, deren negative Abweichungen dem erforderlichen Qualifizierungsbedarf entsprechen. Dieser ist im Weiteren in Form von Weiterbildungs- bzw. Lernzielen zu präzisieren.

3.2 Ableitung der Weiterbildungs- und Lernziele

Aus der Vielzahl existierender Taxonomien zur Strukturierung von Lernzielen[22] soll hier die weithin anerkannte von *Bloom et al.* zugrunde gelegt werden.[23] Danach sind Lernziele in drei Bereiche zu unterteilen: *Kognitive Lernziele* fokussieren das Denken, Wissen, Problemlösen sowie intellektuelle Fertigkeiten und Fähigkeiten. *Affektive Lernziele* beziehen sich auf Veränderungen von Interessen, Einstellungen und Werten. *Psychomotorische Lernziele* stellen demgegenüber auf die Vermittlung manipulativer oder motorischer Fähigkeiten ab. Sie sind hier nicht relevant, da bei Managern ein Qualifizierungsbedarf auf der physisch-motorischen Anforderungsebene nur in Ausnahmen zu erwarten ist.[24]

Demgegenüber ist regelmäßig von einer hohen Bedeutung kognitiver Lernziele in der Aus- und Weiterbildung von Category Managern auszugehen. Diese sind nach dem Grad der Komplexität zu unterteilen in das Erreichen bzw. Erzeugen von:[25] Wissen (Kenntnisse), Verstehen, Anwenden, Analysieren, Synthese und Beurteilung (Evaluation, Bewertung).

Zur Hierarchisierung affektiver Lernziele wird das Kriterium der Internalisierung (Verinnerlichung) von Haltungen, Prinzipien, Regeln, Sanktionen etc. herangezogen.[26] Sie lassen sich wie folgt präzisieren:[27] Aufnehmen von Reizen bzw. Aufmerksamkeit für Reize entwickeln, Reagieren auf diese Reize, Bewerten der aufgenommenen Reize, Errichten einer Wertordnung, Einordnen des Wertes in ein Gesamtsystem (Weltanschauung).

Die affektiven und kognitiven Lernzielstufen zeigen deutliche Analogien zu den Stufen des Lernprozesses, wie er weiter oben im Rahmen der theoretischen Grundlegung vorgestellt wurde. Entsprechend der jeweiligen Stufe dieses Lernprozesses zum Aufbau von Handlungsregulation ist unterschiedlichen Lernzielen der Vorrang zu geben. Daraus

---

21 Vgl. z.B. Olesch 1989, S. 38 ff. bzw. S. 41 ff.
22 Zu einer Übersicht vgl. Olbrich/Pfeiffer 1979, S. 4 f.
23 Bloom et al. 1972, 20 f.
24 Eckardt 2001, S. 220
25 Bloom et al. 1972, S. 31 und S. 217 ff.
26 Krathwohl et al. 1975, S. 27
27 Krathwohl et al. 1975, S. 164 ff.

lässt sich eine lernzielstrukturierte didaktische Matrix ableiten, wie sie in Abbildung 3 wiedergegeben ist.

Anforderungen		Lernprozessstufen	Lernzieldimensionen/-stufen			
			kognitiv		affektiv	
s o z i a l	funktional	Grobstrukturierung	Wissen (Kenntnisse)	K O M P L E X I T Ä T	Aufnehmen von Reizen	I N T E R N A L I S I E R U N G
		Feinstrukturierung	Verstehen		Reagieren auf Reize	
	extrafunktional		Anwendung		Bewerten der aufgenommenen Reize	
		Generalisierung	Analyse		Errichten einer Wertordnung	
	antizipativ		Synthese		Einordnung des Wertes	
		Flexibilisierung	Beurteilung			

Abbildung 3: Lernzielstrukturierte Matrix des handlungstheoretischen Modells
Quelle: Eckardt 2001, S. 222, z.T. in Anlehnung an Halfpap 1983, S. 155

Ausgehend von dem ermittelten Qualifizierungsbedarf ermöglicht diese Matrix die Strukturierung und Operationalisierung von kognitiven und affektiven Lernzielen für die Aus- und Weiterbildung von Category Managern.

Abbildung 4 enthält eine solche Zuordnung operationaler Lernziele und Lernzielstufen für die Aus- und Weiterbildung von Category Managern am Beispiel der Aufgabe „Definition von Warengruppen" innerhalb des Category-Management-Prozesses. Die Zuordnung ist hier auf den Bereich der funktionalen Anforderungen beschränkt.

Die Abbildung 4 verdeutlicht den enormen Aufwand und Umfang einer vollständigen Operationalisierung von Lernzielen und damit die Notwendigkeit einer unternehmensspezifischen Eingrenzung des Qualifikationsanforderungskatalogs sowie einer stark individualisierten Qualifizierungsbedarfsanalyse.

Anforderungen	Lernzieldimensionen/-stufen	
	kognitiv	affektiv
funktional Kenntnis der Unternehmensziele und -strategien, des bisherigen und des angestrebten Unternehmensprofils Kenntnis der Einkaufs- und Lieferantenstruktur Kenntnis der bisherigen Warengruppeneinteilung sowie des bisherigen Vorgehens zur Strukturierung von Warengruppen	**Wissen (Kenntnisse)** Der Category Manager kann die Unternehmensziele und -strategien, die Lieferanten, die bisherige Warengruppeneinteilung, mögliche Zuordnungskriterien für die Warengruppeneinteilung, Methoden zur Messung und Steuerung des Sortimentserfolgs etc. nennen. **Verstehen** Der Category Manager kann das bisherige und das angestrebte Unternehmensprofil, die Einkaufs- und Lieferantenstruktur, die bisherige Warengruppeneinteilung sowie das diesbezügliche Vorgehen beschreiben, erklären und erläutern.	**Aufnehmen von Reizen** Der Category Manager kann Unternehmensziele und -strategien verinnerlichen, Zusammenhänge zwischen Zielen, Strategien und Warengruppeneinteilungen erkennen, Abweichungen bei den Zielen, in der Einkaufs- und Lieferantenstruktur etc. registrieren **Reagieren auf Reize** Der Category Manager entwickelt die Bereitschaft, sein Verhalten an die Ziele und Strategien anzupassen, auf Abweichungen bei den Zielen, in der Einkaufs- und Lieferantenstruktur etc. mit entsprechendem Verhalten und geeigneten Maßnahmen zu reagieren

Abbildung 4: Zuordnung von Lernzielen und Lernzielstufen am Beispiel „Definition der Warengruppen"

Quelle: gekürzt aus Eckardt 2001, S. 223 f.

Die so ermittelten Lernziele dienen der Bewertung und Auswahl alternativer Handlungsmöglichkeiten zur Deckung des Weiterbildungsbedarfs sowie als Kontrollgröße und Erfolgsmaßstab der Trainingseinheiten. Darüber hinaus können sie eine Orientierungs- und Anreizfunktion für die Teilnehmer sowie eine Steuerungsfunktion im Verlauf der Aus- bzw. Weiterbildungsmaßnahme übernehmen.

3.3 Festlegen der Aus- bzw. Weiterbildungsinhalte

Die Auswahl der Inhalte von Aus- bzw. Weiterbildungsmaßnahmen muss sich an den formulierten Lernzielen sowie den unternehmensindividuell spezifizierten Aufgaben- und Anforderungskatalogen orientieren. Generelle Aussagen über Art und Umfang der Lerninhalte lassen sich nur bedingt treffen.[28] Grundsätzlich sollten die Lerninhalte nach

---

28 Kitzmann/Zimmer 1982, S. 148

Anforderungskomplexen unterteilt und didaktisch aufbereitet werden. Nach *Maeck*[29] sollten sie

- exemplarisch sein,
- bei späteren Entwicklungsmaßnahmen wieder verwendbar sein,
- einen engen Bezug zum Lernziel haben,
- den Bezug zur beruflichen Tätigkeit deutlich machen,
- mit früheren Lerninhalten verknüpfbar sein.

Für das Category-Management-Training bedeutet dieses, dass Handlungslernsituationen aufgebaut werden sollten, in denen exemplarisch die zentralen Aufgabenfelder abgebildet sind. An diesen Handlungslernsituationen sind die Lerninhalte schrittweise aktiv und in einem systematischen zielorientierten Planungsprozess zu erarbeiten. Der Aufbau sollte an den Stufen des Lernprozesses sowie den Lernzielstufen orientiert werden. Dafür sind geeignete Möglichkeiten auszuwählen und zu kombinieren.

3.4 Auswahl und Kombination von Lehrmethoden

3.4.1 Methoden des Führungskräftetrainings – ein Überblick

Grundsätzlich ist davon auszugehen, dass es keine optimale Methode zur Vermittlung eines bestimmten Lernziels gibt, da jeder Lehrende und jeder Lernende seine individuelle Art des Lehrens und Lernens hat.[30] Die möglichen Methoden lassen sich nach verschiedenen Kriterien klassifizieren.[31]

Aus Sicht der Personalentwicklung bzw. des Führungskräftetrainings erfolgt die geeignetste Unterteilung danach, ob die Qualifikationsentwicklung am oder außerhalb des Arbeitsplatzes stattfindet (vgl. Abbildung 5).

Für die Gestaltung der Aus- und Weiterbildung sind aus dem umfangreichen Katalog die jeweils besten Methoden zur Vermittlung der Lerninhalte und zum Erreichen der Lernziele auszuwählen.[32] Die Auswahl sollte anhand unternehmensindividuell zusammengestellter Auswahlkriterien erfolgen. Neben der Eignung zur Erreichung der formulierten Lernziele sind auch teilnehmer-, referenten-/ausbilder-, lehrstoff- und kostenabhängige Kriterien, die Möglichkeit der Berücksichtigung individueller Vorbildung sowie die Möglichkeit der Teilnehmeraktivierung heranzuziehen.[33]

---

29 Maeck1980, S. 124
30 Projektgruppe Schlüsselqualifikationen 1992, S. 54
31 Mentzel 1989, S. 174 ff., Mag 1992, Sp. 692, Bunk 1989, S. 390
32 Zum Vorgehen vgl. Berthel 1991, S. 264 f.; Dieterle 1983, S. 79 ff.
33 Mentzel 1989, S. 214 f.; Döring 1977, S. 151

Training on the job	Training off the job
– (Planmäßige) Unterweisung am Arbeitsplatz – Leittextmethode – Entwicklungsvorbereitung (Einsatz als Assistent, Nachfolger, Stellvertreter) – Multiple Führung (multiple management) – Arbeitsplatztausch oder Arbeitsplatzringtausch (einschließlich Traineeprogramme) – Teilnahme an Projektgruppen	– Selbststudium – Programmierte Unterweisung – Vortrag / Lehrgespräch / Diskussionsvortrag – Fallstudie – Projekt / Workshop (Action Learning) – Planspiel / Unternehmenssimulation – Rollenspiel – Gruppendynamische Trainingsverfahren
Training near bzw. parallel to the job	
– Mitarbeiterberatung (Mentoring/Coaching) – Supervision – Qualitätszirkel/Lernstatt	– Förderkreise und Erfahrungsaustauschgruppen – Fernunterricht

Abbildung 5: Übersicht über Methoden des Führungskräftetrainings

Quelle: Eckardt 2001, S. 227, z. T. in Anlehnung an Meier/Schindler 1992, Sp. 520

3.4.2 Darstellung der Methoden

Nachfolgend werden die Lehrmethoden kurz vorgestellt und im Anschluss daran deren Eignung zur Qualifikationsentwicklung von Category Managern insbesondere im Hinblick auf die Vermittlung der objektiven Qualifikationsanforderungselemente zusammenfassend in einer Tabelle beurteilt.[34]

Methoden des „Training on the job"

Bei den Methoden des „Training on the job" erfolgt die partielle oder vollständige Übernahme von Aufgaben des Arbeitsplatzes durch die Lernenden. Als grundsätzlich geeignet für die Qualifikationsentwicklung von Category Managern sind die Entwicklungsvorbereitung, die Multiple Führung, der Arbeitsplatztausch sowie die Teilnahme an Projektgruppen anzusehen.[35]

Die *Entwicklungsvorbereitung* erfolgt durch den Einsatz als Assistent, Nachfolger oder Stellvertreter. Sie beinhaltet die Übertragung von vorbereitenden Aufgaben oder Teilaufgaben und die schrittweise Einarbeitung durch den Vorgesetzten.

---

34 Ausführlich zu den Methoden Berthel 1991, S. 247 ff.; Mentzel 1989, S. 178 ff.; Meier 1991, S. 169 ff.
35 Eckardt 2001, S. 229 f.

Bei der *Multiplen Führung* (junior board, multiple management) als Gruppenfortbildung „on the job" arbeitet eine zu Fortbildungszwecken zusammengesetzte Führungsgruppe parallel zu einer „echten" Führungsgruppe an den zu erfüllenden Aufgaben.[36]

Die Methoden *Arbeitsplatztausch, Arbeitsplatzringtausch* (Job Rotation), *Traineeprogramme* oder die *Teilnahme an Projektgruppen* beinhalten die vorübergehende Übernahme von Arbeitsaufgaben durch einen systematischen Arbeitsplatzwechsel.

Methoden des „Training near/parallel to the job"

Die *Mitarbeiterberatung* (Mentoring, Coaching) enthält verschiedene Methoden der überwachten, begleitend beratenden oder gesteuerten Erfahrungssammlung. Der Mitarbeiter wird durch Vorgesetzte, interne Paten oder externe Berater betreut. Meist wird diese Methode im Führungskräftebereich eingesetzt.

Bei der *Supervision* treffen sich die Teilnehmer aus gemeinsamen Berufs- oder Erfahrungsfeldern regelmäßig mit einem professionellen, psychologisch und gruppenpädagogisch geschulten Trainer/Berater. Ziel ist es, den Zusammenhang zwischen den Beziehungen zu Mitarbeitern und dem persönlichen Erleben darzustellen und zu reflektieren.

Qualitätszirkel sind organisierte Kleingruppen, in denen Mitarbeiter unter Anleitung Probleme in ihrem Arbeitsbereich analysieren, Lösungsvorschläge entwerfen und umsetzen bzw. sich über Wissensinhalte informieren. In der *Lernstatt* werden ebenfalls Probleme aus dem Arbeitsbereich der Mitarbeiter besprochen. Jedoch steht hier nicht die Realisation von Problemlösungen und die daraus resultierende Verbesserung der Kosten-Nutzen-Relationen im Vordergrund. Vielmehr geht es um das Definieren von Problemen (über Qualitätsprobleme hinaus), das gemeinsame Lernen und das Erarbeiten von Lösungsvorschlägen.[37]

Förderkreise und *Erfahrungsaustauschgruppen* (Erfa-Gruppen) sind vielfach über Unternehmensgrenzen hinweg organisierte regelmäßige Treffen. Hier werden Probleme der betrieblichen Praxis diskutiert und das gegenseitige Lernen, ggf. unter Einsatz von Methoden des Trainings „off the job" (z.B. Rollenspiele, gruppendynamische Trainings etc.), gefördert.

Der *Fernunterricht* beinhaltet Sonderformen extern angebotener Weiterbildung. Die räumliche Trennung zwischen Dozent und Teilnehmer wird durch entsprechend geeignete Medien (z.B. Arbeitspapiere, CD-Roms, Internet etc.) überbrückt.

Methoden des „Training off the job"

Das *Selbststudium* ermöglicht die Aus- bzw. Weiterbildung mit geringem personellen und organisatorischen Aufwand. Die Vermittlung der Inhalte erfolgt durch geeignete Medien. Hier nehmen mit fortschreitender Technisierung audiovisuelle Medien zunehmend Raum ein. Der Vorteil liegt in der individuell freien Einteilung von Zeit und Ge-

---

36 Kitzmann/Zimmer 1982, S. 232 f.
37 Vgl. dazu Kitzmann/Zimmer 1982, S. 236 ff.

schwindigkeit des Lernens. Die Methode ist insbesondere für die individuelle Vor- und Nachbereitung von Seminaren geeignet, z.B. um die Teilnehmer auf ein einheitliches Vorwissensniveau bezüglich funktionaler und extrafunktionaler Kenntnisse zu heben.

Die *programmierte Unterweisung* als Sonderform des Selbststudiums basiert auf dem Einsatz bestimmter Hilfsmittel bzw. Medien, die den Lehrstoff in kleinen Einheiten strukturiert vermitteln helfen. Die Stoffvermittlung erfolgt im Selbststudium nach einem Regelkreisprinzip mit der Schrittfolge „Information – Frage – Antwort – Kontrolle". Diese Methode ist besonders geeignet für die Vermittlung umfangreicher Fakteninformationen, deren Kenntnis für die Tätigkeit erforderlich ist.

Der *Vortrag* dient der komprimierten Vermittlung von Wissen und Kenntnissen. Er stellt die am weitesten verbreitete Lehrmethode dar. Der Vorteil liegt in dem geringen zeitlichen und methodischen Aufwand. Es kann aktuelles Wissen zeitnah großen Gruppen vermittelt werden. Nachteilig erscheint die passive Rolle der Zuhörenden, was die Gefahr geringer Aktivierung und hoher Transferverluste mit sich bringt. Darüber hinaus ist der Informationsprozess einseitig, da die Rückkopplung zwischen dem Vortragenden und den Zuhörenden fehlt. Um die Nachteile zu umgehen, wird die Methode vielfach mit der Diskussion gekoppelt.

Das *Lehrgespräch* (Diskussionsvortrag) beinhaltet gegenüber dem Vortrag einen stärkeren Einbezug der Teilnehmer bei der Erarbeitung des Stoffinhaltes. Die Methode dient vor allem der Festigung und Vertiefung bereits vorhandener Kenntnisse. Zur Erschließung völlig neuer Stoffgebiete ist sie nur bedingt geeignet.

Die *Fallstudie* erfordert die (simulierte) Bearbeitung konkreter Entscheidungssituationen und Probleme aus der betrieblichen Praxis. Ausgehend von einem begrenzten Informationsstand ist unter Nutzung des gesamten Wissens der Gruppe ein Lösungsvorschlag auszuarbeiten. Ihre Stärke besitzt die Methode in der Vermittlung konzeptioneller und analytischer Fähigkeiten.

Die *Projekt- bzw. Workshop-Methode* stellt im Gegensatz zur Fallstudie das Finden, Definieren und Lösen von konkreten realen Problemen in den Mittelpunkt. *Action Learning*[38] stellt eine methodische Variante speziell zur Förderung von Führungskräften der mittleren und oberen Managementebene dar. Die Teilnehmer verlassen für mehrere Monate ihren Arbeitsplatz und bearbeiten ein konkretes Problem für einen „Kunden", d.h. eine Tochterfirma oder ein fremdes Unternehmen. So werden bei dieser Methode Problemlösung und Fortbildung miteinander kombiniert.

Das *(Unternehmens-)Planspiel* bzw. die Unternehmenssimulation[39] beinhaltet als Variante der Fallmethode eine rückkoppelnde Simulation von Planungs-/Entscheidungsprozessen über mehrere Perioden auf der Basis mehrgliedriger Modelle. Planspiele/Unternehmenssimulationen werden inzwischen zumeist computergestützt durchgeführt.

---

38 Vgl. dazu Reavans 1982, S. 64 ff.; Kitzmann/Zimmer 1982, S. 234 ff.
39 Zur Differenzierung vgl. Schöl 1998, S. 42 ff.

Das *Rollenspiel* zielt primär auf die Beeinflussung des zwischenmenschlichen Verhaltens. Anhand nachgestellter konkreter Problemsituationen wird die Lösung eines Sachproblems vor dem Hintergrund unterschiedlicher persönlicher Rollen und daraus entstehenden Beziehung-(skonflikt-)en trainiert. Der Fokus liegt auf dem Training sozialkommunikativer Fähigkeiten.

Gruppendynamische Trainingsverfahren (Sensitivity, T-Group, Laboratory) zielen auf die Veränderung von Einstellungen und Verhaltensweisen. Überwiegende Zielgruppe dieser Methode sind das mittlere und obere Management. Die Lernziele liegen primär in der Erlangung von Teamfähigkeit sowie sozialer Fähigkeiten auf sich selbst und auf andere bezogen.

3.4.3 Beurteilung der Methoden

In Abbildung 6 werden die für das Training von Category Managern als grundsätzlich geeignet betrachteten und zuvor kurz vorgestellten Methoden zusammenfassend beurteilt. Die Bewertung erfolgt im Hinblick auf die geförderten Qualifikationen, die forcierte Art des Lernens aus handlungstheoretischer Sicht sowie den erforderlichen finanziellen Aufwand.[40] Darüber hinaus wird sich an den Ausführungen von *Dieterle*[41] sowie *Schwuchow*[42] orientiert. Letztere beruhen auf einer Erhebung zur Wahrnehmung von Lehrmethoden aus Teilnehmersicht hinsichtlich ihrer Eignung zum Erreichen von wesentlichen Weiterbildungszielen.[43]

Gemäß der individuell erarbeiteten Lernziele und -inhalte können die Bewertungen der Abbildung 6 genutzt werden, um einen geeigneten Methodenmix für die Aus- bzw. Weiterbildung von Category Managern zusammenzustellen. Auch wenn bspw. mit der Fallmethode eine enorme Bandbreite an Anforderungen vermittelt werden kann, ist dennoch die Kombination mit anderen Methoden im Verlauf des Lernprozesses erforderlich.[44]

---

40 Eckardt 2001, S. 229 ff.
41 Dieterle 1983, S. 80 ff.
42 Schwuchow 1991, S. 240 ff.
43 Schwuchow 1991, S. 167 ff.
44 Schwuchow 1991, S. 255

Methode	Geförderte Qualifikationen				Geförderte Art des Lernens			Auf-wand
	Funk-tional	Extra-funk-tional	Sozial	Antizi-pato-risch	Aktivi-tät	Selbst-steue-rung	Zielori-entie-rung	
Training on the job								
- Entwicklungsvorbereitung (Einsatz als Assistent, Nachfolger, Stellvertreter)	++	+++	++	++	✓	✓	✓	$($)
- Multiple Führung (multiple management)	++(+)	+++	+++	+++	✓	✓	✓	$$$
- Arbeitsplatztausch oder Arbeitsplatzringtausch (einschließlich Traineeprogramme)	++(+)	++	++(+)	++(+)	✓	✓	✓	$$
- Teilnahme an Projektgruppen	++(+)	+++	+++	+++	✓	✓	✓	$$$
Training parallel bzw. near to the job								
- Mitarbeiterberatung (Mentoring/ Coaching)	++(+)	++(+)	++(+)	++(+)	(✓)	(✓)	✓	$$
- Supervision	-	(+)	+++	++	✓	(✓)	✓	$
- Qualitätszirkel/Lernstatt	+	++	++	++(+)	✓	✓	✓	$
- Förderkreise und Erfahrungsaustauschgruppen	(+)	++	+	++	✓	✓	✓	$($)
- Fernunterricht	++	+(+)	-	-	(✓)	(✓)	(✓)	$
Training off the job								
- Selbststudium	+++	++	-	-	(✓)	✓	(✓)	($)
- Programmierte Unterweisung	+++	++	-	(+)	(✓)	-	(✓)	$
- Vortrag	++(+)	+	-	-	-	-	(✓)	$
- Lehrgespräch	++(+)	+(+)	+	+	(✓)	(✓)	(✓)	$
- Fallstudie	++(+)	+++	++(+)	+++	✓	✓	✓	$($)
- Projekt/Workshop (Action Learning)	++(+)	+++	+++	+++	✓	✓	✓	$$$
- (Unternehmens-) Planspiel/-Simulation	+(+)	+++	+++	+++	✓	✓	✓	$$
- Rollenspiel	-	(+)	+++	(+)	✓	✓	✓	$
- Gruppendynamische Trainingsverfahren	-	(+)	+++	(+)	✓	✓	✓	$

Erläuterung der Bewertungen:
- nicht/kaum geeignet
+ grundsätzlich geeignet
++ gut geeignet
+++ sehr gut geeignet
(..) „bedingt .."

- nicht gefördert
(✓) bedingt gefördert
✓ gefördert

$ niedrig
$$ hoch
$$$ sehr hoch
(..) „bedingt .."

Abbildung 6: Eignung von Trainingsmethoden zur Vermittlung von Qualifikationsanforderungen für Category Manager

Quelle: Eckardt 2001, S. 238

3.4.4 Kombination der Methoden

Um die Weiterbildungs- und Lernziele erreichen zu können, ist eine Kombination unterschiedlicher Methoden erforderlich. Es sollten einerseits verschiedene Methoden des „Training on the job", wie Arbeitsplatztausch, Entwicklungsvorbereitung und Multiple Führung in der systematischen Laufbahn- und Karriereplanung untereinander kombiniert werden. Andererseits sollten unterstützend Methoden des „Training near/parallel the job" sowie des „Training off the job" parallel bzw. in systematisch geplanten Abständen eingesetzt werden.[45]

Die Basis einer Methodenkombination für die Aus- und Weiterbildung von Category Managern sollte eine Methode des „Training on the job" bilden. Geeignet hierzu erscheint der Einsatz als Assistent des „Senior-Category-Managers", ein gezielter Arbeitsplatztausch im Rahmen eines Förder- oder Traineeprogramms und/oder die Teilnahme an Projektgruppen. Letzteres ist besonders in der Phase der projektbezogenen Einführung des Category Management naheliegend.

In Verbindung mit bzw. parallel zu den arbeitsplatzgebundenen Methoden sollten in kontinuierlichen Abständen „Trainings off the job" in Form zeitlich begrenzter Seminare stattfinden. Sie sollten dazu dienen, gezielt Kenntnisse und Fähigkeiten zu vermitteln, deren Einsatz im aktuellen Arbeitsumfeld gefordert wird. Der Einsatz von Methoden sollte an einem idealtypischen Lernprozess erfolgen. Im Verlauf des Lernprozesses ändert sich die Gewichtung innerhalb der punktuell verfolgten Lernziele. Daher ist je nach Lernprozessphase entlang unterschiedlichen Lehrmethoden der Vorrang zu geben.

Eine Konzeption für die Aus- und Weiterbildung von Category Managern sollte in jedem Fall mit der Vermittlung grundlegender funktionaler und extrafunktionaler Kenntnisse beginnen. Aus Effizienz- und Kostengründen kann dies durch die Teilnehmer individuell im Selbststudium oder mittels entsprechend vorbereiteter Medien in Form der „Programmierten Unterweisung" erfolgen.[46] Zu Beginn eines Seminar(teil)s besteht das Ziel, alle Teilnehmer möglichst auf den gleichen Wissensstand zu heben und ggf. vorhandene Defizite abzuprüfen. Hiefür eignen sich im Anschluss an das Selbststudium die Methoden Vortrag, Lehrgespräch oder Diskussion.

Gemäß des als geeignet erachteten handlungsorientierten Ansatzes sollte der weitere Wissenserwerb in realitätsnahen Handlungs-Lern-Situationen durch den Einsatz lernaktiver Methoden(-kombinationen) (z.B. Gruppenarbeit, Fallstudie, Planspiel, Rollenspiel etc.) erfolgen.[47] Hier bietet sich die Möglichkeit des permanenten Wechsels zwischen Wissenserwerb und Wissensanwendung sowie die Möglichkeit der Verknüpfung von Wissenselementen und Seminarteilen. Neben funktionalen werden insbesondere extrafunktionale, soziale und antizipative Fähigkeiten trainiert. Die Methoden erfordern in

---

45 Meier 1991, S. 185
46 Mentzel 1989, S. 213
47 Vgl. dazu u. a. Schöl 1998, S. 196 ff.

Verbindung mit Teamarbeit fortlaufend analytisch-konzeptionelle Tätigkeiten unter Einsatz entsprechend geeigneter Instrumente. Anstelle des Trainings in fiktiven Situationen bzw. in (anschließender) Ergänzung dazu ist die Anwendung des Wissens in realen Situationen durch den Einsatz der Projekt-/Workshop-Methode empfehlenswert.

Im Anschluss an das Seminar sollten geeignete Unterlagen zur Vertiefung und späteren Auffrischung der Kenntnisse und Fähigkeiten verfügbar gemacht werden. Die damit mögliche Nachbereitung des Seminars erfolgt wiederum im Selbststudium.

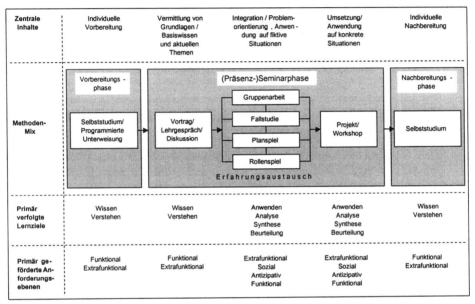

Abbildung 7: Idealtypischer Lehrmethodenmix im Category-Management-Training
Quelle: Eckardt 2001, S. 241

Abbildung 7 verdeutlicht den hier empfohlenen idealtypischen Lehrmethodenmix im Aus- bzw. Weiterbildungsverlauf. Ergänzend werden die phasenbezogen angesprochenen Qualifikationsanforderungsebenen und kognitiven Lernzielstufen aufgezeigt.

3.5 Messung und Kontrolle des Weiterbildungserfolges

Die Messung des Weiterbildungserfolges unterliegt einer Reihe von Zielsetzungen, die jeweils einer der folgenden Kategorien zugeordnet werden können:[48]

- Es soll die Wirksamkeit der Aus- bzw. Weiterbildungsmaßnahme zur Rechtfertigung der Investition nachgewiesen werden (Legitimationsfunktion). Die wesentlichen (Nachweis-)Kriterien sind die Lernfortschritte, die Anwendbarkeit des Gelernten am Arbeitsplatz sowie Effizienzvorteile gegenüber dem früheren Arbeitsverhalten.
- Zukünftige Weiterbildungsmaßnahmen sollen bezüglich des Lernerfolges sowie der Kosteneffizienz verbessert werden (Entwicklungsfunktion).
- Laufende Weiterbildungsmaßnahmen sollen für eine bessere Gestaltung und Umsetzung der Lernprozesse optimiert werden (Aktionsfunktion).

Der Erfolg von Weiterbildungsmaßnahmen lässt sich in eine vorökonomische und eine ökonomische Dimension aufteilen. Aus vorökonomischer Sicht stehen die pädagogischen Ziele der Lernmotivation und des Lernerfolges der Teilnehmer im Vordergrund (Zufriedenheits- und Lernerfolg). Letztlich wird der wichtigste Erfolgsmaßstab jedoch in der Erzielung eines ökonomischen Nutzens gesehen, der sich aus der erfolgreichen Anwendung des Gelernten ergibt (Anwendungserfolg).[49]

Allerdings muss beachtet werden, dass Leistungsveränderungen von einer Vielzahl an Determinanten beeinflusst werden. Sie sind daher nur schwer einer bestimmten Personalentwicklungsmaßnahme zurechenbar.[50] Eine Messung des meist im Vordergrund stehenden ökonomischen Erfolges kann demzufolge nur über Umwege erfolgen.

Eine ausschließliche Erfolgskontrolle am Ende einer Aus- bzw. Weiterbildungsmaßnahme birgt die Gefahr in sich, dass Fehlentwicklungen nicht rechtzeitig erkannt werden. Sicher erscheint die Ergebnismessung in Form des Lernerfolges und dessen Umsetzung in die Praxis als zentrales Erfolgskriterium. Dennoch sollte eine Erfolgsmessung grundsätzlich in allen Phasen einer Trainingsmaßnahme, d.h. davor, währenddessen und danach, erfolgen.[51]

Als Methoden zur Messung des Qualifizierungserfolges kommen grundsätzlich die gleichen in Betracht, die auch für die Ermittlung des Qualifizierungsbedarfs anwendbar sind.[52] Als wichtigste Methoden zur Erfolgskontrolle werden Befragungen, Beobachtungen, Psychologische Testverfahren, klassische Prüfungsverfahren, Personalbeurteilungen sowie personalbezogene Statistiken und Kennziffern empfohlen.[53] Wie bereits

---

48 Schindler 1979, S. 12 ff.
49 Schwuchow 1991, S. 124 und die dort angegebene Literatur
50 Mentzel 1989, S. 249 f.; Berthel 1991, S. 272
51 Stiefel 1978, S. 71 ff.; Schindler 1979, S. 12 ff.
52 Berthel 1991, S. 271
53 Berthel 1991, S. 271; zur Beurteilung der Einsatzbereiche von Kontrollinstrumenten Stiefel 1974, S. 81 f.

bei der Bedarfsermittlung sollten auch hier mehrere Methoden eingesetzt werden, um ein möglichst breites Spektrum an Indikatoren zu erfassen und eine hohe Validität der Messungen zu erreichen.

4. Zusammenfassung und Ausblick

Das Ziel dieses Beitrags war es, geeignete Ansätze zur Konzeption und Gestaltung der Aus- und Weiterbildung von Category Managern aufzuzeigen.

Grundlegend für das Vorgehen wurde auf den Ansatz der Handlungsorientierung zurückgegriffen und wesentliche Kriterien zur Gestaltung von Aus- und Weiterbildungskonzepten für Category Manager abgeleitet.

Ausgehend von einem sachlogischen Planungsprozess wurden Ansätze zur Planung und Durchführung von Trainingsmaßnahmen für Category Manager aufgezeigt und die Anwendungseignung für einen diesbezüglichen Einsatz diskutiert. Der Fokus lag dabei insbesondere auf der Ableitung von Lernzielen sowie der Auswahl und Kombination von Lehrmethoden.

Das Ergebnis stellt eine weitgehende Hilfestellung für die personen- und unternehmensspezifische Konzeption und Umsetzung von Curriculumelementen in der Aus- und Weiterbildung von handelsbetrieblichen Category Managern dar.

Literatur

BERTHEL, J. (1991): Personal-Management: Grundzüge für Konzeptionen betrieblicher Personalarbeit, 3. Aufl., Stuttgart 1991.

BLOOM, B. S.; ENGELHART, M. D.; FURST, E. J.; HILL, W. H.; KRATHWOHL, D. R. (1972): Taxonomie von Lernzielen im kognitiven Bereich, Weinheim-Basel 1972.

BUNK, G. P. (1989): Methodenprobleme in der betrieblichen Weiterbildung, in: Zeitschrift für Berufs- und Wirtschaftspädagogik, Heft 85, 1989, S. 387–393.

DAHRENDORF, R. (1956): Industrielle Fertigkeiten und soziale Schichtung, in: Kölner Zeitschrift für Soziologie und Sozialpsychologie, Heft 8, 1956, S. 540–568.

DIETERLE, W. K. M. (1983): Betriebliche Weiterbildung: Problemfelder und Konzeptionen, Göttingen 1983.

DÖRING, P. A. (1977): Organisationsmuster betrieblicher Bildungsarbeit – Planung optimaler Lernbedingungen, in: Rationalisierung, Heft 7/8, 1977, S. 150-154.

DÖRIG, R.; WAIBEL, R. (o.J.): Handlungsorientierter Unterricht: Komplexe Lehr-Lern-Arrangements in der Volkswirtschaftslehre, Konzept und praktische Umsetzung, Institut für Wirtschaftspädagogik an der Universität St. Gallen o. J.

ECKARDT, G. H. (2001): Qualifikationsanforderungen an Category Manager im Handel – Ansätze und Instrumente zur Ermittlung und Entwicklung von Qualifikationsinhalten, Göttingen 2001.

HACKER, W. (1980): Allgemeine Arbeits- und Ingenieurpsychologie, 3. Aufl., Berlin 1980.

HALFPAP, K. (1983): Dynamischer Handlungsunterricht: Ein handlungstheoretisches Didaktikmodell, Darmstadt 1983.

HALFPAP, K. (1996): Lernen lassen: Ein Wegweiser für pädagogisches Handeln, Darmstadt 1996.

KAISER, F.-J.; KAMINSKI, H. (1994): Methodik des Ökonomieunterrichts: Grundlagen eines handlungsorientierten Lernkonzepts mit Beispielen, 3. Aufl., Bad Heilbrunn 1994.

KITZMANN, A.; ZIMMER, D. (1982): Grundlagen der Personalentwicklung, Weil der Stadt (Württemberg) 1982.

KRATHWOHL, D.; BLOOM, B.; MASIA, B. (1975): Taxonomie von Lernzielen im affektiven Bereich, Weinheim-Basel 1975.

KROLL, H. (1978): Untersuchung zur Ermittlung von kaufmännischen Grundfunktionen für die Gestaltung im Berufsfeld "Wirtschaft und Verwaltung", Forschungsbericht für das Bundesinstitut für Berufsbildung, Berlin 1978.

LÖSSL, E. (1992): Eignungsdiagnostische Instrumente, in: Gaugler, E.; Weber, W. (Hrsg.): Handwörterbuch des Personalwesens, Stuttgart 1992, Sp. 750–763.

MAECK, H. (1980): Kreative Planung und Kontrolle des Lehrens und Trainierens, München 1980.

MAG, W. (1992): Betriebliche Bildungsplanung, in: Gaugler, E.; Weber, W. (Hrsg.): Handwörterbuch des Personalwesens, Stuttgart 1992, Sp. 687-698.

MARR, R.; STITZEL, M. (1979): Personalwirtschaft – Ein konfliktorientierter Ansatz, München 1979.

MEIER, H. (1991): Personalentwicklung, Wiesbaden 1991.

MEIER, H.; Schindler, U. (1992): Aus- und Fortbildung für Führungskräfte, in: Gaugler, E.; Weber, W. (Hrsg.): Handwörterbuch des Personalwesens, Stuttgart 1992, Sp. 510–524.

MENTZEL, W. (1989): Unternehmenssicherung durch Personalentwicklung: Mitarbeiter motivieren, fördern und weiterbilden, 4. Aufl., Freiburg im Breisgau 1989.

MERTENS, D. (1974): Schlüsselqualifikationen – Thesen zur Schulung für eine moderne Gesellschaft, Nürnberg, in: Mitteilungen aus der Arbeitsmarkt- und Berufsforschung, Heft 1, 7. Jg. 1974, S. 36-43.

OLBRICH, G.; PFEIFFER, V. (1979): Lernzielstufen: Darstellung und Anwendung eines Hierarchisierungssystems für Lernziele in der beruflichen Bildung, Berlin 1979.

OLESCH, G. (1989): Praxis der Personalentwicklung: Weiterbildung im Betrieb, Heidelberg 1989.

PROJEKTGRUPPE SCHLÜSSELQUALIFIKATIONEN IN DER BERUFLICHEN BILDUNG (1992): Wege zur beruflichen Mündigkeit: didaktische Materialien zur integrierten Vermittlung und Förderung von fachlichen Inhalten und Schlüsselqualifikationen in der betrieblichen Ausbildung; Teil 1: Didaktische Grundlagen, Weinheim 1992.

REAVANS, R. (1982): What is Action Learning?, in: Journal of Management Development, 1. Jg. 1982, S. 64-75.

REETZ, L. (1996): Zum Konzept des handlungsorientierten Lernens in der beruflichen Bildung, in: Schaube, W. (Hrsg.): Handlungsorientierung für Praktiker: Ein Unterrichtskonzept macht Schule, 1996, S. 33-36.

SCHINDLER, K. (1979): Wirkung und Erfolg der Weiterbildung; Zu Fragen der Effizienzmessung, Köln 1979.

SCHÖL, K. (1998): Konzeption handelsbetrieblicher Unternehmenssimulationen und Planspiele. Ein Modellentwurf für den mittelständischen Textileinzelhandel, Göttingen 1998.

SCHWUCHOW, K. (1991): Weiterbildungsmanagement: Planung, Durchführung und Kontrolle der externen Führungskräfteweiterbildung, Stuttgart 1991.

STIEFEL, R. T. (1974): Welche Bedürfnisse haben die Teilnehmer von Management-Kursen?, in: IO, 43. Jg. 1974, S. 443-447.

STIEFEL, R. T. (1978): Erfolgreiche Management-Schulung im Unternehmen: Beiträge zur Theorie und Praxis der betrieblichen Management-Andragogik, Königstein im Taunus 1978.

Lothar Müller-Hagedorn und Ralf Wierich

Die Wahl des Bezugsweges durch den Einzelhandel und Konsequenzen für die Gestaltung des Konditionensystems des Herstellers – untersucht am Beispiel des Buchmarktes*

1. Problemstellung

2. Zur Gestaltung des Konditionensystems in verschiedenen Situationen
    2.1　Rabattorientierte Bestellpolitik des Einzelhandels
    2.2　Berücksichtigung von Lagerkosten in der Bestellpolitik des Einzelhandels
    2.3　Berücksichtigung einer kostenwirksamen Funktionsübernahme durch den Großhandel
    2.4　Berücksichtigung der Unsicherheit der Nachfrage beim Einzelhandel
    2.5　Diskussion

3. Fazit

Literatur

---

* Der vorliegende Beitrag hat seine Wurzel in Erörterungen im Arbeitskreis Verlagsmarketing der Schmalenbach-Gesellschaft zum Verhältnis von Verlag und Großhandel (sog. Barsortiment). Parallel zu diesen Erörterungen wurden Modelle entwickelt, die in den folgenden Beitrag eingegangen sind. An der Ausarbeitung dieser Modelle und ihrer rechnerischen Veranschaulichung hat die damalige wissenschaftliche Mitarbeiterin des Arbeitskreises, Frau Dipl.-Kff. Christa Feld, wesentlichen Anteil.

1. Problemstellung

In einigen Wirtschaftszweigen eröffnen die Hersteller dem Einzelhandel die Möglichkeit, direkt zu bestellen oder die Ware über eingeschaltete Großhändler zu beziehen (Parallelvertrieb). Dies gilt bspw. für die Buch- oder die Pharmabranche. In den angesprochenen Fällen obliegt es der Entscheidung des Einzelhandels, welchen Bezugsweg er bei einzelnen Bestellungen wählt. Häufig zieht der Einzelhandel die Beschaffung über den Großhandel vor, nur in bestimmten Fällen bestellt er direkt beim Hersteller. Vereinfachend könnte man sagen: Größere Bestellungen werden direkt beim Hersteller aufgegeben, bei kleineren Bestellmengen nimmt man den Großhandel in Anspruch. Für Hersteller stellt sich die Frage, ob Schritte unternommen werden sollen, entweder den Bezug über den Großhandel oder den Direktvertrieb anzuregen. Diese Fragestellung berührt strategische Aspekte, wenn es darum ginge, vom Parallelvertrieb zu einem ausschließlichen Direktvertrieb oder zu einem ausschließlichen Vertrieb über den Großhandel überzugehen. Aber es ist auch denkbar – und das ist die Perspektive des vorliegenden Beitrages – nur die Anteile der beiden Vertriebswege im Interesse des Herstellers zu steuern, also die Umstände so zu gestalten, dass in einem für den Hersteller förderlichen Ausmaß Direktbestellungen getätigt werden. Aus der Sicht eines Herstellers stellen sich zwei zentrale Fragen:

1. An welchen Kriterien (Zielen) ist zu beurteilen, ob ein Direktvertrieb oder ein Vertrieb über den Großhandel vorteilhafter ist?
2. Mit welchen Maßnahmen kann der gewünschte Zustand angestrebt werden?

Bei einer strategischen Perspektive gewinnt der Gesichtspunkt der Informationshoheit an Bedeutung. Damit ist gemeint, dass ein Hersteller prüft, inwieweit durch die Art des Vertriebs sein Informationsstand beeinflusst wird. Bei Direktvertrieb liegen Angaben über Bestellzeitpunkte und Bestellmengen einzelner Einzelhändler vor, bei einem Vertrieb über den Großhandel muss der Zugang zu solchen Daten nicht gewährleistet sein. Natürlich muss im Einzelfall geprüft werden, von welcher Bedeutung solche Informationen sind, aber tendenziell kann gesagt werden, dass die Verfügbarkeit von Daten über den Absatzmarkt als immer bedeutungsvoller angesehen wird. Daneben ist zu fragen, wie durch die Inanspruchnahme der beiden Vertriebskanäle die Kosten- und Erlössphäre berührt wird. Welche Kosten lädt sich der Hersteller auf, wenn er die Auslieferung auch kleiner Bestellmengen übernimmt, welche Kostenentlastungen sind zu realisieren, wenn die Auslieferung von Aufträgen dem Großhandel übertragen wird? Dieser Gesichtspunkt steht im Mittelpunkt der folgenden Analyse. Erlösaspekte werden nicht näher untersucht, wiewohl ihnen natürlich ein großer Stellenwert zukommen kann. Im vorliegenden Fall wird jedoch unterstellt, dass die Nachfrage der Einzelhändler unabhängig vom Bezugsweg sei. Dies entspricht im Großen und Ganzen den Gegebenheiten im Buchhandel, auf den im Folgenden zur Veranschaulichung Bezug genommen wird.

Die Wahl des Bezugsweges durch den Einzelhandel

Wenn es also darum geht, das Bestellverhalten der Einzelhändler so zu steuern, dass der Hersteller eine günstige Kostenposition realisiert, ist zu fragen, wie das erreicht werden kann. Dies führt zu der zentralen Fragestellung des folgenden Beitrages: Wie sollte in dem Fall, in dem Einzelhändler auch direkt beim Hersteller bestellen können, das Konditionensystem bzw. die Rabattstaffel ausgestaltet sein, damit die Einzelhändler ein dem Hersteller förderliches Verhalten realisieren? Die Rabattstaffel wird als das zentrale Instrument gesehen, das Bestellverhalten der Einzelhändler zu beeinflussen.

Die Problemstellung soll nun anhand des deutschen Buchmarktes verdeutlicht werden. Die Verhältnisse im deutschen Buchmarkt sind durch außerordentliche Vielfalt gekennzeichnet: Den über 3.500 Verlagen unterschiedlichster Größe und Struktur stehen neben den Buchabteilungen in filialisierten Warenhäusern, Verbrauchermärkten u.a. mehr als 5.200 Sortimentsbuchhandlungen gegenüber; über 850.000 Titel sind lieferbar, jährlich erscheinen ca. 70.000 Titel neu.[1]

Es können fünf Distributionsstufen unterschieden werden: die Druckereien, die selbstausliefernden Verlage, sog. Verlagsauslieferungen, der Großhandel (in der Branche auch als Barsortiment bezeichnet) und der Einzelhandel, wobei der Einzelhandel von jeder der drei vorgelagerten Stufen beliefert werden kann. Zu den Lieferanten des Einzelhandels zählt zunächst der Großhandel; daneben können die Verlagserzeugnisse aber auch direkt beim Verlag bestellt bzw. von den so genannten Verlagsauslieferungen bezogen werden, bei denen es sich meist um ausgelagerte Gemeinschaftsunternehmen mehrerer Verlage handelt, die logistische Aufgaben (Lagerhaltung, Auslieferung) übernehmen. Es liegt ein mehrstufiges, arbeitsteiliges Distributionssystem vor, das insbesondere durch die partielle Einschaltung des Großhandels gekennzeichnet ist.

Die Beziehungen zwischen Hersteller und Einzelhandel sind vielfältig. Abbildung 1 vermittelt einen Überblick über die Distributionskanäle, über die derzeit in der Praxis die Verlagserzeugnisse den Verwendern zugeleitet werden.

So ist nebeneinander eine Direktbelieferung des Einzelhandels durch die Hersteller und eine Auslieferung über den Großhandel zu beobachten. Traditionell gilt die Vielzahl der Warenströme zwischen Sortimentsbuchhandel und Verlagen als zentrales Argument für die Kleinstmengen-Distribution durch die Großhandelsstufe; in ihr wird ein typisches Branchenmerkmal gesehen.[2] Mit der vom Großhandel wahrgenommenen Bündelungsfunktion wird die Existenzberechtigung des Großhandels untermauert.

Betrachtet man die aktuelle Situation der Bezugswegewahl des Sortimentsbuchhandels, so zeigt sich, dass mit zunehmender Betriebsgröße (gemessen nach Raum, Personal oder Umsatz) eine Direktbestellung beim Verlag vorgezogen wird (Abbildung 2).

---

1 Vgl. Börsenverein des Deutschen Buchhandels (Hrsg.) 2001, S. 24 ff.
2 Nicht behandelt wird in diesem Beitrag die Möglichkeit des Direktvertriebs, bei dem der Verlag den Groß- und Einzelhandel ausschaltet und seine Bücher direkt an die Endverbraucher vertreibt. Diese Alternative könnte in der Zukunft größere Bedeutung erlangen, da die Verlage im Zeitalter des Internets die Konsumenten relativ kostengünstig kontaktieren können.

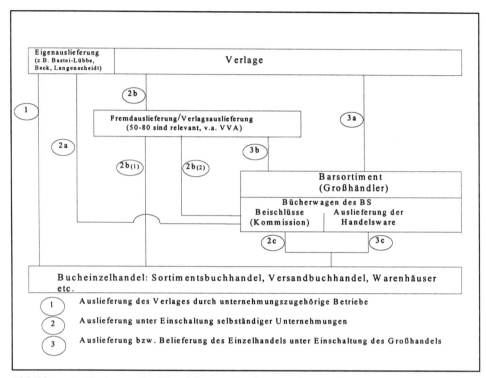

Abbildung 1: Varianten des Vertriebs von Büchern und Zeitschriften

Anteil der Bezugswege an der Beschaffung im Sortimentsbuchhandel in %						
	Betriebe mit ... TDM Jahresumsatz					
	200-500	500-1000	1000-2000	2000-5000	über 5000	Gesamt
Verlagsbezug	57	60	67	72	78	69
Barsortimentsbezug	41	34	32	25	20	28
Grossistenbezug	2	6	1	3	2	3

Abbildung 2: Bezugswegewahl im Sortimentsbuchhandel 1999

Quelle: Börsenverein des deutschen Buchhandels (Hrsg.) 2001, S. 42

Für Verlage stellt sich im Bereich der Distribution die Frage, ob das derzeitige System auch in der Zukunft fortgeführt werden soll oder ob Änderungen angezeigt sind.

Da durch die Bestellentscheidung des Einzelhändlers der Bezugskanal festgelegt wird, stellt sich für den Hersteller die Frage, ob und wie er diese Bestellentscheidung der Einzelhändler und damit die Wahl des Bezugskanals gemäß seiner Zielvorstellungen beeinflussen kann.

2. Zur Gestaltung des Konditionensystems in verschiedenen Situationen

Grundsätzlich gilt, dass die Entscheidung über die Wahl des Bezugsweges durch die Einzelhändler getroffen wird und die Hersteller diese Entscheidung nur über die Ausgestaltung des Konditionensystems beeinflussen können. Die Einzelhändler werden ihre Entscheidung, ob sie beim Großhändler oder direkt beim Hersteller bestellen werden, vor allem von den Auswirkungen auf ihre Kostensituation abhängig machen; in bestimmten Fällen sind auch Servicegesichtspunkte maßgebend, die sich aber meist auch auf eine Veränderung der Kosten zurückführen lassen.

Von grundlegender Bedeutung ist die Vorstellung, nach welchen Gesichtspunkten die Einzelhändler ihre Bestell- und Beschaffungswegentscheidung treffen. Entsprechende Vorstellungen lassen sich empirisch oder theoretisch gewinnen. Bei der theoretischen Analyse, die im Folgenden verwendet werden soll, sei unterstellt, dass die Einzelhändler gewinnmaximierend handeln, wobei sie unterschiedliche Kosten- und Erlöseffekte berücksichtigen können. Im einfachsten Fall handeln sie nur rabattorientiert, d.h. sie bevorzugen den Bestellweg und die Bezugsmenge, bei der sie die erwartete Nachfrage zu möglichst niedrigen Einstandspreisen einkaufen können. Aber es sind auch kompliziertere Konstellationen denkbar. Auf einige Fälle wird im Folgenden eingegangen.

2.1 Rabattorientierte Bestellpolitik des Einzelhandels

Die einfachste Konstellation sei durch folgende Annahmen gekennzeichnet:

- Die Einzelhändler verhalten sich gewinnmaximierend; es gibt keine relevanten Unterschiede zwischen den einzelnen Händlern.
- Als Kosten werden nur Wareneinstandskosten (einschließlich der Rabatte) berücksichtigt.
- Die Nachfrage beim Einzelhändler lässt sich für die zugrunde gelegte Periode angeben.

- Der Einzelhändler kann unterschiedliche Mengen entweder beim Hersteller direkt oder beim Großhändler bestellen.
- Der Hersteller bietet bei Abnahme einer größeren Stückzahl einen über den Grundrabatt hinausgehenden zusätzlichen Rabatt, der mit zunehmender Stückzahl degressiv ansteigt. Diese Rabattstaffel gilt gleichermaßen für den Großhändler wie für den Einzelhändler. Der Großhandel erhält zusätzlich einen Funktionsrabatt von 5%.
- Die Zustellkosten werden jeweils vom Lieferanten getragen.

Diese Zusammenhänge seien auch formal dargestellt, wobei folgende Symbole verwendet werden:

B: Prognostizierter Bedarf eines Einzelhändlers im Planungszeitraum [Stück],

a : Parameter der degressiven Rabattfunktion,

q : Bestellmenge des Einzelhändlers [Stück],

p : Abgabepreis im Einzelhandel (Endverbraucherpreis [EVP]) [GE],

g : Grundrabatt eines Einzelhändlers beim Hersteller, bezogen auf EVP [in Prozent],

r : Von der Bestellmenge abhängiger Rabatt: $r = f(q)$, z.B.: $r = a \cdot \sqrt{q}$ [in Prozent],

l : Kosten der Lagerhaltung (Lagerkostensatz): $l = l_1 + l_2$ [in Prozent],

l_1 : Kapitalbindungskosten (Kostensatz pro Jahr) [in Prozent],

l_2 : Lagerschäden und Schwund (Kostensatz pro Jahr) [in Prozent],

t_1 : Transportkosten pro Sendung des Herstellers [GE],

t_2 : Transportkosten je Sendung des Großhändlers [GE],

T : Planungszeitraum,

E : Einzelhandel, hier: Sortimentsbuchhandel,

H : Hersteller, hier: Verlag,

G : Großhandel, hier: Barsortiment.

Annahmegemäß wird der Einzelhändler bei einem bestimmten Periodenbedarf jene Menge bestellen, bei der er seinen Gewinn maximiert. Die Gewinnfunktion des Einzelhändlers sei durch (1) bzw. (2) gegeben.

$$G_E = [p \cdot q - (p - g \cdot p) \cdot q + r(q) \cdot q \cdot p] \cdot \frac{B}{q} \tag{1}$$

$$= p \cdot B - (p - g \cdot p) \cdot B + a \cdot \sqrt{q} \cdot p \cdot B \tag{2}$$

Da diese Funktion wegen des mit der Bestellmenge größer werdenden Rabattes ansteigt, wird der Einzelhändler, von dem angenommen wird, dass er rabattorientiert einkauft, jene Menge bestellen, die seinem Periodenbedarf entspricht. Dieses Verhalten hat Konsequenzen für die Situation des Herstellers.

Für den Hersteller ergibt sich eine Gewinnfunktion laut (3).

$$G_H = q \cdot \frac{B}{q} \cdot p \cdot (1 - g - r(q)) - t_1 \cdot \frac{B}{q} \qquad (3)$$

Die Kenntnis dieser Funktion kann der Hersteller nun dazu nutzen, seine Rabatte hinsichtlich der Maximierung seines Gewinns zu optimieren. Im betrachteten Fall würde dies zu einer Festlegung eines Mengenrabattes gerade größer Null führen, um die Einzelhändler zur Bestellung der größtmöglichen Menge zu bewegen. Da die Händler sich nur an ihren Beschaffungskosten orientieren, bietet ihnen jede eine noch so kleine zusätzliche Rabattgewährung genügend Anreize, ihren gesamten Bedarf mit einer Bestellung abzurufen. Unterstellt man, dass der Händler sehr geringe Rabatte nicht wahrnimmt, sondern erst ab einer bestimmten Höhe, kann der Hersteller bei Kenntnis dieser Wahrnehmungsschwelle den Rabattparameter a optimieren. Er wählt a genau so, dass die Wahrnehmungsschwelle des Händlers gerade überschritten wird, im Beispiel wäre dies bei einem Schwellenwert von 100 GE bei einem a > 0,001 der Fall. Die Situation sei ergänzend an einem Beispiel illustriert, dessen Daten auch die Grundlage für die Veranschaulichung der erweiterten Modelle bilden.

Die Daten des Beispiels:

Zahl der Verlage	3
Titel pro Verlag	1
Auflage pro Verlag	1000
Zahl der Barsortimente	1
Zahl der Sortimentsbuchhandlungen	10
Endverbraucher pro Sortimentsbuchhandlung	100
Nachfrage pro Titel	1000
Transportkosten je Lieferung eines Verlages [GE]	45
Transportkosten je Lieferung des Barsortimentes [GE]	15
Endverbraucherpreis [GE]	100
Grundrabatt	30%
Funktionsrabatt an das Barsortiment	5%

In dem Beispiel wird von drei Verlagen (H), einem Barsortiment (G) und zehn Sortimentsbuchhandlungen (E) ausgegangen. Jede Sortimentsbuchhandlung kann jeden Titel 100 mal absetzen (hier drei Bücher). Die Nachfrage ist bekannt und verteilt sich gleichmäßig auf die Periode T. Die Verlage gewähren grundsätzlich 30% Rabatt auf den Ladenverkaufspreis von 100,- DM, das Barsortiment erhält einen Funktionsrabatt in Höhe von 5%. Zusätzlich gewähren die Verlage einen von der Menge abhängigen Zusatzrabatt, der degressiv ausgestaltet ist.

Betrachtet werden soll hier eine Entweder-Oder-Entscheidung des Buchhändlers hinsichtlich seiner Bezugsquelle. Es soll also für ihn nicht die Möglichkeit bestehen, seine Gesamtorder auf Bestellungen beim Verlag und dem Barsortiment aufzuteilen.

Degressive Rabattfunktion des Verlages				r=a*WURZEL(q)		für q>100 gilt r=a*WURZEL(100)		a= 0,006		
		aus Sicht des Verlages			aus Sicht des Barsortiments		Rabattgestaltung		Ergebnisse	
								Verlag	Barsortiment	Sortiment
Fall	Menge je Lieferung des Verlages	Zahl der Auslieferungen V - S	V - BS	Logistikkosten je Verlag	Zahl der Kontakte BS - S	LoK je BS-S Lieferung	Rabatt des Verlages	Rabatt des BS	Umsatz ./. LoK	Umsatz ./. LoK ./. Warenkosten	Umsatz ./. WK
1	1	1.000		45.000			30,0%		25.000		3.000
2	10	100		4.500			31,9%		63.603		3.190
3	100	10		450			36,0%		63.550		3.600
4	10		100	4.500	1.000	15.000	36,9%	30%	58.603	5.692	3.000
5	100		10	450	1.000	15.000	41,0%	30%	58.550	18.000	3.000
6	1.000		1	45	1.000	15.000	41,0%	30%	58.955	18.000	3.000

Tabelle 1: Degressive Rabattfunktion des Verlages

Nach Tabelle 1 maximiert der Buchhändler seinen Gewinn (3600 Geldeinheiten), wenn er seinen gesamten Periodenbedarf in einer Bestellung beim Verlag deckt (Fall 3). Wie aus der Tabelle erkennbar ist, wird eine bestimmte Rabattstaffel unterstellt. Dies führt im Beispiel jedoch nicht zu dem größtmöglichen Gewinn des Verlages; zwar hat der Verlag aufgrund der großen Bestellmengen relativ niedrige Auslieferungskosten, aber die vom Verlag zusätzlich gewährten Rabatte werden durch die verringerten Auslieferungskosten nicht ganz ausgeglichen. Durch die Rabattstaffel verhindert der Verlag, dass bei ihm sehr kleinvolumige (Einzel-)Bestellungen eingehen, die zu einem Anstieg seiner Auslieferungskosten und damit zu einem Absinken des Gewinnes führen würden. Kleinstbestellungen würden zu einer weitaus schlechteren Gewinnposition für die Verlage führen. Insofern macht das Beispiel die Verhaltenssteuerung deutlich, die von der Rabattstaffel ausgeht. Von ihr wird auch die Situation des Barsortimenters berührt. Der Barsortimenter würde sich wünschen, dass die Buchhändler ihren Bedarf bei ihm decken; sie wären auch in der Lage, eine kleinvolumige Auslieferung zu gewährleisten, aber dem steht unter den Bedingungen des Modells das Verhalten der Sortimentsbuchhändler entgegen.

Das Beispiel und das Modell verdeutlichen, dass durch die Konditionenpolitik eines Herstellers ein bestimmtes Verhalten der Einzelhändler induziert wird. Dieses Verhalten kann dazu führen, dass die Hersteller ihre gewinnmaximale Position erreichen. Wenn aber der Anreiz über die Rabatte, größere Mengen direkt beim Hersteller zu bestellen, die Ersparnis bei den Auslieferungskosten übersteigt, wird der für Hersteller gewinnmaximale Punkt verfehlt (so wie im Beispiel).

Gegen das vorgestellte Modell kann insbesondere eingewandt werden,

- dass der Einzelhändler bei der Festlegung seiner Bestellpolitik nicht alle anfallenden Kosten in Rechnung stellt, denn mit wachsender Bestellmenge werden die Lagerkosten (insbesondere Kosten für gebundenes Kapital und eventuell Kosten für die Inanspruchnahme von Lagerraum) steigen,

Die Wahl des Bezugsweges durch den Einzelhandel 447

- dass nicht berücksichtigt wird, dass mit größeren Einkaufsmengen das Abverkaufsrisiko steigt, da annahmegemäß kein Risiko existiert, und
- dass von einer extern vorgegebenen Rabattfunktion des Herstellers ausgegangen wird.

Der erste Einwand wird in der folgenden Modellerweiterung berücksichtigt.

2.2 Berücksichtigung von Lagerkosten in der Bestellpolitik des Einzelhandels

Im Folgenden wird weiterhin unterstellt, dass der Hersteller einen degressiven Rabatt einräumt, zusätzlich beachtet der Einzelhändler nun ihm eventuell entstehende Lagerkosten, welche mit zunehmender Bestellmenge ansteigen. Größere Bestellmengen lösen beim Einzelhändler also höhere Lagerkosten aus. Sowohl die degressive wie auch eine lineare Rabattfunktion liefern dem Händler Anreize, seine Bestellmenge auszudehnen, um die vom Produzenten gewährten Rabatte zu erhöhen.

Durch diese Ausdehnung entstehen ihm nun aber auch zusätzliche Kosten in Abhängigkeit von seinem Lagerkostensatz. Er wird deshalb den erzielbaren Zusatzrabatt mit seinem Lagerkostensatz vergleichen, um seine optimale Bestellmenge zu ermitteln.

Ausgangspunkt sei wiederum die Zielfunktion des beschaffenden Händlers. Er sei entsprechend den Modellannahmen daran interessiert, die Differenz von Umsatz, Grundrabatt, Zusatzrabatt und Lagerkosten zu minimieren. Aus der ersten Ableitung seiner Gewinnfunktion ergibt sich die für ihn optimale Bestellmenge.

$$G_E = \left[p \cdot q - (p - g \cdot p) \cdot q + r(q) \cdot q \cdot p - \frac{1}{2} \cdot q \cdot p \cdot l \cdot \frac{T \cdot q}{B} \right] \cdot \frac{B}{q} \tag{4}$$

$$= p \cdot B - (p - g \cdot p) \cdot B + a \cdot \sqrt{q} \cdot p \cdot B - \frac{l \cdot p \cdot q \cdot T}{2} \tag{5}$$

$$\frac{dG_E}{dq} = \frac{a \cdot p \cdot B}{2 \cdot \sqrt{q}} - \frac{1}{2} \cdot l \cdot p \cdot T = 0 \tag{6}$$

Daraus ergibt sich die optimale Bestellmenge des Einzelhändlers:

$$q = \left(\frac{a \cdot B}{l \cdot T} \right)^2. \tag{7}$$

Die Formel für die optimale Bestellmenge enthält drei wichtige Parameter: Neben dem Bedarf, der den Annahmen entsprechend stets der erwarteten Nachfrage entsprechen soll, ist dies vor allem das Verhältnis von Zusatzrabatt und Lagerkostensatz.

Das Bewusstsein, dass der Händler sein Verhalten von der Höhe des Zusatzrabatts abhängig macht, veranlasst den Hersteller, diesen Parameter so festzulegen, dass seine eigene Zielfunktion maximiert wird. Nach ihr soll die Differenz von Umsatz auf der einen Seite und Rabattgewährung sowie den logistischen Auslieferungskosten auf der anderen Seite maximiert werden.

$$G_H = q \cdot \frac{B}{q} \cdot p \cdot (1 - g - r(q)) - t_1 \cdot \frac{B}{q} \tag{8}$$

$$G_H = B \cdot p \cdot \left(1 - g - a \cdot \frac{a \cdot B}{l \cdot T}\right) - t_1 \cdot \frac{l^2 \cdot T^2}{a^2 \cdot B} \tag{9}$$

$$\frac{dG_H}{da} = -\frac{2 \cdot p \cdot B^2 \cdot a}{l \cdot T} + \frac{2 t_1 \cdot l^2 \cdot T^2}{a^3 \cdot B} = 0 \tag{10}$$

Daraus ergibt sich ein optimaler Parameter der Rabattfunktion:

$$a = \sqrt[4]{\frac{t_1 \cdot l^3 \cdot T^3}{B^3 \cdot p}} \; . \tag{11}$$

In die Formel zur Festlegung des Parameters, mit dem der optimale Rabattsatz bestimmt wird, gehen alle bisher schon betrachteten Größen ein, also der Transportkostensatz des Herstellers, der Lagerkostensatz des Händlers und die erwartete Nachfrage. Aufschlussreich ist es auch, die Formel für die Prognose zu verwenden, um zu erkennen, wie sich Veränderungen der Parameter im Zeitablauf auf die Rabattgestaltung auswirken. So lässt sich einerseits ablesen, dass Steigerungen der Lagerkostensätze beim Einzelhändler eine Erhöhung der Rabattsätze induzieren (bis zu der Grenze, ab der eine weitere Steigerung der Rabattsätze für den Hersteller ökonomisch nicht mehr vertretbar ist), dass andererseits eine erwartete große Nachfrage rabattsatzmindernd wirkt.

Degressive Rabattfunktion und Lagerkosten beim Sortimentsbuchhandel:								a= 0,006		l= 25%
	aus Sicht des Verlages			aus Sicht des Barsortiments		Rabattgestaltung		Ergebnisse		
								Verlag	Barsortiment	Sortiment
Fall	Menge je Lieferung des Verlages	Zahl der Auslieferungen V - S	Logistik- kosten je Verlag	Zahl der Kontakte BS - S	LoK je BS-S Lieferung	Rabatt des Verlages	Rabatt des BS	Umsatz ./. LoK	Umsatz ./. Waren- kosten	Umsatz ./. WK ./. LaK
1	1	1.000	45.000			30,0%		25.000		2.987,50
2	10	100	4.500			31,9%		63.603		3.064,74
3	100	10	450			36,0%		63.550		2.350,00
4	10	100	4.500	1.000	15.000	36,9%	30%	58.603	5.692	2.987,50
5	100	10	450	1.000	15.000	41,0%	30%	58.550	18.000	2.987,50
6	1.000	1	45	1.000	15.000	41,0%	30%	58.955	18.000	2.987,50

Tabelle 2: Degressive Rabattfunktion des Verlages und Berücksichtigung von Lagerkosten beim Sortimentsbuchhandel

Die Wahl des Bezugsweges durch den Einzelhandel 449

Wie aus Tabelle 2 zu ersehen ist, kann der Verlag bei Direktbestellungen des Buchhändlers seinen maximalen Deckungsbeitrag erzielen, wenn der Buchhändler 10 Stück pro Bestellung ordert. Dieser bestellt auch genau 10 Exemplare bei dem Verlag, denn bei einem unterstellten Lagerkostensatz in Höhe von 25% (der sich bspw. aus Kapitalbindungskosten in Höhe von 15% und Kosten für Schwund und Lagerschäden in Höhe von 10% zusammensetzen könnte) erreicht er so seinen maximalen Gewinn.

2.3 Berücksichtigung einer kostenwirksamen Funktionsübernahme durch den Großhandel

In den bisherigen Überlegungen zur Konditionengestaltung wurde der Großhändler als abhängige Partei betrachtet, die nicht aktiv in das Geschehen eingreift. Aber auch der Großhandel kann versuchen, Einfluss auf das Verhalten der Einzelhändler zu nehmen, wobei er sich gleichzeitig in einer Konkurrenzbeziehung zu dem Hersteller befindet. Im Folgenden soll deshalb das Aktionspotenzial des Großhändlers explizit in die Überlegungen miteinbezogen werden.

Aus den bisherigen Beispielen wurde deutlich, dass der Händler eine bessere Gewinnposition einnimmt, wenn er beim Hersteller direkt bestellt. Der Großhandel ist im Beispiel nicht wettbewerbsfähig, wenn er dem Einzelhandel nicht andere Anreize als Mengenrabatte verschaffen könnte, die dessen Situation im Hinblick auf sein Kosten-/Nutzen-Kalkül verbessern. Ein solcher Anreiz kann grundsätzlich in Kosteneinsparungspotenzialen (z.B. in einer Funktionsübernahme durch den Großhandel) oder in Nutzenvorteilen (z.B. in erhöhter Liefergeschwindigkeit) liegen.

Im Beispiel (vgl. Tabelle 3) wird unterstellt, dass der Großhandel dem Einzelhandel einen geldwerten Vorteil verschafft, indem er z.B. bestimmte Aufgaben des Wareneingangs (wie die Auszeichnung der Ware) übernimmt oder dem Einzelhändler den Bestellvorgang erleichtert (z.B. durch den Einsatz von Bestellterminals).

Der daraus resultierende Wettbewerbsnachteil der Hersteller schlägt sich bei diesen in Umsatzeinbußen nieder. Ob eine Gewinnverschlechterung, wie sie oben unterstellt ist, tatsächlich eintritt, ist u.a. davon abhängig, ob dem Funktionsrabatt an den Großhandel entsprechende Kosteneinsparungen beim Verleger gegenüberstehen.

Das Beispiel macht deutlich, dass zunächst analysiert werden muss, welche Funktionen von den einzelnen Institutionen übernommen werden bzw. welche Kosten bei ihnen entstehen. Erst dann kann gesagt werden, welche Bezugsquelle dem Einzelhändler die bessere Kosten-/Nutzen-Relation verspricht. Dabei dominierte die Kostenperspektive die Analyse, da unter anderem die Erlöse auf der letzten Handelsstufe als fix angenommen wurden. Verlagern sich Funktionen - z.B. vom Einzelhandel auf den Großhandel -, so werden diese unter dem Aspekt der Kosteneinsparung behandelt und in den Bestellmengenkalkül des Händlers einbezogen. Wickelt das Barsortiment bspw. die Remissionen ab, so bedeutet dies für den Verleger eine Kostenersparnis.

Degressive Rabattfunktion, Lagerkosten und Funktionsübernahme durch das Barsortiment:							a= 0,006		l= 25%	
Funktionsübernahme des Barsortimenters:				S spart Kosten, deren Höhe bei ca.		2,0%	des Umsatzes liegen.			
				BS hat Zusatzkosten in Höhe von ca.		1,0%	des Umsatzes.			
		aus Sicht des Verlages		aus Sicht des Barsortiments		Rabattgestaltung		Ergebnisse		
								Verlag	Barsortiment	Sortiment
Fall	Menge je Lieferung des Verlages	Zahl der Auslieferungen V - S	Logistik- kosten V - BS	Zahl der Kontakte BS - S	LoK je BS-S Lieferung	Rabatt des Verlages	Rabatt des BS	Umsatz ./. LoK	Umsatz ./. LoK ./. WK ./. Funkt-kosten	Umsatz ./. WK ./. LaK
1	1	1.000	45.000			30,0%		25.000		2.987,50
2	10	100	4.500			31,9%		63.603		3.064,74
3	100	10	450			36,0%		63.550		2.350,00
4	10	100	4.500	1.000	15.000	36,9%	30%	58.603	3.592	3.087,50
5	100	10	450	1.000	15.000	41,0%	30%	58.550	15.900	3.087,50
6	1.000	1	45	1.000	15.000	41,0%	30%	58.955	15.900	3.087,50

Tabelle 3: Degressive Rabattfunktion des Verlages, Berücksichtigung von Lagerkosten beim Sortimentsbuchhandel und Funktionsübernahme durch das Barsortiment

Darüber hinaus mag es die schnelle Belieferung durch den Großhandel dem Händler ermöglichen, seine Lagerbestände und damit die Lagerkosten zu reduzieren. Mit der Behandlung der Liefergeschwindigkeit und -zuverlässigkeit richtet sich die Diskussion bereits auf das akquisitorische Potenzial der Wettbewerber.

Im vorliegenden Beispiel wird der Großhandel nur dann eingeschaltet, wenn eine für den Einzelhändler kostenwirksame Funktionsübernahme durch ihn erfolgt. Dies ist zum Teil durch die Struktur des vorliegenden Beispiels verursacht. Da nur eine kleine Anzahl von Herstellern betrachtet wird, kann der Großhandel eine seiner wichtigsten Funktionen - die Bündelung - nicht in dem Maße erfüllen, wie es für ihn notwendig wäre, um konkurrenzfähig zu sein. Die Bündelungseffekte und die damit einhergehenden Kostenvorteile beim Transport sind bei der Betrachtung von nur drei Herstellern zu gering.

Als weiterer Fall soll nun untersucht werden, wie sich die Ergebnisse verändern, wenn nicht mehr der Hersteller, sondern der Einzelhändler die Transportkosten zu tragen hat.

Degressive Rabattfunktion, Transportkosten des Verlages, Lagerkosten und Funktionsübernahme durch das Barsortiment:										
Funktionsübernahme des Barsortimenters:				S spart Kosten, deren Höhe bei ca. 2,0%			des Umsatzes liegen.			
l= 25%		a= 0,006		BS hat Zusatzkosten in Höhe von ca. 1,0%			des Umsatzes.			
		aus Sicht der Verlage		aus Sicht des Barsortiments		Rabattgestaltung		Ergebnisse		
								Verlag	Barsortiment	Sortiment
Fall	Menge je Lieferung des Verlages	Zahl der Auslieferungen V - S	Logistik- kosten V - BS	Zahl der Kontakte BS - S	LoK je BS-S Lieferung	Rabatt des Verlages	Rabatt des BS	Umsatz ./. LoK	Umsatz ./. LoK ./. WK ./. Funkt-kosten	Umsatz ./. WK ./. LaK
1	1	1.000	45.000			30,0%		70.000		-1.512,50
2	10	100	4.500			31,9%		68.103		2.614,74
3	100	10	450			36,0%		64.000		2.305,00
4	10	100	4.500	1.000	15.000	36,9%	30%	58.603	3.592	3.087,50
5	100	10	450	1.000	15.000	41,0%	30%	58.550	15.900	3.087,50
6	1.000	1	45	1.000	15.000	41,0%	30%	58.955	15.900	3.087,50

Tabelle 4: Degressive Rabattfunktion des Verlages, Berücksichtigung von Lagerkosten beim Sortimentsbuchhandel, Funktionsübernahme durch das Barsortiment und Weitergabe der Transportkosten des Verlages an den Sortimentsbuchhandel

Gibt der Verleger seine gesamten Transportkosten an den Buchhändler weiter, so wäre der Gewinn im Fall 1 maximal, da aufgrund der degressiven Rabattfunktion der geringste Rabatt gewährt wird und die Transportkosten für ihn nicht mehr relevant sind.

Man erkennt in Tabelle 4 deutlich, dass sich durch die Weitergabe der Transportkosten an den Buchhändler die Situation zugunsten des Barsortimentes verändert.

Um eine Zunahme von Kleinbestellungen der Einzelhändler zu erreichen, könnte der Hersteller anbieten, die Transportkosten kleiner Lieferungen nicht im gleichen Maße an den Einzelhändler weiterzugeben, wie er es bei großen Bestellmengen tut. Dieser Fall scheint jedoch gleichbedeutend mit dem Einsatz einer höheren degressiven Rabattfunktion und soll daher an dieser Stelle nicht weiter untersucht werden.

2.4 Berücksichtigung der Unsicherheit der Nachfrage beim Einzelhandel

Bisher wurde unterstellt, dass die Nachfrage beim Einzelhändler dem geschätzten Gesamtbedarf entspricht. Das Modell geht von einer deterministischen Nachfrage aus, während diese in der Realität im Regelfall stochastisch ist. Der Einzelhändler wird also seine Bestellmenge davon abhängig machen, wie er das Absatzrisiko einschätzt. Gibt man die bisherige Annahme auf, der Händler könne die Gesamtnachfrage einer Periode sicher vorhersagen, so wird sich sein Bestellkalkül bezüglich der nachgefragten Menge eventuell verändern. Besteht die Gefahr, dass er die bestellten Waren nicht zum vorgesehenen Absatzpreis absetzen kann, so fallen neben den Lagerkosten entweder Kosten für Wertverluste bei den Warenbeständen oder Verluste aus entgangenen Erlösen an. Dies kann dazu führen, dass er – entsprechend den für möglich gehaltenen Abverkaufsmengen – eine geringere als die maximale Menge ordert.

Im Folgenden wird die Bedingung einer deterministischen Nachfrage aufgehoben[3]. Bestellt der Händler mehr Ware als er absetzen kann, so bedeutet dies verminderte Erlöse und zusätzliche Lagerkosten für die nicht verkauften Mengen.

Die folgenden Überlegungen betreffen das Problem der Entscheidung unter Unsicherheit, d.h. der Händler kann Wahrscheinlichkeiten w für die zu erwartende Nachfrage in den verschiedenen Umweltzuständen j angeben. Auf der Grundlage dieser Erwartungen lässt sich der Erwartungswert für den Gewinn E_G (q) bei alternativen Bestellmengen berechnen. Dabei wird stets von einem risikoneutralen Entscheider ausgegangen. Es soll nun untersucht werden, welche Auswirkungen die Unsicherheit auf die Mengenentscheidung des Einzelhändlers hat. Führt größere Unsicherheit bezüglich der Absatzmenge dazu, dass kleinere Mengen bestellt werden, dass also auf Mengenrabatte verzichtet wird?

---

3   Die Ausführungen wurden durch Barths „Brotbeispiel" angeregt; vgl. Barth 1999, S. 344 ff.

Die Gewinnfunktion des Einzelhändlers lautet dann:

$$G_E = p \cdot B_j - (p - g \cdot p) \cdot q + r(q) \cdot q \cdot p - \frac{1}{2} \cdot B_j \cdot p \cdot l \cdot T - p(q - B_j) \cdot l \cdot T \qquad (12)$$

Für die folgende Betrachtung sind drei Fälle zu unterscheiden.

Im ersten Fall ruft der Einzelhändler die benötigte Ware einzeln ab, d.h. es gilt $q = 1$. Der Erwartungswert für den Gewinn beträgt dann:

$$E_{G1}(1) = \sum_{j=1}^{i} \left[g - \frac{l \cdot T}{2 \cdot B_j} \right] \cdot B_j \cdot p \cdot w_j \qquad (13)$$

Im zweiten Fall ist die Bestellmenge kleiner als der tatsächliche Bedarf (B_j) der Periode und die Summe der einzelnen Bestellungen soll der Absatzmenge B_j* entsprechen, es gilt also $1 < q \leq B_j$. Der Erwartungswert bestimmt sich dann für j mögliche Umweltsituationen – nun unter Berücksichtigung der notwendigen Lagerkosten und des eingeräumten Rabatts – als

$$E_{G2}(q) = \sum_{j=1}^{i} \left[q - (1-g) \cdot q + r(q) \cdot q - \frac{1}{2} \cdot q \cdot l \cdot \frac{T \cdot q}{B_j} \right] \cdot \frac{B_j}{q} \cdot p \cdot w_j \qquad (14)$$

Im dritten denkbaren Fall liegt die bestellte Menge über der nachgefragten, d.h. es gilt $q > B$. Es ist also die Erwartungswertfunktion in (20) relevant:

$$E_{G3}(q) = \sum_{j=1}^{i} \left[B_j - (1-g) \cdot q + r(q) \cdot q - \frac{1}{2} \cdot B_j \cdot l \cdot T - (q - B_j) \cdot l \cdot T \right] \cdot p \cdot w_j \qquad (15)$$

Betrachtet man nun verschiedene Szenarien, die jeweils mehrere unterschiedliche Umweltzustände enthalten, so ergibt sich der Erwartungswert einer bestimmten Bestellpolitik als:

$$E_G(q) = E_{G1}(1) + E_{G2}(q) + E_{G3}(q) \qquad (16)$$

Der Kalkül des Händlers richtet sich in diesem Fall auf einen Ausgleich von Mengenrabatten, Lagerkosten und den Kosten für Überbestände. Die Lagerkosten und die entgangenen Umsatzerlöse wirken sich negativ auf die Gewinnerzielung aus, wenn der Bedarf zu hoch eingeschätzt wurde ($B_j < B$). Ob diese Wirkung durch die Rabattvorteile kompensiert werden kann, ist am konkreten Zahlenbeispiel zu prüfen.

Zur beispielhaften Berechnung seien folgende Werte unterstellt: $l = 0{,}25, T = 1, p = 100$. Die beispielhaft gewählten Werte für B_j und w_j sind der Tabelle zu entnehmen. Die Bestellmenge des Händlers wird im Folgenden als einziger Aktionsparameter betrachtet,

Die Wahl des Bezugsweges durch den Einzelhandel 453

die Menge möglicher Aktionen und die erwarteten Nachfragesituationen weisen die folgenden Entscheidungsmatrizen auf. Die betrachteten Szenarien wurden so gewählt, dass eines durch vergleichsweise hohe Varianz der Nachfrage gekennzeichnet ist, das andere durch vergleichsweise geringe Varianz. Dabei wurden die Mittelwerte konstant gehalten, so dass das Ausmaß der Varianz als Höhe des Abverkaufsrisikos bzw. der Unsicherheit im jeweiligen Szenario interpretiert werden kann.

Szenario 1	$B_j=40$	$B_j=60$	$B_j=80$	$E_G(q,a)$	$E_G(q)$
	w=0,2	w=0,6	w=0,2		für a=0,006
q = 1	237,5	1072,5	477,5		1787,5
q=10	215+2529,6a	1004,4 +11383,2a	455+5059,2a	1674+18972a	1787,8
q=60	440+9295,2a	630 +27885,6a	330+12395a	1400+49575a	1697,5
q=100	-200+20000a	750+60000a	700+20000a	1250+100000a	1850

Tabelle 5: Erwartungswerte verschiedener Bestellpolitiken im Fall geringer Varianz der Nachfrage ($\bar{x} = 60, \sigma^2 = 160$)

Szenario 2	$B_j=20$	$B_j=60$	$B_j=100$	$E_G(q,a)$	$E_G(q)$
	W=0,3	w=0,4	w=0,3		für a=0,006
q = 1	176,3	715	896,3		1787,5
q=10	142,5 +1897,2a	669,6 +7588,8a	862,5+9486a	1674,6+18972a	1788,4
q=60	-315 +13942a	420+18590a	675+23238a	780+55770a	1114,6
q=100	-975 +30000a	500+40000a	525+30000a	50+100000a	650

Tabelle 6: Erwartungswert verschiedener Bestellpolitiken im Fall hoher Varianz der Nachfrage ($\bar{x} = 60, \sigma^2 = 960$)

Während in Szenario 1 eine Bestellpolitik realisiert wird, bei der 100 Stück in einer Bestellung geordert werden, werden in Szenario 2 deutlich kleinere Mengen in mehreren Bestellungen vom Lieferanten abgerufen. Es wird deutlich, dass die Erhöhung der Unsicherheit zu einer Einschränkung der Bestellmenge des Einzelhändlers führt. Der Umfang der Mengeneinschränkung ist wiederum abhängig von der Rabattstaffel des Herstellers und den Kosten des Händlers.

2.5 Diskussion

Das vorgeschlagene Modell kann die Realität nur ansatzweise abbilden. Insbesondere die folgenden Punkte bleiben weitgehend unberücksichtigt oder werden nur angedeutet:

- Das Modell unterstellt eine Homogenität der Hersteller und auch der Einzelhändler. Dies entspricht nicht der Realität und kann Auswirkungen auf die optimale Rabattgestaltung eines Herstellers haben, da sich die Einzelhändler je nach Anzahl der Beschäftigten, Umsatzhöhe oder Geschäftsfläche unterscheiden und dies sowohl Auswirkungen auf ihr Sortiment wie auch auf ihr Bestellverhalten hat.
- Die Entwicklung der Parameter im Zeitablauf ist nur angedeutet worden. So könnte man bpsw. vermuten, dass durch steigende Mieten in den Innenstädten dort ansässige Händler deutlich stärker von steigenden Lagerkosten betroffen sind als andere. Hersteller könnten eventuell gewillt sein, dies bei ihrer Rabattgestaltung zu beachten. Auch die Nachfrage nach den betrachteten Gütern ist unter Umständen nicht in jeder Periode gleich hoch, so dass Anpassungen der Rabattstaffeln vorgenommen werden müssten, die dies berücksichtigen.
- Durch die Erweiterung des Modells um eine größere Zahl von Herstellern könnte es dem Großhandel möglich werden, größere Bündelungseffekte zu erzielen. Der dadurch entstehende zusätzliche Gewinn könnte zu einer Ausweitung der Funktionsübernahme oder einer Einführung eigener Rabattstaffeln für die Einzelhändler genutzt werden. Die Attraktivität des Großhandels für die Einzelhändler würde dadurch steigen.
- Das Modell unterstellt, dass beim Großhandel keine Lagerkosten anfallen, er sich also in seinem Bestellverhalten nur an den gewährten Rabatten der Verlage orientiert. Eine Berücksichtigung der Lagerkosten hätte vermutlich Veränderungen des Bestell- und Angebotsverhaltens des Großhandels zur Folge, welches hier nicht weiter betrachtet werden soll.
- Im Modell übernimmt der Großhandel nur logistische Aufgaben. Es ist jedoch auch denkbar, dass er zusätzlich akquisitorische Maßnahmen übernimmt, also versucht, den Absatz der Waren an die Endverbraucher aktiv zu beeinflussen. Seine Attraktivität für den Einzelhandel würde dadurch steigen.

3. Fazit

Nach einer kurzen Darstellung der möglichen Bezugswege des Einzelhandels am Beispiel des deutschen Buchmarktes wird insbesondere auf den Einfluss des Verhaltens der Händler auf die Ausgestaltung der Distributionspolitik der Hersteller eingegangen. Das Bestellverhalten der Einzelhändler ist von verschiedenen Struktur- (z.B. der Sortimentsstruktur, Nachfragemengen, Kostenkoeffizienten) und Zielgrößen abhängig. Es wird auf der operativen Ebene analysiert, wie das Bestellverhalten der Einzelhändler über die Konditionenpolitik der Hersteller beeinflusst werden kann. Für verschiedene Szenarien wird untersucht, ob es zu einer Einschaltung des Großhandels kommt.

Zusätzlich ist die Unsicherheit der Nachfrage berücksichtigt worden. Sieht sich der Einzelhandel unsicheren Absatzmengen gegenüber, so wird dies tendenziell zu einer Verringerung seiner Bestellmenge führen. Das Ausmaß der Bestellmengeneinschränkung hängt dabei jedoch wiederum von der Rabattstaffel des Herstellers und den Lagerkosten des Händlers ab.

Eine Prognose zur Entwicklung der Distributionsstruktur bedarf detaillierter Angaben über die Bedeutung der einzelnen Bestimmungsfaktoren und zum Einflusspotenzial der Hersteller bzw. des Großhandels. Mit dem vorliegenden Beitrag sollte ein Analyseraster skizziert werden, auf dessen Grundlage dieser Informationsbedarf konkretisiert werden kann. Im Rahmen einer empirischen Studie wäre jetzt zu ermitteln, inwieweit die in der Realität beobachtbaren Vertriebs- bzw. Beschaffungswege den theoretischen Erwartungen entsprechen.

Literatur

BARTH, K. (1999): Betriebswirtschaftslehre des Handels, 4. Aufl., Wiesbaden 1999.

BÖRSENVEREIN DES DEUTSCHEN BUCHHANDELS E.V. (Hrsg.) (2001): Buch und Buchhandel in Zahlen 2001, Frankfurt am Main 2001.

Antje Helpup und Nicole Müller

Kundenbindung im Spannungsfeld von Kunden- und Kostenorientierung

1. Kundenorientierung im Wandel

2. Erfolgsfaktor Kundenselektion
    2.1 Die Analyse des Kundenwertes
    2.2 Kundenbewertung aus Sicht der Praktikabilität

3. Lean Transformation: Ein Praxisbeispiel zur Verknüpfung von Kunden- und Kostenaspekten
    3.1 Ansatzpunkt Kosten: Mudareduzierung
    3.2 Ansatzpunkt Lieferzeit: Kontinuierliche Fließfertigung mit Kanban

Literatur

1. Kundenorientierung im Wandel

In Anbetracht des starken Wettbewerbs um Kundenmärkte und des damit häufig einhergehenden Preiskampfes gestaltet sich die Zielharmonisierung zwischen Kundenorientierung und Kosteneffizienz in Unternehmungen zunehmend schwieriger. Einerseits gilt es, zwecks Bedarfsstimulierung auf Kundenwünsche einzugehen, die Kauffähigkeit und -bereitschaft der Kunden auszuschöpfen und sie langfristig an die Unternehmung zu binden.[1] Andererseits muss aber dem Druck zur Rationalisierung bis hin zur Restrukturierung mit einer weitestgehend standardisierten Markt- bzw. Kundenbearbeitung begegnet werden, um Kostensenkungspotenziale konsequent auszuschöpfen. Ein Rückblick in die vergangenen Jahrzehnte zeigt, dass dieses Spannungsfeld traditionelle Wettbewerbsstrategien obsolet werden lässt. Dementsprechend sind aus Unternehmungssicht ganzheitliche Lösungen gesucht, die relative Wettbewerbsvorteile eröffnen und die Kosten in Bezug zum Profilierungseffekt nur unterproportional erhöhen. Der vorliegende Beitrag stellt zwei unterschiedliche Ansatzpunkte vor, die sowohl die Kunden- als auch die Kostenorientierung gleichermaßen berücksichtigen. In Kapitel 2 wurde ein Ansatz aus dem Business-to-Consumer-Bereich, in Kapitel 3 aus dem Business-to-Business-Bereich gewählt.

2. Erfolgsfaktor Kundenselektion

In Wissenschaft und Praxis besteht Konsens über die große Bedeutung von Kundenzufriedenheit und Kundenbindung für den Unternehmungserfolg. Dabei wird der Kundenbegriff jedoch allzu oft pauschal verwendet, ohne zwischen einzelnen Kunden bzw. Kundengruppen zu differenzieren[2]. Denn nicht nur deren Ansprüche unterscheiden sich zumeist stark im Hinblick auf Art und Ausmaß, sondern auch ihr jeweiliger Wert für die Unternehmung. Wird nun nach dem Verständnis des Marketing als Philosophie und Handlungsmaxime der Kunde mit seinen Bedürfnissen in den Mittelpunkt des betrieblichen Handelns gestellt, muss angesichts der knappen Marketingressourcen damit die Frage einhergehen, in welche Kunden investiert werden soll[3]. Denn letztendlich ist es Aufgabe des Marketing, solche Kunden zu gewinnen und zu binden, welche die erbrachte Leistung wertschätzen, sie honorieren und die somit für die Unternehmung profitabel sind[4]. Es wird also die Abkehr von der noch allzu häufigen Verteilung der Mittel nach dem Gießkannenprinzip hin zu einer Pflege wertvoller Kunden/-gruppen gefordert. Eine

---

1 Vgl. Barth/Stoffl 1997, S. 3
2 Vgl. Homburg/Schnurr 1998, S. 171
3 Vgl. Kotler 1972, S. 11 ff.
4 Vgl. Kotler/Bliemel 1999, S. 81; Storbacka/Strandvik/Grönroos 1999, S. 70

solche Vorgehensweise erfordert die Bereitschaft, nicht im Fokus der Marktbearbeitung stehende Nachfrager aufzugeben oder zumindest mit einem wesentlich abgestuften Leistungsangebot zu bedienen[5]. Daraus ergeben sich für das Management zwei handlungsleitende Grundsätze: den richtigen Kunden binden und den Kunden richtig binden[6].

2.1 Die Analyse des Kundenwertes

Erfolgreiche Kundenbindung setzt voraus, den Wert eines Kunden zu analysieren, um den jeweils angemessenen Aufwand an Investitionen in diesen bestimmen zu können. Insofern kommt dem Kundenwert eine doppelte Bedeutung zu: zum einen im Sinne des Beitrags eines Kunden zum Unternehmungserfolg und - daraus abgeleitet - im Sinne seiner Investitionswürdigkeit im Hinblick auf die zu ergreifenden Marketingmaßnahmen.

In Literatur und Praxis herrscht kein Konsens über das Verständnis von „Kundenwert". Oft wird versucht, die Begriffsbestimmung des Kundenwertes mit alternativen Messvorschriften zu verbinden, so dass es sich strenggenommen nicht um Definitionen im eigentlichen Sinne handelt, sondern vielmehr um alternative Methoden der Kundenbewertung. Diese unterscheiden sich sowohl hinsichtlich der verwendeten Bestimmungsfaktoren als auch in Hinblick auf den zugrunde gelegten Zeitbezug, wie die Abbildung 1 verdeutlicht.

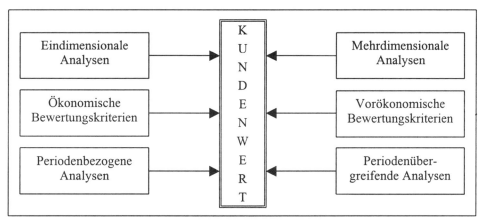

Abbildung 1: Ausprägungen der Kundenbewertung

Es besteht Uneinigkeit darüber, ob der Gesamtwert eines Kunden eine rein ökonomische, eine rein qualitative oder aber eine kombinierte Größe darstellt. Abbildung 2 ver-

---

5 Vgl. Homburg 1998, S. 20
6 Vgl. Tomczak/Dittrich 1997, S. 22

anschaulicht ausgewählte ökonomische sowie vorökonomische Kriterien, die zur Bewertung eines Kunden herangezogen werden können.

Ökonomische Bewertungskriterien		Vorökonomische Bewertungskriterien	
Name	Ermittlung	Name	Ermittlung
Umsatz (-anteil)	Umsatz mit dem Kunden pro Periode	Cross-Selling-Wert	Ausweitung der bestehenden Kundenbeziehung auf andere Produkte des Anbieters
Umsatzpotenzial (absolut, relativ)	Umsatz pro Periode + zukünftig erwartete Umsätze	Referenzwert	Monetäre bzw. monetarisierbare Effekte, hervorgerufen durch Referenzaktivitäten eines Kunden
Deckungsbeitrag (-santeil)	Summe periodenbezogener Umsätze ./. kundenbezogene Einzelkosten pro Periode	Informationswert	Gesamtheit innovativer und umsetzbarer Informationen vom Kunden
Deckungsbeitragspotenzial (absolut, relativ)	Deckungsbeitrag pro Periode + zukünftig erwartete Deckungsbeiträge	Kundenzufriedenheit	Vergleichsprozess zwischen den Erwartungen mit der tatsächlich subjektiv wahrgenommenen Leistung

Abbildung 2: Ausgewählte Determinanten des Kundenwertes
Quelle: In Anlehnung an Cornelsen 2000, S. 172 ff.; Plinke 1989, S. 317; Plinke 1997, S. 128; Schulz 1995, S. 115 ff.

Hinsichtlich der zeitlichen Dimension des Kundenwertes erfolgt in den meisten Fällen eine Unterscheidung in periodenbezogene Kundenwertanalysen und periodenübergreifende Kundenwertanalysen. Während erstere auf beziehungsabschnittsorientierte Kundenwerte abstellen, erheben letztere den Anspruch, die gesamte Kundenbeziehung von ihrem Beginn bis zu ihrem Ende abzubilden[7]. Cornelsen fasst die verschiedenen Auffassungen in folgender Kundenwertdefinition zusammen:

„Der Kundenwert ist ein Maß für die ökonomische Bedeutung eines Kunden, d. h. dessen direkten und/oder indirekten Beitrag zur Zielerreichung eines Anbieters."[8]

Dabei bezieht Cornelsen sowohl monetäre, nicht-monetäre als auch mehrdimensionale Zielgrößen mit ein und greift auf die für die Ermittlung des Kundenwertes erforderlichen Vergangenheitswerte zu[9].

Sind in einem ersten und grundlegenden Schritt Art, Umfang und Kombination der Daten für ein kundenwertbasiertes Marketing festgelegt worden, gilt es anschließend, die für die laufende Errechnung des Kundenwertes erforderlichen Daten zu ermitteln[10]. Um der Forderung nach einem validen Zahlenwerk Rechnung zu tragen, müssen systematisch solche Kundeninformationen gewonnen werden, die Aussagen über den Wert eines Kunden bzw. einer Kundengruppe zulassen. Ein wichtiges Kriterium stellt dabei die Erhebung und Beschaffung der Daten streng nach ihrer Relevanz für kundenwertorientierte Entscheidungen der Unternehmung dar[11]. Unberücksichtigt bleiben sollten zum einen jene Daten, die keinen analytischen Aussagewert über Zusammenhänge zwischen Kundenverhalten und Kundenwert aufweisen, zum anderen Daten und Werte, die nur in geringem Maße aussagefähig sind.

Eine intensive Auseinandersetzung mit den Kunden ist damit Voraussetzung für die Bestimmung wertvoller Kunden sowie deren dauerhafte Bindung an die Unternehmung. Die aus unterschiedlichen Bereichen im Rahmen der Interaktion mit dem Kunden kontinuierlich aufzunehmenden und systematisch zu verarbeitenden Informationen umfassen[12]:

- Profildaten des Kunden, wie z. B. soziodemographische und psychographische Merkmale,
- Servicedaten, wie allgemeine Kundenanfragen, Reklamationen und Retouren,
- Kontaktdaten, z. B. Art, Intensität und Kosten der Kommunikationsaktivitäten, Häufigkeit der Aktionen sowie Zeitpunkt der Kontakte,
- Kaufdaten, wie Dauer der Beziehung, Wert des Kaufes, Kaufhäufigkeit sowie Wieder-/Zusatzkäufe.

Für den Handel als Informationsspezialist[13] ist dazu die Analyse artikelgenauer Point of Sale-Daten auf Warenkorbbasis von herausragender Bedeutung[14]. Jedoch werden erst bei einer personenindividuellen Zurechnung der Warenkörbe Längsschnitt- bzw. Zeit-

---

7   Vgl. Cornelsen 2000, S. 39
8   Cornelsen 2000, S. 43
9   Siehe Cornelsen 2000, S. 43
10 Vgl. Thelen/Wilkens 2000, S. 150
11 Vgl. hierzu und zum Folgenden Thelen/Wilkens 2000, S. 151
12 Vgl. hierzu und zum Folgenden Homburg/Sieben 2000, S. 477
11 Vgl. Barth 1999, S. 17
12 Vgl. hierzu und zum Folgenden Kloth 1999, S. 239

reihenanalysen möglich, die eine Ermittlung von Kriterien wie Bedarfsdeckungsraten, Kauffrequenzen etc. ermöglichen. Dies erfordert im stationären Handel den Einsatz von Kundenkarten, eine aus Akzeptanzgründen nicht unproblematische Voraussetzung.

Die Aussagekraft des Kundenwertes hängt letztlich entscheidend davon ab, welche Bewertungskriterien die Unternehmung im Rahmen der Kundenbewertung zugrunde legt. Im Sinne eines langfristigen Beziehungsmarketing scheint es geboten, beziehungsumfassende, ganzheitliche Kundenwerte zu ermitteln. Wichtig ist die individuelle Ausgestaltung des Kundenwertmanagement, basierend auf einer detaillierten Analyse der eigenen Rahmenbedingungen[15].

2.2 Kundenbewertung aus Sicht der Praktikabilität

Grundsätzlich ist kritisch zu hinterfragen, ob die Rahmenbedingungen für die Entwicklung eines Modells der Kundenbewertung überhaupt gegeben sind, denn in der Praxis stößt die Orientierung an Kundenwerten auf zahlreiche Widerstände:

- Die Definition der „richtigen" Kunden hängt davon ab, welche Informationen vorliegen. Viele Unternehmungen verfügen derzeit noch nicht über ein ausreichendes Controllinginstrumentarium[16]. So besitzen bspw. laut einer Befragung nur 46,8% der stationären Fachhändler die vollständigen Namen und Adressen ihrer Kunden[17].
- Manche Datenbanken sind in erster Linie nach Aufwendungen oder Verträgen und nicht nach Kunden kategorisiert[18].
- Viele Analysen scheitern an den Kosten und Anstrengungen der Informationsgewinnung, -aufbereitung und -nutzung[19].
- Es gibt verschiedene Möglichkeiten zur Definition der vorhandenen Kunden: z.B. alle per Datenbank erfassten Käufer, alle Kunden, die bereits einmal gekauft haben, oder Kundenabgrenzung nach dem Kaufbetrag[20].
- Die Erfassung und Zuordnung der kundenspezifischen Kosten erweist sich in vielen Unternehmungen noch als sehr schwierig[21].
- Kundenwertanalysen, die auf eine Prognose der kundenspezifischen Daten abstellen, sind mit Unsicherheiten behaftet.
- Gilt das „Gesetz steigender Kundengewinne mit zunehmender Beziehungsdauer"[22]?

---

15 Vgl. Hofmann/Mertiens 2000, S. 201
16 Vgl. Krafft/Marzian 1999, S. 33
17 Siehe Kaapke/Dobbelstein 1999, S. 140
18 Vgl. Dittrich 2000, S. 135
19 Siehe Dittrich 2000, S. 135
20 Vgl. Dittrich 2000, S. 136
21 Siehe Krafft/Marzian 1997, S. 105
22 Reichheld/Sasser 1990, S. 106

- Durchführung von Ursache-Wirkungs-Analysen für die Ertragsströme, die aufzeigen, unter welchen Rahmenbedingungen welche Umsätze oder Deckungsbeiträge eingetreten oder zu erwarten sind[23].
- Berücksichtigung der wechselseitigen Beeinflussbarkeit der Bestimmungsfaktoren des Kundenwertes.
- Problemfelder, die sich hinsichtlich der vorökonomischen Bewertungskriterien ergeben[24]:
  – Informationsproblem: Erfassung der Potenzialgrößen,
  – Bewertungsproblem: Transformation der (mengenbezogenen) Potenzialgrößen in monetär quantifizierte Wertgrößen.

Trotz der vielfach noch offenen methodischen und rentabilitätsbezogenen Fragestellungen liefert die Analyse des Kundenwertes aufschlussreiche Informationen für eine effiziente Kundenbindung. Sie fördert und versachlicht die Beurteilung der wirtschaftlichen Bedeutung des Kunden und wird daher auch in Zukunft - mit Blick auf eine ökonomische Allokation der zur Verfügung stehenden Marketingressourcen - von großem Interesse für das Management sein.

Sind die "richtigen" Kunden selektiert, ist ihre Bindung durch ein unvergleichbares Leistungsangebot anzustreben. Ein möglicher Ansatz ist das Lean Transformation.

3. Lean Transformation: Ein Praxisbeispiel zur Verknüpfung von Kunden- und Kostenaspekten

Lean Transformation beherzt die uralte, simple Weisheit, dass der Kunde sich demjenigen Anbieter zuwendet, dessen Produktangebot im Vergleich zu anderen Konkurrenzprodukten für ihn einen subjektiv hochwertigeren Nutzen stiftet. Folgliches Ziel eines Anbieters ist daher, aus Kundensicht die objektiv bessere Leistung und den höchsten subjektiven Kundennutzen zu erbringen. Daher müssen Kosten der Kundenzufriedenheit als Investition in zukünftige Geschäftserfolge gesehen werden, denn nur zufriedene Kunden werden auch zu "anhänglichen" Kunden, außerdem bieten loyale Kunden den besten Schutz vor Angriffen der Wettbewerber[25]. In diesem Zusammenhang bietet Lean Transformation eine gute Methodik, eine Unternehmung in eine schlanke und kundenorientierte Organisation zu wandeln, der es gelingt, sich heute die Wettbewerbsvorteile von morgen zu sichern.

Der Kerngedanke einer prozess- und kundenorientierten Gestaltung der Unternehmungsabläufe liegt in der Kopplung der Unternehmungsprozesse über Kunden-Lieferanten-Be-

---

23 Vgl. Bernet 1998, S. 30
24 Vgl. Cornelsen 1996, S. 27
25 Vgl. Müller/Riesenbeck 1991, S. 68

ziehungen. Die Prozesse müssen fortlaufend, möglichst in einer kontinuierlichen Wertschöpfungskette über alle Abteilungsgrenzen durch die gesamte Unternehmung fließen können. Dabei reicht diese Prozesskette weit über die Unternehmungsgrenzen hinaus, denn Prozesse enden nicht an den Grenzen von Organisationseinheiten, sondern erstrecken sich über die Bereiche Forschung, Beschaffung, Produktion, Marketing etc. und gehen vom externen Zulieferer bis zum außenstehenden Kunden. So wird Kundennähe für alle Bereiche gleichermaßen erzeugt; nicht nur der Vertrieb und der Service, sondern alle Abteilungen müssen im Sinne des internen Kunden-Lieferanten-Prinzips im direkten Kundenkontakt stehen. Die Produktionssteuerung darf nicht nach internen Kapazitäten erfolgen, sondern nach Kundenaufträgen. Nur so kann sich die Kundenorientierung wie eine Kette durch die gesamte Organisation ziehen. Firmenintern erbrachte Leistungen sind als fremderbrachte Dienstleistungen aufzufassen und ein Denken in Kundennutzen rückt in den Vordergrund[26]. Mit dem Ziel der Erhöhung der internen und externen Kundenzufriedenheit und somit auch der Kundenbindung konzentriert sich Lean Transformation auf die Optimierung der entscheidenden Kriterien, die der Kunde heute verlangt. Um besser zu werden, ist es notwendig, die Qualität aller erbrachten Leistungen ständig zu erhöhen, die Kosten für diese Leistungserbringung zu senken und die Liefertermine zu verkürzen.

Die praktische Umsetzung einer Neugestaltung findet auf Grundlage der Ergebnisse einer ersten Istanalyse der heutigen Prozesse und Aktivitäten statt. Diese Prozessanalyse erfolgt dabei mit einer Methodik, die eine Transparenz der Wertschöpfungsprozesse gewährleistet. In diesem Rahmen hat sich eine kundenwertschöpfungsorientierte Vorgehensweise zur Identifikation von Prozessen bewährt.[27] Grundsätzlich lassen sich die Unternehmungsprozesse in drei Klassen unterteilen:

- aus Kundensicht wertschöpfende Prozesse,
- vorerst organisatorisch notwendige, aber nicht wertschöpfende Aktivitäten,
- nicht wertschöpfende und überflüssige Prozesse.

Ziel ist es, alle Prozesse der dritten Kategorie sofort zu eliminieren, weil sie aus Kundensicht keinen Wert darstellen und zur Leistungserbringung nicht notwendig sind. Die Aktivitäten der zweiten Gruppe müssen intensiv hinterfragt und optimiert werden, um neue Prozessabläufe zu definieren. Die Prozesse und Aktivitäten, die der unmittelbaren Schaffung von Kundenwert dienen, sind kontinuierlich zu verbessern.

Auf der Suche nach Prozessoptimierungen und möglichen Ansatzpunkten zur Kostenreduzierung einerseits und Qualitäts- und Lieferverbesserungen andererseits ist die Cashgenerierung von großer Bedeutung. Abbildung 3 verdeutlicht, dass in der Praxis häufig eine zeitliche Lücke zwischen "Cash out" und "Cash in" vorzufinden ist. Ziel aller geplanten Lean Transformation-Maßnahmen ist es, die Zeit zwischen Zahlung an die Lieferanten und Zahlungseingang der Kunden zu minimieren.

---

26 Vgl. Warnecke 1992, S. 97 f.
27 Helpup 1998, S. 109 f.

Als Einflussfaktoren zur Verkürzung der Zeitspanne sind neben einer hohen Umschlaghäufigkeit und extrem kurzen Lieferzeiten auch ein gutes Einkaufsmanagement zu nennen. Jegliche Art von Muda (Verschwendung) vergrößert die Zeitspanne, daher stellt die Mudareduzierung im ersten Schritt ein Hauptanliegen von Lean Transformation dar[28].

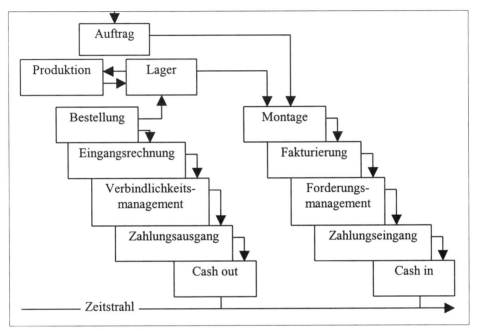

Abbildung 3: Cashgenerierung

3.1 Ansatzpunkt Kosten: Mudareduzierung

Verschwendung ist neben der "Nichtzufriedenheit der Kunden" die Hauptursache für wirtschaftliche Verluste. Grundsätzlich stellen Aktivitäten ohne Wertzuwachs, für die der Kunde nicht bereit ist zu zahlen, eine potenzielle Verschwendung dar. So zeigt sich, dass der wertschöpfende Anteil bei Mensch, Maschine und Material meist weniger als 10% ausmacht. Es wird deutlich, welche Verbesserungspotenziale sich hierin verbergen und welche Rationalisierungseffekte sich durch die Eliminierung von Muda erreichen lassen. Da die Minimierung von Verschwendungspotenzialen als eine der wirksamsten

---

28 Vgl. Henderson/Larco 1999, S. 28 ff.

Maßnahmen zur Erhöhung der Produktivität gilt, wird im Folgenden näher auf einige Verschwendungsarten und Maßnahmen zu deren Vermeidung eingegangen[29]:

(1) Verschwendung durch Überproduktion

Überproduktion führt zur Herstellung von Gütern und zum Aufbau von Lägern, für die kein unmittelbarer Bedarf besteht. Die Folge ist zusätzlicher Handhabungsaufwand, Raumbedarf, Maschinen, Personal, Papier und unnötige Kapitalbindung. Vertreter der Just-in-time-Anlieferung erklären das Lager sogar als Feind der Kundenorientierung und begreifen es als Fels, der zwischen Kunde und Produktion steht. Abhilfemaßnahmen sind, neben der Ausrichtung der Produkte und Prozesse auf den internen und externen Kunden, auch die mit Just-in-time verbundenen Ansätze, mit der Forderung, nur das Benötigte zu dem Zeitpunkt, an dem es gebraucht wird, zu produzieren.

(2) Verschwendung durch hohe Bestände

Hohe Bestände als Folge von Überproduktion binden Kapital, behindern die Produktion, erfordern zusätzlichen Transportaufwand und verdecken Probleme. Die Reduzierung des Bestandsniveaus ist im Rahmen von Lean Transformation ein bewusster Ansatz, verdeckte Probleme an die Oberfläche zu bringen und deren Lösung gezielt anzugehen. Bestand ist vergleichbar mit einem Fluss; wenn der Wasserstand sinkt, dann sind die Steine zu sehen, die das Fließen beeinträchtigen. So wird es möglich, problematische Bereiche aufzudecken wie z.B.:

- Lieferanten-, Qualitäts-, Logistik- und Produktivitätsprobleme,
- hohe Reklamations- und Ausschussquoten,
- unausgewogene Kapazitäten,
- mangelnde Teamorientierung,
- lange Lieferzeiten,
- nicht optimierte Prozesse.

Überdimensionale Sicherheits- und Zwischenlager sollten der Vergangenheit angehören, da in vielen Fällen die Vorteile des "traditionellen economies-of-scale-Denken" bereits durch geringere Bestandhaltungskosten überkompensiert werden. Mit dem Einkauf und der Produktion kleinerer Losgrößen, der Aussonderung veralteten oder nicht mehr benötigten Materials sowie der Neustrukturierung der Produktionsanlagen nach Materialflussgesichtspunkten lassen sich Bestände erheblich verringern.

(3) Verschwendung durch Wartezeiten

Im Gegensatz zur Überproduktion ist Verschwendung durch Warte- bzw. Stillstandzeiten leichter zu erkennen. Das Warten auf Material, auf Informationen, auf vor- oder nachgelagerte Arbeitsschritte, auf Qualitätsprüfung, auf Einrichten und Umrüsten sowie auf Beseitigung von Störungen innerhalb des Prozesses hat nicht nur hohe Verlustzeiten,

---

29 Vgl. Schwager 1997, S. 121 ff.

sondern auch eine sinkende Termintreue zur Folge[30]. Eine Synchronisation von Materialfluss und Arbeitsprozess kann hier Abhilfe schaffen. Mit der Einführung von Gruppenarbeit in der Fertigung können dabei Mitarbeiterkapazitäten besser genutzt und Schwankungen ausgeglichen werden. Die Vereinfachung der Maschinenrüstvorgänge, die Etablierung einer vorbeugenden Instandhaltung oder die räumliche Zusammenfassung von Funktionen können zur Reduktion von Warte- bzw. Stillstandzeiten beitragen.

(4) Verschwendung durch Transport

Neben Kosten für Transportmittel und –mitarbeiter verursachen unnötige Transporte Folgefehler sowie Zeit- und Informationsverluste. Jeder Transportweg erhöht die Gefahr der Beschädigung von Produkt und Mensch. Beispielsweise ist bei genauerer Betrachtung der Reklamationen häufig die Ursache für Beschwerden nicht nur in zu langen Lieferzeiten, sondern vor allem in Transportschäden zu finden. Eine Veränderung des Layout mit einer entsprechenden Zusammenfassung von Arbeitsvorgängen, der Einsatz effizienter Transportmethoden, aber auch die Aufrechterhaltung von Ordnung und Sauberkeit führen zur Einsparung unnötiger Transportkosten[31].

Insgesamt ist festzustellen, dass Lean Transformation zur Vermeidung bzw. Eliminierung von Verschwendungen einen praxisnahen Ansatz bietet, der lautet: erkennen, vereinfachen und umgehend eliminieren und zwar ohne die Notwendigkeit, Genehmigungen einzuholen oder Sanktionen zu erwarten. Es gilt ebenso wie bei der Fehlerverhütung durch Prävention, Verschwendung durch Vorbeugen gar nicht erst entstehen zu lassen[32]. In diesem Zusammenhang bietet sich das japanische 5S-Prinzip als ein einfaches Werkzeug zum Erkennen und zum Abbau von Verschwendungsquellen an.

- Seiri: Behalten Sie nur das Minimum, das für eine Aufgabe gebraucht wird und entsorgen Sie alle unnötigen Dinge.
- Seiton: Alle Gegenstände des minimalen Bedarfs müssen einen festen Platz erhalten.
- Seido: Erhalten Sie Ordnung und Sauberkeit.
- Seiketsu: Verbessern Sie ständig die genannten Punkte.
- Shitsuke: Verfolgen Sie die Praktiken mit strikter Disziplin und lassen Sie diese zur Gewohnheit werden[33].

3.2 Ansatzpunkt Lieferzeit: Kontinuierliche Fließfertigung mit Kanban

Aufgrund der informationstechnologischen Entwicklungen der letzten Jahre gewinnt der Aspekt, dem Kunden das gewünschte Produkt zum gewünschten Zeitpunkt zu liefern im

---

30 Vgl. Suzaki 1989, S. 86 ff.
31 Vgl. Schwager 1997; S. 124 ff.
32 Vgl. Stürzl 1992, S. 90 f.
33 Vgl. Hernderson/Larco 1999, S. 101

Rahmen der Kundenbindung erheblich an Bedeutung. Dies stellt einen weiteren Ansatzpunkt von Lean Transformation dar. Nachdem alle Arten von nicht kundenwertschöpfenden Tätigkeiten eliminiert sind, sollte, wo immer es möglich ist, ein kontinuierlicher Fertigungsfluss etabliert werden. Mit dem Ziel der Lieferzeitverkürzung und Kostensenkung versucht man mit Kanban - im Gegensatz zu traditionellen Systemen - ein ziehendes Produktionssystem einzuführen, welches ausgehend vom Kundenimpuls rückwärts gerichtet arbeitet.

Erste Ansatzpunkte zur Verbesserung bieten die vielen Nachteile der herkömmlichen losgrößenorientierten Fertigung, die zur Folge haben, dass:

- viel Material und somit Kapital im Produktionsprozess gebunden ist,
- Bestände das Risiko erhöhen, das "Falsche" auf Lager zu haben,
- Probleme im Prozess (z. B. Qualitätsmängel) erst am Ende aufgedeckt werden,
- Abläufe zu langsam sind, um auf den aktuellen Kundenbedarf zu reagieren.

Kanban schafft im Gegensatz dazu mit der ziehenden Fertigung die Verbindung zwischen der Unternehmung und der Kundentaktzeit. Das Prinzip ist konzeptionell simpel angelegt, die Fertigung reagiert nur auf Kundenimpulse, d.h. es wird nur auf Bedarf des Kunden von der nächsten Stufen gefertigt. Aufgrund des Einzelstückdurchlaufs kann durch das schnelle Feedback zum einen die Qualität verbessert und zum anderen die Umlaufzeit verkürzt werden. Mit Hilfe von Kanbankarten, die die Produkte auf dem Produktionsweg begleiten und somit das wesentliche Kommunikationsmittel für eine Just-in-time-Fertigung darstellen, wird die Produktion gesteuert[34]. Ein visuelles Management ersetzt dabei komplexe IT-Abläufe und bringt die Verantwortung in die Teams am Produktentstehungsprozess. Kanban erfordert Disziplin der einzelnen Mitarbeiter, daher gibt es strikte Verhaltensregelungen. Beispiele sind die Einhaltung des First-in-First-out-Prinzips bei der Entnahme von Materialien oder die strenge Orientierung an den Signaltafeln, die den Mitarbeitern an der Produktionslinie anzeigt, wann es notwendig ist zu produzieren. Weitere Regeln verbieten bspw. die Entnahme oder Produktion ohne eine entsprechende Kanbankarte. Die Qualität wird in der Weise gewährleistet, dass nur hundertprozentig fehlerfreie Produkte an den nächsten Arbeitsgang weitergeleitet werden dürfen. So ist auch die Struktur der Kanban Steuerkarten stark systematisiert. Sie zeigt eindeutig, was innerhalb einer bestimmten Anzahl von Tagen in welcher Menge produziert werden soll, welche Fertigungsstufe benötigt wird und wo ein Produkt zu lagern ist. Insgesamt muss der Prozess so klar definiert sein, dass die rechtzeitige Produktion in der gewünschten Menge immer sichergestellt ist. Werden diese Regeln gewissenhaft befolgt, können mit der Einführung von Kanban zum einen die Produktionskosten und Lieferzeiten deutlich gesenkt und zum anderen die Qualität verbessert werden.

---

34 Ohno 1993, S. 70 f.

Literatur

BARTH, K. (1999): Betriebswirtschaftslehre des Handels, 4. Aufl., Wiesbaden 1999.

BARTH, K.; STOFFL, M. (1997): Hat das Marketing im Handel versagt? Die Kundenorientierung als Ansatz der Neubesinnung, in: Trommsdorff, V. (Hrsg.): Handelsforschung 1997/98, Jahrbuch der Forschungsstelle für den Handel Berlin e.V., Wiesbaden 1997, S. 3-19.

BERNET, B. (1998): Konzeptionelle Grundlagen des modernen Relationship Banking, in: Bernet, B.; Held, B. (Hrsg.): Relationship Banking: Kundenbeziehungen profitabel gestalten, Wiesbaden 1998, S. 3-36.

CORNELSEN, J. (2000): Kundenwertanalysen im Beziehungsmarketing: Theoretische Grundlegung und Ergebnisse einer empirischen Studie im Automobilbereich, Nürnberg 2000.

CORNELSEN, J.(1996): Kundenwert - Begriff und Bestimmungsfaktoren - , Nürnberg 1996.

DITTRICH, S. (2000): Kundenbindung als Kernaufgabe im Marketing - Kundenpotentiale langfristig ausschöpfen, St. Gallen 2000.

HELPUP, A. (1998): Business Reengineering im Einzelhandel, Aachen 1998.

HENDERSON, B.; LARCO, J. (1999): Lean transformation: How to change your business into a Lean Enterprise, Richmond 1999.

HOFMANN, M.; MERTIENS, M. (2000): Customer-Lifetime-Value-Management: Kundenwert schaffen und erhöhen: Konzepte Strategien, Praxisbeispiele, Wiesbaden 2000.

HOMBURG, C. (1998): Kundenorientierung mit System: Mit Customer-Orientation-Management zu profitablem Wachstum, Frankfurt am Main-New York 1998.

HOMBURG, C.; SCHNURR, P. (1998): Kundenwert als Instrument der wertorientierten Unternehmensführung, in: Bruhn, M. (Hrsg.): Wertorientierte Unternehmensführung: Perspektiven und Handlungsfelder für die Wertsteigerung von Unternehmen; Festschrift zum 10jährigen Bestehen des Wirtschaftswissenschaftlichen Zentrums (WWZ) der Universität Basel, Wiesbaden 1998, S. 169-189.

HOMBURG, CHR.; SIEBEN, F.G. (2000): Customer Relationship Management (CRM) – Strategische Ausrichtung statt IT-getriebenem Aktivismus, in: Bruhn, M.; Homburg, Chr. (Hrsg.): Handbuch Kundenbindungsmanagement: Grundlagen – Konzepte – Erfahrungen, Wiesbaden 2000, S. 473-501.

KAAPKE, A.; Dobbelstein, T. (1999): Kundenbindung im Handel - Empirische Ergebnisse, in: Mitteilungen des Instituts für Handelsforschung an der Universität zu Köln, Nr. 7 1999, S. 133-144.

KAPLAN, R.; NORTON, D. (1997): Balanced Scorecard: Strategien erfolgreich umsetzen, Stuttgart 1997.

KLOTH, R. (1999): Waren- und Informationslogistik im Handel, Wiesbaden 1999, zugl. Diss., Duisburg 1998.

KOTLER, P. (1967): Marketing-Management, Englewood Cliffs 1967.

KOTLER, P.; BLIEMEL, F. (1999): Marketing-Management: Analyse, Planung, Umsetzung und Steuerung, Stuttgart 1999.

KRAFFT, M.; MARZIAN, S. H. (1999): Auf dem Weg zur Wertschöpfungspartnerschaft, in: Frankfurter Allgemeine Zeitung, 26. April 1999, Nr. 96, S. 33.

KRAFFT, M.; MARZIAN, S.H. (1997): Dem Kundenwert auf der Spur, in: Absatzwirtschaft, 40. Jg., H. 6 1997, S. 104-107.

MONDEN, Y. (1998): Toyota Production System: An Integrated Approach to Just-In-Time; Engineering & Management Press, Georgia 1998.

MÜLLER, W.; RIESENBECK, H.-J. (1991): Wie aus zufriedenen auch anhängliche Kunden werden, in: Harvard Manager, H. 3 1991, S. 67-77.

OHNO, T. (1993): Das Toyota Produktionssystem, Frankfurt-New York 1993.

PLINKE, W. (1989): Die Geschäftsbeziehung als Investition, in: Specht, G.; Silberer, G.; Engelhardt, H.W. (Hrsg.): Marketing-Schnittstellen: Herausforderungen für das Management, Stuttgart 1989, S. 305-325.

PLINKE, W. (1997): Bedeutende Kunden, in: Kleinaltenkamp, M.; Plinke, W. (Hrsg.): Geschäftsbeziehungsmanagement: mit 28 Tabellen, Berlin u.a. 1997, S. 113-158.

REICHHELD, F.; SASSER JR., W. (1990): Zero Defections: Quality comes to Services, in: Harvard Business Review, September-October 1990, S. 105-120.

SCHULZ, B. (1995): Kundenpotentialanalyse im Kundenstamm von Unternehmen, Frankfurt am Main u.a. 1995.

SCHWAGER, M. (1997): KAIZEN- Der sanfte Weg des Reengineering. Eine Studie zum Entwicklungsstand in deutschen Unternehmen. Bisherige Erfolge und künftige Notwendigkeiten, Freiburg 1997.

STORBACKA, K.; STRANDVIK, T.; GRÖNROOS, CHR. (1999): Gewinn durch Relationship Management, in: Payne, A.; Rapp, R. (Hrsg.): Handbuch Relationship-Marketing: Konzeption und erfolgreiche Umsetzung , München 1999, S. 69-89.

STÜRZL, W. (1992): Lean Production in der Praxis, Paderborn 1992.

SUZAKI, K. (1989): Modernes Management im Produktionsbetrieb, München-Wien 1989.

THELEN, K.; WILKENS, CHR. (2000): CLV-M-basiertes Kundenmonitoring als innovatives Controlling-Instrument in Marketing und Vertrieb, in: Hofmann, M.; Mertiens, M. (Hrsg.): Customer-Lifetime-Value-Management: Kundenwert schaffen und erhöhen: Konzepte Strategien, Praxisbeispiele, Wiesbaden 2000, S. 143-153.

TOMCZAK, T.; DITTRICH, S. (1997): Strategien zur Steigerung von Kundenbindung, in: Haedrich, G. (Hrsg.): Der loyale Kunde, Mainz 1997, S. 12-26.

WARNECKE, H.-J. (1992): Die fraktale Fabrik, Berlin 1992.

Friedrich-W. Fasse

Kundenbindung als strategische Herausforderung für Energieversorger

1. Ausgangssituation
    1.1 Energieversorger als Handelsunternehmen
    1.2 Marktbezogene Rahmenbedingungen

2. Strategische Implikationen

3. Kundenbindung durch interaktives Beziehungsmanagement
    3.1 Zielsetzung
    3.2 Ganzheitliches System
    3.3 Implementierungsprozess
    3.4 Kundenkarte als Kundenbindungsinstrument
    3.5 Organisatorische Anpassungen

4. Zusammenfassung und Ausblick

Literatur

1. Ausgangssituation

Energieversorgungsunternehmen (EVU) erfüllen traditionelle Handelsfunktionen. Insbesondere Stadtwerke treten im Geschäft mit den privaten Haushalten als klassische (Energie-)Einzelhändler auf. Mit der Liberalisierung der Energiemärkte und der damit verbundenen Auflösung bisheriger Monopolstellungen stehen die EVU unter Druck. Dies erfordert neue Strategien zur Ausschöpfung vorhandener sowie zur Erschließung neuer Absatzpotenziale, um damit langfristig die Existenz zu sichern.

Im Folgenden wird dargestellt, wie EVU als Handelsunternehmen über ein integratives Kundenbeziehungsmanagement einschließlich der Nutzung neuer Informations- und Kommunikationstechniken mehr Kundenorientierung realisieren können, um auf diese Weise insbesondere bestehende Kunden intensiver zu binden sowie neue Kunden zu gewinnen. Der Schwerpunkt der Ausführungen liegt auf dem Segment der privaten Haushalte.

1.1 Energieversorger als Handelsunternehmen

Die traditionellen Kernaufgaben eines EVU liegen i.d.R. in der Bereitstellung und dem Betrieb des Versorgungsnetzes sowie in der zeitlichen, örtlichen und physischen Bereitstellung der Handelswaren Elektrizität, Erdgas, Wärme und Wasser in den jeweils erforderlichen Qualitäten (z. B. Strom in Form von Nieder-, Mittel- oder Hochspannung).

Abgesehen von einer Reihe großer EVU wie bspw. den Energiekonzernen E.ON, RWE oder EnBW, die den Strom, den sie an ihre Kunden liefern, zu einem großen Teil auch selbst erzeugen, ist die Mehrzahl der rund 900 deutschen EVU als reine Handelsunternehmen am Markt tätig. Insbesondere die Stadtwerke als relativ kleine lokale EVU beschaffen ihre Handelsware im Allgemeinen von den jeweiligen regionalen Versorgungsunternehmen. So beziehen die Stadtwerke in Deutschland bspw. über 80% Strom, nahezu 100% Gas und ca. ein Viertel Wärme von ihren Vorlieferanten.[1] Der Weiterverkauf der Handelswaren erfolgt in der Regel an Gewerbe- und Industriebetriebe sowie insbesondere auch an die privaten Haushalte als Endverbraucher.

Dies zeigt, dass EVU im Allgemeinen und Stadtwerke im Besonderen Handelsfunktionen wahrnehmen. Daraus lässt sich ableiten, dass die EVU sowohl als Großhändler als auch als Einzelhändler am Markt auftreten. Betrachtet man die Zielgruppe der privaten Haushalte, so erfüllen EVU die klassischen Kriterien eines Einzelhändlers einschließlich der entsprechenden Funktionen wie bspw.:

---

[1] Ruhland 2000, S. 930

- Umsatzakquisition- und -abwicklung,
- Raum- und Zeitüberbrückung sowie
- Marktbeeinflussung mittels absatzpolitischer Instrumente (z.B. spezifische Produkte und Services, Preisgestaltung, Werbung etc.).

Auch im Hinblick auf die Breite und Tiefe des jeweiligen Leistungsangebotes lässt sich eine Unterteilung der EVU in Ein- oder Mehrspartenunternehmen vornehmen. Darüber hinaus ist auch, analog den Betriebstypen des Einzelhandels, eine Strukturierung als „Fachgeschäfte" (z. B. Strom in unterschiedlichsten Qualitäten mit entsprechender Beratung) bis hin zum „Warenhaus" (z. B. Strom, Gas, Wasser, Multi Utility Produkte) denkbar.

Seit der Liberalisierung der Energiewirtschaft müssen sich die EVU und hier insbesondere die Stadtwerke, ebenso wie andere Handelsunternehmen auch, am Markt behaupten und durch eigene absatzpolitische Strategien und Maßnahmen ihre Kunden binden bzw. neue Kunden akquirieren. Und ebenso wie bei anderen Handelsunternehmen nehmen dabei auch neue Informations- und Kommunikationstechniken zunehmend Einzug in die Marketingplanungen der EVU.

Bevor auf die Frage eingegangen wird, welche Implikationen sich in dieser Hinsicht für die EVU ergeben, sind die marktbezogenen Rahmenbedingungen zu klären, da diese einen wesentlichen Einfluss auf die strategischen Überlegungen nehmen.

1.2 Marktbezogene Rahmenbedingungen

Bis zum Jahre 1998 war der Strommarkt für Privatkunden in Deutschland unter den Energieversorgern strikt aufgeteilt. Jeder der mehr als 900 EVU in Deutschland verfügte über ein klar abgegrenztes Versorgungsgebiet. Innerhalb dieser festgelegten Demarkationslinien „verteilten" die Energieversorger jeweils ihren Strom an die Abnehmer. Diese Situation änderte sich 1998 mit Inkrafttreten des Energiewirtschaftsgesetzes zur Liberalisierung des bundesdeutschen Strommarktes, was zu einem grundlegenden Wandel der ordnungspolitischen Strukturen geführt hat. Heute sehen sich die rund 900 EVU in Deutschland einem intensiven Wettbewerb ausgesetzt, der im Wesentlichen durch folgende Rahmenbedingungen gekennzeichnet ist:

- Wegfall von Gebietsmonopolen,
- zunehmende Konkurrenz alteingesessener Energieversorger in ihren angestammten Versorgungsgebieten durch deutsche und ausländische Energieversorger sowie Branchenneulinge,
- sinkende Strompreise,
- Verfall von Margen.

Damit ist der Kampf um den Kunden auch bei den ehemaligen Monopolisten voll entbrannt und der bis 1998 bestehende Verkäufermarkt ist im Begriff, sich in rasantem Tempo zu einem Käufermarkt zu entwickeln. Nunmehr gilt auch für Energieversorger die Maxime, ihre Geschäftsaktivitäten konsequent auf die Bedürfnisse der Kunden auszurichten.

2. Strategische Implikationen

Vor dem Hintergrund des zunehmenden Wettbewerbs sind die EVU gefordert, schneller und vor allem besser zu sein als die Wettbewerber und auch so vom Kunden wahrgenommen zu werden. Der Kunde kann die Ware „Strom" nun nahezu überall einkaufen (auch wenn es im Hinblick auf die Durchleitung durch fremde Netze noch immer Versuche einiger örtlicher Netzbetreiber gibt, bei einem Wechsel ihres Kunden zu einem anderen Versorger die Durchleitung zu erschweren oder gar zu verweigern). Trotz der Freiheit der Lieferantenwahl haben im Bereich der Privatkunden bisher lediglich ca. 3–4% der Stromkunden ihren Stromanbieter gewechselt. Als wesentliche Gründe für diese noch recht schwach ausgeprägten Wechselaktivitäten in Deutschland sind anzuführen:

- geringes Interesse am Produkt Strom,
- Angst vor Versorgungsausfällen,
- Preisreduzierungen beim bisherigen Versorger.

Die für die Zukunft zu erwartenden Entwicklungen wie etwa

- Vereinfachungen bei der Durchleitungsproblematik,
- Einrichtung einer Regulierungsbehörde,
- massive Kostensenkungsprogramme einer Vielzahl von Stromversorgern sowie
- Bestrebungen zur Entwicklung neuer Produkte

lassen jedoch auf einen weiter zunehmenden Wettbewerb um die Kunden schließen.

Bisher wurde der Konkurrenzkampf, ähnlich wie in der Telekommunikationsbranche, vorwiegend über den Preis sowie über eine Strategie der Produktdifferenzierung[2] geführt. So haben eine ganze Reihe von EVU seit 1998 neben ihrem bis zur Liberalisierung bestehenden Standardprodukt für private Haushalte (im Fachjargon „Allgemeiner Tarif") so genannte „Sonderabkommen" eingeführt, Stromangebote also, die im Vergleich zum „Allgemeinen Tarif" vor allem durch einen geringeren Preis gekennzeichnet sind. Vorrangiges Ziel solcher insbesondere von lokal oder regional tätigen EVU vorgenommenen Angebotsdifferenzierungen über den Preis ist es, wechselwilligen eigenen Kunden die Möglichkeit zu geben, zwar das Produkt (den Tarif) zu wechseln, einen Wechsel zu einem anderen Stromanbieter jedoch zu vermeiden.

---

2   Die Produktdifferenzierungsbestrebungen gehen in der Regel auch mit einer Markierung der bisher namenlosen Stromprodukte einher, um diese aus der nicht markierten Masse der Wettbewerbsprodukte hervorzuheben. Beispiele für solche Produktnamen sind „Fairstrom", „homeline", „Stadtstrom", „Kombi", „extra", „flexibel", „future".

Zwar ist ein niedriger Strompreis gegenüber dem Kunden ein Verkaufsargument. Allein ein niedriger Preis bietet jedoch keine Garantie für den langfristigen Markterfolg eines Versorgungsunternehmens. Im Gegenteil: Die zum Teil aggressive Werbung mit günstigen Preisen macht die Kunden eher preissensibler und erhöht damit vor dem Hintergrund vereinfachter Wahlmöglichkeiten des Stromversorgers auch die Wechselwahrscheinlichkeit. Mittlerweile erkennen denn auch die meisten Stromanbieter, dass Niedrigpreisstrategien auf Dauer zu einer Vernichtung der ohnehin geringen Margen im Privatkundengeschäft führen und damit die Erlössituation von Stadtwerken schmälern.

Aus diesem Grunde sind neue Marketing- und Vertriebssysteme zu entwickeln, um eine stärkere Kundenbindung und insbesondere eine höhere Effizienz in der Marktbearbeitung zu realisieren. Dabei sind die Möglichkeiten neuer Informations- und Kommunikationstechnologien zu nutzen. Die Stromversorger müssen ihren Kunden, die bisher lediglich „Stromabnehmer" waren, eine völlig andere Einstellung entgegen bringen. Gefragt ist aktive Kundenorientierung. Der Kunde möchte umworben werden und er erwartet einen entsprechenden Service von seinem jeweiligen Stromversorger. Diese Anforderungen können über den Aufbau und die Pflege einer interaktiven Beziehung zwischen EVU und Kunde erfüllt werden.[3]

3. Kundenbindung durch interaktives Beziehungsmanagement

3.1 Zielsetzung

Oberstes Ziel eines interaktiven Beziehungsmanagement[4] ist es, den Wert eines Kunden für das EVU maximal auszuschöpfen.[5] Dies erfolgt vor allem über folgenden Mechanismus: Erstens ist die Kundenbasis zu vergrößern. Dies geschieht zum einen durch eine enge Bindung bereits bestehender Kunden an den Energieversorger und zum anderen durch die Gewinnung neuer Kunden. Unter Erlösaspekten sollte der Schwerpunkt dabei auf profitable Kundensegmente gerichtet sein.

Die Erfahrungen der letzten Jahre seit der Liberalisierung des Strommarktes zeigen, dass es für die Energieversorger vor allem aus betriebswirtschaftlicher Sicht sinnvoll erscheint, den Strategiefokus auf die Bindung vorhandener Kunden zu legen. Denn bekanntlich verursachen Neukunden zunächst erhebliche Akquisitionskosten und erfordern aufgrund ihrer noch geringen Loyalität höhere Aufwendungen zur Intensivierung ihrer

---
3 Krick 1999, S. 58
4 Vielfach findet dafür auch der Begriff des Customer Relationship Management Verwendung.
5 Pfitzner 2001, S. 194.

Bindung. Dies gilt insbesondere für die Energiewirtschaft, da hier bisher eine relativ geringe Wechselbereitschaft im Privatkundensegment zu verzeichnen ist und die Versorgung von neu akquirierten Kunden vor dem Hintergrund der vielfach nach wie vor bestehenden Probleme bei der Durchleitung durch Versorgungsnetze von Wettbewerbern erhebliche zusätzliche Kosten verursacht.

Neben der Vergrößerung der Kundenbasis geht es hinsichtlich der Ausschöpfung des Kundenwertes zweitens um eine Maximierung der Umsatzerlöse des Energieversorgers. Realisiert werden kann dies mittels Durchsetzung des maximalen Preises pro Kunde sowie durch eine Erhöhung des Absatzes je Kunde (z. B. mittels Erweiterung des Produktportfolios).

Drittens ist das Augenmerk auf die Minimierung von Kosten zu legen. Auch dies beinhaltet eine klare Konzentration der absatzpolitischen Anstrengungen auf profitable Kunden. Viertens ist darauf zu achten, dass der Energieversorger bedarfsgerechte Produkte entwickelt. Fünftens und schließlich ist die Kundenbetreuung konsequent am Kundenwert zu orientieren.

Nachstehend soll ein solches Modell eines interaktiven Kundenbeziehungsmanagement für EVU erläutert werden.

3.2 Ganzheitliches System

Die wesentliche Voraussetzung für eine kundenorientierte Ausrichtung des Energieversorgers ist das Denken aus Sicht der Kunden. Um dies zu erreichen, ist es notwendig, möglichst umfassend marketingrelevante Daten über die Zielgruppe zu erlangen. Diese können an sämtlichen vorhandenen Schnittstellen zwischen Energieversorger und Kunden generiert werden. Als Schnittstellen gelten alle vorhandenen Kundenkontaktpunkte. Dazu zählen bspw. das Call und/oder Billing Center, ein Internet Portal, ein Kundenmagazin oder eine Kundenkarte sowie Kundenberatungsstellen der Energieversorger.

Neben der Informationsgewinnung aus den direkten Kundenschnittstellen lassen sich kundenbezogene Daten aus den bereits im Einsatz befindlichen DV-Systemen der Energieversorger ermitteln. Zu denken ist hier bspw. an Kundendaten, die aus dem allgemeinen Abrechnungssystem für die Stromlieferung oder aus speziellen Systemen wie bspw. Systemen zur Prüfung der Bonität von Kunden oder Systemen für das Durchleitungsmanagement gefiltert werden können. Solche Systeme sind bei allen EVU in mehr oder weniger großem Umfang zwar vorhanden. Oftmals handelt es sich dabei jedoch um veraltete DV-Strukturen, welche recht inflexibel sind und den aktuellen Anforderungen kaum noch gerecht werden.

Insbesondere fehlt es diesen Systemen aber an integrativem Potenzial.[6] Aus jedem der verschiedenen Einzellösungen lassen sich zwar Informationen ableiten. Eine syste-

---

6   Bspw. bieten laut einer aktuellen Studie zum Internetauftritt von 100 deutschen und britischen Energie-

matische Zusammenführung und Aufbereitung der Informationen in einer zentralen Datenbank, auf die jeder Bereich zugreifen kann, ist mit solchen Systemen nur unter hohem Aufwand möglich.

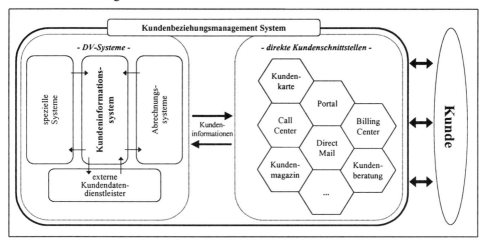

Abbildung 1: Integratives System des Kundenbeziehungsmanagement

Die Anforderung an ein ganzheitliches System zum Kundenbeziehungsmanagement lautet daher, die beim EVU bestehenden und neuen DV-Systeme zu integrieren und mit allen Kundenschnittstellen zu verknüpfen (Abbildung 1). Herzstück eines solchen integrativen Ansatzes ist ein leistungsfähiges Kundeninformationssystem in Form einer zentralen Datenbank. Hier werden im Idealfall sämtliche kundenbezogenen Informationen gesammelt, analysiert und aufbereitet, um diese im Bedarfsfall für Marketingaktionen verfügbar zu haben. Darüber hinaus können ebenso Daten externer Informationsdienstleister integriert werden.

3.3 Implementierungsprozess

Die erfolgreiche Einführung eines Kundenbeziehungsmanagement bedingt zunächst einen strategischen Rahmen.[7] Dieser sollte eine definierte Vision sowie insbesondere strategische Leitlinien zur Kundenorientierung enthalten. Darauf aufbauend lässt sich das Kundenbeziehungsmanagement in einem vierstufigen Prozess implementieren (Abbildung 2).

---

versorgern mehr als 70% der befragten deutschen EVU ihren Kunden eine Online-Zählerablesung und/oder eine Online-Kontoeröffnung/-schließung an. Eine Einbindung dieser Möglichkeiten in die internen Abrechnungsprozesse konnte seitens der deutschen EVU jedoch bisher nicht realisiert werden. O. V. 2001b, o. S.

7   Hartmann 2000, S. 12

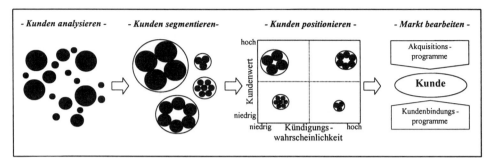

Abbildung 2: Prozess zur Implementierung des Kundenbeziehungsmanagement

Das zentrale Kundeninformationssystem des Energieversorgers liefert die Basisdaten für eine zielorientierte *Kundenanalyse*. Anhand definierter Kriterien wie z.B. demographischen Daten, der Wohnsituation des Kunden (Ein-/Zwei- oder Mehrpersonenhaushalt, Hauseigentümer etc.), Antwortverhalten auf Response Marketing Aktionen oder Beschwerdeverhalten werden die verfügbaren Kundendaten ausgewertet. Der regionale Energieversorger Elektromark hat bspw. ein eigenes Kundeninformationssystem zur Klassifizierung seiner Kunden entwickelt.[8] Dabei handelt es sich um ein Data Warehouse, welches die gezielte Abfrage individueller Kundendaten zulässt. Auf dessen Grundlage können von Elektromark zeitnah unter anderem marktgerechte Tarife entwickelt, Adresslisten erstellt und Ziele für Marketingkampagnen definiert werden.

Aus den Ergebnissen der Kundenanalyse erfolgt im zweiten Schritt die *Kundensegmentierung*. Kunden mit ähnlichen Merkmalsausprägungen werden zu Kundengruppen zusammengefasst. Relativ neu für die Energieversorger ist in diesem Zusammenhang die Segmentierung nach bestimmten Lifestyle-Typologien. So orientieren bspw. die Stadtwerke Hannover ihre Marketingaktivitäten an drei Zielgruppen-Clustern:[9]

- „Fans" (treue Kunden, in der Regel 65 Jahre und älter),
- „Skeptiker" (zwischen 35 und 55 Jahren),
- „Unentschlossene" (gehören der sog. Next Generation an, Alter zwischen 18 und 35 Jahren).

Ermöglicht wird eine solche Segmentierung erst durch entsprechend aufbereitetes Datenmaterial, welches durch Nutzung neuer Informationstechnologien/Kundeninformationssysteme beim Energieversorger selbst generiert und bei Bedarf durch Zukauf externer Marktforschungsergebnisse ergänzt werden kann. Laut einer aktuellen Studie arbeiten derzeit eine Vielzahl von EVU an der Implementierung von IT-Instrumenten für eine verfeinerte Kundensegmentierung. Danach betreiben bereits 13% der befragten EVU Database Management. 39% beabsichtigen eine Einführung in den kommenden zwei Jahren.[10]

---

8   Schwarz 2001, S. 191
9   Hagemann/Voshage 2001, S. 259 f.
10 o. V. 2001a, o. S.

Im dritten Schritt geht es um die *Positionierung der definierten Kundensegmente*. Dazu bietet sich unter anderem die Portfoliotechnik an. So lassen sich die ermittelten Zielgruppen bspw. anhand ihres Kundenwertes und ihrer Kündigungswahrscheinlichkeit einordnen. Ziel ist es, aus der Positionierung im Portfolio segmentspezifische Marktbearbeitungsstrategien abzuleiten, welche die Effizienz und Effektivität der Marktbearbeitung der EVU erhöhen.

Der vierte und letzte Schritt beinhaltet schließlich die Entwicklung und Umsetzung zielgruppenindividueller *Kundenbindungsmaßnahmen und Akquisitionsprogramme*. Der jeweilige Energieversorger kann auf diese Weise die entsprechenden Produkte und Serviceleistungen zu definierten Preisen über die relevanten Vertriebswege mittels gezielter Kommunikationsmaßnahmen vermarkten.

Wie effizient und zielführend die dargelegten Prozessschritte durchlaufen werden und damit ein erfolgreiches Kundenbeziehungsmanagement bei einem EVU implementiert werden kann, hängt von einer Reihe kritischer Erfolgsfaktoren ab. Dazu zählen insbesondere:

- aktives Treiben durch das Management,
- klare Definition und Festlegung von Verantwortungen, Zuständigkeiten und Ressourcen,
- Fortentwicklung/Anpassung bestehender DV-Systeme,
- eindeutige Abgrenzung der relevanten Daten,
- Vermeidung redundanter Datenbestände,
- systematische Gewinnung zusätzlicher Kundeninformationen,
- Integration des Kundenbeziehungsmanagement in bestehende Strukturen und Prozesse,
- systematische Fortschrittskontrolle.

3.4 Kundenkarte als Kundenbindungsinstrument

Auch die EVU setzen bei ihren Marketingaktivitäten zunehmend auf eine direkte Kundenansprache. Diese bietet gegenüber einem breiten Massenmarketing den Vorteil, dass potenzielle Angebote gezielter die tatsächlichen Kundenbedürfnisse berücksichtigen. Derzeit nutzen etwa zwei Drittel der EVU die klassischen Instrumente Direct Mailings und Response-Anzeigen im Rahmen ihrer Kundenkommunikation. Darüber hinaus werden vermehrt auch Kundenzeitschriften, Kundenclubs und Kundenkarten eingesetzt, häufig in Verbindung mit Bonus-, Treue- und Rabattprogrammen. Insbesondere die Kundenkarte erlaubt es, aufgrund ihrer technischen Ausgestaltungsmöglichkeiten (bspw. als Chipkarte) Informationen über den Kunden zu generieren. Sie stellt damit ein wesentliches Instrument zum Aufbau und zur Pflege eines individuellen Kundenbeziehungsmanagement und damit der Kundenbindung dar. Gleichzeitig bietet sie die Möglichkeit, die absatzpolitischen Instrumente der Produkt-, Preis-, Distributions- und Kommunikationspolitik zu integrieren.[11]

Über die Kundenkarte können die EVU im Rahmen ihrer *produktpolitischen* Überlegungen den Kunden exklusiv zusätzliche Produkte und Services anbieten, welche aus dem energienahen Umfeld kommen oder darüber hinaus gehen. Dazu zählen bspw. Energieberatung, ein spezieller Umzugsservice, Gebäudeüberwachung oder Finanzierungsdienstleistungen. Ebenso sind Bündelprodukte denkbar, welche die EVU aus ihrem eigenen Angebot oder zusammen mit ausgewählten Partnerunternehmen offerieren. So können z. B. die Kunden des Darmstädter EVU entega seit kurzem „entega phonestrom" beziehen. Dabei handelt es sich um ein Bündelprodukt, bestehend aus Strom, ISDN-Telefonanschluss und Internet und wird von der entega gemeinsam mit der HEAG MediaNet GmbH angeboten.[12]

Im Hinblick auf *preispolitische* Aktivitäten können EVU die Kundenkarte insbesondere im Zusammenhang mit der Gewährung von Rabatten und Boni zur Kundenbindung einsetzen. Voraussetzung ist, dass die Karte beim Kauf vorgelegt wird oder die Karte selbst eine Zahlungsfunktion beinhaltet. Die Eignung als EVU-spezifisches Kundenbindungsinstrument steht und fällt mit der Attraktivität des Rabattprogrammes. Da das Produkt „Strom" als Low Interest Produkt gilt, kann die Attraktivität eines solchen EVU-spezifischen Rabattprogrammes durch die Einbeziehung von Kooperationspartnern erhöht werden. Auf diese Weise kommt der Stromkunde nicht nur bei seinem EVU in den Genuss geldwerter Vorteile, sondern auch bei anderen Unternehmen. Solche Preis- und Servicevorteile bieten auf regionaler/lokaler Ebene bspw. die „CityPowerCard" der ELE, Gelsenkirchen, die „evivoCard" der Partner Stadtwerke der RWE Plus AG, die „rewirpower" Kundenkarten der Stadtwerke Bochum, Herne und Witten oder die „local card" der Stadtwerke Frankfurt/Oder. Überregional sei vor allem das PayBack-Programm erwähnt, an dem sich die RWE Plus AG mit ihrer „RWEavanzaCard" beteiligt. Bei den jeweils angeschlossenen Partnerunternehmen aus den Bereichen Einzelhandel, Kino, Theater, Sportzentren und Freizeitparks etc. können EVU-Kunden entsprechend Punkte sammeln bzw. vergünstigte Leistungen beziehen.

Auch *kommunikationspolitisch* ist die Kundenkarte als Kundenbindungsinstrument geeignet. Bestenfalls wird der EVU-Kunde durch das Vorhandensein der Karte in seiner Geldbörse kontinuierlich an seinen Stromversorger erinnert („Pocket Reminder"). Des Weiteren wird über die Kundenkarte oftmals ein Clubgedanke erzeugt, so dass die Kundenkarteninhaber als „Clubmitglieder" per Kundenzeitschrift oder über Direkt Marketing Aktionen persönlich angesprochen werden können. Dies gilt umso mehr, wenn durch den Einsatz von Chipkarten auch Informationen über das Kaufverhalten mit der Kundenkarte gewonnen werden können und diese über ein leistungsfähiges Kundeninformationssystem beim EVU mit entsprechenden Kontextinformationen wie soziodemographischen Daten aufbereitet werden. Insbesondere die Verwendung von Chip-

---

11 Mennicken/Nicolai 2001, S. 188
12 o. V. 2001c, o. S.

karten im Rahmen kartenbasierter Kundenbindungssysteme erlaubt es den EVU zunehmend, sich die Potenziale des Database Marketing einschließlich der Anbindungsmöglichkeiten des E-Commerce zu erschließen.

Schließlich sei auf die *distributionspolitischen* Einsatzmöglichkeiten der Kundenkarte verwiesen. Vor allem über die Einbeziehung von Partnerunternehmen in das Rabattsystem lassen sich für das EVU neue Vertriebskanäle erschließen. Mittels zusätzlich vorhandener Kontaktpunkte an den verschiedenen Points of Sale der Partnerunternehmen kann das EVU dort neue Angebote platzieren, Werbematerial verteilen oder auf andere Weise mit dem Kunden kommunizieren.

Insgesamt ist festzuhalten, dass Kundenkarten, welche mittels Chipsystem auch Nutzungsdaten über das Kaufverhalten der Kunden generieren können, ein geeignetes Instrument im Rahmen eines umfassenden Kundenbeziehungsmanagement der EVU darstellen. Inwieweit dabei die Informations- und Interaktionsmöglichkeiten zum Aufbau und zur Pflege der Kundenbeziehungen ausgeschöpft werden, hängt nicht zuletzt von der Leistungsfähigkeit des Hintergrundsystems ab, die gewonnenen Daten entsprechend aufzubereiten und in das gesamte Kundenbeziehungsmanagement zu integrieren.

3.5 Organisatorische Anpassungen

Die Umsetzung des Kundenbeziehungsmanagement erfordert nicht zuletzt auch organisatorische Anpassungsmaßnahmen bei den Energieversorgern. Im Hinblick auf eine konsequente Kundenorientierung ist dafür zu sorgen, dass alle kundennahen Bereiche zusammenarbeiten. Zu diesem Zweck müssen die auf den Kunden gerichteten Prozesse analysiert und neu strukturiert werden. Vor der Liberalisierung des Strommarktes beschränkten sich die kundennahen Prozesse bei den meisten EVU auf abrechnungstechnische Aspekte wie Zählerablesung und Rechnungsstellung oder auf die Kundenberatung in lokalen Servicestellen. Des Weiteren gab es in der Regel kein professionelles Marketing und damit auch kaum eine eigene Marketingabteilung. Heute dagegen sind zwar Stellen mit Marketingfunktionen implementiert oder auch Marketingabteilungen aufgebaut, es fehlt jedoch an integrativen Ansätzen, insbesondere was die Zusammenarbeit zwischen Marketing und Vertrieb betrifft. Wie in vielen anderen Unternehmen auch, herrschen bei den Energieversorgern gerade in diesen Abteilungen oftmals unterschiedliche Kulturen, die einem einheitlichen kundenorientierten Vorgehen im Wege stehen.

Darüber hinaus ist festzustellen, dass im Hinblick auf eine effiziente Marktbearbeitung Marketingaktivitäten auf der einen und Vertriebsaktivitäten auf der anderen Seite zu wenig abgestimmt werden. Häufig haben Marketing und Vertrieb der EVU unterschiedliche Vorstellungen über die wichtigsten Kunden und über Kriterien zur Messung des Kundenwertes.

Aus diesem Grunde bietet sich für EVU der Einsatz eines Schnittstellenmanagers an, dem die Verantwortung für eine übergreifende Koordination und Integration sämtlicher kundenbezogener Aktivitäten bzw. Prozesse obliegt.[13] Ein solcher Kundenbeziehungsmanager sollte sehr weit oben in der Unternehmenshierarchie angesiedelt sein, bspw. auf Vorstands- oder Geschäftsführungsebene. Seine Aufgabe ist vor allem darin zu sehen, die Maxime der Kundenorientierung in der oftmals noch von der „alten Zeit" der Verteilungsmentalität geprägten Kultur der EVU zu verankern. Er wäre zuständig für den Wandel von einer vorwiegend produkt-/tariforientierten hin zu einer kundenorientierten Einstellung. Sinnvoller Weise sollte er dazu auch über ein eigenes Budget verfügen.

Der Kundenbeziehungsmanager kommt insbesondere für die im Allgemeinen sehr traditionsbewussten EVU in Frage, in denen Hierarchien und Verantwortlichkeiten nach wie vor eine große Rolle spielen. Aufgrund seiner Position auf der obersten Führungsebene ist der notwendige Durchgriff auf untere Hierarchieebenen am ehesten gegeben.

In der EVU-Praxis wird das Management von Kundenbeziehungen derzeit überwiegend in Form von Projekten organisiert und als Querschnittsfunktion implementiert.

Zusammenfassend lässt sich festhalten, dass die konsequente Umsetzung des Kundenbeziehungsmanagement in den EVU auch organisatorische Änderungen mit sich bringt. Es reicht nicht aus, die Informations- und Kommunikationsmöglichkeiten durch Einsatz neuester DV-Systeme auf den aktuellen Stand zu bringen. Vielmehr ist davon auszugehen, dass der prozessorientierte Ansatz einer effizienten Kundenorientierung auch erhebliche organisatorische Änderungen bei den EVU erfordert. Ein durchgängiges Kundenbeziehungsmanagement betrifft jeden Kundenkontakt des EVU und beschränkt sich nicht auf den Abschluss eines Stromliefervertrages oder eine Energieberatung. Es erfasst den gesamten Kundenlebenszyklus und bezieht sämtliche in die einzelnen Betreuungsphasen involvierten Organisationseinheiten mit ein.

4. Zusammenfassung und Ausblick

Die Energieversorger in Deutschland und mit ihnen auch die Stadtwerke haben bereits eine Vielzahl von Aktivitäten und Projekten zur Verbesserung ihres Kundenbeziehungsmanagement eingeleitet und damit den Weg zu mehr Kundenorientierung eingeschlagen. Dazu zählen bspw. der Aufbau von Call Centern, die Entwicklung von Kundenkartensystemen und Kundenclubs, der Aufbau von Marken oder die intensivierte Nutzung des Internet.[14] Sieht man jedoch genauer hin, so fällt auf, dass es sich bei den bisherigen Anstrengungen oftmals um Insellösungen handelt. Es fehlt an unternehmens-

---

13 Schimmel-Schloo 2001, S. 14
14 Eine aktuelle Studie hat ergeben, dass das Internet derzeit von den EVU noch vorwiegend als Informationsplattform und Adresse für einfache Dienstleistungen genutzt wird. Laut Studie ist die technische Qualität der untersuchten Internetseiten der EVU zwar sehr hoch, in puncto Kundenservice weisen die Homepages jedoch noch erhebliches Verbesserungspotenzial auf. O. V. 2001b, o. S.

übergreifenden Konzepten. Ein effektives Beziehungsmanagement erfordert eine integrierte Planung und Steuerung sämtlicher kundenbezogenen Aktivitäten.

Darüber hinaus sind bei den EVU zum heutigen Zeitpunkt vielfach noch Defizite in wesentlichen Bereichen festzustellen, welche für ein erfolgreiches Beziehungsmanagement notwendig sind. Diese beginnen bereits bei den verfügbaren Kundendaten:

Bisher wurden in der Regel neben den Adressdaten der Kunden lediglich Informationen über den jeweiligen Haushaltsverbrauch, bspw. an Strom, gespeichert. Hinzu kommt, dass diese Informationen oftmals unvollständig, fehlerhaft oder redundant vorhanden sind und teilweise auch nicht gepflegt werden. Hinsichtlich der Gewinnung weitergehender Informationen, z. B. über das (Kauf-)Verhalten des Kunden oder seine Wohnsituation, aus denen sich konkrete Bedürfnisse ableiten ließen, besteht noch erhebliches Optimierungspotenzial.

Die Konsequenz ist, dass sich vorgenommene Kundensegmentierungsversuche der EVU und der Aufwand bei der Kundenbetreuung bisher primär am Abnahmeverhalten der Kunden orientiert haben und nicht auf den langfristigen Kundenwert und die eigentlichen Kundenbedürfnisse ausgerichtet waren. Des Weiteren ist es auf der Basis solcher Informationen für die EVU nur schwer möglich, neue Angebote an den tatsächlichen Bedürfnissen der Kunden zu orientieren und diese bedarfsgerecht, also kundenspezifisch, zu vermarkten.

Ein weiteres Defizit liegt in den bisher verwendeten DV-Systemen bzw. der IT-Infrastruktur. Vielfach finden bei den EVU unterschiedliche Systeme Verwendung, die zum Teil nicht kompatibel sind oder aber eine systematische und strukturierte Aufnahme und Weiterverarbeitung von kunden-/marketingrelevanten Informationen nicht zulassen. Schließlich fehlen häufig entsprechende Prozessdefinitionen, Schnittstellen zwischen den einzelnen Bereichen wie Marketing, Vertrieb, Service Center etc. sind nicht definiert oder die interne Koordination stimmt nicht mit den Anforderungen überein.

Zusammenfassend lässt sich also festhalten, dass seitens der EVU noch erheblicher Handlungsbedarf besteht, um den Anforderungen an ein effizientes Kundenbeziehungsmanagement zur Bindung vor allem profitabler Kunden gerecht zu werden.

Dass dieser Handlungsbedarf auch von den EVU durchaus erkannt wird, zeigen die Ergebnisse einer aktuellen Umfrage unter ca. 500 Energieversorgern:[15]
Danach ist das Thema Kundenbindung durch gesteigerte Kundenzufriedenheit bei den einstigen Monopolisten zum Schwerpunktthema geworden. Noch weiter optimiert werden soll die Kommunikation mit den Kunden mittels Customer Relationship Management. Zwar verfügen derzeit lediglich 16% der befragten EVU über entsprechende Systeme, weitere 42% planen jedoch die Implementierung innerhalb der kommenden zwei Jahre.

---

15   o. V. 2001a, o. S.

Literatur

HAGEMANN, G., VOSHAGE, J. (2001): Zielgruppenorientierte Markenkommunikation, in: Energiewirtschaftliche Tagesfragen, 51. Jg., Heft 5/2001, S. 258 – 261.

HARTMANN, F. (2000): Kundenbetreuung in jeder Phase, in: Creditreform 11/2000, S. 11–14.

KRICK, M. (1999): Kundenbeziehungen werden zu Produkten, in: absatzwirtschaft 8/99, S. 58-63.

MENNICKEN, C.; NICOLAI, M. (2001): Neue Kundenbindungsinstrumente für Stromversorger, in: Energiewirtschaftliche Tagesfragen, 51. Jg., Heft 4/2001, S. 186-189.

O. V. (2001a): Direktmarketing bei Energieversorgern 2001, Jahresumfrage 2001 von Auxil und bdirekt, zitiert bei: http//www.strommagazin.de/newsphtml?action=Show&NewsID=4902, Stand: 01.06.2001, o. S.

O. V. (2001b): „Energieversorger verschenken Chancen des Internets", Studie der Kienbaum Management Consultants GmbH zum Thema „Internet-Angebot deutscher und britischer Energieversorger", zitiert in: http//www.strommagazin.de/news/detail_Test_Energieversorger_verschenken_Chancen_des_Internets_5211.html, Stand: 16.07.2001, o. S.

O. V. (2001c): „entega phonestrom" kombiniert zu günstigen Preisen, http//www.strommagazin.de/newsphtml?action=Show&NewsID=4736, Stand: 14.05.2001, o. S.

PFITZNER, K. (2001): Innovative Kundenorientierung mit Customer Relationship Management, in: Energiewirtschaftliche Tagesfragen, 51. Jg., Heft 4/2001, S. 193-195.

RUHLAND, F. (2000): Lieferantenpartnerschaften aus Sicht eines Energie-Einzelhändlers, in: Energiewirtschaftliche Tagesfragen, 50. Jg., Heft 12/2000, S. 930-935.

SCHIMMEL-SCHLOO, M. (2001): Damit CRM nicht an der Organisation scheitert, in: acquisa, 49. Jg., 2/2001, S. 14-16.

SCHWARZ, R. (2001): Mit Differenzierungsstrategien zum Erfolg, in: Energiewirtschaftliche Tagesfragen, 51. Jg., Heft 4/2001, S. 190-192.

Alexander Lauer und Michael Lingenfelder

Der Wert von Handelsmarken

1. Die Operationalisierung des Wertes von Handelsmarken
2. Die Konzeption einer empirischen Untersuchung zur Erfassung des Wertes von Handelsmarken
3. Die empirische Analyse des Wertes von Handelsmarkenartikeln und Handelsmarken
   3.1 Deskriptive Befunde der Analyse des Wertes von Handelsmarken
   3.2 Ein Portfolioansatz zur Analyse des Netto-Markenwertüberschusses von Handelsmarken
4. Fazit und Ausblick

Literatur

1. Die Operationalisierung des Wertes von Handelsmarken

Die Diskussion um den Wert von Marken nimmt in den Veröffentlichungen zum Themenkomplex Markentheorie und -management in den letzten Jahren regelmäßig eine prominente Position ein und gewinnt im Zuge spektakulärer Unternehmensaufkäufe in jüngster Vergangenheit zusätzlich an Brisanz. Die Fülle an Publikationen zur Brand Equity[1] sowie die Tatsache, dass nahezu alle großen Marktforschungsinstitute sowie Unternehmensberatungen Instrumente zur Markenbewertung feilbieten,[2] mögen hier als Belege für die ungebrochene Relevanz für Theorie und Praxis dienen. Der besondere Reiz und damit der Grund für die intensive Auseinandersetzung mit dem Markenwert liegt in der Vorstellung begründet, den Markenerfolg bzw. die Markenstärke durch eine eindimensionale und in Geldeinheiten ausgedrückte Variable operationalisieren zu können.

Vergegenwärtigt man sich den State-of-the-art der Forschung zur Brand Equity, so erscheint frappierend, dass die Ermittlung von Markenwerten fast ausschließlich in Verbindung mit starken, bekannten Herstellermarken thematisiert wird und nur vereinzelt die Erkenntnisse in diesem Forschungsfeld auch auf Handelsmarken Anwendung finden.[3] Vor dem Hintergrund der strategischen Bedeutung, die Handelsunternehmen ihrer Eigenmarkenpolitik im Rahmen der Profilierung gegenüber Wettbewerbern nach eigenen Angaben beimessen, erscheint die Übertragung des Markenwertgedankens auf Handelsmarken nicht nur sinnvoll, sondern dringlich.

Der Markenwert lässt sich als inkrementale Größe begreifen, der den „Mehrwert" eines markierten Produktes gegenüber einem unmarkierten Artikel aus Sicht von Konsumenten darstellt.[4] Dieser Zusatznutzen (Added Value) kann in Form einer monetären Größe (Preisprämie) ausgedrückt werden und repräsentiert insoweit den Markenwert aus Konsumentensicht (auch als Marken-Goodwill bezeichnet).[5]

Als theoretischer Ursprung dieser Auffassung lassen sich insbesondere die hedonistische Preistheorie bzw. die Commodity-Characteristics-Theory von *Lancaster* identifizieren. Beide Ansätze verkörpern eine Weiterentwicklung der zu den fundamentalen Modellen der Ökonomie zählenden Vorstellung, ein Wirtschaftssubjekt richte seine Entscheidung

---

1 Vgl. exemplarisch Esch 1999; Irmscher 1997; Sander 1994; Aaker 1991 sowie zusammenfassend Shocker/Srivastava/Ruekert 1994, S. 149 ff.
2 Vgl. Drees 1999, S. 96 f.
3 Vgl. als Ausnahmen Sattler 1998, S. 433 ff.; Gröppel-Klein 1999, S. 889 ff. sowie indirekt Schweiger et al. 1998, S. 101 ff. und Lingenfelder/Lauer 2000, S. 138 ff.
4 Vgl. Farquhar 1990, S. 7 f.
5 Vgl. Meffert/Burmann 1999, S. 246. Darüber hinaus existieren im Marketing Ansätze, die den Wert einer Marke auf Basis eines Indikatorensystems, bisweilen unter Heranziehung von Punktbewertungsverfahren, zu ermitteln trachten. Vgl. dazu die Übersicht bei Esch 1999, S. 965 ff.

an einer Gegenüberstellung von positiven und negativen Konsequenzen einer bestimmten Handlung (z.B. Kauf eines Produktes) aus und verhalte sich insofern rational.

Unter Zugrundelegung einer Saldierungsalgebra entscheidet sich ein Konsument demnach dann für einen bestimmten Artikel, wenn die Differenz aus den Leistungen und den Kosten positiv und im Vergleich zur Differenz anderer Bewertungsobjekte größer ausfällt. Gemäß der Diktion von *Nieschlag/Dichtl/Hörschgen* kann man in diesem Falle von einem Netto-Attraktivitätsüberschuss sprechen.[6]

Mit dieser individualistischen Sichtweise korrespondiert auf aggregiertem Niveau die Feststellung, dass ein mit einer bestimmten Marke versehener Artikel genau dann relative Wettbewerbsvorteile (und damit höhere Marktanteile) aufweist, wenn sein von der relevanten Zielgruppe wahrgenommener Netto-Attraktivitätsüberschuss über jenem der Wettbewerbsprodukte liegt. *Leszinski/Marn*[7] gießen diese Vorstellung in ein Konzept, mit dem sie Verschiebungen in der Marktanteilsstruktur zwischen unterschiedlichen Marktakteuren zu erklären trachten (vgl. Abbildung 1).

Ausgangspunkt ihrer Überlegungen bildet dabei eine Marktsituation mit stabilen Marktanteilen. Sämtliche Marktakteure (Unternehmen oder Markenartikel) liegen hierbei in einem Nutzen-Preis-Diagramm auf der von *Leszinski/Marn* als Value Equivalence Line (VEL) bezeichneten Winkelhalbierenden. Mit anderen Worten beträgt der Netto-Attraktivitätssaldo für alle Akteure gerade Null. Erst durch Veränderungen hinsichtlich Preis oder Nutzen der einzelnen Markenartikel verlässt die Marktsituation diesen Gleichgewichtszustand. Jene Markenartikel, die einen positiven Netto-Attraktivitätssaldo (Value Advantage) aufweisen, kristallisieren sich als Marktanteilsgewinner heraus. Jene, deren Preis den Nutzen übersteigt und die insofern einen negativen Netto-Attraktivitätssaldo (Value Disadvantage) verzeichnen, verlieren Marktanteile.

Die Weiterentwicklung der hedonistischen Preistheorie besteht in Anlehnung an *Lancaster* nunmehr darin, ein Produkt nicht mehr als homogenes Ganzes, sondern als Bündel von objektiven, wahrnehmbaren Eigenschaften zu betrachten, die jede für sich Nutzen stiftet.[8] Der Konsument sieht sich der Aufgabe gegenüber, dieses komplexe Nutzenbündel dem (Netto-)Entgelt gegenüberzustellen und damit zu einer Preis-Leistungsbeurteilung zu gelangen.

---

6   Vgl. Nieschlag/Dichtl/Hörschgen 1997, S. 340 und außerdem Balderjahn 1993, S. 154 ff.
7   Vgl. Leszinski/Marn 1997, S. 100 ff.
8   Vgl. Lancaster 1966, S. 132 ff. sowie überblicksartig Nieschlag/Dichtl/Hörschgen 1997, S. 340

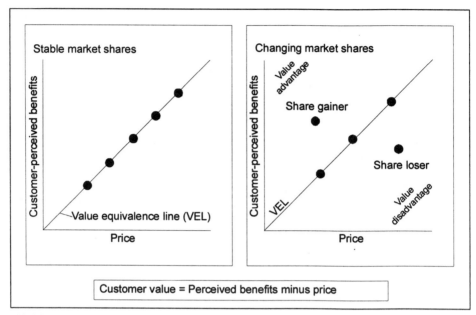

Abbildung 1: Die Ermittlung des Customer Value durch Saldierung von Nutzen und Preis

Quelle: In Anlehnung an Leszinski/Marn (1997), S. 100 ff.

Könnte man den hier skizzierten Entscheidungsprozess von Konsumenten soweit offenlegen, dass es gelingt, den Beitrag jedes Leistungsbestandteils zum Zustandekommen der Präferenz auf einer metrischen Skala zu bestimmen, so ließe sich dadurch der monetäre Gegenwert jeder einzelnen Produkteigenschaften bzw. ihrer Ausprägungen ermitteln. Im Falle der Produkteigenschaft „Markierung" gelänge es somit, den monetären Gegenwert einer Marke aus Konsumentensicht zu berechnen.

Zur Lösung dieses analytischen Problems, die Ermittlung des monetären Gegenwerts der Produkteigenschaft „Markierung", greift die Literatur häufig auf den Conjoint-Measurement-Ansatz zurück. Dieser den so genannten dekompositionellen Verfahren in der Marktforschung zu subsumierende Ansatz vermag die Nettoeffekte einzelner Produktausstattungen (darunter jenen der Markierung) für das Zustandekommen von Konsumentenpräferenzen zu quantifizieren und damit den Ausgangspunkt für eine Markenwertanalyse zu schaffen.[9]

---

[9] Vgl. Sattler 1998, S. 438; Bekmeier-Feuerhahn 1998, S. 87; Francois/MacLachlan 1995, S. 321 ff. und Green/Srinivasan 1978, S. 103 ff.

2. Die Konzeption einer empirischen Untersuchung zur Erfassung des Wertes von Handelsmarken

Das hier eingesetzte Verfahren des Conjoint Measurement[10] setzt üblicherweise voraus, dass im Rahmen von Face-to-Face-Interviews (mit Experimentalcharakter) Stimuli zum Einsatz kommen, die von den teilnehmenden Probanden zu evaluieren sind. Nicht zuletzt vor diesem Hintergrund fiel die Entscheidung bezüglich einer adäquaten Erhebungsmethode auf persönliche Konsumentenbefragungen im Bereich Kassenzone/Ausgang von Einkaufsstätten, die neben der Möglichkeit zur Nutzung von Produktmustern insbesondere die gedankliche Nähe der Auskunftspersonen zum Einkaufsakt als Vorteile versprachen. Darüber hinaus bot sich die Möglichkeit, auch unter Nutzung der Conjoint-Stimuli weitere Informationen (u.a. zu Markenimages, zur Qualitätsbeurteilung von Produkten) zu generieren.[11]

Für die empirische Untersuchung erklärten sich zwei zu den TOP 5 des deutschen LEH[12] zählende Handelsunternehmen als Kooperationspartner bereit, indem sie ausgewählte Betriebe als Erhebungsorte, Produktmuster sowie Daten aus dem WWS bereitstellten. Zur Wahrung der Anonymität dienen im Folgenden die Synonyme *HU1* sowie *HU2* zur Bezeichnung der in die Untersuchung einbezogenen Vertriebslinien der beiden Handelsunternehmen. Dabei stehen hinter *HU1* Outlets, die dem Betriebstyp SB-Warenhaus entsprechen. *HU2* verkörpert eine Supermarkt-Vertriebsschiene.

Da ein Fokus auf der Artikelebene liegen sollte, bildete eine zentrale Prämisse bei der Entwicklung des Forschungsdesigns, dass für mindestens dreißig Handelsmarkenartikel Messdaten vorliegen. Zudem sollte das Untersuchungsdesign - vergleichbar mit den Voraussetzungen einer Multiebenenanalyse - eine ausreichende Datenbasis für verschiedene Untersuchungsperspektiven und -ebenen garantieren, um damit die notwendige Flexibilität für unterschiedliche Analyseverfahren zu gewährleisten.[13] Die Designkonzeption bestand aus mehreren Schritten:

- Es erfolgte zunächst eine Auswahl von 30 Produkten aus unterschiedlichen Warengruppen. Die Generalisierbarkeit der Befunde für den Bereich Fast Moving Consumer Goods durch Berücksichtigung möglichst vieler Warengruppen diente hierbei als Selektionsziel. Tabelle 1 zeigt in der ersten Spalte die auf Basis dieser Kriterien ausgewählten Produkte.

---

10 Vgl. zur Conjoint-Analyse exemplarisch Backhaus et al. 2000, S. 498 ff.; Teichert 1999, S. 471 ff.; Weiber/Rosendahl 1997, S. 107 ff. sowie Green/Srinivasan 1978, S. 103 ff.
11 Als Nachteil sind insbesondere der Zeitdruck und das durch Hektik und räumliche Enge gekennzeichnete Umfeld zu nennen.
12 Stand: 1999
13 Vgl. Goldstein 1995. Kreft 1996 zeigte auf Basis eines Vergleichs früherer Studien, dass ein 30x30 Design, d.h. 30 Gruppen (2. Untersuchungsebene) mit je 30 Fällen (1. Untersuchungsebene), valide Ergebnisse zu liefern imstande ist.

- Da die beteiligten Vertriebsschienen in manchen Warengruppen mehr als eine Handelsmarke offerieren, bestand der zweite Schritt der Designentwicklung in der Festlegung, welche Handelsmarke bei den in 1.) identifizierten Produkten Berücksichtigung finden sollte. Hierbei galt ein besonderes Augenmerk auf der Beachtung unterschiedlicher Sortimentsanteile der Handelsmarken je Vertriebsschiene. Dementsprechend wurden bspw. für das Handelsunternehmen *HU2* bei fünfzehn der dreißig Produkte die Dachhandelsmarke *HU2-Dach*,[14] bei jeweils sieben Produkten die Marken *HU2-Premium* sowie *HU2-Öko* und bei einem Produkt die Marke *HU2-Mono* gewählt, was zumindest in der Tendenz das Verhältnis der Artikelzahlen unter der jeweiligen Handelsmarke abbildet.[15] Die so fixierte Kombination aus Produkt und Handelsmarke wird im Folgenden als Handelsmarkenartikel 1 (HM_1) bezeichnet und findet sich in Tabelle 1 in den Spalten 3 (*HU1*) sowie 6 (*HU2*).

- Zur Relativierung des Probandenurteils über einen Handelsmarkenartikel fungierten für jedes der dreißig Produkte zwei weitere Marken, nämlich eine A-Marke (AM), die auch Bestandteil des Sortimentes der beiden Vertriebslinien bildete, sowie eine weitere Handelsmarke einer anderen Konkurrenzvertriebslinie (im Folgenden als HM_2 bezeichnet). Jede Auskunftsperson hatte u.a. ein Markenartikel-Triple zu bewerten, bestehend aus HM_1 (Handelsmarke der Erhebungsvertriebsschienen *HU1* bzw. *HU2*), AM (A-Marke) sowie HM_2 (Handelsmarke einer Konkurrenzvertriebslinie). In diesem Kontext gab es zwei Entscheidungen zu fällen: a) Die Auswahl der Konkurrenzvertriebslinien und deren Handelsmarken. Hierzu diente die Wettbewerbsintensität zu bestimmten Konkurrenzvertriebslinien (die auf Expertenurteilen auf Seiten der Kooperationspartner basierten)[16] als Selektionskriterium. b) Die Festlegung auf die als Relativierungsmaß fungierende A-Marke. Das dabei verfolgte Ziel, ausschließlich die in beiden Vertriebslinien als Marktführer geltende Marke als Benchmark heranzuziehen, konnte aufgrund vorhandener Restriktionen[17] nicht durchgängig realisiert werden, so dass (ebenfalls gestützt durch die Expertenurteile aus den Reihen der Kooperationspartner) die Wahl jeweils auf eine (hinsichtlich Bekanntheit und/oder Abverkauf) starke A-Marke fiel.

---

14 Da auch die Handelsmarken der auf Anonymität Wert legenden Handelsunternehmen nicht genannt werden dürfen, dienen hier Platzhalter als Bezeichnungen, die zum einen die Handelsmarke der jeweiligen Vertriebsschienen zuordnen (also HU1 sowie HU2) und zum anderen durch ein entsprechendes Suffix das dahinter stehende Markenkonzept signalisieren („Dach"= Dachhandelsmarke, „Öko"= Handelsmarke, „Konserven"= Warengruppen-Handelsmarke im Bereich Obst-/Gemüsekonserven usw.). Hervorzuheben ist in diesem Zusammenhang, dass die gewählten Synonyme lediglich den Charakter von Arbeitsbezeichnungen tragen; denn die dadurch erfolgte Charakterisierung einer Handelsmarke basiert teilweise auf Aussagen der Handelsunternehmen (z.B. ob eine Handelsmarke als Premiumhandelsmarke positioniert ist) und stellt insofern eine angebotsseitige Klassifizierung dar.
15 Analoges Vorgehen erfolgte für die Handelsmarken der Vetrtriebsschiene HU1.
16 Dabei fand die regionale Wettbewerbssituation der Erhebungsoutlets insofern Berücksichtigung, als die Auswahl auf Konkurrenzvertriebsschienen fiel, die über Outlets innerhalb des Einzugsgebiets der Erhebungseinkaufsstätte verfügten.
17 Zu nennen sind insbesondere abweichende Leistungsmerkmale, Nichtlistung bei einem der beiden Vertriebslinien oder keine eindeutige Identifizierbarkeit des Marktführers.

▪ Schließlich erfolgte die Auswahl jener Outlets, in denen die Erhebung stattfinden sollte. Die selektierten zwei SB-Warenhäuser (*HU1*) sowie vier Supermärkte (*HU2*) sollten – so die methodische Anforderung – hinsichtlich Kundenstruktur, betriebswirtschaftlicher Kennzahlen sowie generellem Konkurrenzumfeld als „Durchschnittsbetrieb" innerhalb der Vertriebslinie gelten, um eine (wenngleich beschränkte) Generalisierung der Befunde zu erlauben.

Neben den primärstatistisch erhobenen Daten gelangten auch Informationen aus den Warenwirtschaftssystemen der beiden Vertriebslinien zur Auswertung. Die dabei verwendeten Kennzahlen zu den Handels- und Herstellermarkenartikeln (Abverkauf, Umsatz, durchschnittlicher Regalpreis, durchschnittlicher Aktionspreis, Regalfläche, Zeitpunkt der Listung) sowie zu den Handelsmarken (Alter der Marke, Anzahl Produkte unter der Marke, Werbespendings) resultierten aus den Scannerdaten der in die Erhebung einbezogenen Outlets. Aufgrund technischer Restriktionen basierten die zur Verfügung gestellten Daten bei *HU2* lediglich auf dem Zeitraum KW 24 bis KW 39 (=15 Wochen), während die Angaben bei *HU1* auf den Zeitraum September 1998 bis August 1999 (=12 Monate) rekurrierten. Tabelle 2 fasst die zentralen Elemente des Erhebungsdesigns zusammen.

Bevor eine weitere Analyse der WWS-Daten der beiden Kooperationspartner, insbesondere der Abverkaufszahlen, stattfinden konnte, musste bei jenen Artikeln, deren Packungsgrößen sich zwischen Handels- und Herstellermarken unterschieden, eine Normierung erfolgen. In Anlehnung an das von *Schmalen/Lang/Pechtl* vorgeschlagene Vorgehen diente hierzu die Packungsgröße der A-Marke als eine Einheit, auf die die Verpackung der Handelsmarke umgerechnet wurde. So entsprach bspw. eine Packungseinheit *HU1-Dach*-Salzstangen (250g) umgerechnet 1,67 Packungseinheiten *Bahlsen*-Salzstangen (150g). Erst nach dieser Normierung konnten mengenmäßiger Marktanteil, Durchschnittspreis pro Verpackungseinheit sowie andere Kennzahlen für weitere Analysen dienen.[18]

Zur Ermittlung des Preispremiums einer A-Marke (als Indikator des Markenwertes) dienen in der Literatur aus pragmatischen Gründen regelmäßig Handelsmarken als Referenzpunkt, d.h. man ermittelt den Mehrwert einer Herstellermarke im Vergleich zu einer Handelsmarke. Dieses Vorgehen fußt auf der fragwürdigen Annahme, bei Handelsmarken handele es sich um unmarkierte Produkte und dies erlaube es, den Wert einer Handelsmarke gleichsam „auf Null" zu fixieren.[19] Die vorliegende Studie beschreibt den umgekehrten Weg: Als Referenzpunkt diene hier die unmittelbar in Konkurrenz zu einer Handelsmarke stehende A-Marke, deren Wert auf 100 normiert wird.

---

18 Vgl. Schmalen/Lang/Pechtl 1996, S. 245
19 Vgl. Sattler 1998, S. 434

(1) Nr.	(2) Produkt	Marken-Triple Stichprobe HU1[1]			Marken-Triple Stichprobe HU2[2]		
		(3) HM_1 (HU1)	(4) AM (Hersteller)	(5) HM_2 (Aldi)	(6) HM_1 (HU2)	(7) AM (Hersteller)	(8) HM_2 (Rewe)
1	Sprühsahne	HU1-Mopro	Glücksklee	Desira	HU2-Dach	Glücksklee	Erlenhof
2	Weizenmehl (normal)	HU1-Dach	Aurora	Sonnenblumenstrahl	HU2-Dach	Aurora	ja!
3	Cornflakes	HU1-Öko	Kellog's	(HU1-Dach)[3]	HU2-Öko	Kellog's	(HU2-Dach)
4	Kaffeesahne	HU1-Dach	Bärenmarke	Desira	HU2-Premium	Bärenmarke	ja!
5	Kidneybohnen	HU1-Konserve	Bonduelle	Happy Harvest	HU2-Premium	Bonduelle	kimono
6	Pflanzenöl	HU1-Dach	Mazola	Bellasan	HU2-Dach	Mazola	ja!
7	Apfelsaft	HU1-Dach	Hohes C	rio d'oro	---	---	---
8	Salzstangen	HU1-Dach	Bahlsen	Pauly	HU2-Dach	Bahlsen	ja!
9	Kondensmilch	HU1-Dach	Glücksklee	Milfina	HU2-Dach	Glücksklee	ja!
10	Spagetti	HU1-Dach	Birkels Nr. 1	Remiga	HU2-Öko	Birkels Nr. 1	Erlenhof
11	Haferflocken	HU1-Dach	Kölln	Remiga	HU2-Öko	Kölln	(HU2-Dach)
12	Konfitüre	HU1-Brotaufstr.	Schwartau	Grandessa	HU2-Premium	Schwartau	ja!
13	Bohnenkaffee	HU1-Dach	Jacobs	Amaroy	HU2-Mono	Jacobs	ja!
14	Margarine	HU1-Dach	Rama	Bellasan	HU2-Dach	Rama	ja!
15	Tomatenketchup	HU1-Dach	Kraft	Kim	HU2-Dach	Kraft	ja!
16	Gemüsemais	HU1-Konserve	Bonduelle	Gartenkrone	HU2-Premium	Bonduelle	ja!
17	Toilettenpapier	HU1-Dach	Zewa Moll[4]	Kokett	HU2-Dach	Zewa Soft	ja!
18	Baby-Windeln	HU1-Dach	Pampers	mamia	HU2-Dach	Pampers	ja!
19	Geschirrreiniger-Tabs	HU1-Dach	Calgonit	alio compact	HU2-Dach	Calgonit	ja!
20	H-Milch	HU1-Dach	(HU1-Mopro)[5]	milfina	HU2-Dach	Schwälbchen	Erlenhof
21	Vollwaschmittel	HU1-Dach	Ariel	Tandil	HU2-Dach	Ariel	ja!

22	Handgeschirr-spülmittel	*HU1*-Dach	Pril	Tempo ultra	*HU2*-Dach	Pril	ja!
23	Müsli	*HU1*-Dach	Vitalis	Knusperone	*HU2*-Premium	Vitalis	(*HU2*-Öko)
24	Tiefkühl-gemüse	*HU1*-TKGemüse	Bioland/Frosta	Grandessa	*HU2*-Öko	Iglo	Füllhorn
25	Backofen-Pommes	*HU1*-Dach	McCain	Super Pommes	*HU2*-Dach	McCain	Marke Gutshof
26	Vollmilch	*HU1*-Mopro	Landliebe	milfina	*HU2*-Öko	Landliebe	Erlenhof
27	Butter	*HU1*-Mopro	Kerrygold	Deutsche Markenbut-	*HU2*-Öko	Kerrygold	Erlenhof
28	Eiscreme-Vanille	*HU1*-Dach	Schöller-Mövenpick	Grandessa	*HU2*-Premium	Schöller-Mövenpick	Salto
29	Pizza Salami	*HU1*-Dach	Ristorante/Dr. Oetker	Baroni	*HU2*-Premium	Ristorante/Dr. Oetker	Salto
30	Fruchtjoghurt	*HU1*-Dach	Ehrmann	top fit	*HU2*-Dach	Ehrmann	ja!
31	Weizenmehl (Bio)[6]	---	---	---	*HU2*-Öko	Aurora	Füllhorn

Anmerkungen:
1) Jedes Marken-Triple war Bestandteil von insgesamt 30 Konsumenten-Interviews, so dass sich für die Stichprobe *HU1* eine Fallzahl von 30x30=900 ergab.
2) Auch bei *HU2* war jedes Marken-Triple Bestandteil von insgesamt 30 Interviews (Stichprobe *HU2*: 30x30=900).
3) Einige Marken-Triples enthielten anstatt einer Konkurrenzhandelsmarke zwei Handelsmarken der Erhebungsoutlets (in der Tabelle durch die Klammer gekennzeichnet). Die dadurch ermittelbaren direkten Präferenzunterschiede zwischen zwei Handelsmarken dienten lediglich einer Plausibilitätsüberprüfung der jeweils separat im Vergleich zu A-Marken berechneten Nutzenwerte der beiden Handelsmarken.
4) Da *HU1* und *HU2* unterschiedliche Varianten des Zewa-Toilettenpapiers führten, fungierten hier *Zewa Moll (HU1)* und *Zewa Soft (HU2)* als A-Marken.
5) Da HU1 für das Produkt H-Milch nicht über eine A-Marke verfügt, diente hier die eigene Handelsmarke zur Komplettierung des Marken-Triples. In den nachfolgenden Analysen, denen relative Erfolgsgrößen für Handelsmarkenartikel (im Vergleich zu A-Marken) zugrunde liegen, ist dieses Marken-Triple nicht enthalten, um Verzerrungseffekte zu vermeiden.

6) Weizenmehl (Bio) diente bei HU2 einem internen Vergleich mit der nicht-Bio-Variante. Für HU1 wurde dagegen Apfelsaft als zusätzliches Produkt in die Analyse mit aufgenommen. Strenggenommen flossen demnach nicht 30, sondern 31 Produkte in die Untersuchung ein.

Tabelle 1: Die Handels- und A-Markenartikel in der Untersuchung

Zentrale Elemente des Erhebungsdesigns	Umsetzung
Kooperationspartner:	Vertriebsschiene *HU1* sowie Vertriebsschiene *HU2* von zwei zu den TOP5 zählenden Handelsunternehmen im deutschen LEH (Stand: 1999)
Form der Datenerhebung:	Face-to-Face Interviews (Paper-and-Pencil-Methode)
Ort der Datenerhebung:	2 SB-Warenhäuser (*HU1*), 4 Supermärkte (*HU2*) im Raum Mittel-/Südhessen (jeweils Kassenzone/Ausgang)
Erhebungszeitraum:	25. Mai bis 11. Juni 1999
Stichprobengröße:	n=1800 Konsumenten (mit Urteilen zu n=60 Handelsmarkenartikeln sowie A-Markenartikeln)
Erfasste Warengruppen:	Molkereiprodukte/Speiseöle, TKK/Speiseeis, Nährmittel, Brotaufstrich/Feinkost, Obst-/Gemüsekonserven, Dauerbackwaren/Knabberartikel, AfG, Kaffee, WPR sowie Hygienepapiere/Kinderhygiene (n=31 Produkte)
Aufbau des Interviewerleitfadens:	Teil A: Fragen zur Vertriebsschiene Teil B: Fragen zum Produkt Teil C: Fragen zu Marken (HM_1, AM, HM_2) Teil D: Fragen zur Auskunftsperson
Ergänzende Daten:	Scannerdaten aus dem WWS der Kooperationspartner zu den entsprechenden Artikeln (basierend auf den sechs Erhebungsoutlets).

Tabelle 2: Zentrale Elemente des Erhebungsdesign im Überblick

Ausgangspunkt bilden dabei - unter Rekurs auf die Arbeiten von *Sattler, Schweiger et al.* sowie *Brockhoff/Sattler*[20] - per Conjointanalyse ermittelte Nutzendifferenzen zwischen A-Marke und Handelsmarke bei einem konkreten Produkt. Als jene Merkmale, die im Conjoint-Design operationalisiert werden, kommen die Markierung und der Preis mit jeweils drei bzw. zwei Ausprägungen zum Einsatz, so dass aus der Analyse metrische Nutzenwerte für unterschiedliche Marken (Handels- und Herstellermarken) und Preise resultieren. Die Transformation der so ermittelten Nutzendifferenzen in Preisäquivalente erfolgt anschließend per Division durch den Nutzenwert von genau einer Geldeinheit (hier DM). Diesen wiederum erhält man, indem man zuvor die Nutzendiffe-

---

20 Vgl. die Arbeiten von Sattler 1998; Schweiger et al. 1998 sowie Brockhoff/Sattler 1996

renz (Betrag) zwischen zwei unterschiedlichen Ausprägungen des Preises durch den Differenzbetrag der Preise (in DM) dividiert.[21]

Um den Markenwert einer oder mehrerer Handelsmarke(n) bei verschiedenen Produkten vergleichbar zu machen, gilt es im nächsten Schritt, eine Relativierung des absoluten Preisäquivalentes vorzunehmen; denn ob ein Preisäquivalent in Höhe von bspw. -0,18 DM einen Indikator für eine starke oder eine schwache Handelsmarke darstellt, hängt maßgeblich von der absoluten Wertigkeit des Produktes ab.[22] Dies jedoch bedeutet in mathematisch-statistischer Hinsicht nichts Geringeres als das nicht unproblematische Überführen der Ausprägung für jeden Artikel von einer Intervall- in eine Verhältnisskala durch Einführung einer zusätzlichen Relativierungskonvention. Diese Relativierung erfolgte gemäß folgender Formel:[23]

$$\left(\frac{\text{Preisäquivalent} + \text{Relativierungsmaß}}{\text{Relativierungsmaß}} \right) \times 100$$

Bei einem Preisäquivalent von 0 (d.h. es existiert aus Konsumentensicht kein Nutzenunterschied zwischen A-Marke und Handelsmarke) ergibt sich demzufolge ein Markenwert von 100. Hat das Preisäquivalent ein negatives Vorzeichen (d.h. die Handelsmarke stiftet einen geringeren Nutzen als die A-Marke), so liegt der Markenwert unter dem Wert von 100, hat es dagegen ein positives Vorzeichen, so liegt der Wert über 100. Die so ermittelte Kennzahl kann demzufolge als Markenwertindex interpretiert werden, wobei der Index die folgende generelle Interpretation zulässt: Je näher der Markenwertindex einer Handelsmarke an der Zahl 100 liegt, desto geringer ist der von Konsumenten wahrgenommene Wertunterschied.

---

21 Vgl. zur Vorgehensweise Sattler 1998; Schweiger et al. 1998 sowie Brockhoff/Sattler 1996
22 So mag ein Abschlag in dieser Höhe bei Kidneybohnen, die in den Erhebungsoutlets zu einem tatsächlichen Preis (der A-Marke) von ca. 1,- DM verkauft werden, auf eine vergleichsweise schwache Handelsmarke hinweisen. Der gleiche Abschlag bei einem Produkt, wie z.B. Baby-Windeln, bei dem der tatsächliche Abverkaufspreis der A-Marke im Durchschnitt zwischen 30,40 DM (SB-Warenhaus) und 31,90 DM (Supermarkt) liegt, würde hingegen auf eine vergleichsweise starke Handelsmarke hindeuten. Insofern erscheint die Relativierung der auf Basis des Conjoint Measurement ermittelten absoluten Preisäquivalente an der Wertigkeit eines Produktes insbesondere dann sinnvoll und notwendig, wenn es das Ziel darstellt, solcherart Markenwerte für Dach- oder Warengruppenhandelsmarken durch Aggregation von artikelbezogenen Markenwerten zu berechnen.
23 Kernproblem bildet dabei die inhaltlich und theoretisch begründbare Fixierung eben dieses Relativierungsmaßstabes. Da das Schrifttum zur Lösung dieses Problems keine Hinweise bietet, wurden - dem Postulat eines vorsichtigen Pragmatismus folgend - mehrere auf Plausibilitätsüberlegungen basierende Modelle berechnet. Nach Prüfung dieser Modelle anhand externer Validitätsmaß diente als Relativierungskriterium der Mittelwert der beiden Preisausprägungen im Conjoint-Design. Es verkörpert gleichsam die durchschnittliche Wertigkeit eines Produktes, anhand derer die Preisäquivalente relativiert werden.

3. Die empirische Analyse des Wertes von Handelsmarkenartikeln und Handelsmarken

3.1 Deskriptive Befunde der Analyse des Wertes von Handelsmarken

Abbildung 2 zeigt am Beispiel von Kidneybohnen die berechneten Markenwerte für die in die Untersuchung bei diesem Artikel einbezogenen Handelsmarken. Am Beispiel der Handelsmarke *HU2-Premium* wird evident, welcher Nutzen- und damit Wertunterschied in der Wahrnehmung von Konsumenten zwischen einer bekannten, profilierten Herstellermarke und einer zumindest in Bezug auf Qualität und Anmutung ähnlich positionierten Handelsmarke existiert. Der Markenwert von 67 für *HU2-Premium*-Kidneybohnen kann als Wertabschlag von 33% im Vergleich zur A-Marke Bonduelle interpretiert werden. Wie die Befunde früherer Studien zeigen, lässt sich der Wertabschlag weniger durch physikalisch-technische Qualitätsunterschiede des Produktkerns erklären, sondern stärker durch psychographische Nutzenelemente (Lifestyle, Prestige etc.), die das Ergebnis des Einsatzes unterschiedlicher Markenmanagementinstrumente darstellen.[24]

Aus ökonomischer Perspektive drängt sich insbesondere die Frage auf, ob bei starken A-Marken das von Konsumenten akzeptierte Preis-Premium die Markenführungskosten pro Stück überkompensiert. Für eine Markenwertermittlung im engeren, finanzwirtschaftlichen Sinne, bei der die Barwerte aller zukünftiger Einzahlungsüberschüsse, die der Markeneigner aus der Marke erwirtschaften kann, berechnet werden,[25] bildet der in der vorliegenden Studie ermittelte Markenwert in Form eines Preis-Premiums demnach nur den Ausgangspunkt. Ebenso mag ein Markenwert bei *HU2-Premium*-Kidneybohnen von „nur" 67 einen nicht per se schlechten Wert darstellen; denn wenn selbst bei einem Preisabschlag von rund 33% gegenüber einer A-Marke der Stückrohertrag für das Handelsunternehmen positiv ausfällt (wegen der im Vergleich zur A-Marke extrem niedrigen Markenführungskosten) und möglicherweise über jenem der A-Marke liegt, so leistet - zumindest vor dem Hintergrund kurzfristiger Ertragsziele - dieser Artikel einen Beitrag zum ökonomischen Erfolg des Handelsunternehmens.

---

24 Vgl. z.B. Richardson/Jain/Dick 1996, S. 159 ff. sowie diverse Ergebnisse der Stiftung Warentest, z.B. Stiftung Warentest 1998a, S. 43 ff. sowie Stiftung Warentest 1998b, S. 32 ff.
25 Vgl. Kaas 1990, S. 48

Der Wert von Handelsmarken

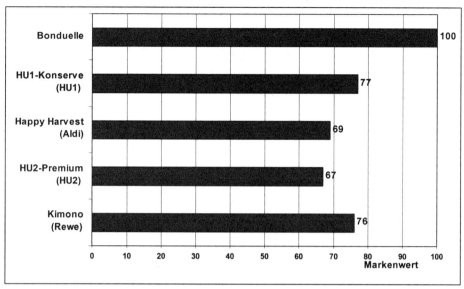

Abbildung 2: Artikelspezifische Markenwerte ausgewählter Handelsmarken am Beispiel von Kidneybohnen

Abbildung 3 zeigt die artikelspezifischen Markenwerte der Handelsmarke *HU1*-Dach bei allen 22 in die Untersuchung einbezogenen *HU1*-Dach-Artikeln. Der (ungewichtete) Durchschnitt aller artikelspezifischen Markenwerte dient hierbei als Indikator für den Markenwert der Dachhandelsmarke *HU1-Dach*. Es fallen unmittelbar die starken Unterschiede des von Konsumenten wahrgenommenen *HU1-Dach*-Markenwertes in Abhängigkeit vom Artikel auf.

Im Hinblick auf die Markenwertermittlung erscheint es bei breiten, sich über mehrere Warengruppen erstreckenden Markendächern angezeigt, einen Messansatz zu wählen, der möglichst „tief unten", d.h. auf Artikelebene, ansetzt. Berechnet man für jede in die Untersuchung einbezogene Handelsmarke das arithmetische Mittel der auf Artikelebene gewonnenen Markenwerte, so ergeben sich die in Abbildung 4 dargestellten Brand Equities von Handelsmarken. Hierbei gilt erneut anzumerken, dass bei Dach- und Warengruppenmarkenkonzepten die Validität der Markenwertmessung von Anzahl und Auswahl der zur Markenwertmessung herangezogenen Artikel abhängt. Demzufolge muss der in Abbildung 4 dargestellte Markenwert für *HU2-Öko* als ungleich valider gelten als jener *für HU1-Öko*, da erstgenannter auf insgesamt 7 Artikeln (d.h. 210 Konsumentenurteilen) fußt, letztgenannter dagegen lediglich auf einem Artikel (d.h. 30 Konsumentenurteilen) basiert.

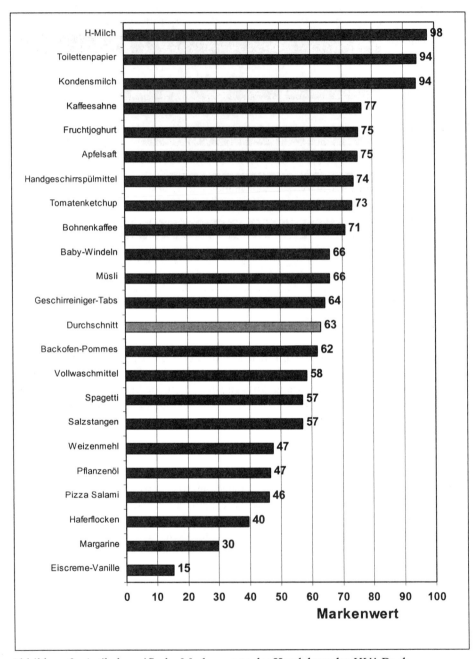

Abbildung 3: Artikelspezifische Markenwerte der Handelsmarke *HU1*-Dach

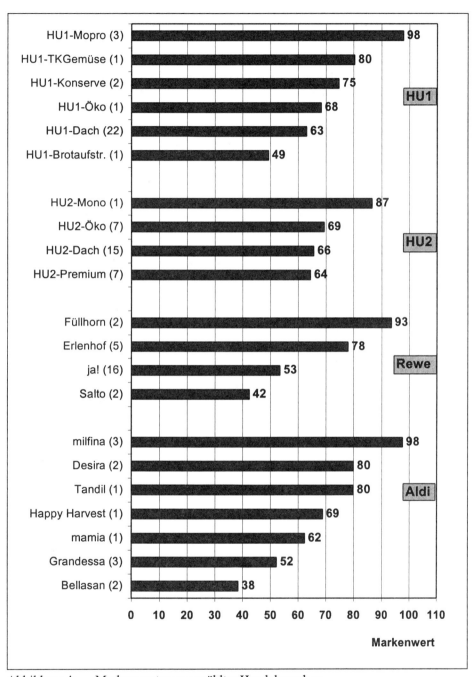

Abbildung 4: Markenwerte ausgewählter Handelsmarken

Ungeachtet der divergierenden Breite der Datenbasis bei den abgebildeten Markenwerten liefert Abbildung 4 folgende unterstreichenswerte Befunde:

- Keine der Handelsmarken verfügt über einen Markenwert, der über 100 liegt. Folglich ergibt sich für alle ein negatives (durchschnittliches) Preisäquivalent, d.h. die Handelsmarken besitzen aus Konsumentensicht durchgängig einen geringeren Wert als A-Marken.[26]

- Die erfassten Dachmarkenkonzepte (*HU1-Dach*, *HU2-Dach* sowie *ja!*) weisen einen auf ähnlichem Niveau liegenden und vergleichsweise niedrigen Markenwert auf. Aus Konsumentensicht liegt ihr Wert zwischen 34% (*HU2-Dach*) und 47% (*ja!*) unter A-Marken-Niveau.

- Die Markenwerte der Öko-Handelsmarken differieren. Während *HU1-Öko* und *HU2-Öko* mit einem Markenwert von 68 bzw. 69 einen trotz Öko-Positionierung nur unwesentlich höheren Wert als die Dachmarkenkonzepte aufweisen, besticht die Rewe-Öko-Marke *Füllhorn* durch einen aus Konsumentensicht ähnlich hohen Marken-Goodwill wie A-Marken. Nur in diesem Falle scheint es dem Markeneigner (*Rewe*) zu gelingen, durch die Öko-Positionierung den Nutzenabschlag gegenüber den stark beworbenen A-Marken zu kompensieren.

- Über die höchsten Markenwerte verfügen mit *HU1-Mopro* und milfina zwei Familienmarkenkonzepte in der Warengruppe Molkereiprodukte. Mit einem Markenwert von 98 existiert bei beiden faktisch kein Wertabschlag gegenüber A-Marken (Landliebe, Glücksklee, Kerrygold).

Der Absatz der in die Studie einbezogenen Artikel von *HU1-Dach* sowie *HU2-Dach* liegt annähernd doppelt so hoch wie der Absatz der jeweiligen A-Marken (d.h. der Marktführer). Bei allen anderen Handelsmarken von *HU1* sowie *HU2* - also auch bei jenen mit einem höheren Markenwert - erreicht der Absatz dagegen nicht einmal das Niveau der A-Marken. Bspw. liegt der relative Marktanteil von *HU1-Mopro*-Artikeln bei 45%, für die Handelsmarke *HU1-Brotaufstr.* ergibt sich hierfür ein Wert von lediglich 10%.[27]

---

[26] Dies geht mit den Befunden von Sattler 1998, S. 442 und Schweiger et al. 1998, S. 107 konform.
[27] In der vorliegenden Studie wurde der relative Marktanteil (RMA) in leichter Abwandlung zur herkömmlichen Berechnungsmethodik wie folgt ermittelt: RMA = Absatz Handelsmarke/(Absatz Handelsmarke + Absatz Herstellermarke) * 100. Dadurch erfolgt eine Begrenzung des so ermittelten relativen Marktanteils auf das Intervall [0%;100%]. Ein relativer Marktanteil von 20% für einen Handelsmarkenartikel besagt demzufolge, dass 20% des gesamten Absatzes von Handelsmarkenartikel und Herstellermarkenartikel auf den erstgenannten entfallen. Bei einem relativen Marktanteil von 50% herrscht somit ein ausgeglichenes Verhältnis zwischen Abverkauf von Handelsmarken- und Herstellermarkenartikel. Die Begründung für dieses Vorgehen bei der Berechnung liegt u.a. darin, dass herkömmlich berechnete relative Marktanteile, die im Intervall [0;+∞] liegen, keiner Normalverteilung folgen und sich damit der Einsatz der meisten multivariaten Analyseverfahren zur weiteren Untersuchung verbietet.

Der Wert von Handelsmarken 503

Aus diesen Befunden muss man schlussfolgern, dass der Markenwert einer Handelsmarke nicht zwangsläufig mit dem Absatz konform geht. Der Rückschluss von vergleichsweise hohen Abverkaufszahlen bei einer Handelsmarke auf deren Marken-Goodwill erscheint daher unzulässig. Insofern - und diese Aussage beschränkt sich nicht auf Handelsmarken - erweist sich für ein erfolgversprechendes Markenmanagement die Einbeziehung von sowohl quantitativen als auch qualitativen Erfolgsindikatoren in ein Markencontrolling dringend geboten.[28]

3.2 Ein Portfolioansatz zur Analyse des Netto-Markenwertüberschusses von Handelsmarken

Wie Abbildung 5 in Verbindung mit den Ergebnissen einer Regressionsanalyse zeigt, erweist sich der Netto-Markenwertüberschuss von Handelsmarken als signifikanter Prädiktor des relativen Marktanteils.

Um diese zentrale Erkenntnis einer praxisnahen Verwendung im Kontext der Eigenmarkenpolitik von Handelsunternehmen zugänglich zu machen, dient im Folgenden ein Markenwert-Preisindex-Portfolio zur Klassifizierung der unterschiedlichen Handelsmarkenartikel (vgl. Abbildung 6).

Hierzu erfolgte eine Transformation sowohl der metrischen Markenwertskala als auch der Preisindexskala in jeweils drei Intervalle (kleiner als 60, 60 bis 80 sowie größer als 80). In der so entstandenen 9-Feldermatrix lassen sich drei Bereiche (im Portfolio durch die verschiedenfarbigen Flächen gekennzeichnet) identifizieren, die durch ein unterschiedliches Verhältnis von Markenwert zu Preisindex charakterisiert sind. Positioniert man anschließend die in die Studie einbezogenen Handelsmarkenartikel in diesem Portfolio, so ergeben sich in Abhängigkeit vom Bereich, in den die Artikel fallen, auf schlussreiche Befunde bezüglich des Marktanteils sowie der Größe der Verwenderschaft.[29]

---

28 Dies deckt sich mit den Empfehlungen von Barrenstein/Tweraser/Righetti 1999, S. 15 f.
29 Eine varianzanalytische Prüfung bestätigte, dass die Zugehörigkeit zu den verschiedenen Portfoliobereichen einen signifikanten Einfluss auf die Ausprägung der Erfolgsindikatoren Marktanteil (p=0,000) sowie Käuferanteil (p=0,057) ausübt.

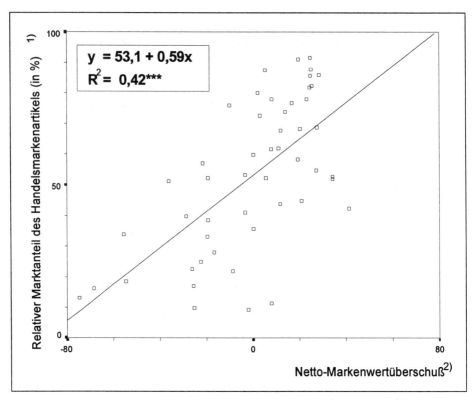

Anmerkungen: 1) Zur Operationalisierung vgl. Fußnote 27.
2) Die Variable ergibt sich als Differenz Markenwert$_{HM1}$ minus Preisindex$_{HM1}$; Datenbasis: n=50
3) „***" bedeutet Signifikanz auf 1%-Niveau (F-Test).

Abbildung 5: Der Zusammenhang zwischen Netto-Markenwertüberschuss und relativem Marktanteil RMA$_{HM1}$ von Handelsmarkenartikeln

Der Wert von Handelsmarken 505

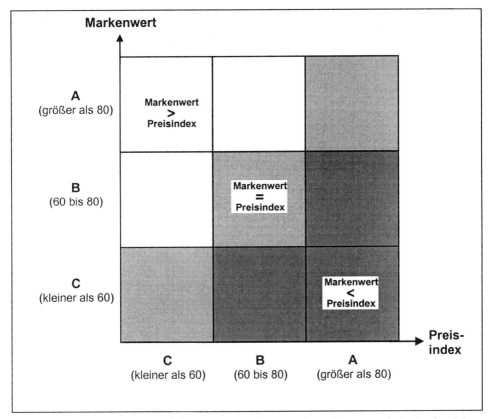

Abbildung 6: Die Ermittlung des Netto-Markenwertüberschusses auf Basis des Markenwert-Preisindex-Portfolios

Tabelle 3 fasst die Befunde über alle Handelsmarkenartikel zusammen und erlaubt die nachfolgenden Schlussfolgerungen:

- Jene Handelsmarkenartikel, die in den weißen Bereich des Markenwert-Preisindex-Portfolios fallen, weisen mit einem relativen Marktanteil in Höhe von 70% ein im Vergleich zu den jeweiligen A-Marken mehr als doppelt so hohes Absatzvolumen auf. Handelsmarkenartikel im schwarzen Bereich erreichen dagegen nicht einmal die Hälfte des Abverkaufs der A-Marken (31%). Dieser Befund gestattet die Feststellung, dass Handelsmarken zwar in fast allen Fällen preisgünstiger als A-Marken sind (d.h. ihr Preisindex liegt unter 100), aber sie weisen nicht per se ein besseres Preis-Leistungsverhältnis auf.

- Bei einer erheblichen Zahl von Handelsmarkenartikeln entspricht der vom Konsumenten wahrgenommene Markenwert nicht dem geforderten Entgelt, d.h. sie verfügen über ein ungünstiges Preis-Leistungsverhältnis, aus dem ein weitaus geringerer relativer Absatz resultiert als bei Handelsmarkenartikeln im weißen Bereich, die insofern einen positiven Netto-Markenwertüberschuss aufweisen. Mit dieser Feststellung relativieren sich die Ergebnisse früherer Untersuchungen, in denen sich ein gutes Preis-Leistungsverhältnis regelmäßig als die herausragende Eigenschaft von Handelsmarken sowie als komparativer Vorteil gegenüber A-Marken herauszukristallisieren schien.[30]

	„Weißer Bereich" Markenwert > Preisindex	„Schraff. Bereich" Markenwert = Preisindex	„Schwarzer Bereich" Markenwert < Preisindex
Anzahl der in den Bereich fallenden Handelsmarkenartikel ($n_{Artikel}=50$)[1)]	19	18	13
Durchschnittlicher relativer Marktanteil RMA_{HM1} der in den Bereich fallenden Handelsmarkenartikel	70%	51%	31%
Durchschnittliche Größe des Käuferanteils der in den Bereich fallenden Handelsmarkenartikel[2)]	39%	36%	27%

Anmerkungen: 1) Zwar wurden insgesamt 60 Handelsmarkenartikel der beiden Kooperationspartner in die Studie einbezogen. Allerdings standen die Daten aus dem WWS (z.B. Abverkaufspreise) nur für 50 Artikel zur Verfügung.
2) Der Käuferanteil eines Artikels spiegelt den Anteil jener Käufer eines bestimmten Produktes wider, die den entsprechenden Artikel in einem definierten Zeitraum mindestens einmal gekauft haben.

Tabelle 3: Die aggregierten Ergebnisse der Verortung von Handelsmarkenartikeln im Markenwert-Preisindex-Portfolio

- Selbst bei jenen Handelsmarkenartikeln, die im weißen Bereich liegen, beträgt der Anteil der Verwenderschaft, also jener Konsumenten, die zumindest gelegentlich zur Handelsmarke greifen, „nur" 39%. Also trotz eines auf Basis aller Konsumenten er-

---

[30] Vgl. exemplarisch Sattler 1998, S. 447; Peters 1998, S. 167; Markant 1992, S. 11 sowie die in diesem Zusammenhang regelmäßig zitierte frühe Studie von Meffert/Bruhn 1984, S. 66

mittelten günstigeren Preis-Leistungsverhältnisses kaufen 61% der Konsumenten Handelsmarken nicht. Augenfällig erscheint dabei der nur geringe Unterschied in der Größe der Verwenderschaft zwischen den im schraffierten Bereich (36%) und den im weißen Bereich (39%) liegenden Handelsmarkenartikeln.

Insgesamt lassen diese Befunde den Schluss zu, dass der unterschiedliche Absatzerfolg von Handelsmarken zum überwiegenden Teil auf eine unterschiedliche Kaufintensität innerhalb der bereits bestehenden Handelsmarkenkäuferschaft und nur zum geringen Teil durch eine unterschiedliche Größe der Käuferschaft erklärt werden kann. Kategorische Nicht-Handelsmarkenkäufer lassen sich daher auch durch ein offensichtlich sehr gutes Preis-Leistungsverhältnis (d.h. einen den Preisindex übersteigenden Markenwert) nur in geringem Maße zu Handelsmarkenverwendern transformieren, während eine Verbesserung des Markenwert-Preisindex-Saldos den Abverkauf innerhalb der existierenden Käuferschaft gleichsam „anheizt".

Der Vollständigkeit halber gilt es festzuhalten, dass sich in Bezug auf unterschiedliche Warengruppen keine Auffälligkeiten in der Verteilung im Markenwert-Preisindex-Portfolio ergaben. Die hier diskutierten Befunde finden im Übrigen auch Bestätigung, wenn man im Markenwert-Preisindex-Portfolio nicht einzelne Artikel, sondern Marken positioniert, indem man den aggregierten Markenwert sowie den durchschnittlichen Preisindex heranzieht. Insofern beanspruchen die gezogenen Schlussfolgerungen sowohl für die Handelsmarkenartikel- als auch für die Handelsmarkenebene Gültigkeit.

4. Fazit und Ausblick

Abschließend sei auf einige Schwächen der hier vorgestellten Markenwertanalyse sowie den Einsatz des Markenwert-Preisindex-Portfolios hingewiesen:

- Durch die Wahl von A-Marken als Referenzgröße zur Bestimmung des Marken-Goodwills von Handelsmarken und den Einsatz eines Conjoint-Measurement-Ansatzes bleibt die Analyse zunächst auf Me-Too-Produkte beschränkt. Zwar bieten die Handelsunternehmen fast ausschließlich den A-Marken nachempfundene Produkte in ihrem Handelsmarkensortiment an, so dass die hier als Schwäche dargestellte Restriktion durchaus der Realität entspricht, andererseits verhindert dieser Ansatz jegliche Aussage über die möglichen positiven Effekte von Produktinnovationen auf den Marken-Goodwill.
- Ähnliches gilt für das Potenzial der Ausweitung bestehender Handelsmarkenkonzepte auf neue Warengruppen. So haben bspw. einige Handelsunternehmen in jüngster Vergangenheit das Obst- und Gemüsesortiment als mögliches Betätigungsfeld für ihre Eigenmarkenpolitik entdeckt. Vornehmlich die Öko-Eigenmarken (z.B. *Füllhorn* von Rewe oder *Naturkind* von Tengelmann) sollen in dem Frischesortiment, in dem traditionell nur wenige starke Herstellermarken (z.B. *Chiquita*) existieren, zur Profi-

lierung beitragen. Die im Rahmen der Studie erhobenen Daten lassen eine Aussage zur Erfolgsträchtigkeit eines solchen Vorgehens nur begrenzt zu.

▪ Während die Kennzahlen aus dem WWS auf einem 12-Monatszeitraum basieren, haben die im Rahmen der Face-to-Face-Interviews generierten Daten Zeitpunktcharakter. Externe Einflüsse machen eine regelmäßige Wiederholung der hier erfolgten Überlegungen - insbesondere der Analyse mit Hilfe des Markenwert-Preisindex-Portfolios - erforderlich. Bspw. führen Preissenkungsrunden, wie sie im deutschen LEH mit Regelmäßigkeit festzustellen sind, zu einem Absinken des Preisniveaus der A-Marken, was c.p. ein Ansteigen des Preisindexes der Handelsmarken impliziert. Dadurch könnte eine vormals im weißen Bereich liegende Handelsmarke in den schwarzen Bereich abdriften und infolge des schlechteren Markenwert-Preisindex-Saldos an Absatz einbüßen.

Trotz der vorgenannten Schwächen vermögen die Befunde der vorliegenden Studie einen Beitrag zur Beseitigung des Forschungsdefizits im Bereich Markenwertermittlung bei Handelsmarken zu leisten und am Beispiel ausgewählter Handelsmarken das Zusammenspiel von Markenwert, Preisposition und Absatz zu beleuchten. Wenn auch die zutage geförderten Befunde nicht vorbehaltlos auf alle Handelsmarken im deutschen LEH übertragen werden können, so deuten sie doch auf ein vorhandenes Potenzial hin, das es durch konsequente Ausrichtung der Handelsmarkenpolitik am Kundennutzen, d.h. letztlich am Saldo aus Markenwert und Preis, zu erschließen gilt.

Literaturverzeichnis

AAKER, D. A. (1991): Managing Brand Equity: Capitalizing an the Value of a Brand Name, New York 1991.

BACKHAUS, K.; ERICHSON, B.; PLINKE, W.; WEIBER, R. (2000): Multivariate Analysemethoden. Eine anwendungsorientierte Einführung, 9. Aufl., Berlin u. a. 2000.

BALDERJAHN, B. I. (1993): Marktreaktion von Konsumenten, Berlin 1993.

BARRENSTEIN, P.; TWERASER, S.; RIGHETTI, C. (1999): Drei Schritte zu wachstumsstarken und profitablen Marken, in: McKinsey-akzente, o. Jg. 1999, Nr. 14, S. 10-17.

BEKMEIER-FEUERHAHN, S. (1998): Marktorientierte Markenbewertung - Eine konsumenten- und unternehmensorientierte Betrachtung, Wiesbaden 1998.

BROCKHOFF, K.; SATTLER, H. (1996): Schwartauer Werke - Markenwert und Qualitätszeichen, in: Dichtl, E.; Eggers, W. (Hrsg.): Markterfolg mit Marken, München 1996, S. 207-224.

DREES, N. (1999): Markenbewertung und Markenberatung in Deutschland, in: absatzwirtschaft, 42. Jg. 1999, Nr. 10, S. 96-97.

ESCH, F.-R. (1999): Ansätze zur Messung des Markenwertes, in: Esch, F.-R. (Hrsg.): Moderne Markenführung: Grundlagen - innovative Ansätze - praktische Umsetzungen, Wiesbaden 1999, S. 959-988.

FARQUHAR, P. H. (1990): Managing Brand Equity, in: Journal of Advertising Research, Vol. 30 (1990), No. 4, S. 7-12.

FRANCOIS, P.; MACLACHLAN, D. L. (1995): Ecological Validation of Alternative Customer-Based Brand Strength Measures, in: International Journal of Research in Marketing, Vol. 12 (1995), pp. 321-332.

GOLDSTEIN, H. (1995): Multilevel statistical models. London-New York 1995.

GREEN, P. E.; SRINIVASAN, V. (1978): Conjoint Analysis in Consumer Research, in: The Journal of Consumer Research, Vol. 5 (1978), S. 103-122.

GRÖPPEL-KLEIN, A. (1999): Handelsmarkenstrategien aus Konsumentensicht, in: Esch, F.-R. (Hrsg.): Moderne Markenführung: Grundlagen - innovative Ansätze - praktische Umsetzungen, Wiesbaden 1999, S. 873-894.

IRMSCHER, M. (1997): Markenwertmanagement, Frankfurt/Main 1997.

KAAS, K. P. (1990): Langfristige Werbewirkung und Brand Equity, in: Werbeforschung & Praxis, 35. Jg. 1990, H. 3, S. 48-52.

KREFT, I. G. G. (1996): Are Multilevel Techniques Necessary? An Overview, Including Simulation Studies, http://www.calstatela.edu/faculty/ikreft/quarterly/quarterly.html, Stand 22.11.1999.

LANCASTER, K. J. (1966): A New Approach to Consumer Theory, in: Journal of Political Economy, Vol. 74 (1966), pp. 132-157.

LESZINSKI, R.; MARN, M. V. (1997): Setting Value, not Price, in: McKinsey Quarterly, o. Jg. 1997, Nr. 1, S. 99-115.

LINGENFELDER, M.; LAUER, A. (2000): Der Wert von Handelsmarken, in: absatzwirtschaft, 43. Jg. 2000, Sonderheft zum Deutschen Marketing-Tag 2000, S. 138-148.

LINGENFELDER, M.; LAUER, A. (1999): Die Unternehmenspolitik im deutschen Einzelhandel zwischen Währungsreform und Währungsunion, in: Dichtl, E.; Lingenfelder, M. (Hrsg.): Meilensteine im deutschen Handel, Frankfurt 1999, S. 11-56.

MARKANT HANDELS- UND SERVICE GMBH (1992) (Hrsg.): Studie über Handelsmarken in Deutschland und in Europa, Offenburg 1992.

MEFFERT, H.; BRUHN, M. (1984): Markenstrategien im Wettbewerb, Wiesbaden 1984.

MEFFERT, H.; BURMANN, C. (1999): Abnutzbarkeit und Nutzungsdauer von Marken, in: Jahrbuch der Absatz und Verbrauchsforschung, 45. Jg. 1999, S. 244-263.

NIESCHLAG, R.; DICHTL, E.; HÖRSCHGEN, H. (1994): Marketing, 17. Aufl., Berlin 1994.

PETERS, G. (1998): Die Profilierungsfunktion von Handelsmarken im Lebensmitteleinzelhandel: Eine theoretische und empirische Analyse der deutschen Handelsmarkenpolitik aus Handels- und Kundensicht, Aachen 1998.

RICHARDSON, P. S.; JAIN, A. K.; DICK, A. (1996): Household Store Brand Proneness: A Framework, in: Journal of Retailing, Vol. 72 (1996), No. 2, pp. 159-185.

SANDER, M. (1994): Die Bestimmung und Steuerung des Wertes von Marken: Eine Analyse aus Sicht des Markeninhabers, Heidelberg 1994.

SATTLER, H. (1998): Der Wert von Handelsmarken - Eine empirische Analyse, in: Trommsdorff, V. (Hrsg.): Handelsforschung 98/99, Jahrbuch der Forschungsstelle für den Handel Berlin e. V., Wiesbaden 1998, S. 433-450.

SCHMALEN, H.; LANG, H.; PECHTL, H. (1996): Gattungsmarken als Profilierungsinstrument im Lebensmittel-Einzelhandel, in: Trommsdorff, V. (Hrsg.): Handelsforschung 96/97, Jahrbuch der Forschungsstelle für den Handel Berlin e. V., Wiesbaden 1996, S. 239-258.

SCHWEIGER, G.; MAYERHOFER, W.; KOPPE, P.; GOTTWALD, I. (1998): Der Einfluß von Schlüsselreizen wie Marke, Preis und Qualitätszeichen auf die Markenwahl bei Lebensmitteln in Österreich - Eine Anwendung des Conjoint Measurements, in: Trommsdorff, V. (Hrsg.): Handelsforschung 98/99, Jahrbuch der Forschungsstelle für den Handel Berlin e. V., Wiesbaden 1998, S. 101-118.

SHOCKER, A. D.; SRIVASTAVA, R. K.; RUEKERT, R. W. (1994): Challenges and Opportunities Facing Brand Management: An Introduction to the Special Issue, in: Journal of Marketing Research, Vol. 31 (1994), No. 2, pp. 149-158.

STIFTUNG WARENTEST (1998b) (Hrsg.): Gesundes süß verpackt, in: test, o. Jg. 1998, Nr. 8, S. 32-44.

STIFTUNG WARENTEST (1998a) (Hrsg.): Kompakt ist besser, in: test, o. Jg. 1998, Nr. 7, S. 43-55.

TEICHERT, T. (1999): Conjoint-Analyse, in: Herrmann, A.; Homburg, Chr. (Hrsg.): Marktforschung: Methoden, Anwendung, Praxisbeispiele, Wiesbaden 1999, S. 471-511.

WEIBER, R.; ROSENDAHL, T. (1997): Anwendungsprobleme der Conjoint-Analyse - Die Eignung conjointanalytischer Untersuchungsansätze zur Abbildung realer Entscheidungsprozesse, in: MARKETING - ZFP, 19. Jg. 1997, H. 2, S. 107-118.

Andrea Gröppel-Klein und Claas Christian Germelmann

Die Bedeutung von Wahrnehmungs- und Gedächtnisbildern von Einkaufszentren

1. Problemstellung

2. Beiträge der Umweltpsychologie zur Erklärung des Konsumentenverhaltens in Einkaufszentren
    2.1 Kognitiv-orientierte Umweltpsychologie und Orientierungsfreundlichkeit von Einkaufszentren
    2.2 Emotional-orientierte Umweltpsychologie und Informationsrate von Einkaufszentren
    2.3 Studie 1 zur Bedeutung der Orientierungsfreundlichkeit und der Informationsrate für die Wahrnehmung von Einkaufszentren
    2.4 Zusammenfassung der Ergebnisse zur Wahrnehmung von Einkaufszentren

3. Mentale Repräsentationen von Einkaufszentren
    3.1 Repräsentationen von Einkaufszentren als mehrdimensionale Gedächtnisbilder
    3.2 Dimensionen des Gedächtnisbildes und Einkaufsstättenbeurteilung
    3.3 Die Messung von inneren Gedächtnisbildern

4. Studie 2 zur Entstehung und Bedeutung des Gedächtnisbildes von Einkaufszentren

5. Diskussion

Literatur

1. Problemstellung

Die gegenwärtige strategische Situation im deutschen Einzelhandel ist durch einen scharfen internationalen Wettbewerb gekennzeichnet. In den letzten Jahren hat es in Deutschland einen Bauboom an Einkaufsstätten gegeben, der in vielen Gegenden nur als „Flächenwildwuchs" bezeichnet werden kann. So wird bspw. allein für den Osten Berlins derzeit eine Überkapazität von ca. 500 000 qm Verkaufsfläche berechnet. Besonders drastisch hat sich die Anzahl der Einkaufszentren (mit einer Verkaufsfläche von 10 000 qm und mehr) erhöht. Während im Jahr 1990 noch 95 Einkaufszentren in Deutschland gezählt wurden, hatte sich diese Zahl bis zum Jahr 1999 auf 284 Einkaufszentren fast verdreifacht.[1] Auch kleinere Passagen sind wie Pilze aus dem Boden geschossen. In manchen Innenstädten haben Konsumenten die Qual der Wahl und können zwischen drei oder vier verschiedenen Einkaufszentren für ihren Einkaufsbummel auswählen. Die Invasion der Einkaufszentren scheint jedoch noch nicht abgeschlossen zu sein. So plant allein die Deutsche Bahn AG zur Revitalisierung der Bahnhöfe unter dem Stichwort „Einkaufszentren mit Gleisanschluss" weitere 500 000 qm Verkaufsfläche in Deutschland. Diese Situation ist nicht nur für Deutschland, sondern für die meisten Länder Europas typisch.[2]

Die entscheidende Frage lautet somit: Wie kann es einem Einkaufszentrum gelingen, in diesem gnadenlosen Wettbewerb zu überleben und genügend Kunden für sich zu gewinnen? Im Rahmen dieses Beitrags wird daher die Frage gestellt, unter welchen Bedingungen Konsumenten ein Einkaufszentrum positiv erleben und weiterempfehlen. Erkenntnisse der Umweltpsychologie und der Imagerytheorie bilden dabei den theoretischen Hintergrund zur Ableitung von Hypothesen, die im Rahmen von zwei empirischen Studien geprüft werden sollen.

2. Beiträge der Umweltpsychologie zur Erklärung des Konsumentenverhaltens in Einkaufszentren

Die Umweltpsychologie ist eine Forschungsrichtung, die untersucht, ob die physische (materielle) Umwelt (z.B. Gebäude, Landschaften, Einrichtungsgegenstände) einen Einfluss auf das Verhalten der in dieser Umwelt lebenden Menschen ausübt und wie die Umwelt gestaltet werden kann, um das menschliche Verhalten zu beeinflussen. Die Umweltpsychologie geht dabei von der Erkenntnis aus, dass ein Individuum bestrebt ist, sich seine Umwelt zu „erobern", d.h. der Mensch versucht, in einer ihm unbekannten

---

1   Weinberg/Besemer 2001, S. 517
2   Vgl. BBE 2000

Umgebung die Orientierung zu finden, um anschließend die neue Umwelt kategorisieren und einen Gefühlseindruck abgeben zu können. Die Interaktion zwischen Mensch und Umwelt wird durch mentale (kognitive und emotionale) Prozesse vermittelt.[3]

Abhängig davon, ob eher kognitive oder eher emotionale, durch die Umwelt hervorgerufene Prozesse Gegenstand des wissenschaftlichen Interesses sind, spricht man von dem primär kognitiven oder dem primär emotionalen Ansatz der Umweltpsychologie. Die Umweltpsychologie nimmt keine strikte Trennung zwischen kognitiven und affektiven Theorien vor, da davon ausgegangen wird, dass die meisten psychischen Prozesse sowohl kognitive als auch emotionale Züge tragen.[4] Das Adjektiv „primär" soll daher nur zum Ausdruck bringen, welcher innere Vorgang überwiegt.

2.1 Kognitiv-orientierte Umweltpsychologie und Orientierungsfreundlichkeit von Einkaufszentren

Das Forschungsfeld der kognitiv-orientierten Umweltpsychologie beschäftigt sich mit der „Geographie des Geistes" und versucht zu ermitteln, wie Individuen räumliche Umwelten wahrnehmen, begreifen und sich derer erinnern. Die Erkenntnisse der Hirnforschung, der Wahrnehmungstheorie und der Gestalttheorie können dazu beitragen, die mentale Repräsentation räumlicher Informationen, der so genannten „Mental Maps", zu erklären.[5] In verschiedenen empirischen Studien[6] konnte nachgewiesen werden, dass eine signifikante positive Korrelation zwischen dem Vorhandensein von klar geordneten Lageplänen der räumlichen Umwelt „Einkaufsstätte" bzw. „Einkaufszentrum" (Wissen über die Lage von bestimmten Geschäften, Sortimenten, Serviceeinrichtungen, Fahrstühlen und Rolltreppen etc.) und der wahrgenommenen Einkaufsbequemlichkeit besteht. Die empirischen Ergebnisse lassen die Folgerung zu, dass sich Händler intensiv mit der Vermittlung verbaler und nonverbaler Informationen am Point-of-Sale (PoS) zur Verbesserung der kognitiven Landkarten der Einkaufsstätte auseinandersetzen sollten. Solche Orientierungshilfen können z.B. durch Verbundpräsentation (Produkte, die im täglichen Leben normalerweise zusammen verwendet werden, werden am PoS zusammen präsentiert), visuell stark auffällige Orientierungszeichen oder klar voneinander getrennte Wegesysteme und Verkaufszonen gegeben werden. Um eine hohe Orientierungsfreundlichkeit am PoS zu erzielen, kann ein ausgewogenes Reizniveau empfohlen werden: Einerseits eine klare und einfache Struktur, die geeignet ist, die Konsumenten kognitiv zu entlasten, die jedoch andererseits gleichzeitig stark aktivierende Schlüsselobjekte enthält, die dabei helfen können, Mental Maps zu formen.[7]

---

3   Graumann/Schneider 1988, S. 17
4   Kroeber-Riel 1992, S. 427 und Gröppel-Klein 1998a, S. 190
5   Ittelson 1977, S. 133; Golledge 1987, S. 143 und Russell/Ward 1982, S. 651 ff.
6   Vgl. z.B. Bost 1987; Gröppel 1991; Sommer/Aitkens 1982 und Grossbart/Ramohan 1981
7   Vgl. Gröppel-Klein 1998b, S. 502

Eine besonders hohe Bedeutung kommt der Orientierungsfreundlichkeit in großflächigen Einkaufszentren zu. Die „Mall of America" bspw., die mit über 400 000 qm das größte Einkaufszentrum der USA ist, erreicht eine hohe Orientierungsfreundlichkeit durch folgende Gestaltungsprinzipien: Die Mall of America ist quadratisch konzipiert. In der Mitte befindet sich ein riesiger Vergnügungspark, an den vier Eckpunkten die vier größten US-Kaufhäuser Nordstrom, Sears, Macy's und Bloomingdale's. Die Kaufhäuser sind durch vier breite Avenues miteinander verbunden. Die 520 Geschäfte verteilen sich auf die vier Avenues. Jede einzelne Straße visualisiert eine Himmelsrichtung und ein Thema: „North Garden" soll an die Wälder im Norden erinnern und ist mit Tausenden von echten Pflanzen dekoriert. „East Broadway" soll dagegen die urbane Welt New Yorks symbolisieren. „South Avenue" zeigt das Flair der Art Déco-Bezirke in Miami, und „West Market" inszeniert die Atmosphäre von alten Bahnhöfen mit vielen Verkaufsständen. Durch die unterschiedliche Gestaltung weiß der Konsument also jederzeit, ob er sich im Osten, Süden, Westen oder Norden der Mall befindet. Gleichzeitig fördert die abwechslungsreiche Gestaltung die Erlebnisorientierung des Shopping-Centers.

2.2 Emotional-orientierte Umweltpsychologie und Informationsrate von Einkaufszentren

Das von Mehrabian und Russell (1974) entwickelte Verhaltensmodell zählt zu den emotionalen Ansätzen der Umweltpsychologie. Verschiedene Umweltreize werden durch die so genannte Informationsrate gekennzeichnet. Unter der Informationsrate versteht Mehrabian „die Menge von Informationen, die pro Zeiteinheit in der Umwelt enthalten sind oder wahrgenommen werden".[8] Die Informationsrate weist demnach sowohl eine objektive (= tatsächlich vorhandenes Reizvolumen) als auch eine subjektive (= wahrgenommenes Reizvolumen) Komponente auf. Die Höhe der objektiven Informationsrate ist abhängig von der Neuartigkeit (das Unerwartete, Überraschende, Ungewöhnliche einer Umwelt) und der Komplexität (Zahl der Elemente, Bewegungen oder Veränderungen in der Umwelt). Die Informationsrate ist also um so höher, je vielfältiger, neuartiger, überraschender und anregender eine Umwelt ist. Die Stimulusvariablen lösen Gefühle (Aktivierung, Vergnügen und Dominanz) aus, die als intervenierende Variablen die Reaktionen („Annäherung" oder „Meidung") gegenüber der Umwelt bestimmen. Dabei können objektiv gleiche Reize aufgrund unterschiedlicher persönlicher Prädispositionen zu unterschiedlichem Verhalten führen. Das umweltpsychologische Verhaltensmodell von Mehrabian und Russell (1974) dient als theoretische Grundlage für diverse, in verschiedenen Ländern durchgeführte empirische Studien zur Umwelt „Point-of-Sale".[9]

---

8   Vgl. Mehrabian 1978, S. 16
9   Vgl. z.B. Donovan/Rossiter 1982; Donovan/Rossiter/Marcoolyn/Nesdale 1994; Flicker/Speer 1990; Gröppel 1991; Gröppel-Klein 1996 und 1998; Tai/Fung 1997 sowie van Kenhove/Desrumeaux 1997

Für die Zwecke dieses Beitrages würde es zu weit führen, auf die einzelnen Studien im Detail einzugehen. Zusammenfassend kann jedoch folgende Beziehung postuliert werden: Eine Ladenatmosphäre, die beim Konsumenten Vergnügen hervorruft, führt zu einer positiven Einstellung zum Geschäft, verlängert die Verweildauer in der Einkaufsstätte, erhöht die Ausgabebereitschaft und die Wahrscheinlichkeit eines erneuten Besuchs. Uneinigkeit herrscht dagegen in der Literatur, ob die wahrgenommene Informationsrate einen Einfluss auf die Beurteilung und das Verhalten am PoS ausübt. Hier sind aufgrund unterschiedlicher Operationalisierungen in den einzelnen Studien unterschiedliche Ergebnisse festzustellen.[10]

Zudem sollte hier betont werden, dass sich die angeführten empirischen Erkenntnisse auf das Verhalten in einzelnen Geschäften beziehen, nicht aber auf eine Agglomeration von Geschäften unter einem Dach, wie sie für Einkaufszentren charakteristisch ist. Unseres Eindrucks nach scheint für Einkaufszentren das Konstrukt „Informationsrate" ein wesentlicher Erfolgsfaktor zu sein. Ein Einkaufszentrum lebt von seiner Vielseitigkeit und Lebendigkeit; vielfach verschmelzen hier Einkaufs- und Freizeitbedürfnisse miteinander.[11] Ein Konsument wird sich nur dann gerne in einem Einkaufszentrum aufhalten, wenn er stets etwas Neues entdecken kann. Die bereits angesprochene Orientierungsfreundlichkeit kann dagegen zur kognitiven Entlastung der Konsumenten beitragen. Eine hohe Informationsrate auf der einen und eine hohe Orientierungsfreundlichkeit auf der anderen Seite können dazu führen, dass der Konsument ein Wechselspiel von Aktivierung und Entspannung erlebt, was sich positiv auf seine Einstellung zum Einkaufszentrum auswirken sollte. Die Umweltpsychologie stellt somit einen wertvollen Rahmen zur Ableitung von Hypothesen zur Einkaufszentrengestaltung und -atmosphäre dar. Zusammenfassend kann die folgende Hypothese abgeleitet werden:

H1: Je positiver die Konsumenten in einem Einkaufszentrum die Informationsrate und die Orientierungsfreundlichkeit erleben, desto positiver ist ihre Einstellung zum Einkaufszentrum, desto höher die Weiterempfehlungswahrscheinlichkeit, und desto höher die Ausgabebereitschaft im Einkaufszentrum.

2.3 Studie 1 zur Bedeutung der Orientierungsfreundlichkeit und der Informationsrate für die Wahrnehmung von Einkaufszentren

Um die Hypothese empirisch zu prüfen, wurde im Jahr 1999 in einem hochwertigen Einkaufszentrum in der Berliner Innenstadt („EKZ A") eine standardisierte Befragung durchgeführt. Es wurden dabei 103 Personen zu ihren Eindrücken, ihrer Stimmung und zu dem geplanten Verhalten im Einkaufszentrum befragt. Da Befragungen am PoS stets

---

10 Für einen Überblick vgl. Gröppel-Klein/Baun 2001
11 Vgl. Bloch et al. 1994, S. 26

mit einer zeitlichen Restriktion der Interviewlänge verbunden sind, musste die Operationalisierung der einzelnen Konstrukte kurz und prägnant ausfallen, um die Befragungspersonen nur einige Minuten aufzuhalten. Zur Beantwortung der Fragen standen fünfstufige Ratingskalen zur Verfügung.

Zur Operationalisierung der Informationsrate wurden die Items „abwechslungsreich" und „stets etwas Neues zu entdecken" gewählt. Die Orientierungsfreundlichkeit wurde über die Statements „übersichtlich" und „orientierungsfreundlich" gemessen. Eine durchgeführte Hauptkomponentenanalyse zeigt, dass die Statements auf den beiden postulierten Dimensionen mit einer Faktorvarianz von 83,5% sehr hoch laden (Faktorladungen zwischen 0,758 und 0,936).

Mit den übergeordneten Faktorwerten als unabhängige Variablen wurden anschließend Regressionsanalysen gerechnet. Es zeigt sich, dass beide Konstrukte (bei einer Irrtumswahrscheinlichkeit von unter 1%) einen signifikanten Einfluss auf die jeweiligen abhängigen Variablen ausüben. Die Tabellen 1–3 zeigen die Ergebnisse der Regressionsanalysen.

Abhängige Variable: Das Einkaufszentrum gefällt mir alles in allem überhaupt nicht gut (1) – sehr gut (5).					
Multiple R: 0,681		**R Square:**	0,464		
Source	df	Sum of Squares	Mean Square	F	Signif F
Regression	2	32,967	16,484	30,783	0,000
Residual	71	38,019	0,535		
Unabh. Variablen	B	Beta		T	Signif T
Informationsrate	0,601	0,609		7,017	0,000
Orientierungsfreundlichk.	0,303	0,311		3,581	0,001

Tabelle 1: Ergebnisse der Regressionsanalyse: Informationsrate und Orientierungsfreundlichkeit auf Gesamtbeurteilung des Einkaufszentrums

Abhängige Variable: Das Preis-Leistungsverhältnis in diesem Einkaufszentrum ist überhaupt nicht gut (1) – sehr gut (5).					
Multiple R: 0,744		R Square:	0,553		
Source	df	Sum of Squares	Mean Square	F	Signif F
Regression	2	37,483	18,741	33,470	0,000
Residual	54	30,237	0,560		
Unabh. Variablen	B	Beta	T	Signif T	
Informationsrate	0,783	0,736	8,073	0,000	
Orientierungsfreundlichk.	0,193	0,169	1,849	0,070	

Tabelle 2: Ergebnisse der Regressionsanalyse: Informationsrate und Orientierungsfreundlichkeit auf Preis-Leistungsverhältnis des Einkaufszentrums

Abhängige Variable: Ich werde das Einkaufszentrum auf keinen Fall (1) – auf jeden Fall (5) weiterempfehlen.					
Multiple R: 0,742		R Square:	0,551		
Source	df	Sum of Squares	Mean Square	F	Signif F
Regression	2	59,716	29,858	43,503	0,000
Residual	71	48,730	0,686		
Unabh. Variablen	B	Beta	T	Signif T	
Informationsrate	0,850	0,698	8,768	0,000	
Orientierungsfreundlichk.	0,314	0,260	3,271	0,002	

Tabelle 3: Ergebnisse der Regressionsanalyse: Informationsrate und Orientierungsfreundlichkeit auf Weiterempfehlungswahrscheinlichkeit

Die positive Beurteilung wirkt sich auch auf die so genannte „Gutscheinfrage" aus, mit der das geplante Ausgabeverhalten gemessen werden soll. Den Probanden wurde mitgeteilt, sie sollten sich vorstellen, einen Gutschein im Wert von 10 000 DM (ca. 5 112 Euro) zu erhalten, den sie überall in Berlin einlösen können. Sie sollten nun angeben, welchen Anteil davon sie in dem hier relevanten Einkaufszentrum „EKZ A" ausgeben würden. Auch hier zeigt sich, dass die Beurteilung der Informationsrate und der Orientierungsfreundlichkeit einen signifikanten Einfluss auf das mittels der Gutscheinfrage gemessene Ausgabeverhalten ausüben.

Abhängige Variable: Anteil des Gutscheins, der in „EKZ A" ausgegeben werden würde (0 DM – 10 000 DM)				
Multiple R: 0,603	**R Square:** 0,363			
Source	df	Sum of Squares	Mean Square	F	Signif F
Regression	2	288 190 868	144 095 434	20,273	0,000
Residual	71	504 660 332	7 107 892		
Unabh. Variablen	**B**	**Beta**	**T**	**Signif T**
Informationsrate	1 760,876	0,535	5,647	0,000
Orientierungsfreundlichk.	925,706	0,284	2,999	0,004

Tabelle 4: Ergebnisse der Regressionsanalyse: Informationsrate und Orientierungsfreundlichkeit auf das geplante Ausgabeverhalten im Einkaufszentrum

Weiterhin wurden Korrelationsanalysen zwischen den beiden Konstrukten und der Aufenthaltsdauer in dem Einkaufszentrum durchgeführt. Auch hier kann ein hochsignifikanter Korrelationskoeffizient zwischen der Informationsrate und der Aufenthaltsdauer (in Minuten) ermittelt werden: $r(76) = 0,305$, $p = 0,007$. Zwischen der wahrgenommenen Orientierungsfreundlichkeit und der Aufenthaltsdauer war dagegen kein Zusammenhang feststellbar. Dies ist jedoch auch nicht verwunderlich, da die Orientierungsfreundlichkeit ja gerade dazu beiträgt, dass man seinen Weg durch das Einkaufszentrum problemlos und schnell findet.

2.4 Zusammenfassung der Ergebnisse zur Wahrnehmung von Einkaufszentren

Die empirische Studie zeigt, dass die wahrgenommene Informationsrate der Einkaufszentrenumwelt von entscheidender Bedeutung für die am PoS durchgeführte Beurteilung der Einkaufsumwelt sowie für das (geplante) Verhalten (Ausgabeverhalten, Verweildauer) ist. Ein gleichfalls signifikanter, jedoch schwächerer Einfluss kann für die Orientierungsfreundlichkeit festgehalten werden. Somit können die Informationsrate und die Orientierungsfreundlichkeit als zentrale Erfolgsfaktoren für den Erfolg des Einkaufszentrums aus Sicht der Konsumenten bei der Wahrnehmung am PoS betrachtet werden.

3. Mentale Repräsentationen von Einkaufszentren

Die Ergebnisse der ersten Studie belegen den Zusammenhang zwischen der Atmosphäre eines Shopping-Centers und dem Verhalten am PoS. Allerdings wird vielfach die Entscheidung, welches Einkaufszentrum aufgesucht wird, schon zu Hause getroffen. Außerhalb des PoS können die Konsumenten PoS-Stimuli nicht direkt wahrnehmen. Es ist daher zu vermuten, dass eine mentale Repräsentation des Einkaufszentrums, ein „Gedächtnisbild", als Verbindungsglied zwischen der Wahrnehmung der Einkaufszentrenumwelt durch den Konsumenten am PoS und der Bewertung des Zentrums außerhalb des PoS fungiert. Dabei ist zu erwarten, dass die beiden Konstrukte „Informationsrate" und „Orientierungsfreundlichkeit" eine wesentliche Rolle im Zusammenhang mit der mentalen Repräsentation von Einkaufszentren spielen. Im Folgenden soll daher die mentale Repräsentation von Einkaufsstätten, ihre Entstehung und Wirkung im Detail untersucht werden. Zu prüfen ist dabei insbesondere, ob die Einbeziehung der mentalen Repräsentation „Gedächtnisbild" zu einer Verbesserung der Prognose der Reaktionsvariablen führt. Auf diese Weise können Aufschlüsse über die mentalen Prozesse gewonnen werden, die außerhalb des PoS bei der Entscheidung über die Wahl des Einkaufszentrums ablaufen. Solche Erkenntnisse sind sowohl für die Marketingpraxis als auch für die Konzeption neuer Forschungsansätze für den Einzelhandel von Bedeutung.

3.1 Repräsentationen von Einkaufszentren als mehrdimensionale Gedächtnisbilder

Einkaufszentren können in einer abstrakten Perspektive als räumliche (dreidimensionale) Objekte betrachtet werden, die als visuelle Stimuluskonstellationen wahrgenommen und als visuelle Repräsentation im Gedächtnis der Konsumenten gespeichert werden. Es kann daher angenommen werden, dass (visuelle) innere Gedächtnisbilder als Verbindung zwischen einer bereits erfolgten Einkaufszentrenwahrnehmung und der Bewertung des Einkaufszentrums außerhalb des PoS dienen. Positive Gedächtnisbilder von Einkaufszentren könnten also für die zu Hause gefällte Entscheidung, welches Einkaufszentrum aufgesucht werden soll, verantwortlich sein. Bei der Untersuchung von inneren Gedächtnisbildern von Einkaufszentren kann die Imagerytheorie wertvolle Erkenntnisse für die Erklärung des Bewertungsprozesses und der (geplanten) Reaktion außerhalb des Einkaufszentrums liefern.

Imagerytheorien befassen sich mit der gedanklichen Entstehung, Verarbeitung und Speicherung von inneren Bildern sowie dem Zugriff auf die mentalen Repräsentationen.[12]

---

12 Kosslyn 1995, S. 269; Leven 1995, Sp. 928 und Pinker/Kosslyn 1983, S. 43

Visuelle innere Bilder können unterschieden werden in Wahrnehmungsbilder und Gedächtnisbilder. Wahrnehmungsbilder entstehen, wenn ein Objekt (bzw. seine Reproduktion) real dargeboten und visuell wahrgenommen wird. Im Gegensatz dazu sind Gedächtnisbilder Erinnerungen an das Objekt, die in Abwesenheit des Objekts als erinnerte Wahrnehmungsbilder gespeichert vorliegen.[13]

Zusammenfassend können Gedächtnisbilder somit als interne Repräsentationen definiert werden, die

- über quasi-sensorische Eigenschaften verfügen,
- räumliche, parallel verfügbare Informationen enthalten (somit könnten auch Einkaufszentren abgespeichert werden),
- nicht notwendigerweise bewusst sein müssen, jedoch stets bewusst gemacht werden können und [14]
- die das Verhalten beeinflussen.[15]

Es kann mit hoher Wahrscheinlichkeit angenommen werden, dass innere Gedächtnisbilder Konstrukte sind, die mehrere unterschiedliche verhaltenswirksame Eigenschaften aufweisen. Diese verhaltenswirksamen Eigenschaften werden als Dimensionen bezeichnet.[16] Die mehrdimensionale Struktur von Gedächtnisbildern wurde bereits in vielen empirischen Studien diskutiert und bestätigt.[17]

Als *die* zentrale Dimension innerer Gedächtnisbilder wird die Lebendigkeit angesehen; ihr wird eine bedeutende Rolle für die Einstellungsbildung und das geplante Verhalten zugeschrieben.[18] Unter der Lebendigkeit des inneren Bildes versteht man, wie farbig, detailliert und wie deutlich man sich das Bild vor das innere Auge führen kann. Als zweite wichtige Dimension ist die Ordnung des inneren Bildes zu nennen. Sie gibt an, wie klar strukturiert ein inneres Gedächtnisbild erlebt wird. Diese Dimension wird auch als „Strukturiertheit" bezeichnet.[19] Als weitere Dimensionen nennen Kroeber-Riel[20] und Ruge[21] z.B. das Gefallen (wie angenehm bzw. unangenehm wird ein Gedächtnisbild erlebt?), das Aktivierungspotenzial bzw. die Intensität des Bildes (in welchem Maße löst das Gedächtnisbild innere Erregung aus?) oder die Zugriffsfähigkeit (wie leicht gelingt es, sich das Gedächtnisbild vor das innere Auge zu rufen?). Nicht allen Dimensionen kann dabei die gleiche Verhaltenswirksamkeit zugesprochen werden.[22] Es ist daher zu vermuten, dass nicht in jedem Fall alle Dimensionen innerer Gedächtnisbilder benötigt

---

13 Behrmann/Moscowitch/Winocur 1999, S. 81; Kroeber-Riel 1996, S. 40 und Richardson 1983, S. 15
14 Vgl. hierzu insbesondere Richardson 1983, S. 14
15 Vgl. Richardson 1969, S. 2 f. und 1983, S. 15 sowie Ruge 1988, S. 29
16 Kroeber-Riel 1986, S. 83
17 Vgl. Babin/Burns 1998; Ellen/Bone 1991; Kroeber-Riel 1986; Ruge 1988
18 Vgl. Babin/Burns 1998, S. 265; Ellen/Bone 1991, S. 807; MacInnis/Price 1987, S. 479 ff.; Ruge 1988, S. 105
19 Vgl. Kroeber-Riel 1986, S. 83
20 Vgl. Kroeber-Riel 1986, S. 83
21 Vgl. Ruge 1988, S. 100 ff.
22 Vgl. Kroeber-Riel 1986, S. 83

Die Bedeutung von Wahrnehmungs- und Gedächtnisbildern von Einkaufszentren 521

werden, um den Einfluss von Gedächtnisbildern auf Reaktionsvariablen zufrieden stellend zu erfassen.

Kroeber-Riel weist darauf hin, dass physische Stimuli am PoS auch das Gedächtnisbild von der Einkaufsstätte beeinflussen müssten.[23] Eine empirische Untersuchung über die Wirkung der Lebendigkeit eines Gedächtnisbildes auf die Einstellungsbildung in Abwesenheit des Meinungsgegenstandes (in diesem Fall zu Hause) wurde bisher allerdings noch nicht durchgeführt. Die Neuartigkeit und die Anzahl abwechslungsreicher Stimuli in einer Einkaufsstättenumwelt könnten die Lebendigkeit des Gedächtnisbildes von der Einkaufsstätte erhöhen. Da das Ausmaß der Stimulierung, die von einer Einkaufsstättenumwelt ausgeht, mittels der Informationsrate ausgedrückt wird (s.o.), erscheint es ratsam, eine Verbindung zwischen der Informationsrate eines Einkaufszentrums und der Lebendigkeit des Gedächtnisbildes des Einkaufszentrums zu postulieren. Daher soll davon ausgegangen werden, dass die Lebendigkeit die korrespondierende Dimension zur Informationsrate der Einkaufszentrumwelt darstellt und als intervenierende Variable zwischen PoS-Wahrnehmung und Reaktionsvariablen agiert.

Der zweite Erfolgsfaktor am PoS ist, wie die erste Studie ergab, die Orientierungsfreundlichkeit eines Shopping-Centers. Die Erkenntnisse zur mentalen Kartographie zeigen, dass ein klares und strukturiertes Ladenlayout mit deutlich sichtbaren „Orientierungszeichen" als Referenzpunkten Konsumenten hilft, eine klar geordnete kognitive Landkarte einer Einkaufsstätte zu bilden.

Wie oben bereits dargestellt, ist die Dimension „Ordnung" eine weitere bedeutsame Eigenschaft eines Gedächtnisbildes. Hohe Ordnung eines Gedächtnisbildes bedeutet, dass der Konsument ein klares und konsistentes inneres Bild eines Objektes hat. In Bezug auf die hier vorliegende Fragestellung soll im Folgenden der Grad der Strukturiertheit der mentalen Einkaufsstättenrepräsentation als Ordnung des Gedächtnisbildes definiert werden und damit soll diese Dimension des Gedächtnisbildes die Dimension „Orientierungsfreundlichkeit des Wahrnehmungsbildes" widerspiegeln. Zu fragen ist hier allerdings, ob die Ordnung des Gedächtnisbildes für die Einschätzung des Einkaufszentrums außerhalb des PoS eine ebenso starke Wirkung wie die Orientierungsfreundlichkeit am PoS entfalten kann. Außerhalb des PoS kommt es für den Konsumenten nicht in erster Linie darauf an, sich „in seinem Gedächtnisbild zurechtzufinden", während die Einkaufsbequemlichkeit für den Konsumenten im Einkaufszentrum durchaus davon abhängt, wie leicht er seinen Weg durch das Zentrum findet. Es bleibt also abzuwarten, ob die Dimension „Ordnung" einen ähnlich hohen Einfluss auf die Einkaufszentrenbeurteilung in räumlicher Entfernung von dem Objekt ausübt wie die Dimension „Orientierungsfreundlichkeit" bei der Einstellungsbildung am PoS.

Da in der vorliegenden Studie vor allem untersucht werden soll, wie die Wahrnehmung des PoS im Gedächtnisbild dimensional repräsentiert wird, soll der Schwerpunkt der Studie auf den beiden vorgenannten Dimensionen „Lebendigkeit" und „Ordnung" liegen. Von diesen beiden Dimensionen des Gedächtnisbildes kann angenommen werden,

---

23 Vgl. Kroeber-Riel 1986, S. 92

dass sie die Verbindung zwischen Wahrnehmungs- und Gedächtnisbild des Einkaufszentrums darstellen und somit von zentraler Bedeutung für die mentale Einkaufszentrenrepräsentation sind.

Es kann vermutet werden, dass, wenn das Wahrnehmungsbild eines Einkaufszentrums positiv ist (also die Konsumenten Informationsrate und Orientierungsfreundlichkeit positiv bewerten), auch das Gedächtnisbild positiv bewertet wird, also die Lebendigkeit und Ordnung des Gedächtnisbildes positiv beurteilt werden. Zusammenfassend kann somit folgende Teilhypothese aufgestellt werden:

H2a): Je höher die Orientierungsfreundlichkeit und die Informationsrate eines Einkaufszentrums wahrgenommen werden, desto höher ist die Ordnung und die Lebendigkeit des Gedächtnisbildes des Einkaufszentrums.

3.2 Dimensionen des Gedächtnisbildes und Einkaufsstättenbeurteilung

Möglicherweise die bekannteste (und seit ihrer Entstehung kontrovers diskutierte) Imagerytheorie ist die zu den Percept-Analogy-Theorien gehörende Theorie der dualen Kodierung von Paivio.[24] Sie kann Erkenntnisse darüber liefern, welche Rolle Imagery bei der Speicherung von Objekten im Gedächtnis spielt. Paivio geht davon aus, dass verbale und bildliche Informationen in voneinander unabhängigen, aber miteinander verbundenen Systemen verarbeitet werden. Dieser theoretische Ansatz wird von Erkenntnissen der Hemisphärenforschung gestützt, nach der die linke Hemisphäre vor allem auf die Verarbeitung verbaler Stimuli spezialisiert ist, während in der rechten Hemisphäre nonverbale Stimuli (z.B. Bilder) verarbeitet werden. Das verbale System arbeitet abstrakt und sequentiell, das Imagerysystem hingegen ganzheitlich analog. Ein konkreter Meinungsgegenstand kann in beiden Systemen gespeichert sein: Bildlich in der rechten, sprachlich in der linken Gehirnhälfte. Kommt es zu einer solchen „beidseitigen" Verarbeitung, kann nach Paivio von einer dualen Kodierung gesprochen werden.[25]

Um die Verbindungen zwischen beiden Systemen zu beschreiben, unterscheidet Paivio drei Verarbeitungsstufen: Die repräsentationale, die referenzielle und die assoziative Verarbeitungsstufe. Auf der Ebene der repräsentationalen Stufe besteht vollständige Unabhängigkeit zwischen beiden Systemen: Bilder aktivieren einen imaginalen Kode, sprachliche Stimuli rufen einen verbalen Kode hervor. Auf der repräsentationalen Ebene kann dagegen eine Verknüpfung zwischen beiden Systemen erzeugt werden. Diese Fähigkeit äußert sich einerseits z.B. in der Tatsache, dass Bilder mit einer „Bildunter-

---

24 Vgl. Paivio 1971
25 Vgl. Paivio 1971, S. 179 ff.

schrift" versehen werden können, um ihnen Eindeutigkeit zu verleihen.[26] Andererseits hat diese Fähigkeit auch Auswirkungen auf der Verhaltensebene: So ist es bspw. oft möglich, zu einem Begriff ein Bild zu zeichnen, oder ein „vor das innere Auge gerufenes" Gedächtnisbild verbal zu beschreiben.[27] Insbesondere letztere Eigenschaft macht Gedächtnisbilder einer verbalen Messung zugänglich. Bei abstrakten linguistischen Konzepten wie z.B. „Freiheit" oder bei negativen Begriffen ist eine Verbindung der verbalen zur bildlichen Ebene in der Regel nicht möglich.[28] Auf der assoziativen Stufe werden im verbalen System verbale, im imaginalen System imaginale Assoziationsketten gebildet, die sich je nach Art der zu verarbeitenden Information durchaus miteinander verknüpfen lassen. In diesem Fall liegt das Phänomen der dualen Kodierung vor.

Die duale Verarbeitung von Stimuli wirkt sich positiv auf die Fähigkeit aus, auf die dual gespeicherte Information zuzugreifen: Wenn ein Reiz doppelt gespeichert ist, stehen beim Abruf der Information mehr (bildliche und verbale) Assoziationen zum Meinungsgegenstand zur Verfügung als bei Speicherung in lediglich einem Kode. Bei der Speicherung von bildlichen Informationen ist die duale Kodierung besonders wahrscheinlich, da es nach Paivio[29] für das Individuum einfacher ist, Bilder in einen verbalen Kode zu transferieren als verbale Informationen in einen bildlichen Kode. Daraus ergibt sich der so genannte „picture superiority effect", der Effekt der überlegenen Leistung von Bildern bei der Wahrnehmung und Speicherung. Bilder werden eher erinnert als Wörter, konkrete Wörter besser als abstrakte.[30]

Die Erkenntnisse der Imageryforschung können für das Shopping-Center-Management in der informationsüberlasteten Gesellschaft von zentraler Bedeutung sein. Wenn man Pavios Erkenntnisse auf Einkaufszentren überträgt, kann festgehalten werden, dass angestrebt werden sollte, eine duale Kodierung der Einkaufszentren beim Konsumenten auszulösen: Verbal in Form des Namens des Einkaufszentrums und der damit verbundenen Informationen, wie z.B. welche Waren verkauft werden, und bildlich als inneres Gedächtnisbild des Shopping-Centers. Gelingt dies, ist die Wahrscheinlichkeit hoch, dass das Einkaufszentrum gewählt wird, wenn sich der Konsument zu Hause die Frage stellt: „Wo möchte ich heute einkaufen gehen?". Diese Sichtweise ist mit den Annahmen konsistent, die von MacInnis und Price in ihrem Artikel zur Rolle von Imagery bei der Informationsverarbeitung aufgestellt werden. Sie vermuten, dass „the more concrete and emotional the imagery, the greater the change in behavioral intentions"[31]. Übertragen auf die Vorstellung von inneren Gedächtnisbildern als mentalen Repräsentationen von Einkaufsstätten kann somit angenommen werden, dass die Lebendigkeit (als stimulierender Faktor für emotionale Prozesse) und die Ordnung als Beschreibung des Struktu-

---

26 Vgl. auch Pinker 1998, S. 370
27 Vgl. Paivio 1971, S. 57
28 Vgl. Pinker 1998, S. 369 ff.
29 Vgl. Paivio 1971, S. 180
30 Vgl. Kroeber-Riel/Weinberg 1999, S. 345 ff.
31 Vgl. MacInnis/Price 1987, S. 482

rierungsgrades des Gedächtnisbildes die Verhaltensabsichten in Bezug auf das Einkaufszentrum beeinflussen werden.

Die Verknüpfung zwischen Imagery und Einstellung wurde bisher insbesondere im Rahmen der Werbewirkungsforschung analysiert.[32] Babin und Burns[33] konnten zeigen, dass Imagery als Mediator zwischen Imagery hervorrufenden Stimuli und der Einstellung zum beworbenen Produkt sowie zur Anzeige selbst wirkt. Die Ergebnisse der Studie weisen vor allem auf einen stark positiven Zusammenhang zwischen der Dimension „Lebendigkeit" und der Einstellung zur Anzeige hin. Dieses Ergebnis lässt auf die besondere Bedeutung von Gedächtnisbildern – und insbesondere der Dimension Lebendigkeit – für die Einstellungsbildung schließen.

In Bezug auf Einkaufszentren muss nun gefragt werden, ob außerhalb des Einkaufszentrums ein positives Gedächtnisbild die Einstellung dazu in ähnlicher Weise beeinflussen kann, wie dies ein positives Wahrnehmungsbild am PoS tut. Oder anders ausgedrückt: Beeinflussen die Gedächtnisbilddimensionen „Lebendigkeit" und „Ordnung" die Einstellung zum Einkaufszentrum ebenso signifikant, wie dies die Konstrukte „Informationsrate" und „Orientierungsfreundlichkeit" des Wahrnehmungsbildes tun (Studie 1)? Zusammenfassend kann also eine zweite Teilhypothese formuliert werden:

H2b): Je stärker die Lebendigkeit und die Ordnung eines Gedächtnisbildes eines Einkaufszentrums ausgeprägt sind, desto besser wird das Einkaufszentrum beurteilt und desto positiver sind die Verhaltensabsichten in Bezug auf das Einkaufszentrum.

Zusammenfassung: Die Erkenntnisse der Imagerytheorie lassen Schlüsse auf den Prozess der Bewertung und der Verhaltensentstehung zu. Unter Rückgriff auf diese Erkenntnisse kann eine Verbindung zwischen der Wahrnehmung der Einkaufszentrenumwelt (Wahrnehmungsbild) und der mentalen Repräsentation des Einkaufszentrums über die Dimensionen „Lebendigkeit" und „Ordnung" des inneren Gedächtnisbildes, der Bewertung des Einkaufszentrums und den Verhaltensabsichten angenommen werden. Das Gedächtnisbild sollte daher als intervenierende Variable Betrachtung finden. Ein besonders hoher Einfluss kann dabei für die Dimension „Lebendigkeit" vermutet werden.

3.3 Die Messung von inneren Gedächtnisbildern

Babin und Burns[34] erklären, dass die Messung von Imagery eine Herausforderung darstellt. Um innere Gedächtnisbilder reliabel und valide zu erheben, muss zunächst deren dimensionale Struktur berücksichtigt werden. Kroeber-Riel[35] weist auf zwei zentrale

---

32 Vgl. Babin/Burns 1997 für einen Überblick
33 Vgl. Babin/Burns 1998, S. 273 f.
34 Vgl. Babin/Burns 1998, S. 262
35 Vgl. Kroeber-Riel 1986, S. 82

Messprobleme hin: Zunächst muss beachtet werden, dass innere Gedächtnisbilder unbewusst vorliegen, zur Messung jedoch in das Bewusstsein gerufen werden müssen.[36] Dabei muss berücksichtigt werden, dass es bei einer rein über den verbalen Kode erfolgenden Imageryerhebung möglicherweise zu einer „Überrationalisierung" der Imageryvorgänge kommt, was zu Verzerrungen der Messergebnisse führen kann.

Daher empfiehlt Kroeber-Riel[37] innere Gedächtnisbilder mit einer Technik der gleichen Modalität, also z.B. mittels Bilderskalen, zu erheben. Eine solche modalitätsspezifische Messung verhindert die Problematik, dass die Probanden ihre nonverbalen Empfindungen in den verbalen Kode „übersetzen" müssen. Allerdings ist hierbei zu bedenken, dass Bilderskalen eine weite Spannbreite möglicher Interpretationen zulassen und deshalb von den Befragten – möglicherweise vom Forscher unbemerkt – missverstanden werden können.

Zur Operationalisierung der Dimensionen Lebendigkeit und Ordnung werden hier neben Bildern (siehe weiter unten) auch metaphorische Statements verwendet. Letztere sollen die Vorteile der Bilderskalen (gleiche Modalität wie die Gedächtnisbilder) mit denen der verbalen Skalen (geringere Gefahr der Mehrdeutigkeit) vereinen.

Die Idee der Nutzung visueller Metaphern beruht auf Erkenntnissen, dass Metaphern als konkrete, d.h. bildlich vorstellbare Worte oder Sätze mit hoher Wahrscheinlichkeit dual kodiert werden.[38] Somit sind bei der Verarbeitung und beim Abruf bildlicher Metaphern beide Hemisphären beteiligt.[39] Jüngste Erkenntnisse der Positronenemissionstomographie (PET), bei denen die Hirnaktivität beim Hören von Substantiven mit unterschiedlicher Bildhaftigkeit untersucht wird, haben diese Erkenntnisse noch erweitert. So konnte gezeigt werden, dass bei der Verarbeitung bildhafter Worte im Gehirn die gleichen gefühlsmäßigen Erfahrungen angesprochen werden, die auch mit den von den Worten bezeichneten Gegenständen oder ihren Abbildungen verbunden sind.[40]

Die beiden interessierenden Dimensionen des Gedächtnisbildes werden daher mittels ausgewählter visueller Metaphern operationalisiert, die mit den Begriffen „Lebendigkeit" und „Ordnung" verknüpft sind.[41] Nach einem Pretest (n=27) werden die metaphorischen Statements „lebendig wie spielende Kinder auf einem Abenteuerspielplatz" und „lebendig wie ein Fisch im Wasser" für die Dimension „Lebendigkeit" ausgewählt; „klar strukturiert wie ein Schachbrett" und „nicht durcheinander wie eine ausgekippte Spielzeugkiste" für die Dimension „Ordnung". Zur Operationalisierung der Dimension „Lebendigkeit" wurde den Konsumenten ein Bild vorgelegt, das vier fröhliche junge Menschen zeigt, die – möglicherweise anlässlich des Ferienbeginns oder des Schulabschlusses – ausgelassen ihre Aufzeichnungen in die Luft werfen. Dieses Bild wurde in zwei

---

36　Vgl. Richardson 1983, S. 14
37　Vgl. Kroeber-Riel 1986, S. 82 f. und S. 86 ff.
38　Vgl. Paivio/Walsh 1993, S. 321
39　Vgl. Ley 1983, S. 272 ff. für einen Überblick
40　Wise et al. 2000, S. 985 f.
41　Vgl. Richardson 1983, S. 14

Pretests jeweils von mehr als 90% der zufällig ausgewählten Probanden als Darstellung einer lebendigen Situation erkannt und beschrieben, wodurch dem Bild eine hohe interne Validität bescheinigt werden kann.[42] Die Konsumenten wurden jeweils gebeten, auf einer fünfstufigen Skala mit 1 = „trifft überhaupt nicht auf mein Gedächtnisbild zu" und 5 = „trifft vollkommen auf mein Gedächtnisbild zu" anzugeben, wie stark Bild und metaphorische Statements ihr Gedächtnisbild beschreiben.

4. Studie 2 zur Entstehung und Bedeutung des Gedächtnisbildes von Einkaufszentren

Zur Prüfung der Hypothesen *2a)* und *2b)* wurde im Juni 2000 eine empirische Studie mittels standardisierter Fragebögen in einem Einkaufszentrum in einer mittelgroßen Stadt in Deutschland durchgeführt. Die Erhebung erfolgte als Haushaltsbefragung. Um die Validität der Ergebnisse sicherzustellen, mussten mehrere Problemfelder berücksichtigt werden, die mit der Erhebung von Gedächtnisbildern von Einkaufszentren verknüpft sind. Zunächst muss dafür gesorgt werden, dass der Entstehungsprozess von Gedächtnisbildern unbeeinflusst durch in der Untersuchung nicht kontrollierte Kovariaten bleibt. Zwei Kovariaten, für die ein hoher Einfluss vermutet werden kann, sind Mund-zu-Mund-Propaganda und intensive Werbeaktionen. Um diese Effekte zu minimieren, wurde als Untersuchungsgegenstand ein Einkaufszentrum („Einkaufszentrum B") gewählt, das weniger im Mittelpunkt des öffentlichen Interesses steht als „Einkaufszentrum A" aus Studie 1. Ein Pretest (n = 62), der zeigte, dass die wahrgenommene Werbeintensität und die Mund-zu-Mund-Propaganda keinen Einfluss auf das Gedächtnisbild ausübte ($r(62) < 0{,}125$; $p > 0{,}3$ für alle Imageryitems), unterstützt die Auswahl dieses Einkaufszentrums für die Studie. Weiter muss sichergestellt sein, dass alle Befragten die Möglichkeit hatten, ein Wahrnehmungsbild als Basis für die Entstehung eines Gedächtnisbildes zu formen. Daher wurden in die Studie nur solche Befragte aufgenommen, die das Einkaufszentrum innerhalb der letzten vier Wochen vor der Studie besucht hatten.

Um zu gewährleisten, dass die Stichprobenstruktur die demographische Struktur der Grundgesamtheit der Kunden des Einkaufszentrums widerspiegelt, wurde eine Woche vor der Hauptstudie eine Kontrollstudie am PoS durchgeführt. Dabei wurde die Soziodemographie der Kunden des Einkaufszentrums ebenso erhoben wie die Einschätzung des Einkaufszentrums bezüglich seiner Informationsrate und seiner Orientierungsfreundlichkeit. Wie erwartet, konnten im „Einkaufszentrum B" die Ergebnisse der Hauptkomponentenanalysen zur Informationsrate und Orientierungsfreundlichkeit aus Studie 1 reproduziert werden. Zudem konnte wiederum ein signifikanter Einfluss der Informationsrate auf die Weiterempfehlungsabsicht, Ausgabebereitschaft, Einschätzung des

---

42 Vgl. Gröppel 1988, S. 187

Preis-Leistungsverhältnisses und Gesamtbeurteilung festgestellt werden. Die Orientierungsfreundlichkeit wies einen signifikanten Einfluss auf die Beurteilung des Preis-Leistungsverhältnisses und auf den Gesamteindruck auf, allerdings (wie bei der ersten Studie) mit schwächeren Regressionskoeffizienten. Somit belegt auch die zweite Studie die hohe Bedeutung beider Konstrukte – vor allem jedoch die der Informationsrate – am PoS.

Für die Haushaltsstudie wurden die gleichen Operationalisierungen und Skalen wie in Studie 1 benutzt. Der Fragebogen wurde um die metaphorischen Statements ergänzt. Es wäre für die Auswertung der Studie ideal gewesen, wenn von einem Befragungsteilnehmer zwei Einschätzungen vorgelegen hätten: Einmal während seines Einkaufs im Shopping-Center (zur Messung des Wahrnehmungsbildes), und einmal ein bis zwei Wochen später in seiner häuslichen Umgebung (zur Messung des Gedächtnisbildes). Bei der PoS-Studie zeigte sich jedoch, dass sich die Befragten scheuten, ihren Wohnsitz für das zweite Interview anzugeben. Daher mussten für die Haushaltsbefragung andere Versuchsteilnehmer interviewt werden. Hier wurden die Befragten gebeten, sich an die beim letzten Einkauf empfundene Orientierungsfreundlichkeit und Informationsrate des „Einkaufszentrums B" zu erinnern, damit geprüft werden kann, ob diese beiden Konstrukte die Dimensionen „Ordnung" und „Lebendigkeit" des Gedächtnisbildes beeinflussen. Um sicherzustellen, dass zwischen der am PoS wahrgenommenen und der zu Hause erinnerten Informationsrate und Orientierungsfreundlichkeit keine Unterschiede bestehen, wurden die Ergebnisse der Haushaltsbefragung mit denen der PoS-Studie verglichen. Ein Kolmogorov-Smirnov-Test[43] zeigt, dass sich die beiden Stichproben nicht bezüglich der kumulativen Distributionen der Faktorwerte der Orientierungsfreundlichkeit und der Informationsrate unterscheiden. Somit ist sichergestellt, dass hinsichtlich der Verteilung und Ausprägung der Faktorwerte zwischen PoS und in den Haushalten kein Unterschied vorliegt.

Zunächst wurden zwei konfirmatorische Kausalanalysen zur Überprüfung der Trennkraft zwischen den vermuteten übergeordneten Variablen Informationsrate und Orientierungsfreundlichkeit auf der einen Seite und Lebendigkeit und Ordnung auf der anderen Seite durchgeführt (Tabellen 5 und 6).

---

43 Der nichtparametrische Kolmogorov-Smirnov-Test vergleicht die beobachteten kumulativen Distributionen zwischen zwei Stichproben. Wenn die größte absolute Differenz zwischen beiden kumulierten Funktionen hoch ist, wird davon ausgegangen, dass sich beide Stichproben voneinander unterscheiden. Für kleine Stichproben hat der Test eine Stärke-Effizienz von 96% im Vergleich zum effizientesten parametrischen Test, dem t-Test. Vgl. Siegel 1997, S. 123 und S. 131.

Variable	Lambda-Wert	Übergeordnete Dimension	Gütemaße
abwechslungsreich	0,70	Informationsrate	GFI = 1,0
immer etwas Neues zu entdecken	0,75	Informationsrate	AGFI = 0,97
			CFI =1,0
orientierungsfreundlich	0,62	Orientierungs-	RMR = 0,014
klar strukturiert	0,99	freundlichkeit	
			PHI: 0,33

Tabelle 5: Konfirmatorische Faktorenanalysen zur Prüfung der Trennkraft zwischen Informationsrate und Orientierungsfreundlichkeit

Variable	Lambda-Wert	Übergeordnete Dimension	Gütemaße
lebendig wie spielende Kinder	0,51	Lebendigkeit	GFI = 0,97
lebendig wie ein Fisch im Wasser	0,97	Lebendigkeit	AGFI= 0,89
Bild: ausgelassene Menschen	0,38	Lebendigkeit	CFI = 0,91
			RMR= 0,054
klar geordnet wie Schachbrett	0,62	Ordnung	
nicht durcheinander wie ausge-kippte Spielzeugkiste	0,48	Ordnung	PHI: 0,27

Tabelle 6: Konfirmatorische Faktorenanalysen zur Prüfung der Trennkraft zwischen Lebendigkeit und Ordnung

Die PHI-Statistik gibt Aufschluss über die Interfaktorkorrelation und damit über die Diskriminanzvalidität. Der Wert sollte unter 0,5 liegen. Bei einem PHI-Wert von 0,33 kann von einer zufrieden stellenden Trennkraft zwischen den beiden Variablen ausgegangen werden.

Auch hier liegt eine zufrieden stellende Diskriminanzvalidität vor.

Anschließend wurde ein erstes Kausalmodell gerechnet, bei dem sich zwar zeigte, dass Orientierungsfreundlichkeit und Ordnung zwei korrespondierende Konstrukte sind (Pfadkoeffizient = 0,48), bei dem aber kein signifikanter Einfluss der Gedächtnisbilddimension „Ordnung" auf die Einschätzung des Einkaufszentrums vorhanden war. Diese Variablen wurden daher beim endgültigen Modell eliminiert.

Das endgültige Pfaddiagramm basiert auf 90, außerhalb des Shopping-Centers durchgeführten Interviews (n = 90). Zur Schätzung der Parameter wird die Maximum-Likelihood-Methode (ML) gewählt. Abbildung 1 zeigt die Werte der LISREL-Analyse.

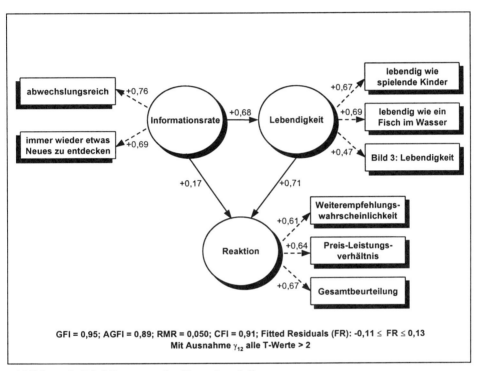

Abbildung 1: Pfaddiagramm des Kausalmodells

Die Ergebnisse der Kausalanalyse zeigen, dass die erinnerte Informationsrate das innere Bild hinsichtlich der Dimension Lebendigkeit signifikant beeinflusst, d.h. je abwechslungs- und entdeckungsreicher die Konsumenten das Einkaufszentrum in ihrer Erinnerung beurteilen, desto lebendiger ist das innere Bild von diesem Ort. Die Dimension „Lebendigkeit" beeinflusst nun ihrerseits die Beurteilung des Shopping-Centers, d.h. je lebendiger das innere Bild, desto positiver wird das Einkaufszentrum hinsichtlich des Gesamteindrucks und des Preis-Leistungsverhältnisses eingeschätzt, und desto nachdrücklicher wird das Shopping-Center an andere weiterempfohlen. Zwar kann auch ein direkter Pfad zwischen der Informationsrate und den Reaktionen gezeichnet werden, der Pfadkoeffizient fällt mit 0,17 jedoch nur schwach aus und ist nicht signifikant (T-Wert ≤ 2). Die Güte des Kausalmodells kann als zufrieden stellend eingestuft werden.

Zusammenfassung: Die Ergebnisse belegen, dass die durch das Einkaufszentrum erzeugte Informationsrate die Dimension „Lebendigkeit" des Gedächtnisbildes beeinflusst. Die Dimension „Lebendigkeit" wiederum übt einen starken Einfluss auf die Einkaufszentreneinschätzung aus, wenn diese außerhalb des PoS gebildet wird. Die beiden Teilhypothesen *H2a)* und *H2b)* können also bezüglich der Informationsrate und der Lebendigkeit bestätigt werden.

5. Diskussion

Das Ziel dieser Studie war es, die Verbindung zwischen Wahrnehmungsbildern und Gedächtnisbildern von Einkaufszentren zu analysieren. Die erste, am PoS durchgeführte Studie, die auf Erkenntnissen der Umweltpsychologie beruht, belegt die Bedeutung der Konstrukte „Informationsrate" und „Orientierungsfreundlichkeit" für die Einstellungsbildung während des Einkaufs im Einkaufszentrum. Für die Gedächtnisbilder als mentale Einkaufszentrenrepräsentationen stellen „Lebendigkeit" und „Ordnung" die hierzu korrespondierenden Dimensionen dar. Die Ergebnisse der zweiten Studie zeigen, dass das Konstrukt „Lebendigkeit" für die Verhaltensabsicht und die Einkaufszentrenbeurteilung außerhalb des PoS verantwortlich ist. Lebendige Gedächtnisbilder spielen daher eine wichtige Rolle im Prozess der Einkaufsstättenwahl, der in den Haushalten der Konsumenten abläuft. Shopping-Center-Manager, die eine klare und erfolgreiche Profilierung im extremen Wettbewerb der Einkaufszentren anstreben, können somit durch eine aktive Gestaltung der Informationsrate z.B. durch eine anregende Gestaltung des PoS oder durch immer neue Aktionen im Center „zwei Fliegen mit einer Klappe schlagen": Durch eine hohe Informationsrate werden sowohl die Beurteilung des Einkaufszentrums vor Ort, als auch das Gedächtnisbild, das außerhalb des Shopping-Centers wichtig ist, positiv beeinflusst.

Die zweite Studie liefert zwei weitere wichtige Ergebnisse: Aus der Perspektive der konsumentenorientierten Einkaufszentrenforschung kann festgehalten werden, dass für die Analyse der Situation außerhalb des PoS mentale Einkaufsstättenrepräsentationen in die Forschung mit einbezogen werden sollten. Eine Erhebung reiner „Erinnerungswerte" z.B. zur Ladenumwelt reicht nicht aus, um wichtige Reaktionsvariablen erklären zu können. Weiterhin hat sich gezeigt, dass metaphorische Statements und der Bildstimulus eine vielversprechende Möglichkeit bieten, Gedächtnisbilder für die Konsumentenforschung zu operationalisieren. In zukünftigen Studien sollte diese Methode weiter getestet und fortentwickelt werden. Zudem ist zu klären, welche Rolle die Dimension „Ordnung" spielt. Während ein signifikanter Einfluss auf Reaktionsvariablen nicht nachgewiesen werden konnte, ist zu fragen, ob die Ordnung nicht auf andere intervenierende Variablen Einfluss nimmt, die noch nicht näher betrachtet wurden. So wäre es denkbar, dass auf ein Gedächtnisbild mit einer klaren Struktur leichter zugegriffen werden kann als auf ein inneres Bild mit geringer Ordnung.

Schließlich muss darauf hingewiesen werden, dass Mund-zu-Mund-Propaganda (die in der vorliegenden Studie aus der Betrachtung bewusst ausgeschlossen wurde) eine mögliche Einflussgröße im Einkaufsstättenwahlprozess außerhalb des PoS darstellt. Gerade stark positive oder stark negative Mund-zu-Mund-Propaganda kann das auf der Wahrnehmung beruhende Gedächtnisbild überlagern oder ergänzen und hat somit möglicherweise einen ebenfalls starken Einfluss auf die Reaktionsvariablen. Diese Frage erscheint es wert zu sein, zum Gegenstand weiterer Untersuchungen genommen zu werden.

Literatur

BABIN, L. A.; BURNS, A. C. (1997): Effects of Print Ad Pictures and Copy Containing Instructions to Imagine on Mental Imagery That Mediates Attitudes, in: Journal of Advertising, Vol. 26, (3) 1997, S. 33-44.

BABIN, L. A.; BURNS, A. C. (1998): A Modified Scale for the Measurement of Communication-Evoked Mental Imagery, in: Psychology & Marketing, Vol. 15 (3) 1998, S. 261-278.

BBE (2000) (HRSG.): Shopping-Center-Dichte in Europa, in: BBE DATA KOMPAKT, Nr. 275 (05.07.2000).
Online: http://www.bbe-online.de/NEWS/Inhalte/datacompakt275.html

BEHRMANN, M.; MOSCOVITCH, M.; WINOCUR, G. (1999): Vision and mental imagery, in: Humphreys, G. W. (Hrsg.): Case Studies in the neuropsychology of vision, Hove 1999, S. 81-110.

BOST, E. (1987): Ladenatmosphäre und Konsumentenverhalten, Heidelberg 1987.

BLOCH, P. H.; RIDGWAY, N. M.; DAWSON, S. A. (1994): The Shopping Mall as Consumer Habitat, in: Journal of Retailing, Vol. 70 (1) 1994, S. 23-42.

DONOVAN, R. J.; ROSSITER, J. R. (1982): Store Atmosphere: An Environmental Psychology Approach, in: Journal of Retailing, Vol. 28 (Spring) 1982, S. 34-57.

DONOVAN, R. J.; ROSSITER, J. R., MARCOOLYN, G.; NESDALE, A. (1994): Store Atmosphere and Purchasing Behavior, in: Journal of Retailing, Vol. 70 (3) 1994, S. 283-294.

EDELL, J. A.; STAELIN, R. (1983): The Information Processing of Pictures in Print Advertisements, in: Journal of Consumer Research, Vol. 10 (June) 1983, S. 45-61.

FLICKER, M. H.; SPEER, W. C. (1990): Emotional Responses to Store Layout and Design: An Experimental Approach, in: Parasuraman, A. (Hrsg.): Enhancing Knowledge Development in Marketing, Chicago 1990, S. 1-5.

GOLLEDGE, R. G. (1987): Environmental Cognition, in: Stokols, D.; Altman, I. (Hrsg.): Handbook of Environmental Psychology, New York 1987, S. 131-174.

GRAUMANN, C. F.; SCHNEIDER, G. (1988): Theorien und Methoden der Umweltpsychologie, in: Report Psychologie, Oktober 1988, S. 16-21.

GRÖPPEL, A. (1988): Messung der Konsumentenstimmung am PoS mittels Bilderskalen, in: Werbeforschung und Praxis, Folge 6/1988, S. 183-187.

GRÖPPEL, A. (1991): Erlebnisstrategien im Einzelhandel, Heidelberg 1991.

GRÖPPEL-KLEIN, A. (1996): Preiswürdigkeitsimages und Differenzierungsstrategien – Der Einfluß der am Point-of-Sale empfundenen Dominanz auf die Preisbeurteilung, in: Trommsdorff, V. (Hrsg.): Handelsforschung 1996/97, Jahrbuch der Forschungsstelle für den Handel Berlin e. V., Wiesbaden 1996, S. 297-315.

GRÖPPEL-KLEIN, A. (1998a): Wettbewerbsstrategien im Einzelhandel: Chancen von Preisführerschaft und Differenzierung, Wiesbaden 1998.

GRÖPPEL-KLEIN, A. (1998b): Findings of environmental psychology for differentiation strategies in international retailing, in: Desportes, Y. et al. (Hrsg.): International Marketing: New Frontiers and New Tendencies, Paris 1998, S. 489-504.

GRÖPPEL-KLEIN, A.; THELEN, E.; ANTRETTER, C. (1999): The Impact of Shopping Motives on Store Assessment, in: Dubois, B.; Lowrey, T. M.; Shrum, L. J.; Vanhuele, M. (Hrsg.): European Advances in Consumer Research, Vol. 4, Provo 1999, S. 63-76.

GRÖPPEL-KLEIN, A.; BAUN, D. (2001): The Role of Customers' Arousal for Retail Stores – Results from an Experimental Pilot Study Using Electrodermal Activity as Indicator, in: Gilly, M. C.; Meyers-Levy, J. (Hrsg.): Advances in Consumer Research, Vol. 28, Provo 2001 (im Druck).

GROSSBART, S. L.; RAMMOHAN, B. (1981): Cognitive Maps and Shopping Convenience, in: Monroe, K. B. (Hrsg.): Advances in Consumer Research, Vol. 8, Ann Arbor 1981, S. 128-133.

ITTELSON, W. H. (1977): Einführung in die Umweltpsychologie, Stuttgart 1977.

KOSSLYN, S. M. (1995): Mental Imagery, in: Kosslyn, S. M.; Osherson, D. N. (Hrsg.): Visual Cognition: An Invitation To Cognitive Science, Cambridge 1995, S. 267-296.

KROEBER-RIEL, W. (1986): Die inneren Bilder der Konsumenten: Messung – Verhaltenswirkung – Konsequenzen für das Marketing, in: Marketing ZFP, Jg. 8 (Mai) 1986, S. 81-96.

KROEBER-RIEL, W. (1992): Konsumentenverhalten, 4. Aufl., München 1992.

KROEBER-RIEL, W. (1996): Bildkommunikation: Imagerystrategien für die Werbung, München 1996.

KROEBER-RIEL, W.; WEINBERG, P. (1999): Konsumentenverhalten, 7. Aufl., München 1999.

LEVEN, W. (1995): Imagery-Forschung, in: Tietz, B. et al. (Hrsg.): Handwörterbuch des Marketing, 2. Aufl., Stuttgart 1995, S. 928-938.

LEY, R. G. (1983): Cerebral Laterality and Imagery, in: Sheik, A. A. (Hrsg.): Imagery: Current Theory, Research and Application, New York 1983, S. 252-287.

MACINNIS, D.; PRICE, L. L. (1987): The Role of Imagery in Information Processing: Review and Extensions, in: Journal of Consumer Research, Vol. 13 (March) 1987, S. 473-491.

MEHRABIAN, A. (1978): Räume des Alltags – Wie die Umwelt unser Verhalten bestimmt, Frankfurt a. M. 1978.

MEHRABIAN, A.; RUSSELL, J. A. (1974): An Approach to Environmental Psychology, Cambridge 1974.

PAIVIO, A. (1971): Imagery and Verbal Processes, New York 1971.

PAIVIO, A.; WALSH, M. (1993): Psychological processes in metaphor comprehension and memory, in: Ortony, A. (Hrsg.): Metaphor and Thought, 2nd ed. 1993, S. 307-328.

PINKER, S. (1998): Wie das Denken im Kopf entsteht, München 1998.

PINKER, S.; KOSSLYN, S. M. (1983): Theories of Mental Imagery, in: Sheik, A. A. (Hrsg.): Imagery: Current Theory, Research and Application, New York 1983, S. 43-71.

RICHARDSON, A. (1969): Mental Imagery, London 1969.

RICHARDSON, A. (1983): Imagery: Definition and Types, in: Sheik, A. A. (Hrsg.): Imagery: Current Theory, Research and Application, New York 1983, S. 3-42.

RUGE, H.-D. (1988): Die Messung bildhafter Konsumerlebnisse: Entwicklung und Test einer neuen Meßmethode, Heidelberg 1988.

RUSSELL, J.A.; WARD, M. (1982): Environmental Psychology, in: Annual Review of Psychology, 1982, S. 651-688.

SIEGEL, S. (1997): Nichtparametrische statistische Methoden, Eschborn 1997.

SOMMER, R.; AITKENS, S. (1982): Mental Mapping of Two Supermarkets, in: Journal of Consumer Research, Vol. 9 (September) 1982, S. 211-215.

TAI, S. H. C.; FUNG, A. M. C. (1997): Application of an environmental psychology model to in-store buying behaviour, in: The International Review of Retail, Distribution and Consumer Research, Vol. 7 (October) 1997, S. 311-337.

TAYLOR, S. E.; THOMPSON, S. C. (1982): Stalking the Elusive "Vividness" Effect, in: Psychological Review, Vol. 89 (2) 1982, S. 155-181.

VAN KENHOVE, P.; DESRUMAUX, P. (1997): The relationship between emotional states and approach or avoidance responses in a retail environment, in: The International

Review of Retail, Distribution and Consumer Research, Vol. 7 (October) 1997, S. 351-368.

WEINBERG, P.; BESEMER, S. (2001): Marketing von Shopping-Centern, in: Tscheulin, D. K.; Helmig, B. (Hrsg.): Branchenspezifisches Marketing: Grundlagen – Besonderheiten – Gemeinsamkeiten, Wiesbaden 2001, S. 515-544.

WISE, R. J. S. ET AL. (2000): Noun imageability and the temporal lobes, in: Neuropsychologia, Vol. 38 2000, S. 985-994.

Anhang

Schriftenverzeichnis

Prof. Dr. Klaus Barth

Stand: Herbst 2001

Barth, K. (1966): Die Fertigungselastizität maschineller Anlagen als betriebswirtschaftliches Problem, Dissertation, Köln 1966

Barth, K. (1968): Die Grundlagen der Personaleinsatzplanung im Einzelhandel, in: Distributionswirtschaft, Festgabe für Rudolf Seyffert, hrsg. von Edmund Sundhoff, Köln und Opladen 1968, S. 199 ff.

Barth, K. (1969): Die Unternehmungsplanung in den Großbetrieben des Einzelhandels, in: Mitteilungen des Instituts für Handelsforschung an der Universität zu Köln, Jahrg. 21, Nr. 12, Dezember 1969

Barth, K. (1970): Die Unternehmungsplanung im Einzelhandel, in: BAG-Nachrichten, Mitteilungen der Bundesarbeitsgemeinschaft der Mittel- und Großbetriebe des Einzelhandels e.V., Köln, Heft 6, Juni 1970

Barth, K. (1971): Planung, Organisation und Kontrolle als Aufgaben der Unternehmungsführung, in: Blätter für Genossenschaftswesen, Jahrg. 117, Heft 10, 1971

Barth, K. (1971): Grundlagen der Unternehmungsführung im Handel, in: Jahrbuch der Betriebswirtschaftlichen Beratungsdienste für den Einzelhandel, hrsg. von Emil Leihner, Köln 1971

Barth, K. (1971): Aspekte eines marktorientierten Informationssystems in Handelsbetrieben, Erster Teil, in: Mitteilungen des Instituts für Handelsforschung an der Universität zu Köln, Jahrg. 23, Nr. 8, August 1971

Barth, K. (1971): Aspekte eines marktorientierten Informationssystems in Handelsbetrieben, Zweiter Teil, in: Mitteilungen des Instituts für Handelsforschung an der Universität zu Köln, Jahrg. 23, Nr. 10, Oktober 1971

Barth, K. (1972): Planung, in: Der Filialbetrieb als System - Das Cornelius-Stüssgen-Modell, hrsg. von Robert Nieschlag und Dudo von Eckardstein, Köln 1972

Barth, K. (1972): Entwicklungsmöglichkeiten eines Kontenrahmens für den Handel, in: Jahrbuch der Betriebswirtschaftlichen Beratungsdienste für den Einzelhandel, hrsg. von Emil Leihner, Köln 1972

Barth, K. (1972): Die Planung als Führungsaufgabe in Einzelhandelsunternehmungen, in: Schriftenreihe der Arbeitsgemeinschaft für Rationalisierung des Landes Nordrhein-Westfalen, hrsg. im Auftrag des Ministers für Wissenschaft und Forschung, Heft 138, Dortmund 1972; zugleich als Sonderdruck eines Referates anläßlich der Betriebswirtschaftlichen Arbeitstagung 1972 der Bundesarbeitsgemeinschaft der Mittel- und Großbetriebe des Einzelhandels e.V., "Der geplante Erfolg", Köln 1972

Barth, K. (1973): Handelsbetriebliche Aufbauorganisationen in ihren Beziehungen zum Führungserfolg, in: Mitteilungen des Instituts für Handelsforschung an der Universität zu Köln, Jahrg. 25, Nr. 11, November 1973

Barth, K. (1973): Entwicklungstendenzen in der Aufbauorganisation von Handelsunternehmungen, in: BAG-Nachrichten, Mitteilungen der Bundesarbeitsgemeinschaft der Mittel- und Großbetriebe des Einzelhandels e.V., Köln, Heft 12, Dezember 1973

Barth, K. (1974): Stichwort "Ziele und Theoriesysteme der Handelsforschung", in: Handwörterbuch der Absatzwirtschaft, hrsg. von Bruno Tietz, Enzyklopädie der Betriebswirtschaftslehre, Band IV, Spalte 703 ff., Stuttgart 1974

Barth, K. (1974): Stichwort "Führung der Handelsbetriebe", in: Handwörterbuch der Absatzwirtschaft, hrsg. von Bruno Tietz, Enzyklopädie der Betriebswirtschaftslehre, Band IV, Spalte 639 ff., Stuttgart 1974

Barth, K./Strobel, B. (1974): Betriebsvergleich, in: Marketing-Enzyklopädie, Band 1, München 1974, S. 289-303

Barth, K. (1975): Stichwort "Lieferzeit und Lieferzeitpolitik", in: Handwörterbuch der Betriebswirtschaft, 4. Aufl., hrsg. von Erwin Grochla und Waldemar Wittmann, Enzyklopädie der Betriebswirtschaftslehre, Band I/2, Spalte 2504 ff., Stuttgart 1975

Barth, K. (1975): Die Warenpräsentation in Einzelhandelsunternehmungen, in: Mitteilungen des Instituts für Handelsforschung an der Universität zu Köln, Jahrg. 27, Nr. 7, Juli 1975

Barth, K. (1976): Systematische Unternehmungsführung in den Groß- und Mittelbetrieben des Einzelhandels (Kölner Habilitationsschrift), Nr. 52 der Schriften zur Handelsforschung, hrsg. von Edmund Sundhoff, Göttingen 1976

Barth, K. (1976): Die Kontrolle als Instrument der Handelsbetriebsführung, Erster Teil, in: Mitteilungen des Instituts für Handelsforschung an der Universität zu Köln, Jahrg. 28, Nr. 7, Juli 1976

Barth, K. (1976): Die Kontrolle als Instrument der Handelsbetriebsführung, Zweiter Teil, in: Mitteilungen des Instituts für Handelsforschung an der Universität zu Köln, Jahrg. 28, Nr. 8, August 1976

Barth, K. (1978): Die Lieferzeit als absatzpolitisches Instrument der Unternehmung, in: Mitteilungen des Instituts für Handelsforschung an der Universität zu Köln, Jahrg. 30, Nr. 4, April 1978

Barth, K. (1979): Produktion im Handel, in: Handwörterbuch der Produktionswirtschaft, hrsg. von Werner Kern, Enzyklopädie der Betriebswirtschaftslehre, Band VII, Stuttgart 1979

Barth, K. (1980): Organisation der Handelsbetriebe, in: Handwörterbuch der Organisation, zweite, völlig neu gestaltete Aufl., hrsg. von Erwin Grochla, Enzyklopädie der Betriebswirtschaftslehre, Band II, Stuttgart 1980

Barth, K. (1980): Rentable Sortimente im Handel - Zufall oder Ergebnis operabler Entscheidungstechniken, Sonderheft der Schriften zur Handelsforschung, hrsg. von Edmund Sundhoff, Göttingen 1980

Barth, K. (1980): Handel, in: Evangelisches Soziallexikon, 7. Aufl., Stuttgart 1980

Barth, K. (1980): Probleme rentabilitätsorientierter Sortimentssteuerung, in: Mitteilungen des Instituts für Handelsforschung an der Universität zu Köln, Jahrg. 32, Nr. 4, April 1980

Barth, K. (1982): Die erkenntnisfördernde Bedeutung der Handelsfunktionen - Plädoyer für einen verkannten Forschungsansatz, in: Mitteilungen des Instituts für Handelsforschung an der Universität zu Köln, Jahrg. 34, Nr. 10, Oktober 1982

Barth, K./Möhlenbruch, D. (1983): Betriebswirtschaftliche Bedenken gegen eine Trennung von Haupt- und Nebenleistungen in der Diskussion zur Nachfragemacht des Handels, in: Der Betrieb, Jahrg. 36 (1983)

Barth, K. (1983): Die Bedeutung der Handelsfunktionen, in: SB-Großhandel, 1983, Ausgabe 10, S. 10 ff.

Barth, K./Wiegand, K.-J. (1983): Die Personalfluktuation in den Filialbetrieben des Lebensmitteleinzelhandels. Ergebnisse einer empirischen Untersuchung, in: Dynamik im Handel, Heft 10, Oktober 1983

Barth, K. (1984): Kritische Anmerkungen zur Entwicklung der Betriebswirtschaftslehre des Handels aus der Sicht der Unternehmensberatung, in: Zeitschrift für Betriebswirtschaft, 54. Jahrg., Heft 2, 1984

Barth, K. (1984): Grundlagen einer segmentorientierten Marketingplanung in Einzelhandelsunternehmungen, in: Mitteilungen des Instituts für Handelsforschung an der Universität zu Köln, Jahrg. 36, Nr. 7, Juli 1984

Barth, K. (1984): Zur Problematik der Bestimmung des relevanten Marktes von Handelsunternehmungen, in: Betriebs-Berater, Zeitschrift für Recht und Wettbewerb, 39. Jahrg., Nr. 23, August 1984

Barth, K. (1985): Die Sonderangebotspolitik im Lebensmittel-Einzelhandel - Gestaltungsmaßnahmen und betriebswirtschaftliche Problematik, in: WISU, 14. Jahrg., Nr. 11, S. 528-530, November 1985

Barth, K. (1985): Meinungsspiegel, in: Betriebswirtschaftliche Forschung und Praxis, Heft 6, Nov./Dez. 1985

Barth, K. (1985): Das Warenwirtschaftssystem als Führungsinstrument im Handel, in: Mitteilungen des Instituts für Handelsforschung an der Universität zu Köln, Jahrg. 37, Nr. 12, Dezember 1985

Barth, K. (1986): Off-price Stores, in: DBW - Die Betriebswirtschaft, 46. Jahrg., Heft 3, Mai/Juni 1986

Barth, K. (1986): Die Durchführbarkeit von Verwendungskontrollen in C&C-Märkten zur Sicherung eines funktionsgerechten Großhandels, in: Handelsforschung 1986, hrsg. von Volker Trommsdorff, Heidelberg und Berlin 1986

Barth, K. (1986): Auswahl mit System - Entscheidungskriterien für die Aufnahme neuer Artikel in das Handelssortiment, in: dynamik im handel - Warenwirtschaft -, Heft 12, S. 68 - 71, Dezember 1986

Barth, K./Theis, H.-J. (1986): Die Werbung des Facheinzelhandels - Ergebnisse einer empirischen Untersuchung, in: Werbeforschung & Praxis, Folge 6, 1986

Barth, K. (1987): Edmund Sundhoff - 75 Jahre, in: Distributionspolitik - Festgabe für Edmund Sundhoff zum 75. Geburtstag, hrsg. von Fritz Klein-Blenkers, Sonderhefte der Mitteilungen des Instituts für Handelsforschung an der Universität zu Köln, Sonderheft 35, Göttingen 1987; gleichzeitig auch erschienen in: Mitteilungen des Instituts für Handelsforschung an der Universität zu Köln, Jahrg. 39, Nr. 3, März 1987

Barth, K. (1987): Werbestrategien im Rahmen des Internationalen Marketing, in: Distributionspolitik - Festgabe für Edmund Sundhoff zum 75. Geburtstag, hrsg. von Fritz Klein-Blenkers, Sonderhefte der Mitteilungen des Instituts für Handelsforschung an der Universität zu Köln, Sonderheft 35, Göttingen 1987

Barth, K. (1987): Die Marktstellung des Selbstbedienungsgroßhandels, in ORDO - Jahrbuch für die Ordnung von Wirtschaft und Gesellschaft, Band 38, Stuttgart - New York 1987

Barth, K. (1988): Betriebswirtschaftslehre des Handels, Wiesbaden 1988

Barth, K. (1988): Drei Viertel der Verbraucher mit Ladenöffnungszeiten zufrieden, BAG-Nachrichten, Offizielles Organ der Bundesarbeitsgemeinschaft der Mittel- und Großbetriebe des Einzelhandels e.V., Köln, 28. Jahrg., Nr. 5, Mai 1988

Barth, K./Möhlenbruch, D. (1988): Ursachen und Konzentration im Einzelhandel, in: Betriebswirtschaftliche Forschung und Praxis, 40. Jahrg., Heft 3, Mai/Juni 1988

Barth, K./Theis, H.-J. (1988): Die Entwicklung eines abteilungsspezifischen Anspruchsprofils als Grundlage handelsbetrieblicher Marketingplanung, in: Handelsforschung 1988, hrsg. von Volker Trommsdorff, Heidelberg und Berlin 1988

Barth, K. (1989): Stichwort "Planung im Handel", in: Handwörterbuch der Planung, hrsg. von Norbert Szyperski, Enzyklopädie der Betriebswirtschaftslehre, Band 9, Spalte 619 ff., Stuttgart 1989

Barth, K. (1989): Stichwort "Absatz", in: Lexikon der Rechnungslegung und Abschlußprüfung, hrsg. von Wolfgang Lück, 2. Aufl., Seite 22 ff., Marburg 1989

Barth, K. (1989): Stichwort "Handel", in: Lexikon der Rechnungslegung und Abschlußprüfung, hrsg. von Wolfgang Lück, 2. Aufl., Seite 346 ff., Marburg 1989

Barth, K. (1989): Stichwort "Marketing", in: Lexikon der Rechnungslegung und Abschlußprüfung, hrsg. von Wolfgang Lück, 2. Aufl., Seite 505 ff., Marburg 1989

Barth, K./Möhlenbruch, D. (1989): Stichwort "Konzentration", in: Lexikon der Rechnungslegung und Abschlußprüfung, hrsg. von Wolfgang Lück, 2. Aufl., Seite 441 ff., Marburg 1989

Barth, K. (1990): Stichwort "Verbundsysteme im Handel", in: Lexikon der Betriebswirtschaft, hrsg. von Wolfgang Lück, 4. Aufl., Seite 1190 ff., Landsberg/Lech 1990

Barth, K. (1990): Stichwort "Warenwirtschaftssysteme im Handel", in: Lexikon der Betriebswirtschaft, hrsg. von Wolfgang Lück, 4. Aufl., Seite 1254 ff., Landsberg/Lech 1990

Barth, K./Möhlenbruch, D. (1990): Stichwort "Handel", in: Lexikon der Betriebswirtschaft, hrsg. von Wolfgang Lück, 4. Aufl., Seite 481 ff., Landsberg/Lech 1990

Barth, K./Möhlenbruch, D. (1990): Stichwort "Handelsforschung", in: Lexikon der Betriebswirtschaft, hrsg. von Wolfgang Lück, 4. Aufl., Seite 487 ff., Landsberg/Lech 1990

Barth, K./Theis, H.-J. (1990): Die Anzeigenwerbung ausgewählter Fachhandelsbranchen - Erste Ergebnisse einer empirischen Untersuchung, in: Werbeforschung & Praxis, Folge 1/1990

Barth, K./Theis, H.-J. (1990): Anzeigenwerbung: Der Einzelhandel verfehlt durch unzureichende Anzeigengestaltung noch häufig sein Werbeziel, in: handel heute, Nr. 6, Juni 1990

Barth, K./Theis, H.-J. (1990): Handelswerbung 1: Die Werbeanalyse schafft die Faktenbasis für eine systematische Planung der Kundenansprache, in: handel heute, Nr. 11, November 1990
Barth, K./Theis, H.-J. (1990): Handelswerbung 2: Die richtige Bestimmung des Geschäftsimages bildet die Grundlage zur Planung einer optimalen Werbestrategie, in: handel heute, Nr. 12, Dezember 1990
Barth, K. (1991): Kommunikationspolitik, in: Handbuch Mode-Marketing, hrsg. von Arnold Hermanns, Frankfurt/Main 1991, S. 707 ff.
Barth, K. (1991): Standortpolitik, in: Handbuch Mode-Marketing, hrsg. von Arnold Hermanns, Frankfurt/Main 1991, S. 735 ff.
Barth, K./Hartmann, R. (1991): Strategische Marketingplanung im Einzelhandel, in: Handelsforschung 1991, hrsg. von Volker Trommsdorff, Heidelberg und Berlin 1991, S. 135 - 155
Barth, K./Theis, H.-J. (1991): Werbung des Facheinzelhandels, Wiesbaden 1991
Barth, K./Theis, H.-J. (1991): Handelswerbung 3: Die konkrete Planung der Werbeziele ist unverzichtbare Voraussetzung für wirksame Werbung im Einzelhandel, in: handel heute, Nr. 1, Januar 1991
Barth, K./Theis, H.-J. (1991): Handelswerbung 4: Die richtige Auswahl und Ansprache der Zielgruppen ist für den Erfolg der Werbung im Einzelhandel zwingende Voraussetzung, in: handel heute, Nr. 2, Februar 1991
Barth, K./Theis, H.-J. (1991): Handelswerbung 5: Nach welchen Kriterien die Auswahl der Werbeobjekte in der Einzelhandelswerbung systematisch erfolgt, in: handel heute, Nr. 3, März 1991
Barth, K./Theis, H.-J. (1991): Handelswerbung 6: Mit informativ wie emotional hochwirksamen Werbebotschaften für klare Profilierung bei den Konsumenten sorgen, in: handel heute, Nr. 4, April 1991
Barth, K./Theis, H.-J. (1991): Handelswerbung 7: Welche Werbemittel dem Einzelhandel zur optimalen Profilierung des Geschäfts bei den Konsumenten zur Verfügung stehen, in: handel heute, Nr. 5, Mai 1991
Barth, K./Theis, H.-J. (1991): Handelsmarktforschung: Welches Verfahren zur Abgrenzung des Einzugsgebietes von Handelsunternehmen geeignet ist, in: handel heute, Nr. 6, Juni 1991
Barth, K./Theis, H.-J. (1991): Handelswerbung 8: Die optimale Nutzung auch eines beschränkten Werbeetats durch eine gezielte Auswahl der Werbemittel des Handels, Erster Teil, in: handel heute, Nr. 7, Juli 1991
Barth, K./Theis, H.-J. (1991): Handelswerbung 8: Die optimale Nutzung auch eines beschränkten Werbeetats durch eine gezielte Auswahl der Werbemittel des Handels, Zweiter Teil, in: handel heute, Nr. 8, August 1991
Barth, K./Theis, H.-J. (1991): Handelswerbung 9: Erfolgreich werben mit Anzeigen nach den Regeln einer wirkungsvollen weil professionell gemachten Gestaltung, in: handel heute, Nr. 9, September 1991
Barth, K./Theis, H.-J. (1991): Handelswerbung 10: Mit der richtigen Nutzung alternativer Werbeträger die Profilierung bei den Kunden sicherstellen, in: handel heute, Nr. 11, November 1991

Barth, K./Theis, H.-J. (1992): Handelswerbung 11: Der Leitfaden für einen zielgerichteten und damit so ökonomischen wie erfolgreichen Einsatz der verschiedenen Werbeträger, in: handel heute, Nr. 1, Januar 1992

Barth, K./Theis, H.-J. (1992): Handelswerbung 12: Systematische Planung für den zeitlichen Einsatz aller Werbemaßnahmen als wichtige Voraussetzung für maximale Werbewirkung, in: handel heute, Nr. 3, März 1992

Barth, K. (1992): Edmund Sundhoff - 80 Jahre, in: Mitteilungen des Instituts für Handelsforschung an der Universität zu Köln, Jahrg. 44, Nr. 4, April 1992

Barth, K./Theis, H.-J. (1992): Handelswerbung 13: Kooperative Werbung von der richtigen Planung und Durchführung bis zur Erfolgskontrolle sorgt für mehr Marketing-Effizienz, in: handel heute, Nr. 4, April 1992

Barth, K./Theis, H.-J. (1992): Handelswerbung 14: Welches Verfahren für die Bestimmung der optimalen Höhe des Werbebudgets für Einzelhändler in der Praxis wirklich Sinn macht, in: handel heute, Nr. 6, Juni 1992

Barth, K. (1992): Div. Stichwörter in: Vahlens großes Marketing Lexikon, hrsg. v. H. Diller, München 1992

Barth, K. (1993): Betriebswirtschaftslehre des Handels, 2. Aufl., Wiesbaden 1993

Barth, K. (1993): Stichwort "Handelsbetriebslehre" in: Handwörterbuch der Betriebswirtschaft, Teilband 1, 5. Aufl., hrsg. von R. Köhler u.a., S. 1577-1589, Stuttgart 1993

Barth, K. (1993): Kommunikationspolitik der Handelsbetriebe, in: Handbuch Marketing-Kommunikation, hrsg. von Ralph Berndt und Arnold Hermanns, S. 877 - 894, Wiesbaden 1993

Barth, K./Benden, S./Theis, H.-J. (1994): Hotel Marketing. Strategien - Marketing-Mix - Planung - Kontrolle, Wiesbaden 1994

Barth, K./Helpup, A. (1994): Die Relevanz des Lean-Management-Ansatzes für Handelsunternehmungen, in: Jahrbuch Handelsforschung 1994, hrsg. v. Volker Trommsdorff, S. 223 - 240 Wiesbaden 1994

Barth, K. (1995): Stichwort „Handelsforschung", in: Handwörterbuch des Marketing (HWM), 2. Aufl., hrsg. v. Bruno Tietz u.a., S. 864 - 875, Stuttgart 1995

Barth, K./Vogt, H. (1995): Zunehmender Einsatz der Gentechnik bei der Lebensmittelproduktion - rechtliche Probleme und marketingpolitische Herausforderungen für den Lebensmitteleinzelhandel, in: Diskussionsbeiträge des Fachbereichs Wirtschaftswissenschaft der Gerhard-Mercator-Universität-GH-Duisburg, Nr. 216, September, Duisburg 1995

Barth, K./Blömer, F. (1995): Analyse neuer Werbeformen im Handel, in: Diskussionsbeiträ-ge des Fachbereichs Wirtschaftswissenschaft der Gerhard-Mercator-Universität-GH-Duisburg, Nr. 221, November, Duisburg 1995

Barth, K. (1996): Betriebswirtschaftslehre des Handels, 3. Aufl., Wiesbaden 1996

Barth, K./Stoffl, M. (1996): Personalinformationssysteme im Handel, in: Jahrbuch Handels-forschung 1996, hrsg. v. Volker Trommsdorff, S. 137-152, Wiesbaden 1996

Barth, K./Stoffl, M. (1997): Hat das Marketing im Handel versagt? Die Kundenorientierung als Ansatz einer Neubesinnung, in: Jahrbuch Handelsforschung 1997/98, hrsg. v. Volker Trommsdorff, S. 3-19, Wiesbaden 1997

Barth, K./Lockau, I. (1998): Hürdenlauf beim Global-Account-Marketing, in: absatzwirtschaft, Zeitschrift für Marketing, 41. Jg., 7/98
Barth, K./Grabow, J. (1998): Erfolgsfaktoren für die Internationalisierung von Handelsunternehmen, in: Diskussionsbeiträge des Fachbereichs Wirtschaftswissenschaft der Gerhard-Mercator-Universität-GH-Duisburg, Nr. 253, Juli 1998
Barth, K. (1998): Stichwort "Absatz", in: Lexikon der Rechnungslegung und Abschlußprüfung, hrsg. von Wolfgang Lück, 3. Aufl., S. 5 ff., Oldenburg 1998
Barth, K. (1998): Stichwort "Handel", in: Lexikon der Rechnungslegung und Abschlußprüfung, hrsg. von Wolfgang Lück, 3. Aufl., S. 364 ff., Oldenburg 1998
Barth, K. (1998): Stichwort "Marketing", in: Lexikon der Rechnungslegung und Abschlußprüfung, hrsg. von Wolfgang Lück, 3. Aufl., S. 521 ff., Oldenburg 1998
Barth, K. (1998): Stichwort "Prozeßkostenrechnung im Handel", in: Lexikon der Rechnungslegung und Abschlußprüfung, hrsg. von Wolfgang Lück, 3. Aufl., S. 607 ff., Oldenburg 1998
Barth, K./Möhlenbruch, D. (1998): Stichwort "Konzentration", in: Lexikon der Rechnungslegung und Abschlußprüfung, hrsg. von Wolfgang Lück, 3. Aufl., S. 461 ff., Oldenburg 1998
Barth, K./Schmekel, V. (1998): Vertriebsmedium Internet. Chancen und Risiken für den Einzelhandel, in: Diskussionsbeiträge des Fachbereichs Wirtschaftswissenschaft der Gerhard-Mercator-Universität-GH-Duisburg, Nr. 255, Oktober 1998
Barth, K./Theis, H.-J. (1998): Hotel Marketing. Strategien - Marketing-Mix - Planung - Kontrolle, 2. Aufl., Wiesbaden 1998
Barth, K./Bieker, Th. (1998): Risiko- und Finanzierungspolitik im Rahmen einer Ausweitung der Außenhandelstätigkeit auf den osteuropäischen Markt, in: Diskussionsbeiträge des Fachbereichs Wirtschaftswissenschaft der Gerhard-Mercator-Universität-GH-Duisburg, Nr. 258, November 1998
Barth, K. (1999): Betriebswirtschaftslehre des Handels, 4. überarb. und erw. Auflage, Wiesbaden 1999
Barth, K. (1999): Grundlagen der Kommunikationspolitik, in: Handbuch Mode-Marketing, hrsg. von Arnold Hermanns, 2. völlig überarb. u. erw. Aufl., Bd. 2, S. 977 ff., Frankfurt/M. 1999
Barth, K. (1999): Standort- und Filialisierungspolitik, in: Handbuch Mode-Marketing, hrsg. von Arnold Hermanns, 2. völlig überarb. u. erw. Aufl, Bd. 2, S. 1025 ff., Frankfurt/M. 1999
Barth, K./Kellermann, G. (1999): Standortanalyse für einen Reifenhändler, in: Fallstudien zum Handelsmanagement, hrsg. von Andreas Kaapke und Michael Froböse, S. 169 ff., Stuttgart 1999
Barth, K./Kloth, R. (1999): Efficient Consumer Response (ECR), in: Handbuch Mode-Marketing, hrsg. von Arnold Hermanns, 2. völlig überarb. u. erw. Aufl., Bd. 1, S. 775ff., Frankfurt/M. 1999
Barth, K./Lockau, I. (1999): Globales Team-Selling. Konzept - Umsetzungsprobleme - Lösungsansätze, in: Thexis-Fachzeitschrift für Marketing, hrsg. von Christoph Belz u.a., FAH St. Gallen, 4/99, S. 48-52, St. Gallen 1999

Barth, K./Möhlenbruch, D. (1999): Beschaffung, Logistik und Controlling, in: Meilensteine im deutschen Handel. Erfolgsstrategien - gestern, heute und morgen, hrsg. von Erwin Dichtl und Michael Lingenfelder, S. 207-240, Frankfurt/M. 1999

Barth, K./Rühl, A./Steinicke, St. (1999): Zum Stand der Sortimentssteuerung in der deutschen Konsumgüterwirtschaft - Ergebnisse einer empirischen Studie. in: Diskussionsbeiträge des Fachbereichs Wirtschaftswissenschaft der Gerhard-Mercator-Universität Duisburg, Nr. 270, Dezember 1999

Barth, K. Eger, M. (2000): „Erfolgsfaktoren, Barrieren und Best Practices". Benchmarking Studie: Beschaffungsmanagement in Europa, in: Zeitschrift Beschaffung aktuell, Heft 4/2000, S. 42-47, April 2000

Barth, K./Wille, K. (2000): Customer Equity - Ein prozeßorientierter Ansatz zur Kundenbewertung, in: Diskussionsbeiträge des Fachbereichs Wirtschaftswissenschaft der Gerhard-Mercator-Universität Duisburg, Nr. 276, September 2000

Barth, K./Rühl, A./Steinicke, St. (2001): „Knowledge Discovery in Databases (KDD) als ein Instrument zur Messung soziodemographischer Einflussgrößen auf den Sortimentserfolg", in: Handelsforschung 2000/2001, hrsg. von Volker Trommsdorf, S. 239-261, Köln 2001

Barth, K./Kloth, R. (2001): Stichwort „Efficient Consumer Response", in: Management-Lexikon, hrsg. von Rolf Bühner, S. 223-226, Oldenburg 2001

Barth, K./Lockau, I. (2001): Stichwort „Global-Account-Marketing", in: Management-Lexikon, hrsg. von Rolf Bühner, S. 322-324, Oldenburg 2001

Barth, K. (2001): Div. Stichwörter in: Vahlens großes Marketing Lexikon, hrsg. v. H. Diller, (erscheint 2001)

Barth, K./Gawlik, K. (2001): „Verhandlungen mit multinationalen Schlüssel-Lieferanten" (erscheint 2001)

Barth, K./Hartmann, M. (2002): "Retailing in the European Union – Chapter Germany", in: Retailing in the European Union: Structures, Competition and Performance, hrsg. v. Stewart Howe, (erscheint 2002)